LUST AN DER ERKENNTNIS:

Die Psychologie des 20. Jahrhunderts

SERIE PIPER
Band 1063

Zu diesem Buch

Psychotherapie – was ist das eigentlich? Von manchen wird sie gefürchtet als unheilige Seelenzergliederung, von anderen als Weg zum absoluten Seelenheil überschätzt, von wieder anderen abgelehnt als Symptom für die Entfremdung in unserer Zeit oder als neumodische Spinnerei. Dabei ist Psychotherapie so neumodisch gar nicht, denn Seelenheilung hat es immer gegeben. Die Therapeuten waren Schamanen, Zauberer, Priester, Ärzte, weise Frauen, Heilige und Hexen.

Als systematische Heilmethode der Medizin und der Psychologie ist Psychotherapie jedoch ohne Zweifel ein modernes Phänomen, ein Phänomen des 20. Jahrhunderts. Und wohl weil sie ein Kind eben dieses Jahrhunderts und damit vergleichsweise jung ist, gibt es der Vorurteile, Fehleinschätzungen und Irrtümer über Psychotherapie so viele.

Dieser Band aus der erfolgreichen Reihe »Lust an der Erkenntnis« zeigt Psychotherapie, wie sie wirklich ist. Die Originaltexte derer, die Psychotherapie »gemacht«, ihre Positionen, Methoden und Techniken entwickelt haben, zeichnen ein realistisches und spannendes Bild der Psychotherapie im 20. Jahrhundert. Ein Lesebuch, das allen etwas bietet: einen umfassenden Überblick für Leser, die sich informieren wollen – und für Kenner eine ungewöhnliche, unterhaltsame Zusammenstellung psychotherapeutischer Literatur.

Franziska Stalmann, geboren 1951 in Hamburg, Psychologin, Psychotherapeutin und Fachjournalistin. Lebt als freie Autorin in München.

LUST AN DER ERKENNTNIS:

Die Psychologie des 20. Jahrhunderts

Ein Lesebuch zur Psychotherapie

Herausgegeben von
Franziska Stalmann

Piper
München Zürich

In der Reihe »Lust an der Erkenntnis«
liegen bereits vor:
Die Philosophie des 20. Jahrhunderts (547)
Die Theologie des 20. Jahrhunderts (646)
Die klassische deutsche Philosophie (750)
Russisches Christentum (866)
Jüdische Theologie im 20. Jahrhundert (879)
Weitere Bände sind in Vorbereitung.

ISBN 3-492-11063-0
Originalausgabe
Oktober 1989

Umschlag: Federico Luci,
unter Verwendung des Gemäldes
»Drei weiße Glockenblumen« (1920)
von Paul Klee
(© 1987 by Cosmopress, Genf)
Gesamtherstellung: Clausen & Bosse, Leck
Printed in Germany

Inhalt

Die Buchtitel »Liebe allein genügt nicht« (Klett-Cotta) und »Über den Körper die Seele heilen« (Kösel-Verlag) wurden mit freundlicher Genehmigung der Verlage als Kapitelüberschriften übernommen. In einigen Fällen wurden den Textbeiträgen Titel gegeben, die vom Original abweichen. Die Originalüberschriften sind im Anhang verzeichnet.

Vorwort

Psychotherapie ist Heilen der Seele. Dies ist, in ihrer Einfachheit, wohl die schönste Definition des Begriffes. Doch paßt sie nicht für unsere Zwecke. Denn dann müßte dies Buch sehr viel mehr enthalten von Glaube und Hoffnung, Freundschaft und Liebe, Geburt und Tod, von all jenen Momenten und Einflüssen im Leben, die erschüttern, erleuchten, heilen – ganz ohne Therapeuten und Techniken. Nein, eine Definition für unseren Zweck – die Darstellung der Psychotherapie im 20. Jahrhundert – müßte präziser und zugleich umfassender sein. Vielleicht diese: Psychotherapie ist die Möglichkeit, psychische Probleme zu lösen oder zu lindern, mit Hilfe des Gesprächs, der Verhaltenseinübung, der Arbeit mit Körper und Gefühlen. Das klingt nun etwas technisch und leblos. Psychotherapie, wenn sie gut ist, bedeutet ja beides: Technik und Gefühl, Verhaltensänderung und Erleuchtung. Fragen wir nicht weiter nach der besten Definition, sondern überlassen wir die Antwort diesem Buch. Denn wer könnte umfassender und präziser, lebendiger und farbiger definieren, was Psychotherapie ist, als die Menschen, die sie gemacht haben?

Dies Buch ist ein Lesebuch. Lesebuch, das heißt für mich: nichts ist vorausgesetzt als die Bereitschaft zu lesen und das Interesse am Thema. Darum war mir das wichtigste, Texte auszuwählen, die aus sich heraus verständlich sind, weder Vorwissen noch ein Begriffslexikon verlangen, Einführungen und Erklärungen möglichst überflüssig machen. Denn ein Lesebuch ist kein Lehrbuch, meine ich: es soll nicht dozieren, erklären, definieren. Es soll sich *nur* zum Lesen anbieten und *nur* über das Lesen dann auch alles andere vermitteln: Wissen, Verstehen, Begriffe und Definitionen.

Zum anderen habe ich Texte gewählt, die Wesentliches und Typisches der jeweiligen Methode, des jeweiligen Entwurfs beinhalten. Das war manchmal nicht einfach – vor allem Erich Fromm und C. G. Jung haben die Auswahl schwer gemacht. Was ist *besonders* wesentlich und typisch bei einem Autor wie Fromm, dessen Spektrum von der »Analytischen Sozialpsychologie« über die »Anatomie der Destruktivität«, die »Furcht vor der Freiheit« bis hin zu »Zen-Buddhismus und Psychoanalyse« reicht? Ich entschloß mich für den Textausschnitt »Die Praxis der Liebe«. Er gibt Wesentliches wieder, um das es, wie ich meine, Erich Fromm in seinem Leben und Werk ging; und er ist typisch für eine Humanistische Psychologie. Bei C. G. Jung hätte ich gerne das Wesentliche seiner Theorie, also etwa die Konzepte von Anima und Animus, von Persona und Schatten, persönlichem und kollektivem Unbewußten, präsentiert. Doch war dies bei der gebotenen Kürze der einzelnen Texte ein Ding der Unmöglichkeit, denn Jung ist ein großzügiger Autor, der kein Thema kurz und knapp behandelt, sondern allem breite Aufmerksamkeit zuteil werden läßt. So wählte ich schließlich »Ziele der Psychotherapie«, worin Typisches an C. G. Jung und seiner Methode deutlich wird.

Will man die wichtigsten Positionen und Methoden der Psychotherapie in *einem* Band versammeln, so verbietet sich allzu große methodische Strenge. Infolgedessen wurde die Gruppierung der Beiträge zu Kapiteln manchmal locker gehandhabt. So finden sich unter der Überschrift »Psychoanalyse I« neben Sigmund Freud auch C. G. Jung und Alfred Adler, deren Methoden strenggenommen als tiefenpsychologische bezeichnet werden müßten. Albert Ellis und Arnold A. Lazarus hätten vielleicht lieber ein eigenes kleines Kapitel mit der Überschrift »Kognitive Verhaltenstherapie« für sich gehabt, statt sich mit Stanley Rachman und Joseph Wolpe unter dem weiter gefaßten »Verhaltenstherapie« zusammenzufinden. Und Arthur Janovs Aufenthalt bei der »Körpertherapie« ist sicher berechtigt, da die Primärtherapie tatsächlich »über den Körper die Seele heilt« – wenn sie auch nicht in dem strikten Sinne Körpertherapie ist wie Alexander Lowens und Gerda Boyesens Methoden.

Auswählen ist auch die Kunst des Weglassens, und die ist noch schwerer als das Auswählen. Zwei, bei denen es mir besonders schwerfiel, sie nicht in diesen Band aufzunehmen, möchte ich nennen: D. W. Winnicott und Wilhelm Reich. Sie sind – in den Beiträgen anderer Autoren – dennoch präsent.

Eine solche Textauswahl ist, auch wenn man alle objektiven, sachlichen und technischen Kriterien zu berücksichtigen sucht, etwas sehr Subjektives und Persönliches. Mein ganz persönlicher Anspruch war, daß dieses Buch Leserinnen und Lesern Spaß machen soll, Lust am Lesen und Verstehen, Lust an der Erkenntnis.

Für Kritik und Unterstützung, Verstehen und Mitdenken danke ich Barbara Mauersberger, Renate Dörner und Ilona Grübel.

München, im Frühjahr 1989 Franziska Stalmann

[illegible]
[illegible]
[illegible]
[illegible]
[illegible]
[illegible]
[illegible]
[illegible]
[illegible]
[illegible]

[illegible]

I. KÖNIGSWEG ZUM UNBEWUSSTEN

Psychoanalyse I

Sigmund Freud

Abriß der Psychoanalyse

Der Psychische Apparat

Die Psychoanalyse macht eine Grundvoraussetzung, deren Diskussion philosophischem Denken vorbehalten bleibt, deren Rechtfertigung in ihren Resultaten liegt. Von dem, was wir unsere Psyche (Seelenleben) nennen, ist uns zweierlei bekannt, erstens das körperliche Organ und Schauplatz desselben, das Gehirn (Nervensystem), anderseits unsere Bewußtseinsakte, die unmittelbar gegeben sind und uns durch keinerlei Beschreibung näher gebracht werden können. Alles dazwischen ist uns unbekannt, eine direkte Beziehung zwischen beiden Endpunkten unseres Wissens ist nicht gegeben. Wenn sie bestünde, würde sie höchstens eine genaue Lokalisation der Bewußtseinsvorgänge liefern und für deren Verständnis nichts leisten.

Unsere beiden Annahmen setzen an diesen Enden oder Anfängen unseres Wissens an. Die erste betrifft die Lokalisation. Wir nehmen an, daß das Seelenleben die Funktion eines Apparates ist, dem wir räumliche Ausdehnung und Zusammensetzung aus mehreren Stücken zuschreiben, den wir uns also ähnlich vorstellen wie ein Fernrohr, ein Mikroskop u. dgl. Der konsequente Ausbau einer solchen Vorstellung ist ungeachtet gewisser bereits versuchter Annäherung eine wissenschaftliche Neuheit.

Zur Kenntnis dieses psychischen Apparates sind wir durch das Studium der individuellen Entwicklung des menschlichen Wesens gekommen. Die älteste dieser psychischen Provinzen oder Instanzen nennen wir das *Es*; sein Inhalt ist alles, was ererbt, bei Geburt mitgebracht, konstitutionell festgelegt ist, vor allem also die aus der Körperorganisation stammenden Triebe, die hier einen ersten uns in seinen Formen unbekannten psychischen Ausdruck finden.

Unter dem Einfluß der uns umgebenden realen Außenwelt hat ein Teil des Es eine besondere Entwicklung erfahren. Ursprünglich als Rindenschicht mit den Organen zur Reizaufnahme und den Einrichtungen zum Reizschutz ausgestattet, hat sich eine besondere Organisation hergestellt, die von nun an zwischen Es und Außenwelt vermittelt. Diesem Bezirk unseres Seelenlebens lassen wir den Namen des *Ichs*.

Die hauptsächlichen Charaktere des Ich. Infolge der vorgebildeten Beziehung zwischen Sinneswahrnehmung und Muskelaktion hat das Ich die Verfügung über die willkürlichen Bewegungen. Es hat die Aufgabe der Selbstbehauptung, erfüllt sie, indem es nach außen die Reize kennenlernt, Erfahrungen über sie aufspeichert (im Gedächtnis), überstarke Reize vermeidet (durch Flucht), mäßigen Reizen begegnet (durch Anpassung) und endlich lernt, die Außenwelt in zweckmäßiger Weise zu seinem Vorteil zu verändern (Aktivität); nach innen gegen das Es, indem es die Herrschaft über die Triebansprüche gewinnt, entscheidet, ob sie zur Befriedigung zugelassen werden sollen, diese Befriedigung auf die in der Außenwelt günstigen Zeiten und Umstände verschiebt oder ihre Erregungen überhaupt unterdrückt. In seiner Tätigkeit wird es durch die Beachtungen der in ihm vorhandenen oder in dasselbe eingetragenen Reizspannungen geleitet. Deren Erhöhung wird allgemein als *Unlust*, deren Herabsetzung als *Lust* empfunden. Wahrscheinlich sind es aber nicht die absoluten Höhen dieser Reizspannung, sondern etwas im Rhythmus ihrer Veränderung, was als Lust und Unlust empfunden wird. Das Ich strebt nach Lust, will der Unlust ausweichen. Eine erwartete, vorausgesehene Unluststeigerung wird mit dem *Angstsignal* beantwortet, ihr Anlaß, ob er von außen oder innen droht, heißt eine *Gefahr*. Von Zeit zu Zeit löst das Ich seine Verbindung mit der Außenwelt und zieht sich in den Schlafzustand zurück, in dem es seine Organisation weitgehend verändert. Aus dem Schlafzustand ist zu schließen, daß diese Organisation in einer besonderen Verteilung der seelischen Energie besteht.

Als Niederschlag der langen Kindheitsperiode, während der der werdende Mensch in Abhängigkeit von seinen Eltern lebt, bildet sich in seinem Ich eine besondere Instanz heraus, in der sich dieser elterliche Einfluß fortsetzt. Sie hat den Namen des *Über-Ichs* erhalten. Insoweit dieses Über-Ich sich vom Ich sondert und sich ihm entgegenstellt, ist es eine dritte Macht, der das Ich Rechnung tragen muß.

Eine Handlung des Ichs ist dann korrekt, wenn sie gleichzeitig den Anforderungen des Es, des Über-Ichs und der Realität genügt, also deren Ansprüche miteinander zu versöhnen weiß. Die Einzelheiten der Beziehung zwischen Ich und Über-Ich werden durchwegs aus der Zurückführung auf das Verhältnis des Kindes zu seinen Eltern verständlich. Im Elterneinfluß wirkt natürlich nicht nur das persönliche Wesen der Eltern, sondern auch der durch sie fortgepflanzte Einfluß von Familien-, Rassen- und Volkstradition sowie die von ihnen vertretenen Anforderungen des jeweiligen sozialen Milieus. Ebenso nimmt das Über-Ich im Laufe der individuellen Entwicklung Beiträge von seiten späterer Fortsetzer und Ersatzpersonen der Eltern auf, wie Erzieher, öffentlicher Vorbilder, in der Gesellschaft verehrter Ideale. Man sieht, daß Es und Über-Ich bei all ihrer fundamentalen Verschiedenheit die eine Übereinstimmung zeigen, daß sie die Einflüsse der Vergangenheit repräsentieren, das Es den der ererbten, das Über-Ich im wesentlichen den der von anderen übernommenen, während das Ich hauptsächlich durch das selbst Erlebte, also Akzidentelle und Aktuelle bestimmt wird. [...]

Trieblehre

Die Macht des Es drückt die eigentliche Lebensabsicht des Einzelwesens aus. Sie besteht darin, seine mitgebrachten Bedürfnisse zu befriedigen. Eine Absicht, sich am Leben zu erhalten und sich durch die Angst vor Gefahren zu schützen, kann dem Es nicht zugeschrieben werden. Dies ist die Aufgabe des Ichs, das auch die günstigste und gefahrloseste Art der Befriedigung mit Rücksicht auf die Außenwelt herauszufinden hat. Das Über-Ich mag neue Bedürfnisse geltend machen, seine Hauptleistung bleibt aber die Einschränkung der Befriedigungen.

Die Kräfte, die wir hinter den Bedürfnisspannungen des Es annehmen, heißen wir *Triebe*. Sie repräsentieren die körperlichen Anforderungen an das Seelenleben. Obwohl letzte Ursache jeder

Aktivität, sind sie konservativer Natur; aus jedem Zustand, den ein Wesen erreicht hat, geht ein Bestreben hervor, diesen Zustand wiederherzustellen, sobald er verlassen worden ist. Man kann also eine unbestimmte Anzahl von Trieben unterscheiden, tut es auch in der gewöhnlichen Übung. Für uns ist die Möglichkeit bedeutsam, ob man nicht all diese vielfachen Triebe auf einige wenige Grundtriebe zurückführen könne. Wir haben erfahren, daß die Triebe ihr Ziel verändern können (durch Verschiebung), auch daß sie eineinander ersetzen können, indem die Energie des einen Triebs auf einen anderen übergeht. Der letztere Vorgang ist noch wenig gut verstanden. Nach langem Zögern und Schwanken haben wir uns entschlossen, nur zwei Grundtriebe anzunehmen, den *Eros* und den *Destruktionstrieb*. (Der Gegensatz von Selbsterhaltungs- und Arterhaltungstrieb sowie der andere von Ichliebe und Objektliebe fällt noch innerhalb des Eros.) Das Ziel des ersten ist, immer größere Einheiten herzustellen und so zu erhalten, also Bindung, das Ziel des anderen im Gegenteil, Zusammenhänge aufzulösen und so die Dinge zu zerstören. Beim Destruktionstrieb können wir daran denken, daß als sein letztes Ziel erscheint, das Lebende in den anorganischen Zustand zu überführen. Wir heißen ihn darum auch *Todestrieb*. Wenn wir annehmen, daß das Lebende später als das Leblose gekommen und aus ihm entstanden ist, so fügt sich der Todestrieb der erwähnten Formel, daß ein Trieb die Rückkehr zu einem früheren Zustand anstrebt. Für den Eros (oder Liebestrieb) können wir eine solche Anwendung nicht durchführen. Es würde voraussetzen, daß die lebende Substanz einmal eine Einheit war, die dann zerrissen wurde und die nun die Wiedervereinigung anstrebt.

In den biologischen Funktionen wirken die beiden Grundtriebe gegeneinander oder kombinieren sich miteinander. So ist der Akt des Essens eine Zerstörung des Objekts mit dem Endziel der Einverleibung, der Sexualakt eine Aggression mit der Absicht der innigsten Vereinigung. Dieses Mit- und Gegeneinanderwirken der beiden Grundtriebe ergibt die ganze Buntheit der Lebenserscheinungen. Über den Bereich der Lebenden hinaus führt die Analogie unserer beiden Grundtriebe zu dem im Anorganischen herrschenden Gegensatzpaar von Anziehung und Abstoßung.

Veränderungen im Mischungsverhältnis der Triebe haben die

greifbarsten Folgen. Ein stärkerer Zusatz zur sexuellen Aggression führt vom Liebhaber zum Lustmörder, eine starke Herabsetzung des aggressiven Faktors macht ihn scheu oder impotent.

Es kann keine Rede davon sein, den einen oder anderen der Grundtriebe auf eine der seelischen Provinzen einzuschränken. Sie müssen überall anzutreffen sein. Einen Anfangszustand stellen wir uns in der Art vor, daß die gesamte verfügbare Energie des Eros, die wir von nun ab *Libido* heißen werden, im noch undifferenzierten Ich-Es vorhanden ist und dazu dient, die gleichzeitig vorhandenen Destruktionsneigungen zu neutralisieren. (Für die Energie des Destruktionstriebes fehlt uns ein der Libido analoger Terminus.) Späterhin wird es uns verhältnismäßig leicht, die Schicksale der Libido zu verfolgen, beim Destruktionstrieb ist es schwerer.

Solange dieser Trieb als Todestrieb im Inneren wirkt, bleibt er stumm, er stellt sich uns erst, wenn er als Destruktionstrieb nach außen gewendet wird. Daß dies geschehe, scheint eine Notwendigkeit für die Erhaltung des Individuums. Das Muskelsystem dient dieser Ableitung. Mit der Einsetzung des Über-Ichs werden ansehnliche Beträge des Aggressionstriebes im Innern des Ichs fixiert und wirken dort selbstzerstörend. Es ist eine der hygienischen Gefahren, die der Mensch auf seinem Weg zur Kulturentwicklung auf sich nimmt. Zurückhaltung von Aggression ist überhaupt ungesund, wirkt krankmachend (Kränkung). Den Übergang von verhinderter Aggression in Selbstzerstörung durch Wendung der Aggression gegen die eigene Person demonstriert oft eine Person im Wutanfall, wenn sie sich die Haare rauft, mit den Fäusten ihr Gesicht bearbeitet, wobei sie offenbar diese Behandlung lieber einem anderen zugedacht hätte. Ein Anteil von Selbstzerstörung verbleibt unter allen Umständen im Inneren, bis es ihm endlich gelingt, das Individuum zu töten, vielleicht erst, wenn dessen Libido aufgebraucht oder unvorteilhaft fixiert ist. So kann man allgemein vermuten, das Individuum stirbt an seinen inneren Konflikten, die Art hingegen an ihrem erfolglosen Kampf gegen die Außenwelt, wenn diese sich in einer Weise geändert hat, für die die von der Art erworbenen Anpassungen nicht zureichen.

Es ist schwer, etwas über das Verhalten der Libido im Es und im Über-Ich auszusagen. Alles, was wir darüber wissen, bezieht sich auf das Ich, in dem anfänglich der ganze verfügbare Betrag von Libido aufgespeichert ist. Wir nennen diesen Zustand den absoluten primären *Narzißmus*. Er hält solange an, bis das Ich beginnt, die Vorstellungen von Objekten mit Libido zu besetzen, narzißtische Libido in *Objektlibido* umzusetzen. Über das ganze Leben bleibt das Ich das große Reservoir, aus dem Libidobesetzungen an Objekte ausgeschickt und in das sie auch wieder zurückgezogen werden, wie ein Protoplasmakörper mit seinen Pseudopodien verfährt. Nur im Zustand einer vollen Verliebtheit wird der Hauptbetrag der Libido auf das Objekt übertragen, setzt sich das Objekt gewissermaßen an die Stelle des Ichs. Ein im Leben wichtiger Charakter ist die *Beweglichkeit* der Libido, die Leichtigkeit, mit der sie von einem Objekt auf andere Objekte übergeht. Im Gegensatz hierzu steht die *Fixierung* der Libido an bestimmte Objekte, die oft durchs Leben anhält.

Es ist unverkennbar, daß die Libido somatische Quellen hat, daß sie von verschiedenen Organen und Körperstellen her dem Ich zuströmt. Man sieht das am deutlichsten an jenem Anteil der Libido, der nach seinem Triebziel als Sexualerregung bezeichnet wird. Die hervorragendsten der Körperstellen, von denen diese Libido ausgeht, zeichnet man durch den Namen *erogene Zonen* aus, aber eigentlich ist der ganze Körper eine solche erogene Zone. Das Beste, was wir vom Eros, also von seinem Exponenten, der Libido, wissen, ist durch das Studium der Sexualfunktion gewonnen worden, die sich ja in der landläufigen Auffassung, wenn auch nicht in unserer Theorie, mit dem Eros deckt. Wir konnten uns ein Bild davon machen, wie das Sexualstreben, das dazu bestimmt ist, unser Leben entscheidend zu beeinflussen, sich allmählich entwickelt aus den aufeinanderfolgenden Beiträgen von mehreren Partialtrieben, die bestimmte erogene Zonen vertreten.

Die Entwicklung der Sexualfunktion

Der landläufigen Auffassung nach besteht das menschliche Sexualleben im wesentlichen aus dem Bestreben, die eigenen Genitalien mit denen einer Person des anderen Geschlechts in Kontakt zu bringen. Küssen, Beschauen und Betasten dieses fremden Körpers treten dabei als Begleiterscheinungen und einleitende Handlungen auf. Dieses Bestreben soll mit der Pubertät, also im Alter der Geschlechtsreife auftreten und der Fortpflanzung dienen. Allerdings waren immer gewisse Tatsachen bekannt, die nicht in den engen Rahmen dieser Auffassung passen. 1) Es ist merkwürdig, daß es Personen gibt, für die nur Individuen des eigenen Geschlechts Anziehung besitzen. 2) Es ist ebenso merkwürdig, daß es Personen gibt, deren Gelüste sich ganz wie sexuelle gebärden, aber dabei von den Geschlechtsteilen oder deren normaler Verwendung ganz absehen; man heißt solche Menschen Perverse. 3) Und es ist schließlich auffällig, daß manche deshalb für degeneriert gehaltene Kinder sehr frühzeitig Interesse für ihre Genitalien und Zeichen von Erregung derselben zeigen.

Es ist begreiflich, daß die Psychoanalyse Aufsehen und Widerspruch hervorrief, als sie zum Teil anknüpfend an diese drei geringgeschätzten Tatsachen, allen populären Ansichten über die Sexualität widersprach. Ihre Hauptergebnisse sind folgende:

a) Das Sexualleben beginnt nicht erst mit der Pubertät, sondern setzt bald nach der Geburt mit deutlichen Äußerungen ein.

b) Es ist notwendig, zwischen den Begriffen sexuell und genital scharf zu unterscheiden. Der erstere ist der weitere Begriff und umfaßt viele Tätigkeiten, die mit den Genitalien nichts zu tun haben.

c) Das Sexualleben umfaßt die Funktion der Lustgewinnung aus Körperzonen, die nachträglich in den Dienst der Fortpflanzung gestellt wird. Beide Funktionen kommen oft nicht ganz zur Deckung.

Das Hauptinteresse richtet sich natürlich auf die erste Behauptung, die unerwartetste von allen. Es hat sich gezeigt, daß es im frühen Kindesalter Anzeichen von körperlicher Tätigkeit gibt, denen nur ein altes Vorurteil den Namen sexuell verweigern konnte und die mit psychischen Phänomenen verbunden sind, die wir später im erwachsenen Liebesleben finden, wie etwa die Fixierung an bestimmte Objekte, Eifersucht usw. Es zeigt sich aber darüber hinaus, daß diese in der frühen Kindheit auftauchenden Phänomene einer gesetzmäßigen Entwicklung angehören, eine regelmäßige Steigerung durchmachen, etwa gegen Ende des fünften Lebensjahres einen Höhepunkt erreichen, dem dann eine Ruhepause folgt. Während dieser steht der Fortschritt stille, vieles wird verlernt und wieder zurückgebildet. Nach Ablauf dieser sogenannten Latenzzeit setzt sich mit der Pubertät das Sexualleben fort, wir könnten sagen, es blüht wieder auf. Wir stoßen hier auf die Tatsache eines *zweizeitigen Ansatzes* des Sexuallebens, die außer beim Menschen nicht bekannt und offenbar sehr wichtig für die Menschwerdung ist. Es ist nicht gleichgültig, daß die Ereignisse dieser Frühzeit der Sexualität der *infantilen Amnesie* bis auf Reste zum Opfer fallen. Unsere Anschauungen über die Ätiologie der Neurosen und unsere Technik der analytischen Therapie knüpft an diese Auffassungen an. Die Verfolgung der Entwicklungsvorgänge dieser Frühzeit hat auch Beweise für andere Behauptungen geliefert.

Das erste Organ, das als erogene Zone auftritt und einen libidinösen Anspruch an die Seele stellt, ist von der Geburt an der Mund. Alle psychische Tätigkeit ist zunächst darauf eingestellt, dem Bedürfnis dieser Zone Befriedigung zu schaffen. Diese dient natürlich in erster Linie der Selbsterhaltung durch Ernährung, aber man darf Physiologie nicht mit Psychologie verwechseln. Frühzeitig zeigt sich im hartnäckig festgehaltenen Lutschen des Kindes ein Befriedigungsbedürfnis, das – obwohl von der Nahrungsaufnahme ausgehend und von ihr angeregt – doch unabhängig von Ernährung nach Lustgewinn strebt und darum *sexuell* genannt werden darf und soll.

Schon während dieser oralen Phase treten mit Erscheinen der Zähne sadistische Impulse isoliert auf. In viel größerem Umfang in der zweiten Phase, die wir die sadistisch-anale heißen, weil hier die Befriedigung in der Aggression und in der Funktion der Exkretion gesucht wird. Wir begründen das Recht, die aggressiven Strebungen unter der Libido anzuführen, auf die Auffassung, daß der Sadismus eine Triebmischung von rein libidinösen mit rein destruktiven Strebungen ist, eine Mischung, die von da an nicht aufhören wird.

Die dritte ist die sogenannte phallische Phase, die, gleichsam als Vorläufer, der Endgestaltung des Sexuallebens bereits recht ähnlich ist. Es ist bemerkenswert, daß nicht die Genitalien beider Geschlechter hier eine Rolle spielen, sondern nur das männliche (Phallus). [...]

Mit und in der phallischen Phase erreicht die frühkindliche Sexualität ihre Höhe und nähert sich dem Untergang. Knabe und Mädchen haben von jetzt an gesonderte Schicksale. Beide haben begonnen, ihre intellektuelle Tätigkeit in den Dienst der Sexualforschung zu stellen, beide gehen von der Voraussetzung des Allgemeinvorkommens des Penis aus. Aber jetzt scheiden sich die Wege der Geschlechter. Der Knabe tritt in die Ödipusphase ein, er beginnt die manuelle Betätigung am Penis mit gleichzeitigen Phantasien von irgendeiner sexuellen Betätigung desselben an der Mutter, bis er durch Zusammenwirkung einer Kastrationsdrohung und dem Anblick der weiblichen Penislosigkeit das größte Trauma seines Lebens erfährt, das die Latenzzeit mit allen ihren Folgen einleitet. Das Mädchen erlebt nach vergeblichem Versuch, es dem Knaben gleichzutun, die Erkenntnis ihres Penismangels oder besser ihrer Klitorisminderwertigkeit mit dauernden Folgen für die Charakterentwicklung; infolge dieser ersten Enttäuschung in der Rivalität häufig mit erster Abwendung vom Sexualleben überhaupt.

Es wäre mißverständlich, zu glauben, daß diese drei Phasen einander glatt ablösen; die eine kommt zur anderen hinzu, sie überlagern einander, bestehen nebeneinander. In den frühen Phasen gehen die einzelnen Partialtriebe unabhängig voneinander auf Lusterwerb aus, in der phallischen Phase beginnen die Anfänge einer Organisation, die die anderen Strebungen dem Primat der Genitalien unterordnet und den Beginn der Einordnung des allgemeinen Luststrebens in die Sexualfunktion bedeutet. Die volle Organisation wird erst durch die Pubertät in einer vierten, genitalen, Phase erreicht. Dann hat sich ein Zustand hergestellt, in dem 1. manche früheren Libidobesetzungen erhalten geblieben sind, 2. andere in die Sexualfunktion aufgenommen werden als vorbereitende, unterstützende Akte, deren Befriedigung die sogenannte Vorlust ergibt, 3. andere Strebungen von der Organisation ausgeschlossen werden, entweder überhaupt unterdrückt (verdrängt) werden oder eine andere Verwendung im Ich erfahren, Charakterzüge bilden, Sublimierungen mit Zielverschiebungen erleiden. [...]

Erläuterung an der Traumdeutung

Die Untersuchung normaler, stabiler Zustände, in denen die Grenzen des Ichs gegen das Es durch Widerstände (Gegenbesetzungen) gesichert, unverrückt geblieben sind und das Über-Ich nicht vom Ich unterschieden wird, weil beide einträchtig arbeiten, eine solche Untersuchung würde uns wenig Aufklärung bringen. Was uns fördern kann, sind allein Zustände von Konflikt und Aufruhr, wenn der Inhalt des unbewußten Es Aussicht hat, ins Ich und zum Bewußtsein einzudringen, und das Ich sich gegen diesen Einbruch neuerlich zur Wehr setzt. Nur unter diesen Bedingungen können wir die Beobachtungen machen, die unsere Angaben über beide Partner bestätigen oder berichtigen. Ein solcher Zustand ist aber der nächtliche Schlaf, und darum ist auch die psychische Tätigkeit im Schlaf, die wir als Traum wahrnehmen, unser günstigstes Studienobjekt. Wir vermeiden dabei auch den oft gehörten Vorwurf, daß wir das normale Seelenleben nach pathologischen Befunden konstruieren; denn der Traum ist ein regelmäßiges Vorkommnis im Leben normaler Menschen, so weit sich auch seine Charaktere von den Produktionen unseres Wachlebens unterscheiden mögen. Der Traum kann, wie allgemein bekannt, verworren, unverständlich, geradezu unsinnig sein, seine Angaben mögen all unserem Wissen von der Realität widersprechen, und wir benehmen uns wie Geisteskranke, indem wir, solange wir träumen, den Inhalten des Traumes objektive Realität zusprechen.

Den Weg zum Verständnis (»Deutung«) des Traumes beschreiten wir, indem wir annehmen, daß das, was wir als Traum nach dem Erwachen erinnern, nicht der wirkliche Traumvorgang ist, sondern nur eine Fassade, hinter welcher sich dieser verbirgt. Dies ist unsere Unterscheidung eines *manifesten* Trauminhaltes und der *latenten* Traumgedanken. Den Vorgang, der aus den letzteren den ersteren hervorgehen ließ, heißen wir die *Traumarbeit*. Das Studium der Traumarbeit lehrt uns an einem ausgezeichneten Beispiel, wie unbewußtes Material aus dem Es, ursprüngliches und verdrängtes, sich dem Ich aufdrängt, vorbewußt wird und durch das Sträuben des Ichs jene Veränderungen erfährt, die wir als die *Traumentstellung* kennen. Es gibt keinen Charakter des Traumes, der nicht auf diese Weise seine Aufklärung fände.

Wir beginnen am besten mit der Feststellung, daß es zweierlei Anlässe zur Traumbildung gibt. Entweder hat während des Schlafes eine sonst unterdrückte Triebregung (ein unbewußter Wunsch) die Stärke gefunden, sich im Ich geltend zu machen, oder es hat eine vom Wachleben erübrigte Strebung, ein vorbewußter Gedankengang mit allen ihm anhängenden Konfliktregungen im Schlaf eine Verstärkung durch ein unbewußtes Element gefunden. Also Träume vom Es her oder vom Ich her. Der Mechanismus der Traumbildung ist für beide Fälle der gleiche, auch die dynamische Bedingung ist dieselbe. Das Ich beweist eine spätere Entdeckung aus dem Es dadurch, daß es zeitweise seine Funktionen einstellt und die Rückkehr zu einem früheren Zustand gestattet. Dies geschieht korrekterweise, indem es seine Beziehungen mit der Außenwelt abbricht, seine Besetzungen von den Sinnesorganen zurückzieht. Man kann mit Recht sagen, mit der Geburt ist ein Trieb entstanden, zum aufgegebenen Intrauterinleben zurückzukehren, ein Schlaftrieb. Der Schlaf ist eine solche Rückkehr in den Mutterleib. Da das wache Ich die Motilität beherrscht, wird diese Funktion im Schlafzustand gelähmt, und damit wird ein guter Teil der Hemmungen, die dem unbewußten Es auferlegt waren, überflüssig. Die Einziehung oder Herabsetzung dieser »Gegenbesetzungen« erlaubt nun dem Es ein jetzt unschädliches Maß von Freiheit. Die Beweise für den Anteil des unbewußten Es an der Traumbildung sind reichlich und von zwingender Natur. a) Das Traumgedächtnis ist weit umfassender als das Gedächtnis im Wachzustand. Der Traum bringt Erinnerungen, die der Träumer vergessen hat, die ihm im Wachen unzugänglich waren. b) Der Traum macht einen uneingeschränkten Gebrauch von sprachlichen Symbolen, deren Bedeutung der Träumer meist nicht kennt. Wir können aber ihren Sinn durch unsere Erfahrung bestätigen. Sie stammen wahrscheinlich aus früheren Phasen der Sprachentwicklung. c) Das Traumgedächtnis reproduziert sehr häufig Eindrücke aus der frühen Kindheit des Träumers, von denen wir mit Bestimmtheit behaupten können, nicht nur, daß sie vergessen, sondern daß sie durch Verdrängung unbewußt geworden waren. Darauf beruht die meist unentbehrliche Hilfe des Traumes bei der Rekonstruktion der Frühzeit des Träumers, die wir in der analytischen Behandlung der Neurosen versuchen. d) Darüber hinaus bringt der Traum Inhalte zum Vorschein, die weder aus dem reifen Leben noch aus der vergessenen Kindheit des Träumers stammen können. Wir sind genötigt, sie als Teil der *archaischen* Erbschaft anzusehen, die das Kind, durch das Erleben der Ahnen beeinflußt, vor jeder eigenen Erfahrung mit sich auf die Welt bringt. Die Gegenstücke zu diesem phylogenetischen Material finden wir dann in den ältesten Sagen der Menschheit und in ihren überlebenden Gebräuchen. Der Traum wird so eine nicht zu verachtende Quelle der menschlichen Vorgeschichte.

Was aber den Traum so unschätzbar für unsere Einsicht macht, ist der Umstand, daß das unbewußte Material, wenn es ins Ich eindringt, seine Arbeitsweisen mit sich bringt. Das will sagen, die vorbewußten Gedanken, in denen es seinen Ausdruck gefunden hat, werden im Laufe der Traumarbeit so behandelt, als ob sie unbewußte Anteile des Es wären, und im anderen Falle der Traumbildung werden die vorbewußten Gedanken, die sich die Verstärkung der unbewußten Triebregung geholt haben, zum unbewußten Zustand erniedrigt. Erst auf diesem Wege erfahren wir, welches die Gesetze des Ablaufes im Unbewußten sind und wodurch sie sich von den uns bekannten Regeln im Wachdenken unterscheiden. Die Traumarbeit ist also im wesentlichen ein Fall von unbewußter Bearbeitung vorbewußter Gedankenvorgänge. Um ein Gleichnis aus der Historie heranzuziehen: Die einbrechenden Eroberer behandeln das eroberte Land nicht nach dem Recht, das sie darin vorfinden, sondern nach ihrem eigenen. Es ist aber unverkennbar, daß das Ergebnis der Traumarbeit ein Kompromiß ist. In der dem unbewußten Stoff aufgenötigten Entstellung und in den oft sehr unzulänglichen Versuchen, dem Ganzen eine dem Ich noch annehmbare Form zu geben (sekundäre Bearbeitung), ist der Einfluß der noch nicht gelähmten Ichorganisation zu erkennen. Das ist, im Gleichnis, der Ausdruck des anhaltenden Widerstandes der Unterworfenen.

Die Gesetze des Ablaufes im Unbewußten, die auf solche Art zum Vorschein kommen, sind sonderbar genug und ausreichend, das meiste, was uns am Traum fremdartig ist, zu erklären. Da ist vor allem eine auffällige Tendenz zur *Verdichtung*, eine Neigung, neue Einheiten zu bilden aus Elementen, die wir im Wachdenken gewiß auseinandergehalten hätten. Demzufolge vertritt oft ein einziges Element des manifesten Traumes eine ganze Anzahl von latenten Traumgedanken, als wäre es eine allen gemeinsame Anspielung; überhaupt ist der Umfang des manifesten Traumes außerordentlich verkürzt im Vergleich zu dem reichen Stoff, aus dem er hervorgegangen ist. Eine andere, von der früheren nicht ganz unabhängige Eigentümlichkeit der Traumarbeit ist die Leichtigkeit der *Verschiebung* psychischer Intensitäten (Besetzungen) von einem Element auf ein anderes, so daß oft im manifesten Traum ein Element als das deutlichste und dementsprechend wichtigste erscheint, das in den Traumgedanken nebensächlich war, und umgekehrt wesentliche Elemente der Traumgedanken im manifesten Traum nur durch geringfügige Andeutungen vertreten werden. Außerdem genügen der Traumarbeit meist recht unscheinbare Gemeinsamkeiten, um ein Element für alle weiteren Operationen durch ein anderes zu ersetzen. Man begreift leicht, wie sehr durch diese Mechanismen der Verdichtung und Verschiebung die Deutung des Traumes und die Aufdeckung der Beziehungen zwischen manifestem Traum und latenten Traumgedanken erschwert werden kann. Unsere Theorie zieht aus dem Nachweis dieser beiden Tendenzen zur Verdichtung und Verschiebung den Schluß, daß im unbewußten Es die Energie sich in einem Zustand freier Beweglichkeit befindet und daß es dem Es auf die Möglichkeit der Abfuhr für Erregungsquantitäten mehr ankommt als auf alles andere, und sie verwendet beide Eigentümlichkeiten zur Charakteristik des dem Es zugeschriebenen Primärvorgangs.

Durch das Studium der Traumarbeit haben wir noch viele andere, ebenso merkwürdige wie wichtige Besonderheiten der Vorgänge im Unbewußten kennengelernt, von denen nur wenige hier erwähnt werden sollen. Die entscheidenden Regeln der Logik haben im Unbewußten keine Geltung, man kann sagen, es ist das Reich der Unlogik. Strebungen mit entgegengesetzten Zielen bestehen im Unbewußten nebeneinander, ohne daß ein Bedürfnis nach deren Abgleichung sich regte. Entweder sie beeinflussen einander überhaupt nicht, oder wenn, so kommt keine Entscheidung, sondern ein Kompromiß zustande, das unsinnig wird, weil es miteinander unverträgliche Einzelheiten einschließt. Dem steht nahe, daß Gegensätze nicht auseinandergehalten, sondern wie identisch behandelt werden, so daß im manifesten Traum jedes Element auch sein Gegenteil bedeuten kann. Einige Sprachforscher haben erkannt, daß es in den ältesten Sprachen ebenso war und daß Gegensätze wie stark-schwach, hoch-tief ursprünglich durch dieselbe Wurzel ausgedrückt wurden, bis zwei verschiedene Modifikationen des Urwortes die beiden Bedeutungen voneinander sonderten. Reste des ursprünglichen Doppelsinns sollen noch in einer so hoch entwickelten Sprache wie dem Lateinischen im Gebrauch von *altus* (hoch und tief), *sacer* (heilig und verrucht) u. a. erhalten sein.

Angesichts der Komplikation und der Vieldeutigkeit der Beziehungen zwischen manifestem Traum und dahinterliegendem latenten Inhalt ist man natürlich berechtigt zu fragen, auf welchem Weg man überhaupt dazu kommt, aus dem einen das andere abzuleiten, und ob man dabei allein auf ein glückliches Erraten, etwa unterstützt durch die Übersetzung der im manifesten Traum erscheinenden Symbole, angewiesen ist. Man darf die Auskunft geben, diese Aufgabe ist in den allermeisten Fällen in befriedigender Weise lösbar, aber nur mit Hilfe der Assoziationen, die der Träumer selbst zu den Elementen des manifesten Inhaltes liefert. Jedes andere Verfahren ist willkürlich und ergibt keine Sicherheit. Die Assoziationen des Träumers aber bringen die Mittelglieder zum Vorschein, die wir in die Lücke zwischen beiden einfügen und mit deren Hilfe wir den latenten Inhalt des Traumes wiederherstellen, den Traum »deuten« können. Es ist nicht zu verwundern, wenn diese der Traumarbeit entgegengesetzte Deutungsarbeit gelegentlich nicht die volle Sicherheit erzielt.

Es erübrigt, uns noch die dynamische Aufklärung zu geben, warum das schlafende Ich überhaupt die Aufgabe der Traumarbeit auf sich nimmt. Sie ist zum Glück leicht zu finden. Jeder in Bildung begriffene Traum erhebt mit Hilfe des Unbewußten einen Anspruch an das Ich auf Befriedigung eines Triebes, wenn er vom Es – auf Lösung eines Konfliktes, Aufhebung eines Zweifels, Herstellung eines Vorsatzes, wenn er von einem Rest der vorbewußten Tätigkeit im Wachleben ausgeht. Das schlafende Ich ist aber auf den Wunsch, den Schlaf festzuhalten, eingestellt, empfindet diesen Anspruch als eine Störung und sucht diese Störung zu beseitigen. Dies gelingt dem Ich durch einen Akt scheinbarer Nachgiebigkeit, indem es dem Anspruch eine unter diesen Umständen harmlose *Wunscherfüllung* entgegensetzt und ihn so aufhebt. Diese Ersetzung des Anspruches durch Wunscherfüllung bleibt die wesentliche Leistung der Traumarbeit. Vielleicht ist es nicht überflüssig, dies an drei einfachen Beispielen zu erläutern, einem Hungertraum, einem Bequemlichkeitstraum und einem vom sexuellen Bedürfnis eingegebenen. Beim Träumer meldet sich im Schlaf ein Bedürfnis nach Nahrung, er träumt von einer herrlichen Mahlzeit und schläft weiter. Er hatte natürlich die Wahl, aufzuwachen, um zu essen, oder den Schlaf fortzusetzen. Er hat sich für letzteres entschieden und den Hunger durch den Traum befriedigt. Wenigstens für eine Weile; hält der Hunger an, so wird er doch erwachen müssen. Der andere Fall: der Schläfer soll erwachen, um zu bestimmter Zeit auf der Klinik zu sein. Er schläft aber weiter und träumt, daß er sich schon auf der Klinik befindet, als Patient allerdings, der sein Bett nicht zu verlassen braucht. Oder nächtlicherweile regt sich die Sehnsucht nach dem Genuß eines verbotenen Sexualobjekts, der Frau eines Freundes. Er träumt vom Sexualverkehr, freilich nicht mit dieser Person, aber doch einer anderen, die denselben Namen trägt, wenngleich sie selbst ihm gleichgültig ist. Oder sein Sträuben äußert sich darin, daß die Geliebte überhaupt anonym bleibt.

Natürlich liegen nicht alle Fälle so einfach; besonders in den Träumen, die von unerledigten Tagesresten ausgehen und sich im Schlafzustand nur eine unbewußte Verstärkung geholt haben, ist es oft nicht leicht, die unbewußte Triebkraft aufzudecken und deren Wunscherfüllung nachzuweisen, aber man darf annehmen, daß sie immer vorhanden ist. Der Satz, daß der Traum Wunscherfüllung ist, wird leicht auf Unglauben stoßen, wenn man sich erinnert, wie viele Träume einen direkt peinlichen Inhalt haben oder selbst unter Angst zum Erwachen führen, ganz abgesehen von den so häufigen Träumen ohne bestimmten Gefühlston. Aber der Einwand des Angsttraumes hält der Analyse nicht stand. Man darf nicht vergessen, daß der Traum in allen Fällen das Ergebnis eines Konflikts, eine Art von Kompromißbildung ist. Was für das unbewußte Es eine Befriedigung ist, kann eben darum für das Ich ein Anlaß zur Angst sein.

Wie die Traumarbeit vor sich geht, hat sich das eine Mal das Unbewußte besser durchgesetzt, das andere Mal das Ich energischer gewehrt. Die Angstträume sind meist diejenigen, deren Inhalt die geringste Entstellung erfahren hat. Wird der Anspruch des Unbewußten zu groß, so daß das schlafende Ich nicht imstande ist, ihn durch die verfügbaren Mittel abzuwehren, so gibt es den Schlafwunsch auf und kehrt ins wache Leben zurück. Man trägt allen Erfahrungen Rechnung, wenn man sagt, der Traum sei jedesmal ein *Versuch*, die Schlafstörung durch Wunscherfüllung zu beseitigen, er sei also der Hüter des Schlafes. Dieser Versuch kann mehr oder weniger vollkommen gelingen, er kann auch mißlingen und dann wacht der Schläfer auf, anscheinend durch eben diesen Traum geweckt. Auch dem braven Nachtwächter, der den Schlaf des Städtchens behüten soll, bleibt ja unter Umständen nichts übrig, als Lärm zu schlagen und die schlafenden Bürger zu wecken.

An den Schluß dieser Erörterungen setzen wir die Mitteilung, die unser langes Verweilen beim Problem der Traumdeutung rechtfertigen wird. Es hat sich ergeben, daß die unbewußten Mechanismen, die wir durch das Studium der Traumarbeit erkannt haben und die uns die Traumbildung erklärten, daß dieselben Mechanismen uns auch zum Verständnis der rätselhaften Symptombildungen verhelfen, durch die Neurosen und Psychosen unser Interesse herausfordern. Eine solche Übereinstimmung muß große Hoffnungen bei uns erwecken.

Die psychoanalytische Technik

Der Traum ist also ein Psychose, mit allen Ungereimtheiten, Wahnbildungen, Sinnestäuschungen einer solchen. Eine Psychose zwar von kurzer Dauer, harmlos, selbst mit einer nützlichen Funktion betraut, von der Zustimmung der Person eingeleitet, durch einen Willensakt von ihr beendet. Aber doch eine Psychose, und wir lernen an ihr, daß selbst eine so tiefgehende Veränderung des Seelenlebens rückgängig werden, der normalen Funktion Raum geben kann. Ist es dann kühn, zu hoffen, daß es möglich sein müßte, auch die gefürchteten spontanen Erkrankungen des Seelenlebens unserem Einfluß zu unterwerfen und sie zur Heilung zu bringen?

Wir wissen schon manches zur Vorbereitung für diese Unternehmung. Nach unserer Voraussetzung hat das Ich die Aufgabe, den Ansprüchen seiner drei Abhängigkeiten von der Realität, dem Es und dem Über-Ich zu genügen und dabei doch seine Organisation aufrechtzuhalten, seine Selbständigkeit zu behaupten. Die Bedingung der in Rede stehenden Krankheitszustände kann nur eine relative oder absolute Schwächung des Ichs sein, die ihm die Erfüllung seiner Aufgaben unmöglich macht. Die schwerste Anforderung an das Ich ist wahrscheinlich die Niederhaltung der Triebansprüche des Es, wofür es große Aufwände an Gegenbesetzungen zu unterhalten hat. Es kann aber auch der Anspruch des Über-Ichs so stark und so unerbittlich werden, daß das Ich seinen anderen Aufgaben wie gelähmt gegenübersteht. Wir ahnen, in den ökonomischen Konflikten, die sich hier ergeben, machen Es und Über-Ich oft gemeinsame Sache gegen das bedrängte Ich, das sich zur Erhaltung seiner Norm an die Realität anklammern will. Werden die beiden ersteren zu stark, so gelingt es ihnen, die Organisation des Ichs aufzulockern und zu verändern, so daß seine richtige Beziehung zur Realität gestört oder selbst aufgehoben wird. Wir haben es am Traum gesehen; wenn sich das Ich von der Realität der Außenwelt ablöst, verfällt es unter dem Einfluß der Innenwelt in die Psychose.

Auf diese Einsichten gründen wir unseren Heilungsplan. Das Ich ist durch den inneren Konflikt geschwächt, wir müssen ihm zur Hilfe kommen. Es ist wie in einem Bürgerkrieg, der durch den Beistand eines Bundesgenossen von außen entschieden werden soll. Der analytische Arzt und das geschwächte Ich des Kranken sollen, an die reale Außenwelt angelehnt, eine Partei bilden gegen die Feinde, die Triebansprüche des Es und die Gewissensansprüche des Über-Ichs. Wir schließen einen Vertrag miteinander. Das kranke Ich verspricht uns vollste Aufrichtigkeit, d. h. die Verfügung über allen Stoff, den ihm seine Selbstwahrnehmung liefert, wir sichern ihm strengste Diskretion zu und stellen unsere Erfahrung in der Deutung des vom Unbewußten beeinflußten Materials in seinen Dienst. Unser Wissen soll sein Unwissen gutmachen, soll seinem Ich die Herrschaft über verlorene Bezirke des Seelenlebens wiedergeben. In diesem Vertrag besteht die analytische Situation.

Schon nach diesem Schritt erwartet uns die erste Enttäuschung, die erste Mahnung zur Bescheidenheit. Soll das Ich des Kranken ein wertvoller Bundesgenosse bei unserer gemeinsamen Arbeit sein, so muß es sich trotz aller Bedrängnis durch die ihm feindlichen Mächte ein gewisses Maß von Zusammenhalt, ein Stück Einsicht für die Anforderungen der Wirklichkeit bewahrt haben. Aber das ist vom Ich des Psychotikers nicht zu erwarten, dieses kann einen solchen Vertrag nicht einhalten, ja kaum ihn eingehen. Es wird sehr bald unsere Person und die Hilfe, die wir ihm anbieten, zu den Anteilen der Außenwelt geworfen haben, die ihm nichts mehr bedeuten. So erkennen wir, daß wir darauf verzichten müssen, unseren Heilungsplan beim Psychotiker zu versuchen. Vielleicht für immer verzichten, vielleicht nur zeitweilig, bis wir einen anderen, für ihn tauglicheren Plan gefunden haben.

Es gibt aber eine andere Klasse von psychisch Kranken, die den Psychotikern offenbar sehr nahe stehen, die ungeheure Anzahl der schwer leidenden Neurotiker. Die Krankheitsbedingungen wie die pathogenen Mechanismen müssen bei ihnen dieselben sein oder wenigstens sehr ähnlich. Aber ihr Ich hat sich widerstandsfähiger gezeigt, ist weniger desorganisiert worden. Viele von ihnen konnten sich trotz all ihrer Beschwerden und der von ihnen verursachten Unzulänglichkeiten noch im realen Leben behaupten. Diese Neurotiker mögen sich bereit zeigen, unsere Hilfe anzunehmen. Wir wollen unser Interesse auf sie beschränken und versuchen, wie weit und auf welchen Wegen wir sie »heilen« können.

Mit den Neurotikern schließen wir also den Vertrag: volle Aufrichtigkeit gegen strenge Diskretion. Das macht den Eindruck, als strebten wir nur die Stellung eines weltlichen Beichtvaters an. Aber der Unterschied ist groß, denn wir wollen von ihm nicht nur hören, was er weiß und vor anderen verbirgt, sondern er soll uns auch erzählen, was er nicht weiß. In dieser Absicht geben wir ihm eine nähere Bestimmung dessen, was wir unter Aufrichtigkeit verstehen. Wir verpflichten ihn auf die analytische *Grundregel*, die künftighin sein Verhalten gegen uns beherrschen soll. Er soll uns nicht nur mitteilen, was er absichtlich und gern sagt, was ihm wie in einer Beichte Erleichterung bringt, sondern auch alles andere, was ihm seine Selbstbeobachtung liefert, alles, was ihm in den Sinn kommt, auch wenn es ihm *unangenehm* zu sagen ist, auch wenn es ihm *unwichtig* oder sogar *unsinnig* erscheint. Gelingt es ihm, nach dieser Anweisung seine Selbstkritik auszuschalten, so liefert er uns eine Fülle von Material, Gedanken, Einfällen, Erinnerungen, die bereits unter dem Einfluß des Unbewußten stehen, oft direkte Abkömmlinge desselben sind und die uns also in den Stand setzen, das bei ihm verdrängte Unbewußte zu erraten und durch unsere Mitteilung die Kenntnis seines Ichs von seinem Unbewußten zu erweitern.

Aber weit entfernt davon, daß die Rolle seines Ichs sich darauf beschränken würde, in passivem Gehorsam uns das verlangte Material zu bringen und unsere Übersetzung desselben gläubig hinzunehmen. Es ereignet sich manches andere, einiges was wir voraussehen durften, anderes was uns überraschen muß. Das Merkwürdigste ist, daß der Patient nicht dabei bleibt, den Analytiker im Lichte der Realität zu betrachten als den Helfer und Berater, den man überdies für seine Mühewaltung entlohnt und der sich selbst gern mit der Rolle etwa eines Bergführers auf einer schwierigen Gebirgstour begnügen würde, sondern daß er in ihm eine Wiederkehr – Reinkarnation – einer wichtigen Person aus seiner Kindheit, Vergangenheit erblickt und darum Gefühle und Reaktionen auf ihn überträgt, die sicherlich diesem Vorbild gegolten haben. Diese Tatsache der Übertragung erweist sich bald als ein Moment von ungeahnter Bedeutung, einerseits ein Hilfsmittel von unersetzlichem Wert, andererseits eine Quelle ernster Gefahren. Diese Übertragung ist *ambivalent*, sie umfaßt positive, zärtliche, wie negative, feindselige Einstellungen gegen den Analytiker, der in der Regel an die Stelle eines Elternteils, des Vaters oder der Mutter, gesetzt wird. Solange sie positiv ist, leistet sie uns die besten Dienste. Sie verändert die ganze analytische Situation, drängt die rationelle Absicht, gesund und leidensfrei zu werden, zur Seite. An ihre Stelle tritt die Absicht, dem Analytiker zu gefallen, seinen Beifall, seine Liebe zu gewinnen. Sie wird die eigentliche Triebfeder der Mitarbeit des Patienten, das schwache Ich wird stark, unter ihrem Einfluß bringt er Leistungen zustande, die ihm sonst unmöglich wären, stellt seine Symptome ein, wird anscheinend gesund, nur dem Analytiker zuliebe. Der Analytiker mag sich beschämt eingestehen, daß er eine schwierige Unternehmung begonnen, ohne zu ahnen, welch außerordentliche Machtmittel sich ihm zur Verfügung stellen würden.

Das Verhältnis der Übertragung bringt außerdem noch zwei andere Vorteile mit sich. Setzt der Patient den Analytiker an die Stelle seines Vaters (seiner Mutter), so räumt er ihm auch die Macht ein, die sein Über-Ich über sein Ich ausübt, denn diese Eltern sind ja der Ursprung des Über-Ichs gewesen. Das neue Über-Ich hat nun Gelegenheit zu einer Art von *Nacherziehung* des Neurotikers, es kann Mißgriffe korrigieren, die sich die Eltern in ihrer Erziehung zuschulden kommen ließen. Hier setzt allerdings die Warnung ein, den neuen Einfluß nicht zu mißbrauchen. So sehr es den Analytiker verlocken mag, Lehrer, Vorbild und Ideal für andere zu werden, Menschen nach seinem Vorbild zu schaffen, er darf nicht vergessen, daß dies nicht seine Aufgabe im analytischen Verhältnis ist, ja daß er seiner Aufgabe untreu wird, wenn er sich von seiner Neigung fortreißen läßt. Er wiederholt dann nur einen Fehler der Eltern, die die Unabhängigkeit des Kindes durch ihren Einfluß erdrückt hatten, ersetzt nur die frühere Abhängigkeit durch eine neuere. Der Analytiker soll aber bei allen Bemühungen, zu bessern und zu erziehen, die Eigenart des Patienten respektieren. Das Maß von Beeinflussung, dessen er sich legitimerweise getraut, wird durch den Grad der Entwicklungshemmung bestimmt werden, den er bei dem Patienten vorfindet. Manche Neurotiker sind so infantil geblieben, daß sie auch in der Analyse nur wie Kinder behandelt werden können.

Ein anderer Vorteil der Übertragung ist noch, daß der Patient uns in ihr mit plastischer Deutlichkeit ein wichtiges Stück seiner Lebensgeschichte vorführt, über das er uns wahrscheinlich sonst nur ungenügende Auskunft gegeben hätte. Er agiert gleichsam vor uns, anstatt uns zu berichten.

Und nun zur anderen Seite des Verhältnisses. Da die Übertragung die Beziehung zu den Eltern reproduziert, übernimmt sie auch deren Ambivalenz. Es ist kaum zu vermeiden, daß die positive Einstellung zum Analytiker eines Tages in die negative, feindselige umschlägt. Auch diese ist gewöhnlich eine Wiederholung der Vergangenheit. Die Gefügigkeit gegen den Vater (wenn es sich um ihn handelte), das Werben um seine Gunst wurzelte in einem erotischen, auf seine Person gerichteten Wunsch. Irgendeinmal drängt sich dieser Anspruch auch in der Übertragung hervor und besteht auf Befriedigung. Er kann in der analytischen Situation nur auf Versagung stoßen. Reale sexuelle Beziehungen zwischen Patienten und Analytiker sind ausgeschlossen, auch die feineren Weisen der Befriedigung wie Bevorzugung, Intimität usw. werden vom Analytiker nur in spärlichem Ausmaß gewährt. Solche Verschmähung wird zum Anlaß der Umwandlung genommen, wahrscheinlich ging dasselbe in der Kindheit des Patienten vor sich.

Die Heilerfolge, die unter der Herrschaft der positiven Übertragung zustande kamen, stehen im Verdacht, *suggestiver* Natur zu sein. Gewinnt die negative Übertragung die Oberhand, so werden sie wie Spreu vor dem Wind hinweggeweht. Man merkt mit Schrecken, daß alle Mühe und Arbeit bisher vergeblich war. Ja, auch was man für einen bleibenden intellektuellen Gewinn des Patienten halten durfte, sein Verständnis für die Psychoanalyse, sein Vertrauen in deren Wirksamkeit, sind plötzlich verschwunden. Er benimmt sich wie das Kind, das kein eigenes Urteil hat, das blind dem glaubt, dem seine Liebe gehört, und keinem Fremden. Offenbar besteht die Gefahr dieser Übertragungszustände darin, daß der Patient ihre Natur verkennt und sie für neue reale Erlebnisse hält anstatt für Spiegelungen der Vergangenheit. Verspürt er (oder sie) das starke erotische Bedürfnis, das sich hinter der positiven Übertragung birgt, so glaubt er, sich leidenschaftlich verliebt zu haben; schlägt die Übertragung um, so hält er sich für beleidigt und vernachlässigt, haßt den Analytiker als seinen Feind und ist bereit, die Analyse aufzugeben. In beiden extremen Fällen hat er den Vertrag vergessen, den er zu Eingang der Behandlung aufgenommen hatte, ist er für die Fortsetzung der gemeinsamen Arbeit unbrauchbar geworden. Der Analytiker hat die Aufgabe, den Patienten jedesmal aus der gefahrdrohenden Illusion zu reißen, ihm immer wieder zu zeigen, daß es eine Spiegelung der Vergangenheit ist, was er für ein neues, reales Leben hält. Und damit er nicht in einen Zustand gerate, der ihn unzugänglich für alle Beweismittel macht, sorgt man dafür, daß weder die Verliebtheit noch die Feindseligkeit eine extreme Höhe erreichen. Man tut dies, indem man ihn frühzeitig auf diese Möglichkeiten vorbereitet und deren erste Anzeichen nicht unbeachtet läßt. Solche Sorgfalt in der Handhabung der Übertragung pflegt sich reichlich zu lohnen. Gelingt es, wie zumeist, den Patienten über die wirkliche Natur der Übertragungsphänomene zu belehren, so hat man seinem Widerstand eine mächtige Waffe aus der Hand geschlagen, Gefahren in Gewinne verwandelt; denn was der Patient in den Formen der Übertragung erlebt hat, das vergißt er nicht wieder, das hat für ihn stärkere Überzeugungskraft als alles auf andere Art Erworbene.

Es ist uns sehr unerwünscht, wenn der Patient außerhalb der Übertragung *agiert* anstatt zu erinnern; das für unsere Zwecke ideale Verhalten wäre, wenn er sich außerhalb der Behandlung möglichst normal benähme und seine abnormen Reaktionen nur in der Übertragung äußerte.

Unser Weg, das geschwächte Ich zu stärken, geht von der Erweiterung seiner Selbsterkenntnis aus. Wir wissen, dies ist nicht alles, aber es ist der erste Schritt. Der Verlust an solcher Kenntnis bedeutet für das Ich Einbuße an Macht und Einfluß, er ist das nächste greifbare Anzeichen dafür, daß es von den Anforderungen des Es und des Über-Ichs eingeengt und behindert ist. Somit ist das erste Stück unserer Hilfeleistung eine intellektuelle Arbeit von unserer Seite und eine Aufforderung zur Mitarbeit daran für den Patienten. Wir wissen, diese erste Tätigkeit soll uns den Weg bahnen zu einer anderen, schwierigeren Aufgabe. Wir werden den dynamischen Anteil derselben auch während der Einleitung nicht aus den Augen verlieren. Den Stoff für unsere Arbeit gewinnen wir aus verschiedenen Quellen, aus dem, was uns seine Mitteilungen und freie Assoziationen andeuten, was er uns in seinen Übertragungen zeigt, was wir aus der Deutung seiner Träume entnehmen, was er durch seine *Fehlleistungen* verrät. All das Material verhilft uns zu Konstruktionen über das, was mit ihm vorgegangen ist und was er vergessen hat, wie über das, was jetzt in ihm vorgeht, ohne daß er es versteht. Wir versäumen dabei aber nie, unser Wissen und sein Wissen streng auseinanderzuhalten. Wir vermeiden es, ihm, was wir oft sehr frühzeitig erraten haben, sofort mitzuteilen oder ihm alles mitzuteilen, was wir glauben erraten zu haben. Wir überlegen uns sorgfältig, wann wir ihn zum Mitwisser einer unserer Konstruktionen machen sollen, warten einen Moment ab, der uns der geeignete zu sein scheint, was nicht immer leicht zu entscheiden ist. In der Regel verzögern wir die Mitteilung einer Konstruktion, die Aufklärung, bis er sich selbst derselben so weit genähert hat, daß ihm nur ein Schritt, allerdings die entscheidende Synthese, zu tun übrig bleibt. Würden wir anders verfahren, ihn mit unseren

Deutungen überfallen, ehe er für sie vorbereitet ist, so bliebe die Mitteilung entweder erfolglos oder sie würde einen heftigen Ausbruch von *Widerstand* hervorrufen, der die Fortsetzung der Arbeit erschweren oder selbst in Frage stellen könnte. Haben wir aber alles richtig vorbereitet, so erreichen wir oft, daß der Patient unsere Konstruktion unmittelbar bestätigt und den vergessenen inneren oder äußeren Vorgang selbst erinnert. Je genauer sich die Konstruktion mit den Einzelheiten des Vergessenen deckt, desto leichter wird ihm seine Zustimmung. Unser Wissen in diesem Stück ist dann auch sein Wissen geworden.

Mit der Erwähnung des Widerstandes sind wir an den zweiten, wichtigeren Teil unserer Aufgabe herangekommen. Wir haben schon gehört, daß sich das Ich gegen das Eindringen unerwünschter Elemente aus dem unbewußten und verdrängten Es durch Gegenbesetzungen schützt, deren Intaktheit eine Bedingung seiner normalen Funktion ist. Je bedrängter sich das Ich nun fühlt, desto krampfhafter beharrt es, gleichsam verängstigt, auf diesen Gegenbesetzungen, um seinen Restbestand vor weiteren Einbrüchen zu beschützen. Diese defensive Tendenz stimmt aber durchaus nicht zu den Absichten unserer Behandlung. Wir wollen im Gegenteil, daß das Ich, durch die Sicherheit unserer Hilfe kühn geworden, den Angriff wage, um das Verlorene wieder zu erobern. Dabei bekommen wir nun die Stärke dieser Gegenbesetzungen als *Widerstände* gegen unsere Arbeit zu spüren. Das Ich schreckt vor solchen Unternehmungen zurück, die gefährlich erscheinen und mit Unlust drohen, es muß beständig angeeifert und beschwichtigt werden, um sich uns nicht zu verweigern. Diesen Widerstand, der die ganze Behandlung über anhält und sich bei jedem neuen Stück der Arbeit erneuert, heißen wir, nicht ganz korrekt, den *Verdrängungswiderstand*. Wir werden hören, daß es nicht der einzige ist, der uns bevorsteht. Es ist interessant, daß sich in dieser Situation die Parteibildung gewissermaßen umkehrt, denn das Ich sträubt sich gegen unsere Anregung, das Unbewußte aber, sonst unser Gegner, leistet uns Hilfe, denn es hat einen natürlichen »Auftrieb«, es verlangt nichts so sehr, als über die ihm gesetzten Grenzen ins Ich und bis zum Bewußtsein vorzudringen. Der Kampf, der sich entspinnt, wenn wir unsere Absicht erreichen und das Ich zur Überwindung seiner Widerstände bewegen können, vollzieht sich unter unserer Leitung und mit unserer Hilfeleistung. Es ist gleichgültig, welchen Ausgang er nimmt, ob er dazu führt, daß das Ich einen bisher zurückgewiesenen Triebanspruch nach neuerlicher Prüfung annimmt, oder ob es ihn wiederum, diesmal endgültig, verwirft. In beiden Fällen ist eine dauernde Gefahr beseitigt, der Umfang des Ichs erweitert und ein kostspieliger Aufwand überflüssig gemacht worden.

Die Überwindung der Widerstände ist der Teil unserer Arbeit, der die meiste Zeit und die größte Mühe in Anspruch nimmt. Er lohnt sich aber auch, denn er bringt eine vorteilhafte Ichveränderung zustande, die sich unabhängig vom Erfolg der Übertragung erhalten und im Leben bewähren wird. Gleichzeitig haben wir auch an der Beseitigung jener Ichveränderung gearbeitet, die sich unter dem Einfluß des Unbewußten hergestellt hatte, denn wann immer wir solche Abkömmlinge desselben im Ich nachweisen konnten, haben wir ihre illegitime Herkunft aufgezeigt und das Ich zu ihrer Verwerfung angeregt. Wir erinnern uns, es war eine der Vorbedingungen unserer vertragsmäßigen Hilfeleistung, daß eine solche Ichveränderung durch das Eindringen unbewußter Elemente ein gewisses Ausmaß nicht überstiegen habe.

Je weiter unsere Arbeit fortschreitet und je tiefer sich unsere Einsicht in das Seelenleben des Neurotikers gestaltet, desto deutlicher drängt sich uns die Kenntnis zweier neuer Momente auf, die als Quellen des Widerstandes die größte Beachtung fordern. Beide sind dem Kranken völlig unbekannt, beide konnten beim Abschluß unseres Vertrages nicht berücksichtigt werden; sie gehen auch nicht vom Ich des Patienten aus. Man kann sie unter dem gemeinsamen Namen: Krankheits- oder Leidensbedürfnis zusammenfassen, aber sie sind verschiedener Herkunft, wenn auch sonst verwandter Natur. Das erste dieser beiden Momente ist das Schuldgefühl oder Schuldbewußtsein, wie es mit Hinwegsetzung über die Tatsache genannt wird, daß der Kranke es nicht verspürt und nicht erkennt. Es ist offenbar der Beitrag zum Widerstand, den ein besonders hart und grausam gewordenes Über-Ich leistet. Das Individuum soll nicht gesund werden, sondern krank bleiben, denn es verdient nichts Besseres. Dieser Widerstand stört eigentlich unsere intellektuelle Arbeit nicht, aber er macht sie unwirksam, ja er gestattet oft, daß wir eine Form des neurotischen Leidens aufheben, ist aber sofort bereit, sie durch eine andere, eventuell durch eine somatische Erkrankung zu ersetzen. Dieses Schuldbewußtsein erklärt auch die gelegentlich beobachtete Heilung oder Besserung schwerer Neurosen durch reale Unglücksfälle; es kommt nämlich nur darauf an, daß man elend sei, gleichgültig in welcher Weise. Die klaglose Ergebenheit, mit der solche Personen oft ihr schweres Schicksal ertragen, ist sehr merkwürdig, aber auch verräterisch. In der Abwehr dieses Widerstandes müssen wir uns auf das Bewußtmachen desselben und auf den Versuch zum langsamen Abbau des feindseligen Über-Ichs beschränken.

Weniger leicht ist es, die Existenz eines anderen Widerstandes zu erweisen, in dessen Bekämpfung wir uns besonders unzulänglich finden. Es gibt unter den Neurotikern Personen, bei denen, nach all ihren Reaktionen zu urteilen, der Trieb zur Selbsterhaltung geradezu eine Verkehrung erfahren hat. Sie scheinen auf nichts anderes als auf Selbstschädigung und Selbstzerstörung auszugehen. Vielleicht gehören auch die Personen, welche am Ende wirklich Selbstmord begehen, zu dieser Gruppe. Wir nehmen an, daß bei ihnen weitgehende Triebentmischungen stattgefunden haben, in deren Folge übergroße Quantitäten des nach innen gewendeten Destruktionstriebs frei geworden sind. Solche Patienten können die Herstellung durch unsere Behandlung nicht erträglich finden, sie widerstreben ihr mit allen Mitteln. Aber wir gestehen es zu, dies ist ein Fall, dessen Aufklärung uns noch nicht ganz geglückt ist.

Überblicken wir jetzt nochmals die Situation, in die wir uns mit unserem Versuch, dem neurotischen Ich Hilfe zu bringen, begeben haben. Dieses Ich kann die Aufgabe, welche ihm die Außenwelt einschließlich der menschlichen Gesellschaft stellt, nicht mehr erfüllen. Es verfügt nicht über all seine Erfahrungen, ein großer Teil seines Erinnerungsschatzes ist ihm abhanden gekommen. Seine Aktivität wird durch strenge Verbote des Über-Ichs gehemmt, seine Energie verzehrt sich in vergeblichen Versuchen zur Abwehr der Ansprüche des Es. Überdies ist es infolge der fortgesetzten Einbrüche des Es in seiner Organisation geschädigt, in sich gespalten, bringt keine ordentliche Synthese mehr zustande, wird von einander widerstrebenden Strebungen, unerledigten Konflikten, ungelösten Zweifeln zerrissen. Wir lassen dies geschwächte Ich des Patienten zunächst an der rein intellektuellen Deutungsarbeit teilnehmen, die eine provisorische Ausfüllung der Lücken in seinem seelischen Besitz anstrebt, lassen uns die Autorität seines Über-Ichs übertragen, feuern es an, den Kampf um jeden einzelnen Anspruch des Es aufzunehmen und die Widerstände zu besiegen, die sich dabei ergeben. Gleichzeitig stellen wir die Ordnung in seinem Ich wieder her, indem wir die aus dem Unbewußten eingedrungenen Inhalte und Strebungen aufspüren und durch Rückführung auf ihren Ursprung der Kritik bloßstellen. Wir dienen dem Patienten in verschiedenen Funktionen als Autorität und Elternersatz, als Lehrer und Erzieher, das Beste haben wir für ihn getan, wenn wir als Analytiker die psychischen Vorgänge in seinem Ich aufs normale Niveau heben, unbewußt Gewordenes und Verdrängtes in Vorbewußtes verwandeln und damit dem Ich wieder zu eigen geben. Auf der Seite des Patienten wirken für uns einige rationelle Momente wie das durch sein Leiden motivierte Bedürfnis nach Genesung und das intellektuelle Interesse, das wir bei ihm für die Lehren und Enthüllungen der Psychoanalyse wecken konnten, mit weit stärkeren Kräften aber die positive Übertragung, mit der er uns entgegenkommt. Auf der anderen Seite streiten gegen uns die negative Übertragung, der Verdrängungswiderstand des Ichs, d. h. seine Unlust, sich der ihm aufgetragenen schweren Arbeit auszusetzen, das Schuldgefühl aus dem Verhältnis zum Über-Ich und das Krankheitsbedürfnis aus tiefgreifenden Veränderungen seiner Triebökonomie. Von dem Anteil der beiden letzteren Faktoren hängt es ab, ob wir seinen Fall einen leichten oder schweren nennen werden. Unabhängig von diesen lassen sich einige andere Momente erkennen, die als günstig oder ungünstig in Betracht kommen. Eine gewisse psychische Trägheit, eine Schwerbeweglichkeit der Libido, die ihre Fixierungen nicht verlassen will, kann uns nicht willkommen sein; die Fähigkeit der Person zur Triebsublimierung spielt eine große Rolle und ebenso ihre Fähigkeit zur Erhebung über das grobe Triebleben sowie die relative Macht ihrer intellektuellen Funktionen.

Wir sind nicht enttäuscht, sondern finden es durchaus begreiflich, wenn wir zum Schluß kommen, daß der Endausgang des Kampfes, den wir aufgenommen haben, von quantitativen Relationen abhängt, von dem Energiebetrag, den wir zu unseren Gunsten beim Patienten mobilisieren können, im Vergleich zur Summe der Energien der Mächte, die gegen uns wirken. Gott ist hier wieder einmal mit den stärkeren Bataillonen – gewiß erreichen wir nicht immer zu siegen, aber wenigstens können wir meistens erkennen, warum wir nicht gesiegt haben. Wer unseren Ausführungen nur aus therapeutischem Interesse gefolgt ist, wird sich vielleicht nach diesem Eingeständnis geringschätzig abwenden. Aber uns beschäftigt die Therapie hier nur insoweit, als sie mit psychologischen Mitteln arbeitet, derzeit haben wir keine anderen. Die Zukunft mag uns lehren, mit besonderen chemischen Stoffen die Energiemengen und deren Verteilungen im seelischen Apparat direkt zu beeinflussen. Vielleicht ergeben sich noch ungeahnte andere Möglichkeiten der Therapie; vorläufig steht uns nichts Besseres zu Gebote als die psychoanalytische Technik, und darum sollte man sie trotz ihrer Beschränkungen nicht verachten.

C. G. JUNG

Analytische Psychologie: Ziele der Psychotherapie

[...] Wenn irgendwo, so müssen wir in der angewandten Psychologie heutzutage bescheiden sein und eine anscheinende Vielfalt widersprechender Meinungen gelten lassen, denn wir sind noch weit davon entfernt, vom vornehmsten Objekt der Wissenschaft, der menschlichen Seele selber, irgend etwas Gründliches zu wissen. Vorderhand haben wir bloß mehr oder weniger plausible Meinungen, die sich noch nirgends decken wollen.

Wenn ich daher vor mein Publikum trete, um einiges von meinen Auffassungen zu sagen, so mißverstehe man dies bitte nicht als Anpreisung einer neuen Wahrheit oder gar als Verkündigung eines endgültigen Evangeliums. Ich kann in der Tatsache nur von Versuchen reden, entweder mir dunkle, seelische Tatsachen aufzuhellen oder therapeutische Schwierigkeiten zu überwinden.

Und es ist gerade bei letztem Punkte, wo ich einsetzen möchte. Denn hier liegt die unmittelbarste Nötigung zu Modifikationen vor. Mit einer unzulänglichen Theorie kann man es bekanntlich sehr lange aushalten, nicht aber mit unzulänglichen therapeutischen Methoden. In meiner beinahe dreißigjährigen psychotherapeutischen Praxis habe ich mir eine beträchtliche Sammlung von Mißerfolgen zugelegt, die mir eindrücklicher waren als meine Erfolge. Erfolge in der Psychotherapie kann jedermann haben, angefangen mit dem primitiven Medizinmann und dem Gesundbeter. Aus Erfolgen lernt der Psychotherapeut wenig oder nichts, denn sie bestätigen ihn hauptsächlich in seinen Irrtümern. Mißerfolge dagegen sind überaus kostbare Erfahrungen, denn in ihnen tut sich nicht nur der Weg zu einer besseren Wahrheit auf, sondern sie zwingen uns auch zur Veränderung unserer Auffassung und Methode. [...]

Hier alle Bedingungen zu schildern, unter denen ich angestoßen bin, ist fast unmöglich. Ich muß mich damit begnügen, wenigstens einige typische Fälle hervorzuheben. Die Hauptschwierigkeiten hatte ich mit Patienten vorgerückten Alters, also jenseits vierzig. [...]

Mir scheint überhaupt, daß die seelischen Grundtatsachen sich im Laufe des Lebens gewaltig ändern, so sehr, daß man beinahe von einer Psychologie des Lebensvormittags und des Lebensnachmittags sprechen könnte. In der Regel steht das Leben des jugendlichen Menschen im Zeichen einer allgemeinen Expansion mit Erstrebung sichtbarer Ziele, und seine Neurose scheint hauptsächlich auf dem Zögern oder dem Zurückweichen vor dieser Richtung zu beruhen. Das Leben des alternden Menschen dagegen steht im Zeichen der Kontraktion, dem Behaupten des Erreichten und dem Abbau der Ausdehnung. Seine Neurose beruht im wesentlichen auf einem unzeitgemäßen Verharren in der jugendlichen Einstellung. Wie der junge Neurotiker sich scheut vor dem Leben, so weicht der alte zurück vor dem Tod. Was dem Jungen einst normales Ziel war, wird dem Alten neurotisches Hemmnis; genau so schließlich, wie sich durch das Zögern des jungen Neurotikers seine ursprünglich normale Abhängigkeit von den Eltern in ein lebenswidriges Inzestverhältnis umkehrt. Es ist natürlich, daß beim jungen Menschen Neurose, Widerstand, Verdrängung, Übertragung, Fiktionen usw. eine umgekehrte Bedeutung als beim alten haben, trotz aller scheinbaren Ähnlichkeit. Demgemäß müssen wohl auch die Ziele der Therapie modifiziert werden. Das Alter des Patienten erscheint mir daher als eine höchst wichtige Indikation. [...]

Man weiß, daß ich in puncto Temperament zwei verschiedene Grundhaltungen, in Anlehnung an die schon von vielen Menschenkennern gewitterten typischen Unterschiede, nämlich die *extravertierte* und die *introvertierte* Einstellung annehme. Auch diese Einstellungen betrachte ich als wesentliche Indikationen, ebenso wie das häufige Vorherrschen einer gewissen psychischen Funktion gegenüber den anderen Funktionen.

Das unerhörte Vielerlei des individuellen Lebens bedingt eigentlich beständige Modifikationen, die vom Arzt selber oft ganz unbewußt angebracht werden, die aber, prinzipiell betrachtet, gar nicht mit seinem theoretischen Glaubensbekenntnis übereinstimmen.

Bei der Frage des Temperaments darf ich nicht unterlassen, zu erwähnen, daß es Menschen wesentlich *geistiger* und solcher wesentlich *materialistischer* Einstellung gibt, wobei man ja nicht glauben darf, eine solche Haltung sei ein zufällig erworbenes bloßes Mißverständnis. Es sind häufig sogar angeborene Leidenschaften, die keine Kritik und keine Überredung auszurotten vermag, ja es gibt Fälle, wo ein scheinbar ausgesprochener Materialismus im Grunde genommen ein Ausweichen vor einem religiösen Temperament ist. Umgekehrte Fälle werden heutzutage bekanntlich noch leichter geglaubt, obschon sie nicht häufiger sind als die anderen. Auch dies ist eine Indikation, die m. E. nicht übersehen werden darf.

Wenn wir den Ausdruck »Indikation« gebrauchen, so möchte es fast erscheinen, als ob damit, wie in der übrigen Medizin, Indikation zu der oder jener Therapie gemeint sei. Vielleicht sollte dies so sein, aber jedenfalls ist die Psychotherapie heute noch nicht so weit, weshalb der Ausdruck »Indikation« leider nicht viel mehr heißt als eine bloße Warnung vor Einseitigkeit.

Die menschliche Psyche ist etwas ungeheuer Zweideutiges. In jedem einzelnen Fall muß man sich die Frage vorlegen, ob eine Einstellung oder ein sog. Habitus *eigentlich* sei oder vielleicht bloß eine Kompensation des Gegenteils. Ich muß gestehen, daß ich mich in dieser Hinsicht so oft getäuscht habe, daß ich im konkreten Fall von allen theoretischen Voraussetzungen über die Struktur der Neurose und über das Können und Sollen des Patienten möglichst absehe. Ich lasse so viel wie möglich die reine Erfahrung über die therapeutischen Ziele entscheiden. Das mag vielleicht befremdlich erscheinen, denn vom Therapeuten wird doch gemeiniglich vorausgesetzt, daß er ein Ziel habe. In der Psychotherapie scheint es mir geradezu ratsam, wenn der Arzt kein zu sicheres Ziel hat. Er kann es wohl kaum besser wissen als die Natur und als der Lebenswille des Kranken. Die großen Entscheidungen des menschlichen Lebens sind ja in der Regel viel mehr den Instinkten und sonstigen geheimnisvollen, unbewußten Faktoren unterworfen als bewußter Willkür und wohlmeinender Vernünftigkeit. Der Schuh, der dem einen paßt, drückt den anderen, und es gibt kein allgemeingültiges Lebensrezept. Jeder hat wohl seine Lebensform in sich, eine irrationale Form, die durch keine andere überboten werden kann.

Das alles hindert natürlich nicht, daß man mit Normalisieren und Rationalisieren zunächst so weit geht wie möglich. Ist der therapeutische Erfolg genügend, so kann man es wohl dabei bewenden lassen. Genügt er aber nicht, so hat sich die Therapie wohl oder übel nach den irrationalen Gegebenheiten des Kranken zu richten. Hier müssen wir der Natur als Führerin folgen, und was der Arzt dann tut, ist weniger Behandlung als vielmehr Entwicklung der im Patienten liegenden schöpferischen Keime.

Was ich zu sagen habe, beginnt da, wo die Entwicklung anfängt, und die Behandlung aufhört. Wie man sieht, beschränkt sich also das, was ich zur Frage der Therapie beitragen kann, auf diejenigen Fälle, bei denen die rationale Behandlung kein genügendes Resultat erzielt. Das Krankenmaterial, das mir zur Verfügung steht, setzt sich eigenartig zusammen: Frische Fälle sind in der entschiedenen Minderzahl. Die meisten haben schon irgendeine Form psychotherapeutischer Behandlung hinter sich, und zwar mit partiellem oder negativem Erfolg. Etwa ein Drittel meiner Fälle leidet überhaupt an keiner klinisch bestimmbaren Neurose, sondern an der Sinn- und Gegenstandslosigkeit ihres Lebens. Ich habe nichts dagegen, wenn man dies als allgemeine Neurose unserer Zeit bezeichnen sollte. Reichlich zwei Drittel meiner Patienten stehen in der zweiten Lebenshälfte.

Dieses eigenartige Material setzt den rationalen Behandlungsmethoden einen besonderen Widerstand entgegen, wohl deshalb, weil es meistens sozial wohl angepaßte, öfters hervorragend leistungsfähige Individuen sind, denen Normalisierung nichts sagt. Und was die sogenannten Normalen anbetrifft, so bin ich erst recht nicht in der Lage, diesen eine fertige Lebensanschauung zu servieren. Bei den meisten meiner Fälle sind die Ressourcen des Bewußtseins erschöpft – der geläufige englische Ausdruck dafür ist: »I am stuck« – »ich bin steckengeblieben«. Diese Tatsache ist es, die mich hauptsächlich zwingt, nach unbekannten Möglichkeiten zu suchen. Denn ich weiß dem Patienten auf seine Frage: »Was raten Sie mir? Was soll ich tun?« nichts zu antworten. Ich weiß es auch nicht. Ich weiß nur eins, daß, wenn mein Bewußtsein keinen gangbaren Weg mehr vor sich sieht und darum steckenbleibt, meine unbewußte Seele auf den unerträglichen Stillstand reagieren wird.

Dieses Steckenbleiben ist ein seelischer Vorgang, der sich im Laufe der Menschheitsentwicklung so unzählige Male wiederholt hat, daß er sogar zum Motiv vieler Märchen und Mythen geworden ist, wo es dann etwa eine Springwurzel für das verschlossene Tor oder ein hilfreiches Tier für die Auffindung des verborgenen Weges gibt. Das heißt, mit anderen Worten ausgedrückt: Das Steckenbleiben ist ein typisches Ereignis, das wohl auch typische Reaktionen und Kompensationen im Laufe der Zeiten veranlaßt hat. Wir dürfen daher mit einiger Wahrscheinlichkeit darauf rechnen, daß etwas Entsprechendes in den Reaktionen des Unbewußten, also z. B. in den Träumen auftauchen wird.

In solchen Fällen richtet sich daher mein Hauptaugenmerk zunächst auf die *Träume*. Ich tue dies nicht etwa darum, weil ich mich auf die Idee versteife, es müsse durchaus mit den Träumen geschafft werden, oder weil ich eine mysteriöse Traumtheorie besitze, nach der es so und so gehen müßte, sondern ganz einfach aus Verlegenheit. Ich weiß nicht, wo ich sonst etwas herholen könnte, darum versuche ich, es in den Träumen zu finden, denn diese geben doch Imaginationen, sie deuten doch irgend etwas an, was wenigstens mehr ist als nichts. Ich habe keine Traumtheorie, ich weiß nicht, wie Träume zustande kommen. Ich bin auch durchaus nicht sicher, ob meine Art, mit den Träumen umzugehen, überhaupt den Namen *Methode* verdient. Ich teile alle Vorurteile gegen Traumdeutung als der Qintessenz aller Unsicherheiten und Willkür. Aber auf der anderen Seite weiß ich, daß fast in der Regel etwas dabei herauskommt, wenn man lange und gründlich genug einen Traum recht eigentlich meditiert, d. h. mit sich herumträgt. Dieses Etwas ist natürlich kein wissenschaftliches Resultat, mit dem man prunken könnte, oder das sich rationalisieren ließe, sondern es ist ein praktisch wichtiger Wink, welcher dem Patienten zeigt, wohin der unbewußte Weg zielt. Mir darf es nicht daran liegen, daß das Resultat der Traumüberlegung wissenschaftlich beleg- oder haltbar sei, sonst verfolge ich ein autoerotisches Nebenziel. Ich muß mich ganz damit begnügen, daß es dem Patienten etwas sagt und seinem Leben Strömung verleiht. Das einzige Kriterium, das ich anerkennen darf, ist also die Tatsache, daß das Resultat meiner Bemühung *wirkt*. Meine wissenschaftliche Liebhaberei, nämlich immer wissen zu wollen, warum es wirkt, muß ich für meine freie Zeit aufsparen.

Unendlich mannigfach sind die Inhalte der Initialträume, d. h. der Träume aus dem Anfang dieser Art von Unternehmung. In vielen Fällen weisen die Träume zunächst zurück in die Vergangenheit und erinnern an Vergessenes und Verlorenes. Öfter nämlich ereignen sich diese Stillstände und Desorientierungen, wenn die Lebensführung einseitig geworden ist. Dann kann nämlich ein plötzlicher sog. Libidoverlust eintreten. Alle bisherige Tätigkeit wird uninteressant, ja sinnlos, und ihre Ziele sind plötzlich nicht mehr begehrenswert. Was bei dem einen bloß vorübergehende Laune ist, kann beim anderen chronischer Zustand werden. In diesen Fällen kommt es oft vor, daß andere Entwicklungsmöglichkeiten der Persönlichkeit irgendwo in der Vergangenheit begraben liegen, und niemand weiß davon, nicht einmal der Patient. Der Traum aber kann die Spur aufdecken.

In anderen Fällen verweist der Traum auf Gegenwartstatsachen, von denen das Bewußtsein nie angenommen hat, daß sie problematisch oder konflikthaft sein könnten, z. B. Ehe, soziale Stellung usw.

Diese Möglichkeiten liegen noch im Bereich des Rationalen, und es würde mir wohl nicht schwerfallen, solche Initialträume plausibel zu machen. Die wirkliche Schwierigkeit beginnt erst, wenn die Träume auf keine Handgreiflichkeiten hinweisen, und das tun sie häufig, besonders dann, wenn sie etwas Zukünftiges vorauszuerfassen versuchen. Ich meine mit solchen Träumen nicht notwendigerweise prophetische Träume, sondern bloß vorfühlende oder »rekognoszierende« Träume. Solche Träume enthalten Witterungen von Möglichkeiten und sind daher dem Unbeteiligten gegenüber nie plausibel zu machen. Öfters sind sie auch mir selber nicht plausibel, weshalb ich dann dem Patienten zu sagen pflege: »Ich glaub's nicht. Aber verfolgen Sie mal die Spur.« Wie gesagt, das einzige Kriterium ist die anregende Wirkung, wobei wir aber noch längstens nicht einzusehen brauchen, warum eine solche Wirkung stattfindet.

Dies gilt ganz besonders von Träumen, die etwas wie »unbewußte Metaphysik« enthalten, nämlich mythologisches Analogiedenken, wobei gelegentlich in unerhört bizarren Formen, die einen zunächst verblüffen, geträumt wird.

Man wird mir nun gewiß einwenden, woher ich denn wisse, daß die Träume so etwas wie »unbewußte Metaphysik« enthalten. Da muß ich nun gestehen, daß ich nicht weiß, ob die Träume das enthalten. Ich weiß dazu viel zu wenig von Träumen. Ich sehe nur die Wirkung beim Patienten. Hierzu möchte ich ein kleines Beispiel geben.

In einem längeren Initialtraum eines meiner »normalen« Fälle spielte eine Tatsache, daß ein Kind der Schwester des Träumers krank war, eine Hauptrolle. Es war ein zweijähriges Mädchen.

In Wirklichkeit hatte seine Schwester einige Zeit zuvor einen Knaben durch Krankheit verloren, aber sonst war keines ihrer Kinder krank. Die Traumtatsache des kranken Kindes erwies sich zunächst als unzugänglich, wohl weil sie nirgends mit der Wirklichkeit stimmte. Da zwischen dem Träumer und seiner Schwester keine unmittelbaren und nahen Beziehungen bestehen, so konnte er auch wenig Persönliches in diesem Bilde fühlen. Da fiel ihm aber plötzlich ein, daß er vor zwei Jahren mit dem Studium des Okkultismus angefangen hatte, in dessen Verlauf er dann die Psychologie entdeckte. Das Kind war also offenbar sein seelisches Interesse – ein Gedanke, auf den ich von mir aus nicht gekommen wäre. Rein theoretisch betrachtet kann ja dieses Traumbild alles oder nichts bedeuten. Bedeutet ein Ding oder eine Tatsache an sich überhaupt je etwas? Sicher ist nur, daß es stets der Mensch ist, der deutet, d. h. Bedeutung gibt. Und das ist für die Psychologie zunächst das Wesentliche. Daß das Studium des Okkultismus krankhaft sei, imponierte dem Träumer als ein neuer, interessanter Gedanke. Das schlug irgendwie ein. Und das ist das Entscheidende: es wirkt, was es nun immer sei nach unserem unmaßgeblichen Dafürhalten. Dieser Gedanke bedeutet für ihn eine Kritik, und damit wird eine gewisse Einstellungsveränderung bewirkt. Durch solche leisen Veränderungen, die man rational gar nicht erdenken könnte, geraten die Dinge in Bewegung, und schon ist der Stillstand, im Prinzip wenigstens, überwunden.

Ich könnte nun an Hand dieses Beispiels figürlich sagen: Der Traum habe gemeint, die okkulten Studien des Träumers seien krankhaft, und in diesem Sinne kann ich auch von »unbewußter Metaphysik« sprechen, wenn der Träumer durch seinen Traum auf solche Gedanken gebracht wird.

Ich gehe aber noch weiter: ich gebe nämlich nicht nur dem Patienten Gelegenheit, sich etwas zu seinen Träumen einfallen zu lassen, sondern auch mir. Ich gebe ihm auch meine Einfälle und Meinungen. Wenn dabei suggestive Wirkungen eintreten sollten, so ist es mir willkommen, denn bekanntlich läßt man sich nur das suggerieren, wozu man sowieso schon leise bereit ist. Daß man bei diesem Rätselraten bisweilen in die Irre geht, schadet nichts, denn bei nächster Gelegenheit wird das Unrichtige wie ein Fremdkörper wieder ausgestoßen. Ich brauche nicht zu beweisen, daß meine Traumdeutung richtig sei – ein ziemlich aussichtsloses Unterfangen –, sondern ich muß bloß mit dem Patienten zusammen das *Wirksame* suchen – beinahe wäre ich versucht zu sagen, das *Wirkliche*.

Deshalb ist es mir eine ganz besonders wichtige Angelegenheit, möglichst viel von primitiver Psychologie, Mythologie, Archäologie und vergleichender Religionsgeschichte zu wissen, weil mir diese Gebiete unschätzbare Analogien liefern, mit denen ich die Einfälle meiner Patienten bereichern kann. So können wir zusammen das anscheinend Belanglose in die Nachbarschaft des Bedeutungsreichen rücken und damit die Möglichkeit der Wirkung beträchtlich erhöhen. Für den Laien nämlich, der in der Sphäre des Persönlichen und Rationalen sein Möglichstes getan hat und doch zu keinem Sinn und darum zu keiner Befriedigung gelangte, will es unendlich viel heißen, eine irrationale Sphäre des Lebens und Erlebens betreten zu können. Dadurch verändert sich auch der Aspekt des Gewöhnlichen und Alltäglichen, dem diese Veränderung sogar einen neuen Schimmer verleihen kann. Das meiste hängt ja doch schließlich davon ab, wie wir die Dinge betrachten, und nicht davon, wie sie an sich sind. Kleinstes mit Sinn ist immer lebenswerter als Größtes ohne Sinn.

Ich glaube, das Risiko dieser Unternehmung nicht zu unterschätzen. Es ist, wie wenn man eine Brücke ins Blaue hinaus zu bauen anfinge. Ja, man könnte ironischerweise sogar den Einwand erheben – und hat dies auch schon öfters getan –, daß bei diesem Vorgehen der Arzt zusammen mit seinem Patienten im Grunde genommen bloß phantasiere.

Dieser Einwand ist kein Gegengrund, sondern trifft durchaus das Richtige. Ich strenge mich sogar an, mit dem Patienten zu phantasieren. Ich denke nämlich nicht gering von der Phantasie. Sie ist mir in letzter Linie die mütterliche Schöpferkraft des männlichen Geistes. Im letzen Grunde sind wir nie erhaben über Phantasie. Gewiß gibt es wertlose, unzulängliche, krankhafte und unbefriedigende Phantasien, deren sterile Natur jeder mit gesundem Menschenverstand Begabte baldigst erkennen wird, aber Fehlleistungen beweisen bekanntlich nichts gegen Normalleistung. Alles Menschenwerk entstammt der schöpferischen Phantasie. Wie sollten wir da von der Einbildungskraft gering denken dürfen? Auch geht Phantasie normalerweise nicht in die Irre, dazu ist sie zu tief und zu innig verbunden mit dem Grundstock menschlicher und tierischer Instinkte. Sie kommt in überraschender Weise immer wieder zurecht. Die schöpferische Betätigung der Einbildungskraft entreißt den Menschen seiner Gebundenheit im »Nichts-als« und erhebt ihn in den Zustand des Spielenden. Und der Mensch ist, wie SCHILLER sagt, »nur da ganz Mensch, wo er spielt«.

Die Wirkung, auf die ich hinziele, ist die Hervorbringung eines seelischen Zustandes, in welchem mein Patient anfängt, mit seinem Wesen zu experimentieren, wo nichts mehr für immer gegeben und hoffnungslos versteinert ist, eines Zustandes der Flüssigkeit, der Veränderung und des Werdens. Ich kann meine Technik natürlich nur im Prinzip darstellen. Diejenigen unter meinen Lesern, die zufälligerweise mit meinen Arbeiten bekannt sind, können sich die nötigen Parallelen denken. Ich möchte hier nur hervorheben, daß man mein Vorgehen nicht als ziel- und schrankenlos verstehen darf. Ich mache es mir nämlich immer zur Regel, nie über den im wirkungsvollen Moment liegenden Sinn hinaus zu gehen, und ich bestrebe mich bloß, diesen Sinn jeweils so völlig wie möglich dem Patienten bewußt zu machen, so daß er auch dessen überpersönlicher Beziehung gewahr wird. Wenn nämlich einem Menschen etwas zustößt, von dem er annimmt, daß etwas Derartiges nur ihm persönlich geschieht, während es in Wirklichkeit ein ganz allgemeines Erlebnis ist, so ist der Betreffende offenbar unrichtig, nämlich zu persönlich eingestellt und dadurch von der menschlichen Gemeinschaft ausgeschlossen. Gleichermaßen ist es nötig, daß wir nicht nur ein persönliches Gegenwartsbewußtsein haben, sondern auch ein überpersönliches Bewußtsein, dessen Geist historische Kontinuität fühlt. So abstrakt dies klingen mag, so ist es doch eine praktische Tatsache, daß so und so viele Neurosen in allererster Linie darauf beruhen, daß z. B. die religiösen Ansprüche der Seele infolge des kindischen Aufklärungswahns nicht mehr wahrgenommen werden. Der Psychologe von heute sollte es endlich einmal wissen, daß es sich längstens nicht mehr um Dogmen und Glaubensbekenntnisse handelt, sondern vielmehr um religiöse Einstellung, die eine psychische Funktion von kaum absehbarer Wichtigkeit ist. Und gerade für die religiöse Funktion ist historische Kontinuität unerläßlich. [...]

Solange ich dem Patienten helfe, die wirksamen Momente seiner Träume herauszufinden, und solange ich mich bestrebe, ihn den allgemeinen Sinn seiner Symbole sehen zu lassen, ist er noch in einem psychologischen Kindheitszustand. Er hängt zunächst von seinen Träumen ab und von der Frage, ob ihm der nächste Traum ein neues Licht gebe oder nicht. Sodann hängt er davon ab, ob ich Einfälle habe und ihm durch mein Wissen weitere Einsichten vermitteln könne. Er ist also noch in einem wenig wünschenswerten, passiven Zustande, in welchem alles etwas unsicher und fragwürdig ist. Denn weder er noch ich weiß, wohin die Reise geht. Oft ist es nicht viel mehr als ein Herumtappen in ägyptischer Finsternis. In diesem Zustand dürfen wir auch keine zu starken Wirkungen erwarten, denn dazu ist die Unsicherheit zu groß. Und überdies besteht die oftmals eintretende Gefahr, daß das Gewebe, das wir am Tage gesponnen, immer wieder von der Nacht zerrissen wird. Die Gefahr ist, daß nichts zustande kommt – in des Wortes vollster Bedeutung –, daß nichts stehen bleibt. In diesen Situationen ereignet es sich nicht selten, daß ein besonders farbiger Traum eintritt oder einer von seltsamer Gewalt, und der Patient sagt mir: »Sehen Sie, wenn ich jetzt ein Maler wäre, so würde ich davon ein Gemälde machen.« Oder die Träume sprechen von Photographien, von gemalten oder gezeichneten Bildern oder illuminierten Handschriften oder auch vom Kino.

Diese Winke habe ich mir zunutze gemacht und fordere deshalb meine Patienten in diesem Augenblick auf, das im Traum oder in der Phantasie Geschaute in Wirklichkeit zu malen. In der Regel begegne ich dem Einwand, man sei kein Maler, worauf ich zu sagen pflege, daß die heutigen Maler ja auch keine seien, infolgedessen die Malkunst heutzutage vogelfrei sei, und es überdies auf die Schönheit sowieso nicht ankomme, sondern bloß auf die Mühe, die man auf das Bild verwende. Wie wahr dies ist, sah ich jüngst bei einer begabten, professionellen Porträtmalerin, die mit lamentablen Kinderversuchen beginnen mußte, nach meiner Art zu malen; wörtlich so, wie wenn sie noch nie einen Pinsel in der Hand gehabt hätte. Von außen malen ist eben eine andere Kunst, als von innen nach außen.

Viele meiner vorgerückteren Patienten beginnen also zu malen. Ich begreife, wenn jedermann von der gründlichen Unnützlichkeit solchen Dilettantismus aufs tiefste beeindruckt ist. Man vergesse aber nicht, es handelt sich nicht um Personen, die ihre soziale Nützlichkeit noch zu beweisen haben, sondern um solche, die in der sozialen Nützlichkeit ihren Sinn nicht mehr erblicken können und auf die tiefere und gefährlichere Frage des Sinnes ihres individuellen Lebens gestoßen sind. Massenpartikel zu sein hat nur für denjenigen Sinn und Reiz, der es noch nicht soweit gebracht hat, nicht aber für den, der es bis zum absoluten Überdruß gewesen ist. Die Bedeutsamkeit des individuellen Lebenssinnes mag von dem geleugnet werden, der als soziales Wesen unter dem allgemeinen Anpassungsniveau steht, und wird immer von dem geleugnet, dessen Ehrgeiz im Herdenzüchten besteht. Wer weder zur einen noch zur anderen Kategorie gehört, wird früher oder später auf diese peinliche Frage stoßen.

Auch wenn gelegentlich künstlerisch schöne Dinge von meinen Patienten produziert werden, Dinge, die sich ohne weiteres in modernen »Kunst«-Ausstellungen sehen lassen könnten, so betrachte ich sie doch als völlig wertlos, gemessen am Wertmaßstab wirklicher Kunst. Es ist sogar wesentlich, daß sie wertlos seien, sonst bilden sich meine Patienten ein, Künstler zu sein, womit der Zweck der Übung gänzlich verfehlt wäre. Es handelt sich nicht um Kunst, vielmehr, es soll sich nicht um Kunst handeln, sondern um mehr und anderes als bloß Kunst, nämlich um lebendige Wirkung auf den Patienten selber. Was der soziale Standpunkt als das Geringste bewertet, steht hier am höchsten, nämlich der Sinn des individuellen Lebens, um dessentwillen sich der Patient bemüht,

Unaussprechbares in kindlich unbeholfene, sichtbare Form zu übersetzen.

Warum aber veranlasse ich überhaupt die Patienten, sich in einem gewissen Entwicklungsstadium durch Pinsel, Stift oder Feder auszudrücken?

Auch dies geschieht in erster Linie, um Wirkung zu erzeugen. In dem vorhin geschilderten psychologischen Kindheitszustand bleibt der Patient passiv. Hier nun geht er in die Aktivität über. Zunächst stellt er passiv Geschautes dar, er läßt es dadurch zu seiner eigenen Tat werden. Er spricht nicht nur davon, sondern tut es auch. Psychologisch macht es einen gewaltigen Unterschied aus, ob einer einige Male pro Woche ein interessantes Gespräch mit seinem Arzt führt, dessen Ergebnis irgendwo in der Luft hängt, oder ob er stundenlang mit widerspenstigen Pinseln und Farben sich bemüht, um etwas, oberflächlich betrachtet, völlig Sinnloses zustande zu bringen. Wäre es nun wirklich sinnlos für ihn, so würde die Bemühung, es zu zeichnen, ihn derart anwidern, daß er wohl kaum ein zweites Mal wieder an diese Übung heranzubringen wäre. Weil aber seine Phantasie ihm doch nicht völlig sinnlos erscheint, so wird die Betätigung derselben ihre Wirkung noch unterstreichen. Überdies zwingt die materielle Gestaltung des Bildes zu einer anhaltenden Betrachtung desselben in allen Teilen, so daß es dadurch seine Wirkung völlig entfalten kann. Dadurch kommt in die bloße Phantasie ein Moment der Wirklichkeit hinein, wodurch der Phantasie ein größeres Gewicht, eben größere Wirkung verliehen ist. Und es gehen nun auch tatsächlich Wirkungen von diesen selbstgefertigten Bildern aus, Wirkungen, die allerdings schwer zu beschreiben sind. Es braucht z. B. ein Patient nur einige Male gesehen zu haben, wie er aus einem miserablen seelischen Zustand dadurch erlöst wird, daß er ein symbolisches Bild anfertigt, um stets wieder zu diesem Mittel zu greifen, sobald es ihm schlecht geht. Damit ist etwas Unschätzbares gewonnen, nämlich ein Ansatz zur Unabhängigkeit, ein Übergang zur psychologischen Erwachsenheit. Mit dieser Methode – wenn ich dieses Wort überhaupt gebrauchen darf – kann sich der Patient schöpferisch unabhängig machen. Er hängt jetzt nicht mehr von seinen Träumen ab und nicht mehr vom Wissen seines Arztes, sondern, indem er sozusagen sich selber malt, kann er sich selber gestalten. Denn was er malt, sind wirkende Phantasien, es ist das, was in ihm wirkt. Und was in ihm wirkt, das ist er selbst, aber nicht mehr im Sinne des früheren Mißverständnisses, wo er sein persönliches Ich für sein Selbst hielt, sondern in einem neuen, ihm bisher fremden Sinne, wo sein Ich als Objekt des in ihm Wirkenden erscheint. In zahllosen Bildern müht er sich, das in ihm Wirkende erschöpfend darzustellen, um schließlich zu entdecken, daß es das ewig Unbekannte und Fremde ist, das tiefste Grundlage unserer Seele ist.

Ich kann unmöglich schildern, welche Veränderungen der Standpunkte und Werte, welche Verschiebungen des Gravitationszentrums der Persönlichkeit dadurch zustande kommen. Es ist, wie wenn die Erde die Sonne als das Zentrum der Planetenbahnen und ihrer eigenen Bahn entdeckt hätte.

Aber haben wir das nicht schon längst gewußt? Ich glaube auch, daß wir das schon längst wußten. Aber wenn ich etwas weiß, so weiß es das andere in mir noch längstens nicht, denn in Tat und Wahrheit lebe ich so, wie wenn ich es nicht wüßte. Die meisten meiner Patienten wußten es, aber sie lebten es nicht. Und warum lebten sie es nicht? Wohl aus dem Grunde, der uns alle veranlaßt, aus dem Ich zu leben. Dieser Grund ist die *Überschätzung des Bewußtseins*.

Für den jugendlichen, noch unangepaßten, erfolglosen Menschen ist es von größter Wichtigkeit, sein bewußtes Ich so wirkungsvoll wie möglich zu gestalten, d. h. seinen Willen zu erziehen. Wenn er nicht gerade ein Genie ist, so darf er gar nicht an etwas in ihm Wirkendes, das nicht mit seinem Willen identisch wäre, glauben. Er muß sich als Willenswesen fühlen und darf alles andere in sich entwerten oder als seinem Willen unterworfen wähnen, denn ohne diese Illusion gelänge ihm wohl die soziale Anpassung nicht.

Anders aber beim Menschen der zweiten Lebenshälfte, der es nicht mehr nötig hat, seinen bewußten Willen zu erziehen, der vielmehr, um den Sinn seines individuellen Lebens zu verstehen, der Erfahrung seines eigenen Wesens bedarf. Ihm ist seine soziale Nützlichkeit kein Ziel mehr, obschon er deren Wünschbarkeit nicht leugnet. Er empfindet seine schöpferische Tätigkeit, deren soziale Unnützlichkeit ihm völlig klar ist, als Arbeit und als Wohltat an ihm selbst. In steigendem Maße auch befreit ihn seine Tätigkeit von krankhafter Abhängigkeit, und er gewinnt damit eine innere Festigkeit und ein neues Vertrauen zu sich selber. Und diese letzteren Errungenschaften sind es nun, die auch dem sozialen Leben des Patienten wieder zugute kommen. Denn ein innerlich fester und sich selber vertrauender Mensch wird seinen sozialen Aufgaben besser gewachsen sein als einer, der mit seinem Unbewußten auf schlechtem Fuße steht.

Ich habe es absichtlich vermieden, meinen Vortrag mit Theorie zu beschweren, daher muß auch vieles dunkel und unerklärt bleiben. Aber um die von meinen Patienten produzierten Bilder verständlich zu machen, müssen doch gewisse theoretische Gesichtspunkte erwähnt werden. Alle diese Bilder sind gekennzeichnet durch einen primitiv symbolischen Charakter, der ebensosehr aus der Zeichnung, wie aus der Farbe hervorleuchtet. Die Farben sind in der Regel barbarisch intensiv. Oft ist ein unverkennbarer Archaismus vorhanden. Diese Eigenschaften weisen auf die Natur der zugrunde liegenden bildnerischen Kräfte hin. Es sind irrationale symbolistische Tendenzen von dermaßen historischem oder archaischem Charakter, daß ihre Parallelisierung mit ähnlichen Gebilden aus der Archäologie und vergleichenden Religionsgeschichte nicht schwer hält. Wir dürfen daher wohl annehmen, daß unsere Bilder hauptsächlich denjenigen Regionen der Psyche entstammen, die ich als das *kollektive Unbewußte* bezeichnet habe. Unter dieser Bezeichnung verstehe ich ein unbewußtes, allgemein menschliches, seelisches Funktionieren, welches nicht nur Anlaß zu unseren modernen symbolistischen Bildern, sondern auch Anlaß zu all den ähnlichen Produkten der menschlichen Vergangenheit war. Solche Bilder entspringen einem natürlichen Bedürfnis und befriedigen auch ein solches. Es ist, wie wenn die bis ins Primitive zurückreichende Psyche sich in diesen Bildern ausdrückte und dadurch die Möglichkeit bekäme, mit unserem ihr fremdartigen Bewußtsein zusammen zu funktionieren, wodurch ihre das Bewußtsein störenden Ansprüche in Wegfall kämen, d. h. gesättigt würden. Ich muß allerdings beifügen, daß die bloß darstellerische Tätigkeit an sich ungenügend ist. Es bedarf darüber hinaus noch eines intellektuellen und emotionalen Verständnisses der Bilder, wodurch sie nicht nur verstandesmäßig, sondern auch moralisch dem Bewußtsein integriert werden. Sie müssen noch einer synthetischen Bedeutungsarbeit unterzogen werden. Obschon ich viele Male mit einzelnen Patienten diesen Weg durchlaufen habe, so ist es mir bis jetzt noch nicht gelungen, einen solchen Verlauf in allen Einzelheiten klarzustellen und zu publizieren. Es ist dies bisher nur stückweise geschehen. Wir bewegen uns hier eben auf absolutem Neuland, auf dem es zuallernächst auf reichliche Erfahrung ankommt. Und aus sehr gewichtigen Gründen möchte ich gerade hier vorschnelle Schlüsse vermeiden. Handelt es sich doch um einen Lebensprozeß der Seele außerhalb des Bewußtseins, den wir hier indirekt beobachten können. Und noch wissen wir nicht, zu welch unbekannten Tiefen unser Blick hier dringt. Wie ich schon vorhin andeutete, scheint es sich um eine Art von Zentrierungsvorgang zu handeln – sehr viele entscheidende Bilder, die besonders vom Patienten als solche empfunden werden, weisen in diese Richtung; bei diesem Zentrierungsvorgang scheint das, was wir Ich nennen, in eine periphere Stellung zu kommen. Diese Veränderung wird anscheinend durch ein Heraufkommen des historischen Seelenteils bewirkt. Was der Zweck dieses Vorganges ist, bleibt zunächst dunkel. Wir können nur seine bedeutende Wirkung auf die bewußte Persönlichkeit konstatieren. Aus der Tatsache, daß diese Veränderung das Lebensgefühl erhöht und das Leben strömend erhält, muß man schließen, daß ihr eine eigentümliche Zweckmäßigkeit innewohnt. Man mag es eine neue Illusion nennen. Aber was ist Illusion? Von welchem Standpunkt aus können wir etwas als Illusion bezeichnen? Gibt es für die Seele etwas, was wir als »Illusion« bezeichnen dürfen? Für die Seele ist sie vielleicht eine wichtige Lebensform, eine Unerläßlichkeit wie der Sauerstoff für den Organismus. Was wir »Illusion« nennen, ist vielleicht eine seelische Tatsächlichkeit von überragender Bedeutung. Die Seele kümmert sich wahrscheinlich nicht um unsere Wirklichkeitskategorien. Für sie scheint in erster Linie *wirklich* zu sein, was *wirkt.* Wer die Seele erforschen will, darf sie nicht mit seinem Bewußtsein verwechseln, sonst verhüllt er den Gegenstand der Forschung seinem eigenen Blicke. Man muß im Gegenteil noch entdecken, wie verschieden die Seele vom Bewußtsein ist, um sie erkennen zu können. Nichts ist daher möglicher, als daß jenes, das für uns Illusion heißt, für sie Wirklichkeit ist, weshalb nichts inkommensurabler wäre, als die seelische Wirklichkeit an unserer

Bewußtseinswirklichkeit zu messen. Für den Psychlogen gibt es nichts Blöderes als den Missionarsstandpunkt, der die Götter der armen Heiden für Illusion erklärt. Aber leider wird immer noch dogmatisch gepfuscht, wie wenn unsere sogenannte Realität nicht ebenso illusionär wäre. Im Seelischen sind, wie überall in unserer Erfahrung, wirkende Dinge Wirklichkeiten, gleichgültig, welche Namen ihnen der Mensch gibt. Und diese Wirklichkeiten möglichst als solche zu verstehen, darum handelt es sich und nicht etwa darum, daß man ihnen andere Namen unterschiebt. So ist Geist für die Seele nicht weniger Geist, auch wenn man ihn Sexualität nennt.

Ich muß wiederholen, daß diese Benennungen und Veränderungen von Benennungen dem Wesen des geschilderten Vorganges nirgends auch nur nahe kommen. Er ist, wie alles Seiende, nicht durch rationale Bewußtseinsbegriffe zu erschöpfen, weshalb auch meine Patienten folgerichtigerweise symbolische Darstellung und Interpretation als das Adäquatere und Wirksamere vorziehen.

Damit habe ich nun so ziemlich alles gesagt, was ich im Rahmen eines allgemein orientierenden Vortrages über meine therapeutischen Absichten und Ansichten sagen könnte. Es kann nicht mehr als eine Anregung sein, und ich bin ganz zufrieden, wenn es eine solche ist.

ALFRED ADLER

Zu Praxis und Theorie der Individualpsychologie

[...] Es verdient hervorgehoben zu werden, daß sich die hier zu besprechende Dynamik des Seelenlebens in gleicher Weise bei Gesunden und Kranken findet. Was den Nervösen vom Gesunden unterscheidet, liegt in der stärkeren »Sicherungstendenz« des Kranken, mittels deren er seinen Lebensplan ausstattet. Was aber die »Zielsetzung« und den ihr angepaßten Lebensplan anbelangt, so finden sich keinerlei grundlegende Differenzen außer der einen, freilich maßgebenden, daß das »konkrete« Ziel des Neurotikers immer auf der unnützlichen Seite des Lebens liegt.

Ich darf demnach von einem allgemeinen Ziel der Menschen sprechen. Die eingehendste Betrachtung ergibt nun, daß wir die seelischen Bewegungen aller Art am besten verstehen können, wenn wir als ihre *allgemeinste Voraussetzung* erkannt haben, daß sie auf *ein Ziel der Überlegenheit* gerichtet sind. Vieles davon haben große Denker verkündigt, manches weiß jeder für sich davon, das meiste birgt sich in ein geheimnisvolles Dunkel, und nur im Wahnsinn oder in der Ekstase liegt es deutlich zutage. Ob einer ein Künstler, der erste in seinem Fache oder ein Haustyrann sein will, ob er Zwiesprache mit seinem Gotte hält oder die anderen herabsetzt, ob er sein Leid als das größte ansieht, dem alle sich beugen müssen, ob er nach unerreichbaren Idealen jagt oder alte Götter, alte Grenzen und Normen zerbricht – auf jedem Teil seines Weges leitet und führt ihn seine Sehnsucht nach Überlegenheit, sein Gottähnlichkeitsgedanke, sein Glaube an seine besondere Zauberkraft. In der Liebe will er gleichzeitig seine Macht über den Partner empfinden, bei freiwilliger Berufswahl dringt das vorschwebende Ziel in übertriebenen Erwartungen und Befürchtungen durch, und noch im Selbstmord empfindet er rachedürstend den Sieg über alle Hindernisse. Um sich einer Sache, einer Person zu bemächtigen, kann er auf geraden Linien wandeln, kann stolz, herrschsüchtig, trotzig, grausam, mutig zu Werke gehen; oder er zieht es vor, durch Erfahrungen auf Abwege und Umwege gedrängt, seine Sache zum Siege zu führen durch Gehorsam, Unterwerfung, Sanftmut und Bescheidenheit. Auch die Charakterzüge haben kein selbständiges Dasein, auch sie passen immer zu dem individuellen Lebensplan, dessen wichtigste Kampfbereitschaften sie vorstellen.

Dieses Ziel der Allüberlegenheit, das im Einzelfall oft wunderlich genug aussieht, ist aber nicht von dieser Welt. Für sich betrachtet müssen wir es unter die »Fiktionen« oder »Imaginationen« einreihen... Dies stimmt in unserem Falle so sehr, daß wir sagen können: *Diese der Wirklichkeit so vollkommen Hohn sprechende Fiktion eines Zieles der Überlegenheit ist die Hauptvoraussetzung unseres bisherigen Lebens geworden.* Sie lehrt uns die Unterschiede machen, sie gibt uns Haltung und Sicherheit, gestaltet, leitet unser Tun und Handeln und nötigt unseren Geist vorauszusehen und sich zu vervollkommnen. Daneben die Schattenseite: *sie bringt leicht eine feindliche, kämpferische Tendenz in unser Leben,* raubt uns die Unbefangenheit des Empfindens und versucht es stets, uns der Wirklichkeit zu entfremden, indem sie deren Vergewaltigung nahelegt. Wer dieses Ziel der Gottähnlichkeit real und persönlich faßt, es wörtlich nimmt, wird bald gezwungen sein, das wirkliche Leben als ein Kompromiß zu fliehen, um ein Leben neben dem Leben zu suchen, bestenfalls in der Kunst, meist aber im Pietismus, in der Neurose oder im Verbrechen.

Ich kann hier auf Einzelheiten nicht eingehen. Eine offene Andeutung dieses überlebensgroßen Zieles findet sich wohl bei allen Menschen. Manchmal sticht es aus der Haltung hervor, zuweilen verrät es sich nur in den Forderungen und Erwartungen. Zuweilen findet man seine Spur in dunklen Erinnerungen, Phantasien oder Träumen. Sucht man es ernstlich, so darf man kaum je danach fragen. Aber eine körperliche oder geistige Attitüde spricht deutlich ihre Abstammung vom Streben nach Macht aus und trägt das Ideal irgendeiner Art von Vollkommenheit und Fehlerlosigkeit in sich. Immer wird in jenen Fällen, die sich der Neurose nähern, ein verstärktes Messen an der Umgebung, auch an Verstorbenen und Helden der Vergangenheit auffällig werden.

Die Probe auf die Richtigkeit dieses Befundes ist leicht anzustellen. Trägt nämlich jeder, wie wir es beim Nervösen in vergrößertem Maße wahrnehmen, ein Ideal der Überlegenheit in sich, dann müssen auch oft Erscheinungen zu finden sein, die auf eine Unterdrückung, auf Verkleinerung, auf Entwertung der anderen hinzielen. Charakterzüge wie Unduldsamkeit, Rechthaberei, Neid, Schadenfreude, Selbstüberschätzung, Prahlerei, Mißtrauen, Geiz – kurz alle Stellungen, die der Voraussetzung eines Kampfes entsprechen, müssen zum Durchbruch kommen, in weitaus höherem Grade, als es etwa die Selbsterhaltung gebietet und das Gemeinschaftsgefühl verlangt.

Daneben, manchmal gleichzeitg oder austauschbar, wird man je nach dem Eifer und dem Selbstvertrauen, mit dem das Endziel gesucht wird, Züge von Ehrgeiz, Wetteifer, Mut, die Attitüde des Rettens und Schenkens und Dirigierens auftauchen sehen. Eine psychologische Untersuchung erfordert so viel Objektivität, daß ein moralisches Urteil die Übersicht nicht stört. Man muß auch noch hinzunehmen, *daß das verschiedene Niveau der Charakterzüge* in erster Reihe unser Wohlgefallen oder unsere Mißachtung auslöst. Und schließlich liegen, insbesondere bei Nervösen, die feindlichen Züge oft so versteckt, daß der Träger dieser Eigenschaften mit Recht erstaunt und unwillig wird, sobald ihn einer darauf hinweist. Von zwei Kindern z. B. schafft sich das ältere eine recht unbehagliche Situation, weil es durch Trotz und Eigensinn die Herrschaft in der Familie an sich reißen will. Das jüngere Kind fängt es klüger an, zeigt sich als ein Muster von Gehorsam und bringt es so dahin, daß es der Abgott in der Familie wird, dem man alle Wünsche erfüllt. Als es der Ehrgeiz weitertrieb und als die unausweichlichen Enttäuschungen eintraten, kam es zur Zerstörung der Gehorsamsbereitschaft; es stellten sich krankhafte Zwangserscheinungen ein, mittels deren jeder Befehl der Eltern durchkreuzt wurde, trotzdem man das Kind sich abmühen sah, im Gehorsam zu verharren. Ein Gehorsam also, dem seine Aufhebung durch Zwangsdenken auf dem Fuße folgte. Man sieht den Umweg, der gemacht wurde, um auf die gleiche Linie wie das andere Kind zu kommen.

Die ganze Wucht des persönlichen Strebens nach Macht und Überlegenheit geht frühzeitig beim Kinde in die Form und in den Inhalt seines Strebens über, während das Denken nur so viel davon beiläufig aufnehmen darf, als das unsterbliche, reale, physiologisch gegründete *Gemeinschaftsgefühl* erlaubt. Aus letzterem entwickelt sich Zärtlichkeit, Nächstenliebe, Freundschaft, Liebe; das Streben nach Macht entfaltet sich verschleiert und sucht sich heimlich und listig auf den Wegen des Gemeinschaftsgefühls durchzusetzen.

An dieser Stelle muß ich eine alte Grundanschauung aller Seelenkenner bestätigen. Jede auffällige Haltung eines Menschen läßt sich bis zu einem Ursprung in der Kindheit verfolgen. In der Kinderstube formt sich und bereitet sich die künftige Haltung des Menschen vor und zeigt die Abdrücke der Umgebung. Grundlegende Änderungen ergeben sich nur durch einen hohen Grad der Selbsterkenntnis oder im Stadium der Nervosität durch ein individualpsychologisches Vorgehen des Arztes, wenn der Patient den Fehler seines Lebensstils im Zusammenhang erkennt. [...]

Es ergibt sich aus der Anlage der vorliegenden Arbeit, daß unsere Untersuchung wie im Falle einer Kur den rückläufigen Weg einschlägt, zuerst *das Ziel der Überlegenheit* betrachtet, an ihm die *Kampfstellung des Menschen*, insonderheit des Nervösen erläutert und nun die Quellen dieses hervorragenden seelischen Mechanismus zu erfassen trachtet. *Einer* Grundlage dieser psychischen Dynamik haben wir bereits gedacht, sie liegt in der vorläufig unausweichlichen, artistischen Eignung des seelischen Apparats, die Anpassung und die Expansion in der Realität mittels des *Kunstgriffs der Fiktion und der Zielsetzung* zu ermöglichen. Wie das Ziel der Gottähnlichkeit die Stellung des Individuums zu seiner Umgebung meist in eine kämpferische umgestaltet, und wie der Kampf den Menschen auf der Linie geradliniger Aggression oder auf Leitlinien der Vorsicht dem Ziele näher zu treiben sucht, habe ich kurz zu beleuchten unternommen. Verfolgt man den Werdegang dieser Aggression weiter in die Kindheit zurück, so stößt man in jedem Fall auf die auslösende Grundtatsache: *dem Kinde haftet während der ganzen Zeit seiner Entwicklung ein Gefühl der Minderwertigkeit in seinem Verhältnis zu den Eltern, Geschwistern und zur Welt an.* Durch die Unfertigkeit seiner Organe, durch seine Unsicherheit und Unselbständigkeit, infolge seines Anlehnungsbedürfnisses an Stärkere und wegen der oft schmerzlich empfundenen Unterordnung unter andere erwächst ihm dieses Gefühl der Insuffizienz, das sich in seiner ganzen Lebenstätigkeit verrät. Dieses Gefühl der Minderwertigkeit erzeugt die beständige Unruhe des Kindes, seinen Betätigungsdrang, sein Rollensuchen, sein Kräftemessen, sein Vorbauen in die Zukunft und seine körperlichen und geistigen Vorbereitungen. Die ganze Erziehungsfähigkeit des Kindes hängt an diesem Insuffizienzgefühl. So wird ihm die Zukunft ein Land, das ihm die Kompensationen bringen soll. Auch in seinem Minderwertigkeitsgefühl spiegelt sich die Kampfstellung wider; und als Kompensation gilt ihm nur, was seine gegenwärtige dürftige Lage dauernd aufhebt und ihn allen andern überlegen macht. So kommt das Kind zur Zielsetzung und zum fiktiven Ziele der Überlegenheit, wo sich seine Armut in Reichtum, seine Unterwerfung in Herrschaft, sein Leiden in Freude und Lust, seine Unkenntnis in Allwissenheit, seine Unfähigkeit in Kunst verwandeln wird. Dieses Ziel wird um so höher angesetzt und um so prinzipieller festgehalten, je deutlicher und länger das Kind seine Unsicherheit empfindet und je mehr es unter körperlicher oder geringgradiger geistiger Schwäche leidet, je mehr es seine Zurücksetzung im Leben spürt. Wer dieses Ziel erraten will, muß das Kind beim Spiel, bei freigewählten Beschäftigungen oder bei seinen Phantasien über die künftige Berufswahl beobachten. Der fortgesetzte Wandel in diesen Erscheinungen ist nur äußerer Schein, in jedem neuen Ziel glaubt es seinen Triumph vorwegzunehmen. Einer Variante dieses Pläneschmiedens sei noch gedacht, die man häufig bei weniger aggressiven Kindern, bei Mädchen und bei häufig erkrankten Geschöpfen findet: Sie lernen ihre Schwäche mißbrauchen und verpflichten so die anderen, sich ihnen unterzuordnen. Sie werden es auch später immer wieder versuchen, bis die Aufdeckung ihres Lebensplanes und ihrer Lebenslüge einwandfrei gelungen ist.

Ein besonderer Aspekt bietet sich dem aufmerksamen Betrachter, sobald das Wesen dieser *kompensatorischen Dynamik* die Geschlechtsrolle als minderwertig erscheinen läßt und zu *übermännlichen Zielen* drängt. In unserer männlich gerichteten Kultur wird sich das Mädchen wie der Knabe zu ganz besonderen Anstrengungen und Kunstgriffen genötigt glauben. Unstreitig gibt es unter diesen eine große Anzahl fördernder. Diese zu erhalten, die zahllosen irreführenden und krankmachenden Leitlinien aber aufzudecken und unschädlich zu machen, ist unsere gegenwärtige Aufgabe, die weit über die Grenzen einer ärztlichen Kunst hinausführt, von der unser gesellschaftliches Leben, die Kinder- und Volkserziehung die wertvollsten Keime erwarten dürfen. Denn das Ziel dieser Lebensanschauung ist: *verstärkter Wirklichkeitssinn, Verantwortlichkeit und Ersatz der latenten Gehässigkeit durch gegenseitiges Wohlwollen, die aber ganz nur zu gewinnen sind durch die bewußte Entfaltung des Gemeinschaftsgefühls und durch den bewußten Abbruch des Strebens nach Macht.*

Wer die Machtphantasien des Kindes sucht, findet sie meisterhaft in *Dostojewskis* »Jüngling« (auch: »ein Werdender«) geschildert. Bei einem meiner Patienten fand ich sie besonders kraß. In seinen Gedanken und Träumen kehrte immer der Wunsch wieder: andere mögen sterben, damit er Raum zum Leben habe, anderen möge es schlecht gehen, damit er bessere Möglichkeiten gewänne. Es erinnert diese Haltung an Gedankenlosigkeiten und Herzlosigkeiten vieler Menschen, die alle ihre Übel darauf zurückführen, daß schon zuviel Menschen auf Erden seien, Regungen, die sicherlich allenthalben den Weltkrieg schmackhafter gemacht haben. – Das Gefühl der Gewißheit bei solchen Fiktionen wird aus anderen Sphären herübergeholt, in obigem Falle aus den Grundtatsachen des kapitalistischen Handelns, bei dem *wirklich* der eine um so besser fährt, je schlechter es dem anderen geht. »Ich will Totengräber werden«, sagte mir ein vierjähriger Junge, »ich will der sein, der die anderen eingräbt.« [...]

Psychische Behandlung der Neurosen

Die Aufdeckung des neurotischen Systems oder Lebensplans ist der wichtigste Bestandteil der Therapie. *Denn es kann in seiner Gänze nur erhalten bleiben, wenn es dem Patienten gelingt, es seiner eigenen Kritik* und seinem Verständnis zu entziehen. Der teilweise unbewußte Ablauf des neurotischen, der Wirklichkeit widersprechenden Mechanismus erklärt sich vor allem aus der unbeirrbaren Tendenz des Patienten, ans Ziel zu kommen. Der Widerspruch mit der Wirklichkeit, d. h. mit den logischen Forderungen der Gemeinschaft in diesem System hängt mit den geringen Erfahrungen und mit den andersartigen Beziehungen zusammen, die zur Zeit der Errichtung des Lebensplanes – in der frühen Kindheit – wirksam waren. Die Einsicht und das Verständnis für diesen Plan erwirbt man am besten durch die künstlerische Versenkung, durch intuitive Einfühlung in das Wesen des Patienten. Man wird dabei an sich wahrnehmen, wie man unwillkürlich Vergleiche anstellt, zwischen sich und dem Patienten, zwischen verschiedenen Attitüden desselben oder ähnlichen Haltungen verschiedener Patienten. Um eine Richtung in das wahrgenommene Material, in die Symptome, Erlebnisse, Lebensweise und Entwicklung des Patienten zu bringen, bediene ich mich dreier durch die Erfahrung gewonnener Kunstgriffe. Der eine rechnet mit der *Entstehung des Lebensplanes unter erschwerten Bedingungen* (Organminderwertigkeiten, Druck in der Familie, Verzärtelung, Rivalität, nervöse Familientradition) und lenkt meine Aufmerksamkeit auf gleiche oder ähnliche Reaktionsweisen in der Kindheit. Der zweite Kunstgriff liegt in der *Annahme der obigen, empirisch gewonnenen, fiktiven Gleichung,* derzufolge ich ungefähr meine Wahrnehmungen eintrage. Ein Beispiel soll dies später erläutern. Der dritte sucht das *größte gemeinschaftliche Maß in allen nur zugänglichen Ausdrucksbewegungen*.

Aus meinen Darstellungen geht ferner hervor, daß ich von dem Patienten die *gleiche Haltung – und immer wieder die gleiche Haltung erwarte, die er, seinem Lebensplan gemäß, zu den Personen seiner früheren Umgebung, noch früher seiner Familie gegenüber, eingenommen hat*. Im Augenblick der Vorstellung beim Arzt, oft noch früher, besteht beim Patienten die gleiche Gefühlskonstellation wie sonst belangreichen Personen gegenüber. Daß die Übertragung solcher Gefühle oder der Widerstand später seinen Anfang nähme, ist nur Täuschung, der Arzt erkennt sie in diesen Fällen erst später. Oft zu spät, wenn unterdes der Patient, etwa im Genusse seiner heimlichen Überlegenheit, der Kur ein Ende macht oder etwa durch Verschlimmerung seiner Symptome einen unerträglichen Zustand schafft. Daß Verletzungen des Patienten ausgeschlossen sein müssen, brauche ich psychologisch geschulten Ärzten nicht zu sagen. Sie können aber ohne Wissen des Arztes erfolgen, oder harmlose Bemerkungen können tendenziös umgewertet werden, solange der Arzt die Art seines Patienten nicht durchschaut. Deshalb ist besonders im Anfang Zurückhaltung geboten und die möglichst rasche Erfassung des neurotischen Systems erforderlich. In der Regel gelingt letzteres innerhalb des ersten Tages bei einiger Erfahrung.

Bedeutsamer noch ist die Notwendigkeit, *dem Patienten jeden sicheren Angriffspunkt zum Kampf zu entziehen*. Ich kann an dieser Stelle nur einige Winke geben, die verhüten sollen, *daß der Arzt nicht in die Behandlung des Patienten gerät*. So verspreche man auch in den sichersten Fällen *nie die Heilung*, sondern immer nur die Heilungs*möglichkeit*. Einer der wichtigsten Kunstgriffe der Psychotherapie erfordert die *Zuschiebung der Leistung und des Erfolges der Heilung auf den Patienten*, dem man sich in kameradschaftlicher Weise als Mitarbeiter zur Verfügung stelle. Die Verknüpfung *von Honorarbedingungen* mit dem *Erfolg* der Behandlung schafft ungeheure Erschwerungen für den Patienten. Man halte sich in jedem Punkte an die vorläufige Annahme, daß *der nach Überlegenheit lüsterne Patient jede Verpflichtung des Arztes, auch die über die Dauer der Kur, zu einer Niederlage des Arztes ausnützen wird*. So sollen denn auch die beiderseitigen Notwendigkeiten – Besuchszeit, offenes Entgegenkommen, Honorarfrage, Unentgeltlichkeit der Behandlung, Verschwiegenheit des Arztes usw. – sofort geregelt und – eingehalten werden. Unter allen Umständen ist es ein ungeheurer Vorteil, wenn der Patient den Arzt besucht. Und die *Vorhersage einer Möglichkeit von Verschlimmerungen* bei Fällen von Ohnmachtsanfällen, Schmerzen oder Platzangst enthebt einen für den Anfang eines großen Stükkes Arbeit: Die Anfälle bleiben in der Regel aus – was unsere Anschauungen über den starken Negativismus des Nervösen bestätigt. *Sich eines Teilerfolges sichtlich zu freuen oder gar sich zu rühmen wäre ein großer Fehler*. Die Verschlimmerung ließe nicht lange auf sich warten. Man kehre sein offensichtliches Interesse vielmehr den Schwierigkeiten zu, ohne Ungeduld und ohne Verstimmung, sondern in kaltblütig wissenschaftlicher Art.

In voller Übereinstimmung mit Obigem steht der Grundsatz, sich von dem Patienten niemals ohne gründlichen Widerspruch und Aufklärung eine übergeordnete Rolle, etwa als Autorität,

Lehrer, Vater, Erlöser usw. zuweisen zu lassen. Solche Versuche stellen den Anfang einer Bewegung des Patienten dar, in einer von früher gewohnten Weise *übergeordnete Personen dienstbar zu machen, herabzuziehen und durch eine ihnen zugefügte Niederlage zu desavouieren*. Die Wahrung irgendeines Vorranges oder Vorrechtes ist nervösen Patienten gegenüber immer von Nachteil. Ebenso zeige man Offenheit, vermeide aber, durch den Hinweis auf das Bedenken eines Kunstfehlers, sich von ihm in Unternehmungen ziehen zu lassen. Noch bedenklicher wäre es, den Patienten in eigene Dienste stellen zu wollen, Ansinnen an ihn zu stellen, Erwartungen zu hegen usw. Verschwiegenheit vom Patienten zu fordern zeugt vom Mangel jeder Kenntnis des nervösen Seelenlebens. Dagegen ist vom Arzt strengste Verschwiegenheit zu geloben und zu halten.

Während diese und durch die gleiche Haltung diktierte ähnliche Maßnahmen zunächst die geeignete Beziehung einer Gleichberechtigung herstellen müssen, nimmt die *Aufdeckung des neurotischen Lebensplanes* ihren Fortgang in einem freundschaftlichen, ungezwungenen Gespräch, bei dem es durchwegs angezeigt ist, *sich der Führung des Patienten zu überlassen*. Ich fand es immer am bewährtesten, bloß die neurotische Operationslinie des Patienten in allen seinen Ausdrucksbewegungen und Gedankengängen aufzusuchen und zu demaskieren, zugleich auch ohne Aufdringlichkeit die Schulung des Patienten für die gleiche Arbeit durchzuführen. Die Überzeugtheit des Arztes von der *Einzigkeit und Ausschließlichkeit der neurotischen Richtungslinie* muß eine derart gefestigte sein, daß er den Wahrheitsgehalt dabei aufbringt, seinem Patienten stets seine störenden Arrangements und Konstruktionen vorherzusagen, sie immer aufzusuchen und zu erklären, bis der Patient, dadurch erschüttert, sie aufgibt – um neue, meist verstecktere an ihre Stelle zu setzen. Wie oft sich dies abspielt, ist nie im vorhinein zu sagen. Endlich aber gibt der Patient nach, und dies um so leichter, je weniger ihm aus der Situation zum Arzte das Gefühl einer Niederlage erwachsen kann.

Ebenso wie die Arrangements auf der Linie zum Gefühl irgendeiner Überlegenheit liegen, so auch bestimmte, subjektive Fehlerquellen, die eben aus dem Grunde ausgenützt und festgehalten werden, weil sie etwa das Minderwertigkeitsgefühl vertiefen und so Reize und einen Ansporn zum weiteren Vorbauen abgeben. Solche *Fehler samt ihrer Tendenz* müssen in die Blickrichtung des Patienten gerückt werden.

Das primitive Apperzeptionsschema des Patienten, das *alle Eindrücke als grundsätzlich* wertet und tendenziös gruppiert (oben – unten, Sieger – Besiegter, männlich – weiblich, nichts – alles usw.), ist stets nachzuweisen und als unreif, unhaltbar, aber als zur Tendenz : weiter zu kämpfen geeignet – zu entlarven. Dieses Schema macht es auch aus, daß man im Seelenleben des Nervösen ähnliche Züge findet wie in den Anfängen der Kultur, wo auch die Not zu solchen Sicherungen zwang. Es wäre phantastisch, in solchen Analogien mehr als Mimikry zu vermuten, etwa eine Wiederholung der Phylogenese. Was bei den Primitiven und noch beim Genie als kraftstrotzender Titanentrotz imponiert, sich aus dem Nichts zu einem Gott emporzuschrauben, aus Nichts ein weltbeherrschendes Heiligtum zu errichten, ist beim Nervösen sowie im Traum ein unschwer zu durchschauender Bluff, wenngleich ja viel Jammer dadurch geschaffen wird. Der fiktive Sieg, den sich der nervöse Patient durch seine Kunstgriffe leistet, besteht nur für seine Einbildung. Man muß ihm den Standpunkt des anderen entgegenstellen, der meist in gleicher Weise seine Überlegenheit als erwiesen betrachtet, wie am deutlichsten in der Liebesbeziehung des Nervösen oder in seiner Perversion zutage tritt. Gleichzeitig erfolgt Schritt für Schritt die *Aufdeckung des unerreichbar gesteckten Zieles der Überlegenheit* über alle, der *Hinweis auf die tendenziöse Verschleierung desselben,* auf seine alles beherrschende, richtungsgebende Macht, auf die durch das Ziel bedingte Unfreiheit und Menschenfeindlichkeit des Patienten. Ebenso einfach ergibt sich, sobald genügend Material vorliegt, der Beweis, daß alle nervösen Charakterzüge, die nervösen Affekte und Symptome als Mittel dienen, teils um den vorgeschriebenen Weg zu *gehen*, teils um ihn zu *sichern*. Wichtig ist das Verständnis für die Art der Affekt- und der Symptomherstellung, die, wie oben dargestellt wurde, einem oft unsinnigen »Junktim«, das gleichwohl planmäßig wirkt, ihre Promptheit verdanken. Das Junktim trägt einem der Patient oft harmlos entgegen, zumeist muß man es aus seinen analogisierenden Erklärungen, aus seiner Vorgeschichte oder aus seinen Träumen erschließen.

Die gleiche Tendenz der Lebenslinie verrät sich in der Welt- und Lebensanschauung des Patienten sowie in seiner Betrachtung und Gruppierung aller seiner Erlebnisse. Fälschungen und willkürliche Eintragungen, tendenziöse Nutzanwendungen von stärkster Einseitigkeit, maßlose Befürchtungen und sichtlich unerfüllbare Erwartungen finden sich auf Schritt und Tritt, immer aber dienen sie dem geheimen Lebensplan des Patienten mit seinem gloriosen fünften Akt. Da gibt es viele Entgleisungen und Hemmungen aufzudecken, was aber nur mühsam mit fortschreitendem Verständnis für die einheitliche Tendenz gelingt.

Da sich der Arzt dem neurotischen Streben des Patienten in den Weg stellt, so wird er wie eine Wegsperre oder ein Zaun empfunden, der die Erreichung des Größenideals auf neurotischem Wege zu verhindern scheint. *Deshalb wird jeder Patient versuchen, den Arzt zu entwerten*, ihn seines Einflusses zu berauben, ihm den wahren Sachverhalt zu verschleiern, und er wird immer neue Wendungen finden, die gegen den Psychotherapeuten gerichtet sind. Ferner ist zu erinnern, daß hier die gleiche Feindseligkeit die Beziehung zum Arzte zu vergiften droht wie sonst im Leben zu jeder andern Person, wenngleich vielfach verdeckt. Auf diese ist besonders zu achten, weil sie in einer gut geleiteten Kur am deutlichsten die Tendenz des Kranken, auch hier mittels der Neurose seine Überlegenheit zu behaupten, verrät. Besonders je weiter die Besserung fortschreitet – bei Stillstand derselben herrscht meist herzliche Freundschaft und Frieden, nur die Anfälle dauern fort – desto heftiger werden die Bemühungen des Patienten, durch Unpünktlichkeit, Zeitvertrödelung oder durch Fortbleiben aus der Behandlung den Erfolg in Frage zu stellen. Zuweilen stellt sich eine auffallende Feindseligkeit ein, die, wie alle diese von der gleichen Tendenz getragenen Widerstandserscheinungen, nur zu beheben ist, wenn der Patient immer wieder auf das Gleichartige seines Benehmens aufmerksam bemacht wird. *Die feindselige Beziehung der Angehörigen des Patienten zum Arzt fand ich stets von Vorteil und suche sie gelegentlich vorsichtig zu wecken*. Da meist die Tradition der ganzen Familie des Kranken eine gleichsinnig nervöse ist, kann man auch durch ihre Aufdeckung und Exemplifikation vielen Nutzen beim Patienten stiften. *Der Vollzug der Änderung im Wesen des Patienten kann einzig nur sein eigenes Werk sein*. Ich fand es am günstigsten, dabei ostentativ die Hände in den Schoß zu legen, in der festen Überzeugung, daß er, was immer ich zu diesem Punkte auch sagen könnte, sobald er seine Lebenslinie erkannt hat, nichts von mir erfahren würde, was er als der Leidtragende nicht besser wüßte.

Sollte das Verständnis für eine Neurose dem Arzte Schwierigkeiten machen, so bringt meist folgende Frage eine erhebliche Klärung: »Was würden Sie tun, wenn Sie bei mir Ihre Heilung erlangten?« Der Patient wird dann gewöhnlich die Aktion nennen, vor der er entmutigt mittels der Neurose ausweicht. – Recht wertvoll erweist sich mir auch der Kunstgriff, mich wie bei einer Pantomime zu verhalten, auf die Worte des Patienten eine Weile nicht zu achten und aus seiner Haltung und aus seinen Bewegungen innerhalb seiner Situation seine tiefere Absicht herauszulesen. Man wird dabei den *Widerspruch zwischen Gesehenem und Gehörtem* scharf empfinden und den Sinn des Symptoms deutlich erkennen. [...]

[illegible]
lebendig [illegible] Gegenwart [illegible]
[illegible]
[illegible] Unterhaltung [illegible]
nicht [illegible] wollte.
[illegible] Verständnis für seine Neugier [illegible]
[illegible]
[illegible] wenn sie [illegible]
[illegible] Das Schöne wird dann [illegible] der Alltag [illegible]
[illegible]
[illegible] Kunst [illegible] doch [illegible]
[illegible] auf die [illegible] Welt [illegible]
[illegible]
[illegible]
[illegible]
[illegible] und den [illegible]
[…]

II. MAN BESEITIGE DAS SYMPTOM!

Verhaltenstherapie

Joseph Wolpe

Selbstbehauptungstraining

Die Bezeichnung Selbstbehauptung steht für die sichtbare Äußerung aller Gefühle, die sich von Angst unterscheiden. Die Erfahrung hat gelehrt, daß ein solches Verhalten Angst zu hemmen vermag. Selbstbehauptung beinhaltet zwar im allgemeinen ein mehr oder weniger aggressives Verhalten, es kann jedoch auch freundliche, herzliche und andere nichtangstbetonte Gefühle einbeziehen.[...]

Das Grundprinzip der Selbstbehauptung

Ganz allgemein gesagt, ist ein Selbstbehauptungstraining bei den Patienten erforderlich, deren zwischenmenschliche Beziehungen unangepaßte Angstreaktionen verursachen, welche sie hinwiederum davon abhalten, das zu sagen oder zu tun, was vernünftig oder gerechtfertigt ist. Werden sie daran gehindert, Dinge zu tun, die sie zutiefst bewegen, kann eine solche Unterdrückung der Gefühle zu einer beständigen inneren Unruhe führen, in deren Folge somatische Symptome, ja sogar pathologische Veränderungen der prädisponierten Organe – also psychosomatische Krankheiten – auftreten. Die Einflußnahme des Therapeuten zielt auf eine Vermehrung all jener Impulse ab, die eine Förderung dieser gehemmten Reaktionen bewirken. Hierbei erhofft man sich bei jedem Auftreten eine reziproke Hemmung der Angst, die zum Teil auf der Abschwächung der Angst-Reaktions-Gewohnheit beruht.

Das Ausagieren der Selbstbehauptung bedeutet eine grundlegende Stärkung und Vermehrung der Emotion, und die Stärke dieser Emotion erleichtert eine Hemmung der gleichzeitig hervorgerufenen Angst. Zugleich wird der motorische Akt an sich durch seine Konsequenzen verstärkt, als da wären Kontrolle einer sozialen Situation, Angstabbau und – später – Anerkennung durch den Therapeuten. Die Gegenkonditionierung der Angst und das operante Konditionieren des motorischen Vollzugs finden also gleichzeitig statt und unterstützen sich gegenseitig. [...]

Ermunterung zur Selbstbehauptung

Informationen über den Patienten, die zu einer Ermunterung zum selbstbehauptenden Verhalten Anlaß geben, sind häufig eindeutig aus der Anamnese ersichtlich. Ein Patient kann z. B. beständig andere Leute versöhnlich stimmen, da er Angst hat, sie zu verletzen, oder weil er eine moralische Verpflichtung verspürt, seine eigenen Interessen hintanzustellen.

So ermöglicht er es anderen, ihn in Situationen zu bringen, die er gar nicht anstrebt, oder er ist unfähig, seine berechtigten Wünsche kundzutun. Der Therapeut muß alle Problembereiche abklären, um die kontrollierenden Faktoren zu bestimmen – situationsgebundene und Persönlichkeitsvariablen –, die Angst hervorrufen und die Möglichkeiten des Patienten, sich angemessen zu verhalten, herabsetzen. Andere Hinweise zum Selbstbehauptungstraining können aus dem Willoughby-Persönlichkeits-Fragebogen ersichtlich sein – vor allem, wenn extreme Beantwortungen auf folgende Fragen gegeben werden: Sind Ihre Gefühle leicht verletzt? Sind Sie schüchtern? Verletzt Kritik Sie sehr? Sind Sie Vorgesetzten gegenüber selbstbewußt?

Es erweist sich ferner als nutzbringend, wenn der Patient gefragt wird, wie er sich in einigen vorgegebenen Situationen Fremden gegenüber verhalten würde.

Seit einiger Zeit stelle ich folgende fünf Fragen:

1. Was tun Sie, wenn Sie nach Kauf eines Artikels den Laden verlassen haben und feststellen, daß man Ihnen zu wenig Geld herausgegeben hat?

2. Nehmen wir an, Sie kommen nach einem Einkauf zu Hause an und müssen nun feststellen, daß das Gekaufte beschädigt ist. Was tun Sie?

3. Was tun Sie, wenn sich jemand in einer Schlange vor Sie drängt (z. B. an der Theaterkasse)?

4. Sie sind in einem Laden und warten darauf, daß der Verkäufer den Kunden vor Ihnen abfertigt. Nun kommt ein anderer Kunde und wartet ebenfalls. Was tun Sie, wenn der Verkäufer sich jetzt zunächst diesem Kunden zuwendet?

5. Sie haben ein fast rohes Steak bestellt, und man bringt Ihnen ein durchgebratenes. Wie verhalten Sie sich?

In all diesen Situationen müßte der Patient für sich selbst eintreten können bzw. ärgerlich werden, wenn er es nicht kann. Sollte er dazu nicht in der Lage sein, ist ein Selbstbehauptungstraining angezeigt.

Ein sehr häufiger Patiententyp, der Selbstbehauptungstraining benötigt, ist jener, dessen frühe Erziehung soziale Verpflichtungen überbetont und ihm damit das Gefühl eingeimpft hat, die Rechte anderer seien wichtiger als die eigenen. Als extremes, wenn auch nicht ungewöhnliches Beispiel sei der Fall einer 38jährigen Frau angedeutet, die nach ihrer Scheidung die Schwester zu sich nahm. Obwohl sich die Schwester im Laufe der Zeit als Klotz am Bein erwies, brachte die Frau es dennoch nicht fertig, die Schwester zu bitten, das Haus zu verlassen. Während zweier Jahre voller Konflikte zwischen dem Impuls, die Schwester hinauszuschmeißen, und einer konditionierten Furcht, deren Gefühle zu verletzen, entwickelte sie ein gleichmäßig hohes Angstniveau, das schließlich zur Konditionierung weiterer neurotischer Reaktionen führte. Die meisten Patienten sehen die Notwendigkeit einer angemessenen Selbstbehauptung ohne Schwierigkeiten ein, allerdings dürfte klar sein, daß die Einsicht allein keine Veränderung bewirkt. Die unerläßliche Funktion des Therapeuten besteht darin, dem Patienten zu helfen, die Einsicht in die Tat umzusetzen. Manchmal genügen klare Anweisungen, häufiger jedoch müssen die Patienten behutsam zu diesen Taten hingeführt werden. Meist hilft es, wenn man ihnen als Beispiel über einen ähnlich gelagerten abgeschlossenen Fall berichtet.

Mein Paradebeispiel bezieht sich auf einen Studenten, der ständig durch die Prüfungen fiel, obwohl er sehr intelligent war, und der große Schwierigkeiten hatte, Freundschaften mit Männern oder Frauen zu schließen. Ein auf eine bestimmte Person abgestimmtes Selbstbehauptungstraining bewirkte eine entscheidende Veränderung in seinen zwischenmenschlichen Einstellungen und einem entsprechenden Verhalten. Die betreffende Person war seine Stiefmutter, eine sarkastische, dominierende Frau, die wie keine andere mir bekannte Person der klassischen Märchenhexe glich. Wenn der Junge von der Universität nach Hause kam, empfing sie ihn gleich mit Vorwürfen, wie: »Warum kannst du deine Prüfungen nicht ebenso gut bestehen wie der Nachbar Johnny Jones?«

Er erwiderte ihre Angriffe auf drei verschiedene Arten. Entweder versuchte er, sich mit sachlichen Argumenten zu verteidigen, dann wieder bekam er einen ohnmächtigen Wutanfall, oder er fühlte sich zutiefst getroffen, ging bisweilen in sein Zimmer und schmollte. Obwohl diese Verhaltensmuster äußerlich sehr unterschiedlich waren, hatten sie doch einen gemeinsamen Ursprung – das Gefühl der Hilflosigkeit – eine angstbetonte Unsicherheit, die Situation zu meistern. Wird eine Person zu Unrecht angegriffen, wird sie, obwohl sie Angst empfindet, gleichzeitig auch ein Gefühl von Zorn und Ärger dem Angreifer gegenüber empfinden. So erging es dem Studenten, wie ich gleich bei der Befragung feststellen konnte. Von nun an begann ich, ihn zum Ausdruck dieser ärgerlichen Gefühle zu ermutigen, die er ja in der Vergangenheit stets unterdrückt hatte. Wie nicht anders zu erwarten, ergaben sich hierbei einige Schwierigkeiten, aber nach zwei bis drei Wochen Überredung war er in der Lage, sich entsprechend zu verhalten. Um dies näher zu erläutern, will ich noch einmal auf die Situation eingehen, in der er bezüglich des Nachbarjungen angegriffen wurde. Wenn die Stiefmutter ihn nun wieder mit Vorwürfen überhäufte, antwortete er ihr: »Das sagst du doch nur, weil du neidisch auf Frau Jones bist«, oder er sagte: »Was ist eigentlich der wahre Grund, daß du immer wieder davon anfängst?« Durch diese, seinen Ärger und Zorn widerspiegelnden Worte hemmte er in gewissem Maße die gleichzeitig auftretende Angst. Jedesmal, wenn er die Angst hemmte, verringerte er deren Gewohnheitsstärke. Nach ungefähr acht Wochen gelang ihm eine vollständige Kontrolle der Beziehung zu dieser Frau. Eine Generalisation auf andere zwischenmenschliche Situationen fand statt.

Die speziellen Selbstbehauptungen, die für einen Patienten erforderlich sind, richten sich nach den individuellen Gegebenheiten. Im folgenden sind einige solcher Aussagen mit feindlichem oder lobendem Inhalt zusammengetragen. Die erste Gruppe ist umfangreicher, da sie weit häufiger für die Therapie in Betracht kommt.

Aussagen zur Selbstbehauptung

A. »Feindselig«

1. Würden Sie mich bitte wieder anrufen. Ich kann jetzt nicht mit Ihnen sprechen.
2. Stellen Sie sich bitte nicht vor mich.
3. Würden Sie bitte so freundlich sein, während des Stücks/des Films/der Musik die Unterhaltung einzustellen.
4. Das hier ist eine Schlange. Sie müssen sich hinten anstellen.
5. Haben Sie bestimmte Vorrechte in dieser Schlange?
6. Sie haben mich 20 Minuten warten lassen.
7. Könnten Sie wohl die Heizung niedriger stellen?
8. Es ist mir zu kalt, um nach draußen zu gehen.
9. Packen Sie diese schweren Pakete bitte in eine zweite Tüte (im Supermarkt).
10. Ihr Verhalten ekelt mich an.
11. Ich hasse Ihre Doppelzüngigkeit.
12. Ich verachte Ihre Intoleranz/Unvernunft.
13. Ich kann Ihr ewiges Nörgeln nicht mehr aushalten.
14. Würden Sie bitte mein Paket aufheben, wenn es Ihnen nichts ausmacht?
15. Leider ist das nicht möglich.
16. (Zur Stewardeß einer sich für den Anschluß verspätenden Maschine:) Bitten Sie doch den Piloten, über Funk meine Anschlußmaschine zu informieren.
17. Das würde ich lieber nicht sagen.
18. Warum kommen Sie so spät?
19. Wenn das mit Ihrem Zuspätkommen nicht aufhört, sehe ich mich gezwungen, keine weitere Verabredung mehr mit Ihnen zu treffen.

20. Ich bestehe darauf, daß Sie rechtzeitig zur Arbeit kommen.
21. Wie können Sie es wagen, so mit mir zu sprechen.
22. Entschuldigung – ich war zuerst hier.
23. Ich unterhalte mich gern mit Ihnen, aber seien Sie bitte ruhig, wenn ich lese/schreibe/nachdenke/zuhöre.

B. »Lobend«

1. Das ist ja ein wunderschönes Kleid/Brosche usw.
2. Sie sehen reizend, unwahrscheinlich gut, entzückend, strahlend usw. aus.
3. Das war eine kluge Bemerkung.
4. Welch strahlendes Lächeln.
5. Ich habe Sie gerne.
6. Ich liebe Sie.
7. Ich bewundere Ihre Ausdauer.
8. Das haben Sie hervorragend ausgearbeitet.

Bei dem nötigen Nachdruck und entsprechender Ermunterung sind die Patienten nach einigen Tagen, nach ein oder zwei Wochen in der Lage, sich zu behaupten. Bei jeder Besprechung berichten sie, was sie in der Zwischenzeit getan haben, und der Therapeut lobt ihre Erfolge und korrigiert ihre Fehler. Sie müssen gewarnt werden, sich nicht auf ihren Lorbeeren auszuruhen, sondern sorgsam auf jede weitere Gelegenheit zu angebrachter Selbstbehauptung zu achten. Da die zwischenmenschliche Angst als Konsequenz der Bemühungen abnimmt, fallen die Selbstbehauptungsaktionen immer leichter. Je mehr sie handeln, desto leichter werden sie handeln können. [...]

STANLEY RACHMAN

Die Behandlung der Phobie

Menschliche Phobien sind erlernte Reaktionen. Sie können durch das Erleben einer einzigen, intensiv schmerzvollen oder ängstigenden Situation erworben werden, sind aber wahrscheinlicher das Ergebnis wiederholten Erlebens subtraumatischer Situationen. Sie können aber auch als ein Ergebnis von Konflikten oder durch einen Imitationsprozeß erworben werden. Wie auch andere neurotische Reaktionsweisen können Phobien als persistente, unangepaßte Reaktionen verstanden werden, die durch die mit der Angst verbundenen subjektiven, autonomen und motorischen Symptome stark getönt sind. Es gibt individuelle Unterschiede in dem Grad, in dem Menschen für die Entwicklung phobischer Störungen (oder allgemeiner: neurotischer Störungen) prädisponiert sind. Diese Unterschiede zeigen deutliche genetische Anteile. Phobien entstehen durch Erleben von Streßsituationen oder durch Imitation; sie bleiben durch die Wirkung des sekundären Angsttriebes bestehen, der immer dann reduziert wird, wenn das Individuum die furchtauslösenden Reize vermeidet oder sich vor ihnen zurückzieht. Die Stärke einer phobischen Reaktion wird von den Faktoren der Häufigkeit der Gegenüberstellung, der Intensität der Stimulation, der räumlichen und zeitlichen Kontiguität, dem Grad der Einengung und der Summation mit anderen furchterzeugenden Reizen oder Situationen bestimmt. [...]

Im Augenblick scheint die wirksamste Behandlungsmethode phobischer Störungen die systematische Desensibilisierung zu sein. Dieses Verfahren wird am häufigsten von allen Methoden der Verhaltenstherapie angewendet. Es wurde aus der experimentellen Psychologie entwickelt und ist eng mit dieser verbunden. Darüber hinaus können seine Arbeitsweise und seine Wirkung eindeutig beschrieben und genau untersucht werden. Nach dem augenblicklichen Forschungsstand kann kein Zweifel darüber bestehen, daß diese Technik sowohl logisch als auch wirksam ist. Es gibt bereits eine überzeugende Zahl experimenteller Ergebnisse, die diese Ansicht bestätigen. Auch auf dem klinischen Gebiet sind solche Beweise im Entstehen begriffen.

Die Desensibilisierung wurde von Professor Wolpe in den frühen fünfziger Jahren entwickelt. Er gelangte in folgender Weise zu dieser Methode, die als schrittweise Dekonditionierung von Angstreaktionen beschrieben werden kann. Unzufrieden mit den Ergebnissen der bisher vorherrschenden Formen der Psychotherapie wandte sich Wolpe der Erforschung experimentell induzierter neurotischer Störungen zu. [...] [Er] führte eine Serie von Experimenten über die artifizielle Induktion neurotischer Störungen bei Katzen durch. Er kam zum Schluß, daß der beste Weg zur Behandlung dieser neurotischen Tiere ein schrittweiser Dekonditionierungsprozeß war, wie ihn Jones 1924 vorgeschlagen hatte. [...] Jones entdeckte, daß die wirksamste Art der Reduktion oder Elimination von Kinderängsten eine Hemmung der unangepaßten Reaktion durch Überlagerung durch eine antagonistische (Eß-)Reaktion war. Eingedenk dieser Arbeit begann Wolpe damit, die neurotischen Katzen in einer Umgebung zu füttern, die deutlich von der ursprünglich traumatischen Situation verschieden war. Er ging dann schrittweise, durch eine Reihe sorgfältig arrangierter Stufen, zu Situationen über, die der ursprünglich angstauslösenden Situation immer ähnlicher und ähnlicher wurden. Er fand, daß er in dieser Weise die neurotische Reaktion der Tiere überwinden und sie anscheinend zu normalem Verhalten zurückführen konnte. Es war jedoch klar, daß Eßreaktionen bei der Behandlung erwachsener Patienten weder angemessen noch wirklich wirksam sein würden. Seine Suche nach Reaktionen, die antagonistisch zur Angst sein könnten, führte ihn zu den Arbeiten von Jacobson, der den Gebrauch der Entspannung bei der Behandlung der verschiedensten neurotischen Störungen vorschlug. Wolpe beschloß, anstelle des Essens, die Entspannung als inkompatible Reaktion einzusetzen, welche die phobischen Angstreaktionen dämpfen sollte. [...]

Zuerst versuchte Wolpe seine Patienten in Anwesenheit des

angstauslösenden Objekts oder der Situation zu entspannen (in-vivo Desensibilisierung). Er fand aber bald, daß diese Methode zu mühsam und zu unpraktisch war. Da außerdem einige Patienten in der Gegenwart einzelner und berührbarer Objekte keine Angst empfanden, bedeuteten diese Schwierigkeiten, daß er sich hätte weigern müssen, solche Patienten zu behandeln oder daß er eine neue Methode entwickeln mußte. Er begann, die angsterzeugenden Stimuli in der Vorstellung hervorzurufen und fand, daß diese Vorstellungen einen wirksamen Ersatz für reale Objekte oder Situationen darstellten. Mit anderen Worten, anstatt einen Patienten, der an einer Hundephobie litt, mit einer Ansammlung von Photos und Modellen von Hunden zu behandeln, bat er den Patienten einfach, sich diese Objekte während der Entspannung im Konsultationsraum vorzustellen. Während des ersten Stadiums der Entwicklung dieser Behandlungsform verließ sich Wolpe sehr stark auf die hypnotische Induktion, d. h. der Patient wurde erst hypnotisiert und dann gebeten, sich die Situation unter Entspannung vorzustellen. Es ist inzwischen deutlich geworden, daß die Hypnose kein notwendiger Teil der therapeutischen Methode ist, wenngleich sie auch sicherlich die Behandlungszeit verkürzen kann. [. . .] Die Evokation der angsterzeugenden Reise in der Vorstellung und im Zustand der Entspannung brachte gute Ergebnisse. Wolpe fand, daß diese Technik im Konsultationsraum leicht zu handhaben war; sie gestattet dem Therapeuten bei der Planung der Behandlung ein großes Maß an Flexibilität.

Vereinfacht dargestellt, verläuft eine Desensibilisierung in folgender Weise. Der Patient wird entspannt. Anschließend wird er gebeten, sich die angstauslösenden Reize in stark abgeschwächter und sehr gemilderter Form vorzustellen. Sobald die Vorstellung klar und lebendig ist, empfindet der Patient gewöhnlich etwas Angst. Der Therapeut entspannt ihn erneut und instruiert ihn, die Vorstellung der Szene abzubrechen. Folgende Sequenz läuft ab: Entspannung – Vorstellung – Entspannung – Ende der Vorstellung.

Die Überlagerung der Angstreaktion durch die Entspannung führt zu einer Auflösung der Angst (reziproke Hemmung). Dieser Vorgang wird mit demselben Reiz wiederholt oder auch mit einem anderen, der etwas stärker beunruhigend wirkt. Der Patient wird erneut entspannt, der nächste Reiz wird geboten und aufgelöst. Mit jeder Hervorrufung und nachfolgenden Dämpfung der Angstreaktion wird konditionierte Hemmung aufgebaut. Auf diese Weise wird es dem Patienten allmählich möglich gemacht, sich selbst den am stärksten angstauslösenden Reiz mit Gelassenheit vorzustellen. Diese Gelassenheit überträgt sich dann auch auf die reale Lebenssituation. Der Transfer des Behandlungsfortschritts vom Konsultationsraum zur Realsituation findet ziemlich regelmäßig auf jeder Stufe des Behandlungsprogramms statt. Wenn der Patient sich im Behandlungsraum die früher beunruhigenden Reize ohne Angst vorstellen kann, so wird er bemerken, daß ihm auch die tatsächlichen Reize in der realen Lebenssituation keine Schwierigkeiten bereiten.

Bevor jedoch die eigentliche systematische Desensibilisierung begonnen werden kann, muß selbstverständlich eine Reihe von Vorbereitungen getroffen werden. Zuerst muß die allgemeine Lebenssituation des Patienten erfragt und eine genaue Vorgeschichte der Störung erhoben werden. Zweitens muß versucht werden, jegliche Art von Konflikten oder von angstauslösenden Situationen zu reduzieren oder zu beseitigen, wenn sie das Leben des Patienten zur Zeit der Behandlung beeinträchtigen. Wenn z. B. die Eltern oder der Ehegatte den Patienten Situationen aussetzen, die für ihn angsterzeugend sind, so muß versucht werden, sowohl deren Verhalten als auch die Reaktionen des Patienten zu verändern. Als Drittes versucht der Therapeut die Grundlage der Desensibilisierungsbehandlung zu erklären und dem Patienten eine gewisse Vorstellung von der Art von Übungen zu geben, die damit verbunden sind. Wenn diese Vorbereitungen (Aufnahme der Vorgeschichte, Veränderung der Umgebung, Erklärung der Behandlung) beendet sind, beginnt die eigentliche Behandlung.

Wie alle therapeutischen Verfahren, die von Wolpe entwickelt und verwendet wurden, basiert die Desensibilisierung auf dem folgenden Prinzip: »Wenn eine der Angst antagonistische Reaktion in Gegenwart angsterregender Reize in der Weise ausgelöst werden kann, daß damit eine vollständige oder partielle Unterdrükkung der Angstreaktion einhergeht, wird die Verbindung zwischen diesen Reizen und den Angstreaktionen geschwächt.«

Für die Praxis können 4 Stufen der Desensibilisierungsbehandlung unterschieden werden:

1. Vorbereitung (Aufnahme der Vorgeschichte usw.).
2. Der Patient wird in progressiver Entspannung unterwiesen.
3. Hierarchien von phobischen Reizen und/oder angstauslösenden Situationen werden aufgebaut und der Intensität nach geordnet.
4. Der Patient muß sich die phobischen Reize in einem Zustand der völligen Entspannung vorstellen, wobei die Intensität der Reize allmählich zunimmt.

Die Entspannungsmethode, in der der Patient unterwiesen wird, ist eine Abkürzung derjenigen, die von Jacobson 1938 entwickelt wurde. Normalerweise dauert es 3 bis 6 Übungssitzungen, bis der Patient in der Lage ist, mit geringer Instruktion einen ausreichend tiefen Grad der Entspannung zu erreichen.

Die Jacobsonsche Methode läßt sich in 4 Schritte unterteilen: Entwicklung eines »Muskelsinnes«, Entspannung einer Muskelgruppe (z. B. Bizeps) »immer weiter und weiter«, bis sich ein prickelndes Gefühl entwickelt, Entspannung einzelner zusammenhängender Muskelgruppen nacheinander, gleichzeitige Entspannung mehrerer Muskelgruppen.

Nachdem der Patient einige Erfahrung in der Entwicklung des »Muskelsinnes« gesammelt hat, werden verschiedene Muskelgruppen angespannt und darauf entspannt. Diese Entspannungsübung dauert zwischen 20 bis 30 Minuten. Außerdem wird der Patient instruiert, zu Hause pro Tag zweimal 15 Minuten zu üben. Obwohl es keine absolut festgelegte Aufeinanderfolge der Entspannungsübungen gibt, wird im allgemeinen in der ersten Sitzung mit der Entspannung von Armen und Beinen begonnen, wonach man gegen Ende dieser Sitzung oder spätestens zu Beginn der nächsten zu den Muskeln im Kopf und in der Nackengegend übergeht. Sobald der Patient die Entspannung jeder wichtigen Muskelgruppe erfolgreich gelernt hat, wird versucht, die Entspannung dieser unterschiedlichen Muskeln zu koordinieren. Idealerweise sollte er dann auf Instruktion mit allgemeiner Entspannung reagieren. Ein wichtiger Teil des Entspannungstrainings ist eine langsame und regelmäßige Atmung.

Nach Jacobson gibt es folgende Kennzeichen tiefer Entspannung: regelmäßige Atmung, normale Pulsfrequenz, verminderter Patellarsehnenreflex, entspannter Ösophagus, schlaffe Gliedmaßen, Abwesenheit reflexhaften Schluckens, bewegungslose Augenlider, Abwesenheit von Zittern, ein subjektives Gefühl angenehmer Ruhe. In der klinischen Praxis sind die auffallendsten Zeichen einer erfolgreichen Entspannungsinduktion: körperliche Bewegungslosigkeit, schlaffe Muskeln, regelmäßige Atmung, bewegungslose Augenlider, unwillentliche Zuckungen (in den frühen Stadien der Induktion), Langsamkeit in den Reaktionen, berichtete Schläfrigkeit am Ende der Entspannungssitzung. [...]

Nach Wolpe und Lazarus ist die Konstruktion der Angsthierarchien »der schwierigste und anstrengendste Teil der Desensibilisierungstechnik... sie verlangt exaktes Erkennen der Reizquellen der unangepaßten Angstreaktion, sorgfältiges Aufstellen und Einordnen der Items... eine Angsthierarchie ist eine abgestufte Liste von Reizen, in der die verschiedenen Grade eines definierten, angstauslösenden Merkmals enthalten sind«. Ausgehend von der Lebensgeschichte des Patienten und von den verschiedenen Informationen, die durch Fragebogen erhoben wurden, hilft der Therapeut dem Patienten, all diejenigen Reize und Situationen zusammenzustellen, die in ihm Angst hervorrufen. Hierauf versucht der Therapeut verschiedene Themen zu isolieren, welche die einzelnen Items der Liste miteinander zu verbinden scheinen. Nach diesen Themen werden sie dann zu sinnverwandten und abgestuften Serien geordnet, den Hierarchien.

Dieses Vorgehen wird bei Wolpe und Lazarus in folgender Weise illustriert. Nachdem die von einem bestimmten Patienten beschriebenen ursprünglichen Ängste in einer Liste zusammengestellt sind, werden die 20 Ängste in 5 Hierarchien zusammengefaßt. Die ursprüngliche Angstliste enthielt die folgenden 20 Items: große Höhen, Aufzüge, belebte Orte, Kirchen, Dunkelheit, Allein-zu-sein, eheliche Beziehungen, irgendeine Strecke zu gehen, Tod, Unfälle, Feuer, ohnmächtig zu werden, Fallen, Injektionen, medizinische Behandlung, Angst vor dem Unbekannten, verrückt zu werden, versperrte Türe, Jahrmarktsfahrten, steile Treppen. Mit der Hilfe des Patienten werden diese Items dann in folgende Hierarchien geordnet:

1. Akrophobie (große Höhen, Jahrmarktsfahrten, steile Treppen)

2. Klaustrophobie (Aufzüge, belebte Orte, Kirchen, Dunkelheit, verschlossene Türen)

3. Agoraphobie (Alleinsein, irgendeine Strecke zu gehen)

4. Krankheit (ohnmächtig zu werden, Fallen, Injektionen, Medikamente)

5. Grundsätzliche objektive Ängste (eheliche Beziehungen – d. h. eigentlich Schwangerschaft –, Tod, Unfälle, Feuer, Angst vor dem Unbekannten, verrückt zu werden).

Bei der Behandlung phobischer Patienten findet man häufig Hierarchien – wie Klaustrophobie, Agoraphobie, soziale Ängste, Angst vor Verletzungen, Höhen- und Sexualangst.

Der dritte Teil der Behandlung, die eigentliche Desensibilisierung wird in folgender Weise durchgeführt. Es wird dem Patienten mitgeteilt, welche Reize in der jeweiligen Sitzung dargeboten werden, und er wird dazu angehalten, durch Heben seiner Hand anzuzeigen, wenn ihn ein Reiz zu sehr beunruhigt. Dies ist eine wichtige Instruktion, die keinesfalls weggelassen werden sollte, da sich die Erregung intensiver Angst während einer Sitzung als sehr störend auswirken kann. Bei den meisten Patienten ist es durch Beobachtung ihres Gesichtsausdrucks, der Körperspannungen, der Atmung usw. möglich, solche Beunruhigungen zu erkennen, bevor sie der Patient noch anzeigt. Sobald solche Störungen eintreten, entfernt der Therapeut den Reiz und entspannt den Patienten. Wenn das letzte Item einer Sitzung Angst hervorgerufen hat, so muß der Therapeut noch ein leichteres Item darbieten, das bereits erfolgreich überwunden wurde, bevor er den Patienten aus der Entspannung entläßt. Um einen Informationsaustausch zu erleichtern, wird dem Patienten beigebracht, sich eines »Angstthermometers« zu bedienen. Er lernt die Stärke der Angst- oder Furchtreaktion auf einer Skala einzuschätzen, die von Null (völlig ruhig) bis 100 (Gefühl völliger Panik) reicht. Demzufolge müßte eine leichte Angstreaktion als 15, eine starke als z. B. 80 eingestuft werden. Während der verschiedenen Behandlungsabschnitte wird der Patient gebeten, den Grad der Beunruhigung, den er bei der Darbietung einer vorgestellten Reizsituation erlebt, mit Hilfe dieses Angstthermometers abzuschätzen.

Sobald die einleitenden Instruktionen gegeben sind, wird der Patient. entspannt (durch Hypnose oder auch anders) und gebeten, sich die verschiedenen Reize vorzustellen, z. B. »Stellen Sie sich ein Krankenhaus in weiter Entfernung vor... Jetzt brechen Sie bitte die Vorstellung ab und entspannen sich weiter«. Jede derartige Vorstellung wird als eine Darbietung bezeichnet. Jeder Reiz wird zwischen 5 und 20 Sekunden dargeboten, wobei in jeder Sitzung zwischen 2 und 4 Items dargeboten werden, je nach dem Fortschritt des Patienten. Jedes Item wird im allgemeinen 2 bis 6 Mal dargeboten – wenngleich auch einiges dafür spricht, daß Reize, die eine starke Angstreaktion erzeugen, einer größeren Zahl von Wiederholungen bedürfen.

Wenn die notwendige Zahl an Reizen während einer Sitzung dargeboten wurde, wird die Entspannung langsam zurückgenommen und der Patient gebeten, einen ausführlichen Bericht über seine Reaktionen zu geben. Wenn die Items lebendig und ohne größere Störungen vorgestellt wurden, kann der Therapeut in der folgenden Sitzung zu den nächsten Items übergehen. Die Sitzung beginnt normalerweise mit dem letzten Item der vorhergehenden Sitzung – dies geschieht, um einer spontanen Erneuerung der Angstreaktion vorzubeugen, die manchmal zwischen den Sitzungen beobachtet werden kann. Die Behandlung beginnt mit denjenigen Items, die am Ende der Hierarchie stehen (d. h. denjenigen, die am wenigsten Beunruhigung hervorrufen). Davon ausgehend schreitet sie je nach dem Fortschritt und den Reaktionen des Patienten langsam zu den schwierigeren Items fort. Auf diese Weise ist es dem Patienten am Ende möglich, sich ohne irgendwelche Angst Reize vorzustellen, die früher phobische oder noxische Wirkung hatten. Da diese Technik eine Dekonditionierung der Angst und der phobischen Reaktionen bezweckt, ist es notwendig, daß der Patient ein gewisses Maß an Angst bei der Darbietung der Reize empfindet. Die völlige Hemmung der neurotischen Angstreaktion wird dadurch erreicht, daß kleine Quantitäten der Angst mit Hilfe dieses graduellen und systematischen Fortschreitens gehemmt werden.

Ein 7 Jahre altes Mädchen wurde von der Schule überwiesen, weil sie mehrmals die Schule geschwänzt hatte. Bei der Untersuchung stellte sich heraus, daß das Kind an einer Schulphobie litt. Diese hatte begonnen, als sie von der Volksschule auf die Oberschule übergewechselt war. Sie hatte die neue Schule für vier Tage besucht, hatte aber dann am Morgen des fünften Tages über Magenschmerzen geklagt, welche sie an dem Schulbesuch hinderten. Danach besuchte sie die Schule nur sporadisch. Sie bestand darauf, nur in Begleitung ihrer Mutter zur Schule zu gehen. Des öfteren war sie zur Schule aufgebrochen, war aber dann wegen Magenschmerzen, Kopfschmerzen oder Zitterns doch nicht hineingegangen.

Die Untersuchung zeigte, daß das Kind eine eng umschriebene Furcht vor der Schule entwickelt hatte. Zwei Angst-Hierarchien wurden aufgestellt. Die erste bestand aus Situationen im Klassenzimmer, in denen der Lehrer die Aufmerksamkeit der Klasse auf das Kind lenkte oder es kritisierte. Die zweite Hierarchie beschäftigte sich mit der Turnstunde, insbesondere mit dem Wechseln der Kleidung in Gegenwart anderer Mädchen.

Nach dem Entspannungstraining wurden die beiden Hierarchien der Patientin in 12 konzentrierten Sitzungen von 45 Minuten Dauer desensibilisiert. Als sie sich die schlimmste Szene der Hierarchie ohne Angst vorstellen konnte, wurde sie entspannt und vom Therapeuten zur Schule geführt. Nach einigem Zögern am ersten Tag ihres Wiedereintritts begann sich die Patientin einzugewöhnen. Sie besucht die Schule nun schon seit sechs Monaten erfolgreich.

Ein 45 Jahre alter Mann wurde wegen schwerer und chronischer sozialer Angst zur verhaltenstherapeutischen Behandlung überwiesen. Eine Gruppenpsychotherapie war bereits fehlgeschlagen. Er hatte es nur mit großen Mengen von Tranquilizern fertig gebracht, weiter mit anderen zusammenzukommen. Die Krankheit hatte jedoch seine Sozialkontakte sehr eingeengt und seine berufliche Karriere behindert. Seit vielen Jahren war er nur noch in der Lage, nahe Verwandte zu treffen. Es war ihm unmöglich, Freunde zu besuchen oder zu sich einzuladen. Wenn seine Kinder Besuch hatten, zog er sich in das Schlafzimmer im oberen Stock des Hauses zurück. Bei der Arbeit hatte er zwei Beförderungen abgeschlagen, weil er bei ihrer Annahme mit Publikum in Berührung gekommen wäre. Konnte er die Menschen nicht vermeiden, so entwickelte er Gefühle der Angst und der Minderwertigkeit und physische Symptome wie Tachykardie, Schwitzen, Zittern und einen trockenen Mund. Er fühlte sich dann schwach und kraftlos.

Es wurde eine ausführliche Angst-Hierarchie konstruiert, die aus Kontakten mit Menschen in einer Vielzahl von Situationen bestand. Er erhielt zweimal wöchentlich eine Desensibilisierungssitzung von 45 Minuten. Nach einer Behandlung von 4 Monaten war er wesentlich gebessert. Diese Besserung blieb auch während des darauffolgenden Jahres bestehen. Die subjektiven und physischen Beschwerden nahmen im Laufe der Behandlung ab. Nach 2 Monaten hörte er auf, Drogen einzunehmen. Er begann einige Leute einzuladen und Freunde zu besuchen. Ohne größere Schwierigkeiten besuchte er drei Parties. Seine beruflichen Leistungen nahmen zu. [...]

Albert Ellis

Die rational-emotive Therapie

Die wichtigsten Ziele jeder psychotherapeutischen Behandlung sind einfach und konkret definierbar: die Klienten sollen am Ende des psychotherapeutischen Prozesses ein Minimum an Angst, Schuldgefühlen, Depressionen (oder Neigung zur Selbstbeschuldigung) und Ärger sowie eine möglichst hohe Frustrationstoleranz (oder eine möglichst geringe Neigung, die Schuld anderen und der Umwelt zuzuschieben) aufweisen. Ebenso wichtig ist es, ihnen eine Methode der Selbstbeobachtung und Selbsterkennung mitzugeben, die gewährleistet, daß sie sich auch für den Rest ihres Lebens nur in minimalem Umfang ängstlich und feindselig machen.

Ich habe zusammen mit anderen [...] die Psychodynamik verschiedener emotionaler Probleme, einschließlich der Probleme im Zusammenhang mit mangelnder Selbstachtung, chronischer Angst, Schuldgefühlen, Depressionen und niedriger Frustrationstoleranz, erläutert. An dieser Stelle soll lediglich festgehalten werden, daß diese negativen Gefühlszustände per definitionem symptomatisch sind für irrationales Denken und – im Gegensatz zu Besorgtheit, Bedauern, Irritiertheit und dgl. – faktisch immer unglückselige Folgen nach sich ziehen wie u. a. Abwehrhaltungen, längeres bzw. intensives Leiden, eine Unfähigkeit, mit problematischen Situationen umzugehen, und Selbstverurteilung.

Den Menschen scheint es offenbar nicht möglich zu sein, einen Zustand vollkommen ohne Angst, Depressionen, Schuldgefühlen oder Feindseligkeit zu erreichen. Allem Anschein nach haben sie eine deutliche angeborene und biologische Neigung, über ihr eigenes Verhalten und das der anderen in unklarer Weise zu denken und deshalb beispielsweise Angst mit Furcht oder Feindseligkeit mit Verärgerung zu verwechseln. Sie können es aber durch längerfristige und eifrige Bemühungen erreichen, nur hin und wieder einmal ängstlich oder feindselig zu sein, und dies dann in einer gemäßigten Form, statt (wie es in unserer Gesellschaft normalerweise der Fall ist) gegenüber sich selbst und anderen ständig heftige Wut zu empfinden.

Die wichtigsten Methoden

Wie geht die rational-emotive Psychotherapie an ihre therapeutische Aufgabe heran? Im Gegensatz zu vielen anderen gängigen Behandlungsformen ist sie nicht primär daran interessiert, den Klienten dazu zu bringen, seine Angst- und Schuldgefühle, seine Depressionen und seinen Ärger zu *äußern, abzureagieren* oder *auszuleben*. In der rational-emotiven Therapie versucht man den Klienten dahin zu bekommen, zunächst zuzugeben, daß er sich selber Schuldgefühle einjagt oder wütend ist, und dann, so schnell, wie er es nur kann, *gegen* diese Gefühle der Angst und des Ärgers *anzugehen*, sie zu *ändern* und sich von ihnen *vollends zu lösen*. Wenn der Klient im Laufe dieses Prozesses unterdrückte oder verdrängte negative Einstellungen gegen sich oder andere ausdrückt, dann ist das in Ordnung. Der rational-emotive Therapeut benutzt diese Gefühlsäußerungen, um mit ihnen zu arbeiten – bzw. um den Klienten dazu anzuhalten, mit ihnen zu arbeiten. Aber das reine Ausleben von Gefühlen ist nur von geringem Interesse. Therapeuten, die ihre Klienten zu einem solchen einseitigen Abreagieren von Gefühlen ermuntern, helfen ihnen häufig nur, sich an ihre Angst und Feindseligkeit zu gewöhnen (d. h. sich damit wohler zu fühlen) oder diese Emotionen zu intensivieren – beides Ergebnisse, die unerwünscht sein können. Faktisch können und sollten auch alle Angst- und Schuldgefühle, alle Depressionen und aller Ärger ganz und gar aus der Welt geschafft werden – nicht eine in der Realität begründete Verärgerung oder Furcht, sondern sinnlose Feindseligkeit und Selbstverurteilung, die darüber hinaus noch existieren und in unbewußter oder bewußter Form zu dem normalen Ärger und der angemessenen Wachsamkeit hinzukommen.

In der rational-emotiven Therapie werden den Klienten in klarer und konkreter Form drei Arten der Einsicht vermittelt, und nicht die begrenzte »Einsicht«, auf die man gewöhnlich in psychoanalytischen Therapien Wert legt. Einsicht Nummer 1 stellt sich dann ein, wenn der Klient erkennt, daß sein gegenwärtiges neurotisches Verhalten zeitlich zurückliegende Ursachen hat. Einsicht Nummer 2 ist von noch größerer Bedeutung: sie tritt dann auf, wenn die Klienten verstanden haben, warum die ursprünglichen Gründe für ihre Störung ihnen immer noch zu schaffen machen und sie durcheinanderbringen, nämlich weil sie immer noch an den ursprünglich erworbenen irrationalen Überzeugungen festhalten und sich diese Überzeugungen nach wie vor ständig einhämmern. Betrachten wir, um es genauer verständlich zu machen, den Fall eines männlichen Klienten, der gegenwärtig seine Eltern haßt. Der Therapeut kann ihm zunächst zeigen, daß dieser Haß ursprünglich daher rührt, daß er, na sagen wir, als Kind auf seine Mutter eifersüchtig war, weil sie seinem Vater zu viel und ihm selbst zu wenig Aufmerksamkeit geschenkt hat. Das würde ihm auch helfen, zu Einsicht Nummer 1 zu gelangen. Der Therapeut würde aber auch gleichzeitig seinem Klienten klarmachen, daß der wahre Grund für seine Störung auch schon in seiner Kindheit nicht der war, daß seine Mutter ihn zugunsten seines Vaters vernachlässigt hat, sondern seine frühe Überzeugung, es sei entsetzlich, daß sie ihn so vernachlässigen würde und sie und sein Vater sollten nicht so sein, wie sie sind. Ohne dieses System von Wertvorstellungen oder ohne diese Lebensphilosophie wäre der Klient schon zu Beginn emotional nie so aufgewühlt worden, egal, wie sehr seine Eltern dazu geneigt hätten, ihn zu vernachlässigen; deshalb ist es nicht die Tatsache, daß sie ihn vernachlässigt haben, sondern seine Überzeugungen, die ihn ursprünglich dazu brachten, sie zu hassen.

Von größerer Bedeutung ist aber folgendes: wenn er immer noch seine Eltern haßt und sich über sie erregt, dann ist das der Beweis dafür, daß er heute noch ständig an der ursprünglichen Philosophie festhält, die er als Kind über ihr Verhalten ihm gegenüber hatte: er sagt sich nach wie vor, daß es entsetzlich ist, wenn Eltern ihre Kinder vernachlässigen, und daß sie nicht so sein sollten, wie sie sind. Wenn der Therapeut seinem Klienten zu der klaren und präzisen Erkenntnis verhilft, daß er bei sich emotionale Probleme bewirkt, indem er sich nach wie vor mit äußerster Vehemenz seinen kindlichen Philosophien in bezug auf das Vernachlässigtwerden verschreibt, und daß es seine eigenen internalisierten Urteile über elterliche Vernachlässigung – nicht diese Vernachlässigung selbst – sind, die ihm jetzt zu schaffen machen, dann hat der Therapeut den Klienten auf diese Weise zu Einsicht Nummer 2 gebracht.

Noch mehr im Sinn der therapeutischen Aufgabe ist dann der Versuch des Therapeuten, dem Klienten zu Einsicht Nummer 3 zu verhelfen. Das ist von Seiten des Klienten die volle Anerkennung dessen, daß es für ihn wahrscheinlich keinen anderen Weg zur Überwindung seiner emotionalen Probleme gibt als den, seine Überzeugungssysteme ständig unter Beobachtung zu halten, in Frage zu stellen und anzuzweifeln sowie seinen irrationalen philosophischen Annahmen durch verbale und motorische Aktivität entgegenzutreten. Der Therapeut würde dann dem Klienten, der seine Eltern haßt, klarmachen, daß er, wenn er von seinem irrationalen Haß (und einer Unmenge damit einhergehender psychosomatischer und anderer Symptome) loskommen will, gut daran täte, sich ständig mit seinen eigenen unsinnigen Annahmen, die er als Kind hatte – nämlich daß es entsetzlich sei, von seinen Eltern vernachlässigt zu werden –, zu befassen und unermüdlich gegen diese abergläubischen Überzeugungen anzukämpfen, bis er sie losgeworden ist. Ohne Einsicht Nummer 3 sind Einsichten Nummer 1 und Nummer 2, egal, wie tief sie auch gehen mögen, wahrscheinlich nicht geeignet, ihm zur Überwindung seiner emotionalen Schwierigkeiten zu verhelfen.

Wie bringt der rational-emotive Therapeut den Klienten nun im einzelnen dazu, den eigenen irrationalen Annahmen geradewegs ins Auge zu sehen und diese selbstschädigenden philosophischen Prämissen in Frage zu stellen und anzuzweifeln? Der Therapeut geht hauptsächlich – in der Annahme, die meisten Leute seien im allgemeinen allergisch gegen das Denken (d. h. die meisten würden dazu neigen, ihre eigenen Annahmen blindlings zu akzeptieren und sie sich unbedacht als Bibelweisheit immer wieder vorzusagen) – so vor, daß er die Klienten lehrt, auf die Ausrufesätze zu achten, mit denen sie sich ihre Emotionen schaffen. Immer wenn eine Klientin beispielsweise sagt: »Mein Mann hat mich beschuldigt, daß ich mit jemandem ein Verhältnis habe, und das hat mich fürchterlich wütend gemacht, weil das überhaupt nicht stimmt und weil es so unfair von ihm war, mich so zu beschuldigen«, dann würde der Therapeut sie sofort unterbrechen und fragen: »Was meinen Sie damit: *das* hat mich wütend gemacht? Sie meinen doch eigentlich, stimmt's?, daß Ihr Mann Sie ungerechtfertigterweise beschuldigt hat, und daß Sie sich dann selber wütend gemacht haben, indem Sie sich idiotischerweise sagten: 1. ›Ich mag diese falsche Anschuldigung nicht‹; und 2. ›Weil ich sie nicht mag, sollte er sie auch nicht machen‹. War es nicht das, was Sie so aufgebracht hat – Ihre eigene irrationale Schlußfolgerung, nicht seine Anschuldigung?«

Hat der Therapeut den Klienten einmal geholfen, die philosophischen Annahmen aufzudecken, und zu klären, die die emotionalen Probleme hervorrufen, dann versucht er auf unbarmherzige und hartnäckige Art ihre Unrichtigkeit zu beweisen. Er ermutigt sie, diese Annahmen möglicherweise zum ersten Mal in ihrem Leben zu überdenken, und hilft ihnen damit, die Unrichtigkeit dieser Annahmen zu sehen und zu erkennen, daß sie sich, solange sie diese Annahmen aufrechterhalten, auch *immer* die neurotischen Gefühle und Verhaltensweisen schaffen *werden*, die sie sich im Augenblick schaffen. Statt deklarative Aussagen zu machen, stellt der Therapeut die meiste Zeit Fragen nach sokratischem Vorbild. Er würde, um auf die oben erwähnte Frau zurückzukommen, wiederholt und mit energischem Nachdruck fragen: »Warum sollte sich Ihr Mann nicht so verhalten, wie er es tut? Wo sind die Beweise dafür, daß er oder natürlich auch irgend jemand anders Sie fair behandeln *muß?* Warum sind Sie denn so etwas Besonderes, daß es Ihnen zustehen soll, von ihm oder irgend jemand anderem immer das zu bekommen, was Sie verlangen?«

Zur genaueren Verdeutlichung des technischen Vorgehens soll ein Ausschnitt aus einer Sitzung mit rational-emotiver Therapie wiedergegeben werden. Der Klient, George, war, als er in Behandlung kam, voller Angst- und Schuldgefühle. Sein neurotisches Problem bestand im Grunde darin, daß er unrealistischer- und unsinnigerweise Perfektion von sich forderte. Wenn es ihm dann, was unvermeidlich war, nicht gelang, ständig perfekt zu handeln, dann verurteilte er sich so, daß er nichts Positives mehr an sich feststellen konnte. In dem nachfolgend wiedergegebenen Ausschnitt aus einem Sitzungsprotokoll fordert Russell Grieger, der Therapeut, den Klienten heraus, über die Gültigkeit seiner Annahmen nachzudenken, und bringt ihn dahin, daß er für sich selber denkt, statt wie ein Papagei rationale Phrasen nachzuplappern.

George: Es stimmt. Da ist irgend etwas in mir, was mir sagt, daß es nicht wahr sein sollte. Es stimmt: Die Leute *sollten* in der Lage sein, Perfektionismus zu erlangen. Wir sollten mehr sein als einfach nur menschlich.

Therapeut: Warum sollte das stimmen? Warum sollte jemand mehr sein als ein Mensch? Fragen Sie sich: »Warum muß ich, George, mehr sein als ein Mensch?«

G.: Einfach, weil ich gern mehr als ein Mensch sein möchte.

Th.: Sie haben die Bücher gelesen und kennen die Slogans. Aber denken Sie mal einen Augenblick nach. Okay: »Ich wäre gern so erfolgreich, daß Sie den Mund nicht mehr zu bekommen.« Richtig? »Weil ich – und Sie auch – es gern möchten.« Aber warum *müssen* und wie *können* Sie mehr sein als ein Mensch?

G.: Nun, der einzige Grund, warum ich muß, ist der, daß ich mir sage, daß ich muß.

Th.: Das weiß ich. Lassen Sie uns das doch einmal durchdenken. *Warum* müssen Sie? Denken Sie doch einmal über Ihre Vorstellungen in dieser Hinsicht nach.

G.: Hm, es ist nicht so sehr, daß ich muß, sondern daß ich es gern hätte, wenn es so wäre. Eben weil es wirklich schön wäre, sehr kompetent zu sein.

Th.: Okay, da bin ich ganz Ihrer Meinung. Aber der Grund dafür, daß Sie so viel leiden, ist der, daß Sie die Grenze zwischen: »Mann, wäre das toll« zu »Deshalb muß ich sehr kompetent sein« überschreiten. Wenn Sie einmal über diese Grenze hinaus sind, dann beginnt es, unangenehm zu werden. Aber warum *müssen* Sie – Sie als ein einzelner Mensch auf Gottes Erdboden –, warum *müssen* Sie immer, oder – um es etwas anders mit unseren Begriffen auszudrücken – warum *müssen* Sie bei der nächsten Gelegenheit voll und ganz über der Situation stehen? Nicht, »warum wäre es schöner wenn . . .« – schöner wär's, das weiß ich auch, und darüber sind wir uns wohl beide einig –, aber warum *müssen* Sie?

G.: Rein logisch betrachtet gibt es keinen Grund dafür.

Th.: Was wäre die logische Überlegung?

G.: Nun, wenn ich es logisch durchdenke, gibt es da eine ganze Reihe von Dingen. Zunächst einmal: ich als ganze Person unterscheide mich von dem, was ich mache, so daß ich also, nur weil ich bei der nächsten Gelegenheit gut bin oder Mist baue, deswegen noch nicht als ganzer Mensch gut oder wertlos bin.

Th.: Richtig, das sind Sie nicht. Aber warum sind Sie es nicht?

G.: Warum nicht?

Th.: Ja, ich meine, warum entscheidet Ihr Erfolg oder Mißerfolg bei der nächsten Besprechung nicht darüber, ob Sie ein guter oder schlechter Mensch sind?

G.: Logisch gesehen ist das nicht möglich. Das würde dann voraussetzen, daß man perfekt sein kann. Bin ich bei der nächsten Gelegenheit gut, dann könnte ich erst dann sagen: »Ich bin ein erfolgreicher *Mensch*«, wenn ich bei *allen* nächsten Gelegenheiten gut wäre. Man muß schon perfekt sein, um sagen zu können: »Wenn ich bei der nächsten Gelegenheit gut bin, bin ich ein perfekter Mensch.« Man müßte dann bei der nächsten Gelegenheit perfekt sein, dann bei der nächsten... dann wiederum bei der nächsten usw.

Th.: Und, ist das möglich?

G.: Nein, das ist nicht möglich.

Th.: Stimmt. Und was heißt das?

G.: Ja, das heißt, daß man nicht so perfekt handeln kann, wie man es gern möchte. Ich würde auch nicht bei jeder Gelegenheit perfekt handeln wollen. Man kann eine Situation meistern, man kann auf einem Gebiet oder auch nur auf einem Teil seines Gebiets ein so großer Meister sein, wie man will, aber die Chancen dafür, bei jeder Gelegenheit perfekt zu handeln, sind... das ist einfach nicht möglich. Es gibt zu viele Dinge, die sich damit nicht vereinbaren lassen.

Th.: Es gibt zuviel, was sich damit nicht vereinbaren läßt, einschließlich die Tatsache, daß Sie ein Mensch sind.

G.: Ja, stimmt.

Th.: Wenn Sie mehr als ein Mensch wären, dann wären Sie ein göttliches Wesen. Sie wären dann entweder tot oder ein göttliches Wesen. Stimmt's?

G.: Stimmt.

Th.: Jeder ist ein Mensch, außer denen, die tot oder göttliche Wesen sind. Ich kenne keine göttlichen Wesen, ich habe mich noch nie mit einem göttlichen Wesen unterhalten. Noch nie! Haben Sie schon jemals einen anderen Menschen auf dieser Welt getroffen, haben Sie sich schon jemals mit einem anderen Menschen unterhalten, von dem Sie ehrlich sagen könnten, er hätte noch nie einen Fehler gemacht? Ich spreche jetzt von einem lebenden menschlichen Wesen.

G.: Nein (lacht).

Th.: Wirklich nicht?

G.: (lebhaft) NEIN! Manchmal hatte ich zwar das Gefühl, aber nur so lange, bis ich den Betreffenden lange genug kannte.

Th.: Richtig. Sie waren fähig, die Tatsache zu verbergen, daß sie Menschen waren.

G.: Richtig.

Th.: Und wahrscheinlich war es so: je länger Sie gebraucht haben, um zu erkennen, daß es auch Menschen sind, desto mehr war es ein Zeichen dafür, daß ihnen der Gedanke, naja, einfach ein Mensch zu sein, einen gewaltigen Schrecken einjagte. Deswegen durften sie sich nicht als Menschen zu erkennen geben. Wahrscheinlich ist es so: je länger es dauert, bis man an jemandem einen Fehler feststellen kann, desto mehr hat der Betreffende seine Fehler versteckt und desto mehr Angst hat er, daß man seine Fehler entdeckt.

G.: Ich glaube, über das, was Sie eben gesagt haben, werde ich noch einmal nachdenken müssen.

Th.: Nun gut, wie es auch sein mag, aber um auf das Entscheidende zurückzukommen: Sie haben noch nie einen anderen Menschen getroffen, der vollkommen perfekt ist. Mit anderen Worten, der nicht wie ein Mensch ist. Warum sollten ausgerechnet Sie anders sein als alle anderen? Um es kraß auszudrücken: was ist denn so Besonderes an Ihnen? Ich meine, ich weiß, daß Sie in der Hinsicht einzigartig sind, daß es auf der ganzen Welt keinen Menschen gibt, der Ihnen gleicht, aber einzigartig sein und etwas Besonderes sein sind zwei verschiedene Dinge.

G.: Nein, ich bin nichts Besonderes.

Th.: Stimmt. Sie sind es nicht.

Abgeleitete therapeutische Haltungen

Wir kennen jetzt den Teil der grundlegenden Methodik der rational-emotiven Therapie, der sich auf das Anzweifeln und In-Frage-Stellen von irrationalen Überzeugungen bezieht. Was kann noch über den therapeutischen Stil gesagt werden? Im folgenden sind mehrere Merkmale aufgeführt, die typisch sind für das Vorgehen des rational-emotiven Therapeuten.

1. Der rational-emotive Therapeut verhält sich bei den meisten Klienten aktiv-direktiv. Diese denken nämlich nicht nur verrückte und beeinträchtigende Dinge, sondern sie gestalten dieses ihr Denken auch noch auf die schlimmstmögliche Art und Weise: zum einen reden sie sich tagtäglich und mit Nachdruck ihren eigenen Unsinn ein, zum anderen weigern sie sich aus Bequemlichkeit, über ihre Gedanken und Überzeugungen nachzudenken, abgesehen von der Tatsache, daß sie immer denken. Ein Prinzip der rational-emotiven Therapie besagt, daß es häufig eines energischen und direkten therapeutischen Vorgehens bedarf, um die Klienten dazu zu bringen, zunächst ihr Gehirn zum Arbeiten zu bringen und dann gegen ihr irrationales Denken eine »Gegenpropaganda-aktion« zu starten.

In der rational-emotiven Therapie erhalten Klienten häufig, unabhängig davon, ob sie sich in Einzel- oder Gruppentherapie befinden, Aufgaben, die sie außerhalb der Therapiestunden durchführen sollen wie etwa, sich mit einem Mädchen zu treffen, mit dem sich der Klient aus Angst nicht zu verabreden wagte, sich nach einem neuen Job umzusehen oder versuchsweise zu einem Ehegatten zurückzukehren, mit dem man vorher in ständigem Streit gelebt hat. Der Therapeut versucht sehr aktiv, den Klienten zu solchen Aufgaben zu überreden, ihm in dieser Hinsicht gut zuzureden oder ihm auch manchmal den Befehl dazu zu geben. Ein solches Vorgehen ist ein integraler Bestandteil des therapeutischen Prozesses.

Einmal gab ich einem 30jährigen Mann, der sich noch kein einziges Mal mit einem Mädchen getroffen hatte, sehr bestimmt die Anweisung, sich mindestens zweimal in der Woche – ob er es wollte oder nicht – mit einem Mädchen zu verabreden und mir dann beim nächsten Mal zu erzählen, was geschehen war. Er fing sofort an, Verabredungen zu treffen, hatte innerhalb zweier Wochen den ersten sexuellen Kontakt in seinem Leben und begann schnell, einige seiner sehr tief sitzenden Minderwertigkeitsgefühle zu überwinden. Mit klassischer Psychoanalyse oder einer psychoanalytisch orientierten Therapie hätte es viele Monate und vielleicht sogar Jahre gedauert, dem Mann so zu helfen, wie es sich mit ein paar Wochen betont aktiv-direktiver rationaler Therapie verwirklichen ließ.

2. Die rational-emotiven Therapeuten verhalten sich ihren Klienten gegenüber verbal äußerst aktiv, insbesondere während der ersten Therapiesitzungen. Sie reden sehr viel, statt passiv dem zuzuhören, was die Klienten zu sagen haben. Sie zögern auch schon in der ersten Sitzung nicht, die Leute mit Beweisen für ihre irrationalen Denk- und Verhaltensweisen direkt zu konfrontieren. Bei vielen Äußerungen des Klienten halten sie mit Interpretationen nicht zurück und geben sie, ohne sich allzuviel Gedanken um mögliche Widerstände oder Abwehrhaltungen von Seiten des Klienten zu machen. Sie versuchen ständig, mit Argumenten dem Klienten die irrationalen und in sich widersprüchlichen Ansichten, an denen er festhält, auszureden; haben sie ihm einmal demonstriert, in welcher Form und aus welchem Grund die neurotisierenden Gedanken und Einstellungen bei ihm vorhanden sind, dann zögern sie nicht, sie zu attackieren. Hierzu ein Zitat aus »Reason and Emotion in Psychotherapy«: »Der rationale Therapeut fügt den üblichen therapeutischen Techniken – Explorieren, Besprechen, Bewußtmachen und Interpretieren – direktere Techniken wie Konfrontation, Indoktrination und Umerziehung hinzu. Auf diese Weise packt er mit resoluter Offenheit die am tiefsten sitzenden und widerspenstigsten Formen emotionaler Störung an.«

3. Der rational-emotive Ansatz ist ungewöhnlich didaktischer Natur. Der Therapeut erklärt seinen Klienten immer wieder, welches die allgemeinen Mechanismen von emotionalen Störungen sind, wie emotionale Störungen gewöhnlich entstehen, wie sie die Form dauerhafter Merkmale annehmen und was man tun kann, um gegen sie vorzugehen. Er versorgt seinen Klienten reichlich mit Lektüre und bespricht mit ihm alle Fragen, die der Klient in bezug auf das hat, was er liest. Er ist der festen Ansicht, daß emotional gestörte Personen nicht verstehen, wie und warum sie so

geworden sind, genausowenig wie Physikstudenten am Anfang begreifen, wie und warum das Universum so geworden ist, wie es ist. Er klärt seine Klienten deshalb so bald wie möglich auf und lehrt sie viele Dinge, die ihnen auch ein guter Psychologieprofessor vermitteln würde, nur mit der Ausnahme, daß die Lehrinhalte sich ganz an der Person des Klienten orientieren und von den Fakten seines gegenwärtigen Lebens gezielt Gebrauch machen.

4. Rational-emotive Therapeuten arbeiten, was ihre Klienten anbelangt, nur in geringem Umfang mit der Übertragungs- und Gegenübertragungsbeziehung. Es kann sein, daß sie sich zu einigen Klienten ganz bewußt nicht warm verhalten, speziell zu denen, die sich nach sehr viel Wärme sehnen und sie verlangen, gerade weil ihr Hauptproblem oft darin besteht, daß sie – was eigentlich nicht sein muß – die absolute Forderung stellen, geliebt zu werden. Der rational-emotive Therapeut kann solche Klienten lehren, daß sie in dieser Welt sehr gut zurechtkommen können, *ohne* unbedingt die Liebe und Zuneigung von anderen haben zu müssen. Sie weigern sich deshalb, sich auf unmäßige Liebesforderungen einzulassen.

Übertragungsphänomene sind in der rational-emotiven Psychotherapie auch deshalb auf ein Minimum reduziert, weil der Therapeut seine Klienten in der Regel nur einmal pro Woche oder noch seltener sieht, sich mit ihnen direkt von Angesicht zu Angesicht unterhält, alle persönlichen Fragen, die diese eventuell stellen, direkt beantwortet und aufkommende Übertragungserscheinungen nur dann interpretiert, wenn sie der Sache dienlich und hilfreich sind. Außerdem werden die Klienten dazu angehalten, ihre Probleme mit wichtigen Bezugspersonen selber in ihrem Alltagsleben – und nicht mit dem Therapeuten – zu bereinigen.

Gleichzeitig gibt es aber, was die Beziehungen zwischen Therapeut und Klient anbelangt, einen äußerst wichtigen Aspekt in der rational-emotiven Therapie, nämlich den, daß rational-emotive Therapeuten ganz andere Modellpersonen für Klienten darstellen als die anderen wichtigen Bezugspersonen in deren Leben. Wenn beispielsweise Klienten während Therapiesitzungen wütend werden, dann erwidern rationale Therapeuten diese Gefühle *nicht*. Und wenn die Klienten zu verstehen geben, daß sie den Therapeuten nicht mögen oder nicht schätzen, dann ist dieser *nicht* der Ansicht, daß sei eine Katastrophe und er könne ohne die Zuneigung seiner Klienten kein erfolgreiches Leben führen. Im Laufe rational-emotiver Therapiesitzungen machen Therapeuten ihren Klienten in der Regel klar, daß ein Mensch mit einem Minimum an Angst und Feindseligkeit durchaus zu vernünftigem und angemessenem Handeln fähig ist. Das tun sie, indem sie eine rationalere Modellfigur darstellen als die Modellfiguren, denen Klienten normalerweise in ihrem Leben begegnen. Auf diese Weise verhelfen sie ihren Klienten zu der Erkenntnis, daß sie sich in einer Weise verhalten können, mit der sie sich weniger Schaden zufügen...

5. Der rational-emotive Ansatz in der Therapie ist häufig mehr philosophischer als psychologischer Natur. Rational-emotive Therapeuten erklären ihren Klienten nicht einfach die Psychodynamik ihres gestörten Verhaltens, sondern demonstrieren ihnen das, was man die philosophische Dynamik dieses Verhaltens nennen könnte. Das heißt, sie machen ihren Klienten klar, daß die wahren Gründe für ihr selbstschädigendes Handeln nicht in frühen Erfahrungen oder in ihrer Vergangenheit liegen, sondern in den philosophischen Einstellungen und Annahmen, die sie damals und auch heute noch in bezug auf diese Erfahrungen und ihre Vorgeschichte machen.

Ein weiterer Aspekt sehr didaktischer Natur ist der, daß rationale Therapeuten ihren Klienten in der Regel eine ziemlich neuartige, existentialistisch orientierte Lebensphilosophie mitgeben. Sie lehren sie, daß Menschen sich selber akzeptieren und ihr Leben als lebens- und genießenswert betrachten können, und zwar einfach auf Grund der Tatsache, daß sie existieren, daß sie am Leben sind. Sie greifen energisch die Auffassung an, der eigentliche Wert eines Menschen sei abhängig von allgemein verbreiteten Kriterien wie Erfolg, Leistung, Popularität, sozialem Handeln, Gottgläubigkeit usw. Statt dessen erklären sie ihren Klienten, daß sie, wenn sie wirklich ihre tief sitzenden emotionalen Störungen überwinden wollen, besser daran täten, sich selber zu akzeptieren, unabhängig davon, ob sie kompetent oder erfolgreich sind oder ob sie von anderen hoch eingeschätzt werden.

Arnold A. Lazarus

Behaviorale und multimodale Ehetherapie

Eine der allerersten Tatsachen, die jeder Student der Psychologie lernt, ist die, daß wir alle einzigartig sind und daß sich jede nur vorstellbare Facette menschlicher Interaktion durch individuelle Abweichungen auszeichnet. Trotzdem entwickeln viele Praktiker Systeme, welche die Menschen als im wesentlichen einander ähnlich, wenn nicht gar als identisch begreifen. Viele verhaltensorientierte Ehetherapeuten haben einen Teil ihrer Ideen von Tokensystemen entlehnt und diese direkt auf die Ehetherapie übertragen. So haben zum Beispiel die Therapeuten mit Skinnerscher Orientierung ziemlich starre Verträge ausgearbeitet und verschiedene Belohnungssysteme entwickelt, bei denen die Ehepartner einander verschiedenfarbige Spielmarken geben, um als Antwort auf spezifische Verhaltensweisen ihre Zufriedenheit oder Unzufriedenheit auszudrücken. Ist der eine Partner über das Verhalten des anderen besonders erfreut, kann er diesem als Zeichen seiner Anerkennung eine rote Spielmarke geben. Eine gelbe Spielmarke kann etwas weniger Anerkennung bedeuten, während eine blaue Marke Mißbilligung oder Unzufriedenheit bedeuten könnte. Alle 48 Stunden oder an jedem Wochenende zählen die Partner ihre Spielmarken durch. Überwiegen die roten und gelben Marken, so können diese gegen eine bedeutende Belohnung (zum Beispiel gegen einen Bummel durch die Stadt mit anschließendem Essengehen oder gegen leidenschaftlichen Sexualverkehr oder gegen ein besonderes Picknick) eingetauscht werden, während überwiegend blaue Marken eine Art Wiedergutmachung zur Folge haben müßten (weitere Therapiesitzungen, Ableistung häuslicher Arbeiten, Umgestaltung der Freizeit dieses Partners und so weiter).

In manchen Ehen haben sich diese ziemlich mechanischen Methoden als ungemein hilfreich erwiesen, doch befinden sich unter meinen Klienten viele gebildete und intelligente Menschen, die schon die Vorstellung eines solchen Markenhandelns als abstoßend empfinden. Nach den Klienten zu urteilen, die man an mich verweist, scheint der Anteil an gescheiterten Therapien grob gesehen derselbe zu sein, ganz gleich, ob es sich um Therapeuten handelt, die sich der »herkömmlichen Eheberatung« bedienen (bei der der Berater eine etwas nachdenkliche Haltung einnimmt und in den Beratungssitzungen nicht direkt eingreift), oder aber um Therapeuten, die eine operante Technologie benutzen (bei der sich der Verhaltensmodifikator nur mit offenen und wechselseitig wirkenden Verhaltensmustern auseinandersetzt). Bei einem dieser hervorstechenden Fälle ging es um ein Paar, dem früher ein nach Skinner orientierter Verhaltensmodifikator geholfen hatte. Die Hauptsorge der beiden Partner bestand darin, daß sie fast ständig miteinander in einem angespannten Zustand lebten. Die Ehefrau fühlte sich »unglücklich« und hatte den Hang zum Keifen, Jammern, Kritisieren, Klagen sowie an ihrem Mann herumzunörgeln. Dieser aber behauptete, wenn seine Frau ihre verbalen Angriffe und Forderungen einstellen würde, könnten beide zu einer stabilen und glücklichen Beziehung gelangen. Der Verhaltensmodifikator fragte den Ehemann, wie er auf die bissigen Kritiken seiner Frau reagiere. Dieser antwortete, daß er manchmal darüber hinwegsehe, daß er sich andere Male zurückziehe und daß er zuweilen wütend werde. Der Verhaltensmodifikator (so die Erzählung des Ehemannes) erläuterte daraufhin, daß solch unbeständiges Verhalten lediglich dazu diene, die Ausbrüche seiner Frau zu verstärken. Er wurde angewiesen, sich gleichbleibend zu verhalten, die Klagen seiner Frau stets zu ignorieren und nur dann für positive Verstärkung zu sorgen, wenn sie sich liebenswürdig verhielte.

Wir haben es hier mit einer grundlegend operanten Technologie zu tun – Nichtverstärkung sorgt für die Löschung der meisten Verhaltensweisen, während positive Verstärkung die Wahrscheinlichkeit der Ausführung und Bestärkung einer Reaktion erhöht. Doch anstatt die Probleme dieses Ehepaares zu lösen, verschlimmerte dieses Verfahren nur noch die häuslichen Auseinandersetzungen.

Die Ehefrau wurde noch streitsüchtiger, und als mich die beiden konsultierten, dachten sie ernsthaft an Scheidung. Ich zeichnete die Geschichte dieser Ehe auf, traf die Partner getrennt und entwickelte folgendes Modalitätsprofil (s. S. 104).

Eine genaue Überprüfung des Modalitätsprofils läßt erkennen, daß hier ein zurückhaltender, emotional eingeschränkter und erfolgsorientierter Mann mit einer ziemlich passiven, abhängigen und ängstlichen Frau verheiratet ist. Die beiden scheinen wenige gemeinsame Interessen und Betätigungsbereiche zu haben. Man kann sich leicht vorstellen, wie die Ehefrau die zurückhaltenden und unkommunikativen Gewohnheiten ihres Mannes als persönlichen Affront mißverstehen und fälschlicherweise daraus schließen könnte, daß sie ungeliebt und unerwünscht sei. Um sich selbst zu beruhigen, sucht sie unklugerweise Zuflucht bei Kritik und Forderungen, wodurch sie die emotionale Kluft in ihrer Ehe noch ausweitet.

Natürlich macht das Modalitätsprofil mehrere wesentliche intraindividuelle und interpersonale Veränderungen nötig, doch der schlimmste Ratschlag, den man unter den gegebenen Umständen dem Ehemann geben könnte, wäre der, die Klagen seiner Frau zu ignorieren. Denn diese Frau hat sich seit langem die meiste Zeit ignoriert gefühlt, so daß sich ihre Gefühle der Unzulänglichkeit und ihre Angst, zurückgewiesen zu werden, nur noch intensivieren würden, wenn ihr Mann sie gerade in solchen Augenblicken nicht beachten würde, in denen sie (zu Unrecht und voller Unreife, das ist richtig) nach Bestätigung sucht. Meine erste therapeutische Intervention bestand darin, daß ich dem Paar meine Eindrücke mitteilte. Dann riet ich dem Ehemann, auf die Klagen und Kritiken seiner Frau einzugehen und ihr zu versichern, daß er sie liebe und nicht die Absicht habe, sie zu verlassen [...]. Diese »Beruhigungstaktik« bewirkte eine erstaunliche Verminderung der Vorwürfe und Nörgeleien der Frau, so daß ich mich nun therapeutisch darauf konzentrieren konnte, bei den beiden Betätigungen zu fördern, die sie nicht getrennt, sondern gemeinsam ausüben konnten. Außerdem befaßte ich mich mit ihrem allgemeinen Mangel an wechselseitiger Anerkennung und Aufgeschlossenheit, wobei ich ihre kognitiven Mißverständnisse korrigierte sowie zusätzliche Schwierigkeiten, die auftraten, als

Modalität	Ehemann	Ehefrau
Behavior *(Verhalten):*	Zurückhaltend, ausdruckslos. Viel beschäftigt mit seiner Arbeit. Spielt gern Turnierbridge. Besucht Töpferkurse.	Kritisch, fordernd. Versieht eine wichtige Arbeit in einem Komitee. Liest viel.
Affect *(Affekt):*	Ausdruckslos, etwas launenhaft, kann wütend werden.	Deprimiert, erbost, etwas ängstlich.
Sensation *(Sinnesempfindung):*	Neigt zu Magenbeschwerden. Liebt körperliche Betätigung. Schmerzen in der unteren Rückenhälfte.	Spannungskopfschmerzen. Starke Empfänglichkeit für asthetische Eindrücke.
Imagery *(Vorstellungswelt):*	Vorherrschend sind Bilder des »Erfolges« und des »Scheiterns«.	Stellt sich selbst als einsam und verlassen vor.
Cognition *(Kognition):*	Arbeitsethos und die Überzeugung, »robust« und männlich zu sein.	Sie hat die Rolle der »hilflosen Frau« übernommen.
Interpersonal *(Zwischenmenschlicher Bereich):*	Etwas introvertiert. Neigt zum »Einzelgänger«.	Abhängig, ohne Selbstbehauptung.
Drugs *(Medikamente):*	Nimmt verschiedene Schmerzmittel gegen Magen- und Rückenschmerzen.	Trinkt zu viel Kaffee. Starke Raucherin.

ich die beiden näher kennenlernte. Weniger als 24 Sitzungen in einem Zeitraum von sieben Monaten haben viele positive Veränderungen bewirkt, die einer Nachuntersuchung nach drei Jahren standgehalten haben.

Die Hauptparameter effektiver Ehetherapie

Zielvorstellung: Spielraum, Häufigkeit und Dauer der positiven Interaktionen und angenehmen wechselseitigen Erfahrungen von Ehepartnern zu erhöhen.

Annahme: Ein Großteil der Konflikte und der wechselseitigen Unzufriedenheit zwischen Ehepartnern ist nicht auf individuelle Krankheitsursachen zurückzuführen, sondern auf das Unvermögen der Partner, Einsichten zu sammeln und Dinge zu unternehmen, die die persönlichen Bedürfnisse beider zufriedenstellen. Umgekehrt wird angenommen, daß, wenn Spielraum, Häufigkeit und Dauer eines positiven Gleichgewichts in der Ehe zunehmen, das Ergebnis in einer wesentlich größeren subjektiven Befriedigung und in einer tieferen wechselseitigen Zuneigung des Paares bestehen wird.

Die von uns hier vorgestellte Auffassung weicht in einem Hauptaspekt von den meisten Ansätzen der Ehetherapie ab. Der Schwerpunkt unseres Modells liegt weniger auf der Beseitigung von Konflikten und Problemverhalten, als auf der Vermehrung von wünschenswerten und lohnenden Verhaltensweisen. Die Hauptfertigkeiten, die Ehepartner erwerben müssen, sind 1. die Kunst des klugen Kompromisses, 2. die Benutzung flexibler Verhandlungsstrategien, wobei beide Punkte 3. vom Erwerb geeigneter Kommunikationsmuster abhängen. Diese Fertigkeiten unterbinden negative Prozesse wie zum Beispiel kleinliches Konkurrieren, Machtkämpfe und die Ausübung von Zwängen.

Kluge Kompromisse beinhalten die Möglichkeit, Meinungsverschiedenheiten so zu lösen, daß schließlich beide Partner zufrieden sind. Dabei wird ein negativer Kompromiß vermieden, der sich folgendermaßen charakterisieren läßt: »Er haßt Weiß, und sie haßt Schwarz: deshalb haben beide Grau gewählt, das sie nun gleichermaßen hassen.« Wir könnten viele Beispiele anführen, doch soll eine typische Vignette genügen, um den wesentlichen Punkt herauszustreichen. Sally liebte das Meer, doch George ging gern ins Gebirge. Kluge Kompromisse könnten (je nachdem, um welches Paar es sich handelt) darin bestehen, daß die beiden die eine Hälfte ihres Urlaubs am Meer und die andere im Gebirge verbringen, daß sie getrennt Urlaub machen oder daß sie eine dritte Möglichkeit finden, die *beiden* gefällt. Leider schließen viel zu viele Paare Kompromisse mit der Einstellung: »Gut, ich gehe mit dir ins Gebirge (oder ans Meer), aber für eines werde ich sorgen – daß wir beide jeden Augenblick dort zum Kotzen finden.« Und es gibt andere Fälle, in denen das Ehepaar weiterdiskutiert, bis es zu spät ist, überhaupt zu verreisen, so daß die beiden zu Hause bleiben müssen und in ihrer Wut vor sich hinschmoren.

Einer der zentralen Aspekte einer offenen und freien Kommunikation hängt von der Entwicklung eindeutiger *positiver Verstärkung* und von der wachsamen Vermeidung *negativer Verstärkung* ab. Dieser Standpunkt unterscheidet sich von der weitverbreiteten Ansicht, daß Ehestreit auf eine Vielfalt von »Persönlichkeitsstörungen« und auf einen grundlegenden Zustand der »Unvereinbarkeit« zurückzuführen sei. Solche Ansichten lenken gern von der Einsicht ab, daß das Ziel einer glücklichen Ehe darin besteht, sicherzustellen, daß aus der ehelichen Situation größere positive Verstärkungen resultieren als aus der nicht verheirateten. Die üblichen positiven Verstärker, die eine Ehe gewähren kann, sind Kameradschaft, Sex, soziale Anerkennung, finanzielle Vorteile und (wenn gewünscht) Kinder. Doch kann sich jeder dieser positiven Faktoren, wenn er ungeschickt gehandhabt wird, in eine Quelle des Ärgers verwandeln und zu zunehmenden Reibereien führen. Sex kann leicht zum Kampffeld werden, Kinder können als Waffen benutzt werden, häusliche Verpflichtungen können zum Zankapfel werden, Geld kann zu Erpressungs- und Manipulationszwecken dienen, und antagonistische Faktoren wie Überabhängigkeit einerseits und allzu große Unabhängigkeit andererseits können zu einem Eheleben voller Ressentiment, Zurückweisung und Desillusionierung führen. Wie bereits festgestellt, besteht der größte Fehler, der den meisten unglücklich Verheirateten unterläuft, möglicherweise darin, daß sie versuchen, wechselseitigen Zwang und wechselseitige aversive Kontrolle (Kritisieren, Nörgeln, Sich-Zurückziehen,

Schmollen und so weiter) auszuüben, anstatt positive Verstärker zu verabreichen. Das Hauptziel der meisten verhaltensorientierten Therapieprogramme (darunter auch die multimodale Therapie) besteht darin, einen Zustand der Wechselbezogenheit zu erreichen, der durch die Haltung veranschaulicht wird: »Ich werde dir zu Gefallen sein, weil du versuchst, mir zu Gefallen zu sein.«

Die Technik der dreifachen Zunahme

Eine der wirkungsvollsten Interventionen besteht darin, daß jeder Ehepartner gebeten wird, die drei Verhaltensweisen zu benennen, die sein Partner verstärkt äußern solle, worauf der Therapeut den beiden Partnern hilft, diese Forderungen zu verwirklichen. (Der Grund dafür, daß eine Zunahme gewisser Verhaltensweisen gefordert wird und keine Abnahme oder Elimination anderer Verhaltensweisen, ist der, daß die erste Möglichkeit gewöhnlich weniger abwertend wirkt. So erzeugt zum Beispiel die Feststellung »Ich wünschte, du würdest deine Nägel länger wachsen lassen, damit deine Hände schöner aussehen« eine völlig andere Wirkung als die Äußerung: »Wenn du mit dem Nägelbeißen aufhören würdest, würden deine Hände nicht so häßlich aussehen.«) Die geforderten Zunahmen müssen stark spezifiziert sein. Viel zu vage sind zum Beispiel Feststellungen wie »Ich möchte, daß er stärker kommuniziert« oder »Ich möchte, daß sie zärtlicher ist«. Die folgende Liste ist ziemlich typisch (s. S. 108).

Nach Erstellung dieser Liste beginnt die Phase des Aushandelns. Der Therapeut kann zum Beispiel fragen: »Mary, wenn John einmal pro Woche mit Ihnen ins Kino geht, wären Sie dann bereit, mit ihm zweimal pro Monat Segeln zu gehen?« Wenn Mary »Ja« sagt, wird John gefragt, ob er mit dieser Abmachung einverstanden ist. Ist einer der beiden Partner mit dieser Sonderabmachung nicht einverstanden, werden weitere Möglichkeiten ins Auge gefaßt. So erklärte sich zum Beispiel John gern bereit, seine Schwiegermutter freundlicher zu behandeln, falls Mary ihm zumindest einmal pro Woche seine Lieblingsgerichte kochte. Aber Mary war damit nicht einverstanden. »Das ist nicht gerecht«, beklagte sie sich, »denn meine Mutter besucht uns einmal im Monat,

Zunahmen	
Liste der Ehefrau	*Liste des Ehemannes*
1. Ich möchte, daß John mehr Zeit aufbringt, um den Kindern bei ihren Hausaufgaben zu helfen.	1. Ich möchte häufiger Sexualverkehr haben, und ich möchte, daß auch Mary hin und wieder die Initiative ergreift.
2. Ich möchte, daß John mindestens einmal pro Woche mit mir ins Kino geht.	2. Ich möchte, daß Mary mindestens zweimal pro Woche eines meiner Lieblingsgerichte kocht.
3. Ich möchte, daß John zu meiner Mutter liebenswürdiger ist, wenn sie uns einmal im Monat besucht.	3. Ich möchte, daß Mary an zwei Sonntagen im Monat mit mir Segeln geht.

während John seine Lieblingsgerichte mindestens einmal pro Woche haben möchte ... Ich glaube, John sollte sich nicht bloß einmal pro Monat meiner Mutter gegenüber liebenswürdig verhalten, sondern auch versprechen, mindestens zweimal pro Woche vor sechs Uhr abends von der Arbeit heimzukommen. Dann wäre ich gern bereit, seine Lieblingsgerichte zu kochen.« John stimmte auch dieser zusätzlichen Bedingung zu. Hätte er Einwände erhoben, hätte der Therapeut das Ehepaar ermuntert, diese Angelegenheit so lange zu diskutieren, bis es eine annehmbare Vereinbarung gefunden hätte. Danach kann der Therapeut den Fortschritt (oder den Mangel an Fortschritt), den das Ehepaar macht, in verschiedenen Zeitabständen überwachen, und er kann den Partnern helfen, ihre Abmachungen zu erweitern oder zu modifizieren.

Das Problem des Ärgers

Mace hat erklärt, daß »Ehen immer wieder durch die Unfähigkeit der Partner, mit ihrem eigenen und dem Ärger des anderen fertigzuwerden, scheitern«. Viele Therapeuten sind der Meinung, daß sich bei den meisten verheirateten Paaren Ressentiments ansammeln, die unvermeidlich zu einer explosiven Situation führen, wenn es keine konstruktiven Möglichkeiten gibt, diese feindseligen Gefühle abzubauen. Der multimodal orientierte Therapeut untersucht im Rahmen der affektiven Modalität sorgfältig den Ärger eines jeden Partners, indem er die vorausgegangenen Bedingungen überprüft, die Ärger bewirken (zum Beispiel falsche Erwartungen im Rahmen der kognitiven Modalität), sowie die Art und Weise, in der diese Gefühle des Ärgers (im Rahmen der behavioralen Modalität) geäußert werden, und die Auswirkungen oder Konsequenzen dieses Verhaltens (die sich gewöhnlich im zwischenmenschlichen Bereich bemerkbar machen).

Viele dieser Probleme resultieren aus einem Unvermögen, direkte und ehrliche Kommunikationsmuster zu benutzen. Ehepaare greifen allzuhäufig zu »ehrlichen und indirekten« Kommunikationsweisen oder – schlimmer noch – zu »direkten, aber unehrlichen« oder »indirekten und unehrlichen« Möglichkeiten wechselseitiger Kommunikation. Der multimodal orientierte Therapeut prüft aufmerksam, ob diese drei Prototypen unzureichender Kommunikation vertreten sind.

Typische unehrliche Kommunikationsweisen

Ehemann: Wann gehst du heute abend ins Bett?

Übersetzung: Ich möchte heute abend mit dir schlafen.

Ehefrau: Fällt dir an der Wohnung nichts Neues auf?

Übersetzung: Ich habe ein neues Bild gekauft und hoffe, daß es dir gefällt.

Ehefrau: Ich glaube, Mutter möchte, daß wir sie besuchen.

Übersetzung: Ich fahre zu meiner Mutter und möchte gern, daß du mitkommst.

Ehemann: Wie viele Drinks hast du auf der Party von gestern Abend gehabt?

Übersetzung: Meiner Meinung hast du gestern auf der Party etwas zuviel getrunken.

Die Ehepaare, die direkte und ehrliche Kommunikationsmuster entwickeln sollen, werden mit dem »Ich fühle... glaube... meine... denke...«-Modell vertraut gemacht. Hier ist ein Beispiel eines Dialogs, das den Einsatz dieses Modells herausfordert:

Destruktive Kommunikation

Ehemann: Ich habe in der neuen Ausstellung einen schicken Sportwagen entdeckt.

Ehefrau: Wir brauchen einen Sportwagen wie eine Kugel im Kopf. Wir sollten besser unser Wohnzimmer herrichten, damit es wieder bewohnbar wird.

Ehemann: Dieses Wohnzimmer kann Tausende von Dollars kosten. Wenn ich dagegen meinen alten Wagen in Zahlung gebe, kommt uns der neue Wagen auf weniger als tausend Dollar.

Ehefrau: Großartig! Immer kommst du zuerst! Als ich letzten Winter einen anständigen Mantel haben wollte, konnten wir uns den nicht leisten. Aber jetzt können wir plötzlich tausend Dollar rausschmeißen.

Ehemann: Das ist gelogen. Ich habe nie gesagt, daß du dir keinen anständigen Mantel kaufen könntest. Aber es ist ein gewaltiger Unterschied zwischen einem anständigen Mantel, der dich warm hält, und einem teuren Nerz.

Ehefrau: Und es ist ein Unterschied zwischen einem gewöhnlichen Wagen, mit dem du zur Arbeit fährst, und einem großkotzigen Sportwagen.

Ehemann: Und wer verdient das Geld hier?

Ehefrau: Du redest wie ein echtes männliches Chauvinistenschwein! Es macht mich krank, und ich hab es satt, nie auch nur ein bißchen Anerkennung zu bekommen.

Ehemann: Zum Teufel, nun fängt das schon wieder an!

Das »Ich fühle... glaube... meine... denke...«-Modell

Ehemann: Ich bin ganz aufgeregt, weil ich in der neuen Ausstellung einen schicken Sportwagen entdeckt habe.

Ehefrau: Ich fühle mich nicht wohl dabei, denn ich glaube nicht, daß wir uns einen neuen Sportwagen leisten können, da doch unser Wohnzimmer neu hergerichtet werden muß.

Ehemann: Ich glaube, ich bin frustriert, weil uns dieses Wohnzimmer viel mehr kosten wird als der Sportwagen.

Ehefrau: Ich fühle mich sehr angespannt wegen dieser Sache, weil ich glaube, daß das Wohnzimmer zuerst kommen sollte.

Ehemann: Ich denke, da liegt ein Konflikt, denn ich sehe zwar, daß du recht hast, aber ich möchte den Wagen trotzdem.

Ehefrau: Ich fühle mich glücklich, daß du meinen Standpunkt begreifst, aber ich sehe auch, wie sehr du diesen Wagen haben möchtest.

Ehemann: Ich meine, wir sollten das überdenken und die Sache später ausdiskutieren.

Ehefrau: Ich denke da wie du. Ich meine, daß es doch einen Weg geben müßte, um zu einem guten Kompromiß zu gelangen.

Dieses »Ich fühle... und so weiter«-Modell entbehrt jeglicher Spontaneität. Es eignet sich daher hervorragend dazu, sich zankenden Paaren beizubringen, wie sie ihre destruktiven Taktiken ablegen können. Und während die Partner zusehends lernen, nicht mehr gegeneinander die Stacheln aufzustellen, kann ihre rigide Verhaltensstruktur einer größeren Spontaneität weichen. Aber der Therapeut muß bei Ehepartnern, die besagtes Modell nicht richtig benutzen, ständig auf der Hut sein.

Falsche Benutzung

Ehefrau: Ich fühle mich angenehm berührt, daß du auf der Party nüchtern warst. Eine wirklich angenehme Abwechslung bei der dummen und lächerlichen Art, wie du dich sonst benimmst.

Ehemann: Ich glaube, du hast einen hervorragenden Geschmack, dich zu kleiden. Nur schade, daß du eine solche Verschwenderin bist.

Ellis hat darauf hingewiesen, daß der philosophische Ursprung von Ärger in irgendeinem kategorischen Imperativ zu suchen ist – einem »Sollte«, »Müßte«, »Muß«. Um Ärger zu vermeiden, rät er seinen Klienten: »Forschen Sie nach dem ›Sollte‹, forschen Sie nach dem ›Muß‹!« Ein grundlegendes »Muß«, das zu Ehestreit führt, lautet: »Du *mußt* mich liebevoll, freundlich, anerkennend und rücksichtsvoll behandeln.« Im Rahmen der kognitiven Modalität besteht eines der therapeutischen Hauptziele darin, den Klienten beizubringen, ihre absolutistischen Muß-Vorstellungen auszudiskutieren und abzulegen, so daß sie ohne weiteres klar und deutlich unterscheiden können zwischen ihren Wünschen und Vorlieben einerseits und ihren Forderungen und Befehlen andererseits. Hinter absolutistischen Forderungen und Befehlen verbergen sich gewöhnlich rationale und vernünftige Wünsche oder Vorlieben. »Ich wünsche von ganzem Herzen, daß mich mein Partner liebevoll, freundlich, anerkennend und rücksichtsvoll behandelt« ist ein sehr legitimer Wunsch. Doch taucht die irreale Komponente immer dann auf, wenn der jeweilige Partner sich alles andere als liebevoll, freundlich, anerkennend und rücksichtsvoll benimmt und daraufhin als schlecht oder böse angesehen wird, weil er nicht so reagiert hat, wie er reagieren sollte. Unser »Ich fühle ... und so weiter«-Modell ist genau dann am wirksamsten, wenn man mit seiner Hilfe rücksichtslosen oder unfreundlichen Verhaltensweisen begegnet. Ein »Du-Signal« (»Du bist ein Schwein, wenn du mich so mies behandelst!«) verschlimmert notgedrungen die Spannungen, wogegen ein »Ich fühle-Signal» (»Ich fühle mich verletzt von der Art, wie du mich behandelst!«) häufig die Möglichkeiten für ein konstruktives Gespräch liefert.

Klinische Daten von über fünfzig multimodal behandelten Ehepaaren

Die Überprüfung der Ergebnisse einer multimodalen Therapie bei fünfzig Ehepaaren, die einer Ehetherapie unterzogen wurden und eine mindestens drei Jahre dauernde Nachuntersuchungsgeschichte aufzuweisen hatten, ergab nur drei Scheidungsfälle (zwei von diesen Scheidungen, die unterstützt wurden durch eine »Scheidungsberatung«, verliefen auf freundliche und vernünftige Weise, während sich das dritte Ehepaar bitter befehdete – während der ganzen Therapie, während der ganzen Scheidung und, soviel ich weiß, auch heute noch).

Ich will damit nicht sagen, daß allein die Tatsache, daß es nicht zu einer Scheidung kam, ein Kriterium für ein gutes Behandlungsergebnis ist. Manche Ehepaare mögen »um der Kinder willen« zusammenbleiben oder aus einem falschen Schuld- oder Pflichtgefühl heraus, so daß sie ihr unglückliches und ungeschicktes Zusammenleben fortsetzen. Meine Klienten, die beschlossen, zusammen zu bleiben, taten dies nur deshalb, weil sie ihre Beziehung schließlich als echte Befriedigung und wechselseitige Erfüllung erlebten. Zwei von den drei Ehepaaren, die sich scheiden ließen, scheinen nichts zu bedauern und kommen mit ihrer jeweiligen Lebenslage gut zurecht (das heißt ihr Leben und das ihrer Kinder haben unter der Scheidung nur minimal gelitten). Eine dieser Personen, eine Frau, hat wieder geheiratet und scheint eine überaus erfolgreiche zweite Ehe zu führen.

Zwar ist es ein Gemeinplatz, zu behaupten, daß die Ehe nicht für jedermann das richtige sei, doch andererseits stimmt diese Behauptung. Manche Menschen fühlen sich von den Einengungen der Ehe völlig überfordert; andere haben eine so niedrige Frustrationsschwelle, daß sie beinahe jede Bitte als einengende Forderung erleben. Auch gibt es Leute, die eheliches Zusammenleben entsetzlich langweilig und uninteressant finden. Und es gibt solche, die so heftigen Stimmungsschwankungen unterworfen sind, daß nur sehr wenige eine tragbare Beziehung zu ihnen unterhalten können. Dann gibt es noch regelrecht schizophrene Menschen, die sich im Rahmen der Ehe hervorragend bewähren, während andere wiederum derart bizarre Verhaltensweisen an den Tag legen, daß ihre Partner sie untragbar finden.

Doch nach der Lektüre der Fallnotizen, die sich mit jenen 47 Ehepaaren befassen, welche von der multimodalen Ehetherapie profitiert zu haben scheinen, neige ich zu der Überzeugung, daß fast alle Partner (von den oben erwähnten Extremfällen einmal abgesehen) eine ziemlich positive, glückliche und erfüllte eheliche Beziehung entwickeln können, wenn *beide* bereit sind, die Grundregeln der wechselseitigen positiven Verstärkung und einer rationalen Lebensführung zu befolgen. Beim Durchblättern meiner Ordner verblüfft mich die Tatsache, daß die meisten Leute, die mich konsultierten und die sich kurz vor der Scheidung befanden, schließlich befriedigende und enge Partnerbeziehungen zueinander entwickelten. Viele unter ihnen hatten tatsächlich die ganze Zeit schon recht annehmbare Ehen geführt, doch ihre *falschen Erwartungen* hatten sie veranlaßt, ihre Ehe für gescheitert zu erklären. Es gibt immer noch viele Leute, die sich durch ihre romantischen Illusionen betrogen fühlen, wenn ihre Ehe den Glanz des ersten Verliebtseins verliert und wenn die Hochspannung des ersten Umwerbens verflogen ist. Die Notwendigkeit, falsche romantische Ideale in Frage zu stellen, bildet einen wesentlichen Teil einer effektiven Ehetherapie.

Ich habe im Rahmen von Ehetherapien mit männlichen und weiblichen Kotherapeuten experimentiert und diesen zusätzlichen Input in manchen Fällen sehr nützlich gefunden. Bei einem Ehepaar mußten an der Behandlung zwei männliche Therapeuten teilnehmen, da es sich bei dem Ehemann um einen äußerst unvernünftigen und überempfindlichen Menschen handelte, den man sozusagen zugleich »aufschneiden« und »wiederzusammennähen« mußte. So pflegte ihm mein männlicher Kollege in den Sitzungen »gehörig die Meinung zu sagen«, während ich den Beschützer des Klienten spielte und seine Handlungsweisen verteidigte. Eine typische Intervention verlief ungefähr folgendermaßen:

Männl. Kotherapeut: Schauen Sie, Charlie, wenn Sie so weitermachen und Milly als Person angreifen, anstatt mit Ihren Bemerkungen auf ihr Verhalten einzugehen und »Ich fühle...«-Signale zu benutzen, können Sie Ihre Ehe gleich einpacken, so daß wir unsere Zeit nicht vergeuden.

Ich: Ich glaube, Charlie ist gerade dabei, diese neue Art von Verhalten zu erlernen. Wir sollten geduldiger mit ihm sein. Er bemüht sich wirklich. *(Ich wende mich an Charlie)* Können Sie das, was Sie eben zu Milly gesagt haben, noch einmal sagen, aber mit einem »Ich fühle«- oder »Ich meine«-Signal?

Charlie: Ja, lassen Sie es mich versuchen. *(Er überlegt, dann)* Milly, ich meine, daß du deine Bedürfnisse oft über die meinen stellst. Wenn ich von der Arbeit heimkomme, wäre mir sehr daran gelegen, wenn du mich erst mal entspannen ließest, bevor du mich bittest, im Haushalt zu helfen.

Männl. Kotherapeut: Das ist schon viel besser!

Ich: Gut, Charlie. Wir wollen jetzt versuchen, Sie dahin zu bekommen, daß Sie solche »Ich fühle«-Signale gewohnheitsmäßig benutzen, vor allem wenn sie wütend sind.

In einigen Fällen fühlten sich die Ehefrauen in der Therapie »in die Enge gedrängt«, wenn der Ehemann und ich in einer Streitfrage einer Meinung waren, während die Ehefrau in diesem Punkt anders dachte. In solchen Fällen hat sich die Hinzuziehung einer Kotherapeutin manchmal als hilfreich erwiesen. Doch war es den meisten Ehepaaren in der Regel am liebsten, wenn ich allein mit ihnen arbeitete.

Ich glaube, zum Erfolg dieser Methoden trägt entscheidend die Tatsache bei, daß ich allen meinen Klienten von Anfang an klarmache, daß die Ehe in meinen Augen keine heilige Einheit und keine schicksalhafte Bindung ist, sondern eine pragmatische und liebevolle Beziehung, die nur dann lebensfähig ist, wenn beide Partner glücklich sind. Ich scheue nicht davor zurück, meinen Klienten zu erklären, daß ich, wenn nötig, durchaus bereit bin, von der »Ehetherapie« zur »Scheidungsberatung« überzugehen. Das trägt dazu bei, daß die Ehepaare in mir keinen Vertreter der etablierten Ordnung erblicken, der sentimentale Predigten über Liebe und Ehe hält. Dieses Vorgehen vermindert den »Widerstand« und die »Gegenkontrolle« und setzt das Ehepaar und den Therapeuten in die Lage, sich nicht auf irgendwelche Spielchen einzulassen und sich sofort konstruktiv an die Arbeit zu machen.

[illegible]

[illegible]

[illegible]

*

[illegible]

[illegible]

III. DIE WÜRDE DES MENSCHEN

Humanistische Psychologie

Abraham H. Maslow

Zu einer Psychologie der Gesundheit

Eine neue Konzeption der menschlichen Krankheit und der menschlichen Gesundheit beginnt sich am Horizont abzuzeichnen, eine Psychologie, die ich für so aufregend und so voll von wunderbaren Möglichkeiten halte, daß ich der Versuchung nachgebe, sie öffentlich darzulegen, noch bevor sie geprüft und bestätigt ist und bevor man sie als zuverlässige wissenschaftliche Erkenntnis bezeichnen kann.

Ihre grundlegenden Annahmen sind die folgenden:

1. Jeder von uns besitzt eine wesentliche, biologisch begründete innere Natur, die bis zu einem gewissen Grad »natürlich«, wirklich, gegeben und – in einem bestimmten beschränkten Sinne – unabänderlich oder zumindest unverändert ist.
2. Die innere Natur jedes Menschen ist zum Teil einzigartig und zum Teil ein Gattungscharakteristikum.
3. Man kann diese innere Natur wissenschaftlich untersuchen und ihre Beschaffenheit entdecken (nicht *erfinden: entdecken*).
4. Diese innere Natur, soweit wir bisher über sie Bescheid wissen, scheint an sich nicht primär oder notwendig böse zu sein. Die Grundbedürfnisse (nach Leben, Sicherheit und Geborgenheit, Zugehörigkeit und Zuneigung, Achtung und Selbstachtung und Selbstverwirklichung), die grundlegenden menschlichen Emotionen und die grundlegenden menschlichen Fähigkeiten sind offenbar entweder neutral, prämoralisch oder positiv »gut«. Destruktivität, Sadismus, Grausamkeit, Bosheit usw. scheinen nicht inhärent zu sein, sondern eher heftige Reaktionen *auf*

Frustrationen unserer inhärenten Bedürfnisse, Emotionen und Fähigkeiten darzustellen. Ärger ist *an sich* nicht böse, auch nicht Furcht, Faulheit oder gar Unwissenheit. Selbstverständlich können sie zu bösem Verhalten führen und tun es auch, doch es muß nicht so sein. Dieses Ergebnis ist nicht eigentlich notwendig. Die menschliche Natur ist bei weitem nicht so schlecht, wie man gedacht hat. Tatsächlich kann man sagen, daß die Möglichkeiten der menschlichen Natur unter ihrem Wert verkauft worden sind.

5. Da diese innere Natur gut oder eher neutral als schlecht ist, ist es besser, sie zu fördern und zu ermuntern, anstatt sie zu unterdrücken. Wenn man ihr erlaubt, unser Leben zu leiten, wachsen wir gesund, fruchtbar und glücklich.

6. Unterdrückt oder verneint man diesen wesentlichen Kern der Person, so wird er krank, manchmal in einer offenkundigen, manchmal in einer subtilen Weise, zuweilen sofort, zuweilen später.

7. Diese innere Natur ist nicht stark, übermächtig und unverkennbar wie die Instinkte der Tiere. Sie ist schwach, delikat, subtil und durch Gewohnheit, kulturellen Druck und falsche Haltung ihr gegenüber leicht zu überwältigen.

8. Auch wenn sie schwach ist, verschwindet sie nur selten in einer normalen Person – vielleicht nicht einmal in einer kranken Person. Auch wenn sie negiert wird, besteht sie im Verborgenen weiter und drängt nach Verwirklichung.

9. Irgendwie müssen diese Folgerungen alle im Hinblick auf die Notwendigkeit von Disziplin, Deprivation, Frustration, Schmerz und Tragödie artikuliert werden. Je mehr diese Erfahrungen unsere innere Natur offenbaren, stärken und erfüllen, desto wünschenswerter sind diese Erfahrungen. Es wird immer klarer, daß diese Erfahrungen etwas mit einem Sinn für Leistung und Ich-Stärke zu tun haben, und deshalb mit dem Sinn für gesunde Selbstachtung und gesundes Selbstvertrauen. Ein Mensch, der nichts gemeistert, ertragen und überwunden hat, zweifelt auch weiterhin, daß er es *könnte*. Das gilt nicht nur für äußere Gefahren; es gilt auch für die Fähigkeit, die eigenen Impulse zu kontrollieren und zu hemmen, um vor ihnen keine Angst mehr haben zu müssen.

Wenn diese Annahmen sich als richtig erweisen, versprechen sie eine wissenschaftliche Ethik, ein natürliches Wertsystem, einen Obersten Gerichtshof für die Entscheidung über Gut und Böse, Richtig und Falsch. Je mehr wir über die natürlichen Tendenzen des Menschen erfahren, um so leichter wird es ein, ihm zu sagen, wie er gut, glücklich und fruchtbar sein kann, wie er sich selbst achten, wie er lieben und seine höchsten inneren Möglichkeiten erfüllen kann. Das kommt einer automatischen Lösung vieler seiner zukünftigen Persönlichkeitsprobleme gleich. Offensichtlich kommt es darauf an, herauszufinden, wie man tief in seinem Inneren *wirklich* beschaffen ist, als Mitglied der menschlichen Spezies und als einzelnes Individuum.

Die Untersuchung jener Menschen, die sich selbst verwirklichen, kann uns viel über unsere eigenen Fehler und Unzulänglichkeiten lehren, auch über die genaue Richtung, in der wir uns entwickeln. Jedes Zeitalter außer dem unseren hatte sein Modell, sein Ideal. Unsere Kultur hat sie alle aufgegeben: den Heiligen, den Helden, den Gentleman, den Ritter, den Mystiker. Alles, was uns geblieben ist, ist der gut angepaßte Mensch ohne Probleme, ein sehr blasser und zweifelhafter Ersatz. Vielleicht werden wir bald imstande sein, uns des vollentwickelten und sich selbst erfüllenden menschlichen Wesens als Führer und Modell zu bedienen, jenes Wesens, in dem alle Möglichkeiten zur vollen Entfaltung gelangen, dessen innere Natur sich frei ausdrückt, anstatt verbogen, unterdrückt oder verneint zu werden.

Jeder sollte für sich allein ernsthaft, klar und nachdrücklich erkennen, daß sich jeder Abfall von den Werten der menschlichen Spezies, jedes Vergehen gegen die eigene Natur, jede böse Tat *ausnahmslos* unserem Unbewußten *einprägt* und die Ursache dafür ist, daß wir uns selbst verachten. Karen Horney hat ein treffendes Wort gefunden, um dieses unbewußte Wahrnehmen und Erinnern zu beschreiben; sie sagte, es »registriert«. Wenn wir etwas tun, dessen wir uns schämen, »registriert« es zu unserem Nachteil; tun wir aber etwas Ehrliches oder Gutes, dann »registriert« es zu unserem Vorteil. Die Nettoresultate befinden sich entweder auf der einen oder auf der anderen Seite – entweder wir respektieren und akzeptieren uns oder wir verachten uns und fühlen uns verächtlich, wertlos und unwürdig, geliebt zu werden. Die Theologen pflegten das Wort »acedia« (mlat. »accidia«) zu verwenden, um jene Sünde zu beschreiben, die darin besteht, daß ein Mensch nicht all das aus seinem Leben macht, was er daraus machen könnte.

Diese Betrachtungsweise negiert in keiner Weise das übliche Freudsche Bild. Doch es ergänzt und erweitert es. Um die Sache stärker zu simplifizieren: Es ist, als hätte Freud uns die kranke Hälfte der Psychologie geliefert, die wir jetzt mit der gesunden Hälfte ergänzen müssen. Vielleicht räumt uns diese Psychologie der Gesundheit mehr Möglichkeiten ein, unser Leben zu kontrollieren, zu verbessern und aus uns bessere Menschen zu machen. Vielleicht ist das fruchtbarer, als danach zu fragen, »wie man *nicht-krank* wird«.

Wie können wir eine freie Entwicklung fördern? Was sind die besten Erziehungsbedingungen dafür? Sind es sexuelle, ökonomische oder politische? Welche Art der Welt brauchen wir für solche Menschen, damit sie sich darin entwickeln können? Welche Art der Welt schaffen solche Menschen? Kranke Menschen werden von einer kranken Kultur gemacht; gesunde Menschen von einer gesunden Kultur. Doch es ist ebenso wahr, daß kranke Individuen ihre Kultur kranker machen und gesunde Individuen die ihre gesünder. Die Verbesserung der individuellen Gesundheit ist ein Weg zur Schaffung einer besseren Welt. Um es anders auszudrükken: Die Förderung der persönlichen Entwicklung ist eine reale Möglichkeit; die Heilung der tatsächlichen neurotischen Symptome ist ohne Hilfe von außen viel weniger möglich. Es ist relativ leicht, bewußt ein ehrlicherer Mensch zu werden; es ist aber sehr schwierig, die eigenen Zwänge und Obsessionen zu kurieren.

In der klassischen Betrachtung der Persönlichkeitsprobleme sind es Probleme in einem unerwünschten Sinn. Kampf, Konflikt, Schuld, schlechtes Gewissen, Angst, Depression, Frustration, Spannung, Scham, Selbstbestrafung, Gefühle der Minderwertigkeit und Wertlosigkeit – sie alle verursachen psychischen Schmerz, stören die Leistungsfähigkeit und sind unkontrollierbar. Man betrachtet sie daher automatisch als kranke und unerwünschte Symptome, die so bald wie möglich »geheilt« werden sollten.

Doch alle diese Symptome findet man auch bei gesunden Menschen oder bei Menschen, die gerade gesund werden. Angenommen, man *sollte* Schuldgefühle haben und hat sie nicht? Angenommen, man hat eine erfreuliche Stabilisierung der Kräfte erreicht und *ist* angepaßt? Vielleicht sind Anpassung und Stabilität – obwohl gut, weil sie Schmerz beseitigen – insofern schlecht, als mit ihnen jede Entwicklung zu einem höheren Ideal aufhört?

Erich Fromm attackierte in einem sehr wichtigen Buch das klassische Freudsche Konzept des Über-Ichs, weil es durchweg autoritär und relativistisch ist. Das bedeutet, daß Freud das Über-Ich oder das Gewissen primär als Verinnerlichung der Wünsche, Forderungen und Ideale der Eltern sah, wer auch immer diese zufällig waren. Doch angenommen, es waren Verbrecher? Was für ein Gewissen hat man dann? Oder angenommen, man hat einen starren moralisierenden Vater, der die Freude haßt? Oder man hat einen Psychopathen als Vater? Ein solches Gewissen existiert – Freud hat recht. Wir bekommen unsere Ideale tatsächlich von solchen frühen Gestalten und nicht aus den Schulbüchern, die wir später im Leben lesen. Aber es gibt auch noch ein anderes Element im Gewissen oder – wenn man will – eine andere Art des Gewissens, das wir alle schwach oder stark ausgeprägt besitzen. Es ist das »innere« Gewissen, das auf der unbewußten und vorbewußten Wahrnehmung unserer eigenen Natur, unseres Schicksals oder unserer Fähigkeiten beruht, unserer eigenen »Berufung« im Leben. Es besteht darauf, daß wir unserer inneren Natur treu bleiben und daß wir sie nicht aus Schwäche oder um eines Vorteils oder anderer Gründe willen verleugnen. Wer sein Talent verleugnet – der geborene Maler, der statt zu malen Socken verkauft, der intelligente Mensch, der ein stupides Leben führt, der Mann, der die Wahrheit sieht und trotzdem schweigt, der Feigling, der seine Courage aufgegeben hat –, alle diese Menschen nehmen in einer sehr tiefen Art wahr, daß sie sich selbst unrecht getan haben, und verachten sich deswegen. Aus dieser Selbstbestrafung entsteht vielleicht eine Neurose, aber ebensogut kann daraus erneuerte Courage, wahre Empörung, größere Selbstachtung entstehen, weil man nachher das Richtige tut; in einem Wort: Wachstum und Vervollkommnung können durch Schmerz und Konflikt entstehen.

Im Grunde lehne ich absichtlich unsere gegenwärtige so leichtgemachte Unterscheidung zwischen Krankheit und Gesundheit ab, zumindest soweit es Oberflächensymptome betrifft. Bedeutet Krankheit, daß man Symptome aufweist? Ich behaupte jetzt, daß

Krankheit darin bestehen kann, daß man wider Erwarten keine Symptome hat. Bedeutet Gesundheit, frei von Symptomen zu sein? Ich leugne es. Wer unter den Nazis in Auschwitz oder Dachau war gesund? Jene mit einem gepeinigten Gewissen oder jene mit einem hübschen, reinen, glücklichen Gewissen? War es für einen zutiefst humanen Menschen möglich, nicht Konflikt, Leiden, Depression, Wut usw. zu verspüren?

In einem Wort: Wenn Sie mir sagen, daß Sie ein Persönlichkeitsproblem haben, bin ich nicht sicher, bevor ich Sie besser kenne, ob ich »Gut!« oder »Es tut mir leid« sagen soll. Es hängt von den Gründen ab. Und diese, scheint mir, können schlechte oder gute Gründe sein.

Ein Beispiel ist die veränderte Haltung von Psychologen der Popularität, der Anpassung, ja sogar der Kriminalität gegenüber. Populär bei wem? Vielleicht ist es für einen Jugendlichen besser, bei den benachbarten Snobs oder bei der lokalen High-Society *unpopulär* zu sein. Angepaßt an was? An eine schlechte Kultur? An einen dominierenden Elternteil? Was soll man über einen gut angepaßten Sklaven denken? Über einen gut angepaßten Gefangenen? Sogar den Jugendlichen mit einem Verhaltensproblem betrachtet man mit neuer Toleranz. *Warum* wird er delinquent? Meistens aus Krankheitsgründen. Doch gelegentlich geschieht es auch aus guten Gründen, etwa wenn sich der Jugendliche einfach gegen Ausbeutung, Vernachlässigung, Verachtung, Beherrschung und dagegen auflehnt, daß man ihn mit Füßen tritt.

Was man als Persönlichkeitsproblem bezeichnet, hängt weitgehend von dem ab, der es so bezeichnet. Der Sklavenhalter? Der Diktator? Der patriarchalische Vater? Der Ehemann, der von seiner Frau verlangt, daß sie ein Kind bleibt? Es scheint ziemlich klar zu sein, daß Persönlichkeitsprobleme manchmal laute Proteste gegen das Brechen der eigenen psychologischen Knochen, gegen die Zerstörung der eigenen wahren inneren Natur sein können. Krank ist dann, *nicht* dagegen zu protestieren, während dieses Verbrechen begangen wird. Und ich bedaure, von meinem Eindruck berichten zu müssen, daß die meisten Menschen gegen eine solche Behandlung nicht einmal protestieren. Sie nehmen sie hin und zahlen später dafür mit neurotischen und psychosomatischen Symptomen verschiedener Art; vielleicht werden sie sich in manchen

Fällen gar nicht bewußt, daß sie krank sind und das wahre Glück verfehlt haben, die wahre Erfüllung des Versprechens auf ein reiches emotionales Leben und ein heiteres fruchtbares Alter – daß sie nie gewußt haben, wie herrlich es ist, schöpferisch zu sein, ästhetisch zu reagieren, das Leben aufregend zu finden.

Die Frage des wünschenswerten oder gar notwendigen Schmerzes oder Leidens muß klar gesehen werden. Ist Wachstum und Selbstverwirklichung ohne Schmerz, Leid, Kummer und Aufruhr überhaupt möglich? Wenn sie schon bis zu einem gewissen Ausmaß notwendig und unvermeidlich sind – wo liegen dann die Grenzen? Wenn Kummer und Schmerz manchmal für das Wachsen eines Menschen notwendig sind, dann müssen wir lernen, die Menschen nicht automatisch davor zu behüten, als wären Kummer und Schmerz immer schlecht. Manchmal können sie im Hinblick auf die letztlich guten Folgen gut und erwünscht sein. Menschen nicht ihren Schmerz erleiden zu lassen und sie davor zu behüten, mag sich als eine Art von Überprotektion herausstellen, was wiederum einen gewissen Mangel an Achtung für die Integrität und die innere Natur und die zukünftige Entwicklung des einzelnen Individuums impliziert. [...]

Psychotherapie als gute menschliche Beziehung

Jede abschließende Analyse menschlicher interpersonaler Beziehungen, zum Beispiel Freundschaft, Ehe und so weiter, wird zeigen, 1. daß Grundbedürfnisse nur interpersonell befriedigt werden können, und 2. daß die Befriedigungen dieser Bedürfnisse genau jene sind, von denen wir bereits als basische therapeutische Medizin gesprochen haben, nämlich die Gewährung von Sicherheit, Liebe, Zugehörigkeit, Selbstachtung und Respekt.

Im Verlauf einer Analyse der menschlichen Beziehungen sollten wir uns unvermeidlich mit der Notwendigkeit und Möglichkeit konfrontiert sehen, zwischen guten und schlechten Beziehungen zu unterscheiden. Eine solche Unterscheidung kann sehr fruchtbar auf der Basis des Grades an Befriedigung der Grundbedürfnisse getroffen werden, der von der Beziehung bewirkt wird. Eine Beziehung – Freundschaft, Ehe, Eltern-Kind-Beziehung – würde dann (in einer eingeschränkten Art) als psychologisch gut in dem Ausmaß definiert werden, in dem sie Zugehörigkeit, Sicherheit und Selbstachtung unterstützt oder verbessert (und letztlich Selbstverwirklichung), und schlecht in dem Ausmaß, in dem sie dies nicht tut.

Diese Bedürfnisse können nicht von Bäumen, Bergen oder auch Hunden befriedigt werden. Nur von anderen Menschenwesen können wir vollbefriedigende Achtung und Schutz und Liebe erhalten, und es sind nur andere Menschen, denen wir dasselbe im vollen Maß selbst gewähren können. Das ist es genau, was, wie wir sehen können, gute Freunde, gute Liebespartner, gute Eltern und Kinder, gute Lehrer und Studenten einander geben können. Das sind gerade jene Befriedigungen, die wir in guten menschlichen Beziehungen *jeder* Art suchen. Und es sind genau diese Bedürfnisbefriedigungen, die die sine qua non-Vorbedingungen für die Produktion guter menschlicher Wesen darstellen, was seinerseits das letzte (wenn nicht unmittelbare) Ziel aller Psychotherapie ist.

Die umfassenden Folgerungen unseres Definitionssystems wären dann: daß 1. die Psychotherapie im Grund keine einzigartige Beziehung ist, denn einige ihrer grundlegenden Eigenschaften findet man in *allen* »guten« menschlichen Beziehungen, und 2. daß, wenn es sich so verhält, dieser Apsekt der Psychotherapie einer gründlicheren Kritik unterzogen werden muß als bisher, wenn man ihr Wesen als eine gute oder schlechte menschliche interpersonale Beziehung bezeichnet.

1. Wenn wir also die guten Eigenschaften (ob zwischen Frau und Mann, Eltern und Kind, oder Mann und Mann) als unsere Musterbeispiele für gute interpersonale Beziehungen nehmen und sie etwas näher untersuchen, finden wir, daß sie mehr Befriedigung anbieten als sogar diejenigen, von denen wir gesprochen haben. Gegenseitige Aufrichtigkeit, Vertrauen, Ehrlichkeit, Mangel an Abwehr, das alles hat ersichtlich zum oberflächlichen Wert noch einen zusätzlichen, expressiven, kathartischen, erlösenden Wert. Eine gesunde Freundschaft erlaubt auch den Ausdruck eines gesunden Ausmaßes an Passivität, Entspannung, Kindlichkeit und Albernheit, denn wenn es keine Gefahr gibt und wenn wir unseretwegen geliebt und respektiert werden und nicht irgendeiner Rolle wegen, die wir spielen, können wir so sein, wie wir sind, schwach,

wenn wir uns schwach fühlen, beschützt, wenn wir uns verwirrt fühlen, kindlich, wenn wir die Verantwortung der Erwachsenen aufgeben wollen. Zusätzlich bessert eine wirklich gute Beziehung die Einsicht sogar im Freudschen Sinn, denn ein guter Freund oder Ehemann ist jemand, der sich frei genug fühlt, um das Äquivalent der analytischen Interpretation in unserem Sinn anzubieten.

Auch haben wir noch nicht davon gesprochen, was man den Erziehungswert einer guten menschlichen Beziehung nennen könnte. Wir haben Verlangen, nicht nur sicher und geliebt zu sein, sondern auch immer mehr zu wissen, neugierig zu sein, jedes Paket aufzumachen und jede Tür zu öffnen. Darüber hinaus müssen wir auch mit unseren grundlegend philosophischen Impulsen, die Welt zu strukturieren, sie tief zu verstehen und sie sinnvoll erscheinen zu lassen, rechnen. Während eine gute Freundschaft oder Eltern-Kind-Beziehung in diesem Bereich viel anzubieten hat, sollten diese Befriedigungen in einem besonderen Ausmaß auch in einer guten therapeutischen Beziehung geleistet werden.

Schließlich sollten wir ein Wort über die offensichtliche (und deshalb vernachlässigte) Tatsache sagen, daß es eine ebenso große Freude ist zu lieben, wie geliebt zu werden. Der offene Impuls zur Zuneigung wird ebenso stark in unserer Kultur verdrängt wie die sexuellen und die feindseligen Impulse – vielleicht sogar mehr. Man erlaubt uns offenen Ausdruck unserer Zuneigung nur in außerordentlich wenigen Beziehungen, vielleicht nur in drei, der Eltern-Kind, der Großeltern-Enkel, und vielleicht bei Verheirateten und Liebenden, und sogar in diesen wissen wir, wie leicht hier die Zuneigung erstickt werden kann, mit Verlegenheit und Schuldgefühlen vermischt wird, mit Abwehr, Rollenspiel und mit dem Ringen um Dominanz.

Es wird nicht genügend betont, daß eine therapeutische Beziehung offenen verbalen Ausdruck der Liebes- und Zuneigungstriebe erlaubt, sogar ermuntert. Nur hier [...] werden sie als gegeben angenommen und erwartet, und nur hier werden sie bewußt von ihren ungesunden Beimengungen gereinigt und dann dem besten Nutzen zugeführt. Solche Tatsachen wie diese weisen unmißverständlich auf die Notwendigkeit hin, die Freudschen Begriffe der Übertragung und Gegenübertragung neu zu bewerten. Diese Begriffe sind aus der Untersuchung der Krankheit hervorgegangen und sind deshalb viel zu beschränkt, um auf Gesundheit anwendbar zu sein. Sie müssen erweitert werden, um das Gesunde wie das Verkrüppelte, das Rationale wie das Irrationale mit einzubeziehen.

2. Man kann mindestens drei verschiedene Eigenschaften der menschlichen Beziehung unterscheiden, die dominante-subordinierte, die gleichgestellte und die neutrale oder laissez-faire. Dies wurde in verschiedenen Bereichen gezeigt, einschließlich der Therapeut-Patient-Beziehung.

Ein Therapeut kann sich als der aktive, Entscheidungen treffende, führende Boss seines Patienten betrachten, oder er kann sich auf den Patienten als einen Partner in einer gemeinsamen Aufgabe beziehen, oder er kann sich schließlich in einen ruhigen, emotionslosen Spiegel für den Patienten verwandeln, der niemals einbezogen wird, niemals dem Patienten menschlich näherkommt, sondern immer distanziert bleibt. Letzteres ist der Typus, den Freud empfahl, doch die beiden anderen sind diejenigen, die tatsächlich am häufigsten vorkommen, obwohl die einzige Etikette, die offiziell für irgendwelche normalen menschlichen Gefühle beim Analysanden verfügbar ist, die Gegenübertragung ist, das heißt etwas Irrationales, Krankes.

Wenn nun die Beziehung zwischen Therapeut und Patient das Medium darstellt, durch das der Patient seine erforderlichen therapeutischen Heilmittel erhalten soll – so wie das Wasser das Medium ist, in dem der Fisch sich wohl fühlt –, muß es hinsichtlich der Frage betrachtet werden, welches Medium am besten für den Patienten ist, und nicht an sich. Wir müssen uns hüten, eines herauszusuchen, um es loyal zu verteidigen, und die anderen auszuschließen. Es gibt keinen Grund, warum nicht alle drei, wie auch andere, die noch entdeckt werden könnten, in der Ausrüstung des guten Therapeuten vorhanden sein sollten.

Während aus dem vorhin Gesagten folgt, daß der durchschnittliche Patient am besten in einer warmen, freundlichen Beziehung der demokratischen Partnerschaft gedeihen würde, gibt es zu viele, für die dies nicht die beste Atmosphäre sein wird, um sie zur Regel zu erheben. Das gilt besonders für die schweren Fälle chronisch stabilisierter Neurose.

Einigen autoritären Persönlichkeiten, die Freundlichkeit mit

Schwäche identifizieren werden, sollte es nicht erlaubt werden, eine leichtfertige Verachtung für den Therapeuten zu entwickeln. Die Zügel kurz zu halten und sehr bestimmte Grenzen für die Permissivität zu setzen, kann letztlich für das Wohl des Patienten erwünscht sein. Dies wurde insbesondere von den Rank-Anhängern in ihren Diskussionen der Grenzen der therapeutischen Beziehung betont.

Andere, die es gelernt haben, Zuneigung als Schlinge und Falle zu betrachten, werden sich auf alles andere als Neutralität ängstlich zurückziehen, das heißt, die zutiefst mit Schuldgefühlen Belasteten werden vielleicht Strafe *verlangen*. Die Voreiligen und Selbstzerstörerischen werden positive Anordnungen brauchen, damit sie davon abgehalten werden, sich irreparablen Schaden zuzufügen.

Doch für die Regel, daß der Therapeut sich der Beziehung, die er zum Patienten eingeht, so gewissenhaft bewußt sein sollte wie nur möglich, gibt es keine Ausnahme. Wenn man als gegeben annimmt, daß er spontane Tendenzen zu dem einen oder anderen Typus zeigen wird, seines eigenen Charakters wegen, sollte er dennoch imstande sein, sich zu beherrschen, wo es um das Wohl seiner Patienten geht.

Jedenfalls, wenn die Beziehung schlecht ist, allgemein oder speziell aus der Sicht des einzelnen Patienten, ist es zweifelhaft, daß eine der anderen Möglichkeiten der Psychotherapie viel Wirkung zeigen könnte. Dies weitgehend deshalb, weil eine solche Beziehung entweder nie eingegangen wird oder frühzeitig abgebrochen wird. Doch auch wenn der Patient bei jemandem bleibt, den er nicht leiden kann oder vor dem er Angst hat, wird seine Zeit wahrscheinlich zu sehr mit Selbstverteidigung, mit Trotz in Anspruch genommen, wird er versucht sein, sein Hauptziel darin zu sehen, den Therapeuten zu ärgern.

Um zusammenzufassen: Auch wenn die Herstellung einer zufriedenstellenden menschlichen Beziehung nicht ein Ziel an sich, sondern ein Mittel zum Ziel sein mag, muß sie immer noch als notwendige oder sehr wünschenswerte Vorbedingung der Psychotherapie betrachtet werden, da sie gewöhnlich das beste Medium für die Verteilung der besten psychologischen Medizin ist, die von allen Menschen gebraucht wird.

Es gibt in diesem Standpunkt andere interessante Implikationen, die einbezogen werden müssen. Wenn die Psychotherapie in ihrem Wesen darin besteht, dem kranken Menschen gerade jene Eigenschaften zu liefern, die er aus anderen guten menschlichen Beziehungen erhalten sollte, bedeutet dies so viel, wie die psychologisch erkrankte Person als eine zu definieren, die niemals genügend gute Beziehungen mit anderen Menschen hatte. Dies widerspricht nicht unserer früheren Definition des Kranken als eines Menschen, der nicht genügend Liebe, Achtung und so weiter bekommen hat, weil er diese ja nur von anderen Menschen bekommen kann. Obwohl diese Definitionen sich damit als tautologisch erweisen, führt uns jede in eine andere Richtung und öffnet uns die Augen für verschiedene Aspekte der Therapie.

Eine Folge dieser zweiten Definition der Krankheit ist, daß sie die psychotherapeutische Beziehung in ein anderes Licht stellt. Von den meisten wird sie als eine verzweifelte Maßnahme betrachtet, als letzte Zuflucht, und weil meistens nur kranke Menschen sie eingehen, wurde sie selbst mit der Zeit als unheimlich, abnormal, krank, ungewöhnlich, eine unglückselige Notwendigkeit, wie eine Operation betrachtet, sogar von den Therapeuten selbst.

Sicherlich ist das nicht die Haltung, mit der Menschen andere wohltuende Beziehungen wie Ehe, Freundschaft oder Partnerschaft eingehen. Doch ist, wenigstens der Theorie zufolge, die Psychotherapie der Freundschaft ebenso ähnlich wie dem operativen Eingriff. Sie sollte deshalb als eine gesunde, wünschenswerte Beziehung angesehen werden, in einem gewissen Maß und in einiger Hinsicht sogar als eine der *idealen* Beziehungen zwischen menschlichen Wesen. Der Theorie nach sollte man sie also freudig erwarten, sie eifrig eingehen. Dies ist es zumindest, was aus den vorangegangenen Überlegungen folgen *sollte*. In Wirklichkeit jedoch wissen wir, daß dies nicht sehr häufig der Fall ist. Dieser Widerspruch wird selbstverständlich erkannt, aber nicht so erklärt, daß es der Neurotiker ja nötig hat, an seiner Erkrankung zu hängen. Sie muß auch aus dem Mißverständnis der wahren Natur der therapeutischen Beziehungen erklärt werden, nicht nur seitens der Patienten, sondern auch seitens vieler Therapeuten. Ich habe herausgefunden, daß potentielle Patienten sich der Therapie bereitwilliger unterziehen, wenn man ihnen dasselbe erklärt, was ich weiter oben erklärt habe, als wenn die Erklärung eine der üblicheren ist.

Eine andere Konsequenz der interpersonalen Definition der Therapie ist, daß sie es möglich macht, einen ihrer Aspekte als Ausbildung in der Technik der Herstellung einer guten menschlichen Beziehung zu formulieren (etwas, was ein chronischer Neurotiker nicht ohne spezielle Hilfe tun kann), zu beweisen, daß dies eine Möglichkeit ist, zu entdecken, wie fruchtbar und erfreulich sie ist. Es wäre dann zu hoffen, daß der Neurotiker daraufhin imstande wäre, selbst tiefe gute Beziehungen freundschaftlicher Art mit anderen einzugehen, durch eine Art von Übertragung der Ausbildung. Voraussichtlich könnte er dann alle notwendigen psychologischen Heilmittel so bekommen, wie die meisten von uns von unseren Freundschaften, unseren Kindern, unseren Ehepartnern und unseren Kollegen. Von diesem Standpunkt aus kann Therapie also noch ganz anders definiert werden, als die Vorbereitung des Patienten darauf, daß er seine eigenen guten menschlichen Beziehungen errichtet, wie sie alle Menschen wünschen und aus denen relativ Gesunde viele der psychologischen Heilmittel bekommen, die sie brauchen.

Eine weitere Folgerung aus den vorangegangenen Überlegungen wäre, daß Patienten und Therapeuten im Idealfall einander aussuchen sollten, wechselseitig, und daß außerdem diese Entscheidung nicht allein auf der Grundlage des Rufes, der Honorarhöhe, der technischen Ausbildung und des Geschicks und so weiter getroffen werden sollte, sondern auch auf der Grundlage der gewöhnlichen menschlichen wechselseitigen Zuneigung. Es könnte leicht durch logische Ableitung gezeigt werden, daß dies zumindest die Zeit verkürzen sollte, die für die Behandlung notwendig ist, es leichter sowohl für den Patienten wie für den Therapeuten machen sollte, eine engere Annäherung an die ideale Heilung zu ermöglichen und die ganze Erfahrung für beide lohnender machen sollte. Verschiedene andere Konsequenzen solcher Schlußfolgerungen wären, daß der Hintergrund, das Intelligenzniveau, die Erfahrungen, die Religion, die Politik, die Werte und so weiter von Therapeut und Patient einander mehr oder weniger gleichen sollten, im Idealfall.

Es muß nunmehr klar sein, daß die Persönlichkeit oder die Charakterstruktur des Therapeuten, wenn nicht allein wichtig, so doch von lebenswichtiger Bedeutung ist. Er muß jemand sein, der die ideale gute menschliche Beziehung eingeht, die die Psychotherapie ist. Außerdem sollte er imstande sein, dies mit vielen verschiedenen Arten von Menschen zu tun, oder sogar mit allen. Er muß warm und sympathisch sein, und er muß sich seiner selbst genügend sicher sein, um anderen Menschen Achtung geben zu können. Er sollte eine wesentlich demokratische Person sein, in dem psychologischen Sinn, daß er andere Menschen mit wesentlichem Respekt betrachtet, einfach deshalb, weil sie menschlich und einzigartig sind. Mit einem Wort, er sollte emotionell sicher sein und gesunde Selbstachtung besitzen. Zusätzlich sollte seine Lebenssituation so gut sein, daß er nicht von seinen eigenen Problemen absorbiert ist. Er sollte glücklich verheiratet, finanziell erfolgreich sein, gute Freunde haben, das Leben mögen und allgemein imstande sein, sich gut zu unterhalten. Schließlich schließt dies alles ein, daß wir die vorzeitig abgeschlossene Frage wiederum neu überlegen sollten (vorzeitig von den Psychoanalytikern abgeschlossen), ob die gesellschaftlichen Kontakte zwischen Therapeut und Patient auch nach Schluß der formellen therapeutischen Sitzungen nicht fortgesetzt werden sollten, oder sogar während sie stattfinden. [...]

Carl Rogers

Therapeut und Klient

Im Laufe der Entwicklung der klientenzentrierten Psychotherapie hat sich allmählich das Konzept herausgebildet, daß der therapeutische Erfolg in erster Linie nicht vom technischen Wissen und Können des Therapeuten abhängt, sondern davon, ob dieser bestimmte Einstellungen besitzt. Diese Einstellungen, die dem Klienten wirksam vermittelt und von ihm wahrgenommen werden müssen, werden als die Faktoren betrachtet, die für den Therapieverlauf und für konstruktive Veränderungen innerhalb der Persönlichkeit von ausschlaggebender Bedeutung sind. Die klientenzentrierte Orientierung zeichnet sich durch einen einheitlichen therapeutischen Ansatz aus, unabhängig davon, mit welchem diagnostischen Etikett der Klient oder Patient versehen wurde. In dieser Hinsicht unterscheidet sich die klientenzentrierte Orientierung stark von anderen psychotherapeutischen Richtungen.

Einstellung des Therapeuten

Aufgrund von Forschungsbefunden scheinen für den Erfolg einer Therapie vor allem folgende drei Einstellungen oder Bedingungen ausschlaggebend zu sein: 1. die Echtheit oder Kongruenz des Therapeuten; 2. das vollständige und bedingungsfreie Akzeptieren des Klienten seitens des Therapeuten und 3. ein sensibles und präzises einfühlendes Verstehen des Klienten seitens des Therapeuten. [...]

Präzises einfühlendes Verstehen, Empathie

In der von Augenblick zu Augenblick stattfindenden psychotherapeutischen Begegnung zeichnet sich die Aktivität des Therapeuten vor allem durch seine Fähigkeit aus, die Erlebnisse und Gefühle des Klienten und deren persönliche Bedeutung präzise und sensibel zu erfassen. Ein solches einfühlendes Verstehen heißt, daß der Therapeut in der Welt des Klienten zu Hause ist. Es ist ein unmittelbares Gespür im Hier und Jetzt für die innere Welt des Klienten mit ihren ganz privaten personalen Bedeutungen, als ob es die Welt des Therapeuten selbst wäre, wobei allerdings der »Als ob«-Charakter nie verlorengeht.

Für das Verständnis der phänomenalen Welt des Klienten ist es erforderlich, daß der Therapeut mehr als nur den Wortsinn der Mitteilungen des Klienten aufnimmt. Der Therapeut versucht, »in die Haut des Klienten zu schlüpfen«, er taucht ein in die Welt komplexer Sinngehalte, die der Klient ausdrückt. Im Idealfall äußert sich ein solches Verstehen durch kommentierende Bemerkungen, die sich nicht nur auf das beziehen, was dem Klienten bewußt ist, sondern »auf die neblige Zone am Rande der Gewahrwerdung«. Durch die Mitteilung des Therapeuten, daß er den vom Klienten gefühlten und auch den noch nicht ins Bewußtsein getretenen Sinn von dessen Äußerungen versteht, lernt der Klient sich selbst besser verstehen und kann mehr von seinem aktuellen Erleben, das in ihm leibhaft (*at a gut level*) abläuft, in seinem Bewußtsein zulassen. Auf so tiefgreifende und umfassende Weise verstanden und akzeptiert zu werden ist ein sehr bestärkendes Erlebnis. Es fördert und klärt das wachsende Vertrauen, das der Klient zu seinem Selbstbild gewinnt. Er könnte jetzt vielleicht sagen: »Offenbar ist es in Ordnung, wenn ich ich selbst bin, sogar dieses neue Ich, das sich zögernd herausbildet, da mein Therapeut es anscheinend versteht und akzeptiert.« Es muß betont werden, daß dieses einfühlende Verstehen von seiten des Therapeuten nicht im Dienste einer diagnostischen oder therapeutischen Interpretation steht. Die Erfahrung, von jemandem verstanden zu werden, ist in sich selbst ein machtvoller, die Entwicklung fördernder Faktor.

Präsises einfühlendes Verstehen seitens des Therapeuten ist zwar in jedem Fall das erstrebenswerteste, aber auch schon die bloße Absicht, den Klienten zu verstehen, kann einiges ausrichten. Dies gilt in besonderem Maß für den Psychotiker: Die Erfahrung, daß jemand seine bizarren, wirren und unsicheren Äußerungen zu verstehen sucht, ermutigt ihn, mehr von sich mitzuteilen, und hilft ihm gleichzeitig zu erkennen, daß seine Gefühle und Ansichten für den Therapeuten von Bedeutung sind und daß er selbst infolgedessen ebenfalls von Bedeutung ist.

Ob es sich im Einzelfall um präzises und sensibles einfühlendes Verstehen handelt, läßt sich durch einen einfachen Test feststellen. Wenn der Therapeut für eine Mitteilung seines Klienten nur oberflächliches Verstehen bekundet, wird dessen innerliche und vielleicht auch verbal geäußerte Reaktion darauf folgende sein: »Natürlich. Das habe ich ja gerade gesagt.« Die Äußerung des Therapeuten hat ihm bei seiner Selbstexploration offenbar nicht viel weitergeholfen. Läßt der Kommentar des Therapeuten effektiv einfühlendes Verstehen erkennen, wird die Reaktion des Klienten wahrscheinlich so aussehen: »Ja, das stimmt genau! Ich hätte nicht gedacht, daß jemand versteht, was ich eigentlich sagen wollte. Nun möchte ich Ihnen noch mehr erzählen.« Wenn der Therapeut außergewöhnlich sensibel ist und die eben am Rande der Gewahrwerdung auftauchenden Sinngehalte erfaßt, wird die Reaktion des Klienten wahrscheinlich erst einmal eine Pause sein und dann ein allmähliches Anerkennen: »Das habe ich vielleicht gemeint. Ja, vielleicht ist es *das*, was ich gemeint habe.« Hier hat der Therapeut dem Klienten eindeutig geholfen, in der Erkundung der unbekannten Aspekte seines Wesens ein Stück weiterzukommen.

Dies soll an einem Beispiel veranschaulicht werden:

Mrs. Oak, eine Frau mittleren Alters, beschäftigt sich in der fortgeschrittenen Phase ihrer Therapie mit einigen komplexen Gefühlen, die sie beunruhigt haben. Dies ist ein Ausschnitt aus einem Tonbandprotokoll.

K.: Ich empfinde es nicht als Schuld. *(Pause. Sie weint.)* Natürlich meine ich, ich kann es noch nicht sagen. *(Dann mit einem Schwall von Emotionen)* Es ist nur, daß ich furchtbar verletzt bin!

Th.: M-hm. Es ist keine Schuld außer in dem Sinn, daß Sie irgendwie sehr verletzt sind.

K.: *(Weinend)* Es ist – wissen Sie, früher habe ich mich oft genug selbst so verhalten, aber wenn ich später hörte, wie Eltern zu ihren

Kindern sagen: »Hör auf zu weinen«, dann habe ich ein Gefühl gehabt, da bin ich verletzt gewesen, als ob – nun, was bringt sie dazu, den Kindern zu sagen, sie sollen aufhören zu weinen? Sie tun sich selbst leid, und wer kann sich selbst besser bedauern als das Kind? Na ja, das ist es in etwa – ich meine, ich dachte, sie sollten es weinen lassen. Und – es auch bedauern, vielleicht. Auf eine ziemlich objektive Art und Weise. Nun, das ist – das ist in etwa das, was ich jetzt erlebe. Ich meine, jetzt eben – gerade jetzt. Und in – in –

Th.: Das gibt etwas mehr den Geschmack der Empfindung wieder, daß es beinahe so ist, als würden Sie um sich selbst weinen.

K.: Ja. Und sehen Sie, schon gibt's wieder Konflikte. Unser ganzes Leben ist derart, daß – ich meine, man schwelgt eben nicht in Selbstmitleid. Aber das ist es nicht – ich meine, ich empfinde, daß es nicht ganz diesen Beigeschmack hat. Vielleicht.

Th.: Sie denken in etwa, daß es eine kulturbedingte Ablehnung des Sich-Bemitleidens gibt. Und dennoch finden Sie, daß das Gefühl, das Sie erleben, auch nicht ganz das ist, was die Kultur ablehnt.

K.: Und dann natürlich sehe ich inzwischen und spüre, daß darüber – daß über dieses – sehen Sie, ich habe es zugedeckt. *(Weint.)* Ich habe es doch mit so viel Bitterkeit zugedeckt, die ich dann auch zudecken mußte. *(Weint.)* Das ist es, was ich loswerden will! Mir macht es fast nichts mehr aus, wenn es weh tut.

Th.: *(Leise und mit Zartheit auf ihren Schmerz eingehend)* Sie spüren, daß hier auf dem Grund, wie Sie es erleben, daß es ein Gefühl von wirklichen Tränen um sie selbst ist. Aber das können Sie, dürfen Sie nicht zeigen, und darum ist es mit Verbitterung zugedeckt, die Sie auch nicht mögen, die Sie los sein möchten. Sie drücken es beinahe so aus, daß Sie fast lieber den Schmerz in Kauf nehmen möchten als – als die Bitterkeit zu empfinden. *(Pause.)* Und was Sie sehr nachdrücklich sagen, ist wohl: Es tut weh, und ich habe versucht, es zuzudecken.

K.: Ich wußte es nicht.

Th.: M-hm. Eigentlich wie eine neue Entdeckung.

K.: *(Gleichzeitig)* Ich wußte es eigentlich nie. Aber es ist – wissen Sie, es ist fast etwas Körperliches. Es ist – es ist gewissermaßen so, als wenn ich in mich hineinschaue auf allerlei – Nervenenden und Stückchen von Dingen, die kleingeschlagen wurden. *(Weint.)*

Th.: Als wenn einige der empfindlichsten Teile von Ihnen geradezu physisch zerschmettert oder verletzt worden wären.

K.: Ja. Und wissen Sie, ich kriege wirklich das Gefühl: »Oh, du armes Ding!«

Dieser Protokollausschnitt läßt einiges von den empathischen Fähigkeiten des Therapeuten erkennen, die natürlich im raschen Fluß des Gesprächs nie vollkommen sein können. Die erste Bemerkung des Therapeuten scheint einigermaßen präzis zu sein, vermittelt aber keine besonderen Einsichten. Seine zweite Äußerung ist sensibler und berührt eine tieferliegende Schicht in der Klientin. Die dritte ist angemessen, aber in keiner Weise hervorstechend. Die vierte Äußerung des Therapeuten zeugt von seiner Fähigkeit, sich in das Erleben der Klientin einzufühlen. Dies führt zu ihrer abschließenden Bemerkung, aus der klar hervorgeht, daß sie das Erlebnis des Mitleids mit sich selbst voll zu akzeptieren gelernt hat. Es ist zu beachten, daß sie der Äußerung des Therapeuten nicht verbal zustimmt; sie hat ein neues und geklärtes Erlebnis von Selbstmitleid ohne jeden hemmenden Widerstand gegen dieses Gefühl. [...]

Wertschätzung oder bedingungsfreies Akzeptieren

Es fördert den therapeutischen Prozeß, wenn der Therapeut seinem Klienten als einer Person mit vielen konstruktiven Möglichkeiten tiefe und echte Zuwendung entgegenbringt und sie auch äußert. Wenn diese Zuwendung frei ist von Beurteilungen und Bewertungen der Gedanken, Gefühle und Verhaltensweisen des Klienten, verdient sie die Bezeichnung »bedingungsfreies Akzeptieren«. Der gleiche Sachverhalt läßt sich auch so beschreiben, daß der Therapeut den Klienten schätzt wie Eltern ihr Kind schätzen – nicht weil er jede seiner Äußerungen und Verhaltensweisen gutheißt, sondern weil er ihn vollkommen und nicht nur unter bestimmten Bedingungen akzeptiert. Er steht nicht einigen Gefühlen des Klienten bejahend und anderen ablehnend gegenüber. Er begegnet ihm mit einer warmen, entgegenkommenden, nichtbesitzergreifenden Wertschätzung ohne Einschränkungen und Urteile. Vielen Therapeuten fällt es schwer, auf Urteile zu verzichten. Bei der genannten Art von Wertschätzung akzeptiert der Therapeut die Äußerungen von defensiven, feindseligen, negativen oder schmerzlichen Gefühlen des Klienten in gleicher Weise wie die Äußerungen von liebevollen, reifen oder positiven Gefühlen. Für viele Therapeuten ist es einfacher, die negativen Gefühle ihrer Klienten zu akzeptieren als die positiven und freudigen Gefühle, weil sie diesen gegenüber oft mißtrauisch sind und argwöhnen, es handle sich dabei um Abwehrmechanismen. Doch der klientenzentrierte Therapeut strebt in mancherlei Hinsicht geradezu eine »leichtgläubige« Haltung an, bei der der Klient so akzeptiert wird, wie er sich mitteilt, ohne daß der Therapeut insgeheim den Verdacht hegt, der Klient sei im Grunde ganz anders. Dies ist keineswegs Dummheit seitens des Therapeuten; es ist die Haltung, die mit größter Wahrscheinlichkeit dazu führt, daß der Klient Vertrauen faßt, sein Selbst weiter erkundet und unrichtige Äußerungen korrigiert, sobald sich sein Vertrauen gefestigt hat. Offenbar ist der Therapeut zu einer solchen emotionalen Zuwendung dann imstande, wenn er den Klienten im Innersten ganz als das akzeptieren kann, was dieser *ist* – oftmals eine defensive, verletzliche, innerlich zerrissene Person, die aber ungeheure Wachstumsmöglichkeiten in sich trägt.

Die hier beschriebenen therapeutischen Einstellungen treten sicherlich immer gemischt und nicht als gesonderte Entitäten auf. In dem zitierten Gespräch mit Mrs. Oak ist auf seiten des Therapeuten offenkundig emotionale Zuwendung vorhanden. Doch es gibt Situationen, in denen sie noch deutlicher zutage tritt. Nehmen wir zum Beispiel den Fall von Mr. Vac, einem schizophrenen jungen Mann, dessen »Gespräche« meistens aus Schweigen bestanden, so daß sich der Therapeut genötigt sah, seine Einstellung auf irgendeine Weise zum Ausdruck zu bringen. Nach einer sehr langen Schweigepause gab der Therapeut folgenden Monolog von sich:

Th.: *(Leise)* Ich habe irgendwie das Bedürfnis, Ihnen zu sagen: »Wenn ich Ihnen in irgendeiner Weise helfen kann, dann lassen Sie mich teilnehmen.« Andererseits möchten Sie vielleicht lieber allein – wenn Sie lieber mit sich allein sein und das fühlen möchten, was Sie in sich fühlen, dann ist das auch recht – ich glaube, was ich damit sagen wollte, ist eigentlich: »Ich bin da für Sie. Ich sitze nicht hier wie ein lebloses Stück Holz.«

(Schweigen von mehr als einer Minute.)

Th.: Und ich nehme an, Ihr Schweigen sagt mir, daß Sie sich im Augenblick nicht mitteilen wollen oder nicht mitteilen können, und das ist ganz in Ordnung so. Ich will deshalb auch nicht weiter in Sie dringen, ich möchte nur, daß Sie wissen, ich bin da.

(Ausgedehntes Schweigen.)

Einige der sparsamen Bemerkungen Mr. Vacs lassen die Thematik des nächsten, sehr schweigsamen Interviews erkennen.

K.: Ich möchte einfach weglaufen und sterben ... Letzte Nacht habe ich sogar darum gebetet, sterben zu können ... Ich wünsche es mir mehr als irgend etwas, was ich mir je gewünscht habe ... Ich tauge für nichts und niemanden, wozu soll ich also noch leben? Deshalb möchte ich gehen, weil mir an nichts etwas liegt.

Der Therapeut äußert an dieser Stelle:

Th.: M-hm, m-hm. Deshalb wollen Sie gehen, weil Ihnen nichts an Ihnen selber liegt. Ihnen ist alles gleich. Und ich möchte Ihnen sagen – mir liegt an Ihnen. Mit ist es nicht gleich, was passiert.

(30 Sekunden langes Schweigen. Der Klient beginnt zu schluchzen.)

Th.: *(Sanft)* Das läßt irgendwie ... alle Gefühle herausströmen.

(35 Sekunden langes Schweigen.)

Th.: Und Sie weinen und weinen und weinen. Und fühlen sich so elend. *(Der Klient schluchzt weiter, dann schneuzt er sich und holt ein paarmal tief Luft.)*

Th.: Ich kann irgendwie spüren, wie elend Sie sich innerlich fühlen – Sie schluchzen und schluchzen. *(Der Klient legt seinen Kopf auf den Tisch und bricht in tiefes, keuchendes Schluchzen aus.)*

Th.: Ich glaube, alle die Gefühle, die Sie in den letzten Tagen unterdrückt haben, brechen jetzt aus Ihnen hervor.

(30 Sekunden langes Schweigen, währenddessen der Klient weiterschluchzt.)

Th.: Hier – wenn Sie ein Taschentuch brauchen – hm. *(Mitfühlend)* Sie fühlen sich innerlich wie in Stücke zerrissen.

(Schweigen von einer Minute und 56 Sekunden.)

K.: Ich wollte, ich könnte sterben. *(Schluchzt.)*

Th.: Sie möchten am liebsten sterben, nicht wahr? M-hm. Sie fühlen sich so elend, daß Sie nicht mehr leben möchten.

(Der Therapeut legte während dieser Phase sanft seine Hand auf

den Arm des Klienten. Dieser zeigte keine bestimmte Reaktion. Er wurde jedoch ein wenig ruhiger.)

Später, als der Klient sich wieder gefangen hatte, fügte der Therapeut hinzu:

Th.: Wissen Sie, alles, was ich vorhin zu Ihnen gesagt habe, meine ich sehr ernst. Ich möchte Sie Dienstag wiedersehen und auch schon vorher, wenn Sie mich sehen möchten. Also zögern Sie nicht, mich anzurufen, wenn Sie mich brauchen.

Normalerweise äußert sich die Zuwendung des Therapeuten mehr durch sein allgemeines Verhalten und durch seinen Tonfall. Hier war der Klient dermaßen in sich verschlossen, daß eine deutlichere Ausdrucksform angebracht schien; der Therapeut teilte seine Zuwendung sowohl durch seinen Tonfall als auch durch direkte verbale Äußerungen und eine Berührung mit. Dies war es offenbar, was schließlich die Schale zerbrach, hinter die der Klient sich seit Monaten zurückgezogen hatte, und ein erschütterndes Schluchzen auslöste, das zwar verbal nie erläutert wurde, aber ganz eindeutig das unmittelbare Erlebnis des Klienten, er könne vielleicht mögenswert sein, ausdrückte. Dies war der Anfang einer konstruktiven Veränderung. Es ist wahrscheinlich ein sehr einleuchtendes Beispiel dafür, wie wichtig diese Art von Wertschätzung in der therapeutischen Beziehung ist. [...]

Echtheit oder Kongruenz

Dies ist die grundlegendste unter den Einstellungen des Therapeuten, die den positiven Verlauf einer Therapie fördern. Eine Therapie ist mit größter Wahrscheinlichkeit dann erfolgreich, wenn der Therapeut in der Beziehung zu seinem Klienten er selbst ist, ohne sich hinter einer Fassade oder Maske zu verbergen. Der theoretische Ausdruck hierfür ist Kongruenz; er besagt, daß der Therapeut sich dessen, was er erlebt oder leibhaft empfindet, deutlich gewahr wird und daß ihm diese Empfindungen verfügbar sind, so daß er sie dem Klienten mitzuteilen vermag, wenn es angemessen ist. Auf diese Weise ist der Therapeut in der Beziehung transparent für den Klienten und lebt offen die Gefühle und Einstellungen, die ihn im jeweiligen Augenblick durchströmen. Kongruenz bedeutet, daß der Therapeut seiner selbst gewahr ist, daß ihm seine Gefühle und Erfahrungen nicht nur zugänglich sind, sondern daß er sie auch durch sein Sein und Erleben in die Beziehung zum Klienten einbringen kann. Es bedeutet, daß es sich um eine direkte, personale Begegnung mit dem Klienten handelt, eine Begegnung von Person zu Person. Es bedeutet, daß der Therapeut er selbst *ist* und sich nicht verleugnet.

Diese Bedingung ist gewiß nicht einfach zu erfüllen. Echtheit erfordert vollkommenes Vertrautsein mit dem fortwährenden komplexen Fluß des inneren Erlebens. Es setzt die Bereitschaft voraus, Einstellungen, die sich hartnäckig immer wieder in den Vordergrund schieben, zu äußern, vor allem aber vielleicht negative Einstellungen, da die positiven sich ziemlich leicht aus Verhalten und Tonfall erschließen lassen. Der Therapeut sollte dem Klienten beispielsweise mitteilen, wenn er sich durch ihn gelangweilt fühlt. Dieses Bestehen auf Echtheit unterscheidet die klientenzentrierte Auffassung tiefgehend von früheren Auffassungen der therapeutischen Beziehung. Manchmal kann das bedeuten, daß der Therapeut eine Bemerkung macht wie: »Ich höre Ihnen heute morgen nicht sehr aufmerksam zu, weil mich Probleme belasten, die ich nicht beiseite schieben kann« oder: »Ich habe im Augenblick Angst vor Ihnen – Angst vor dem, was Sie mir antun könnten« oder: »Ich bin unangenehm berührt von dem, was Sie mir eben erzählt haben. Ich wollte, es wäre nicht so, aber ich kann es nicht ändern.« Zu beachten ist dabei, daß der Therapeut in jedem Fall eine Empfindung von sich mitteilt, aber nicht eine Tatsache oder vermeintliche Tatsache oder ein Urteil über seinen Klienten. Die Äußerung: »Ich fühle mich im Augenblick gelangweilt« beinhaltet nicht das Urteil, daß der Klient ein langweiliger Mensch ist. Sie bringt lediglich eine Mitteilung über die Gefühle des Therapeuten in die Beziehung ein. Dadurch, daß der Therapeut dem Klienten sein Gefühl der Langeweile und Entfremdung mitteilt, verändert sich seine Empfindung; er fühlt sich bestimmt nicht gelangweilt, während er darüber spricht. Wahrscheinlich ist er sogar sehr eifrig bemüht, die Reaktion des Klienten zu erfahren. Er beginnt von neuem, einfühlendes Verstehen auszuüben. Real sein heißt, Barrieren überwinden. Der Klient wird bei seiner Antwort wahrscheinlich mehr Kongruenz zeigen, weil der Therapeut gewagt hat, ihm real zu begegnen. Es ist eine echte personale Beziehung zwischen zwei unvollkommenen Menschen.

Dieses Konzept könnte leicht mißverstanden werden. Es besagt gewiß nicht, daß der Therapeut den Klienten mit all seinen Problemen oder Empfindungen belasten soll. Oder daß er mit jeder Regung, die ihm durch den Sinn geht, unbeherrscht herausplatzen soll. Aber er soll die Gefühle, die er erlebt, nicht vor sich selbst verleugnen und Gefühle, die in der Beziehung permanent wiederauftauchen, akzeptieren und auch äußern. Er soll der Versuchung widerstehen, sich hinter einer professionellen Maske zu verbergen.

Der therapeutische Prozeß

Wenn die oben erläuterten Bedingungen für die Therapie erfüllt sind, wird ein therapeutischer Wandlungsprozeß in Gang gesetzt. Dieser Prozeß läßt sich von außen als eine Folge von Phänomenen beschreiben. Er kann aber auch von innen, aus der Sicht und Wahrnehmung des Klienten, beschrieben werden. Ich will hier versuchen, eine Vorstellung von diesem Prozeß aus beiderlei Sicht zu vermitteln.

Vorerst ist eine ganz allgemeine Beschreibung angebracht. Der therapeutische Prozeß läßt sich im weitesten Sinn als die Antwort verstehen, welche die Einstellungen des Therapeuten im Klienten hervorrufen. Wenn der Klient feststellt, daß ihm jemand zuhört und ständig akzeptiert, wie er seine Gedanken und Gefühle äußert, lernt er nach und nach dem zuzuhören, was in seinem Innern vorgeht; er lernt wahrzunehmen, daß er wütend oder ängstlich ist oder liebevolle Empfindungen verspürt. Allmählich wird er fähig, auf Empfindungen in seinem Innern zu lauschen, die ihm früher so seltsam, so erschreckend oder bedrohlich erschienen waren, daß er sie ganz aus dem Bewußtsein verbannt hatte. Während er diese verborgenen und »schrecklichen« Aspekte seines Selbst bloßlegt, merkt er, daß sich an der akzeptierenden Haltung des Therapeuten ihm gegenüber nichts ändert. Und langsam beginnt er die gleiche Einstellung sich selbst gegenüber anzunehmen und sich so, wie er ist, zu akzeptieren, womit er die Voraussetzungen für seine Weiterentwicklung schafft. Wenn der Klient schließlich imstande ist, sich selbst besser wahrzunehmen, gelangt er zu größerer Kongruenz und kann sich offener äußern. Er gewinnt zuletzt die Freiheit, sich zu verändern und in die Richtungen hin zu entwickeln, die der reifende menschliche Organismus natürlicherweise einschlägt.

Das Prozeßkontinuum

Dieser Prozeß verdient eine genauere Betrachtung. Die klientenzentrierte Orientierung hat mit der Annahme eines Prozeßkontinuums, das in sieben Stufen unterteilt werden kann, einen wichtigen theoretischen Beitrag zur psychotherapeutischen Forschung geliefert. Der Klient beginnt die Therapie auf irgendeiner Stufe innerhalb dieses Kontinuums und verändert sich in Richtung auf den Endpunkt der Skala hin. Kein Klient, ausgenommen vielleicht einer, der jahrelang in Behandlung ist, durchläuft die ganze Skala von Stufe 1 bis Stufe 7, aber die Skala bietet eine gute Handhabe zur Untersuchung des therapeutischen Prozesses. Wie sich gezeigt hat, kann schon ein kleiner Ausschnitt aus einem Interview zuverlässig einem bestimmten Punkt auf der Prozeßskala zugeordnet werden.

Im großen und ganzen verläuft die Entwicklung auf der Skala von einer rigiden Festgelegtheit der Einstellungen, Konstrukte und Wahrnehmungen hin zu einer fließenden Veränderlichkeit in allen diesen Bereichen. Sie verläuft von Entferntheit des Erlebens hin zur Unmittelbarkeit des Erlebens. Sie führt zu einer Qualitätsveränderung des Lebens, das zuerst statisch und strukturgebunden ist und später prozeßhaft und fließend wird. Die einzelnen Stufen dieser Entwicklung sollen im folgenden kurz beschrieben werden.

Stufe 1. Die Vorstellungen, die der Klient in bezug auf sich und seine Umwelt bildet, sind an rigide psychische Strukturen gebunden. Er ist von seinem gegenwärtigen Erleben so entfernt, daß er es nicht wahrnimmt. (Das Konzept des Erlebens ist vorzüglich von GENDLIN [1962] formuliert worden.) Er ist sich des Wunsches nach einer Änderung oder nach Wachstum nicht bewußt. Probleme werden nicht erkannt. Gefühle und persönliche Bedeutungen werden weder wahrgenommen noch akzeptiert. Auf dieser Stufe lebt der betreffende Mensch in einer Welt starrer Konstrukte, die sämtlich außerhalb seines Selbst liegen. Er kommuniziert ausschließlich über äußere Dinge. Es ist ziemlich unwahrscheinlich, daß er aus eigenem Antrieb einen Therapeuten aufsucht; wenn er von anderen in die Therapie geschickt wird, sind die Aussichten, daß er sich verändert, ziemlich schlecht, es sei denn, er kommt in eine Spiel- oder Gruppentherapie, wo er sich allmählich entspannen und die Echtheit des therapeutischen Klimas erfahren kann, ohne verbal stark gefordert zu werden.

Stufe 2. Die Person kann über äußere Vorgänge und über Probleme sprechen, die als außerhalb des Selbst liegend wahrgenommen werden. »In meinem Leben macht sich immer wieder Unordnung breit.« Gefühle werden zuweilen als fremd oder der Vergangenheit zugehörig beschrieben. »Das Symptom war eine starke Depression.« (Sie ist nicht imstande zu sagen: »Ich bin deprimiert« oder auch nur: »Ich *war* deprimiert.«) Die persönlichen Konstrukte sind rigide und werden wie Tatsachen betrachtet. »Ich mache *nie* etwas richtig.«

Stufe 3. Wenn der Klient auf Stufe 2 erlebt, daß er so, wie er ist, voll akzeptiert wird, dann tritt eine Lockerung ein. Er vermag sich freier über sein Selbst zu äußern, das er als Objekt sieht. Auch Erlebnisse, die mit dem Selbst in Zusammenhang stehen, werden wie Objekte beschrieben. Es werden jetzt häufig aus rückschauender Sicht Gefühle und persönliche Bedeutungen mitgeteilt. »Und dieses Gefühl, das mich da beschlich, war genau wie das Gefühl, das ich als Kind hatte.« Diese Reaktionen werden aber nicht akzeptiert, sondern negativ beurteilt. »Ich tat damals so vieles, was ich niemandem erzählen konnte – schlimme Sachen. Ich empfand mich als sehr böse und hinterhältig.« Das Erleben wird ebenfalls aus zeitlicher Distanz oder als ichfern beschrieben. »Immer, wenn Zuneigung im Spiel ist, fürchte ich, daß es Unterwerfung bedeutet. Ich hasse das, aber anscheinend setze ich beides gleich.« Konstrukte werden jedoch allmählich als solche erkannt und nicht mehr für objektive Tatsachen gehalten. »Nun ja, das ist die Rolle, die ich lange Zeit gespielt habe ... Ich wußte, was ich in gesellschaftlichen Situationen zu tun hatte, damit alles glatt lief und ich den Anschein erweckte, als fühle ich mich wohl. [Ich wußte, was] man sagen mußte, um die Leute zufriedenzustellen, und ich tat es.« Diese Klientin hat offensichtlich gelernt, ihre Rolle – die Art, wie sie sich selbst gesehen hat – nicht als etwas Feststehendes zu betrachten.

Viele Klienten suchen in einem Stadium, das etwa Stufe 3 entspricht, eine Therapie auf und machen unter dem Einfluß des therapeutischen Klimas eine Entwicklung innerhalb des Kontinuums durch. Folgendes Beispiel zeigt den Übergang von Stufe 3 zu Stufe 4:

»Ich bin nicht das, was ich eigentlich sein könnte. Ich sollte tatsächlich mehr tun, als ich im Augenblick tue. Wie viele Stunden habe ich nicht auf dem Klo hockend verbracht, während Mutter mir einhämmerte: ›Komm ja nicht heraus, bevor du etwas gemacht hast.‹ Leiste was!... So war das in vielen Dingen.« Hier sieht der Klient sehr deutlich vergangene Verhaltensmuster und Erlebnisse und ahnt, welche gegenwärtigen Gefühle sie ausgelöst haben.

Stufe 4. Gefühle werden als Objekte in der Gegenwart beschrieben. »Es entmutigt mich, wenn ich mich abhängig fühle, weil das bedeutet, daß ich für mich selbst sozusagen keine Hoffnung habe.« Gelegentlich werden Gefühle sogar in der Gegenwart *geäußert*, sie brechen gegen den Willen des Klienten hervor. Nach einem Zwiegespräch mit sich selbst sagt der Klient beispielsweise: »Also gut, ich traue Ihnen *nicht!*« Es besteht eine Angst davor, Gefühle im Augenblick zu erleben. »Da ist dieser *Knoten*... irgendwo in meinem Innern... Ich hab' das Gefühl, daß ich glatt verrückt werden möchte – und schreien – und davonlaufen!« Das Erleben ist weniger fern und kann manchmal, wie in den angeführten Beispielen, aus geringerer zeitlicher Distanz wahrgenommen werden. Die Strukturierung des Erlebnisfeldes lockert sich, und es werden Ansätze dazu gemacht, die Gültigkeit solcher Konstrukte in Frage zu stellen. Nach einigen witzigen Bemerkungen sagt ein Klient sanft und traurig: »Ich habe mich mein Leben lang hinter Humor verschanzt; wahrscheinlich ist das nicht ganz das richtige, wenn ich versuchen will, mich selbst zu sehen. Eine Gardine, die man herunterlassen kann. *(Pause)* Ich fühle mich irgendwie verwirrt. Wo war ich stehengeblieben? Was habe ich gerade gesagt?« Hier hat der Klient ein Konstrukt durchschaut, auf das sich sein bisheriges Leben gestützt hat, und das hat ihn offensichtlich in Verwirrung gebracht. Auf dieser Stufe beginnt der Klient sich des eigenen Anteils an seinen Problemen bewußt zu werden. Enge Beziehungen werden immer noch als gefährlich empfunden, doch gelegentlich wagt es der Klient, sich bis zu einem gewissen Grad emotional mitzuteilen.

Ein Großteil des therapeutischen Geschehens – und das trifft vermutlich auf jede Art von Therapie zu – bewegt sich auf der Ebene von Stufe 4. Der Klient erforscht sich, er beginnt sich als fühlendes, erlebendes Wesen zu empfinden; er ist geängstigt und verwirrt durch Elemente, die er vage spürt oder die gelegentlich aus ihm hervorbrechen.

Stufe 5. Wenn der Klient in der therapeutischen Situation Sicherheit gewinnt und sich weniger vor den Entdeckungen fürchtet, die er in seinem Innern macht, zeigt er Verhaltensmerkmale, die als Stufe 5 bezeichnet werden können.

Gefühle werden jetzt als unmittelbar gegenwärtig mitgeteilt. »Ich erwartete so etwas wie eine strenge Zurückweisung – das erwarte ich eigentlich immer... ich glaube, ich habe dieses Gefühl sogar bei Ihnen.« Hier wird eine Empfindung nicht bloß beschrieben, sondern geäußert, und zwar wird sie mit einiger Offenheit innerhalb einer Beziehung geäußert.

Die persönlichen Bedeutungen oder Empfindungen, die von der Gewahrwerdung ausgeschlossen waren, werden jetzt annähernd voll erlebt – zuweilen mit Angst, Mißtrauen oder Erstaunen. »Das kam irgendwie aus mir heraus, und ich verstehe es einfach nicht. *(Lange Pause.)* Ich versuche zu begreifen, was das für eine Angst ist.« Diese letzte Bemerkung deutet eine neue Dimension an – die Tatsache, daß der Klient sein unmittelbares Erleben als Bezugspunkt anerkennt. Er weiß, daß er etwas erlebt hat; er weiß nur nicht genau, was das ist. Doch ihm dämmert die Erkenntnis, daß es sich hier um eine echte organismische Erfahrung handelt, an der er die Gültigkeit seiner Äußerungen und Wahrnehmungen überprüfen kann. In ihm ist etwas, an das er »sich halten« kann.

Der Klient hat nicht nur das Bedürfnis, seine Selbst-Gefühle in Besitz zu nehmen, sondern er möchte auch sein »wahres Selbst« sein. Wie ein Klient es formuliert: »In Wirklichkeit bin ich nämlich nicht der nette, geduldige Kerl, als den ich mich auszugeben versuche. Ich werde leicht gereizt. Ich möchte die Leute manchmal anfahren und ganz egoistisch sein; und ich weiß nicht, weshalb ich ihnen vormachen sollte, daß ich *nicht* so bin.«

Es kommt zu einer wachsenden Einsicht in die Diskrepanzen zwischen dem aufgebauten Selbstbild und dem tatsächlichen Erleben. Häufig geschieht dies in Form eines inneren Dialogs: »Mein Verstand sagt mir, daß ich so oder so bin oder daß ich das und das Gefühl habe, aber *ich* glaube es nicht.«

Auf Stufe 5 ist der Klient sehr viel lockerer als auf Stufe 1 und 2. Er steht seinem organischen und leiblichen Sein, das ständig in einem Prozeß begriffen ist, viel näher. Er ist sich seiner selbst in weit stärkerem Maß bewußt und beginnt zu spüren, daß die Gültigkeit des Selbstbildes, welches er nach außen hin verkörpert oder zur Schau trägt, an dem organischen Erlebensfluß in ihm überprüft werden kann.

Stufe 6. Auf der sechsten Stufe finden bestimmte entscheidende Veränderungen statt, die nicht selten dramatischen Charakter besitzen. Die wichtigste davon ist vielleicht das voll akzeptierte, unmittelbar gegenwärtige Erleben von Gefühlen, die dem Bewußtsein vorher nicht zugänglich waren. Häufig fühlt sich der Klient durch ein solches Erlebnis »getroffen«, was sich in körperlichen Begleiterscheinungen wie Seufzern, Tränen oder Muskelentspannungen äußert. Das Selbst wird nicht mehr als Objekt wahrgenommen. Es ist gleichbedeutend mit dem fortlaufenden Prozeß des Erlebens, der sich von Augenblick zu Augenblick wandelt. Die Konstrukte, die für das Leben des Individuums die Funktion von festen Leitlinien hatten, lösen sich in der Unmittelbarkeit des Erlebens auf und werden als das erkannt, was sie tatsächlich sind, nämlich als eigene Schöpfungen. Als Folge davon fühlt die Person sich zuweilen »wacklig« oder »abgetrennt« von ihrem Fundament. Die meisten dieser Merkmale finden sich in einem auf Tonband aufgenommenen Beispiel:

K.: Ich kann mir sogar als Möglichkeit vorstellen, daß ich für mich selbst eine Art von zärtlicher Besorgnis empfinde... Doch wie kann ich zärtlich, wie kann *ich* um *mich selbst* besorgt sein, wenn beide doch ein und dasselbe sind? Und trotzdem kann ich es so deutlich *fühlen*... Wissen Sie, so wie man sich eines Kindes annimmt. Man möchte ihm dies und jenes geben... Bei anderen kann ich sehr deutlich sehen, was zu tun ist... aber nicht... bei mir selbst, wissen Sie, daß ich das für mich tun könnte. Ist es möglich, daß ich mich tatsächlich um mich selbst kümmern und das zu einem wichtigen Inhalt meines Lebens machen möchte? Das würde bedeuten, daß ich mich der ganzen Welt gegenüber so verhalten müßte, als ob ich der Hüter des kostbarsten und begehrtesten Besitzes sei, daß dieses *Ich* zwischen diesem kostbaren *Selbst*, dessen ich mich annehmen möchte, und der ganzen Welt stehen müßte ... Es ist fast so, als ob ich mich selbst *lieben* würde – verstehen Sie – das ist seltsam – aber es ist wahr.

Th.: Die Vorstellung erscheint so seltsam, daß sie kaum zu fassen ist. Sie würde bedeuten: »Ich würde mich der Welt gegenüber so verhalten, als gehöre es zu meinen wichtigsten Aufgaben, mich um dieses kostbare Individuum zu kümmern, das ich bin – das ich liebe.«

K.: An dem mir liegt – dem ich mich so *nahe* fühle. Puh! Das ist auch wieder *komisch*.

Th.: Es klingt *sonderbar.*

K.: Ja. Es trifft mich irgendwie. Die Vorstellung, daß ich mich liebe und mich um mich kümmere. *(Seine Augen werden feucht.)* Das ist schön – sehr schön.

Es ist zu vermuten, daß diese starken Erlebnisse, die unter derartigen physiologischen Begleiterscheinungen als neue Elemente in das Selbst aufgenommen werden, Phänomene einer irreversiblen Veränderung sind. Der Klient kann sie vielleicht zeitweise wieder aus dem Bewußtsein verbannen, aber gewiß nicht für lange. Er hat sich verändert. Er befindet sich in einem Prozeß. Die festen Strukturen seiner Welt sind zu etwas geworden, das er selbst geschaffen hat und dessen Vorläufigkeit ihm bewußt ist. Er kann offen mit sich selbst kommunizieren. Er hat gewagt, selbst im Fluß zu sein und dieses Fließen einer anderen Person mitzuteilen. Er kann nicht mehr zurück.

Dazu noch ein weiteres Beispiel.

Nachdem die Klientin mit starker innerer Beteiligung über das Thema »Ich kann nicht von anderen erwarten, daß sie für meine Ausbildung sorgen; das muß ich schon selbst in die Hand nehmen« gesprochen hat, zeigt sie Symptome von Angst und schweigt längere Zeit. Dann äußert sie:

K.: Ich habe wirklich das Gefühl, von etwas zu sprechen, das tatsächlich ein Teil von mir *ist. (Sehr verwirrt)* Ich habe die Empfindung, als ob ich – ich weiß nicht. Ich habe ein Gefühl von Stärke und zugleich auch ein Gefühl von – es ist irgendwie furchtbar, das wahrzunehmen – von Angst... Ich spüre es jetzt zum Beispiel in mir – so eine Art Aufwallen oder Kraft, als ob es wirklich etwas sehr Großes und Starkes ist. Und trotzdem, zuerst war es die beinahe körperliche Empfindung, ganz allein draußen zu stehen, sozusagen abgeschnitten von... von einer Stütze, die ich mit mir herumgetragen habe... *(Pause, dann fährt sie zögernd, aber mit Überzeugung fort)* Ich glaube – ich weiß nicht genau, aber ich hab' das Gefühl, daß ich jetzt anfangen werde, mehr von dem zu *tun*, was ich tun sollte... Ich kann mir vorstellen, daß ich einiges besser mache.

Hier hat das unmittelbare Erlebnis von Unabhängigkeit – mit ihren positiven und negativen Seiten, Kraftgefühl und Angst – die bequemen Konstrukte der Klientin, daß sie abhängig ist und für ihre Probleme nur andere verantwortlich sind, (wahrscheinlich für immer) zerstört. Dann kommt es versuchsweise zu einer ersten Äußerung von (wie Rank es nennen würde) positivem Willen.

Stufe 7. Diese Stufe ist eher eine Leitvorstellung als etwas, das sich jemals ganz erreichen ließe. Sie repräsentiert den voll sich entfaltenden Menschen, *»the fully functioning person«*.

In diesem Stadium fürchtet sich der Mensch nicht mehr davor, Gefühle unmittelbar gegenwärtig und nuancenreich zu erleben. Das gilt für die therapeutische Situation ebenso wie für Beziehungen außerhalb der Therapie. Das im Augenblick hervorquellende Erleben bildet den Bezugspunkt, an dem der Mensch sich orientiert und erfährt, wer er ist, was er will und welche Einstellungen er hat – positive wie negative. Er akzeptiert sich selbst und vertraut auf seinen organismischen Prozeß, der weiser ist als sein Verstand allein. Jedes Erlebnis bestimmt seine eigene Bedeutung und wird nicht im Sinne alter Strukturen interpretiert. Das Selbst des Menschen ist gleichbedeutend mit dem subjektiven Bewußtsein seines Erlebens. Er ist kongruent mit seinem Erleben, das in seinem Bewußtsein durch entsprechende Symbole repräsentiert wird, und er kann diese Einheit in seiner Kommunikation zum Ausdruck bringen.

Soweit die kurz gefaßte Darstellung des Prozeßkontinuums, des Wandels von einem statisch-starren zu einem fließenden Zustand, der Veränderungen, die beim Reifungsprozeß einer Person sowohl beobachtet als auch erlebt werden.

Die von der klientenzentrierten Orientierung entwickelte Theorie der Therapie

Die klientenzentrierte Theorie zeichnet sich durch folgende Merkmale aus: 1. daß sie nicht am Schreibtisch oder im Labor konzipiert wurde, sondern sich aus der fortgesetzten Beschäftigung mit einem wachsenden Kreis von Klienten heraus entwickelt hat und 2. daß sie sich flexibel und wandlungsfähig gezeigt hat, und die immer umfassenderen Forschungsergebnisse und Erfahrungen mit neuen Kategorien von Klienten berücksichtigt hat. Deshalb soll hier auf die Darstellung der therapeutischen Bedingungen und des therapeutischen Prozesses eine Erörterung der theoretischen Grundlagen folgen, die allerdings im Vorhergehenden vielfach schon implizite enthalten waren. [...]

Grundkonzepte

Aktualisierungstendenz: Eine der vorsichtigen Schlußfolgerungen, die im Laufe der Jahre gezogen wurden, bezieht sich auf die Grundnatur des menschlichen Organismus. Es wird hypostasiert, daß der Mensch ebenso wie jeder andere lebende Organismus, sei es nun Pflanze oder Tier, eine inhärente Tendenz zur Entfaltung aller Kräfte besitzt, die der Erhaltung oder dem Wachstum des Organismus dienen. Wenn diese Tendenz nicht behindert wird, bewirkt sie verläßlich beim Individuum Wachstum, Reife und eine Bereicherung des Lebens. Das beste Beispiel hierfür ist wohl das menschliche Kleinkind in einer einigermaßen normalen Umgebung. Es lernt mit der Zeit laufen. Obwohl es sich oft genug stößt, hinfällt und frustriert wird, strebt es unablässig eine effektivere und befriedigendere Art der Fortbewegung an. Gleiches gilt für den psychologischen Bereich – daß nämlich in einem einigermaßen wachstumsfreundlichen Klima die Tendenz des Organismus, sich in umfassenderer Weise zu verwirklichen, so zuverlässig funktioniert, daß sie auch Hindernisse und Schmerz überwindet.

Es bedarf kaum eines besonderen Hinweises darauf, daß unzählige Umweltfaktoren den menschlichen Organismus auch daran hindern können, sich von seiner Aktualisierungstendenz leiten zu lassen. Seine physische und psychologische Umgebung kann sich in der Weise auswirken, daß seine Aktualisierungstendenz gehemmt oder vollkommen blockiert wird; daß sie nur noch auf verzerrte, absonderliche oder »anomale« Weise geäußert werden kann; daß sie sich in sozial destruktive statt in konstruktive Bahnen ergießt. In dieser Hinsicht unterscheidet sich der Mensch wenig von anderen Organismen, nur daß er komplizierter angelegt ist und infolgedessen mehr Möglichkeiten vorhanden sind, normale Tendenzen zu verzerren oder zu blockieren.

Das Konzept des Selbst: Ziemlich früh wurde bemerkt, daß Klienten im therapeutischen Gespräch häufig das Selbst erwähnten, wenn sie über ihre Probleme oder ihren therapeutischen Fortschritt berichteten: »Ich habe das Gefühl, daß ich nicht mein wahres Selbst bin.« – »Es tut gut, mich gehenzulassen und hier einfach ich selbst zu *sein.*« Nach und nach wurden die entscheidende Bedeutung des Selbst und seine veränderliche Qualität erkannt. Wie konnte man es definieren?

Das Kleinkind macht Erfahrungen, die zur Unterscheidung eines »Ich« oder »Mich« führen. Allmählich bildet sich ein Selbstkonzept heraus. Man kann es sich als eine strukturierte, konsistente Vorstellungsgestalt denken, die sich zusammensetzt aus den Wahrnehmungen vom »Ich« oder »Mich« und den Wahrnehmungen von den Beziehungen dieses »Ich« zur Außenwelt und zu anderen Personen. Dazu gehören auch die mit diesen Wahrnehmungen verbundenen Wertvorstellungen. Diese Gestalt ist zwar fließend und veränderlich, aber sie ist in jedem Augenblick eine Einheit (die sich beispielsweise durch einen Q-Sort sogar grob messen läßt). Sie ist nicht unbedingt bewußt, aber dem Bewußtsein zugänglich. Sie ist für das Individuum ein ständiger Bezugspunkt, an dem es sein Handeln ausrichtet.

Erleben (Experiencing): Erleben ist der Prozeß, der alles umfaßt, was innerhalb des Organismus vorgeht und dem Bewußtsein zugänglich ist. Wenn ein Erlebnis am Rande der Gewahrwerdung auftaucht, ist es ein undeutliches Gefühl, aber gleichzeitig auch ein Bezugspunkt. Ein einfaches Beispiel hierfür: »Ich war im Begriff, Ihnen etwas mitzuteilen, aber es ist mir entfallen. Es wird schon wieder auftauchen.« Das bezieht sich offensichtlich auf ein Erlebnis, das bereits ins Bewußtsein vorgedrungen war und jetzt nicht mehr bewußt, aber doch irgendwie noch verfügbar ist.

Dieses Phänomen läßt sich in der Therapie häufig beobachten. Es ist beispielsweise auch in dem oben zitierten Ausschnitt aus dem Interview mit Mrs. Oak vorhanden. Sie exploriert offensichtlich etwas, das in ihr vorgeht. Sie wendet darauf probeweise den Begriff Schuld an, aber er paßt nicht. Sie stellt fest, daß es Ähnlichkeit mit ihrer Haltung gegenüber einer Mutter hat, deren Kind weint: »Laß es weinen.« Sie hat das Gefühl, daß Selbstmitleid nicht ganz der richtige Ausdruck dafür ist. Sie hat es mit Bitterkeit zugedeckt, aber sie weiß noch immer nicht genau, was »es« eigentlich ist. Schließlich erlebt sie »es« deutlich, als sie sich selbst gegenübertritt, echten Schmerz empfindet und sagt: »Oh, du *armes Ding*.« Sie ist diesem inneren (physiologischen?) Ereignis offenkundig so lange als einem direkten, internalen, gegenwärtigen Hinweis nachgegangen, bis sie dessen für sie zutreffende Bedeutung erkannt hat.

Wenn eine Erfahrung von der Gewahrwerdung ausgeschlossen wurde, weil sie mit dem Selbstkonzept nicht zu vereinbaren war, kann sie während der Therapie plötzlich ins Bewußtsein einbrechen. Dies ist das Phänomen des »Getroffenwerdens« von einem Gefühl. Es bedeutet das *volle*, unmittelbar gegenwärtige Erleben einer empfundenen Bedeutung und spielt eine wichtige Rolle als Veränderungsfaktor.

Inkongruenz: Inkongruenz ist die unter Umständen vorhandene Diskrepanz zwischen dem Erleben des Organismus und dem bewußten Selbstkonzept. Sie tritt in einer Therapie dann am deutlichsten zutage, wenn sie sich auflöst. So kann eine Person bewußt beispielsweise annehmen, daß ihr Selbst keinerlei feindselige Gefühle gegen eine andere Person (Partner, Mutter oder wen immer) hegt. Doch wenn sie Kontakt zu ihrem organismischen Erleben gewinnt, entdeckt sie, daß sie voll Wut ist. »Ich *bin* böse auf ihn [sie]. Ich bin ein Mensch, der solche Gefühle hat.« In diesem Augenblick findet eine entscheidende Änderung ihres Selbstkonzepts statt. Zur Veranschaulichung des Therapieverlaufs lassen sich viele ähnliche Beispiele anführen.

Bei starker Inkongruenz nimmt die Aktualisierungstendenz zwiespältigen Charakter an. Einerseits unterstützt diese Tendenz das Selbstkonzept der Person, die darum kämpft, ihr Bild von sich zu vervollkommnen. Andererseis meldet auch der Organismus seine Bedürfnisse an, die mit den bewußten Wünschen der Person vielleicht völlig unvereinbar sind. Dieser Konflikt wird in der Therapie sehr deutlich sichtbar.

Die klientenzentrierte Theorie hat zwar noch eine ganze Reihe weiterer wesentlicher Konzepte, aber die eben erläuterten reichen aus, um einen Eindruck von der Theorie zu vermitteln. [...]

Frederick S. Perls

Gestalt in Aktion

Die Idee der Gestalttherapie ist es, aus Papiermenschen wirkliche Menschen zu machen. Ich weiß, ich nehme den Mund ziemlich voll. Es ist die Idee, den ganzen Menschen unserer Zeit zum Leben zu erwecken und ihn zu lehren, wie er seine inneren Kräfte nutzen kann, um ein Führer zu sein, ohne ein Rebell zu werden, eine Mitte zu haben und nicht Hals über Kopf zu leben. Diese Ideen klingen alle ziemlich herausfordernd, aber ich bin überzeugt, daß es möglich geworden ist, sie zu erfüllen, daß wir nicht Jahre, Jahrzehnte und Jahrhunderte auf der Couch liegen müssen, ohne uns wesentlich zu verändern. Die Bedingungen hierfür sind: – Aber dafür muß ich noch einmal zurückspringen und über das soziale Milieu reden, in dem wir uns befinden. In früheren Zeiten lebte der Mensch als soziales Wesen für das, was als richtig galt, und er tat seine Arbeit, einerlei, ob er sie sich gewünscht hatte oder für sie geeignet war. Aber die ganze Gesellschaft wurde regiert und reguliert durch verschiedene »Du sollst« und durch den Puritanismus. Man erfüllte seine Pflicht, ob man wollte oder nicht. Jetzt hat sich, wie ich meine, das ganze gesellschaftliche Milieu gewandelt. Der Puritanismus ist zum Hedonismus geworden. Wir fangen an, dem Vergnügen, dem Genuß und dem Rausch zu leben. Alles läuft, solange es Spaß macht.

Das klingt auch gut. Klingt besser als Moralismus. Es ist aber ein sehr ernster Rückfall. Wir haben nämlich jetzt eine *krankhafte Angst* vor Schmerz und Leiden. Ich muß es wiederholen – wir haben krankhafte Angst vor Schmerz und Leiden. Alles, was keinen Spaß macht oder unangenehm ist, muß vermieden werden. So rennen wir vor jeder Frustration, die schmerzhaft sein könnte, davon und versuchen, sie zu vermeiden. Und das Resultat ist ein Mangel an Wachstum. Wenn ich über die Bereitschaft zur Auseinandersetzung mit dem Unangenehmen rede, meine ich natürlich nicht die Erziehung zu Masochismus; im Gegenteil, ein Masochist ist ein Mensch, der Angst vor dem Schmerz hat und sich darauf trainiert, ihn auszuhalten. Ich rede über das Leiden, das zum Wachstum gehört. Ich rede über die Notwendigkeit, sich wahrhaft unangenehmen Situationen zu stellen. Und die ist mit der Gestalttherapie verbunden. Ich möchte jedoch nicht zuviel über das Phänomen Gestalt reden. Das Wesentliche daran ist, daß eine Gestalt etwas Ganzes, in sich Vollständiges ist, solange sie ganz bleibt. Sobald wir eine Gestalt zerlegen, haben wir Stücke und Teile und nichts Ganzes mehr. Wir kommen noch oft darauf, aber jetzt möchte ich nur so viel sagen: Wenn ihr drei Stücke Holz habt, hier ein Stück, hier ein Stück und hier eins, dann sind diese drei Stücke nur ungenaue Gestalten. Wenn ihr sie so zusammenfügt, dann seht ihr sofort, daß ein Dreieck entsteht; sobald ihr aber dieses Stück wegnehmt, verschwindet das Dreieck und damit die Gestalt. Gut, und im Biologischen hat die Gestalt eine Dynamik, die das ganze organische Leben reguliert.

Die Gestalt will vollständig werden. Wenn die Gestalt unvollständig ist, bleiben wir mit unabgeschlossenen Situationen zurück, und diese unabgeschlossenen Situationen drängen und drängen und drängen und wollen vollständig werden. Nehmen wir an, ihr hättet einen Streit gehabt und wäret wirklich zornig auf den anderen, dann würdet ihr euch rächen wollen. Dieses Bedürfnis nach Rache würde nagen und nagen und nagen, bis ihr es gestillt habt. So gibt es Tausende von unabgeschlossenen Gestalten. Die Befreiung von ihnen ist ganz einfach. Diese Gestalten werden auftauchen. Sie werden an die Oberfläche kommen. Die jeweils beherrschende Gestalt wird zuerst erscheinen. Wir brauchen nicht à la Freud zu graben, bis hinab in das tiefste Unbewußte. Wir müssen uns das Augenfällige bewußtmachen. Wenn wir das Augenfällige verstehen, ist alles da. Jeder Neurotiker ist ein Mensch, der das Augenfällige nicht sieht. Was wir also in der Gestalttherapie versuchen, ist, das Wort »jetzt«, das Gegenwärtige, die Bewußtheit zu verstehen und zu sehen, was im Jetzt geschieht. Und das Verständnis des Jetzt wird euch überallhin bringen, ob es nun vier Wochen oder zwanzig Jahre zurückliegt.

Das »Jetzt« ist ein so interessantes und schwieriges Konzept, weil ihr einerseits nur arbeiten und etwas erreichen könnt, wenn ihr im Jetzt und im Gegenwärtigen seid. Macht ihr aber andererseits eine moralische Forderung daraus, dann seht ihr sofort die Unmöglichkeit. Versucht ihr das Jetzt zu greifen, dann ist es schon vorbei. Es ist ein solcher Widerspruch, im Jetzt zu arbeiten und es doch nicht genau in den Blick zu bekommen, geschweige denn es halten zu können.

Das zweite, worauf ich im Hinblick auf unsere Therapie hinweisen muß, ist das Wort »wie«. In vergangenen Jahrhunderten fragten wir »warum«. Wir versuchten, Ursachen, Gründe, Entschuldigungen, Rationalisierungen zu finden. Und wir dachten, wenn wir die Ursachen änderten, dann würden wir auch die Wirkungen ändern. Im elektronischen Zeitalter fragen wir nicht mehr »warum«, wir fragen »wie«. Wir untersuchen die Struktur, und wenn wir die Struktur begriffen haben, dann können wir sie ändern. Und die Struktur, an der wir am stärksten interessiert sind, ist unser Lebensdrehbuch (Life-script). Die Struktur unseres Drehbuches – oft auch Karma oder Schicksal genannt – besteht zum größten Teil aus Selbstquälerei, vergeblichen Aufrüstungsspielchen, Erfolgen usw. Und dann treffen zwei Leute zusammen, und sie haben unterschiedliche Drehbücher, und dann versuchen sie entweder, den anderen auf ihr Drehbuch zu verpflichten, oder sie wollen dem anderen gefallen, streichen ihre Bedürfnisse und werden ein Teil des anderen Drehbuches – dann gibt es Verwicklungen, Verwirrungen und Kämpfe. Die Leute fahren sich fest miteinander, und das ganze Drehbuch wird zerstört, was allerdings seinerseits wieder zum Drehbuch gehört.

Was wir also erreichen wollen, ist die Änderung unseres Drehbuches; und die Mittel und Wege dafür sind in einem gewissen Maße erlernbar. [...]

Regeln und Spiele der Gestalttherapie *

Die Techniken der Gestalttherapie lassen sich weitgehend zwei Gruppen von Richtlinien zuordnen, die wir »Regeln« *(rules)* und »Spiele« *(games)* nennen wollen. Die Regeln sind zahlenmäßig gering und werden gewöhnlich zu Beginn eingeführt und formal beschrieben. Die Spiele hingegen sind zahlreich, und es läßt sich keine endgültige Liste aufstellen, weil ein erfinderischer Therapeut sich durchaus von Zeit zu Zeit neue einfallen lassen kann.

Wenn wir Geist und Wesen der Gestalttherapie gerecht werden wollen, müssen wir den Unterschied zwischen Regeln und Geboten deutlich erkennen. Die Philosophie der Regeln soll uns effektive Mittel dafür liefern, das Denken mit dem Fühlen in Einklang zu bringen. Sie sind dazu gedacht, uns beim Aufdecken von Widerständen zu helfen, eine größere Bewußtheit zu fördern, kurz, den Reifungsprozeß zu unterstützen. Sie sind ausdrücklich *nicht* als eine dogmatische Liste von *Tu dies!* und *Tu das nicht!* zu verstehen. Sie werden vielmehr im Sinne von Experimenten angeboten, die der Patient durchführen kann. Sie haben oft eine beträchtliche Schockwirkung und zeigen so dem Patienten die zahlreichen und subtilen Wege, auf denen er sich daran hindert, sich und seine Umwelt voll zu erleben.

Wer die Intention der Regeln wirklich erfaßt hat, wird sie in ihrer inneren Bedeutung und nicht in ihrem wörtlichen Sinn verstehen. Der »brave Junge« zum Beispiel, der völlig unfähig ist, die befreiende Absicht der Regeln zu verstehen, wird sie oft ganz exakt bis zur Absurdität befolgen und füllt sie so mit seiner eigenen Blutarmut anstatt mit der Vitalität, die sie fördern wollen.

Getreu ihrem Erbe aus der Gestaltpsychologie liegt das Wesentliche der Gestalttherapie in der Perspektive, aus der sie die menschlichen Lebensprozesse sieht. In diesem Licht gesehen will jede Gruppe von Techniken, so wie unsere hier benutzten Regeln und Spiele, nur als geeignetes Mittel verstanden werden, als nützliches Werkzeug im Dienst unserer Zwecke, aber ohne sakrosankte Qualitäten.

* Zusammen mit Abraham Levitsky

Die Regeln

Das Prinzip des Jetzt. Die Vorstellung vom Jetzt, von dem unmittelbar gegebenen Augenblick, vom Inhalt und der Struktur des gegenwärtigen Erlebens ist eines der wirkungsvollsten, bedeutsamsten und am schwersten faßbaren Prinzipien der Gestalttherapie. Aus meiner eigenen Erfahrung kann ich sagen (A. L.), daß mich die Implikationen der anscheinend einfachen Vorstellung vom »im Jetzt sein« oftmals gefesselt, verärgert, verwirrt und erheitert haben. Und was für ein faszinierendes Erlebnis ist es, anderen dabei zu helfen, sich der vielfältigen Wege bewußt zu werden, auf denen wir wirkliche unmittelbare Bewußtheit bei uns verhindern.

Um das bewußte Erleben des *Jetzt* zu fördern, bestärken wir Mitteilungen im Präsens. »Was ist jetzt in deinem Bewußtsein?« – »Was passiert jetzt?« – »Was fühlst du im Augenblick?« Der Satz »Was ist mit dir *jetzt?*« ist ein wirkungsvoller Satz vom Therapeuten an den Patienten.

Es wäre nicht richtig zu sagen, daß kein Interesse an historischem Material und an der Vergangenheit besteht. Mit diesem Material befassen wir uns aktiv dann, wenn wir spüren, daß es wichtige Themen der gegenwärtigen Persönlichkeitsstruktur betrifft. Die wirkungsvollste Art, Material aus der Vergangenheit in die Persönlichkeit zu integrieren, besteht jedoch darin, es so umfassend wie möglich in die Gegenwart zu holen. Auf diese Art vermeiden wir das seichte, intellektualistische »Darüber-Reden« und bemühen uns nachdrücklich darum, allem Material die Wirkung der Unmittelbarkeit zu geben. Wenn sich der Patient auf Ereignisse von gestern, letzter Woche oder aus dem letzten Jahr bezieht, führen wir ihn schnell dahin, in seiner Phantasie »dort zu sein« und das Drama in der Sprache der Gegenwart darzustellen.

Wir weisen den Patienten oft aktiv darauf hin, wie leicht er das Jetzt verläßt. Wir zeigen sein Bedürfnis auf, abwesende Personen in den Dialog hineinzubringen, das nostalgische Verlangen, Erinnerungen mitzuteilen, die Tendenz, sich ausgiebig mit Zukunftsängsten und Phantasien über die Zukunft zu beschäftigen. Für die meisten von uns ist die Übung, bei der unmittelbaren Bewußtheit zu bleiben, ein anstrengendes Unternehmen, das wir nur für kurze Zeiträume durchhalten können. Es ist eine Übung, an die wir nicht gewöhnt sind und bei der wir die Tendenz haben, dem entgegenzuarbeiten.

Ich und du. Mit diesem Prinzip bemühen wir uns darum, uns so konkret wie möglich klarzumachen, daß zu einer echten Kommunikation beide gehören – Sender und Empfänger. Der Patient verhält sich oft so, als wären seine Worte an die leere Wand oder an die Luft gerichtet. Wenn er gefragt wird: »Wem sagst du das?«, wird er dazu gebracht, sich seiner Abneigung zu stellen, seine Botschaft direkt und unmißverständlich an den Empfänger, an den *anderen* zu senden.

So wird der Patient oft aufgefordert, den anderen beim Namen zu nennen, wenn nötig, zu Beginn eines jeden Satzes. Er wird aufgefordert, sich den Unterschied zwischen »zu jemandem sprechen« und »auf jemanden einreden« bewußtzumachen. Er wird dazu angeleitet, festzustellen, ob seine Stimme und seine Worte den anderen wirklich erreichen. Berührt er den anderen wirklich mit seinen Worten? Wie weit ist er bereit, den anderen mit seinen Worten zu erreichen? Fängt er an wahrzunehmen, daß sich dieses phobische Vermeiden, zu anderen eine Beziehung herzustellen, mit anderen echten Kontakt zu haben, auch in seiner Stimme und in seinem verbalen Verhalten zeigt? Wenn er oberflächliche oder unzureichende Kontakte hat, kann er anfangen, seine großen Zweifel daran zu erkennen, ob andere für ihn in dieser Welt wirklich existieren, ob er wirklich *mit* Menschen zusammen ist oder sich allein und verlassen fühlt?

»Es«-Sprache und »Ich«-Sprache. Bei dieser Regel geht es um die Semantik von Verantwortlichkeit und Involvierung. Es ist allgemein üblich, daß wir uns auf unseren Körper und auf unsere Handlungen und Verhaltensweisen in der distanzierten dritten Person, in der »Es«-Sprache, beziehen:

Was fühlst du an deinem Auge?
Es blinzelt.
Was tut deine Hand?
Sie zittert.
Was spürst du in deinem Rachen?
Er ist zugeschnürt.
Was hörst du in deiner Stimme?
Sie schluchzt.

Durch das einfache – und anscheinend mechanische – Hilfsmittel, die Es-Sprache in Ich-Sprache zu verwandeln, lernen wir, uns stärker mit dem fraglichen Verhalten zu identifizieren und Verantwortung dafür zu übernehmen.

An die Stelle von »Sie zittert« tritt »*Ich* zittere«; an die Stelle von »Er ist zugeschnürt« »*Ich* bin zugeschnürt«. Und wenn wir einen Schritt weitergehen, so wird »Ich bin zugeschnürt« ersetzt durch »Ich schnüre mich zu«. Hier können wir unmittelbar die verschiedenen Grade von Verantwortlichkeit und Betroffenheit sehen, die erlebt werden.

Das Ändern von *Es* in *Ich* ist ein Beispiel für den Mikrokosmos vieler der Spieltechniken in der Gestalttherapie. Wenn der Patient beteiligt ist, ist es sehr viel wahrscheinlicher, daß er sich als aktiv Handelnden sieht, der Dinge tut, und weniger als passives Wesen, dem die Dinge irgendwie »zustoßen«.

Es gibt eine Anzahl anderer semantischer Spiele. Wenn der Patient sagt: »Ich kann das nicht tun«, fragt ihn der Therapeut: »Kannst du sagen, ich *will* das nicht tun?« Wenn der Patient einverstanden ist und diese Formulierung verwendet, fährt der Therapeut fort mit »Und was empfindest du jetzt?«.

T.: Was hörst du in deiner Stimme?

P.: Meine Stimme klingt, als würde sie weinen.

T.: Kannst du die Verantwortung dafür übernehmen, indem du sagst »Ich weine«?

Ein anderer erster Schritt in der Semantik der Verantwortlichkeit besteht darin, den Patienten Verben für Substantive einsetzen und ihn häufig den Imperativ als die direkteste Art der Kommunikation verwenden zu lassen.

Die Anwendung des Bewußtheitskontinuums. Die Anwendung des sogenannten Bewußtheitskontinuums – des »Wie« der Erfahrung – ist für die Gestalttherapie unbedingt grundlegend. Wir erreichen damit oft Wirkungen, die sowohl eindrucksvoll wie überraschend sind. Der häufige Rückgriff und das Vertrauen auf das Bewußtheitskontinuum ist eine der wichtigsten Neuerungen unter den therapeutischen Techniken, die von der Gestalttherapie geschaffen wurden. Die Methode ist recht einfach.

T.: Was nimmst du jetzt wahr?

P.: Jetzt bin ich mir bewußt, daß ich zu dir rede. Ich sehe die anderen im Zimmer. Ich bin mir bewußt, daß John sich windet. Ich kann die Spannung in meinen Schultern spüren. Ich merke, daß ich Angst bekomme, während ich das sage.

T.: Wie erlebst du die Angst?

P.: Ich höre, wie meine Stimme zittert. Mein Mund fühlt sich trocken an. Ich rede sehr zögernd.

T.: Merkst du, was deine Augen machen?

P.: Also, ich merke jetzt, daß meine Augen wegsehen.

T.: Kannst du die Verantwortung dafür übernehmen?

P.: ... daß ich von dir wegsehe.

T.: Kannst du jetzt deine Augen sein? Schreib den Dialog für sie.

P.: Ich bin Marias Augen. Ich finde es schwer, meinen Blick irgendwo festzuhalten. Ich springe hierhin und dahin...

Die Anwendungsmöglichkeiten des Bewußtheitskontinuums sind unerschöpflich. In erster Linie ist es jedoch ein effektiver Weg, um den Menschen zu dem festen Fundament seiner Erfahrungen zu führen und von dem Viele-Worte-Machen, von den Erklärungen und Interpretationen wegzubringen. Die Bewußtheit von unseren Körpergefühlen und von Empfindungen und Wahrnehmungen stellt unser sicherstes Wissen dar – vielleicht unser einziges sicheres Wissen. Sich auf die von unserer Bewußtheit gelieferte Information zu verlassen, ist die beste Methode, Perls' Maxime des »Laß deinen Verstand los und komm zu deinen Sinnen« zu erfüllen.

Die Anwendung des Bewußtheitskontinuums ist für den Gestalttherapeuten das beste Mittel, den Patienten von der Betonung des *Warum* seines Verhaltens (psychoanalytische Interpretation) wegzuführen und zu dem *Was* und *Wie* des Verhaltens (experientielle Psychotherapie) hinzuführen.

P.: Ich habe Angst.

T.: Wie erlebst du die Angst?

P.: Ich kann dich nicht deutlich sehen. Meine Hände werden feucht...

Indem wir dem Patienten helfen, sich auf seine Sinne zu verlassen (zu seinen Sinnen zurückzukehren), helfen wir ihm auch, zwischen der Wirklichkeit *da draußen* und den schreckenerregenden

Koboldeн zu unterscheiden, die er in seiner eigenen Phantasie erzeugt.

P.: Ich bin sicher, daß die Leute mich für das verachten, was ich eben gesagt habe.

T.: Geh im Raum herum und sieh uns genau an. Sag mir, was du *siehst*, was deine Augen dir sagen – nicht, was deine Phantasie sagt.

P.: (nach einigen Augenblicken des Erforschens und Entdekkens) Also, die Leute blicken wirklich nicht so abweisend. Einige von euch blicken sogar warm und freundlich.

T.: Was erlebst zu jetzt?

P.: Ich bin jetzt entspannter.

Nicht klatschen. Wie viele andere Gestalttechniken zielt die Regel, daß nicht geklatscht werden soll, darauf ab, Gefühle zu fördern und das Vermeiden von Gefühlen zu verhindern. Klatschen ist definiert als das Reden über eine Person, wenn diese anwesend ist und ebensogut direkt angesprochen werden könnte. Laßt uns beispielsweise einmal annehmen, daß sich der Therapeut mit Bill und Ann befaßt:

P.: (zum Therapeuten) Das Problem mit Ann ist, daß sie immer auf mir rumhackt.

T.: Jetzt klatschst du; sag das direkt zu Ann.

P.: (wendet sich zu Ann) Du hackst immer auf mir rum.

Wir klatschen oft über Leute, wenn wir nicht in der Lage sind, uns direkt mit den Gefühlen zu befassen, die sie in uns auslösen. Die Regel, nicht zu klatschen, ist eine weitere Gestalttechnik, die die direkte Konfrontation mit den Gefühlen erleichtert.

Fragenstellen. Die Gestalttherapie verwendet viel Aufmerksamkeit auf das Bedürfnis des Patienten, Fragen zu stellen. Es ist offensichtlich, daß uns der Fragesteller sagt: »Gib mir, sag mir...« Wer genau hinhört, wird oft feststellen, daß der Fragesteller nicht wirklich Informationen braucht oder daß die Frage nicht wirklich notwendig ist oder daß sie die Faulheit und Passivität des Patienten enthüllt. Der Therapeut kann dann etwa sagen: »Mach aus der Frage eine Aussage.« Die Häufigkeit, in der der Patient dazu tatsächlich in der Lage ist, bestätigt die Handlungsweise des Therapeuten.

Echte Fragen müssen von scheinheiligen Fragen unterschieden

werden. Die letzteren zielen darauf ab, den anderen so zu manipulieren oder ihn dazu zu verführen, daß er die Dinge in einer bestimmten Weise sieht oder tut. Fragen in der Form »Wie machst du das?« und »Bist du dir bewußt, daß ...« bringen wirkliche Hilfe.

Die Spiele

Die nächsten Seiten enthalten eine kurze Beschreibung einer Anzahl von »Spielen«, die in der Gestalttherapie angewandt werden. Der Therapeut schlägt sie dann vor, wenn der Augenblick dazu – aus der Sicht der Bedürfnisse der Gruppe oder des einzelnen – geeignet zu sein scheint. Einige Spiele, wie das »Ich habe ein Geheimnis«-Spiel oder das »Ich übernehme Verantwortung«-Spiel eignen sich besonders zum Einstimmen der Gruppe am Anfang einer Sitzung.

Es ist natürlich kein Zufall, daß einige der wichtigsten Techniken der Gestalttherapie in die Form von Spielen gekleidet sind. Dies ist offensichtlich eine grundlegende Form der Metakommunikation bei Perls, die einen der vielen Aspekte seiner Philosophie der Persönlichkeit herausstellt. Die Sprache der Spiele (die selbst ein Spiel ist) kann als Kommentar zu der Natur allen oder des meisten sozialen Verhaltens betrachtet werden. Die Botschaft ist *nicht*, mit den Spielen aufzuhören, da jede Form sozialer Organisation als die eine oder andere Art von Spiel verstanden werden kann. Die Botschaft ist vielmehr, daß wir uns der Spiele, die wir spielen, bewußt sein und frei sein sollen, die unbefriedigenden Spiele durch befriedigende zu ersetzen. Wenden wir diesen Standpunkt auf Zweierbeziehungen (Liebe, Ehe, Freundschaft) an, würden wir nicht einen Partner aussuchen, der »keine Spiele spielt«, sondern vielmehr einen, dessen Spiele gut zu unseren eigenen passen.

Dialogspiele. In seinem Bemühen um mehr Integration geht der Gestalttherapeut allen Spaltungen oder Teilungen nach, die sich in der Persönlichkeit zeigen. Natürlich ist jede »Spaltung«, die gefunden wird, eine Funktion des Bezugsrahmens, in dem sich der Therapeut bewegt, und der Beobachtungsfähigkeit des Therapeuten. Eine der wichtigsten postulierten Teilungen ist die zwischen dem sogenannten Topdog und dem Underdog. Topdog entspricht ungefähr dem psychoanalytischen Überich. Topdog hält Moralpredigten, ist auf »Du sollst« spezialisiert und ist gewöhnlich rechthaberisch und mißbilligend. Underdog neigt zum passiven Widerstand, bringt Entschuldigungen vor und findet Gründe zum Aufschieben.

Wenn sich diese Spaltung zeigt, wird der Patient aufgefordert, diese beiden Teile seiner selbst einen unmittelbaren Dialog miteinander führen zu lassen. Das gleiche Dialogspiel kann natürlich für jede wichtige Spaltung innerhalb der Persönlichkeit durchgeführt werden (aggressiv und passiv, der »gute Junge« und der »Schweinehund«, maskulin und feminin). Bisweilen kann das Dialogspiel sogar mit verschiedenen Körperteilen durchgeführt werden, wie mit der rechten und der linken Hand oder der oberen und der unteren Körperhälfte. Der Dialog kann sich auch zwischen dem Patienten und einer für ihn wichtigen Person entwickeln. Der Patient spricht diese Person einfach an, als wäre sie anwesend, phantasiert die Antwort, entgegnet auf die Antwort usw.

Die Runde machen. Der Therapeut merkt vielleicht, daß der Patient mit einem bestimmten Thema, das er angesprochen, oder Gefühl, das er geäußert hat, jedem einzelnen Mitglied der Gruppe gegenübertreten sollte. Der Patient hat vielleicht gesagt: »Ich kann keinen Menschen in diesem Raum leiden.« Der Therapeut sagt dann etwa: »Gut, mach die Runde. Sag es zu jedem von uns und füg dem noch eine andere Bemerkung über deine Gefühle für jeden einzelnen hier hinzu.«

Das Spiel »Die Runde machen« ist natürlich unendlich variierbar und muß keinesweg auf die verbale Interaktion beschränkt bleiben. Es kann Berühren, Umarmen, Beobachten, Erschrecken usw. einbeziehen.

Unerledigte Geschäfte. Ein unerledigtes Geschäft ist die gestalttherapeutische Entsprechung zu der unvollendeten kognitiven oder Wahrnehmungsaufgabe in der Gestaltpsychologie. Wann immer ein unerledigtes Geschäft (steckengebliebene Gefühle) erkannt wird, wird der Patient aufgefordert, es zum Abschluß zu bringen. Offensichtlich haben wir alle endlos lange Listen unerledigter Geschäfte im Bereich der zwischenmenschlichen Beziehungen mit – zum Beispiel – Eltern, Geschwistern, Freunden. Nach der Auffassung von *Perls* ist das Grollen und Übelnehmen die häufigste und wichtigste Art unerledigter Geschäfte.

»Ich übernehme die Verantwortung.« Bei diesem Spiel stützen wir uns auf einige der Elemente des Bewußtheitskontinuums, betrachten dabei aber alle Wahrnehmungen als Handlungen. Wir fordern den Patienten auf, bei jeder Feststellung den Satz anzuschließen: »...und ich übernehme die Verantwortung dafür.« Zum Beispiel: »Mir ist bewußt, daß ich mein Bein bewege, ...und ich übernehme die Verantwortung dafür.« – »Meine Stimme ist sehr leise, ...und ich übernehme die Verantwortung dafür.« – »Jetzt weiß ich nicht mehr, was ich sagen soll, ...und ich übernehme die Verantwortung dafür, daß ich es nicht weiß.«

Was auf den ersten Blick eine mechanische, ja sogar alberne Prozedur zu sein scheint, wird bald als ein sehr bedeutsames Verfahren erkannt.

»Ich habe ein Geheimnis.« Dieses Spiel erlaubt das Untersuchen von Schuld- und Schamgefühlen. Jeder Teilnehmer denkt an ein wohlgehütetes persönliches Geheimnis. Er wird angewiesen, *nicht* das Geheimnis selbst mitzuteilen, sondern zu phantasieren (projizieren), wie er glaubt, daß andere darauf reagieren würden. Ein weiterer Schritt kann dann für jeden darin bestehen, damit zu prahlen, was für ein schreckliches Geheimnis er hütet. Die unbewußte Bindung an das Geheimnis als eine kostbare Errungenschaft fängt jetzt an, deutlich zu werden.

Die Projektion spielen. Viele scheinbare Wahrnehmungen sind Projektionen. So kann beispielsweise der Patient, der äußert: »Ich kann dir nicht trauen«, dazu aufgefordert werden, die Rolle eines Menschen zu spielen, der nicht vertrauenswürdig ist, damit er seinen eigenen inneren Konflikt in diesem Bereich entdecken kann. Ein anderer Patient beklagt sich vielleicht beim Therapeuten: »Du interessierst dich nicht wirklich für mich. Du machst das hier nur für deinen Lebensunterhalt.« Er wird angewiesen, diese Haltungen darzustellen, und kann im Anschluß daran befragt werden, ob dies vielleicht ein Zug ist, den er selbst haben könnte.

Umkehrungen. Ein Weg, auf dem der Gestalttherapeut bestimmte Symptome oder Schwierigkeiten angeht, besteht darin, daß er dem Patienten dabei hilft, zu erkennen, daß offen gezeigtes Verhalten gewöhnlich die Umkehrung von zugrundeliegenden oder latenten Impulsen darstellt. Wir benutzen daher die Umkehrtechnik. So behauptet der Patient beispielsweise, daß er unter Hemmungen oder an übermäßiger Schüchternheit leidet. Er wird aufgefordert, einen Exhibitionisten zu spielen. Indem er sich auf ein Gebiet wagt, das angstbeladen ist, kommt er in Kontakt mit einem Teil seiner selbst, der lange unterdrückt worden ist. Oder der Patient möchte vielleicht an dem Problem arbeiten, daß er überempfindlich auf Kritik reagiert. Er wird dazu aufgefordert, die Rolle desjenigen zu spielen, der sehr genau allem zuhört, was zu ihm gesagt wird – insbesondere an Kritik –, ohne das Bedürfnis, sich zu rechtfertigen oder einen Gegenangriff zu machen. Oder der Patient ist vielleicht wenig durchsetzungsfähig und nach außen hin lieb und sanft; er wird dazu aufgefordert, die Rolle eines unkooperativen und boshaften Menschen zu spielen.

Der Rhythmus von Kontakt und Rückzug. Entsprechend ihrem Interesse an der Gesamtheit der Lebensprozesse, an den Phänomenen von Figur und Grund, legt die Gestalttherapie besonderes Gewicht auf die polare Natur der Lebensvorgänge. So wird die Liebesfähigkeit durch die Unfähigkeit, Ärger zu ertragen, geschwächt. Erholung ist notwendig, um die Energien wiederherzustellen. Eine Hand ist weder offen noch geschlossen, sondern ist zu beiden Funktionen in der Lage.

Die natürliche Tendenz, sich aus dem Kontakt zurückzuziehen, die der Patient hin und wieder erlebt, wird nicht wie ein Widerstand behandelt, der überwunden werden muß, sondern als rhythmische Reaktion, die berücksichtigt werden muß. Daher wird der Patient, wenn er sich zurückziehen möchte, aufgefordert, seine Augen zu schließen und sich in Gedanken an irgendeinen Ort oder in eine beliebige Situation zurückzuziehen, an dem bzw. in der er sich sicher fühlt. Er beschreibt die Szene und die Gefühle, die er in ihr hat. Dann wird er aufgefordert, seine Augen zu öffnen und »zur Gruppe zurückzukommen«. Anschließend wird die frühere Arbeit wieder aufgenommen, gewöhnlich mit neuem Material, was vom Patienten geliefert wird, der durch seinen Rückzug einige seiner Energien wiedergewonnen hat.

Der Gestaltansatz zielt also dahin, das Bedürfnis nach Rückzug in jeder Situation zu akzeptieren, in der die Aufmerksamkeit oder das Interesse nachläßt, wobei wir uns jedoch bewußt bleiben, wohin unsere Aufmerksamkeit geht.

Probehandeln. Nach Perls besteht ein großer Teil unseres Denkens aus innerem Probehandeln und Vorbereiten auf das Spielen unserer gewohnten sozialen Rollen. Das Erleben von Lampenfieber steht für nichts anderes als für unsere Angst, daß wir unsere Rolle nicht so gut spielen werden. Daher spielt die Gruppe das Spiel, das innere Probehandeln einander mitzuteilen, um sich so über den Zweck der Vorbereitung mehr bewußt zu werden, die dazu dient, unsere sozialen Rollen zu stützen und aufrechtzuerhalten.

Übertreibung. Dieses Spiel ist mit dem Prinzip des Bewußtheitskontinuums eng verbunden und liefert uns einen anderen Weg zum Verständnis der Körpersprache. Es ist häufig der Fall, daß die unbewußten Bewegungen oder unbeabsichtigten Gesten des Patienten eine bedeutsame Mitteilung zu sein scheinen. Nun sind die Gesten jedoch vielleicht mißlungen, unentwickelt oder unvollständig – vielleicht ein Schwenken des Arms oder ein Klopfen mit dem Fuß. Der Patient wird aufgefordert, die Bewegung wiederholt auszuführen und dabei zu übertreiben, was gewöhnlich die innere Bedeutung klarer macht. Bisweilen wird der Patient aufgefordert, die Bewegung zu einem Tanz zu entwickeln, um so mehr von seinem Selbst zu einem integrierten Ausdruck zu bringen.

Eine ähnliche Technik wird für rein verbales Verhalten benutzt und könnte etwa als das »Wiederholungs«-Spiel bezeichnet werden. Ein Patient macht vielleicht eine wichtige Feststellung, ist dann aber schnell darüber hinweggegangen oder hat auf irgendeine Weise erkennen lassen, daß er ihre Bedeutung nicht ganz aufgenommen hat. Er wird aufgefordert, seine Worte zu wiederholen, wenn es nötig ist, sie sehr oft zu wiederholen, und dies unter Umständen mit immer lauterer Stimme. Bald hört er sich selbst wirklich und bildet nicht mehr nur Worte.

»Darf ich dir einen Satz in den Mund legen?« Der Therapeut, der einem Patienten zuhört oder ihn beobachtet, kommt vielleicht zu dem Schluß, daß dabei eine bestimmte Einstellung oder Botschaft

durchscheint. Er sagt dann: »Darf ich dir einen Satz in den Mund legen? Sag ihn und sieh nach, ob er auf dich zutrifft. Sag ihn zu mehreren Leuten hier.« Er schlägt dann seinen Satz vor, und der Patient prüft seine Reaktion auf den Satz. Typischerweise interpretiert der Therapeut nicht einfach für den Patienten. Auch wenn hier offensichtlich ein starkes interpretatives Element enthalten ist, muß der Patient die Erfahrung durch aktive Teilnahme selbst machen. Wenn der vorgeschlagene Satz wirklich ein Schlüsselsatz ist, wird von dem Patienten eine spontane Entwicklung des Gedankens kommen.

Eheberatungsspiele. Wir wollen hier nur einige aus der großen Zahl möglicher Varianten dieser Spiele anführen.

Die Partner sehen einander an und sprechen Sätze, die alle anfangen mit »Ich nehme dir übel, daß...«, wobei sie sich gegenseitig abwechseln. Das Thema des Übelnehmens kann dann von dem Thema der Anerkennung abgelöst werden: »Was ich an dir mag, ist...« Und dem Thema der Boshaftigkeit: »Ich ärgere dich dadurch, daß...« Oder dem Thema der Nachgiebigkeit: »Ich gebe dir nach, indem ich...«

Schließlich ist da das Thema des Entdeckens. Die Partner wechseln sich damit ab, einander in Sätzen zu beschreiben, die anfangen mit »Ich sehe...«. Oft hat dieser Prozeß des Entdeckens zur Folge, daß beide einander zum erstenmal wirklich sehen. Wenn das schwierigste Problem in der Ehe, wie es Perls darlegt, darin besteht, daß der Partner in eine Vorstellung und nicht in einen Menschen verliebt ist, so müssen wir lernen, zwischen unserem Phantasiebild und dem Menschen aus Fleisch und Blut zu unterscheiden.

Schließlich sollten wir einen bestimmten Ansatz erwähnen, der weder unter die Rubrik der Regeln fällt noch den Spielen zuzurechnen ist, der sich jedoch an dieser Stelle gut einfügen läßt. Er ist ein wichtiger »Eröffnungszug« in der Gestalttherapie und symbolisiert viel von der zugrundeliegenden Philosophie Perls'. Wir könnten es etwa das Prinzip des »Kannst du bei diesem Gefühl bleiben?« nennen. Diese Technik wird in Schlüsselmomenten angewandt, wenn der Patient ein unangenehmes Gefühl oder eine unangenehme Stimmung oder Gemütsverfassung erwähnt, die er dringend vertreiben möchte. Es könnte etwa sein, daß er an einen

Punkt gelangt ist, wo er sich leer oder verwirrt oder frustriert oder entmutigt fühlt. Der Therapeut sagt: »Kannst du bei diesem Gefühl bleiben?«

Dies ist beinahe immer ein dramatischer Augenblick und ein frustrierender für den Patienten. Er hat diese Erfahrung mit einigem Unwillen erwähnt und dem offensichtlich ungeduldigen Wunsch weiterzukommen, dieses Gefühl weit hinter sich zu lassen. Der Therapeut bittet ihn jedoch absichtlich, bei dem psychischen Schmerz zu bleiben, den er in dem Augenblick empfindet. Der Patient wird aufgefordert, das *Was* und *Wie* seiner Gefühle herauszuarbeiten. »Welches sind deine Empfindungen?« – »Welches sind deine Wahrnehmungen, Phantasien, Erwartungen?« In diesen Augenblicken ist es oft sehr zweckmäßig und notwendig, dem Patienten bei der Unterscheidung zwischen dem, was er phantasiert, und dem, was er wahrnimmt, zu helfen.

Die Technik des Dabeibleibens illustriert sehr gut Perls' nachdrückliche Betonung der Rolle des phobischen Vermeidens bei allem neurotischen Verhalten. Nach seiner Sicht hat der Neurotiker einen intensiven Kontakt mit einer Vielzahl unerfreulicher, dysphorischer Erfahrungen habituell vermieden. Als Folge davon hat sich das Vermeiden tief eingefahren, eine phobische Angst ist zur Gewohnheit geworden und größere Erfahrungsbereiche sind nie angemessen bewältigt worden.

Es mag in diesem Zusammenhang von Interesse sein, an den Titel von Perls' erstem Buch *Ego, Hunger and Aggression* zu erinnern. Der Titel war mit Bedacht so gewählt worden, daß er die Botschaft enthält, daß wir gegenüber psychologischen und emotionalen Erfahrungen die gleichen aktiv zupackenden Einstellungen einnehmen müssen, die wir beim gesunden Essen haben. Beim gesunden Eßvorgang beißen wir die Nahrung ab; dann kauen und zermahlen wir sie gründlich und machen sie flüssig. Dann wird sie geschluckt, verdaut, durch Stoffwechselprozesse verwandelt und assimiliert. Auf diese Weise haben wir die Nahrung wirklich zu einem Teil unserer selbst gemacht.

Der Gestalttherapeut unterstützt den Patienten darin – am direktesten durch die Technik des Dabeibleibens –, in den emotionalen Bereichen des Lebens die »Nahrung« gleichermaßen zu »zerkauen« und entsprechend sorgfältig zu assimilieren, die bislang unangenehm zu schmecken, schwer zu schlucken und unmöglich zu verdauen war. Auf diese Weise gelangt der Patient zu größerem Selbstvertrauen, zu weit mehr Autonomie und einer erheblich größeren Fähigkeit, mit den unvermeidlichen Frustrationen des Lebens tatkräftig umzugehen.

Erich Fromm

Die Praxis der Liebe

Nachdem wir uns bisher mit dem theoretischen Aspekt der Kunst des Liebens befaßt haben, stehen wir jetzt vor dem weit schwierigeren Problem, wie man die Kunst des Liebens in die Praxis umsetzen kann. Kann man überhaupt etwas über die Ausübung einer Kunst lernen, außer indem man sie selbst ausübt?

Das Problem wird dadurch noch komplizierter, daß heute die meisten Menschen – und demnach auch die Leser dieses Buches – erwarten, daß man ihnen Do-it-yourself-Rezepte gibt, was in unserem Fall heißt, daß sie eine praktische Anleitung in der Kunst des Liebens erwarten. Ich fürchte, daß jeder, der das von diesem... Kapitel erwartet, schwer enttäuscht sein wird. Lieben ist eine persönliche Erfahrung, die jeder nur für sich allein haben kann; tatsächlich gibt es ja auch kaum jemand, der diese Erfahrung nicht wenigstens in rudimentärer Form als Kind, als Adoleszent oder als Erwachsener gehabt hätte. Wenn wir hier die Praxis der Liebe diskutieren, so können wir nur ihre Prämissen erörtern, die Wege, die zu ihr hinführen, und wie man sich in bezug auf diese Prämissen und Zugangswege zu verhalten hat. Die Schritte zu diesem Ziel hin kann jeder nur für sich allein tun, und die Diskussion endet, bevor der entscheidende Schritt getan ist. Dennoch glaube ich, daß die Diskussion der Zugangswege helfen könnte, die Kunst beherrschen zu lernen – wenigstens denen, die keine fertigen Rezepte erwarten.

Die Ausübung einer jeden Kunst hat gewisse allgemeine Voraussetzungen, ganz gleich ob es sich um die Tischlerkunst, die Medizin oder die Kunst der Liebe handelt. Vor allem erfordert die Ausübung einer Kunst *Disziplin*. Ich werde es nie zu etwas bringen, wenn ich nicht diszipliniert vorgehe. Tue ich nur dann etwas, wenn ich gerade »in Stimmung« bin, so kann das für mich ein nettes oder unterhaltsames Hobby sein, doch niemals werde ich in dieser Kunst ein Meister werden. Aber es geht nicht nur um die Disziplin bei der Ausübung einer bestimmten Kunst (zum Beispiel darum, sich jeden Tag einige Stunden lang darin zu üben), sondern man sollte sich in seinem gesamten Leben um Disziplin bemühen. Man sollte meinen, für den modernen Menschen sei nichts leichter zu lernen als Disziplin. Verbringt er nicht täglich acht Stunden auf denkbar disziplinierte Weise bei seinem Job, den er nach einer strengen Routine erledigt? Tatsächlich jedoch zeigt der moderne Mensch außerhalb der Sphäre seiner Berufsarbeit nur äußerst wenig Selbstdisziplin. Wenn er nicht arbeitet, möchte er faulenzen und sich herumräkeln oder – etwas netter ausgedrückt – sich »entspannen«. Daß man faulenzen möchte, ist aber großenteils nichts anderes als eine Reaktion darauf, daß unser Leben durch und durch zur Routine geworden ist. Eben weil der Mensch sich acht Stunden am Tag gezwungen sieht, seine Energie auf Zwecke zu verwenden, die nicht seine eigenen sind, bei einer Arbeitsweise, die er sich nicht selbst aussuchen kann, sondern die ihm vom Arbeitsrhythmus vorgeschrieben wird, begehrt er auf, und sein Aufbegehren nimmt die Form eines kindlichen Sich-gehen-Lassens an. Außerdem ist er im Kampf gegen autoritäre Systeme mißtrauisch geworden gegen jede Art von Disziplin, ganz gleich ob sie ihm von einer irrationalen Autorität aufgezwungen wird oder ob er sie sich vernünftigerweise selbst auferlegen sollte. Ohne Disziplin aber wird das Leben zersplittert und chaotisch, und es fehlt ihm an Konzentration.

Daß die *Konzentration* eine unumgängliche Vorbedingung für die Meisterschaft in einer Kunst ist, bedarf kaum eines Beweises. Jeder, der jemals eine Kunst zu erlernen versuchte, weiß das. Trotzdem ist aber die Konzentration in unserer Kultur sogar noch seltener als die Selbstdisziplin. Ganz im Gegenteil führt unsere Kultur zu einer unkonzentrierten, zerstreuten Lebensweise, für die es kaum eine Parallele gibt. Man tut vielerlei gleichzeitig. Zu gleicher Zeit liest man, hört man Radio, redet, raucht, ißt und trinkt. Wir sind die Konsumenten mit dem stets geöffneten Mund, begierig und bereit, alles zu verschlingen – Bilder, Schnaps und

Wissen. Dieser Mangel an Konzentration kommt auch darin deutlich zum Ausdruck, daß es uns schwerfällt, mit uns allein zu sein. Stillzusitzen, ohne zu reden, zu rauchen, zu lesen und zu trinken, ist den meisten Menschen unmöglich. Sie werden nervös und zappelig und müssen etwas tun – mit dem Mund oder den Händen. Das Rauchen ist eines der Symptome dieses Mangels an Konzentrationsfähigkeit; es beschäftigt Hände, Mund, Augen und Nase zugleich.

Eine dritte Voraussetzung ist die *Geduld*. Wiederum weiß jeder, der jemals eine Kunst zu meistern versuchte, daß man Geduld haben muß, wenn man etwas erreichen will. Wenn man auf rasche Erfolge aus ist, lernt man eine Kunst nie. Aber für den modernen Menschen ist es ebenso schwer, Geduld zu haben, wie Disziplin und Konzentration aufzubringen. Unser gesamtes Industriesystem ist genau dem Gegenteil förderlich: der Geschwindigkeit. Alle unsere Maschinen sind auf Geschwindigkeit hin konstruiert; Auto und Flugzeug bringen uns schnell zu unserem Bestimmungsort – je schneller, um so besser. Die Maschine, die die gleiche Quantität in der halben Zeit produziert, ist doppelt so gut wie die ältere, langsamere. Natürlich hat das wichtige wirtschaftliche Gründe. Aber wie auf so vielen anderen Gebieten werden auch hier menschliche Werte von wirtschaftlichen Gesichtspunkten bestimmt. Was für die Maschine gut ist, muß auch für den Menschen gut sein – so lautet der logische Schluß. Der moderne Mensch meint, er würde etwas verlieren – nämlich Zeit –, wenn er nicht alles schnell erledigt; und dann weiß er nicht, was er mit der gewonnenen Zeit anfangen soll – und er schlägt sie tot.

Schließlich gehört auch noch zu den Vorbedingungen für die Erlernung einer Kunst, daß es einem sehr wichtig ist, darin Meister zu werden. Wenn die Kunst dem Lehrling nicht von großer *Wichtigkeit* ist, wird er sie nie erlernen. Er wird bestenfalls ein guter Dilettant, aber niemals ein Meister darin werden. Es ist dies auch für die Kunst der Liebe eine ebenso wichtige Vorbedingung wie für jede andere Kunst. Es sieht aber so aus, als ob in der Kunst des Liebens noch mehr als in anderen Künsten die Dilettanten gegenüber den Meistern in der Überzahl wären.

Im Hinblick auf die allgemeinen Voraussetzungen für die Erlernung einer Kunst ist noch ein weiterer Punkt zu erwähnen. Man lernt anfangs eine Kunst nicht direkt, sondern sozusagen auf indirekte Weise. Man muß oft zuerst eine große Anzahl anderer Dinge lernen, die scheinbar nur wenig damit zu tun haben, bevor man mit der eigentlichen Kunst anfängt. Ein Tischlerlehrling lernt zunächst einmal hobeln; ein angehender Pianist übt zunächst Tonleitern; ein Lehrling in der Zen-Kunst des Bogenschießens fängt mit Atemübungen an. [...] Wenn man in irgendeiner Kunst zur Meisterschaft gelangen will, muß man ihr sein ganzes Leben widmen oder es doch wenigstens darauf ausrichten. Unsere gesamte Persönlichkeit muß zu einem Instrument zur Ausübung der Kunst werden und muß je nach den speziellen Funktionen, die es zu erfüllen gilt, in Form gehalten werden. Bezüglich der Kunst des Liebens bedeutet das, daß jeder, der ein Meister in dieser Kunst werden möchte, in jeder Phase seines Lebens Disziplin, Konzentration und Geduld *praktisch üben* muß.

Wie übt man sich in Disziplin? Unsere Großväter wären weit besser in der Lage gewesen, diese Frage zu beantworten. Sie hätten uns empfohlen, morgens früh aufzustehen, keinen unnötigen Luxus zu treiben und hart zu arbeiten. Diese Art von Disziplin hatte jedoch auch ihre offensichtlichen Nachteile. Sie war starr und autoritär, sie stellte die Tugenden der Genügsamkeit und Sparsamkeit in den Mittelpunkt und war in vieler Hinsicht lebensfeindlich. Aber als Reaktion auf diese Art von Disziplin besteht heute in zunehmendem Maße die Tendenz, jeder Art von Disziplin mit Argwohn zu begegnen und in einem undisziplinierten, trägen Sich-gehen-Lassen einen Ausgleich für die Routine zu suchen, die uns während unseres achtstündigen Arbeitstages aufgezwungen wird. Morgens regelmäßig zur gleichen Zeit aufstehen, sich täglich eine bestimmte Zeit mit Tätigkeiten wie meditieren, lesen, Musik hören und spazierengehen beschäftigen; nicht über ein gewisses Mindestmaß hinaus Ablenkung durch Kriminalromane und Filme suchen und nicht zuviel essen und trinken, das wären einige auf der Hand liegende Grundregeln. Wesentlich ist jedoch, daß man Disziplin nicht wie etwas übt, das einem von außen aufgezwungen wird, sondern daß sie zum Ausdruck des eigenen Wollens wird, daß man sie als angenehm empfindet und daß man sich allmählich ein Verhalten angewöhnt, das man schließlich vermissen würde, wenn man es wieder aufgeben sollte. Es gehört zu den bedauerlichen Aspekten unserer westlichen Auffassung von Disziplin (wie übrigens von jeder Tugend), daß man sie für recht mühsam hält und daß man meint, sie könne nur etwas »Gutes« sein, wenn sie einem schwerfällt. Der Osten hat schon vor langer Zeit erkannt, daß das, was dem Menschen guttut – seinem Körper und seiner Seele –, ihm auch angenehm sein muß, auch wenn zu Anfang einige Widerstände zu überwinden sind.

Sich zu konzentrieren ist in unserer Kultur noch weit schwieriger, wo alles der Konzentrationsfähigkeit entgegenzuwirken scheint. Der wichtigste Schritt dazu ist zu lernen, mit sich selbst allein zu sein, ohne zu lesen, Radio zu hören, zu rauchen oder zu trinken. Tatsächlich bedeutet sich konzentrieren zu können dasselbe, wie mit sich allein sein zu können – und eben diese Fähigkeit ist eine Vorbedingung für die Fähigkeit zu lieben. Wenn ich an einem anderen Menschen hänge, weil ich nicht auf eigenen Füßen stehen kann, kann er vielleicht mein Lebensretter sein, aber unsere Beziehung ist keine Liebe. Paradoxerweise ist die Fähigkeit, allein sein zu können, die Vorbedingung für die Fähigkeit zu lieben. Jeder, der versucht, mit sich allein zu sein, wird entdecken, wie schwer das ist. Er wird eine innere Unruhe verspüren, wird zappelig werden und sogar Angst bekommen. Er wird bald keine Lust mehr haben, mit dieser Übung fortzufahren, und wird die Unlust damit rationalisieren, daß es ja doch keinen Wert habe, daß es dummes Zeug sei, daß es zuviel Zeit in Anspruch nehme und dergleichen Gründe mehr. Außerdem wird er beobachten, daß ihm allerlei Gedanken durch den Kopf gehen und von ihm Besitz ergreifen. Er wird merken, daß er Pläne für den restlichen Teil des Tages macht, daß er über irgendwelche beruflichen Schwierigkeiten nachdenkt oder darüber, wo er den Abend verbringen könnte. Er wird sich den Kopf mit vielen Dingen füllen, statt sich einmal davon zu befreien. Dabei können ein paar sehr einfache Übungen helfen, wie zum Beispiel in entspannter Haltung (ohne sich zu räkeln, aber auch nicht verkrampft) dasitzen, die Augen schließen, versuchen, sich eine weiße Fläche vorzustellen und dabei alle störenden Bilder und Gedanken auszuschalten. Dann sollte man das eigene Atmen verfolgen; man sollte nicht darüber nachdenken und es auch nicht gewaltsam beeinflussen, sondern es einfach verfolgen – und es auf diese Weise »spüren«. Ferner sollte man versuchen, sein »Ich« zu erfüllen; Ich = mein Selbst als Zentrum all meiner Kräfte, als Schöpfer meiner Welt. Solche Konzentrationsübungen sollte man jeden Morgen wenigstens zwanzig Minuten lang machen (wenn möglich noch länger) sowie allabendlich vor dem Schlafengehen. [...]

Neben solchen Übungen sollte man lernen, sich bei allem, was man tut, zu konzentrieren: wenn man Musik hört, ein Buch liest, sich mit jemand unterhält oder eine Aussicht bewundert. Nur das, was wir in diesem Augenblick tun, darf uns interessieren, und wir müssen uns ihm ganz hingeben. Wenn man sich so auf etwas konzentriert, spielt es kaum eine Rolle, *was* man tut. Dann nehmen alle Dinge, die wichtigen wie die unwichtigen, eine neue Dimension in der Wirklichkeit an, weil wir ihnen unsere volle Aufmerksamkeit schenken. Wenn man lernen will, sich zu konzentrieren, sollte man triviale Unterhaltungen, das heißt solche, die nicht echt sind, möglichst meiden. Wenn zwei Menschen miteinander über das Wachstum eines Baumes, den sie beide kennen, oder über den Geschmack des Brotes, das sie gerade gegessen haben, oder über ein gemeinsames berufliches Erlebnis reden, so kann eine solche Unterhaltung durchaus relevant sein, vorausgesetzt, daß sie das, worüber sie reden, wirklich erlebt haben und sich nicht auf abstrakte Weise damit befassen; andererseits kann sich eine Unterhaltung um Politik oder um religiöse Fragen drehen und trotzdem trivial sein. Dies ist der Fall, wenn beide Gesprächspartner in Gemeinplätzen miteinander reden und bei dem, was sie sagen, mit dem Herzen nicht dabei sind. Hinzuzufügen wäre noch, daß man nicht nur keine trivialen Unterhaltungen führen, sondern daß man auch schlechte Gesellschaft möglichst meiden sollte. Unter schlechter Gesellschaft verstehe ich nicht nur lasterhafte und destruktive Menschen; ihnen sollte man aus dem Weg gehen, weil sie eine vergiftete und deprimierende Atmosphäre um sich verbreiten. Ich meine auch die Gesellschaft von Menschen, die innerlich abgestorben sind, deren Seele tot ist, obgleich ihr Körper noch lebt, von Menschen, deren Gedanken und deren Unterhaltung trivial sind, die schwätzen anstatt zu reden und die Gemeinplätze statt eigene Gedanken vorbringen. Freilich ist es nicht immer möglich, die Gesellschaft solcher Leute zu meiden, und es ist auch gar nicht notwendig. Wenn man ihnen nicht in der erwarteten Weise mit Gemeinplätzen und Belanglosigkeiten antwortet, sondern unmittelbar und menschlich reagiert, wird man oft erleben, daß auch sie ihr Verhalten ändern, und das oft aufgrund des Überraschungseffekts, den der Schock des Unerwarteten bei ihnen auslöst.

Auf andere konzentriert zu sein, heißt vor allem zuhören zu können. Die meisten hören sich an, was andere sagen, oder erteilen ihnen sogar Ratschläge, ohne ihnen wirklich zuzuhören. Sie nehmen das, was der andere sagt, nicht ernst, und genausowenig ernst nehmen sie ihre eigenen Antworten. Die Folge ist, daß das Gespräch sie ermüdet. Sie bilden sich ein, es würde sie noch mehr ermüden, wenn sie konzentriert zuhörten, aber das Gegenteil trifft zu. Jede konzentriert ausgeführte Tätigkeit macht einen wach (wenn auch hinterher eine natürliche und wohltuende Müdigkeit einsetzt), während jede unkonzentrierte Tätigkeit schläfrig macht und andererseits zur Folge hat, daß man abends dann schlecht einschläft.

Konzentriert sein heißt, ganz in der Gegenwart, im Hier und Jetzt leben und nicht, während man das eine tut, bereits an das nächste denken, das anschließend zu tun ist. Es versteht sich von selbst, daß Konzentration vor allem von Menschen geübt werden muß, die sich lieben. Sie müssen lernen, einander nahe zu sein, ohne gleich irgendwie wieder voneinander wegzulaufen, wie das gewöhnlich geschieht. Zu Anfang wird es schwerfallen, sich in der Konzentration zu üben; man wird das Gefühl haben, es werde einem nie gelingen. Daß Geduld dazu nötig ist, braucht man kaum zu betonen. Wenn man nicht weiß, daß alles seine Zeit hat, und die Dinge erzwingen will, wird man freilich die Konzentration nie erlernen – auch nicht in der Kunst des Liebens. Wenn man sich eine Vorstellung davon machen will, was Geduld ist, braucht man nur ein Kind beim Laufenlernen zu beobachten. Es fällt hin und fällt immer und immer wieder hin und versucht es doch von neuem; es gelingt ihm immer besser, bis es eines Tages laufen kann, ohne hinzufallen. Was könnte der Erwachsene alles fertigbringen, wenn er bei Dingen, die ihm wichtig sind, die Geduld und Konzentration eines Kindes hätte!

Man kann Konzentration nicht erlernen, wenn man sich kein *Gespür für sich selbst* erwirbt. Was heißt das? Sollte man die ganze Zeit über sich selbst nachdenken, sollte man sich selbst analysieren oder was sonst? Wenn wir sagen, daß man für eine Maschine ein Gespür haben müsse, dürfte es uns kaum schwerfallen zu erklären, was wir damit meinen. So hat zum Beispiel jeder, der einen Wagen fährt, ein Gespür für ihn. Er spürt auch das geringste ungewohnte Geräusch und die geringste Änderung im Beschleunigungsvermögen des Motors. Ebenso spürt der Fahrer jede Veränderung in der Fahrbahnoberfläche und er spürt, was die Autos vor und hinter ihm machen. Über all das *denkt er nicht nach;* er befindet sich in einem Zustand entspannter Aufmerksamkeit, in dem er aufgeschlossen ist für alle relevanten Veränderungen der Situation, auf die er sich konzentriert – nämlich seinen Wagen sicher zu fahren.

Wenn wir uns nach einer Situation umsehen, wo ein Mensch ein Gespür für den anderen hat, so finden wir das deutlichste Beispiel im Verhältnis der Mutter zu ihrem Baby. Sie bemerkt gewisse körperliche Veränderungen, Wünsche und Nöte ihres Kindes bereits, bevor es diese offen äußert. Sie wacht auf, wenn das Kind schreit, während andere, viel lautere Geräusche sie nicht wecken würden. All das bedeutet, daß sie ein Gespür für die Lebensäußerungen ihres Kindes hat; sie ist nicht ängstlich oder besorgt, sondern befindet sich in einem wachen Ruhezustand, in dem sie für jede bedeutsame Mitteilung, die von ihrem Kind kommt, aufnahmebereit ist. Auf gleiche Weise kann man auch für sich selbst ein Gespür haben. Man merkt zum Beispiel, daß man müde oder deprimiert ist, und anstatt diesem Gefühl nachzugeben und es durch trübe Gedanken, die stets zur Hand sind, noch zu verstärken, fragt man sich: »Was ist mit mir los? Warum bin ich so deprimiert?« Dasselbe geschieht, wenn man merkt, daß man irritiert oder ärgerlich ist oder daß man vor sich hinträumt und sonstwie vor etwas auf der Flucht ist. In allen diesen Fällen kommt es darauf an, die wahre Ursache zu spüren und nicht auf tausenderlei Weise seine Zuflucht zu Rationalisierungen zu nehmen. Wir sollten auf unsere innere Stimme hören, die uns – oft recht schnell – sagt, weshalb wir so unruhig, deprimiert oder irritiert sind.

Der Durchschnittsmensch hat ein gewisses Gespür für die Prozesse, die sich in seinem Körper abspielen; er bemerkt Veränderungen, selbst einen geringfügigen Schmerz; zu dieser Art von körperlichem Gespür kommt es relativ leicht, da die meisten Menschen eine Vorstellung davon haben, wie man sich fühlt, wenn es einem gut geht. Das gleiche Gespür in bezug auf geistige Prozesse ist weit seltener, da die meisten Menschen niemals jemand kennengelernt haben, der optimal funktioniert. Sie nehmen die Art, wie ihre Eltern und Verwandten oder die gesellschaftliche Gruppe, in die sie hineingeboren wurden, seelisch funktionieren, für die Norm, und solange sie selbst nicht davon abweichen, haben sie das Gefühl, normal zu sein, und haben kein Interesse daran zu beobachten. So gibt es zum Beispiel viele, die noch nie einen liebenden Menschen oder einen Menschen gesehen haben, der Integrität, Mut oder Konzentrationsfähigkeit besitzt. Es liegt auf der Hand, daß man, um für sich selbst ein Gespür zu bekommen, eine Vorstellung davon haben muß, was unter dem vollkommen gesunden Funktionieren eines Menschen zu verstehen ist – und wie soll man zu dieser Erfahrung gelangen, wenn man sie in seiner Kindheit oder im späteren Leben nie gemacht hat? Diese Frage ist gewiß nicht einfach zu beantworten, aber sie weist auf einen sehr kritischen Punkt in unserem Erziehungssystem hin.

Über der Vermittlung von Wissen geht uns jene Art zu lehren verloren, die für die menschliche Entwicklung am allerwichtigsten ist: die einfache Gegenwart eines reifen, liebenden Menschen. In früheren Epochen unserer Kultur oder in China und Indien schätzte man einen Menschen mit hervorragenden seelischen und geistigen Eigenschaften am höchsten. Auch der Lehrer hatte nicht in erster Linie die Aufgabe, Wissen zu vermitteln, sondern er sollte bestimmte menschliche Haltungen lehren. In der heutigen kapitalistischen Gesellschaft – und dasselbe gilt auch für den russischen Kommunismus – werden keineswegs Menschen mit hervorragenden geistigen und seelischen Qualitäten als Gegenstand unserer Bewunderung und als Vorbild hingestellt. Im Licht der Öffentlichkeit stehen im wesentlichen Leute, die dem Durchschnittsbürger stellvertretend ein Gefühl der Befriedigung geben. Filmstars, Showmaster, Kolumnisten, einflußreiche Geschäftsleute oder Spitzenpolitiker – das sind die Vorbilder, denen wir nacheifern. Ihre Hauptqualifikation besteht oft darin, daß es ihnen gelungen ist, in der Öffentlichkeit von sich reden zu machen. Aber die Lage erscheint trotzdem nicht ganz hoffnungslos. Wenn man bedenkt, daß ein Mann wie Albert Schweitzer in den Vereinigten Staaten berühmt werden konnte, wenn man sich klarmacht, wie viele Möglichkeiten wir haben, unsere Jugend mit lebenden und historischen Persönlichkeiten bekanntzumachen, die zeigen, was menschliche Wesen als menschliche Wesen und nicht als Entertainer im weitesten Sinn vollbringen können, wenn man an die großen Werke von Literatur und Kunst aller Zeiten denkt, so scheint es doch noch eine Chance zu geben, daß wir uns die Vision einer guten Zukunft des Menschen erhalten, und daß wir sensibel dafür bleiben, wenn der Mensch zu mißlingen droht. Falls es uns nicht gelingen sollte, die Vision eines reifen Lebens lebendig zu halten, so besteht allerdings die Wahrscheinlichkeit, daß unsere gesamte kulturelle Tradition zusammenbricht. Diese Tradition gründet sich nicht in erster Linie auf die Übermittlung bestimmter Arten von Wissen, sondern auf die Weitergabe bestimmter menschlicher Wesenszüge. Wenn die kommenden Generationen diese Wesenszüge nicht mehr vor Augen haben, wird eine fünftausendjährige Kultur zusammenbrechen, selbst dann, wenn ihr Wissen auch weiterhin gelehrt und weiter entwickelt wird.

Bisher haben wir uns mit dem beschäftigt, was zur Ausübung *einer jeden* Kunst notwendig ist. Jetzt möchte ich mich der Erörterung jener Eigenschaften zuwenden, die für die Fähigkeit zu lieben von spezifischer Bedeutung sind. Nach allem, was ich über das Wesen der Liebe gesagt habe, ist die Hauptvoraussetzung für die Fähigkeit, lieben zu können, daß man *seinen Narzißmus überwindet.* Der narzißtisch Orientierte erlebt nur das als real, was in seinem eigenen Interesse existiert, während die Erscheinungen in der Außenwelt für ihn an sich keine Realität besitzen, sondern nur daraufhin erfahren werden, ob sie für ihn selbst von Nutzen oder gefährlich sind. Das Gegenteil von Narzißmus ist Objektivität; damit ist die Fähigkeit gemeint, Menschen und Dinge so zu sehen, *wie sie sind,* also objektiv, und in der Lage zu sein, dieses *objektive* Bild von einem Bild zu trennen, das durch die eigenen Wünsche und Ängste zustande kommt. Sämtliche Formen von Psychosen weisen die Unfähigkeit zur Objektivität in einem extremen Maß auf. Für den Geisteskranken gibt es nur eine Realität, die in seinem eigenen Inneren existiert, die seiner Ängste und Wünsche. Er sieht die Außenwelt als Symbol seiner eigenen Innenwelt, als seine Schöpfung. Genau das trifft für uns alle zu, wenn wir träumen. Im Traum produzieren wir Ereignisse, wir inszenieren Dramen, die

Ausdruck unserer Wünsche und Ängste sind (freilich gelegentlich auch unserer Einsichten und Beurteilungen), und wir sind, solange wir schlafen, überzeugt, daß das Erzeugnis unserer Träume ebenso real ist wie die Wirklichkeit, die wir im wachen Zustand wahrnehmen.

Dem Geisteskranken wie dem Träumenden fehlt ein objektives Bild von der Außenwelt *vollständig;* aber wir alle sind mehr oder weniger geisteskrank, wir alle schlafen mehr oder weniger, wir alle machen uns ein nicht-objektives Bild von der Welt, das durch unsere narzißtische Orientierung entstellt ist. Muß ich dafür noch Beispiele anführen? Jeder wird sie leicht entdecken, wenn er sich selbst oder seine Nachbarn beobachtet oder wenn er die Zeitung liest. Der Grad der narzißtischen Entstellung der Wirklichkeit ist dabei unterschiedlich. So ruft zum Beispiel eine Frau den Arzt an und sagt, sie wolle am Nachmittag zu ihm in die Sprechstunde kommen. Der Arzt erwidert, er habe an diesem Tag keine Zeit für sie, aber sie könne gern am nächsten Tag zu ihm kommen. Sie sagt darauf: »Aber Herr Doktor, ich wohne doch nur fünf Minuten von Ihrer Praxis entfernt!« Sie begreift nicht, daß es für *ihn* ja keine Zeitersparnis bedeutet, wenn *sie* nur einen so kurzen Weg hat. Sie erlebt die Situation auf narzißtische Weise: weil *sie* Zeit spart, spart auch *er* Zeit; die einzige Realität, die es für sie gibt, ist sie selbst.

Weniger extrem – oder vielleicht auch nur weniger offensichtlich – sind die Entstellungen, die in den zwischenmenschlichen Beziehungen an der Tagesordnung sind. Wie viele Eltern erleben die Reaktion ihres Kindes nur unter dem Gesichtspunkt, ob es ihnen gehorcht, ob es ihnen Freude macht, ob es ihnen zur Ehre gereicht usw., anstatt zu merken oder sich auch nur dafür zu interessieren, wie dem Kind selbst dabei zumute ist. Wie viele Männer meinen, ihre Frau sei herrschsüchtig, nur weil sie aufgrund ihrer eigenen Mutterbindung jede Forderung ihrer Frau als Einschränkung der eigenen Freiheit empfinden. Wie viele Frauen halten ihren Mann für untüchtig oder dumm, weil er ihrem Phantasiebild eines strahlenden Ritters nicht entspricht, das sie sich vielleicht als Kind gemacht haben.

Notorisch ist auch der Mangel an Objektivität in bezug auf andere Völker. Von einem Tag zum anderen wird ein anderes Volk als höchst gemein und bösartig empfunden, während das eigene Volk alles, was nur gut und edel ist, verkörpert. Alles, was der Feind tut, wird mit dem einen – alles, was man selbst tut, wird mit dem anderen Maßstab gemessen. Gute Taten des Feindes werden als besonders heimtückisch betrachtet, weil sie uns und die Welt angeblich hinters Licht führen sollen, während unsere eigenen Übeltaten notwendig und durch die edlen Ziele gerechtfertigt sind, denen sie angeblich dienen. Wenn man die Beziehungen zwischen den Völkern wie auch die zwischen einzelnen Individuen betrachtet, kommt man tatsächlich zu der Überzeugung, daß Objektivität die Ausnahme und eine mehr oder weniger stark ausgeprägte narzißtische Entstellung die Regel ist.

Vernunft ist die Fähigkeit, objektiv zu denken. Die ihr zugrundeliegende emotionale Haltung ist die *Demut.* Man kann nur objektiv sein und sich seiner Vernunft bedienen, wenn man demütig geworden ist und seine Kindheitsträume von Allwissenheit und Allmacht überwunden hat.

Auf die Praxis der Kunst des Liebens bezogen bedeutet dies: Da die Fähigkeit zu lieben davon abhängt, daß unser Narzißmus relativ gering ist, verlangt diese Kunst die Entwicklung von Demut, Objektivität und Vernunft. Wir müssen unser ganzes Leben darauf ausrichten. Demut und Objektivität sind ebenso unteilbar wie die Liebe. Ich kann meiner Familie gegenüber nicht wirklich objektiv sein, wenn ich es dem Fremden gegenüber nicht sein kann, und umgekehrt. Wenn ich die Kunst des Liebens lernen will, muß ich mich in jeder Situation um Objektivität bemühen und ein Gespür für solche Situationen bekommen, in denen ich nicht objektiv bin. Ich muß versuchen, den Unterschied zu erkennen zwischen dem narzißtisch entstellten Bild, das *ich* mir von einem Menschen und seinem Verhalten mache, und dem wirklichen Menschen, wie er unabhängig von meinen Interessen, Bedürfnissen und Ängsten existiert. Wenn man sich die Fähigkeit zu Objektivität und Vernunft erworben hat, hat man den Weg zur Kunst des Liebens schon halb zurückgelegt, aber man muß diese Fähigkeit gegenüber allen Menschen besitzen, mit denen man in Kontakt kommt. Wenn jemand seine Objektivität nur für den geliebten Menschen reservieren wollte und meint, er könne in seinen Beziehungen zur übrigen Welt darauf verzichten, dann wird er bald merken, daß er hier wie dort versagt.

Die Fähigkeit zur Liebe hängt davon ab, ob es uns gelingt, unseren Narzißmus und die inzestuöse Bindung an die Mutter und die Sippe zu überwinden. Sie hängt von unserer Fähigkeit ab, zu wachsen und eine produktive Orientierung in unserer Beziehung zur Welt und zu uns selbst zu entwickeln. Dieser Prozeß des Sichlösens, des Geborenwerdens, des Erwachens hat als unumgängliche Voraussetzung den *Glauben*. Die Praxis der Kunst des Liebens erfordert die Praxis des Glaubens.

Was ist Glauben? Muß es sich dabei unbedingt um den Glauben an Gott oder an religiöse Doktrinen handeln? Steht Glaube notwendigerweise im Gegensatz oder ist er geschieden von Vernunft und rationalem Denken? Wenn man das Problem des Glaubens auch nur ansatzweise verstehen will, muß man zwischen dem *rationalen* und dem *irrationalen* Glauben unterscheiden. Unter einem irrationalen Glauben verstehe ich einen Glauben (an eine Person oder eine Idee), bei dem man sich einer irrationalen Autorität unterwirft. Im Gegensatz dazu handelt es sich beim rationalen Glauben um eine Überzeugung, die im eigenen Denken oder Fühlen wurzelt. Rationaler Glaube meint jene Qualität von Gewißheit und Unerschütterlichkeit, die unseren Überzeugungen eigen ist. Glaube ist ein Charakterzug, der die Gesamtpersönlichkeit beherrscht, und nicht ein Glaube an etwas ganz Bestimmtes.

Rationaler Glaube ist im produktiven, intellektuellen und emotionalen Tätigsein verwurzelt. Der rationale Glaube ist eine wichtige Komponente des rationalen Denkens, in dem er angeblich keinen Platz hat. Wie kommt beispielsweise der Wissenschaftler zu einer neuen Entdeckung? Macht er zunächst ein Experiment nach dem anderen, trägt er Tatsache um Tatsache zusammen, ohne eine Vision davon zu haben, was er zu finden erwartet? Nur selten ist auf irgendeinem Gebiet eine wichtige Entdeckung auf solche Weise gemacht worden, genausowenig wie man zu wichtigen Schlußfolgerungen kommt, wenn man lediglich seinen Phantasien nachjagt. Der Prozeß kreativen Denkens beginnt in allen Bereichen menschlichen Bemühens oft mit etwas, das man als eine »rationale Vision« bezeichnen könnte, welche selbst das Ergebnis beträchtlicher vorausgegangener Studien, reflektierenden Denkens und vieler Beobachtungen ist. Wenn es einem Wissenschaftler gelingt, genügend Daten zusammenzutragen oder eine mathematische Formel aufzustellen, die seine ursprüngliche Vision in hohem Maß plausibel macht, dann kann man von ihm sagen, es sei ihm gelungen, eine vorläufige Hypothese aufzustellen. Eine sorgfältige Analyse der Hypothese und ihrer Implikationen sowie die Sammlung neuer Daten, welche sie unterbauen, führt dann zu einer adäquaten Hypothese und schließlich vielleicht zur Einordnung dieser Hypothese in eine umfassende Theorie.

Die Geschichte der Wissenschaft ist voller Beispiele für den Glauben an die Vernunft und für solche Visionen der Wahrheit. Kopernikus, Kepler, Galilei und Newton waren alle erfüllt von einem unerschütterlichen Glauben an die Vernunft. Für diesen Glauben starb Giordano Bruno auf dem Scheiterhaufen, und seinetwegen wurde Spinoza exkommuniziert. Bei jedem Schritt von der Konzeption einer rationalen Vision bis zur Formulierung einer Theorie braucht man *Glauben*: Glauben an die Vision als einem vernünftigen Ziel, das sich anzustreben lohnt, Glauben an die Hypothese als einer wahrscheinlichen und einleuchtenden Behauptung und Glauben an die schließlich formulierte Theorie – wenigstens so lange, bis ein allgemeiner Konsensus bezüglich ihrer Validität erreicht ist. Dieser Glaube wurzelt in der eigenen Erfahrung, im Vertrauen auf das eigene Denk-, Beobachtungs- und Urteilsvermögen. Während der irrationale Glaube etwas nur deshalb für wahr hinnimmt, *weil* eine Autorität oder die Mehrheit es sagt, ist der rationale Glaube in einer unabhängigen Überzeugung verwurzelt, die sich auf das eigene produktive Beobachten und Denken – und der Meinung der Mehrheit zum Trotz – gründet.

Denken und Urteilen sind nicht die einzigen Bereiche, in denen der rationale Glaube eine Rolle spielt. In der Sphäre der menschlichen Beziehungen ist Glaube ein unentbehrlicher Bestandteil jeder echten Freundschaft oder Liebe. »An einen anderen glauben« heißt so viel wie sich sicher sein, daß der andere in seiner Grundhaltung, im Kern seiner Persönlichkeit, in seiner Liebe zuverlässig und unwandelbar ist. Damit soll nicht gesagt sein, daß jemand nicht auch einmal seine Meinung ändern dürfte, doch sollte seine Grundhaltung sich gleichbleiben. So sollte zum Beispiel seine Achtung vor dem Leben und der Würde des Menschen ein Bestandteil seiner selbst und keiner Veränderung unterworfen sein.

Im gleichen Sinn glauben wir auch an uns selbst. Wir sind uns der Existenz eines Selbst, eines Kerns unserer Persönlichkeit bewußt, der unveränderlich ist und unser ganzes Leben lang fortbesteht, wenn sich auch die äußeren Umstände ändern mögen und wenn auch in unseren Meinungen und Gefühlen gewisse Änderungen eintreten. Dieser Kern ist die Realität hinter dem Wort »Ich«, auf der unsere Überzeugung von unserer Identität beruht. Wenn wir nicht an die Beständigkeit unseres Selbst glauben, gerät unser Identitätsgefühl in Gefahr, und wir werden von anderen Menschen abhängig, deren Zustimmung dann zur Grundlage unseres Identitätsgefühls wird. Nur wer an sich selbst glaubt, kann anderen treu sein, weil nur ein solcher Mensch sicher sein kann, daß er auch in Zukunft noch derselbe sein wird wie heute und daß er deshalb genauso fühlen und handeln wird, wie er das jetzt von sich erwartet. Der Glaube an uns selbst ist eine Voraussetzung dafür, daß wir etwas versprechen können, und da der Mensch – wie F. Nietzsche sagt – durch seine Fähigkeit, etwas versprechen zu können, definiert werden kann, ist der Glaube eine der Voraussetzungen der menschlichen Existenz. Worauf es in Liebesbeziehungen ankommt, ist der Glaube an die eigene Liebe, der Glaube an die Fähigkeit der eigenen Liebe, bei anderen Liebe hervorzurufen, und der Glaube an ihre Verläßlichkeit.

Ein weiterer Aspekt des Glaubens an einen anderen Menschen bezieht sich darauf, daß wir an dessen Möglichkeiten glauben. Die rudimentärste Form, in der dieser Glaube existiert, ist der Glaube der Mutter an ihr Neugeborenes: daß es leben, wachsen, laufen lernen und sprechen lernen wird. Freilich erfolgt die Entwicklung des Kindes in dieser Hinsicht mit einer solchen Regelmäßigkeit, daß man wohl für die diesbezüglichen Erwartungen keinen besonderen Glauben braucht. Anders ist es mit den Fähigkeiten, die sich unter Umständen nicht entwickeln werden, wie etwa die Fähigkeit des Kindes zu lieben, glücklich zu sein und seine Vernunft zu gebrauchen, wie auch spezielle künstlerische Begabungen. Sie sind die Saat, die wächst und die zum Vorschein kommt, wenn die richtigen Voraussetzungen für ihre Entwicklung gegeben sind, die aber auch im Keim erstickt werden kann, wenn solche Voraussetzungen fehlen.

Eine der wichtigsten Voraussetzungen ist, daß die Bezugsperson im Leben des Kindes an diese Entwicklungsmöglichkeiten glaubt.

Ob dieser Glaube vorhanden ist oder nicht, macht den Unterschied aus zwischen Erziehung und Manipulation. Erziehen bedeutet, dem Kind zu helfen, seine Möglichkeiten zu realisieren. (Das englische Wort *education* = Erziehung kommt vom lateinischen *e-ducere*, was wörtlich soviel bedeutet wie »herausführen« oder »etwas herausbringen, was potentiell bereits vorhanden ist«.) Das Gegenteil von Erziehung ist Manipulation, bei welcher der Erwachsene nicht an die Entwicklungsmöglichkeiten des Kindes glaubt und überzeugt ist, daß das Kind nur dann zu einem ordentlichen Menschen wird, wenn er ihm das, was er für wünschenswert hält, einprägt und alles unterdrückt, was ihm nicht wünschenswert scheint. An einen Roboter braucht man nicht zu glauben, weil in ihm kein Leben ist, das sich entfalten könnte.

Der Höhepunkt des Glaubens an andere wird im Glauben an die *Menschheit* erreicht. In der westlichen Welt kam dieser Glaube in der jüdisch-christlichen Religion zum Ausdruck, und in weltlicher Sprache fand er seinen stärksten Ausdruck in den humanistisch orientierten politischen und gesellschaftlichen Ideen der letzten hundertfünfzig Jahre. Genau wie der Glaube an ein Kind gründet auch er sich auf die Idee, daß die dem Menschen gegebenen Möglichkeiten derart sind, daß er unter entsprechenden Bedingungen die Fähigkeit besitzt, eine von den Grundsätzen der Gleichheit, Gerechtigkeit und Liebe getragene Gesellschaftsordnung zu errichten. Noch ist dem Menschen der Aufbau einer solchen Gesellschaftsordnung nicht gelungen, und deshalb erfordert die Überzeugung, daß er dazu in der Lage sein wird, Glauben. Aber genau wie bei jeder Art von rationalem Glauben handelt es sich auch hier um kein Wunschdenken, sondern gründet sich auf die unleugbaren Leistungen der Menschheit in der Vergangenheit und auf die Erfahrungen, die jeder einzelne in seinem eigenen Inneren mit seiner Fähigkeit zu Vernunft und Liebe macht.

Während der irrationale Glaube in der Unterwerfung unter eine Macht, die als überwältigend stark, als allwissend und allmächtig empfunden wird, und im Verzicht auf die eigene Kraft und Stärke wurzelt, gründet sich der rationale Glaube auf die entgegengesetzte Erfahrung. Wir besitzen diese Art von Glauben an eine Idee, weil sie das Ergebnis unserer eigenen Beobachtungen und unseres eigenen Denkens ist. Wir glauben an die Möglichkeiten anderer, unserer selbst und der Menschheit nur deshalb, weil wir das Wachstum unserer eigenen Möglichkeiten, die Realität des Wachsens und die Stärke unserer eigenen Vernunft und unserer Liebesfähigkeit in uns erfahren haben; und wir glauben nur insoweit daran, wie wir diese Erfahrung in uns selbst gemacht haben. *Die Grundlage des rationalen Glaubens ist die Produktivität.* Aus dem Glauben heraus leben heißt produktiv leben. Hieraus folgt, daß der Glaube an die Macht (im Sinne von Herrschaft) und an die Ausübung von Macht das Gegenteil des Glaubens ist. An eine bereits existierende Macht glauben ist gleichbedeutend mit der Verleugnung der Wachstumschancen noch nicht realisierter Möglichkeiten. Bei der Macht handelt es sich um eine Voraussage auf die Zukunft, die sich lediglich auf die handgreifliche Gegenwart gründet und die sich als schwere Fehlkalkulation herausstellt. Sie ist deshalb völlig irrational, weil sie die menschlichen Möglichkeiten und das menschliche Wachstum nicht berücksichtigt. Es gibt keinen rationalen Glauben an die Macht. Es gibt nur eine Unterwerfung unter die Macht oder – von seiten derer, die sie besitzen – den Wunsch, sie zu behaupten. Während Macht für viele das Allerrealste auf der Welt zu sein scheint, hat die Geschichte der Menschheit bewiesen, daß Macht die unstabilste aller menschlichen Errungenschaften ist. Da aber Glaube und Macht sich gegenseitig ausschließen, werden alle Religionen und alle politischen Systeme, die ursprünglich auf einen rationalen Glauben gründeten, schließlich korrupt und verlieren ihre Stärke, wenn sie sich auf ihre Macht verlassen oder sich mit der Macht verbünden.

Glauben erfordert *Mut.* Damit ist die Fähigkeit gemeint, ein Risiko einzugehen, und auch die Bereitschaft, Schmerz und Enttäuschung hinzunehmen. Wer Gefahrlosigkeit und Sicherheit als das Wichtigste im Leben ansieht, kann keinen Glauben haben. Wer sich in einem Verteidigungssystem verschanzt und darin seine Sicherheit durch Distanz und Besitz zu erhalten sucht, macht sich selbst zum Gefangenen. Geliebtwerden und lieben brauchen Mut, den Mut, bestimmte Werte als das anzusehen, was »uns unbedingt angeht«, den Sprung zu wagen und für diese Werte alles aufs Spiel zu setzen.

Dieser Mut ist etwas völlig anderes als der Mut, von dem der Angeber Mussolini sprach, wenn er sich des Schlagworts »Lebe gefährlich!« bediente. Sein Mut war der Mut des Nihilismus. Er wurzelte in einer destruktiven Einstellung zum Leben, in der Bereitschaft, sein Leben wegzuwerfen, weil man nicht fähig ist, es zu lieben. Der Mut der Verzweiflung ist das genaue Gegenteil des Muts der Liebe, genauso wie der Glaube an die Macht das Gegenteil des Glaubens an das Leben ist.

Kann man Glauben und Mut irgendwie üben? Glauben kann man tatsächlich jeden Augenblick üben. Man braucht Glauben, um ein Kind zu erziehen; man braucht Glauben, um einschlafen zu können; man braucht Glauben, um mit irgendeiner Arbeit anzufangen. Aber wir alle pflegen ja diese Art von Glauben zu besitzen. Wer ihn nicht hat, leidet an einer Überängstlichkeit in bezug auf sein Kind, oder er leidet an Schlaflosigkeit oder an der Unfähigkeit, eine produktive Arbeit zu leisten; oder er ist mißtrauisch, hat Hemmungen, mit anderen in Kontakt zu kommen, ist hypochondrisch oder unfähig, etwas auf längere Zeit hinaus zu planen. Zu seinem Urteil über einen Menschen auch dann zu stehen, wenn die öffentliche Meinung oder irgendwelche unvorhergesehenen Ereignisse den Anschein erwecken, daß man sich irrte, an seinen Überzeugungen festzuhalten, auch wenn sie unpopulär sind – zu all dem ist Glauben und Mut nötig. Die Schwierigkeiten, Rückschläge und Kümmernisse des Lebens als Herausforderung anzusehen, deren Überwindung uns stärkt, anstatt sie als ungerechte Strafe zu betrachten, die *wir* nicht verdient haben, das erfordert Glauben und Mut.

Das praktische Üben von Glauben und Mut fängt bei den kleinen Dingen des täglichen Lebens an. Die ersten Schritte hierzu sind: darauf zu achten, wo und wann man den Glauben verliert, die Rationalisierungen zu durchschauen, deren man sich bedient, um diesen Glaubensverlust zu verdecken, zu erkennen, wo man sich feige verhält und welche Rationalisierung man hierbei anwendet, zu merken, wie jeder Verrat am Glauben uns schwächt und wie jede neue Schwächung zu einem neuen Verrat führt und daß dies ein Teufelskreis ist. Dann werden wir auch erkennen, *daß wir bewußt zwar Angst haben, nicht geliebt zu werden, daß wir uns aber in Wirklichkeit – wenngleich meist unbewußt – davor fürchten zu lieben.* Lieben heißt, daß wir uns dem anderen ohne Garantie ausliefern, daß wir uns der geliebten Person ganz hingeben in der

Hoffnung, daß unsere Liebe auch in ihr Liebe erwecken wird. Liebe ist ein Akt des Glaubens, und wer nur wenig Glauben hat, der hat auch nur wenig Liebe. Kann man noch mehr über die Praxis des Glaubens sagen? Vielleicht kann ein anderer es. Wenn ich ein Dichter oder ein Prediger wäre, könnte ich es vielleicht versuchen. Aber da ich beides nicht bin, kann ich nicht einmal den Versuch machen, wenn ich auch meine, daß jeder, dem es wirklich am Herzen liegt, glauben zu lernen, es auch lernen kann, so wie ein Kind das Laufen lernt. [...]

IV. DAS ICH UND DIE VIELEN

Psychoanalyse II

Heinz Kohut

Formen und Umformungen des Narzißmus

1

Obwohl in unseren Diskussionen über Theorie gewöhnlich nicht bestritten wird, daß der Narzißmus, d. h. die libidinöse Besetzung des Selbst, an und für sich weder krankhaft noch schädlich sei, besteht eine nicht unverständliche Neigung, ihn, sobald das Feld der Theorie verlassen wird, mit einem vorgefaßten negativen Werturteil zu betrachten. Dieses Vorurteil, wo es existiert, beruht zweifellos darauf, daß man dem Narzißmus die Objektliebe gegenüberstellt; gerechtfertigt wird es mit der Behauptung, der Narzißmus sei die primitivere und für die Anpassung weniger geeignete Form der Libidoverteilung. Ich glaube jedoch, daß es sich hierbei gar nicht um eine objektive Beurteilung des Narzißmus als Entwicklungsstufe oder seines Wertes für die Anpassung handelt, sondern daß sich in dieser Auffassung der unzulässige Einfluß des altruistischen Wertsystems der westlichen Kultur bemerkbar macht. Aber was auch immer die Gründe für dieses Werturteil sein mögen, auf unsere klinische Praxis wirkt es sich jedenfalls einengend aus. Es kann im Therapeuten den Wunsch erwecken, bei einem Patienten die narzißtische Position durch Objektliebe ersetzen zu wollen, anstelle des oft geeigneteren Ziels, den Narzißmus zu transformieren, d. h. die narzißtische Libido anders zu verteilen und die primitiven seelischen Strukturen in die reife Persönlichkeit des Patienten aufgehen zu lassen. Auch von seiten der Theorie ist der Beitrag des Narzißmus zur Gesundheit, Anpassung und Leistung nicht sehr eingehend betrachtet worden. Dies ließe sich aus heuristischen Gründen rechtfertigen, denn die Erforschung der relativen Lautlosigkeit des Narzißmus bei seelischem Gleichgewicht ist natürlich weniger ergiebig als die Untersuchung der lärmenden

Zustände bei Störungen der psychischen Gesundheit. Die Erschütterung des seelischen Gleichgewichts, die wir »narzißtische Kränkung« nennen, scheint einen besonders aussichtsreichen Zugang zum Problem des Narzißmus zu eröffnen, nicht nur, weil sie im breiten Spektrum der normalen und abnormen psychischen Zustände so häufig vorkommt, sondern auch, weil sie gewöhnlich leicht zu erkennen ist an dem schmerzlichen Affekt von Verlegenheit oder Scham, der sie begleitet, und an ihrer inneren Weiterverarbeitung in den Minderwertigkeitsgefühlen oder im verletzten Stolz. [...]

Ich werde mich zwar in der vorliegenden Studie häufig auf wohlbekannte Phänomene an der psychischen Oberfläche beziehen, die man ohne Zwang in behavioristische Termini übersetzen könnte, aber die Begriffe, die ich verwende, sind nicht diejenigen der Sozialpsychologie. Die allgemeine Definition des Narzißmus als libidinöse Besetzung des Selbst ließe sich noch mit einer solchen sozialpsychologischen Theorie versöhnen; aber das Selbst im psychoanalytischen Sinne ist variabel, und seine Grenzen decken sich keineswegs mit den Grenzen der Persönlichkeit, so wie sie von einem Beobachter im sozialen Feld beurteilt werden. In bestimmten seelischen Zuständen kann sich das Selbst weit über die Grenzen des Individuums hinaus erstrecken, oder es kann zusammenschrumpfen und mit einem einzigen seiner Handlungen und Ziele identisch werden. Die Antithese zum Narzißmus ist nicht die Objekt*beziehung*, sondern die Objekt*liebe*. Was einem Beobachter des sozialen Feldes als Fülle der Objektbeziehungen eines Menschen vorkommen mag, kann dessen rein narzißtisches Erleben der Objektwelt verhüllen; umgekehrt können bei einem Menschen, der in scheinbarer Isolierung und Einsamkeit lebt, die reichsten Objektbeziehungen bestehen.

Der Begriff des primären Narzißmus ist ein gutes Beispiel hierfür. Obwohl aus empirischen Beobachtungen extrapoliert, bezieht er sich nicht auf das soziale Feld, sondern auf den psychischen Zustand des Säuglings. Er umfaßt die Behauptung, daß das Kind zu Anfang die Mutter und ihre Pflege nicht als ein Du und dessen Handlungen erlebt, sondern im Rahmen eines Erlebens der Welt, in welchem die Ich-Du-Differenzierung noch nicht stattgefunden hat. So ist für das Kind die Herrschaft über die Betreuung durch die Mutter eine Selbstverständlichkeit – so selbstverständlich, wie der Erwachsene über seinen Körper und seine Gedanken verfügt. Die Art, wie das Kind die mütterliche Betreuung erlebt, entspricht dem Erlebnis der eigenen Körperbeherrschung beim Erwachsenen. Die Vorstellung, welche das Kleinkind von der Mutter hat, entspricht demgemäß der Vorstellung des Erwachsenen von sich selbst. Diese Entwicklungsstufe der Erfahrung unterscheidet sich also grundsätzlich von der Art, wie der Erwachsene einen anderen Menschen und seinen Einfluß auf diesen erlebt.

Es ist jedoch nicht der primäre Narzißmus, den wir in den Mittelpunkt der folgenden Erwägungen über die Entwicklung stellen wollen. Obwohl ein wichtiger direkter Rest der ursprünglichen Position – ein zarzißtischer Grundtonus, der alle Aspekte der Persönlichkeit durchzieht – das ganze Leben hindurch erhalten bleibt, wollen wir uns hier mit zwei Formen befassen, in welche sich der primäre Narzißmus differenziert: Das *narzißtische Selbst* und die *idealisierte Elternimago*.

Das Gleichgewicht des primären Narzißmus wird durch Reifungsdruck und unlusterweckende seelische Spannungen gestört, die dadurch entstehen, daß die Versorgung durch die Mutter notwendigerweise unvollkommen ist und traumatische Verzögerungen nicht zu vermeiden sind. Die seelische Organisation des Kindes versucht jedoch, mit diesen Störungen dadurch fertig zu werden, daß sie sich neue Systeme der Vollkommenheit aufbaut. Eines davon hat Freud als »purifiziertes Lust-Ich« bezeichnet, ein Entwicklungszustand, in welchem alles Lustvolle, Gute und Vollkommene als Teil eines noch rudimentären Selbst betrachtet wird, während alles Unlustbereitende, Schlechte und Unvollkommene »draußen« ist. Oder aber das Kind versucht, im Gegensatz zu diesem ersten Lösungsweg, sich die ursprüngliche Vollkommenheit und Allmacht zu erhalten, indem es das rudimentäre Du, den Erwachsenen, mit absoluter Vollkommenheit und Macht ausstattet.

Die libidinöse Besetzung der seelischen Repräsentanz der idealisierten Elternimago kann man weder ganz richtig als Narzißmus noch als Objektliebe klassifizieren. Natürlich läßt sich die Idealisierung als ein Aspekt des Narzißmus beschreiben, beginnend in einer Phase, bevor noch Wonnegefühl, Macht und Vollkommenheit im moralischen und ästhetischen Sinne voneinander differenziert sind. Allmählich entwickeln sich diese Qualitäten weiter und werden gleichzeitig teilweise auf die Eltern projiziert. So verwandelt sich die vage Vollkommenheit des Kleinkindes allmählich in die differenzierteren Vollkommenheiten des Elternbildes. Die enge Beziehung zwischen Idealisierung und Narzißmus ist auch durch die Tatsache belegt, daß immer und in überwiegendem Maße homosexuelle Libido beteiligt ist, auch wenn das Objekt dem anderen Geschlecht angehört. Auch die Leichtigkeit, mit welcher die Repräsentanz des idealisierten Objekts in den verschiedensten Stadien seiner Entwicklung durch Identifizierung in den Zusammenhang des Selbst zurückgenommen werden kann, ist ein Beweis für seinen narzißtischen Charakter, wie Freud nach Rank erwähnte; nach ihm kann »eine narzißtische Art der Objektwahl« den Grund für die spätere pathogene Introjektion des Depressiven legen.

Man trifft die Wahrheit jedoch nur zur Hälfte, wenn man die idealisierte Objektimago einfach dem Narzißmus zuordnet. Nicht nur ist die narzißtische Besetzung des idealisierten Objekts mit Zügen echter Objektliebe vermischt, sondern die Libido der narzißtischen Besetzung selbst hat eine Umwandlung erfahren. Das Auftreten von idealisierender Libido soll daher als ein Reifungsschritt sui generis in der Entwicklung der narzißtischen Libido betrachtet werden, und die Entwicklung des Narzißmus muß von der Entwicklung der Objektliebe, die ihre eigenen Übergangsphasen hat, unterschieden werden.

Obwohl die Idealisierung der Elternimago eine direkte Fortsetzung des ursprünglichen Narzißmus des Kindes ist, wandelt sich das erkenntnismäßige Bild der idealisierten Eltern mit der Reifung des kognitiven Apparates. Während einer wichtigen Übergangsperiode, in der das Kind allmählich erkennt, daß Wunscherfüllung und Versagung von außen kommen, sondert sich das Objekt abwechselnd vom Selbst ab und verschmilzt wieder mit ihm. Wenn das Objekt jedoch vom Selbst getrennt ist, erlebt das Kind es an jedem Punkt der Entwicklung als Ganzes, und die scheinbar objektive Aufteilung in »Teil«- und »ganze Objekte« beruht allein auf dem Werturteil des erwachsenen Beobachters.

Form und Inhalt der psychischen Repräsentanz der idealisierten Eltern variieren so mit dem Reifungsstadium des kognitiven Apparates des Kindes; einen Einfluß üben ferner Umweltfaktoren aus, die die Wahl und Intensität der Verinnerlichungen mitbedingen.

Die idealisierte Elternimago erhält zum Teil objekt-libidinöse Besetzung, und die idealisierten Eigenschaften werden als Quelle der Wunscherfüllung geliebt, gegen deren Entziehung das Kind sich hartnäckig sträubt. Wenn die Psyche aber einer Quelle der Triebbefriedigung beraubt wird, findet sie sich nicht mit dem Verlust ab, sondern verwandelt die Objektimago in ein Introjekt, d. h. in eine Struktur des psychischen Apparates, die Funktionen übernimmt, die vorher vom Objekt ausgeführt wurden. Die Tendenz zur Verinnerlichung wird also (obwohl sie zur autonomen Ausstattung der Psyche gehört und infolgedessen spontan stattfindet) durch den Objektverlust verstärkt. In unserem metapsychologischen Zusammenhang soll nun der Objektverlust sehr weit gefaßt werden und vom Tode oder der Abwesenheit eines Elternteils oder der Abwendung der Mutter aufgrund körperlicher oder seelischer Erkrankung bis zu der unvermeidlichen Enttäuschung des Kindes in eng umrissenen Eigenschaften der elterlichen Imago oder dem Verbot unmodifizierter Triebansprüche reichen.

Ich bin darauf gefaßt, daß die Verwendung der Bezeichnung »Objektverlust« für die durch die Erziehung auferlegten Versagungen und andere Realitätsforderungen auf Widerspruch stößt. Wenn man diese sonst so verschiedenen Realitätsfaktoren jedoch als Vorbedingungen für die Verinnerlichung der triebregulierenden Funktionen betrachtet, wird der Unterschied zwischen ihnen als ein nur quantitativer faßbar. Die freundliche Abweisung unmodifizierter Triebwünsche des Kindes, selbst wenn sie in die Gestalt eines positiven Wertes gekleidet wird, bleibt eine Versagung, mit der einhergeht, daß eine spezifische Objektbesetzung nicht aufrechterhalten werden kann: diese kann daher zu Verinnerlichung und zur Verstärkung der triebregulierenden psychischen Struktur führen. Die einzigartige Position des Über-Ichs unter den triebregulierenden psychischen Strukturen ist an die Tatsache geknüpft, daß das Kind einen phasenspezifischen Abzug der libidinösen Besetzung von seinen infantilen Objektrepräsentanzen vornehmen muß, und zwar eben zu der Zeit, in welcher die Besetzung ihre größte Stärke erreichte.

Wenn wir diese Erwägungen auf unser engeres Thema anwenden, können wir sagen, daß in der präödipalen Phase normalerweise ein allmählicher Verlust der idealisierten Elternimago und damit einhergehend eine Stärkung der triebregulierenden Matrix des Ichs eintritt, wogegen der massive Verlust während der ödipalen Phase zur Bildung des Über-Ichs beiträgt. Jede Unvollkommenheit, die im idealisierten Elternteil entdeckt wird, führt zu einer korrespondierenden innerlichen Konservierung der äußerlich verlorenen Eigenschaft des Objekts. Angenommen, eine Lüge des Kindes bleibt unentdeckt, so ist damit ein Teil des allwissenden idealisierten Objekts verlorengegangen, der nun entweder (in präödipaler Zeit) als ein kleinster Aspekt der triebregulierenden Matrix introjiziert wird oder (während der schweren ödipalen Enttäuschungen) als ein signifikanter Aspekt zur Allwissenheit des Über-Ichs beiträgt. Eben dank dieser phasenspezifischen massiven Introjektion der idealisierten Eigenschaften des Objekts muß, wie Freud sagt, das Über-Ich als »Träger des Ich-Ideals« angesehen werden. Oder anders ausgedrückt: Das Ich-Ideal ist jener Aspekt des Über-Ichs, der der phasenspezifischen, massiven Introjektion der idealisierten Eigenschaften des Objekts entspricht. Die Tatsache, daß die idealisierten Eltern Träger der ursprünglichen Vollkommenheit und Allmacht waren, ergibt jetzt die Allmacht, Allwissenheit und Unfehlbarkeit des Über-Ichs, und darauf beruht wiederum das Phänomen, daß die Werte und Normen des Über-Ichs als absolut erlebt werden. Die Tatsache dagegen, daß der ursprüngliche Narzißmus durch ein hoch bewertetes Objekt hindurchgegangen ist, bevor er erneut verinnerlicht wurde, und daß die narzißtische Besetzung selbst auf die neue Entwicklungsstufe der Idealisierung hinaufgelangt ist, ergibt die einzigartige gefühlsmäßige Wichtigkeit unserer Normen, Werte und Ideale, soweit sie Teile des Über-Ichs sind. Psychologisch kann dieser Wert nicht im Sinne von Inhalt oder Form definiert werden. Ein Witz ist kein Witz, wenn sein Inhalt ohne Rücksicht auf die spezifische psychologische Struktur des Witzes erzählt wird. In ähnlicher Weise ist die einzigartige Stellung derjeniger unserer Werte und Ideale, die zum Bereich des Über-Ichs gehören, weder durch ihren (variablen) Inhalt (der z. B. in der Forderung nach selbstlosem, altruistischem Verhalten oder ebensogut in der Forderung nach Heldentum und Erfolg bestehen kann) noch durch ihre (variable) Form (z. B. ob sie die Gestalt von Verboten oder von positiven Werten haben oder sogar als Forderungen nach bestimmten Weisen der Triebabfuhr gefaßt sind) bestimmt, sondern durch ihre *Genese* und *seelische Lokalisierung*. Nicht Form und Inhalt, sondern die Fähigkeit, unsere Liebe und Bewunderung zu erwecken und zugleich uns die Aufgabe der Triebsteuerung aufzuerlegen, kennzeichnen das Ich-Ideal.

Unsere nächste Aufgabe ist nun die Betrachtung des *narzißtischen Selbst*. Seine narzißtische Besetzung bleibt, im Gegensatz zu der Libido, die bei der Besetzung der idealisierten Elternimago und des Ich-Ideals verwendet wird, im Zusammenhang mit dem Selbst und macht den spezifischen Teilschritt zur Objektliebe, der zur Idealisierung führt, nicht mit. Das Ich-Ideal ist vorwiegend mit der Triebbeherrschung verbunden, während das narzißtische Selbst eng mit den Trieben und ihren unerbittlichen Spannungen verwoben ist. Auf die Gefahr hin, anthropomorphistisch zu erscheinen, in Wirklichkeit jedoch gestützt auf eine Fülle klinischer Eindrücke und lebensgeschichtlicher Rekonstruktionen, bin ich versucht zu sagen, daß das Ich den Einfluß des Ich-Ideals als von oben kommend erlebt, den des narzißtischen Selbst als von unten kommend; oder, um ein anderes Bild zu gebrauchen, das zu den vor-bewußten Derivaten der beiden Strukturen gehört, möchte ich sagen, daß der Mensch von seinen Idealen geleitet, von seinem Ehrgeiz jedoch getrieben wird. Das Ich des Kindes staunt die idealisierten Eltern-Imagines mit Ehrfurcht an, schaut bewundernd zu ihnen auf und möchte ihnen gleich werden; das narzißtische Selbst jedoch will selber angestaunt und bewundert werden. Die Errichtung des narzißtischen Selbst muß als reifungsmäßig vorbestimmter Schritt und als entwicklungsmäßige Leistung gewertet werden. Die Größenphantasie ist sein funktionales Korrelat und führt phasengerecht zur Anpassung. (Die kindliche Überschätzung der Macht und Vollkommenheit des idealisierten Objekts ist im gleichen Sinne als phasengerecht und adaptiv aufzufassen.) Eine vorzeitige Störung des narzißtischen Selbst führt zu späterer narzißtischer Verwundbarkeit, weil die Größenphantasie verdrängt und den sie modifizierenden Einflüssen entzogen ist.

Narzißtisches Selbst und Ich-Ideal können auch an der Beziehung ihrer Oberflächenschichten zum Bewußtsein voneinander unterschieden werden. Wahrnehmung und Bewußtsein sind die psychischen Parallelen zu den Sinnesorganen, welche die Umgebung abtasten. Die Tatsache, daß das Ich-Ideal Objekt-Eigenschaften hat, erleichtert daher seine Bewußtwerdung. Vom narzißtischen Selbst ist aber sogar die Oberfläche kaum wahrzunehmen, da diese Struktur keine Objekt-Eigenschaften besitzt. [...]

Wie schon erwähnt, erleben wir das vorbewußte Korrelat des narzißtischen Selbst als unseren Ehrgeiz und das des Ich-Ideals als unsere Idealwerte. Ehrgeiz und Idealismus sind freilich gelegentlich schwer zu unterscheiden, nicht nur, weil sich der Ehrgeiz oft als Idealismus maskiert, sondern auch, weil es wirklich glückliche Augenblicke des Lebens gibt – und bei den sehr begünstigten Menschen sogar glückliche Zeiten –, in welchen Ehrgeiz und Ideale eins geworden sind. Adoleszente Typen geben ihre Ideale nicht selten als Ehrgeizstrebungen aus, und dann gibt es noch bestimmte Inhalte des Ich-Ideals (Leistungsforderungen), die wie Ehrgeizwünsche aussehen und daher den Beobachter leicht in die Irre führen können. Wenn man jedoch die metapsychologischen Unterschiede im Auge behält, erleichtert man sich die phänomenologische Unterscheidung wesentlich.

Unsere Ideale sind unsere inneren Führer; wir lieben sie und sehnen uns danach, sie zu erreichen. Die Ideale sind imstande, einen großen Teil der umgewandelten narzißtischen Libido in sich aufzunehmen und dadurch die narzißtischen Spannungen und die narzißtische Verwundbarkeit zu verringern. Wenn die Triebbesetzung des Über-Ichs nicht genügend desexualisiert ist (oder wieder neu sexualisiert wird), kommt es zu moralischem Masochismus, ein Zustand, in welchem das Ich in Selbsterniedrigung schwelgt, wenn es seine Ideale nicht erreicht. Das Ich erlebt jedoch im allgemeinen kein Gefühl besonderer narzißtischer Kränkung, wenn es seinen Idealen nicht gleichkommen kann, sondern es empfindet eine Art von Sehnsucht.

Auch unser Ehrgeiz, obwohl von einem System infantiler Größenphantasien herstammend, kann im optimalen Falle gezügelt werden, mit der Struktur der Ichziele verschmelzen und Autonomie erlangen. Immer bleibt auch hier eine charakteristische, genetisch determinierte psychische Tönung spürbar. Wir werden von unseren ehrgeizigen Wünschen zwar vorwärts getrieben, aber wir lieben sie nicht. Und wenn wir sie nicht verwirklichen können, dann bleiben die narzißtisch-exhibitionistischen Spannungen ungelöst, werden aufgestaut, und das Gefühl der Enttäuschung, das im Ich entsteht, enthält immer eine Beimischung von Scham. Und wenn, was doch so häufig der Fall ist, noch hinzukommt, daß die Größenideen des narzißtischen Selbst nur unzureichend umgewandelt worden sind, weil traumatische Angriffe auf die Selbstachtung des Kindes die Größenphantasien in die Verdrängung getrieben hatten, dann wird das Selbst des Erwachsenen dazu neigen, zwischen irrationaler Selbstüberschätzung und Minderwertigkeitsgefühlen hin- und herzuschwanken und auf die Niederlagen seines Ehrgeizes mit narzißtischer Kränkung *(»mortification«)* zu reagieren.

Bevor wir unsere Untersuchung der Beziehungen zwischen dem narzißtischen Selbst und dem Ich fortsetzen können, müssen wir unsere Aufmerksamkeit noch auf zwei wichtige ergänzende Themen lenken: den Exhibitionismus und die Größenphantasien.

Beginnen wir mit der Beschreibung einer Szene zwischen einer Mutter und ihrem Bübchen aus dem Kapitel »Anbetung des Kindes« in Trollopes Roman »Barchester Towers«. »›Tille, tille... Hat er nicht süße Beinchen‹ sagte die hingerissene Mutter... Er ist... mein... ganz Süßer, und er hat die allerliebsten rosa Beinchen von der Welt, ganz bestimmt... Aber!... Hat man so was schon gesehen?... Mein böser Hansi hat Mamas ganzes Haar zerzaust... ganz, ganz schlimmer Hansi...‹ Das Kind kreischte vor Vergnügen.« Diese stark gekürzte Beschreibung einer ganz alltäglichen Szene beleuchtet die äußeren Umstände, die mit zwei wichtigen Seiten der psychischen Ausstattung des Kindes zusammenhängen: seinen exhibitionistischen Neigungen und seinen Größenphantasien.

Der Exhibitionismus kann, in einem erweiterten Sinne, als die wesentliche narzißtische Dimension aller Triebe betrachtet werden, d.h. (zugunsten des Selbst als des Ausführenden) als Ausdruck einer narzißtischen Betonung des Trieb*ziels* auf Kosten des Trieb*objekts*. Das Objekt ist nur insofern wichtig, als es eingeladen ist, an der narzißtischen Lust des Kindes teilzunehmen und sie auf diese Weise zu bestätigen. Bevor die seelische Trennung stattgefunden hat, erlebt der Säugling die Kundgebung der Freude, die die Mutter an seinem ganzen Körper-Selbst empfindet, als Teil seiner eigenen seelischen Ausstattung. Nach der seelischen Ablösung von der Mutter braucht das Kind den Glanz im Auge der Mutter, um sich die für die leib-seelische Entwicklung notwendige Lust, die aus dem narzißtischen Überströmtwerden mit Libido entsteht, zu erhalten. Die narzißtische Speisung von seiten der Mutter bestärkt nacheinander die jeweils leitenden Funktionen und Aktivitäten der Reifungsphasen. Wir sprechen von analem, urethralem und phallischem Exhibitionismus, wobei wir feststellen, daß beim Mädchen der Exhibitionismus der urethral-phallischen Phase bald durch einen Exhibitionismus verdrängt wird, der ihre Gesamterscheinung betrifft, und durch eine damit Hand in Hand gehende exhibitionistische Betonung von Sittsamkeit und Triebbeherrschung.

Der Exhibitionismus des Kindes muß allmählich desexualisiert und den zielgelenkten Aktivitäten untergeordnet werden, eine Aufgabe, die am besten durch stufenweise Versagung bei gleichzeitiger liebender Stützung gemeistert wird, während die verschiedenen offenen und verdeckten Haltungen von barscher Zurückweisung und übertriebener Duldsamkeit (und besonders eine Mischung von beiden oder der rasche, unvorhersehbare Übergang von einer zur anderen) den Boden für eine große Anzahl von Störungen bereitet. Die ungünstigen Folgen umfassen ein weites Feld und reichen von schwerer Hypochondrie zu milden Formen von Verlegenheit; sie sind aber alle, metapsychologisch gesprochen, Zustände erhöhter narzißtisch-exhibitionistischer Spannung mit abwegigen und unvollständigen Abfuhrformen. Bei allen diesen Zuständen hatte das Ich versucht, die Mitwirkung des Objekts am Exhibitionismus des narzißtischen Selbst zu erlangen. Wenn das Objekt sich jedoch ablehnend verhält, dann mißlingt die freie Abfuhr der exhibitionistischen Libido; statt einer lustvollen Überströmung der Körperoberfläche erscheint die Hitze peinlichen Errötens; und statt lustvoller Bestätigung des Wertes und der Schönheit des Selbst und seiner Liebens-Würdigkeit kommt es zu schmerzlicher Scham.

Wir wenden uns nun der Frage zu, welche Position die Größenphantasien in der Persönlichkeitsstruktur einnehmen und welche

Funktionen sie erfüllen. Während die exhibitionistisch-narzißtischen Antriebe als der Haupt-Triebaspekt des narzißtischen Selbst angesehen werden können, bildet die Größenphantasie seinen Vorstellungsinhalt. Ob sie zur Gesundheit oder zur Krankheit beiträgt, den Erfolg oder die Niederlage des Individuums herbeiführt, hängt von dem Grad ihrer Desexualisierung und dem Ausmaß ab, wie sie in die realistischen Ziele des Ichs integriert ist. Nehmen wir z. B. die Feststellung Freuds: »Wenn man der unbestrittene Liebling der Mutter gewesen ist, so behält man fürs Leben jenes Eroberungsgefühl, jene Zuversicht des Erfolges, welche nicht selten wirklich den Erfolg nach sich zieht.« Hier spricht Freud offenbar von narzißtischen Phantasien, die für die Anpassung wertvoll sind und der Persönlichkeit eine dauernde Stützung bedeuten. Es ist klar, daß in solchen Fällen die frühen narzißtischen Phantasien von Macht und Größe nicht durch plötzliche, vorzeitige Erlebnisse traumatischer Enttäuschung durchkreuzt, daß sie vielmehr allmählich in die realitätsorientierte Organisation des Ichs integriert wurden.

Wir können nun versuchen, den schließlichen Einfluß, den die beiden Hauptderivate des ursprünglichen Narzißmus auf die reife psychische Organisation ausüben, zusammenzufassen. Was die aus dem *narzißtischen Selbst* hervorgehenden neutralisierten Kräfte betrifft (narzißtische Bedürfnisse und Ehrgeiz der Persönlichkeit), so werden sie allmählich, unter günstigen Bedingungen, in das Gewebe unseres Ich als gesunde Freude an der eigenen Tätigkeit und den eigenen Erfolgen aufgenommen. Wo wir aber Niederlagen erleiden und Fehler anerkennen müssen, liefern auch sie ein der Anpassung nützliches Gefühl von Enttäuschung, das mit Ärger und Schamgefühl gemischt ist. Was andererseits das Ich-Ideal betrifft (das verinnerlichte Bild der Vollkommenheit, das wir bewundern und zu dem wir aufblicken), so wird dieses allmählich ein Kontinuum mit dem Ich bilden. Es wird zum Fokus für ichsyntone Werte, zu einem gesunden Sinn für Konsequenz. Wenn wir aber das Vorbild, das es uns setzt, nicht erreichen, dann entsteht, wiederum der Anpassung nützlich, ein Gefühl sehnsuchtsvoller Enttäuschung. Ein nachhaltig mit idealisierender Libido besetztes Über-Ich absorbiert beträchtliche Mengen narzißtischer Energie und vermindert dadurch die Anfälligkeit der Persönlichkeit für Störungen des narzißtischen Gleichgewichts. Wenn andererseits jedoch das Ich unfähig ist, für die exhibitionistischen Forderungen des narzißtischen Selbst geeignete Abfuhrmöglichkeiten zu finden, dann entsteht Scham. So ist die Persönlichkeit in fast allen klinisch signifikanten Fällen übergroßer Neigung zur Scham durch eine mangelhafte Idealisierung des Über-Ichs und die Konzentration der narzißtischen Libido auf das narzißtische Selbst gekennzeichnet; daher ist der ehrgeizige, von Erfolgssucht getriebene Mensch mit schlecht integrierter grandioser Selbstvorstellung und intensiven exhibitionistisch-narzißtischen Spannungen am meisten von Schamgefühlen bedroht. Wenn der Druck aus dem narzißtischen Selbst sehr stark und das Ich unfähig ist, ihn zu beherrschen, reagiert die Persönlichkeit mit Scham auf die Niederlagen jeder Art, ganz gleich, ob ihr Ehrgeiz sich auf moralische Vollkommenheit oder äußere Erfolge erstreckt (oder, was häufig der Fall ist, abwechselnd auf das eine und das andere, da solche Persönlichkeiten weder eine feste Struktur ihrer Ziele noch ihrer Ideale besitzen).

Unter optimalen Bedingungen sind daher das Ich-Ideal und die Zielstruktur des Ichs der beste Schutz gegen narzißtische Verwundbarkeit und Schamgefühl. Mit Bezug auf die Aufrechterhaltung des homöostatischen narzißtischen Gleichgewichts der Persönlichkeit kann jedoch das Zusammenspiel von narzißtischem Selbst, Ich und Über-Ich in folgender Weise beschrieben werden: Das narzißtische Selbst liefert kleine Beträge narzißtisch-exhibitionistischer Libido, die zu unterschwelligen Signalen von narzißtischen Gleichgewichtsstörungen werden (unterschwellige Schamsignale), wenn das Ich versucht, seine Ziele zu erreichen, den äußeren Vorbildern nachzueifern und den äußeren Forderungen zu gehorchen oder gemäß den Normen und besonders den Idealen des Über-Ichs zu leben (d. h. gemäß dem Ich-Ideal »... dessen Anspruch auf immer weitergehende Vervollkommnung es zu erfüllen bemüht ist«). Oder um es in einem etwas unkonventionellen Bild auszudrücken: Das narzißtische Selbst versucht, dem Ich seine Vollkommenheit zu zeigen, oder indirekt durch Vermittlung des Ich der äußeren Welt oder dem Über-Ich. Es entdeckt aber, daß es nicht so vollkommen ist; der sich dadurch ergebende mißglückte Versuch der Libidoentspannung führt zu kleinsten narzißtischen

Libidostauungen, die dem Ich warnende Kunde vor der Möglichkeit einer größeren schmerzlichen Beschämung bringen. [...]

Das Zusammenspiel von narzißtischem Selbst, Ich und Über-Ich gibt dem Individuum die charakteristische Tönung und wird daher, mehr als andere Bausteine oder Eigenschaften der Persönlichkeit, instinktiv als Kennzeichen ihrer Besonderheit oder Identität betrachtet. Bei vielen hervorragenden Persönlichkeiten scheint dieses spezifische innere Gleichgewicht mehr von einem gut integrierten narzißtischen Selbst (das die Triebwahl bestimmt) als vom Ich-Ideal (das die Triebe führt und beherrscht) dominiert zu sein. Churchill z. B. wiederholte immer wieder – und auf immer größerem Schauplatz – das Kunststück, sich aus Situationen zu befreien, aus denen es mit gewöhnlichen Mitteln keinen Ausweg mehr gab (ein Beispiel dafür ist seine berühmte Flucht aus der Gefangenschaft während des Burenkrieges). Es würde mich nicht überraschen, wenn in der Tiefe seiner Persönlichkeit die Überzeugung verborgen läge, daß er fliegen könnte und sich dadurch aus Situationen retten könnte, aus denen es auf der festen Erde keinen Ausweg mehr gab. In dem Band seiner Selbstbiographie »Meine frühen Jahre« beschreibt er die folgenden Ereignisse. Bei einem Ferienaufenthalt auf dem Lande spielte er mit einem Vetter und seinem jüngeren Bruder und wurde von diesen verfolgt. Er wollte über eine Brücke rennen, die über eine Schlucht führte, da entdeckte er, daß er in eine Falle geraten war, denn seine Gegner hatten sich geteilt. »Die Gefangennahme schien unvermeidlich«, so schreibt er, aber »wie ein Blitz kam mir ein großer Plan«. Er erspähte unter der Brücke ein Dickicht junger Fichten und entschloß sich, auf einen der Wipfel zu springen. Er überlegte kurz, berechnete die Höhe. »In Sekundenschnelle warf ich mich über das Geländer«, fährt er fort, »und versuchte mit ausgebreiteten Armen den Wipfel der Fichte zu umfassen.« Es dauerte drei Tage, bis er wieder zum Bewußtsein kam, und mehr als drei Monate, bevor er aus dem Bett kriechen konnte. Und obwohl natürlich dieses Mal die treibende unbewußte Größenphantasie noch nicht voll integriert war, war die Bereitschaft des rationalen Ich, auf Geheiß des narzißtischen Selbst in realistischer Weise zu handeln, schon angebahnt. Glücklicherweise für ihn selbst wie für die Geschichte überwog in der inneren Kräfteverteilung sein rationales Ich, als er den Gipfel seiner Verantwortlichkeit erreichte.

II

Bis zu diesem Punkt haben wir den Ursprung, die Entwicklung und die Funktionen der beiden Hauptformen des Narzißmus und ihres Einbaus in die Persönlichkeit verfolgt. Obwohl die gegenseitigen Einflüsse von narzißtischem Selbst, Ich und Ich-Ideal nicht vernachlässigt wurden, konzentrierte sich unsere Aufmerksamkeit auf die narzißtischen Strukturen selbst und nicht auf die Fähigkeit des Ich, die narzißtischen Energien in gezähmter Form für die eigenen Zwecke zu verwenden und die narzißtischen Konstellationen in höher differenzierte, neue psychische Konstellationen überzuführen. Es gibt jedoch eine Anzahl von Errungenschaften des Ich, die zwar genetisch und dynamisch mit den narzißtischen Trieben verwandt sind und von ihnen mit Energie gespeist werden, aber von den präformierten narzißtischen Strukturen der Persönlichkeit so weit entfernt sind, daß sie nicht einfach als Verwandlungen des Narzißmus zu betrachten sind, sondern mehr als Errungenschaften des Ich und als Einstellungen und Leistungen der Persönlichkeit.

Zunächst will ich aufzählen, welche davon ich im Zusammenhang mit dem Narzißmus diskutieren werde. Es sind 1. die schöpferische Begabung und Arbeit, 2. die Einfühlungskraft, 3. die Fähigkeit, die Begrenztheit des eigenen Lebens ins Auge zu fassen, 4. der Sinn für Humor und 5. die Weisheit.

Es soll zunächst kurz die Beziehung des Narzißmus zur *schöpferischen Leistung* betrachtet werden. Wie alle komplexen menschlichen Aktivitäten dienen künstlerische und wissenschaftliche Schöpfungen vielen Zwecken und nehmen die ganze Persönlichkeit und somit eine ganze Skala psychischer Strukturen und Triebe in Anspruch. Es ist daher nur zu erwarten, daß auch der Narzißmus des schöpferischen Menschen an seiner Leistung teilhat, als Ansporn etwa, der ihn zu Ruhm und Beifall treibt. Wenn aber sonst keine Verbindung zwischen Narzißmus und Schöpferkraft bestünde, als das Wechselspiel zwischen Ehrgeiz und hoher Begabung, dann brauchten wir die Schöpferkraft nicht spezifisch zu den Umwandlungen des Narzißmus zu rechnen. Als Individuum betrachtet, mag es bestimmt gerechtfertigt sein, den einzelnen Künstler und Wissenschaftler als einen beifallbedürftigen, narzißtisch verletzlichen Menschen anzusehen und anzuerkennen, daß der Ehrgeiz bei ihm eine Rolle spielen mag, der ihn zur geeigneten Mitteilung seines Werkes treibt; die schöpferische Arbeit selbst verdient es aber, als Transformation des Narzißmus verstanden zu werden.

Der Ehrgeiz des schöpferischen Menschen spielt für seine Beziehung zum Publikum, d. h. zu einem Auditorium potentieller Bewunderer, eine wichtige Rolle; die Umformung des Narzißmus ist jedoch ein Element in der Beziehung des Schöpfers zu seinem Werk. In der schöpferischen Arbeit werden narzißtische Energien eingesetzt, die in eine Form verwandelt sind, von der ich weiter oben als von idealisierender Libido sprach, nämlich bei der Darstellung jenes spezifischen Punktes auf dem Wege der Entwicklung vom Narzißmus zur Objektliebe, an welchem ein Objekt (im Sinne der Sozialpsychologie) mit narzißtischer Libido besetzt und so in den Zusammenhang des Selbst aufgenommen wird.

Hier bietet sich zum Vergleich die Liebe der Mutter zum noch ungeborenen Fötus und zum neugeborenen Säugling an, und zweifellos ist die einseitige Hingabe an das Kind, das in ihr sich ausweitendes Selbst aufgenommen ist, und die Einfühlungsbereitschaft, die sie dem Kind zuwendet, der Vertiefung des schöpferischen Menschen in sein Werk sehr ähnlich. Trotzdem glaube ich, daß die Beziehung des schaffenden Künstlers oder Wissenschaftlers zu seinem Werk doch weniger mit dem erweiterten Narzißmus der Mutterschaft zu tun hat als mit dem noch uneingeengten Narzißmus der frühen Kindheit. Auch phänomenologisch ist die Persönlichkeit vieler ungewöhnlich schöpferischer Menschen mehr kindlich als mütterlich. Sogar die Experimente mancher Großer in den Naturwissenschaften beeindrucken den Beobachter durch ihre fast kindliche Frische und Einfachheit. Das Verhalten Enrico Fermis z. B., als er der ersten Atomexplosion beiwohnte, wird von seiner Frau folgendermaßen beschrieben: Er riß ein Blatt Papier in kleine Stückchen, ließ sie einzeln fallen, als die Explosion ausgelöst war, und beobachtete, wie die Schockwelle sie hob und wieder sinken ließ.

Die künstlerisch oder wissenschaftlich schöpferische Persönlichkeit ist im psychologischen Sinne von ihrer Umwelt nicht so abgetrennt wie die nichtschöpferische; die Schranke zwischen Ich und Du ist nicht so klar gezogen. Die Intensität ihrer Wahrnehmung ähnelt der ins einzelne gehenden Selbst-Wahrnehmung der Schizoiden und des Kindes ; sie steht der Beziehung des Kindes zu seinen Ausscheidungen oder den Körpererlebnissen mancher Schizophrener näher als den Gefühlen einer gesunden Mutter für ihr Neugeborenes.

Die Verschwommenheit der Grenzen zwischen »innen« und »außen« ist uns von der uns umgebenden Luft her vertraut, die beim Einatmen und Ausatmen als Teil unserer selbst erlebt wird, während wir sie kaum wahrnehmen, solange sie nur zu unserer äußeren Umgebung gehört. So ist auch der schöpferische Mensch sich jener Aspekte seiner Umwelt genauestens bewußt, die für seine Arbeit von Bedeutung sind, und er besetzt sie mit narzißtisch-idealisierender Libido. Wie die Atemluft erlebt er sie am deutlichsten im Augenblick der Vereinigung mit dem Selbst. Das metaphorische Gleichnis zwischen dem Einatmen der Luft und der Aufnahme von äußeren Einflüssen, die befruchtend auf die inneren schöpferischen Vorgänge wirken, ist schon in der ersten Beschreibung aller Schöpfung ausgedrückt: »Und Gott der Herr machte den Menschen aus einem Erdenkloß, und er blies ihm ein den lebendigen Odem in seine Nase. Und also ward der Mensch eine lebendige Seele« (1. Mose 2,7). Es stützt die Behauptung, daß eine enge psychologische Verwandtschaft einerseits zwischen der Atmung und der schöpferischen Begeisterung (»Inspiration«) besteht, andererseits zwischen dem Lebendigwerden des Staubes und der schöpferischen Umwandlung narzißtisch erlebter Materie in Werken der Kunst.

Ph. Greenacre, die kürzlich das Wesen schöpferischer Inspiration erörterte und dabei das Interesse des Kindes an der Luft als einer geheimnisvollen unsichtbaren Kraft erwähnt, die zu einem Symbol für seine Träume und Gedanken und für sein aufdämmerndes Bewußtsein wird, behauptet, daß der spätere schöpferische Künstler schon in der frühen Kindheit nicht nur eine große Empfindlichkeit für Sinnesreize besitzt, die vom frühesten Objekt, der Mutter, ausgehen, sondern auch für die solcher peripherer Objekte, die dem primären Objekt ähnlich sind. Sie verwendet die Bezeichnung »kollektive Alternativen« und »Liebesverhältnis mit der ganzen Welt«, um die Haltung des Künstlers zu seiner Umwelt zu beschreiben, und meint, das dürfe man nicht nur als einen Ausdruck seines Narzißmus auffassen, sondern es sei auch »ein Stück Objektbeziehung, wenn auch ein kollektives...« darin enthalten.

K. R. Eissler geht ebenfalls auf das Problem der Beziehung des Künstlers zur Realität ein und spricht von »automorphischen Methoden«, d. h. von künstlerischer Arbeit, die in einem Grenzgebiet zwischen autoplastischer und alloplastischer Einstellung zur Realität stattfindet. Ein Kunstwerk, so erklärt er, ist insofern autoplastisch, als es, wie ein Traum oder ein Symptom, der Lösung eines inneren Konflikts und der Erfüllung eines Wunsches dient; und es ist zugleich alloplastisch, da es die Realität durch die Schaffung von etwas Neuem, Nicht-vorher-Dagewesenem verwandelt.

Greenacre und Eissler nähern sich dem Problem des Schöpferischen von einer anderen als der hier eingeschlagenen Richtung und kommen daher auch zu anderen Schlüssen. Ich glaube dennoch, daß ihre Befunde nicht mit meiner Behauptung, daß der Künstler sein Werk mit einer spezifischen Form narzißtischer Libido besetzt, in Widerspruch stehen. So läßt sich Ph. Greenacres Beobachtung über die Intensität der frühen Wahrnehmung der Welt durch den künftigen Künstler und das Fortdauern dieser Empfänglichkeit in die Reifezeit hinein mit der Behauptung vereinbaren, daß ein Hauptteil der psychischen Ausstattung schöpferischer Menschen durch die besondere Verbreitung und Ausgestaltung einer gewissen Übergangsphase der Libidoentwicklung bestimmt wird, nämlich der Idealisierung. Beim durchschnittlichen Menschen bleibt diese Form narzißtischer Libido nur als idealisierende Komponente im Zustand der Verliebtheit erhalten. In diesem Zustand kann ein Überschuß idealisierender Libido, der nicht durch die Amalgamierung mit der Objektbesetzung absorbiert ist, für die kurzen Durchbrüche künstlerischer Aktivität verantwortlich sein, die während der Verliebtheit ja keineswegs ungewöhnlich sind. Die wohlbekannte Tatsache ferner, daß schöpferische Menschen in ihren Perioden der Produktivität dazu neigen, zwischen Phasen zu schwanken, in denen sie von ihrem Werk das Höchste halten oder aber überzeugt sind, daß es überhaupt keinen Wert habe, ist ein sicherer Hinweis darauf, daß das Werk mit einer Form narzißtischer Libido besetzt ist. Die Ausdehnung libidinöser Besetzung auf »kollektive Alternativen« und schließlich auf die »ganze Welt«, die Ph. Greenacre beschreibt, scheint mir eher ein Zeichen dafür zu sein, daß die Welt narzißtisch erfahren wird (als ein erweitertes Selbst, das die ganze Welt umfaßt), als daß es sich um ein »Liebesverhältnis« innerhalb eines nicht näher bestimmten Kontextes von Objektliebe handelte. Auch daß Eissler überzeugend nachweist, daß das Kunstwerk zugleich die Gestaltwerdung autoplastischer und alloplastischer seelischer Prozesse sei und daß die Haltung des Künstlers zu seinem Werk in gewisser Hinsicht derjenigen ähnlich ist, die der Fetischist gegenüber seinem Fetisch einnimmt, stützt unsere Vorstellung, daß für den Schöpfer das Werk ein Übergangsobjekt ist und daß es daher mit transitorischer narzißtischer Libido besetzt ist. Die Fixierung des Fetischisten an den Fetisch hat die Intensität einer Sucht, was nicht eine Erscheinung von Objektliebe darstellt, sondern die Fixierung an ein frühes Objekt, das noch als Teil des Selbst erlebt wird. Auch schöpferische Künstler und Wissenschaftler sind wohl an ihre Arbeit mit der Intensität eines Süchtigen gekettet und bemühen sich, es mit den Kräften und für die Zwecke zu beherrschen und zu formen, die zu einer narzißtisch erlebten Welt gehören. Sie versuchen dann, in ihrem Werk eine Vollkommenheit wiederherzustellen, die sie früher als ein direktes Attribut ihrer selbst empfanden; während des schöpferischen Aktes haben sie daher zu ihrem Werk nicht die Beziehung des gegenseitigen Gebens und Nehmens, wodurch die Objektliebe charakterisiert ist.

Ich wende mich nun der seelischen Einfühlungskraft *(Empathie)* als der zweiten der Ich-Fähigkeiten zu, die, obwohl sie von den Trieben weit entfernt und vorwiegend autonom sind, hier im Zusammenhang der Umwandlungen des Narzißmus betrachtet werden sollen.

Einfühlung nennen wir diejenige Modalität, durch welche wir psychische Fakten über andere Menschen erfahren und die uns, wenn andere sagen, was sie denken und fühlen, vorzustellen erlaubt, was sie innerlich erleben, obwohl das der direkten Beobachtung nicht zugänglich ist. Durch Empathie verfolgen wir das Ziel, in einem einzigen Akt sicherer Erkenntnis komplexe psychische Konfigurationen zu erfassen, die wir nur entweder durch mühsame Darlegung einer Fülle von Details definieren könnten oder die sich überhaupt unserer Fähigkeit, sie zu definieren, entziehen.

Empathie ist ein wesentlicher Bestandteil der psychologischen Beobachtung und ist daher für den Psychoanalytiker, der als Empiriker zunächst einmal die vorhandenen komplexen psychologischen Konfigurationen wahrnehmen muß, die das Rohmaterial menschlicher Erfahrungen darstellen, bevor er beginnen kann, sie zu erklären, von besonderer Bedeutung. Die Verwendung von Empathie in der Wissenschaft ist jedoch eine spezifische Leistung des autonomen Ichs, da es für den Akt der Empathie bewußt den in ihm vorherrschenden Operationsmodus ausschalten muß, der auf Wahrnehmung nicht-psychischer Daten aus der Umgebung eingestellt ist.

Der Grund für unsere Fähigkeit, Zugang zur Seele eines anderen Menschen zu erlangen, wurde dadurch gelegt, daß in unserer frühesten seelischen Organisation die Gefühle, Handlungen und das Verhalten der Mutter in unserem Selbst enthalten waren. Diese *primäre Empathie* mit der Mutter bereitet uns für die Erkenntnis vor, daß in einem großen Ausmaß die wichtigsten inneren Erlebnisse anderer Menschen den unsrigen ähnlich sind. Unsere erste Wahrnehmung der Manifestation von Gefühlen, Wünschen und Gedanken eines anderen Menschen ereignete sich im Rahmen einer narzißtischen Konzeption der Welt; die Fähigkeit zur Empathie gehört daher zu der ursprünglichen Ausstattung der menschlichen Seele und bleibt bis zu einem gewissen Grade mit den Primärprozessen verbunden.

Nicht-empathische Formen der Erkenntnis, die auf Objekte abgestimmt sind, die dem Selbst wesentlich unähnlich sind, überlagern jedoch die ursprüngliche, empathische Modalität der Realitätswahrnehmung und behindern zunehmend die freie Entfaltung ihrer Funktion. Die Fortdauer empathischer Formen der Beobachtung ist außerhalb der Psychologie in der Tat archaisch und führt zu einer fehlerhaften, prä-rationalen, animistischen Auffassung der Welt. Nicht-empathische Wahrnehmungsarten sind andererseits nicht auf die Erlebnisweisen anderer Menschen abgestimmt und führen, wenn man sie auf psychologischem Gebiet verwendet, zu einer mechanistischen, unlebendigen Auffassung der psychischen Realität.

Beim Erwachsenen herrschen die nicht-empathischen Formen der Erkenntnis vor. Die Empathie muß daher oft rasch erfolgen, ehe noch die nicht-empathischen Beobachtungsweisen eingeschaltet sind. Die annähernde Richtigkeit des ersten Eindrucks bei der Beurteilung von Menschen im Gegensatz zu den folgenden Beurteilungen ist bekannt; er wird von gewandten Menschen des öffentlichen Lebens und der Geschäftswelt oft benutzt. In diesen Fällen scheint die Empathie die Dazwischenkunft anderer Bewertungsmodi zu umgehen und eine rasche Sondierung zu vollziehen, bevor die anderen Formen der Beobachtung sich geltend machen können. Das erschöpfende empathische Verständnis aber, auf das der Analytiker abzielt, erfordert die Beherrschung der Fähigkeit zur Empathie über längere Perioden. Seine gewöhnliche beobachtende Haltung (»gleichschwebende Aufmerksamkeit«, Vermeiden des Aufzeichnens von Notizen; Einschränkung realistischer Eingriffe; des Analytikers Konzentration aufs Verstehen anstatt heilen und helfen wollen) ist darauf abgestellt, die psychischen Prozesse auszuschalten, die auf die nicht-psychologische Wahrnehmung von Objekten abgestimmt sind, und statt dessen das empathische Verstehen durch identifizierendes Erleben zu fördern.

An vorderster Stelle unter den Hindernissen, die in die Empathie (besonders wenn sie während längerer Perioden angewendet wird) störend eingreifen, stehen Konflikte über narzißtische Beziehungen zu anderen Menschen. Übung im Gebrauch der Empathie ist ein wichtiger Teil der psychoanalytischen Ausbildung, und Lockerung der narzißtischen Positionen gehört deshalb zu den besonderen Aufgaben der Lehranalyse. Die wachsende Fähigkeit des Kandidaten, transformierte narzißtische Besetzungsenergie für die empathische Beobachtung einsetzen zu können, ist ein Zeichen, daß die Lehranalyse in dieser Hinsicht ihr Ziel zu erreichen beginnt.

Ist es möglich, daß unter den Hindernissen für die Anwendung der Empathie sich auch der Widerstand gegen die Tatsache befindet, daß es ein unbewußtes Wissen über andere gibt? Könnte es sein, daß das »Das habe ich schon immer gewußt« des Analysanden, wenn ein unbewußter Inhalt aufgedeckt wird, einem »Ich habe es schon immer erkannt« beim Analytiker entspricht, wenn er und der Patient zu einer richtigen Rekonstruktion gelangt sind oder wenn der Patient eine bedeutsame Erinnerung liefert?

Freud erwog die Frage, ob es eine Gedankenübertragung gebe und erinnerte an gewisse biologische und soziale Phänomene, mittels welcher »Gesamtwille in den großen Insektenstaaten zustande kommt«. Er vermutete, daß sie der »ursprüngliche, archaische Weg der Verständigung unter den Einzelwesen« sei, der »im Lauf der phylogenetischen Entwicklung durch die bessere Methode der Mitteilung mit Hilfe von Zeichen zurückgedrängt« wurde. Die ältere Methode könne sich aber »unter gewissen Bedingungen noch durchsetzen, z. B. auch in leidenschaftlich erregten Massen«. Zu diesen Feststellungen könnte man noch hinzufügen, daß eine bewußte Hintansetzung der üblichen kognitiven Prozesse des Ichs (wie sie etwa in der analytischen Situation unternommen wird) den Zugang zur empathischen Kommunikation freimachen kann, in ähnlicher Weise wie es in dem unabsichtlichen, trance-ähnlichen Zustand geschieht, der bei den Gliedern einer erregten Masse vorkommt, und ferner, daß der Prototyp empathischen Verstehens nicht bloß in der Vorgeschichte der Menschheit zu suchen sei, sondern auch zu Anfang des Lebens eines jeden Individuums. Unter günstigen Umständen wird die Fähigkeit für die Wahrnehmung seelischer Manifestationen der Mutter, die durch die Aussendung von umfassenden narzißtischen Besetzungen erreicht wurde, zum Ausgangspunkt für eine Reihe von Entwicklungsschritten, die schließlich zu einem Zustand führen, in welchem das Ich zwischen dem Gebrauch empathischer und nichtempathischer Modi der Beobachtung wählen kann, je nach den realen Erfordernissen und der Art der Umwelt, die es beobachten und verstehen will. Die Fähigkeit des Menschen, die *Endlichkeit seiner Existenz* zu sehen, und im Einklang mit dieser schmerzlichen Entdeckung zu handeln, ist vielleicht seine größte psychische Errungenschaft, obwohl man oft beweisen kann, daß die scheinbare Hinnahme der Vergänglichkeit mit deren heimlicher Verleugnung Hand in Hand geht.

Die Erkenntnis der Vergänglichkeit wird vom Ich vollbracht, das auch sonst die emotionale Arbeit zu verrichten hat, welche den verschiedenen Trennungen vorangeht, sie begleitet und ihnen folgt. Ohne diese Bemühungen wäre eine gültige Auffassung von Zeit, von Grenzen und von der Vergänglichkeit von Objektbesetzungen nicht möglich. Freud diskutierte die emotionale Aufgabe, die der Psyche durch die Vergänglichkeit der Objekte erwächst, seien es geliebte Menschen oder hochgeschätzte Werte, und gab der Überzeugung Ausdruck, daß ihre mangelnde Dauer keine Entwertung bedeute. »Im Gegenteil«, so sagt er, »eine Wertsteigerung! Der Vergänglichkeitswert ist ein Seltenheitswert in der Zeit.«

Freuds Einstellung beruht auf dem Aufgeben des affektiven Infantilismus: in ihr ist auch nicht eine Spur des narzißtischen Bestehens auf der Allmacht des Wunsches zurückgeblieben, sondern sie ist der Ausdruck der Übernahme von realistischen Werten. Jedoch schwieriger noch als die Erkenntnis von der Vergänglichkeit der Objektbesetzung ist die uneingeschränkte intellektuelle und emotionale Hinnahme der Tatsache, daß auch wir selber vergänglich sind, daß das Selbst, das mit narzißtischer Libido besetzt ist, endlich in der Zeit ist. Ich glaube, daß diese Leistung nicht nur auf dem Sieg der autonomen Vernunft und höchster Objektivität über die Ansprüche des Narzißmus beruht, sondern auch auf der Erreichung einer höheren Form des Narzißmus. Große Menschen, die jene Anschauung des Lebens erreicht haben, die von den Römern ein Leben *sub specie aeternitatis* genannt wurde, zeigen keine Resignation und Hoffnungslosigkeit, sondern einen stillen Stolz, der oft mit milder Verachtung des großen Haufens einhergeht, der, ohne imstande zu sein, sich an der Vielfalt der Genüsse, die das Leben bietet, zu erfreuen, sich vor dem Tode fürchtet und vor seinem Herannahen zittert. Goethe hat seiner Verachtung des Menschen, der den Tod nicht als einen immanenten Teil des Lebens zu erkennen vermag, in der folgenden Strophe dichterischen Ausdruck verliehen:

»Und so lang du das nicht hast,
Dieses: Stirb und werde!
Bist du nur ein trüber Gast
Auf der dunklen Erde.«

(Selige Sehnsucht, Westöstlicher Diwan)

Nur durch die Hinnahme des Todes, so sagt Goethe hier, kann der Mensch alles, was es im Leben gibt, ernten; ohne sie ist das Leben trübe und unbedeutend. Ich glaube nicht, daß die darin ausgedrückte Haltung als schöne Leugnung der Todesfurcht zu verstehen ist. Sie enthält keinen Unterton von Angst und keine Erregung. Es ist vielmehr eine nicht-isolierte, schöpferische Überlegenheit spürbar, die mit ruhiger Gewißheit urteilt und ermahnt. Ich zweifle nicht, daß Menschen, die imstande sind, diese höchste Haltung gegenüber dem Leben einzunehmen, dies kraft eines neuen, erweiterten, transformierten Narzißmus tun. Es ist ein kosmischer Narzißmus, der die Grenzen des Individuums transzendiert.

So wie die primäre Empathie des Kindes mit der Mutter den Vorläufer bildet für die Fähigkeit des Erwachsenen zur Empathie, so kann auch seine *primäre Identität* mit der Mutter als Vorläufer für eine spät im Leben eintretende Erweiterung des Selbst betrachtet werden, in welcher es möglich wird, die Endlichkeit der individuellen Existenz zu bejahen. Das ursprüngliche psychische Universum, d. h. die urtümliche Erfahrung der Mutter, wird von vielen Menschen in der Form gelegentlich auftretender vager Anklänge »erinnert«, die wir unter dem Namen eines »ozeanischen Gefühls« kennen. Wie beim »ozeanischen Gefühl«, so muß auch die Verschiebung der narzißtischen Besetzung – sobald die Gewißheit des endlichen Todes voll angenommen ist – vom Selbst auf die Teilhabe an einer überindividuellen, zeitlosen Existenz als eine von der primären Identität des Kindes mit der Mutter vorgeprägte Errungenschaft gelten. Im Gegensatz zu dem ozeanischen Gefühl aber, das nur passiv (und gewöhnlich nur flüchtig) erlebt wird, ist die echte Verschiebung der Besetzung auf einen kosmischen Narzißmus das dauerhafte, schöpferische Resultat einer stetigen Aktivität des autonomen Ich, und nur sehr wenige Menschen sind imstande, das zu erreichen.

Es scheint ein weiter Weg von der Beschäftigung mit der Annahme der Vergänglichkeit und der fast religiösen Feierlichkeit des kosmischen Narzißmus zu der Untersuchung einer nur dem Menschen eigenen Errungenschaft: der Fähigkeit zum *Humor*. Und dennoch haben die beiden Erscheinungen viel Gemeinsames. Es ist kein Zufall, daß Freud seinen Aufsatz über den Humor mit einem Witz einleitet, in dem ein Mann die Furcht vor dem unmittelbar bevorstehenden Tod überwindet und sich mittels des Humors auf eine höhere Ebene erhebt. »Wenn ... der Delinquent, der am Montag zum Galgen geführt wird, die Äußerung tut: ›Na, die Woche fängt gut an‹, so entwickelt er... Humor, (und) der humoristische Vorgang... trägt ihm offenbar eine gewisse Genugtuung ein«, und Freud konstatiert weiter, der Humor habe »etwas Befreiendes«, und auch »etwas Großartiges und Erhebendes«, er sei ein »Triumph des Narzißmus« und die »siegreich behauptete Unverletzlichkeit des Ichs«. Metapsychologisch jedoch erklärt Freud, daß dieser »Triumph des Narzißmus« dadurch erreicht werde, daß die Person des Humoristen »den psychischen Akzent von ihrem Ich abgezogen und auf ihr Überich verlegt« habe.

Humor wie kosmischer Narzißmus sind also beides Umformungen des Narzißmus, die dem Menschen helfen, die äußerste Meisterschaft über die Forderungen des narzißtischen Selbst zu erlangen, d. h. die Erkenntnis seiner Endlichkeit im Prinzip und selbst seines bevorstehenden Endes zu ertragen.

Ohne Zweifel ist die Behauptung, das Ich habe seine Todesfurcht überwunden, oft nicht echt. Wenn ein Mensch niemals imstande ist, ernst zu sein, und übermäßig zum Spaßen neigt oder wenn er nicht willens ist, die Schmerzen und Mühen des Alltags ins Auge zu fassen, sondern ständig mit dem Kopf in den Wolken dahergeht, werden wir mißtrauisch gegen diesen Clown oder Heiligen und haben wahrscheinlich recht in unserer Annahme, daß weder der Humor des einen noch die Unweltlichkeit des anderen echt sind. Wenn aber einer fähig ist, auf die Erkenntnis der unveränderlichen Tatsachen, die den Behauptungen unseres narzißtischen Selbst widersprechen, mit Humor zu antworten, und wenn er wirklich jene ruhige, überlegene Haltung erreicht, die ihn befähigt, philosophisch sein eigenes Ende zu betrachten, dann erkennen wir an, daß eine Umwandlung seines Narzißmus stattgefunden hat (der Abzug des psychischen Akzents vom »Ich«, wie Freud es nennt) und werden ihn wegen dieser Errungenschaft achten.

Die Mißachtung der Interessen des Selbst, die bis zur Zulassung seines Todes geht, kann auch in Zuständen höchster Objektbesetzung eintreten. Solche Beispiele (z. B. in einer Aufwallung extremen, personifizierten Patriotismus) ereignen sich immer in einer überhitzten seelischen Verfassung, und das Ich ist gelähmt und wie in Trance. Humor und kosmischer Narzißmus dagegen, die uns erlauben, den Tod ins Auge zu fassen, ohne zur Verleugnung greifen zu müssen, beruhen metapsychologisch nicht auf einem Rückzug der Besetzung vom Selbst durch eine rasende Überbesetzung von Objekten, sondern auf der Abziehung der Besetzung vom narzißtischen Selbst und einer Neuverteilung und Umwandlung der narzißtischen Libido; und im Gegensatz zu den Zuständen extremer Objektbesetzung wird die Spannweite des Ich damit nicht eingeengt, sondern es bleibt aktiv und frei.

Eine echte Abziehung der Besetzung vom Selbst kann nur langsam durch ein intaktes, gut funktionierendes Ich geleistet werden. Sie wird von Trauer begleitet, während die Besetzung vom geliebten Selbst auf die überindividuellen Ideale und die Welt, mit der man sich identifiziert, übertragen wird. Die tiefsten Formen des Humors und des kosmischen Narzißmus bieten daher nicht ein Bild von Größenideen und Hochstimmung, sondern das eines ruhigen inneren Triumphes mit einer Beimischung unverleugneter Melancholie.

Wir haben nun unser letztes Thema erreicht, die menschliche Haltung, die wir *Weisheit* nennen. In der aufsteigenden Linie Information – Wissen – Weisheit kann man die beiden ersten immer noch fast ausschließlich im Rahmen der Erkenntnis definieren. Die Bezeichnung Information bezieht sich auf das Sammeln isolierter Daten über die Welt; Wissen ist schon ein zusammenhängendes Gewebe solcher Daten, die durch eine Matrix von Abstraktionen zusammengehalten werden. Weisheit aber geht über die kognitive Sphäre hinaus, obwohl sie sie natürlich mit einschließt.

Der Mensch erlangt Weisheit durch seine Fähigkeit, seinen unmodifizierten Narzißmus zu übersteigen und die Grenzen seiner physischen, intellektuellen und emotionalen Kräfte anzuerkennen. Man kann sie als ein Amalgam der psychischen Haltung, die zum Verzicht auf die narzißtischen Wünsche gehört, mit den höheren Prozessen der Erkenntnis definieren. Weder Ideale noch die Fähigkeit zu Humor noch das Annehmen der Vergänglichkeit allein charakterisieren sie. Es müssen alle drei zusammenkommen, um eine neue psychische Konstellation zu bilden, die über die einzelnen emotionalen und kognitiven Attribute, aus denen sie besteht, hinausgeht. Man kann also Weisheit auch als eine Haltung der Persönlichkeit dem Leben und der Welt gegenüber definieren, eine Haltung, die durch die Verschmelzung der kognitiven Funktion mit Humor, der Annahme der Vergänglichkeit und einem fest besetzten Wertsystem gebildet ist.

Im Laufe des Lebens muß das Sammeln von Informationen dem Wissen vorangehen. Selbst vom Gesichtspunkt ihrer kognitiven Wahrnehmungskomponente her kann die Weisheit also kaum ein Attribut der Jugend sein, da durch Erfahrung und Arbeit zuerst einmal eine breite Wissensbasis gelegt sein muß. Die Ideale sind in der Jugend am stärksten libidinös besetzt; der Humor ist gewöhnlich in der Reifezeit auf seiner vollen Höhe, und das Bewußtsein der Vergänglichkeit kann erst in den fortgeschrittenen Jahren erlangt werden. Daraus ergibt sich wiederum, daß Weisheit gewöhnlich den späteren Lebensjahren vorbehalten ist.

Das Wesentliche dieser hohen Errungenschaft ist das weitgehende Aufgeben narzißtischer Illusionen; und es schließt eine Bejahung der Unvermeidbarkeit des Todes ein, die aber nicht zu einem Fahrenlassen der kognitiven und emotionalen Bindungen an die Aufgaben des Lebens führt. Die höchste Leistung der Erkenntnis, d. h. die Annahme der Grenzen und der Endlichkeit des Selbst, ist nicht das Ergebnis eines isolierten intellektuellen Prozesses, sondern der Ertrag und Sieg der Lebensarbeit der Gesamtpersönlichkeit, die ein breit gelagertes Wissen erlangt und archaische Formen des Narzißmus in Ideale, Humor und ein Gefühl der überindividuellen Teilnahme an der Welt umgewandelt hat.

Es kommt zum Sarkasmus, wenn idealisierte Werte fehlen und die Bewertung der affektiven Bedeutung der Schranken, die dem Narzißmus gesetzt sind, durch Überbesetzung eines lust-suchenden, omnipotenten Selbst versucht wird. Die wichtigste Vorbedingung für den Sieg des Humors über widrige Umstände aber und für des Menschen Fähigkeit, sein bevorstehendes Ende zu betrachten, ist die Bildung und Aufrechterhaltung von hochgeschätzten Werten, d. h. metapsychologisch eine starke Idealisierung des Über-Ichs. Weisheit ist ferner nicht nur durch die Aufrechterhaltung der libidinösen Besetzung alter Ideale gekennzeichnet, sondern auch durch deren schöpferische Ausweitung. Im Gegensatz aber zu einer Haltung strengen Ernstes und gewichtiger Feierlichkeit angesichts des herannahenden Lebensendes, ist der wahrhaft weise Mensch imstande, den Humor seiner Reifejahre in ein Gefühl der

Proportion, ein wenig Ironie bezüglich dessen, was in einer individuellen Existenz erreicht werden kann, zu verwandeln – einschließlich sogar seiner eigenen Weisheit. Die völlige Herrschaft des Ich über das narzißtische Selbst, die endgültige Kontrolle des Reiters über das Pferd, wird wohl schließlich noch darin eine entscheidende Unterstützung gefunden haben, daß letzten Endes auch das Pferd alt geworden ist. Und dann erkennen wir vielleicht, daß das Erreichte nicht so sehr Herrschaft, sondern die Hinnahme der letzten Einsicht ist, daß, wo es sich um die großen Naturmächte handelt, wir alle »Sonntagsreiter« sind. [...]

Franz Alexander

Psychosomatische Medizin

[...] Die Gesamtfunktion des Nervensystems kann aufgefaßt werden als Ausrichtung auf die Aufrechterhaltung konstanter Bedingungen innerhalb des Organismus (Homöostase). Das Nervensystem erfüllt diese Aufgabe nach dem Prinzip der Arbeitsteilung. Während das willkürliche Zentralnervensystem mit der Regulierung der Beziehungen zur äußeren Welt betraut ist, beherrscht das vegetative Nervensystem die inneren Angelegenheiten des Organismus, das heißt, die inneren vegetativen Vorgänge. Der parasympathische Anteil des vegetativen Nervensystems ist vorwiegend für das Erhalten und Aufbauen, das heißt für die anabolischen (stoffwechselsynthetischen) Vorgänge zuständig. Sein anabolischer Einfluß zeigt sich in Funktionen wie der Anregung der gastrointestinalen Verdauungstätigkeit und der Zuckerspeicherung in der Leber. Seine Erhaltungs- und Schutzfunktion kommt zum Beispiel in Pupillenverengungen als Schutzmaßnahme gegen Licht oder in Bronchiolarspasmen als Schutzmaßnahme gegen reizende Stoffe zum Ausdruck.

Wie von Cannon postuliert, besteht die Hauptaufgabe der sympathischen Anteile des vegetativen Nervensystems in der Abstimmung innerlicher vegetativer Funktionen auf die Ansprüche äußerer Aktivität, insbesondere in Überraschungs- und Notsituationen. Mit anderen Worten, dem sympathischen Nervensystem obliegt die Vorbereitung des Organismus für Kampf und Flucht, indem es die vegetativen Prozesse in einer in Notsituationen äußerst zweckmäßigen Weise umstellt. Bei dem Bereitmachen für Kampf und Flucht ebenso wie während solcher Handlungen, hemmt es sämtliche anabolischen Prozesse. So wird es zur hemmenden Instanz für die Tätigkeit des Magendarmtraktes. Es wirkt jedoch steigernd auf die Herz- und Lungentätigkeit und verändert die Blutverteilung. Dabei entleert es das Splanchnikusgebiet von Blut und treibt es zu Muskeln, Lungen und Gehirn, wo durch vermehrte Tätigkeit ein erhöhter Energiebedarf anfällt. Gleichzeitig steigt der Blutdruck, Kohlehydrate werden aus ihren Speichern mobilisiert, und das Nebennierenmark wird gereizt. Sympathische und parasympathische Wirkungen sind sehr weitgehend antagonistisch.

Man kann verallgemeinernd sagen, daß unter parasympathischem Überwiegen sich das Individuum von seinen äußeren Problemen in eine bloße vegetative Existenz zurückzieht, während es in der sympathischen Erregung seine friedlichen Funktionen des Aufbauens und des Wachstums vernachlässigt oder hemmt und seine ganze Kraft der Bewältigung von Problemen zuwendet, die mit seiner äußeren Umwelt zusammenhängen.

Die innere Ökonomie des Organismus während Anstrengung und Erholung verhält sich wie eine Nation in Krieg und Frieden. Kriegswirtschaft bedeutet Bevorzugung von Kriegsproduktion und Bremsung gewisser friedenswirtschaftlicher Produktionen. Tanks werden anstelle von Autos hergestellt, Munition anstelle von Luxusgütern produziert. Im Organismus entspricht der emotionale Zustand des Bereitseins der Kriegswirtschaft und der Erholung der Friedenswirtschaft. Bestimmte Organsysteme, die in der Notsituation gebraucht werden, werden angeregt, während andere Organsysteme Hemmungseinflüssen unterliegen, bzw. umgekehrt.

Bei neurotischen Störungen der vegetativen Funktionen ist diese Harmonie zwischen äußerer Situation und innerlichen vegetativen Prozessen gestört. Die Störung kann verschiedene Formen annehmen. Nur eine beschränkte Zahl von Zuständen ist bisher vom psychodynamischen Gesichtspunkt aus sorgfältig untersucht. Die emotionalen Störungen von vegetativen Funktionen können ganz allgemein in zwei hauptsächliche Kategorien eingeteilt werden. Diese zwei Kategorien entsprechen den zwei grundlegenden oben beschriebenen emotionalen Einstellungen:

1. Vorbereitung auf Kampf oder Flucht in der Notsituation;
2. Zurückziehen von auswärts gekehrter Aktivität.

1. Die zu dem 1. Punkt gehörenden Störungen sind das Ergebnis einer Hemmung oder Verdrängung selbstbestätigender, feindseliger Antriebe. Weil diese Antriebe verdrängt oder gehemmt sind, werden die entsprechenden Verhaltensweisen (Kampf oder Flucht) niemals abgewickelt. Und doch ist der Organismus physiologisch in einer ständigen Bereitschaftsstellung. Mit anderen Worten: Obgleich die vegetativen Vorgänge für konzentrierte aggressive Tätigkeit mobilisiert worden sind, gelangen sie doch nicht zum vollgültigen Einsatz. Als Folge davon bleibt der chronische Zustand der Bereitschaft im Organismus zusammen mit denjenigen physiologischen Reaktionen bestehen, die normalerweise in gefahrvoller Situation benötigt werden, wie gesteigerte Herztätigkeit, erhöhter Blutdruck, Gefäßerweiterung in der Skelettmuskulatur, vermehrte Mobilisierung von Kohlehydratreserven und gesteigerter Stoffwechsel.

In einem normalen Individuum bestehen diese physiologischen Veränderungen nur kurze Zeit, nämlich nur so lange, wie die Notwendigkeit erhöhter Anstrengungen andauert. Sobald Kampf oder Flucht oder welche Anstrengung erfordernde Aufgabe auch immer überstanden sind, geht der Organismus zum Ruhezustand über und die physiologischen Prozesse kehren zum Normalen zurück. Das ist jedoch nicht der Fall, wenn nach der Aktivierung der bei der Vorbereitung auf einen anstrengenden körperlichen Einsatz angesprochenen vegetativen Vorgänge keine Handlung zustande kommt. Wenn sich dies wiederholt ereignet, bleiben einige der oben beschriebenen adaptiven physiologischen Reaktionen bestehen. Die verschiedensten Formen von Herzsymptomen können als Beispiel für dieses Phänomen dienen. Es sind Symptomreaktionen auf neurotische Angst und verdrängte oder gehemmte Wut. Beim essentiellen Hypertonus wird der erhöhte Blutdruck chronisch unter dem Einfluß von gestauten und nie vollständig entlasteten Emotionen aufrechterhalten, genau so wie es als temporäres Phänomen unter dem Einfluß offen abreagierter Wut bei Normalen abläuft. Emotionale Einflüsse auf die Regulationsmechanismen des Kohlehydratstoffwechsels spielen wahrscheinlich eine entscheidende Rolle beim Diabetus mellitus. Chronisch gesteigerte Muskelspannung, die von anhaltenden aggressiven Erregungen hervorgebracht wird, scheint einen pathogenen Faktor bei der Arthritis rheumatica abzugeben. Der Einfluß dieser Art von Emotionen auf die endokrinen Funktionen kann bei der Thyreotoxikose beobachtet werden. Gefäßreaktionen auf emotionale Spannungen spielen eine bedeutsame Rolle bei gewissen Formen von Kopfschmerzen. Bei all diesen Beispielen werden bestimmte Phasen der vegetativen Vorbereitung auf konzentrierte Anstrengungen chronisch unterhalten, weil die zugrundeliegenden motivierenden Kräfte neurotisch gehemmt sind und nicht in geeigneten Handlungen freigesetzt werden.

2. Eine weitere Gruppe von neurotischen Personen reagiert auf die sich ergebende Notwendigkeit konzentrierter Selbsterhaltungs-Anstrengungen mit einem gefühlsmäßigen Sichzurückziehen vor der Handlung in einen Abhängigkeitszustand. Statt der rauhen Wirklichkeit ins Auge zu sehen, ist es ihre erste Regung, sich hilfesuchend umzukehren, wie sie es taten, als sie hilflose Kinder waren. Dieser Rückzug vor der Handlung ist eine Haltung, die für den ruhenden Organismus charakteristisch ist und kann mit dem Ausdruck »vegetativer Rückzug« belegt werden. Ein verbreitetes Beispiel für dieses Phänomen ist der Mann, der in einer Gefahrensituation Durchfall bekommt, statt in einer angebrachten Weise zu handeln. »Er macht sich in die Hosen«. Statt einer Not- oder Gefahrensituation handelnd zu begegnen, vollführt er eine vegetative Leistung, für die er als kleines Kind von seiner Mutter Lob und Beifall ernten konnte. Dieser Typ neurotisch vegetativer Reaktion stellt ein vollständigeres Zurückschrecken vor der Handlung dar, als es in der zuerst besprochenen Gruppe der Fall ist. Diese Gruppe von Typen setzt nämlich die erforderlichen adaptiven vegetativen Reaktionen in Gang; ihre Störung liegt nur in der Tatsache, daß ihre vegetative Vorbereitung auf das Handeln unter sympathischer oder humoraler Erregung chronisch wird. Die zweite Gruppe von Kranken reagiert in paradoxer Weise. Anstatt sich auf nach außen gerichtetes Handeln vorzubereiten, ziehen sie sich in einen vegetativen Zustand zurück, der das genaue Gegenteil des Zweckmäßigen ist.

Dieser psycho-physiologische Prozeß läßt sich an Beobachtungen demonstrieren, wie ich sie z. B. bei einem Magenneurotiker mit chronischer Hyperazidität machen konnte. Dieser Kranke bekam spontan immer dann Sodbrennen, wenn er im Kino den Helden im Kampf mit seinen Widersachern oder bei anderen Tätigkeiten von aggressivem gefährlichem Charakter sah. In seiner Phantasie identifizierte er sich mit dem Helden. Dies verursachte jedoch Angst, und er zog sich vom Kampf zurück, um Sicherheit und Hilfe zu suchen. Wie wir später sehen werden, sind solche abhängigen Strebungen nach Sicherheit und Hilfe eng mit dem Wunsch, gefüttert zu werden, verbunden und lösen so gesteigerte Magentätigkeit aus. Dieser Kranke verhielt sich in seinen vegetativen Reaktionen paradox, weil gerade dann, wenn er kämpfen sollte, sein Magen übermäßig zu funktionieren und sich auf die Aufnahme von Nahrung vorzubereiten begann. Selbst im Leben der Tiere muß der Feind zunächst besiegt sein, bevor er gefressen werden kann.

Die große Gruppe der sogenannten *funktionellen Störungen des Magen-Darm-Traktes* gehört hierher. Beispielhaft sind alle Formen von nervöser Verdauungsstörung, nervöser Diarrhoe, Kardiospasmus, zahlreiche Formen der Kolitis und gewisse Formen der Obstipation. Mann kann diese gastrointestinalen Reaktionen auf emotionale Belastungen als auf »regressiven Bahnungen« beruhend ansehen, weil sie eine Wiederbelebung körperlicher Reaktionen auf emotionale Spannungen darstellen, wie sie für das Kleinkind charakteristisch sind. Eine der frühesten emotionalen Spannungen, die das Kind erlebt, ist der Hunger, der durch orale Einverleibung befriedigt wird und damit dem Gefühl der Sättigung Platz macht. Die orale Einverleibung wird so zu einer frühen Bahnung für die Entlastung von Unlustspannungen, die von unbefriedigten Bedürfnissen ausgehen. Dieses Kindheitsschema der Auflösung einer schmerzvollen Spannung kann bei Erwachsenen im neurotischen Zustand oder unter dem Einfluß akuter emotionaler Belastungen wiederbelebt werden. Eine verheiratete Frau berichtete, daß sie sich selbst immer beim Daumenlutschen überraschte, wenn sie sich von ihrem Mann vernachlässigt oder abgewiesen fühlte. Diese Phänomene verdienen wahrhaftig die Bezeichnung »Regression«. Die nervöse Angewohnheit, in einem Zustand von ungewisser oder ungeduldiger Erwartung zu rauchen oder zu kauen, beruht auf derselben Art von regressiver Bahnung. Emotional bedingte Reaktionen der Darmfunktion sind ebenso solche regressiven Phänomene und können unter extremen emotionalen Belastungen selbst in sonst gesunden Individuen auftreten.

Weitergehend hat dieser Typ von emotionalen Mechanismen eine wichtige ätiologische Bedeutung bei Zuständen, in denen sich grob sichtbare morphologische Veränderungen entwickeln, wie beim Magengeschwür und bei der Colitis ulcerosa. Außerdem gehören dieser Gruppe von neurotischen Reaktionen, abgesehen von den gastro-intestinalen Störungen, noch gewisse Formen von Erschöpfungszuständen an, die mit Störungen des Kohlehydratstoffwechsels verknüpft sind. In gleicher Weise stellt die psychologische Komponente beim Bronchialasthma eine Flucht vor der Handlung in eine abhängige hilfesuchende Haltung dar. Die bei dieser ätiologischen Gruppe gestörten Funktionen werden alle vom parasympathischen Nervensystem gefördert und durch sympathische Reize gehemmt.

Man ist geneigt, in der ersten Kategorie von vegetativen Reaktionen ein sympathisches und bei den letzteren ein parasympathisches Überwiegen im vegetativen Gleichgewicht anzunehmen. Diese Annahme berücksichtigt jedoch die Tatsache nicht, daß jede Verschiebung im vegetativen Gleichgewichtszustand sofortige kompensatorische Reaktionen zur Folge hat. Die Störung kann im Beginn sehr wohl durch ein Übermaß von sympathischer oder parasympathischer Erregung verursacht sein. Sehr bald wird jedoch das Bild durch gegenregulatorische Maßnahmen kompliziert, die auf die Wiederherstellung des homöostatischen Gleichgewichtszustandes abzielen. An allen vegetativen Funktionen sind beide Anteile des vegetativen Nervensystems beteiligt. Und wenn eine Störung erst einmal gesetzt ist, so wird es bald unmöglich, die folgenden Symptome ausschließlich entweder sympathischen oder parasympathischen Einflüssen zuzuschreiben. Nur im Beginn kann der störende Reiz mit dem einen oder anderen Anteil des vegetativen Nervensystems identifiziert werden. Man darf auch nicht vergessen, daß die homöostatischen Regulationen oft einen überschießenden Charakter haben, und daß die Überkompensation den ursprünglich störenden Reiz überschatten kann. Die beiden Teile des vegetativen Nervensystems sind funktionell antagonistisch, doch wirken sie bei jedem vegetativen Vorgang gemeinsam, gerade so, wie Extensoren und Flexoren in der Muskulatur bei jeder Bewegung der Extremitäten zusammenarbeiten, obwohl sie antagonistische Funktionen haben. [...]

Emotionale Faktoren bei Störungen der Atmungsfunktion

Der Einfluß von Gefühlen auf die Atmungsfunktion ist aus dem Alltagsleben gut bekannt. Plötzliche Einstellung des Atmens bei der Angst wird mit Ausdrücken belegt wie »atemberaubend« oder »Da bleibt mir die Luft weg«. Seufzen ist ein Ausdruck der Verzweiflung; Weinen ist ein weiteres verwickeltes Ausdrucksphänomen, das die expiratorische Phase der Atmung mit einschließt. Vor allem aber ist die Atmung eine bedeutende Komponente des Sprechens.

Durch diese enge Korrelation zwischen emotionalen Spannungen und Atmungsfunktionen wird es wahrscheinlich gemacht, daß bei den meisten Krankheiten der Respirationsorgane psychologische Faktoren eine bedeutsame Rolle spielen. [...]

Bronchialasthma

Beim Asthma beruht, wie bei anderen Störungen der vegetativen Funktionen, der emotionale Faktor auf normalen physiologischen Reaktionen auf emotionale Reize. Die Symptome sind übertriebene und chronische Reizbeantwortungen auf zugrundeliegende Gefühle; die übertriebene und chronische Art der Reaktion beruht im Grunde auf der Tatsache, daß der emotionale Reiz wegen seiner Unannehmbarkeit für die bewußte Persönlichkeit unbewußt bleibt. Die Geschichte der medizinischen Kenntnisse von den emotionalen Komponenten des Asthmas ist sehr alt. Bis zu dem Zeitpunkt, wo die allergischen Phänomene entdeckt wurden, betrachtete man das Asthma primär als eine nervöse Erkrankung, und dementsprechend findet sich in alten medizinischen Lehrbüchern die Bezeichnung »Asthma nervosa«. Seit dem Auftauchen der modernen Immunologie, in der das Phänomen der Anaphylaxie zum Wegweiser wurde, konzentrierte sich die Aufmerksamkeit auf die allergische Komponente, und die ältere Ansicht des Asthmas als einer nervösen Erkrankung wurde als obsolet betrachtet. In neuerer Zeit, in der Ära der psychosomatischen Orientierung, wurde die emotionale Ätiologie des Asthmas wieder zum Leben erweckt. [...]

Es sollen nur die grundlegenden psychodynamischen Faktoren in ihrer Beziehung zur Allergie hier besprochen werden. Der psychodynamische Kernfaktor besteht in einem um eine excessive, nicht gelöste Mutterbindung kreisenden Konflikt. Als Abwehr gegen diese infantile Fixierung können sich alle Arten von Persönlichkeitszügen entwickeln. Dementsprechend finden wir unter Asthmatikern viele Persönlichkeitstypen: aggressive, ehrgeizige, streitsüchtige Menschen, waghalsige und auch überempfindsame, ästhetische Typen. Manche Asthmatiker sind Zwangscharaktere, während andere eine mehr hysterische Natur zeigen. Der Versuch, ein charakteristisches Persönlichkeitsprofil zu definieren, wäre aus diesem Grunde vergeblich; ein solches Profil existiert nicht. Die verdrängte abhängige Mutterbindung ist jedoch ein konstanter Zug, gegen den sich die verschiedensten Typen von charakterlichen Abwehren entwickeln können. Die hier gefundene Abhängigkeit scheint eine andere Untertönung zu haben als die bei gastrischen Neurosen und Magengeschwüren. Ihr Inhalt ist nicht so sehr der orale Wunsch, gefüttert zu werden, es ist mehr der Wunsch, beschützt zu werden – von der Mutter oder der Mutterimago unter die Fittiche genommen zu werden. Im Gegensatz zu den Ulcusfällen sind Eß- und Speisephantasien nicht vorherrschend. Statt dessen besteht eine starke Häufung intrauteriner Phantasien, die in der Form von Wassersymbolismus oder des Eindringens in Höhlen, geschlossene Räume usw. erscheinen. Alles, was den Kranken von der Mutter oder von dem Ersatzbild der Mutter zu trennen droht, kann einen Asthmaanfall auslösen. Bei Kindern wird mit augenfälliger Häufigkeit beim Einsetzen des asthmatischen Zustandes die Geburt eines – die Zuwendung der Mutter zu absorbieren drohenden – Geschwisters gefunden. Bei Erwachsenen kann eine sexuelle Verführung oder bevorstehende

Heirat ein auslösender Faktor sein. Beim jungen Mädchen ist das Akzeptieren der biologischen Rolle der Frau der Wendepunkt in der individuellen Entwicklung, der den Lebensweg des Mädchens von der Mutter scheidet. Es wird zur Konkurrentin der Mutter an Stelle des bisherigen abhängigen Kindes. Beim Sohn bedrohen die auftauchenden Inzestwünsche die Abhängigkeitsbeziehung zur Mutter. Es hat sich herausgestellt, daß die meisten Mütter von Asthmatikern sehr empfänglich für die Manifestationen der physischen Reize ihres Sohnes sind und auf diese mit Sichzurückziehen oder gar Zurückweisung reagieren. Einer der häufigsten Befunde in der Anamnese von Asthmafällen ist eine Kombination von unbewußter mütterlicher Verführung mit äußerer Zurückweisung. Die bevorstehende Verheiratung des erwachsenen Sohnes treibt diesen Konflikt zwischen der abhängigen Bindung an die Mutter und der reiferen, der Verlobten entgegengebrachten, sexuellen Liebe auf die Spitze und kennzeichnet oft den Anfang des asthmatischen Zustandes.

Feindseligkeitsregungen gegen das Liebesobjekt können gleichermaßen oft die Abhängigkeitsbeziehung bedrohen und einen Anfall provozieren. Es scheint auch, daß jede plötzliche Anstrengung, die das selbständige Handeln eines Menschen verlangt, den Tiefenkonflikt zwischen Unabhängigkeits- und Abhängigkeitsstrebungen beleben und einen Anfall auslösen kann.

In Übereinstimmung mit diesen Befunden trifft man in den Lebensläufen von Asthmapatienten mütterliche Ablehnung als ein immer wiederkehrendes Motiv an. Das noch der mütterlichen Pflege bedürftige Kind reagiert natürlich auf mütterliche Zurückweisung mit gesteigerten Unsicherheitsgefühlen und verstärkter Anlehnung an die Mutter. In anderen Fällen wieder ergab sich, daß Mütter von Asthmakindern darauf hinarbeiteten, ihre Kinder vorzeitig unabhängig zu machen. Dadurch, daß sie das Kind in eine noch unannehmbare Unabhängigkeit hineinstoßen, erreichen sie das genaue Gegenteil. Das Ergebnis ist eine verstärkte Unsicherheit im Kind und abhängige Anlehnung.

Der folgende Extrakt aus der Krankengeschichte eines 22jährigen an Asthma leidenden ehemaligen Kriegsteilnehmers kann dazu dienen, diese psychodynamischen Formulierungen zu konkretisieren.

Der erste Asthmaanfall trat auf, als er zu einem Urlaub aus dem pazifischen Kriegsschauplatz heimkehrte, wo er als Flieger Dienst tat. Er war kurz nach seiner Hochzeit zur pazifischen Front abgerückt und erhielt seinen Urlaub etwa acht Monate später. Bei seiner Ankunft zu Hause wurde er von seinen Eltern und seiner Frau abgeholt und nach einem kurzen Aufenthalt im Hause seiner Eltern fuhr er mit seiner Frau in ein Heim, das das junge Ehepaar als ein Überraschungsgeschenk von dem Vater des Patienten erhalten hatte. In derselben Nacht erwachte er mit einem schweren Asthmaanfall und hatte auch während der folgenden Nächte Anfälle. Laboruntersuchungen ergaben, daß er gegen eine große Zahl von Pollenarten, Katzenhaare und Hausstaub allergisch war. Alle Versuche einer Desensibilisierung schlugen jedoch vollständig fehl. Im Krankenhaus sprach er günstig auf einige wenige psychiatrische Interviews mit einer Sozialarbeiterin an, und seine Anfälle hörten für eine kurze Zeit auf. Als er etwas später hörte, daß seine Mutter sich einer Operation unterziehen sollte, erlitt er einen Rückfall. Nach weiteren psychiatrischen Interviews, in denen er heftige Gefühle entlud, trat erneute Besserung ein. In dieser Zeit war er bereits vom Kriegsdienst entlassen worden. Er konnte keine Arbeit finden und verbrachte die Zeit damit, seinem Vater in dessen Geschäft zu helfen. Mit der Besserung der asthmatischen Anfälle wurde er fähig, seine Pflichten in dem Geschäft des Vaters zu erfüllen. Als er zu mir in die Sprechstunde kam, arbeitete er und verdiente einen ausreichenden Familienunterhalt. Nur gelegentliche leichte Anfälle traten nachts auf. Er gab mir eine lebhafte Beschreibung von den zu seinem ersten Anfall führenden Ereignissen.

Als er von der Front zurückkehrte, wurde er auf dem Bahnhof von seinen Eltern und seiner Frau abgeholt und erfuhr von dem Tode seines nächstälteren Bruders, der ebenfalls in der Luftwaffe gedient hatte. Er hatte diesen Bruder sehr gern, doch reagierte er auf die Nachricht von seinem Tode nicht mit starkem Gefühl. Er versuchte sich dieses durch die Tatsache zu erklären, daß sein Bruder schon seit einiger Zeit unter Umständen als vermißt gemeldet war, die nicht mehr viel anderes als das Schlimmste zu erwarten übrig ließen. Er fühlte sich aber so verwirrt, als er seine Familie traf und plötzlich der Tatsache von dem Tode seines Bruders gegenüberstand, daß er die Anwesenheit seiner Frau fast übersah. Vom Bahnhof fuhren sie zu einem kurzen Besuch zu der elterlichen Wohnung. Die Eltern regten dann an, daß er mit seiner Frau noch bei Freunden einen Besuch machen sollte. Seine Frau fuhr den Wagen, und statt daß sie die Richtung zu den bezeichneten Bekannten einschlug, fuhr sie in die neue Wohnung, wobei sie ihm sagte, daß die Bekannten nach dort verzogen seien. Als sie dort angekommen waren, antworteten sein Vater und seine Mutter auf ihr Klopfen, die aus dem Hause traten, dem Kranken den Schlüssel zu seiner neuen ehelichen Wohnung übergaben und sofort abfuhren, ihn mit seiner Frau alleinlassend. Er hatte gemischte Gefühle bei dieser ganzen Situation und zögerte zunächst, dieses großzügige Geschenk anzunehmen. Er hatte das Gefühl, jetzt die Stellung seines Bruders eingenommen zu haben, da sein Vater in der Vergangenheit stets den Bruder bevorzugt hatte. Aber dann entschloß er sich, zu bleiben, und bald danach hatte er mit seiner Frau sexuellen Verkehr. Dann schlief er ein und wachte später mit schwerem Keuchen auf. Ohne zu wissen, was geschah, fiel er in schwere Angst und glaubte, sterben zu müssen. In der folgenden Nacht trat ein noch schwererer Anfall auf. Er wurde in einem Krankenhaus behandelt, jedoch vollständig erfolglos. Eine sorgfältige anamnestische Befragung förderte die nachfolgende Geschichte zutage.

Der Kranke war ein mittleres Kind einer Mittelstandsfamilie. Der Vater Rechtsanwalt, französischer Abstammung. Er hatte zwei vier und sechs Jahre ältere Brüder und eine fünf Jahre jüngere Schwester. Der nächstältere Bruder war kräftig und athletisch, der Patient dagegen schwach und unbeholfen. Der Bruder wurde stets von dem Vater vorgezogen; die Mutter wollte, daß der Patient ein Mädchen wäre. Als die Schwester geboren wurde, empfand er, die begehrte Stellung des Familienbabys verloren zu haben. Trotz seiner physischen Benachteiligung spielte er in der Fußballmannschaft, war in allen Sportarten ganz ordentlich und war sehr ehrgeizig in seinen Studien. Er war stets unter den Besten seiner Klasse. Bei Kriegsausbruch meldete sich sein Bruder zur Luftwaffe, und der Kranke folgte ihm nach. Vier Tage nach seiner Hochzeit ging er an die Front, wo er aktiven Kampfeinsatz hatte. Auf eigenen Wunsch wurde er zum Heckschützen gemacht, nachdem zwei seiner Freunde in der gleichen Eigenschaft gefallen waren. Er litt unter starker Angst während des Kampfes, stand sie aber »wegen seines Bruders« durch. Zweimal wurde sein Flugzeug getroffen, und er kam knapp mit dem Leben davon. Nach einem Jahr Kampfeinsatz kam er zu einem Urlaub nach Hause, wo seine Asthmaanfälle, wie schon beschrieben, einsetzten.

In der Anamnese des Patienten zeigte sich die Beziehung zu seinem Bruder, den er zugleich bewunderte und beneidete, als das zentrale Motiv. Die Bevorzugung des Bruders durch den Vater war ihm in Erinnerung. In seinen ehelichen Beziehungen hatte er eine äußerst fordernde Haltung seiner Frau gegenüber. Er verlangte, daß sie den Haushalt mit derselben Tüchtigkeit wie seine Mutter führte und bestand auf äußerster Reinlichkeit und Ordnung. Er sagte, er würde sofort »gepaßt« haben, wenn seine Frau die aufgestellten Forderungen nicht hätte erfüllen können. Zur Zeit meiner ersten Unterredung mit ihm hatte er einen 1½jährigen Sohn und seine Frau war zum zweitenmal schwanger. Er liebte seinen Sohn, der stramm, grobknochig und zäh war, gerade wie sein Bruder, dessen Namen er auch dem Kinde gegeben hatte. Er erzählte mir zwei Träume. Einer war in der Nacht vor der Konsultation angefallen; der andere war mit besonderer Lebhaftigkeit in seiner Erinnerung geblieben, obwohl er ihn etwa 16 Monate zuvor in der Nacht nach der Geburt seines Sohnes geträumt hatte. In dem jüngsten Traum sah er seinen Sohn vom Frühstückstisch aufspringen, nach einer Lampe greifen und kühn daran schaukeln. Der Patient fing an, seinen Sohn zu verhauen und wachte auf, wobei er feststellte, daß er seine Frau schlug. Er sagte, daß er dasselbe in Wirklichkeit tun würde und fügte hinzu, daß sein Sohn ein zäher kleiner Bursche war, gerade wie sein Bruder. In dem anderen Traum öffnete er den Kofferkasten seines Wagens, ergriff ein Instrument und warf es mit aller Gewalt weg, so weit er konnte. Das Instrument hatte ihn in Wirklichkeit während der letzten paar Tage durch sein Hin- und Herrollen bei jeder Kurve irritiert.

Die tatsächliche Bedeutung dieses Traumes erscheint im Lichte unserer ausgedehnten Untersuchungen an Asthmakranken als sehr typisch für Asthmatiker. Sie bringt deutlich eine Geschwisterrivalität durch die symbolische Darstellung des Wunsches, den Fötus aus dem Mutterleibe (das Instrument aus dem Wagen herausschleudern) zu entfernen, zum Ausdruck. Der Patient hatte offensichtlich viel von den Gefühlen, die er seiner eigenen, ihn aus der Stellung des Babys verdrängenden Schwester gegenüber entwickelt hatte, auf seinen Sohn übertragen. Der Patient war, wie wir wissen, an seine Frau abhängig gebunden. Er reagierte gegen den Sohn mit einer unbewußten Eifersucht, die er in dem Traume zum Ausdruck brachte, indem er seinen Sohn schlug. Er übertrug auf seinen Sohn auch einige von seinen Haltungen gegen seinen Bruder. Beide waren stramm, aggressiv und frech. Springen und an der Lampe hängen war offensichtlich eine Mutprobe, derentwegen er Neid empfand.

In den therapeutischen Unterhaltungen mit der Sozialarbeiterin entwickelte der Patient von Beginn an eine starke abhängige Bindung und gab sich völlig in ihre Hände. In diesen Stunden war er in der Lage, seine Gefühle gegen seinen Bruder zum Ausdruck zu bringen, und wurde seiner konkurrierenden Haltung ihm gegenüber gewahr; und zum erstenmal in seinem Leben brachte er offen feindselige Gefühle gegen seinen Vater zum Ausdruck. Obwohl ihm diese Behandlungsstunden große emotionale Erleichterung brachten, drangen sie jedoch nicht über seine Beziehungen zu seinem Vater und seinem Bruder hinaus. Seine Gefühle gegen seine Mutter und seine Frau wurden nicht aufgedeckt. Es wurde ihm empfohlen, die Behandlung fortzusetzen. Aus der von der Sozialarbeiterin aufgenommenen Anamnese und meinem eigenen anamnestischen Interview mit dem Patienten lassen sich die folgenden psychodynamischen Faktoren rekonstruieren. Der Patient hat eine sehr starke Abhängigkeitshaltung seiner Mutter gegenüber, die er auf seine Frau übertrug. Als kompensierende Abwehr gegen diese Abhängigkeitsstrebungen entwickelte er ein intensives Konkurrenzgefühl gegen seinen Bruder. Dies erklärt seinen extremen Ehrgeiz in der Schule und sein Verhalten als Soldat, das als Überkompensation und Verneinung seiner passiven Abhängigkeitsstrebungen diente und außerdem den Zweck verfolgte, die elterliche Liebe durch Überflügeln des Bruders zu gewinnen. Sein Ärger über seine Schwester erwachte wieder zum Leben, als sein eigener Sohn seine abhängige Stellung in der Beziehung zu seiner Frau bedrohte. Die psychologischen Ereignisse nach seiner Heimkehr werden im Lichte dieser emotionalen Konstellation ganz und gar durchsichtig. Als er Eltern und Frau auf dem Bahnhof traf, übersah er die letztere vollständig. Vom Tode des Bruders zu hören bedeutete für ihn unbewußt, daß er jetzt Gegenstand der elterlichen Liebe wurde, was wieder ein unbewußtes Schuldgefühl auslöste. Sein stärkster Wunsch bei der Rückkehr von den Strapazen und Entbehrungen des Militärdienstes ging dahin, wieder das frühere abhängige Kind zu werden. Wenige Stunden später fand er sich mit seiner Frau in der neuen Wohnung allein. Jetzt war alles gefühlsmäßig umgekehrt. Der Schlüssel zu diesem neuen Heim symbolisierte die Tatsache, daß er jetzt auf eigenen Füßen stand, getrennt von seinen Eltern, als reifer Mann. Er floh emotional vor dieser Aufgabe, und die Sehnsucht, zur Mutter zurückzulaufen, wurde aktiviert. Die Abwehr gegen diese Sehnsucht war der zentrale Faktor bei der Auslösung seines Asthmaanfalles.

Wir sind jetzt in der Lage, die Frage zu beantworten, warum und in welcher Weise ein solches verdrängtes Verlangen nach der Mutter einen Bronchiolarspasmus, der die physiologische Basis der Asthmaanfälle ist, hervorrufen konnte. Auf der Grundlage einer psychoanalytischen Kasuistik wurde von E. Weiß die Theorie ausgesprochen, daß der Asthmaanfall einen unterdrückten Schrei nach der Mutter darstellt. Später machte auch Halliday auf die Beziehung des Asthmas zum Weinen aufmerksam. Diese Auffassung wird noch weiter durch die Tatsache gestützt, daß die meisten Asthmatiker spontan berichten, daß sie nur sehr schwer weinen können. Außerdem ist es wiederholt beobachtet worden, daß ein Asthmaanfall endet, wenn der Patient seinen Gefühlen durch Weinen Luft zu machen in der Lage war.

Eine weitere bedeutsame Beobachtung ist die sofortige Besserung, die in einer Reihe von Fällen eintritt, nachdem der Patient etwas gestanden hat, für das er sich schuldig fühlte und dessentwegen er Zurückweisung erwartete. Ein Geständnis richtet die abhängige Bindung an den Analytiker auf, die durch die Schuldgefühle des Patienten und seine Erwartung, zurückgestoßen zu werden, gestört war. Sprechen (Gestehen) ist eine artikuliertere Art des Gebrauchs des Expirationsaktes, mit dessen Hilfe der Erwachsene dasselbe Resultat erzielt wie das Kind durch Weinen. Er gewinnt die Liebe eines Menschen, von dem er abhängig ist, zurück. Daß unterdrücktes Weinen zu Atmungsschwierigkeiten führt, kann im Falle des Kindes beobachtet werden, das seinen Drang zu weinen zu beherrschen sucht, oder nach einer längeren Zeit vergeblicher Versuche mit dem Weinen aufzuhören trachtet. Die charakteristische Dyspnoe und das Keuchen, die dann auftreten, zeigen starke Ähnlichkeit mit einem Asthmaanfall. [...]

Alice Miller

Das Drama des begabten Kindes

Manchmal muß ich mich fragen, ob es uns überhaupt je möglich sein wird, das Ausmaß der Einsamkeit und Verlassenheit zu erfassen, dem wir als Kinder und folglich auch, intrapsychisch, als Erwachsene ausgesetzt waren oder sind. Ich meine hier nicht in erster Linie die äußere Verlassenheit, die äußeren Trennungen von den Eltern, die selbstverständlich traumatische Auswirkungen haben können, ich denke auch nicht an Kinder, die offensichtlich vernachlässigt oder gar verwahrlost aufgewachsen sind und die es schon immer wußten und wenigstens mit dieser Wahrheit großgeworden sind.

Aber es bleibt ja noch die ganz große Zahl der narzißtisch gestörten Menschen, die sehr oft differenzierte und bemühte Eltern hatten, die von ihren Eltern gefördert wurden und die an schweren Depressionen leiden. Mit dem Bild einer glücklichen und behüteten Kindheit, mit dem sie aufgewachsen sind, kommen sie in die Analyse.

Es handelt sich um Patienten, die selber viele Möglichkeiten oder sogar Talente hatten, die sie auch entwickelten, und die oft wegen ihrer Gaben und Leistungen gelobt wurden. Fast alle diese Analysanden waren schon im ersten Lebensjahr trocken und viele halfen bereits im Alter von eineinhalb bis fünf Jahren sehr geschickt bei der Pflege ihrer kleinen Geschwister. Nach der vorherrschenden Meinung müßten diese Menschen – der Stolz ihrer Eltern – ein starkes und stabiles Selbstbewußtsein haben. Aber gerade das Gegenteil ist der Fall. Alles, was sie anpacken, machen sie gut bis hervorragend, sie werden bewundert und beneidet, sie ernten Erfolg, wo es ihnen immer wichtig ist, aber alles das nützt nichts. Dahinter lauert die Depression, das Gefühl der Leere, der Selbstentfremdung, der Sinnlosigkeit ihres Daseins – sobald die Droge der Grandiosität ausfällt, sobald sie nicht »on top« sind, nicht mit Sicherheit der Superstar, oder wenn sie plötzlich das Gefühl bekommen, vor irgendeinem Idealbild ihrer selbst versagt zu haben. Dann werden sie gelegentlich von Ängsten oder schweren Schuld- und Schamgefühlen geplagt. Was sind die Gründe einer so tiefen narzißtischen Störung bei diesen begabten Menschen?

Schon in der ersten Besprechung lassen sie den Zuhörenden bald wissen, daß sie verständnisvolle Eltern hatten, mindestens einen Elternteil, und wenn es ihnen je am Verständnis der Umwelt gefehlt hatte, so lag es, meinen sie, an ihnen, nämlich daran, daß sie sich nicht richtig ausdrücken konnten. Sie bringen ihre ersten Erinnerungen ohne jegliches Mitgefühl für das Kind, das sie einmal waren, und dies fällt um so mehr auf, als diese Patienten nicht nur eine ausgesprochene Fähigkeit zur Introspektion haben, sondern sich auch leicht in andere Menschen einfühlen können. Ihre Beziehung zur Gefühlswelt ihrer Kindheit ist aber durch mangelnden Respekt, Kontrollzwang, Manipulation und Leistungsdruck charakterisiert. Nicht selten zeigen sich da Verachtung und Ironie, die bis zum Spott und Zynismus gehen können. Allgemein anzutreffen ist ferner ein völliges Ausbleiben von echtem, emotionalem Verstehen und Ernstnehmen des eigenen Kinderschicksals, sowie eine völlige Ahnungslosigkeit in bezug auf die eigenen wahren Bedürfnisse, jenseits der Leistungszwänge. Die Verinnerlichung des ursprünglichen Dramas ist so vollkommen gelungen, daß die Illusion der guten Kindheit gerettet werden kann.

Um das seelische Klima der Kindheit dieser Analysanden schildern zu können, möchte ich zunächst einige Voraussetzungen formulieren, von denen ich ausgehe und die vor allem den Arbeiten von D. Winnicott, M. Mahler und H. Kohut nahestehen.

1. Es ist ein ureigenes Bedürfnis des Kindes, als das, was es jeweils ist, und als *Zentrum der eigenen Aktivität* gesehen, beachtet und ernstgenommen zu werden. Im Unterschied zum Triebwunsch handelt es sich hier um ein genauso legitimes, aber *narzißtisches Bedürfnis*, dessen Erfüllung zur Bildung eines gesunden Selbstgefühls unerläßlich ist.

2. »Das, was es jeweils ist«, meint: *Gefühle Empfindungen und*

ihren Ausdruck, bereits beim Säugling. »Die inneren(!) Empfindungen des Säuglings und Kleinkindes«, schreibt M. Mahler, »bilden den Kern des Selbst. Sie scheinen der Mittel-, der Kristallisationspunkt des Selbstgefühls zu bleiben, um das herum das Identitätsgefühl errichtet wird.«

3. In einer Atmosphäre der *Achtung und Toleranz für die Gefühle des Kindes* kann das Kind in der Trennungsphase die Symbiose mit der Mutter aufgeben und die Schritte zur Individuation und Autonomie vollziehen.

4. Damit diese Voraussetzungen des gesunden Narzißmus möglich wären, müßten die Eltern dieser Kinder ebenfalls in einem solchen Klima aufgewachsen sein.

5. Eltern, die dieses Klima als Kinder nicht bekommen haben, sind narzißtisch *bedürftig*, d. h. sie suchen ihr ganzes Leben, was ihnen ihre eigenen Eltern zur *rechten Zeit* nicht geben konnten: ein Wesen, das ganz auf sie eingeht, sie ganz versteht und ernstnimmt, das sie bewundert und ihnen folgt.

6. Dieses Suchen kann natürlich nicht voll gelingen, denn es bezieht sich auf *eine unwiderruflich vergangene Situation*, nämlich die erste Zeit der Selbstformung.

7. Aber ein Mensch mit einem ungestillten und *unbewußten – weil abgewehrten – Bedürfnis* ist einem Zwang unterworfen, das Bedürfnis doch noch auf Ersatzwegen befriedigen zu wollen.

8. Am meisten eignen sich dazu die *eigenen Kinder*. Ein Neugeborenes ist auf Gedeih und Verderb auf seine Eltern angewiesen. Und da seine Existenz davon abhängt, ihre Zuwendung zu bekommen, tut es auch alles, um sie nicht zu verlieren. Es wird vom ersten Tag an all seine Möglichkeiten einsetzen, wie eine kleine Pflanze, die sich nach der Sonne dreht, um zu überleben.

Bisher bewegte ich mich auf dem Boden von mehr oder weniger bekannten Tatsachen. Die folgenden Gedanken beruhen auf Beobachtungen, die ich in den von mir durchgeführten oder kontrollierten Analysen von Kollegen und nicht zuletzt in den zahlreichen Interviews mit Adepten der Psychoanalyse machte. Bei allen diesen Menschen war ein Kinderschicksal vorzufinden, das mir bezeichnend erscheint.

1. Da war eine im Grunde *emotional unsichere Mutter,* die für ihr narzißtisches Gleichgewicht auf ein bestimmtes Verhalten oder

eine bestimmte Seinsweise des Kindes angewiesen war. Diese Unsicherheit konnte sehr wohl dem Kinde und der ganzen Umgebung hinter einer harten, autoritären, ja totalitären Fassade verborgen bleiben.

2. Dazu kam eine erstaunliche *Fähigkeit des Kindes,* dieses Bedürfnis der Mutter oder beider Eltern intuitiv, also auch unbewußt zu spüren und zu beantworten, d. h. die ihm unbewußt zugeteilte Funktion zu übernehmen.

3. Diese Funktion sicherte dem Kind die »Liebe«, d. h. hier die *narzißtische Besetzung* durch die Eltern. Es spürte, daß es gebraucht wurde, und das gab seinem Leben die Existenzsicherung.

Diese Fähigkeit wird ausgebaut und perfektioniert, und diese Kinder werden nicht nur zu Müttern (Vertrauten, Tröstern, Ratgebern, Stützen), ihrer Mütter, sondern übernehmen auch Verantwortung für ihre Geschwister und bilden schließlich ein ganz *besonderes Sensorium für unbewußte Signale der Bedürfnisse des Anderen* aus. Kein Wunder, wenn sie später oft den Beruf des Psychoanalytikers wählen. Wer sonst, ohne diese Vorgeschichte, würde das Interesse dafür aufbringen, den ganzen Tag herausfinden zu wollen, was sich im Unbewußten des Anderen abspielt? Aber in der Ausbildung und Vervollkommnung dieses differenzierten Sensoriums, das einst dem Kind zum Überleben verhalf und den Erwachsenen zu seinem seltsamen Beruf befähigt, liegen auch die *Wurzeln der narzißtischen Störung*.

Die verlorene Welt der Gefühle

Die Phänomenologie der narzißtischen Störung ist heute bereits sehr gut bekannt. Aufgrund meiner Erfahrungen würde ich meinen, daß ihre Ätiologie in der *Anpassung des Säuglings* zu suchen ist. Auf jeden Fall führt diese frühe Anpassung dazu, daß die narzißtischen Bedürfnisse des Kindes nach Achtung, Echo, Verständnis, Teilnahme, Spiegelung ein ganz spezifisches Schicksal erfahren.

1. Eine schwerwiegende Folge der Anpassung ist die *Unmöglichkeit*, bestimmte eigene Gefühle (*wie z. B. Eifersucht, Neid, Zorn, Verlassenheit, Ohnmacht, Angst*) in der Kindheit und dann

im Erwachsenenalter *bewußt zu erleben*. Dies ist um so tragischer, als es sich hier um Menschen handelt, die sehr vital und zu differenzierten Gefühlen besonders befähigt sind. Man merkt es in Analysen dann, wenn sie die Erlebnisse aus ihrer Kindheit beschreiben, die konfliktfrei waren. Meistens handelt es sich um Naturerlebnisse. Da konnten sie empfinden, ohne die Mutter damit zu verletzen, sie unsicher zu machen, ihre Macht zu schmälern, ihr Gleichgewicht zu gefährden. Aber es fällt sehr auf, daß diese überaus aufmerksamen, wachen und sensiblen Kinder, die sich genau erinnern, wie sie z. B. im Alter von vier Jahren das Sonnenlicht im strahlenden Gras entdeckten, beim Anblick ihrer schwangeren Mutter noch mit acht Jahren überhaupt »nichts gesehen haben« und keine Neugier zeigten, daß sie bei der Geburt des Geschwisters »überhaupt nicht« eifersüchtig waren, daß sie mit zwei Jahren, während der Besatzung allein gelassen, das Eindringen von Militär und einige Hausdurchsuchungen über sich ergehen ließen, ohne zu weinen, ruhig und »sehr brav«. Es ist eine ganze Kunst entwickelt worden, Gefühle nicht erleben zu müssen, denn ein Kind kann diese nur erleben, wenn *eine Person da ist, die es mit diesen Gefühlen annimmt*, versteht und begleitet. Wenn das fehlt, wenn das Kind riskieren muß, die Liebe der Mutter oder der Ersatzperson zu verlieren, kann es die natürlichsten Gefühlsreaktionen nicht »für sich allein«, insgeheim erleben; es erlebt sie nicht. Und doch ... etwas bleibt. Im ganzen späteren Leben dieses Menschen werden von ihm unbewußt Situationen inszeniert, in denen diese damals nur im Ansatz vorhandenen Gefühle aufleben können, aber ohne daß der ursprüngliche Zusammenhang verständlich wird. Den Sinn dieses »Spiels«, wie Habermas (1970) das nennt, zu entziffern, ist erst in der Analyse möglich, wenn die Inszenierung den Analytiker einbezieht und die Verbindung der ursprünglichen Situation mit den in der Analyse erlebten intensiven Gefühlen gelingt. Freud beschreibt das schon 1914 in der Schrift »Erinnern, Wiederholen und Durcharbeiten«.

Nehmen wir als Beispiel das Gefühl des Verlassenseins. Nicht das Gefühl eines erwachsenen Menschen, der sich einsam fühlt und deshalb Tabletten schluckt, Drogen nimmt, ins Kino geht, Bekannte aufsucht, unnötige Telefonate macht, um irgendwie das »Loch« zu überbrücken. Nein, ich meine das ursprüngliche Gefühl des kleinen Kindes, das all diese Möglichkeiten der Ablenkung nicht hat und dessen Mitteilungen, verbale oder präverbale, die Mutter nicht erreichten. Nicht, weil es eine böse Mutter hatte, sondern weil die Mutter selber narzißtisch bedürftig war, auf ein bestimmtes, für sie notwendiges Echo des Kindes angewiesen, selbst im Grunde ein Kind auf der Suche nach einem verfügbaren Objekt. Und so paradox das erscheinen mag – *ein Kind ist verfügbar*. Ein Kind kann einem nicht davonlaufen, wie die eigene Mutter dazumal. Ein Kind kann man *erziehen, daß es so wird, wie man es gerne hätte*. Beim Kind kann man sich Respekt verschaffen, man kann ihm seine eigenen Gefühle zumuten, man kann sich in seiner Liebe und Bewunderung spiegeln, man kann sich neben ihm stark fühlen, man kann es einem fremden Menschen überlassen, wenn es einem zuviel ist, man fühlt sich endlich im Zentrum der Beachtung, denn die Kinderaugen verfolgen die Mutter auf Schritt und Tritt. Wenn eine Frau bei ihrer Mutter all diese Bedürfnisse unterdrücken und verdrängen mußte, so mag sie noch so gebildet und guten Willens sein, auch wissen, was ein Kind braucht, bei ihrem eigenen Kind regen sie sich aus der Tiefe ihres Unbewußten und drängen nach Befriedigung. Das Kind spürt es deutlich und gibt sehr früh auf, die eigene Not zum Ausdruck zu bringen.

Wenn aber später beim Erwachsenen in der Analyse die damaligen Gefühle der Verlassenheit auftauchen, dann kommen sie mit einer solchen Intensität an Schmerz und Verzweiflung, daß es uns völlig klar wird: diese Menschen hätten ihre Schmerzen nicht überlebt. Dafür wäre eine empathische, begleitende Umgebung notwendig gewesen, die ihnen fehlte. Das gleiche gilt für Gefühle, die mit dem ödipalen Drama und mit der ganzen Triebentwicklung zusammenhängen. All das mußte abgewehrt werden. Aber zu sagen, daß es nicht da war, hieße: aus den Analysen gewonnene, empirische Erfahrungen in Abrede stellen.

Bei der Abwehr z. B. des frühkindlichen Gefühls von Verlassenheit sind viele Mechanismen anzutreffen. Neben der einfachen *Verleugnung* die *Umkehr ins Gegenteil* (»ich zerbreche unter der dauernden Verantwortung, denn die Anderen brauchen mich ununterbrochen«), *Umkehr* des *passiven Leidens* in *aktives Verhalten* (»ich muß die Frauen immer wieder verlassen, sobald ich mich unentbehrlich für sie fühle«), *Verschiebung* auf andere Objekte,

Introjektion der Drohung von Liebesentzug (»ich muß nur brav den Normen entsprechen, dann riskiere ich nichts; ich fühle mich dauernd überfordert, aber kann es nicht ändern, ich muß immer mehr leisten als die Andern«). Häufig sind *Intellektualisierungen* anzutreffen, denn sie bieten einen Schutz von großer Verläßlichkeit.

All diese Abwehrmechanismen sind begleitet von der Verdrängung der ursprünglichen Situation und der dazugehörenden Gefühle, die erst nach Jahren Analyse zum Durchbruch kommen.

2. Die Anpassung an elterliche Bedürfnisse führt oft (aber nicht immer) zur Entwicklung der »Als-ob-Persönlichkeit« oder dessen, was D. Winnicott als *»falsches Selbst«* beschrieben hat. Der Mensch entwickelt eine Haltung, in der er nicht nur das zeigt, was von ihm gewünscht wird, sondern so mit dem Gezeigten verschmilzt, daß man – bis zur Analyse – kaum ahnen würde, wieviel Anderes hinter dem »maskierten Selbstverständnis« (vgl. Habermas, 1970) noch in ihm ist. Das wahre Selbst kann sich nicht entwickeln und differenzieren, weil es nicht gelebt werden kann. Es steht »im Zustand der Nichtkommunikation«, wie Winnicott es bezeichnet. Begreiflicherweise klagen diese Patienten über Gefühle der Leere, Sinnlosigkeit, Heimatlosigkeit, denn diese Leere ist real. Es hat eine Entleerung, Verarmung, partielle Tötung der Möglichkeiten tatsächlich stattgefunden, als das Lebendige, Spontane abgeschnitten wurde.

In der Kindheit dieser Menschen treten manchmal Träume auf, in denen sich der Patient als partiell tot erlebt. Zwei Beispiele solcher Träume möchte ich anführen.

> Meine kleinen Geschwister stehen auf der Brücke und werfen eine Schachtel in den Fluß. Ich weiß, daß icht tot darin liege, und doch höre ich mein Herz klopfen und erwache jedesmal in dem Moment (ein wiederkehrender Traum).

Dieser Traum verdichtet die unbewußten Aggressionen (Neid und Eifersucht) den kleinen Geschwistern gegenüber, denen die Patientin immer fürsorgliche »Mutter« war, mit der »Tötung« der eigenen Gefühle, Wünsche und Ansprüche mit Hilfe von Reaktionsbildung. Ein anderer Patient träumt:

> Ich sehe eine grüne Wiese und darauf einen weißen Sarg stehen. Ich habe Angst, daß meine Mutter darin liegt, aber ich öffne den Deckel, und zum Glück ist es nicht Mutter, sondern ich.

Hätte der Patient als Kind die Möglichkeit gehabt, seinen Enttäuschungen über die Mutter Ausdruck zu geben, d. h. auch Gefühle von Zorn und Wut zu erleben, dann wäre er lebendig geblieben. Aber das hätte zum Liebensentzug der Mutter geführt, was für ein Kind mit Objektverlust und Tod gleichbedeutend ist. Also »tötet« es seine Wut und somit auch ein Stück der eigenen Seele, um das Selbstobjekt, die Mutter, zu erhalten.

3. Aus der Schwierigkeit, eigene, zu Konflikten führende Gefühle zu erleben und zu entfalten, resultiert die *Permanenz der Bindung*, die keine Abgrenzung ermöglicht. Daran sind beide Teile interessiert. Denn die Eltern haben im falschen Selbst des Kindes die gesuchte Bestätigung gefunden, einen Ersatz für die ihnen fehlenden Strukturen, und das Kind, das keine eigenen Strukturen aufbauen konnte, ist zunächst bewußt und später unbewußt (via Introjekt) von den Eltern abhängig. Denn es kann sich nicht auf eigene Gefühle verlassen, hat damit keine Erfahrungen im Sinne von trial and error gemacht, es kennt seine wahren Bedürfnisse nicht, es ist sich selber im höchsten Maße *entfremdet*. In dieser Situation kann es sich nicht von den Eltern trennen und ist auch im Erwachsenenalter dauernd auf Bestätigung der Partner, Gruppen und *vor allem* der eigenen Kinder angewiesen. Die Erben der Eltern sind die Introjekte, vor denen man das wahre Selbst tief verstecken muß, und so folgt auf die Einsamkeit im elterlichen Haus die spätere *Isolierung* in *sich selber*.

Die narzißtische Besetzung des Kindes durch die Mutter schließt eine affektive Zuwendung nicht aus. Im Gegenteil. Das Kind wird als Selbstobjekt der Mutter von ihr heiß »geliebt«, aber nicht in der Art, wie das Kind es brauchen würde. Und immer unter den Bedingungen des falschen Selbst. Für die Entwicklung intellektueller Fähigkeiten ist das kein Hindernis, wohl aber für die Entfaltung des echten Gefühlslebens.

Auf der Suche nach dem wahren Selbst

Wie kann hier die Psychoanalyse helfen? Die Unmittelbarkeit eines Käthchen von Heilbronn ist vielleicht nur in der Phantasie möglich und gerade aus der Sehnsucht eines narzißtisch Gequälten wie Kleist sehr gut verständlich. Die Einfachheit eines Falstaffs, von dem Freud gesagt haben soll, daß er das Traurige des gesunden Narzißmus verkörpert, ist für diese Patienten gar nicht möglich und nicht erwünscht. Das Paradies der präambivalenten Harmonie, auf das so viele Patienten hoffen, läßt sich nie erreichen. Aber das Erleben der eigenen Wahrheit und das *postambivalente* Wissen um sie, ermöglicht, auf einer erwachsenen Stufe, die Rückkehr zur eigenen Gefühlswelt – ohne Paradies, aber mit der *Fähigkeit, zu trauern*. Es gehört zu den Wendepunkten der Analyse, wenn narzißtisch gestörte Patienten zu der emotionalen Einsicht kommen, daß all die Liebe, die sie sich mit so viel Anstrengungen und Selbstaufgabe erobert haben, gar nicht dem galt, der sie in Wirklichkeit waren; daß die Bewunderung für ihre Schönheit und Leistungen der Schönheit und den Leistungen galt und nicht eigentlich dem Kind, wie es war. Hinter der Leistung erwacht in der Analyse das kleine einsame Kind und fragt sich: »Wie wäre es, wenn ich böse, häßlich, zornig, eifersüchtig, faul, schmutzig, stinkend vor euch gestanden wäre? Wo wäre dann eure Liebe gewesen? Und all das war ich doch *auch*. Will das heißen, daß eigentlich nicht ich geliebt wurde, sondern das, was ich vorgab zu sein? Das anständige, zuverlässige, einfühlsame, verständnisvolle, das bequeme Kind, das im Grunde gar nicht Kind war? Was ist mit meiner Kindheit geschehen? Bin ich nicht um sie betrogen worden? Ich kann ja nie mehr zurück. Ich werde es nie nachholen können. Von Anfang an war ich ein kleiner Erwachsener. Meine Fähigkeiten – wurden sie einfach mißbraucht?«

Diese Fragen sind mit sehr viel Trauer und Schmerz verbunden, haben aber immer zur Folge, daß eine neue Instanz im Analysanden sich aufrichtet (wie ein Erbe der Mutter, die es nie gegeben hat) – die aus der Trauer geborene Empathie für das eigene Schicksal. Ein Patient träumte in einer solchen Phase, er hätte vor dreißig Jahren ein Kind umgebracht und niemand hätte ihm geholfen, das Kind zu retten. (Vor dreißig Jahren, ausgerechnet in der ödipalen Phase, fiel es der Umgebung auf, daß das Kind völlig verschlossen wurde, höflich und brav, aber keine Gefühlsregungen mehr zeigte.)

Die Manifestationen des eigenen Selbst werden nun nicht mehr bagatellisiert, nicht mehr verlacht oder verspottet, wenn auch noch lange unbewußt überfahren oder einfach nicht beachtet (genau in der gleichen subtilen Art, wie es die Eltern früher mit dem Kinde taten, als das Kind für seine Bedürfnisse noch keine Sprache hatte). Dann wagen sich auch die bisher abgespaltenen, weil verurteilten, Größenphantasien hervor, und ihr Zusammenhang mit den frustrierten und verdrängten Bedürfnissen nach Beachtung, Respekt, Verständnis, Echo und Spiegelung wird deutlich. Immer wieder ist im Kern dieser Phantasien der früher nie eingestandene Wunsch, z. B.: *Ich* stehe *im Zentrum,* meine Eltern schauen *mich* an und stecken ihre Bedürfnisse zurück (Phantasie: ich bin die Prinzessin, um mich bemühen sich die Bedienten), die Eltern tolerieren, daß ich meine Gefühle auszudrücken versuche, sie lachen mich nicht aus (Phantasie: ich bin ein berühmter Künstler, und alle nehmen mich ernst, auch wenn sie mich nicht verstehen), meine Eltern sind reich an Mut und Gaben und sind nicht auf meine Leistungen angewiesen, brauchen meinen Trost und mein Lächeln nicht (»König und Königin«). Das heißt in der Kindersituation: Ich darf traurig oder glücklich sein, wenn mich etwas traurig oder glücklich macht, aber ich bin niemandem eine Heiterkeit schuldig und muß nicht meinen Kummer oder Angst oder andere Gefühle je nach den Bedürfnissen Anderer unterdrücken. Ich darf böse sein, und niemand stirbt daran, niemand bekommt Kopfweh davon, ich darf toben und und Dinge kaputt machen, ohne die Eltern zu verlieren. Mit Winnicotts Worten: »Ich kann das Objekt umbringen, und es wird überleben« (D. Winnicott, 1971).

Wenn man die *Größenphantasien,* die oft mit zwanghaften oder perversen Begleiterscheinungen einhergehen, als *entfremdete Form dieser echten und legitimen Bedürfnisse* erlebt und verstanden hat, kann die Spaltung aufgehoben werden und die Integration erfolgen.

Wie geht das chronologisch vor sich?

1. In den meisten Fällen ist es am Anfang der Analyse nicht sehr schwer, den Patienten darauf aufmerksam zu machen, wie er mit seinen Gefühlen und Bedürfnissen umgeht und daß dies seine Überlebenschance war. Er fühlt sich enorm erleichtert, wenn man Dinge in ihm ernst- und wahrnimmt, die er bisher abzuwürgen gewohnt war. Man kann ihn aufgrund des gebotenen Materials dar-

auf aufmerksam machen, wie er über seine Gefühle spottet, sie ironisiert, versucht, sie sich auszureden, sie bagatellisiert oder gar nicht wahrnimmt, oder vielleicht erst nach einigen Tagen wahrnimmt, wenn sie schon vergangen sind. Allmählich realisiert der Patient selber, wie er gewaltsam Zerstreuung sucht, wenn er bewegt, erschüttert oder traurig ist. (Als die Mutter des sechsjährigen Kindes starb, sagte die Tante: »Man muß tapfer sein und nicht weinen, geh jetzt in dein Zimmer und spiele schön.«) In vielen Situationen erlebt er sich zwar immer noch *von Anderen her,* sich ständig fragend, wie er wirkt, wie er jetzt *sein müßte, welche Gefühle er haben sollte.* Aber im großen und ganzen fühlt sich der Patient jetzt, in der Anfangsphase, viel freier, er kann dank der Hilfs-Ich-Funktion des Analytikers mehr von sich zu spüren bekommen, wenn ein Teil seiner *gegenwärtigen* Gefühle in der Stunde gelebt und ernstgenommen wird. Für diese Möglichkeit ist er auch sehr dankbar.

2. Nun – dabei bleibt es natürlich nicht. Sobald sich die Übertragungsneurose entwickelt hat, bekommt der Analytiker neben der ersten, die er noch eine Zeitlang beibehält, seine zweite Funktion – die der Übertragungsfigur. Und da tauchen *Gefühle* aus verschiedenen *Stadien* der *Kindheit* auf. Das ist wohl die schwierigste Zeit der Analyse, an Agieren die reichste. Der Patient fängt an, sich zu artikulieren, bricht mit seiner Fügsamkeit, kann aber, aufgrund seiner Kindheitserfahrungen nicht glauben, daß dies ohne Lebensgefahr möglich sein soll. So inszeniert er aus dem Wiederholungszwang heraus Situationen, in denen er die Angst vor Objektverlust, vor Ablehnung, vor der Isolierung auch real erleben muß, den Analytiker mit hineinziehend (als ablehnende oder fordernde Mutter z. B.), um dann die Befreiung zu erleben, daß er das Risiko aushalten und zu sich selbst stehen konnte. Das kann ganz harmlos beginnen. Man wird von Gefühlen überrascht, die man am liebsten nicht wahrgenommen hätte, aber es ist zu spät, das Sensorium für die eigenen Regungen ist bereits freigelegt, es gibt kein Zurück. Und nun muß (aber auch: darf!) der Analysand sich so erleben, wie er es bisher nie für möglich gehalten hat.

Er, der die Geizigen verachtet, ertappt sich plötzlich dabei, daß er unwillkürlich ausrechnet, was die durch ein Telefonat des Analytikers versäumten zwei Minuten seiner Stunde kosten. Er, der bisher nirgends Ansprüche stellte und unermüdlich die Ansprüche der Anderen erfüllte – er wird plötzlich wütend, weil der Analytiker »schon wieder« Ferien macht. Oder es ärgert ihn, neue Leute beim Analytiker zu sehen. Wie kommt das? Es ist doch nicht Eifersucht. Das Gefühl kennt er gar nicht! Und doch ... »Was haben die da zu suchen? Kommen da überhaupt noch andere Leute außer mir?« Bis jetzt hat er das gar nicht realisiert. Zunächst ist es eine große Kränkung, nicht nur gut, verständnisvoll, großzügig, beherrscht und vor allem erwachsen zu sein, wenn die Selbstachtung bisher darauf aufgebaut war. Aber zu dieser Kränkung gesellt sich eine noch viel schwerere, wenn der Analysand *die Introjekte in sich entdeckt* und sich selber in deren Gefängnis sieht. Die Wut, der Anspruch, der Geiz treten ja nicht in einer gezähmten, erwachsenen Form auf, sondern zunächst in der kindlich-archaischen, in der sie verdrängt wurden. Und der Patient ist entsetzt, wenn er feststellt, daß er in der verhaßten Art seines Vaters gewütet hat oder, wie er das nennt, »in den Kleidern seiner Mutter« gestern sein Kind kontrollierte. Dieses Aufleben der Introjekte und die Auseinandersetzung mit ihnen mit Hilfe der Übertragung bilden den Hauptteil der Analyse. Was nicht erinnert werden kann, wird unbewußt inszeniert und auf diesem Wege gefunden. Je mehr der früheren Gefühle zugelassen und erlebt werden, desto stärker und kohärenter fühlt sich der Patient. Dies befähigt ihn, sich Gefühlen der ganz frühen Kindheit auszusetzen und die damalige Hilflosigkeit und Ambivalenz zu erleben, was letztlich wiederum seine Sicherheit stärkt.

Es ist etwas völlig anderes, ob man als Erwachsener einem Menschen gegenüber ambivalente Gefühle hat oder ob man – nach langer Vorgeschichte – sich plötzlich als ein zweijähriges Kind erlebt, das in der Küche vom Hausmädchen gefüttert wird und verzweifelt denkt: »Warum ist Mama jeden Abend weg? Warum hat sie keine Freude an mir? Was ist an mir, daß sie lieber zu den anderen Menschen geht? Was kann ich machen, damit sie bleibt? Ja nicht weinen! ja nicht weinen –«. Damals konnte das Kind nicht in diesen Worten denken, aber in der Stunde auf der Couch war dieser Mann beides: der Erwachsene und auch das zweijährige Kind, und er konnte bitterlich weinen. Es war nicht ein kathartisches Weinen, sondern die Integration seiner frühen Sehnsucht nach der Mutter, die er bisher immer verleugnet hatte. In den auf diese Stunde folgenden Wochen erlebte der Patient die ganze quälende Ambivalenz seiner Mutter gegenüber, die eine erfolgreiche Kinderärztin war. Das bisher »eingefrorene« Bild der Mutter verwandelte sich in das einer Frau mit liebenswürdigen Seiten, die dem Kind keine Kontinuität in der Beziehung geben konnte. »Ich hasse diese ewig kranken Biester, die mir meine Mutter immer weggenommen haben. Ich hasse meine Mutter, weil sie lieber bei ihnen war als bei mir.« In der Übertragung mischen sich Anklammerungstendenzen und Gefühle von Hilflosigkeit mit der lang aufgestauten Wut auf das nicht verfügbare Liebesobjekt. In der Folge verschwand gänzlich eine den Patienten seit langem quälende Perversion, deren Sinn sich nun unschwer entziffern ließ. Seine Beziehungen zu Frauen verloren den ausgesprochen narzißtischen Besetzungscharakter, und der Zwang, zu erobern und zu verlassen, war auf einmal verschwunden.

In diesem Stadium der Analyse werden frühe Gefühle der Ohnmacht, der Wut und des Ausgeliefertseins an das geliebte Objekt erlebt, wie sie früher nie hätten erinnert werden können. Man kann nur etwas erinnern, was man bewußt erlebt hat. Aber die Gefühlswelt eines narzißtisch gestörten Kindes ist ja bereits das Ergebnis einer Selektion, in der das Wesentliche ausgeschieden wurde. Erst in der Analyse werden diese frühen Gefühle, die vom Schmerz des Nichtbegreifenkönnens der frühkindlichen Stufe begleitet sind, zum *erstenmal bewußt erlebt.* Das wahre Selbst ist »im Zustand der Nichtkommunikation«, wie Winnicott schrieb, weil es geschützt werden muß. Nichts wird der Patient so gründlich, so lange und und so tief verstecken müssen wie sein wahres Selbst. Es ist daher jedesmal wie ein Wunder zu sehen, daß trotzdem so viel Eigenes hinter einer solchen Verstellung, Verleugnung, Selbstentfremdung überleben konnte und zutage tritt, wenn durch die Trauerarbeit einmal die Freiheit von den Introjekten erreicht wurde. Und doch wäre es irreführend, wollte man Winnicotts Satz so verstehen, daß hinter dem falschen Selbst ein entwickeltes wahres Selbst versteckt wäre. In einem solchen Fall gäbe es keine narzißtische Störung, sondern ein bewußtes Sich-schützen. Das Kind *weiß* jedoch *nicht,* was es *versteckt.* Ein Patient formulierte es so: »Ich lebte in einem Glashaus, in das meine Mutter jederzeit hineinschauen konnte. In einem Glashaus kann man nichts verstekken, ohne sich zu verraten, außer unter dem Boden. Dann sieht man es aber selbst auch nicht.«

Ein erwachsener Mensch kann auch nur dann seine Gefühle erleben, wenn er ein zugewandtes, empathisches Selbstobjekt internalisiert hat. Menschen mit narzißtischen Störungen hat das gefehlt, sie können deshalb nicht von Gefühlen überrascht werden, denn nur solche Gefühle finden bei ihnen Zutritt, die die innere Instanz, die Erbin der Eltern, zuläßt und gutheißt. Die Depression, die innere Leere, ist der Preis, der für diese Kontrolle bezahlt werden muß. Um zu Winnicotts Satz zurückzukommen: das wahre Selbst kann nicht kommunizieren, weil es in einem unbewußten, und daher unentwickelten, Zustand geblieben ist, in einem inneren Gefängnis. Der Umgang mit Gefängniswärtern begünstigt keine lebendige Entwicklung. Erst nach der Befreiung in der Analyse *fängt das Selbst an, sich zu artikulieren,* zu wachsen und seine Kreativität zu entwickeln. Und wo früher nur die gefürchtete Leere oder die gefürchteten grandiosen Phantasien zu finden waren, tut sich ein unerwarteter Reichtum an Lebendigem auf. Es ist nicht eine Heimkehr, denn das Heim hat es nie gegeben. Es ist eine Heimfindung.

3. Die Phase der Trennung vom Analytiker beginnt, wenn der Analysand *eine stabile Fähigkeit zu trauern* erworben hat und sich auch Gefühlen aus der Kindheit aussetzen kann, ohne dabei ständig auf den Analytiker angewiesen zu sein.

Die Situation des Psychoanalytikers

Man hört oft die Behauptung, daß Psychoanalytiker an einer narzißtischen Störung leiden. Die bisherigen Ausführungen wollten deutlich machen, inwiefern man diese Behauptung nicht nur induktiv auf erfahrene Tatsachen stützen, sondern sie auch deduktiv aus der Art der *Begabung* zum Analytiker ableiten könnte. Seine Sensibilität, seine Fähigkeit zur Einfühlung, zu intensiven und differenzierten Gefühlen, seine übermäßige Ausstattung mit »Antennen« prädestinieren ihn ja geradezu dazu, als Kind von narzißtisch Bedürftigen gebraucht – wenn nicht mißbraucht – zu werden.

Natürlich gibt es theoretisch auch die Möglichkeit, daß ein in dieser Richtung begabtes Kind bei Eltern aufgewachsen ist, die diesen Mißbrauch nicht nötig hatten, d. h. das Kind in seinem Wesen sahen, verstanden, *seine* Gefühle ertrugen und respektierten. Dieses Kind hätte dann einen gesunden Narzißmus entwickelt. Es ist aber kaum anzunehmen,

1. daß es später den Beruf des Psychoanalytikers ergreift,
2. daß es das geeignete Sensorium für den Anderen in dem Maße ausbilden und entwickeln wird wie die »narzißtisch gebrauchten« Kinder,
3. daß es je – *aufgrund eigenen Erlebens* – genügend verstehen wird, was es heißt, sein Selbst »getötet zu haben«.

So meine ich, daß gerade unser Schicksal nicht minder als unsere Begabung uns befähigt, den Beruf des Psychoanalytikers auszuüben, wenn wir in der Lehranalyse die Möglichkeit bekommen, mit der Wahrheit unserer Vergangenheit zu leben und auf die gröbsten Illusionen zu verzichten. Das hieße, das Wissen auszuhalten, daß wir auf Kosten unserer Selbstverwirklichung genötigt waren, die unbewußten Bedürfnisse unserer Eltern zu befriedigen, um das geliebte Objekt nicht zu verlieren. Es hieße weiter, die Auflehnung und Trauer über die *Nichtverfügbarkeit der Eltern für unsere primären narzißtischen Bedürfnisse* erleben zu können. Haben wir unsere Verzweiflung und die daraus entspringende narzißtische Wut nie gelebt und infolgedessen nie verarbeitet, so können wir in die Gefahr kommen, die unbewußt gebliebene Situation der eigenen Kindheit auf den Patienten zu übertragen. Denn wen würde es verwundern, wenn diese unbewußte Wut keinen anderen Weg finden würde, als wiederum ein schwächeres Wesen dazu zu benutzen, es sich an Stelle der Eltern verfügbar zu machen. Das läßt sich am leichtesten mit eigenen Kindern und mit Patienten machen, die zuweilen wie Kinder vom Analytiker abhängig sind. Ein analytisch begabter Patient, ein Patient mit »Antennen« für das Unbewußte des Analytikers, wird prompt darauf reagieren. Er wird ein vollendetes Bild seines Ödipuskomplexes vor dem Analytiker ausbreiten, mit allen gewünschten Affekten und Einsichten. Allein – es wird ein »Als-ob-Ödipus« sein, eine Abwehr seiner wahren Gefühle. Erst wenn man ihm Zeit und Raum läßt, sein wahres Selbst sich entwickeln und reden zu lassen und darauf zu hören, entfaltet sich vor den beiden (Analysand und Analytiker) die unbekannte, einmalige Geschichte *seines* ödipalen Schicksals, die langsam auftaucht und keiner Theorien bedarf, aber für beide erschütternd ist, weil sie die *in Schmerzen gefundene Wahrheit* erzählt.

Das gilt nicht nur für den Ödipuskomplex, das gilt für alles. Ein solcher Analysand wird sich auch schnell autonom »fühlen« und wird so reagieren, wenn er spürt, daß es dem Analytiker wichtig ist, schnell autonome Analysanden mit sicherem Auftreten zu bekommen. Das kann er auch, er kann alles, was von ihm erwartet wird. Aber diese »Autonomie« mündet in die Depression, weil sie keine echte ist. Der echten geht das Erlebnis der Abhängigkeit voraus, zunächst von Partnern und vom Analytiker und anschließend von den primären Objekten. Erst *jenseits* des tief ambivalenten Gefühls der *kindlichen Abhängigkeit* liegt die echte Befreiung.

Die narzißtischen Wünsche des Analytikers nach Bestätigung, Echo, Verstanden- und Ernstgenommenwerden befriedigt der Patient, wenn er solches Material bringt, das zum gelernten Rüstzeug des Analytikers, zu seinen Konzepten, folglich zu seinen Erwartungen paßt. Der Analytiker übt damit die gleiche Art *unbewußter Manipulation* aus, der er als Kind selbst ausgesetzt war. Die bewußte Manipulation hat er ja längst durchschaut und sich von ihr freigemacht. Er lernte auch, »nein« sagen, seine Ansichten vertreten und durchsetzen zu können. Aber die unbewußte Manipulation ist für ein Kind niemals durchschaubar. Sie ist die Luft, die es atmet, es kennt keine andere, und sie erscheint ihm als die einzig normale.

So durfte z. B. ein Analysand als Kind nicht traurig sein und nicht weinen, ohne zu spüren, daß er seine geliebte Mutter unglücklich und zutiefst unsicher machte, denn »Heiterkeit« war die Eigenschaft, die ihr seinerzeit als Kind das Leben gerettet hatte. Tränen bei ihren Kindern drohten ihr Gleichgewicht zu erschüttern. Aber das hochsensible Kind spürte in sich den ganzen abgewehrten Abgrund dieser Mutter, die als Kind im Konzentrationslager gewesen war und nie davon gesprochen hatte. Erst als der Sohn erwachsen war und sie mit Fragen angehen konnte, erzählte sie, daß sie eines von achtzig Kindern gewesen war, die zuschauen mußten, wie ihre Eltern in die Gaskammer gingen. Keines der Kinder hätte geweint!

Der Sohn hatte in seiner ganzen Kindheit versucht, heiter zu sein, und konnte sein wahres Selbst, seine Gefühle und Ahnungen nur in zwanghaften Perversionen leben, die ihm bis zur Analyse fremd, beschämend und unverständlich vorkamen. (Das Selbstbeschämende in Perversionen und Zwangshandlungen ist oft als Introjektion der Befremdung der Eltern den ganz natürlichen kindlichen Triebregungen gegenüber zu verstehen. Eine »normale« Sexualbefriedigung evoziert noch kein Entsetzen der introjizierten Mutter wie früher der realen, aber eine pervertierte kann sicher damit rechnen.

Gegen diese Art von Manipulation in der Kindheit ist man völlig wehrlos. Das Tragische ist, daß auch die Eltern diesem Geschehen wehrlos ausgeliefert sind, von dem sie oft nichts wissen und an dem sie, auch wenn sie es ahnen, nichts ändern können. Bewußt wird da alles andere versucht, ehrlich und mit vollem Einsatz der eigenen Möglichkeiten. Unbewußt setzt sich aber die Tragik der elterlichen Kindheit in der Beziehung zu den eigenen Kindern fort.

Ein anderes Bespiel mag das noch deutlicher illustrieren: Ein Vater, der als Kind öfters über die Angstanfälle seiner zeitweise schizophrenen Mutter erschrocken war, ohne daß jemand ihm eine Erklärung gegeben hätte, erzählte seiner kleinen geliebten Tochter gerne Schauergeschichten. Über ihre Angst machte er sich lustig, um sie anschließend immer mit dem Satz zu beruhigen: das ist doch eine erfundene Geschichte, du brauchst dich nicht zu fürchten, du bist bei mir. So konnte er die Angst des Kindes manipulieren und sich stark dabei fühlen. Bewußt wollte er dem Kind etwas Gutes geben, etwas, das er selber entbehrte, nämlich Beruhigung, Schutz, Erklärung. Was er ihm aber unbewußt auch vermittelte, war die Angst seiner Kindheit, die Erwartung eines Unglücks und die ungeklärte Frage (auch seiner Kindheit): *Warum macht mir der Mensch, den ich liebe* und der mich liebt, *so viel Angst?*

Jeder Mensch hat wohl in sich eine mehr oder weniger vor sich selbst verborgene Kammer, in der sich die Requisiten seines Kindheitsdramas befinden. Vielleicht ist es sein geheimer Wahn, seine geheime Perversion oder ganz schlicht der unbewältigte Teil seines Kinderleidens. Die einzigen Menschen, die mit Sicherheit Zutritt zu dieser Kammer bekommen werden, sind seine Kinder. Mit den eigenen Kindern kommt neues Leben in die Kammer, das Drama erfährt seine Fortsetzung. Allein – das Kind hatte keine Möglichkeit, mit diesen Requisiten frei zu spielen, seine Rolle verschmolz ihm mit dem Leben; es konnte auch keine Erinnerung an dieses Spiel in sein späteres Leben hinüberretten, es sei denn durch seine unbewußte Wiederholung in einer Analyse, wo ihm seine Rolle zur Frage werden kann. Die Requisiten machten ihm zwar manchmal Angst, es konnte sie mit der sonstigen vertrauten Person seiner Mutter oder seines Vaters nicht in Zusammenhang bringen, begreiflicherweise, denn sie verkörperten ja den abgespaltenen, nicht integrierten Teil der Eltern. Aber das Kind kann diesen Widerspruch gar nicht bewußt erleben, es nimmt einfach alles hin und entwickelt höchstens Symptome. Und dann, in der Analyse, tauchen die Gefühle auf: Gefühle des Entsetzens, der Verzweiflung und Auflehnung, des Mißtrauens und – falls die Rekonstruktion des elterlichen Schicksals gelingt – des Mitleids und der Versöhnung.

Ist es wohl ein Zufall, daß gerade Heinrich Pestalozzi, der von seinem sechsten Lebensjahr an vaterlos aufgewachsen und trotz Mutter und Kinderfrau emotional verwahrlost war, ausgerechnet bei seinem einzigen Sohn die Idee hatte, ihn nach der Methode Rousseaus zu erziehen, während er andererseits fähig war, den fremden Waisenkindern echte spontane Wärme und »Väterlichkeit« zu geben?

Der Sohn wuchs schließlich verwahrlost auf, galt im Alter von zehn Jahren als »geistesschwach«, war für Pestalozzi die Ursache vieler Schmerzen und Schuldgefühle und starb mit dreißig Jahren.

Und es ist Pestalozzi, der einmal gesagt haben soll: »Du kannst den Teufel aus deinem Garten verjagen, doch im Garten deines Sohnes findest du ihn wieder.« Psychoanalytisch würde man sagen: es sind die abgespaltenen, nicht integrierten Teile der Eltern, die vom Kind introjiziert werden.

Schlußbemerkungen

Je mehr man Einsicht gewinnt in die ungewollte, unbewußte Manipulation der Kinder durch die Eltern, desto weniger bleiben einem Illusionen über die Veränderbarkeit der Welt und die Neurosen-

Prophylaxe erhalten. Es scheint mir: wenn wir überhaupt etwas tun können, dann unsere narzißtische Störung so zu verarbeiten, unsere abgespaltenen Teile so weit zu integrieren, daß wir es nicht mehr so nötig haben, unsere Patienten von unseren Theorien her unbewußt zu manipulieren, und sie das werden lassen können, was sie sind. Erst das schmerzhafte Erlebnis und die Annahme der eigenen Wahrheit macht uns von der Hoffnung relativ frei, doch noch die verstehende, empathische Mutter – vielleicht im Patienten – zu finden und sie sich – mit klugen Deutungen – verfügbar machen zu können.

Diese Versuchung ist nicht zu unterschätzen: selten oder niemals hat uns wohl die eigene Mutter mit der Aufmerksamkeit zugehört, wie ein Patient es meistens tut, und niemals hat sie uns so aufrichtig und für uns verständlich ihr Inneres preisgegeben, wie es zuweilen die Patienten tun. Aber die nie abgeschlossene Trauerarbeit unseres Lebens wird uns helfen, dieser Illusion nicht zu verfallen. Eine Mutter, wie wir sie einmal dringend gebraucht hätten – empathisch und offen, verstehend und verständlich, verfügbar und verwendbar, durchsichtig, klar, ohne unbegreifliche Widersprüche, ohne beängstigende Requisitenkammer –, eine solche Mutter haben wir nicht gehabt, und die kann es ja gar nicht geben, denn jede Mutter hat in sich ein Stück »unbewältigter Vergangenheit«, das sie dem Kind unbewußt vermittelt. Jede Mutter kann nur da empathisch sein, wo sie von ihrer Kindheit freigeworden ist, und *muß* unempathisch reagieren, sofern sie durch Verleugnungen ihres Schicksals unsichtbare Ketten trägt.

Was es aber gelegentlich gibt, sind solche Kinder: intelligent, wach, aufmerksam, hochsensibel und, weil ganz auf das Wohl der Mutter ausgerichtet, auch verfügbar, verwendbar und vor allem durchsichtig, klar, berechenbar, manipulierbar – solange ihr wahres Selbst (ihre Gefühlswelt) im Keller des durchsichtigen Hauses bleibt, in dem sie wohnen müssen... zuweilen bis zur Pubertät oder bis zur eigenen Analyse und nicht selten, bis sie selber Eltern geworden sind.

In den »Lettres de Mon Moulin« von Alphonse Daudet habe ich eine Erzählung gefunden, die etwas bizarr klingen mag, aber viel Gemeinsames mit diesen Ausführungen hat. Zum Abschluß möchte ich ihren Inhalt verkürzt wiedergeben.

Es war einmal ein Kind mit einem goldenen Gehirn. Die Eltern merkten es erst zufällig, bei einer Kopfverletzung, als statt Blut etwas Gold aus seinem Kopf herausfloß. Sie fingen an, das Kind sorgsam zu behüten und verboten ihm den Umgang mit anderen Kindern, damit es nicht bestohlen werde. Als der Junge groß war und in die Welt hinaus wollte, sagte die Mutter: »Wir haben so viel für dich getan, wir sollten doch auch an deinem Reichtum teilhaben.« Da nahm der Sohn ein großes Stück Gold aus seinem Gehirn und gab es der Mutter. Er lebte von seinem Reichtum auf großem Fuß, mit einem Freund zusammen, der ihn aber nachts einmal bestahl und sich davonmachte. Da beschloß der Mann, fortan sein Geheimnis zu hüten und zu arbeiten, weil sich die Vorräte zusehends verminderten. Eines Tages verliebte er sich in ein schönes Mädchen, das ihn auch liebte, aber nicht minder die schönen Kleider, die es von ihm in Fülle bekam. Er heiratete das Mädchen und war glücklich, aber die Frau starb nach zwei Jahren, und für ihr Begräbnis, das großartig sein mußte, gab der Mann sein ganzes restliches Vermögen aus. Einmal schlich er durch die Straßen, schwach, arm und unglücklich; da sah er im Schaufenster schöne Stiefelchen, die seiner Frau genau gepaßt hätten. Er vergaß, daß die Frau nicht mehr am Leben war – vielleicht, weil sein entleertes Gehirn nicht mehr arbeiten konnte –, und trat in den Laden ein, um die Stiefelchen zu kaufen. Aber in dem Moment stürzte er, und der Verkäufer sah einen Toten auf dem Boden liegen.

Daudet, der selbst an einer Rückenmarkkrankheit sterben sollte, schreibt am Schluß: »Diese Geschichte scheint erfunden zu sein, aber sie ist wahr vom Anfang bis zum Ende. Es gibt Menschen, die für die geringsten Dinge im Leben *mit ihrer Substanz* und ihrem Rückenmark zu bezahlen haben. Das ist für sie ein immerwiederkehrender Schmerz. Und dann, wenn sie des Leidens müde sind...«

Gehört nicht die Mutterliebe zu den »geringsten«, aber auch unentbehrlichsten Dingen im Leben, die viele Menschen – paradoxerweise – mit dem Verzicht auf ihre Lebendigkeit bezahlen müssen?

THEA BAURIEDL

Der Therapeut ist mitbetroffen und mitbeteiligt

[...]das Veränderungsprinzip der Psychoanalyse beruht darauf, daß der Therapeut sich auf die Wahrnehmung seines eigenen Betroffenseins von und seiner eigenen Beteiligung an dem gemeinsamen System einläßt. Dieser Vorgang ist nicht durch theoretische Einsichten herstellbar. Er wird nur in dem Maß möglich, wie der Therapeut die Allmachtsphantasie aufgeben kann, daß er ein Mechaniker ist, der nur agiert, nicht reagiert, nicht mitagiert, nicht in seiner ganzen psychophysischen Existenz ein Teil des Ökosystems ist, in dem er lebt. Diese Erkenntnis gilt sicher für jeden Menschen, nicht nur für Psychotherapeuten. Allmachtsphantasien, in unserer technischen Welt zumeist als normal angesehen, haben ihre psychodynamischen Gründe. Sie dienen zur Vermeidung des sonst unerträglichen Gefühls von Ohnmacht, Abhängigkeit und Ausgeliefertsein. Wieviel Angst tritt auf, wenn ich mir deutlich mache, daß und wie sehr ich der atomaren Bedrohung und der Bedrohung durch eine Umweltkatastrophe ausgeliefert bin! Ähnlich bedrohlich ist es auch oft, wahrzunehmen, wie sehr man als Psychotherapeut von den impliziten Geboten und Verboten seiner Patienten abhängt, wie sehr man auf die Wertschätzung durch die Patienten angewiesen ist, und wie sehr einen eine Abwertung durch Patienten trifft. Wenn man dann noch sieht, daß die eigenen Interventionen, auch wenn sie als technische Notwendigkeiten rationalisiert werden können, von der jeweiligen Abwehrlage im »therapeutischen System« abhängen, dann könnte man glauben, als Therapeut eigentlich ganz und gar ohnmächtig zu sein. Lieber verzichtet man da bewußt oder unbewußt auf das Erleben und die Reflexion dieser Abhängigkeiten.

Ähnlich geht es mit dem Sich-beteiligt-Fühlen. Hier sind es vor allem Schuldgefühle, die uns abhalten, die eigene Beteiligung an einem System zu erkennen, das wir als pathologisch oder pathogen ansehen. Wenn ich mir klarmachen soll, in welchem Ausmaß ich durch meine Lebensgewohnheiten an der allgemeinen Zerstörung der Umwelt beteiligt bin, und in welchem Ausmaß ich durch Passivität und Verdrängung an der Eskalation der Rüstungsspirale beteiligt bin, dann sehe ich doch lieber die Schuld nur bei der Großindustrie und bei ökonomischen Gesetzmäßigkeiten, beziehungsweise die Ursachen der uns alle bedrohenden Situation als Eigengesetzlichkeit des Systems, mit dem ich als Einzelperson nichts mehr zu tun habe. Hier fühle ich mich lieber ohnmächtig als schuldig und projiziere die Schuld auf andere, jedenfalls weg von mir. Auch als Therapeut bin ich darauf bedacht, eine »schiefe Ebene« zwischen mir und den Patienten herzustellen, auf der alle Pathologie und damit in gewissem Sinn auch alle Schuld zu diesen hin »abrutscht«, sobald ich die Schuldgefühle, die ich beim Erkennen meiner eigenen Beteiligung an der Symptomatik der Patienten bekäme, nicht mehr ertragen kann. Lieber fühle ich mich auch hier ohnmächtig in bezug auf die »schwere Erkrankung« des Patienten, als daß ich von meiner Komplementärneurose oder Komplementärpsychose Kenntnis nehme, die ich in Reaktion auf den Patienten und aus eigener Reaktionsbereitschaft ausgebildet habe. Damit folge ich der allgemeinen, mein Selbstwertgefühl schützenden Vorstellung: ein Psychotherapeut muß selbst psychisch gesund sein, und weil er das sein muß, ist er es eben auch.

Diese von Normen gegen Angst und Schuld geprägte Haltung erhält zwar kurzfristig die Phantasie von der eigenen Unabhängigkeit, Unschuld und Gesundheit aufrecht, sie läßt aber dem Therapeuten und damit auch dem Patienten keine Entwicklungschance. In dem Maße wie der Therapeut auf der Beziehungsschaukel die Rolle des »Gesunden« für sich selbst reservieren muß, bleibt für den Patienten nur die Rolle des »Kranken« übrig. Das ist in therapeutischen Beziehungen nicht anders als in Familienbeziehungen, in denen einer der »Kranke« ist und andere die »Gesunden« sind. Erst in dem Maß, wie das eigene Betroffensein erlebt werden kann, kann der in diesem Erleben enthaltene Leidensdruck auch beim »Gesunden« zum Veränderungswunsch werden. Erst wenn ich meine durch Größenphantasien unterdrückten Wünsche und Nöte wieder erleben kann, kann ich etwas dafür tun, daß es mir besser geht. Freud würde sagen: erst in dem Maß, wie die Angst als Signal für eine drohende Gefahr erlebt werden kann, tritt eine Veränderung ein. Solange Angst als Signal zur Abwehr bzw. zur Verleugnung der Gefahr dient, bleibt der gefährliche Status quo erhalten.

Auch die Erkenntnis der eigenen Beteiligung an dem bestehenden System bringt die Veränderungsmöglichkeit mit sich. Beteiligtsein an einem System bedeutet nicht nur Beteiligtsein an dessen Aufrechterhaltung, sondern auch Beteiligtsein an dessen Veränderungsmöglichkeit. Wenn ich also erkenne, wie ich selbst an der gemeinsamen Abwehr beteiligt bin und es riskiere, diesen meinen Abwehranteil schrittweise aufzugeben, verändert sich mit mir das ganze System – wegen der Korrespondenz zwischen intrapsychischem und interpsychischem System. In diesem Gedanken liegt die ganze Hoffnung und auch die Chance der psychoanalytischen Haltung.

Über die Aktualität der Psychoanalyse in unserer gegenwärtigen gesellschaftlichen und politischen Situation

Auch Psychotherapeuten sind Teil des gesellschaftlichen Systems, in dem sie leben, auch sie sind von dessen Problemen und Lösungsmöglichkeiten mitbetroffen und an ihnen mitbeteiligt. Deshalb ist es nicht verwunderlich, daß so viele Parallelen zwischen Psychotherapie und Politik (im weitesten Sinn) deutlich werden, wenn man anfängt, das eigene Eingebundensein in die verschiedenen Systeme zu sehen, in denen man lebt. Der hier beschriebene systemische Aspekt der Psychoanalyse wird leider sehr häufig auch von Psychoanalytikern übersehen oder nicht für wichtig gehalten. Trotzdem glaube ich, daß ich, indem ich ihn betone, auf eine Richtung hinweise, in der für die Psychoanalyse eine ihrem ursprünglichen Ansatz entsprechende neue Bedeutung entstehen kann. Keine psychotherapeutische Schule hat die anderen Schulen und unsere gesamte Kultur so nachhaltig beeinflußt wie die Psychoanalyse mit ihrem Anliegen, verleugnete und unterdrückte Anteile im Individuum und in der Gesellschaft aufzudecken und dadurch zu einer ständigen revolutionären Veränderung beizutragen. Der Respekt vor den dabei auftretenden Ängsten und Widerständen machte eine Haltung möglich, die dem Unbewußten eine Chance zur selbstheilenden Regenerierung gibt, die eine völlig andere Qualität von Heilungsprozeß darstellt, als er durch auf Verhaltensmodifikation beschränkte Methoden erreichbar ist.

Wenn sich nun die Psychoanalyse heute den aktuellen Gegebenheiten und Notwendigkeiten entsprechend darauf besinnt, daß in Freuds Erkenntnissen ein Selbstverständnis des Psychoanalytikers enthalten ist, das ihn als Teil des therapeutischen Systems erkennbar macht, von diesem mitbetroffen und an ihm mitbeteiligt, dann kann meiner Ansicht nach von der Psychoanalyse ein neuer Impuls ausgehen, der wiederum die anderen Psychotherapieformen und auch unsere gegenwärtige Kultur und Gesellschaft anregen und verändern kann. Psychoanalyse braucht sich nicht auf ein individualistisches Selbstverständnis oder Selbstmißverständnis festzulegen oder festlegen zu lassen. Sie hat dieses Selbstverständnis, das die Abhängigkeiten von der Umwelt verleugnet, längst als pathologische Größenphantasie erkannt.

Aber obwohl uns all diese theoretischen Einsichten zur Verfügung stehen, denken auch wir Psychoanalytiker oft in einem abgespalten technischen Sinn, das heißt: ohne uns selbst und unsere auf ganz persönlichen Wünschen und Ängsten beruhenden Beweggründe in die Betrachtung einzubeziehen. Auch hier sehe ich die Parallele zur allgemeinen gesellschaftlichen Situation: zwar ist uns die Not bekannt, in die uns unser technischer Größenwahn gebracht hat, und doch meinen wir immer wieder, nicht auf ihn verzichten zu können. Immer wieder phantasieren wir uns als außerhalb unseres Ökosystems stehend. Immer wieder müssen wir die Angst- und Ohnmachtsgefühle vermeiden, die mit der Erkenntnis verbunden sind, daß wir nie wirklich einen Außenstandpunkt gegenüber irgendeinem System einnehmen können. Der archimedische Punkt, von dem aus man die Welt aus den Angeln heben könnte, ist eine unerreichbare Fiktion. Wir stehen zu allem und jedem in irgendeiner Beziehung, in der unsere Wünsche und Ängste, auch die unbewußten, eine Rolle spielen. Allzulange haben wir in diesen Beziehungen unsere lebendigen Bedürfnisse zugunsten des Fortschrittsglaubens und der Phantasie von der Bewältigung der Umwelt vernachlässigt. Allzulange haben wir geglaubt, außen unter Kontrolle bringen zu müssen und zu können, was uns in unserem eigenen Inneren bedrohte. Wir haben versucht, die als Not erlebte Abhängigkeit von unserer Umwelt und von unserer Innenwelt loszuwerden. Wir entwickelten immer neue Techniken, um dieses Ziel zu erreichen. Die Techniken konnten uns aber in Wirklichkeit nur immer wieder eine Verschiebung der Not, eine Verschiebung aus unserem unmittelbaren Blickfeld ermöglichen, solange, bis die »neue Not« existenzbedrohend für uns alle wurde. Ich glaube, es ist höchste Zeit, sich um die kollektive Verleugnung von Abhängigkeit zu kümmern, die die Grundlage dieser megalomanen Entwicklung darstellt, und an der jeder von uns beteiligt ist.

Der Psychoanalyse war längst bekannt, daß das Schwache, Unterdrückbare, scheinbar Überflüssige als ein lebensnotwendiger Teil des Ganzen anzusehen ist. Hierin entsprachen ihre Erkenntnisse schon lange denen der modernen Ökologie. In der Ökologie wird immer deutlicher, daß wir auf das »Schwache« und das »Leise«, das sich leicht verdrängen und ausrotten läßt, wie zum Beispiel auf den Wald oder auf bisher als nutzlos angesehene Tiere, nicht verzichten können, weil sie Teil unserer eigenen Lebensgrundlage sind. Unsere Abhängigkeiten werden immer deutlicher. Und trotz all dieser Einsichten sind auch wir Psychoanalytiker oft der Meinung, daß die Verbesserung der psychotherapeutischen Technik unter pragmatischen Erwägungen, nämlich zum Zweck der möglichst raschen Symptombeseitigung, das Ziel aller Ziele ist. Wir halten uns für potent, wenn wir unsere Umwelt in den Griff bekommen, wenn wir das Symptom unseres Patienten, das uns Ohnmachtsgefühle macht, bewältigt haben. Dabei vernachlässigen wir oft die Erkenntnis unserer Beteiligung am gemeinsamen System, das da heißt: Konflikte werden nicht ausgetragen, sondern der störende Ausdruck ungelöster Konflikte wird beseitigt. »Mitagierend« versuchen wir den Patienten möglichst rasch von einem »dysfunktionalen« in einen »funktionalen« Zustand überzuführen – dies alles zur Bestätigung der eigenen Allmacht und Unabhängigkeit. Unkritisch wird die »Verbesserung« des Werkzeugs betrieben, ohne jeweils die Motivation des das Werkzeug entwickelnden und gebrauchenden Psychotherapeuten mit zu untersuchen.

Psychoanalyse bedeutet Analyse der Personen und ihrer individuellen und kollektiven Motive, und damit auch Relativierung der von ihnen angewandten Verhaltensweisen und Techniken. In diesem Sinn wäre Psychoanalyse auch oft uns Psychoanalytikern selbst in stärkerem Maß nötig, als wir das zulassen. Unsere persönliche Motivation zu untersuchen, d. h. uns selbst als Behandler im umfassenden Sinn mit all unserer Ambivalenz als Teil des therapeutischen Systems zu sehen, ist allerdings ungleich schwieriger und ängstigender als bestimmte Therapiemethoden zu idealisieren oder zu verdammen. Technologiekritik, die die Auswirkungen und eventuellen Schäden von Technik untersucht, muß ergänzt werden durch Ideologiekritik, und das bedeutet Motivations- und Beziehungsanalyse.

Hier kann und muß die Psychoanalyse einen wichtigen Beitrag leisten, denn sie kennt die Wege und deren Hindernisse, die zur Erkenntnis auch der unbewußten Motivationsanteile führen. Wegen des Zusammenhangs zwischen dem intraindividuellen und dem interindividuellen System kann ich als Psychoanalytikerin wissen, daß in einer Beziehung keine wirkliche »Abrüstung« vor sich gehen kann, wenn ich selbst meine »Rüstung« nicht ablege. Wenn ich selbst nicht fähig und bereit bin, unausgetragene Konflikte auszutragen, sondern hoffe, daß sich die Probleme lösen, ohne daß ich meine Beteiligung daran wahrnehmen und entsprechende Konsequenzen ziehen muß, dann kann ich höchstens eine »Verschiebung der Not« bewirken, weil alle meine Interventionen »im System« bleiben werden. In dieser Überlegung liegt auch eine Möglichkeit, ökonomisch zu denken. Ich kann mir nämlich bei genauer Beziehungsanalyse viele Interventionen ersparen, die in diesem Sinn systemimmanent sind und Kraft, Zeit und Geld verbrauchen, ohne zur Veränderung des Systems beizutragen.

Abschließend möchte ich noch einmal hervorheben, daß ich hier keine neue Methode beschreiben wollte, die als Methode mit der systemtherapeutischen oder mit der klassisch-psychoanalytischen – wie immer diese definiert sein mag – verglichen werden kann. Ich wollte auf die der Psychoanalyse spezifische Systemsicht aufmerksam machen, die die Betrachtung des interindividuellen Systems mit der des intraindividuellen Systems verbindet, und zwar unter Beachtung der unbewußten Beziehungsdynamik. Läßt sich ein Psychoanalytiker auf diese Systemsicht ein, so daß er sich selbst als Teil des jeweiligen Systems versteht, in dem er lebt, dann gewinnt er Zugang zu Veränderungsmöglichkeiten, die nicht mehr nur durch weitere Verdrängung aus einer alten eine neue Not machen. Ich wollte auch darauf hinweisen, daß Systemimmanenz in diesem psychoanalytischen Sinn bedeutet, das Betroffensein von und das Beteiligtsein an dem jeweiligen System, in dem man sich befindet, *nicht* wahrzunehmen. Ein »Aussteigen« aus dem System, beziehungsweise eine Veränderung des Systems, ist deshalb nur durch »Einsteigen«, das heißt durch das Wahrnehmen des eigenen Beteiligtseins und der damit verbundenen Not möglich. Dieses Wahrnehmen der eigenen Beteiligung wird aber zumeist aus Angst vor Schuld- und Ohnmachtsgefühlen vermieden. Statt dessen phantasieren auch wir Psychotherapeuten uns als »Techniker«, die »zum Besten ihrer Patienten bestimmte Maßnahmen ergreifen müssen«. Diese Phantasie scheinbarer Größe und Unabhängigkeit ist die psychische Grundlage des unreflektierten Fortschrittsglaubens, der uns in die uns alle so sehr bedrohende politische und ökologische Situation gebracht hat. Die Frage, ob das Betroffensein von und das Beteiligtsein an dem System, in dem wir uns befinden, von uns erlebt wird oder nicht, entscheidet sowohl in der Psychotherapie als auch in der Politik darüber, ob wir eine Chance haben, Leben zu erhalten, bzw. von Abwehr und Ideologie unterdrücktes Leben zurückzugewinnen, oder ob wir durch immer neue Technologien immer mehr Leben »unter Kontrolle bringen« müssen und dadurch zwangsläufig zerstören.

[illegible] die [illegible] Systeme in ihre spezifische Systemsicht aufzunehmen, [illegible] die Systemkultur der modernen [illegible] Systeme [illegible] individuellen Systeme [illegible], und zwar in der Beachtung der [illegible] Beziehungen [illegible] sich auf [illegible] dieses System [illegible] ist, so daß er sich selbst [illegible] der [illegible] Systeme [illegible] erfährt, damit [illegible] der Zustand [illegible] Veränderungsmöglichkeiten, die [illegible] durch [illegible]. Ich wollte [illegible] dieses [illegible] diesem [illegible] das [illegible] und das [illegible] in einem [illegible] System in dem man sich [illegible] aus dem [illegible] des Systems [illegible] deshalb nur durch [illegible] Weise durch die [illegible] verbunden [illegible]. Dieses [illegible] Bedeutung wird [illegible] und [illegible] vermindert [illegible] auch [illegible] Paradigmas [illegible] Maximum [illegible]. Diese [illegible] Größe [illegible] ist die [illegible] Grundlage [illegible] die [illegible] politische und ökonomische Situation [illegible] und die [illegible] System [illegible] daß [illegible] wird [illegible] als [illegible] zu [illegible] von [illegible] und [illegible] Leben [illegible] oder [illegible] durch [illegible] neue [illegible] und dadurch [illegible].

V. DIE KRAFT DER BEGEGNUNG
Gruppen

IRVIN D. YALOM

Heilfaktoren der Gruppentherapie

Einflößen von Hoffnung

Das Einflößen und Erhalten von Hoffnung ist in jeder Psychotherapie entscheidend; Hoffnung ist nicht nur erforderlich, damit der Patient in der Therapie bleibt, bis andere Heilfaktoren wirksam werden können, sondern das Vertrauen zu einer Behandlungsweise kann in sich selbst schon therapeutisch wirksam sein. Mehrere Befragungen haben erbracht, daß eine hohe Erwartung, man werde in der Therapie Hilfe finden, mit einem positiven Therapieergebnis signifikant korreliert. Man denke auch an die eindrucksvollen Daten, die die Wirksamkeit des Gesundbetens und der Placebobehandlung dokumentieren, Therapien, die ausschließlich auf Hoffnung und Überzeugung beruhen.

In Therapiegruppen sind immer Menschen, die an verschiedenen Punkten eines von Bewältigung bis Zusammenbruch reichenden Kontinuums stehen. Patienten sehen andere Gruppenmitglieder (oder hören von ihnen), die in der Gruppe Fortschritte gemacht haben. Oft begegnen sie auch Patienten, die ähnliche Schwierigkeiten wie die eigenen gehabt haben und mit ihnen wirksamer fertig geworden sind. Aus diesem Grund behauptet Hadden in seiner Schilderung der Gruppentherapie mit Homosexuellen, es müsse in jeder Gruppe Patienten in verschiedenen Stadien der Genesung geben. Ich habe oft Patienten am Ende ihrer Behandlung sagen hören, wie wichtig es für sie gewesen sei, die Besserung anderer miterlebt zu haben. Gruppentherapeuten sollten sich keineswegs zu gut sein, sich diesen Faktor zunutze zu machen, indem sie immer wieder auf die Fortschritte von Gruppenmitgliedern aufmerksam machen. Mitglieder von Therapiegruppen geben oft von sich aus Zeugnis davon, wenn neue, noch nicht überzeugte Mitglieder in die Gruppe eintreten.

Von einigen Gruppentherapien wird das Einflößen von Hoffnung sehr stark betont. Ein Großteil der Zusammenkünfte der Gesellschaft für Genesung und der Anonymen Alkoholiker ist dem Zeugnisablegen gewidmet. Mitglieder der erstgenannten Gruppe berichten von potentiell belastenden Vorfällen, bei denen sie durch die Anwendung der Methoden ihrer Vereinigung Spannung vermieden haben. Erfolgreiche Mitglieder der Anonymen Alkoholiker erzählen bei jeder Zusammenkunft die Geschichte ihres Abstiegs und ihrer Rettung. Eine große Stärke der Anonymen Alkoholiker ist die Tatsache, daß die Leiter alle ehemalige Alkoholiker sind – ein lebendiger Ansporn für die anderen. Auch bei Synanon erweckt man die Hoffnung im Patienten, indem man geheilte Drogensüchtige als Gruppenleiter einsetzt. Bei den Mitgliedern entsteht die starke Überzeugung, nur jemand, der den gleichen Weg gegangen ist wie sie selbst und den Weg zurückgefunden habe, könne sie verstehen.

Universalität des Leidens

Viele Patienten beginnen die Behandlung mit dem Gefühl, sie seien in ihrem Elend einzigartig, nur sie allein hätten bestimmte erschreckende oder ungehörige Probleme, Gedanken, Impulse und Phantasien. Darin liegt ein Körnchen Wahrheit, da viele Patienten unter einer ungewöhnlichen Konstellation von Lebensbelastungen zu leiden haben und alle Tage von meist unbewußten psychischen Elementen überschwemmt werden. Ihr Gefühl der Einzigartigkeit wird oft durch ihre soziale Isolierung verstärkt; wegen interpersonaler Schwierigkeiten haben Patienten oft keine Gelegenheit, ihre Lage in einer intimen Beziehung aufrichtig und freimütig in wechselseitigem Einverständnis zu überprüfen. In der Therapiegruppe, besonders in den Anfangsstadien, bringt die Entkräftung ihrer Gefühle der Einzigartigkeit große Erleichterung. Nachdem sie gehört haben, wie andere Gruppenmitglieder Probleme enthüllen, die ihren eigenen gleichen, berichten manche Patienten, sie fühlten sich mehr im Kontakt mit der Welt, und beschreiben den Vorgang als »Aufnahme in die menschliche Gesellschaft«. Das Phänomen kommt zum Ausdruck in der Redensart

»Wir sitzen alle im gleichen Boot« oder vielleicht, zynischer, »Not liebt Gesellschaft«. Diese Form der Hilfe beschränkt sich nicht auf die Gruppentherapie. Die Universalität des Leidens spielt auch in der Einzeltherapie eine Rolle, obwohl dort weniger Gelegenheit für eine Überprüfung im wechselseitigen Einverständnis besteht. Vor kurzem hielt ich mit einem Patienten Rückschau auf seine sechshundert Stunden dauernde Einzelanalyse bei einem anderen Therapeuten. Als ich ihn fragte, was ihm in der Erinnerung als das wichtigste Ereignis in seiner Therapie erscheine, fiel ihm ein Vorfall wieder ein, bei dem er über seine Gefühle gegenüber seiner Mutter zutiefst beunruhigt gewesen war. Trotz starker gleichzeitiger positiver Gefühle bedrängten ihn Todeswünsche ihr gegenüber, damit er ein recht ansehnliches Vermögen erben könnte. An einem bestimmten Punkt bemerkte sein Analytiker: »So scheinen wir nun einmal gebaut zu sein.« Diese Aussage verschaffte dem Patienten erhebliche Erleichterung und befähigte ihn außerdem, seine Ambivalenz in großer Tiefe zu untersuchen.

Trotz der Komplexität menschlicher Probleme sind gewisse gemeinsame Nenner deutlich zu erkennen, und die Mitglieder einer Therapiegruppe brauchen nicht lange, um ihre Ähnlichkeiten zu entdecken. Ein Beispiel macht dies anschaulich: Seit vielen Jahren bitte ich Mitglieder von [Trainings-]Gruppen, bei einer bestimmten Aufgabe mitzuwirken. Die Gruppenmitglieder werden aufgefordert, anonym auf einen Zettel ihr größtes Geheimnis zu schreiben – das Geheimnis, das sie am allerwenigsten geneigt wären, mit der Gruppe zu teilen. Die Verwendung dieser Aufgabe, um das Lernen zu erleichtern, steht nicht im Mittelpunkt unserer gegenwärtigen Diskussion. Ich möchte jedoch kurz erläutern, daß der Gruppenleiter auf verschiedene Weise vorgehen kann. Er kann zum Beispiel die anonymen Geheimnisse einsammeln und sie wieder an die Mitglieder verteilen, wobei jedes das Geheimnis eines anderen erhält. Jedes Gruppenmitglied wird dann aufgefordert, das Geheimnis laut vorzulesen und sich darüber zu äußern, wie es sich fühlen würde, wenn es ein solches Geheimnis hätte. Dies erweist sich gewöhnlich als eine wertvolle Demonstration der Universalität des Leidens, der Empathie und der Fähigkeit anderer, zu verstehen.

Was ich besonders herausheben möchte, bezieht sich auf den

Inhalt dieser Geheimnisse. Sie erweisen sich als erstaunlich ähnlich, wobei ein paar Hauptthemen vorherrschen. Das wohl am häufigsten anzutreffende Geheimnis ist die tiefe Überzeugung, fundamental unzulänglich zu sein – das Gefühl, daß andere, wenn sie den Betreffenden wirklich sehen können, seine Inkompetenz, seine intellektuelle Hochstapelei erkennen würden. An zweiter Stelle steht das tiefe Gefühl interpersonaler Entfremdung.

Die Versuchspersonen berichten, daß sie keine wirkliche Zuneigung oder Liebe für einen anderen Menschen empfinden bzw. daß sie dazu nicht fähig sind. Die dritthäufigste Kategorie ist irgendeine Art von sexuellem Geheimnis; oft sind es Besorgnisse über homosexuelle Neigungen. Diese Hauptsorgen der Nichtpatienten sind qualitativ die gleichen wie bei Menschen, die fachliche Hilfe suchen und als Patienten bezeichnet werden. Fast ausnahmslos machen sich Patienten schwere Sorgen über ihr Selbstwertgefühl und ihr Gefühl der interpersonalen Beziehungen.

Die Universalität des Leidens wie auch die anderen Heilfaktoren kann man nicht isoliert betrachten. Wenn Patienten ihre Ähnlichkeit mit anderen erkennen und ihre tiefsten Sorgen teilen, ziehen sie einen zusätzlichen Nutzen aus der begleitenden Katharsis und der endgültigen Aufnahme durch andere Gruppenmitglieder (»Kohäsion«).

Altruismus

Altruistische Handlungen setzen in der Gruppentherapie oft heilende Kräfte in Gang. Im ganzen Verlauf der Therapie helfen Patienten einander gegenseitig. Sie bieten Unterstützung an, machen Vorschläge, versuchen zu beruhigen, Einsichten zu vermitteln oder teilen ähnliche Probleme mit anderen Gruppenmitgliedern. Recht häufig sind es die Patienten und nicht die Therapeuten, die einander auf ihre Stärken und Vorzüge aufmerksam machen. Psychiatriepatienten, die demoralisiert und mit niedriger Selbstachtung die Therapie beginnen, sind überzeugt, sie hätten anderen nichts wirklich Wertvolles zu bieten. Häufig manifestiert sich diese Überzeugung in verkleideter Form im Erstinterview. Wenn man einem neuen Patienten Gruppentherapie anbietet, bekommt man oft zu hören, er verstehe nicht, wie Gruppentherapie ihm helfen könne. »Was kann ich von anderen Patienten bekommen, verwirrt wie ich bin?« – »Wie können die Blinden einen Blinden führen?« Eine nähere Befragung bringt gewöhnlich ans Licht, daß der Patient in Wirklichkeit meint: »Was habe ich irgend jemandem zu bieten?« Der Widerstand gegen den Eintritt in die Gruppe läßt sich am besten von der kritischen Selbstbewertung des Patienten her durcharbeiten.

Psychiatriepatienten betrachten sich oft schon seit langem als Last für andere, und es ist ein erfrischendes Erlebnis, das die Selbstachtung hebt, wenn sie feststellen, daß sie für andere eine Bedeutung gehabt haben; eine krankhafte Versenkung in sich selbst wird vorübergehend aufgehoben. Jerome Frank hat in seiner vergleichenden Untersuchung psychotherapeutischer Systeme die Bedeutung des Altruismus in vielen verschiedenen Heilmethoden unterstrichen. In primitiven Kulturen bekommt der Patient zum Beispiel oft die Aufgabe, ein Fest vorzubereiten oder der Gemeinschaft irgendeinen Dienst zu erweisen. Der Altruismus spielt eine wichtige Rolle im Heilungsprozeß, wie er an katholischen Wallfahrtsstätten wie Lourdes stattfindet, wo die Kranken beten, nicht für sich selbst, sondern füreinander. Warden Duffy soll behauptet haben, die beste Methode, einem Menschen zu helfen, sei die, sich von ihm helfen zu lassen. Menschen brauchen das Gefühl, gebraucht zu werden. Ich habe ehemalige Alkoholiker gekannt, die ihre AA-Kontakte noch jahrelang weiterführten, nachdem sie völlig geheilt waren; ein Mitarbeiter sagte, er habe die Geschichte seines Scheiterns und seiner späteren Heilung mindestens tausendmal erzählt.

Die korrigierende Rekapitulation der primären Familiengruppe

Ohne Ausnahme kommen die Patienten in die Gruppentherapie mit einer Vorgeschichte höchst unbefriedigender Erfahrungen in ihrer ersten und wichtigsten Gruppe – ihrer primären Familie. Die Gruppe ist in vieler Hinsicht einer Familie ähnlich: Die Gruppenmitglieder sind weitgehend vom Gruppenleiter abhängig, den sie mit irrealem Wissen und irrealer Macht ausstatten; unter den Gruppenmitgliedern kann ein erheblicher Wettbewerb um seine Gunst herrschen; die Gruppenmitglieder wachsen gewissermaßen in der Gruppe auf und machen sich, oft mit großen Schwierigkeiten, selbständig auf den Weg in die Welt. Es findet ein erhebliches emotionales Wechselspiel zwischen dem Erleben in der Therapiegruppe und den Erfahrungen in der primären Familiengruppe statt. In der Familie gemachte Erfahrungen beeinflussen das Verhalten des Patienten in der Gruppe sowie seine Haltung gegenüber den Gruppenleitern (den Eltern) und den anderen Gruppenmitgliedern (den Geschwistern). Das Erleben in der Therapiegruppe ruft möglicherweise viele frühe Erinnerungen an die Familie wieder ins Gedächtnis; das Bewältigen von Problemen mit anderen Gruppenmitgliedern oder mit dem Therapeuten kann gewissermaßen ein Durcharbeiten unerledigter Geschäfte aus der Vergangenheit sein. Die Rekapitulation der primären Familie kann insofern korrigierend sein, als anpassungsfeindliche, entwicklungshemmende Beziehungen nicht die Möglichkeit haben, zu dem unbeweglichen, undurchdringlichen System zu erstarren, das viele Familienstrukturen kennzeichnet. Statt dessen werden stereotype Verhaltensweisen ständig in Frage gestellt, während die Grundregeln der Realitätsprüfung, das Untersuchen von Beziehungen und das Ausprobieren neuer Verhaltensweisen ständig gefördert werden.

Die Entwicklung von Techniken des mitmenschlichen Umgangs

Soziales Lernen – die Entwicklung von fundamentalen sozialen Fertigkeiten – ist ein in allen Therapiegruppen wirksamer Heilfaktor, wenn auch die Art der gelehrten Fertigkeiten und die Ausdrücklichkeit des Prozesses je nach Art der Gruppentherapie sehr verschieden sein können. In manchen Gruppen – zum Beispiel in solchen, die Patienten nach einem langen Klinikaufenthalt auf die Entlassung vorbereiten, oder in Gruppen von Jugendlichen – kann die Entwicklung sozialer Fertigkeiten ausdrücklich betont werden. Man kann sich des Rollenspiels bedienen: Patienten lernen, sich bei zukünftigen Arbeitgebern um eine Stellung zu bewerben, oder Jugendliche lernen, wie man ein Mädchen um einen Tanz bittet. In einer dynamischen Gruppentherapie, deren Grundregeln zu offenen Reaktionen ermutigen, können Patienten beträchtliche Informationen über anpassungsfeindliches soziales Verhalten bekommen. Sie erfahren zum Beispiel, daß sie die verwirrende Tendenz haben, ihren Gesprächspartner nicht anzusehen; daß sie auf andere einen hochmütigen, arroganten Eindruck machen; oder sie hören von einer Reihe anderer sozialer Gewohnheiten, die ohne ihr Wissen ihre sozialen Beziehungen untergraben haben. Oft stellt die Gruppe für Menschen, denen es an intimen Beziehungen fehlt, die erste Gelegenheit zu richtigen interpersonalen Reaktionen dar. Ein Patient zum Beispiel, der seine Gespräche zwanghaft mit endlosen, unbedeutenden, irrelevanten Einzelheiten ausschmückte, erkannte dies zum ersten Mal in einer Therapiegruppe. Jahrelang hatte er nur bemerkt, daß andere den sozialen Kontakt mit ihm entweder mieden oder so kurz wie möglich hielten. Natürlich gehört zur Therapie weit mehr als das einfache Erkennen und absichtliche Verändern des sozialen Verhaltens, aber wie im dritten Kapitel gezeigt wird, sind diese Gewinne mehr als Randerscheinungen und oft in den Anfangsphasen therapeutischer Veränderung äußerst wirksam.

Nachahmendes Verhalten

Pfeiferauchende Therapeuten erzeugen oft pfeiferauchende Patienten. Es kommt vor, daß Psychotherapiepatienten wie ihre Therapeuten sitzen, gehen, reden und sogar denken. In Gruppen ist der Nachahmungsprozeß diffuser, da Patienten möglicherweise gewisse Verhaltensweisen nicht nur des Therapeuten, sondern auch der anderen Gruppenmitglieder annehmen. Die Bedeutung des nachahmenden Verhaltens im therapeutischen Prozeß ist schwer einzuschätzen, aber neuere Ergebnisse der sozialpsychologischen Forschung lassen vermuten, daß seine Bedeutung unterschätzt worden ist. Bandura, der schon seit langem behauptet, daß man soziales Lernen auf Grund direkter Verstärkung nicht adäquat erklären kann, hat experimentell nachgewiesen, daß Nachahmung eine wirksame therapeutische Kraft ist. Er hat beispielsweise eine große Zahl von Menschen mit Schlangenphobien erfolgreich behandelt, indem er sie aufforderte, ihrem Therapeuten beim Umgang mit einer Schlange zuzusehen. In der Gruppentherapie kommt es nicht selten vor, daß ein Patient daraus Nutzen zieht, die Therapie eines anderen Patienten mit einer ähnlichen Problemkonstellation zu beobachten – ein Phänomen, das man allgemein als »vikariierende« oder »Zuschauer«-Therapie bezeichnet. Selbst wenn spezifisches Nachahmungsverhalten nur von kurzer Dauer ist, kann es dem einzelnen helfen, durch Versuche mit neuen Verhaltensweisen »aufzutauen«. Tatsächlich geschieht es nicht selten, daß Patienten während der ganzen Therapie gewissermaßen diesen oder jenen Zug anderer Leute anprobieren und dann wieder ablegen, weil er ihnen nicht paßt. Dieser Prozeß kann eine solide therapeutische Wirkung haben; herauszufinden, was wir nicht sind, ist ein Fortschritt in Richtung auf die Erkenntnis dessen, was wir sind. [...]

Die Gruppe als sozialer Mikrokosmos

Eine frei interagierende Gruppe mit wenigen strukturellen Einschränkungen entwickelt sich mit der Zeit zu einem sozialen Mikrokosmos der teilnehmenden Mitglieder. Damit meine ich, daß jeder Patient, wenn man ihm genug Zeit läßt, anfangen wird, er selbst zu sein, mit den Gruppenmitgliedern so zu interagieren, wie er mit anderen in seiner sozialen Umgebung interagiert, in der Gruppe das gleiche interpersonale Universum zu erschaffen, in dem er immer gelebt hat. Mit anderen Worten, die Patienten beginnen, in der Gruppe ihr unangepaßtes interpersonales Verhalten zu zeigen; sie brauchen ihre Krankheit nicht zu beschreiben – früher oder später wird sie vor den Augen der Gruppe ausagiert. Diese Auffassung, die in der Gruppentherapie von hervorragender Bedeutung ist, wird von Klinikern weitgehend akzeptiert, wenn auch die Art, wie der Therapeut die Ereignisse in der Gruppe wahrnimmt und deutet, sowie seine beschreibende Sprache von der Schule bestimmt werden, zu der er sich bekennt. Freudianer sehen Patienten ihre oralen, sadistischen oder masochistischen Bedürfnisse in ihren Beziehungen zu anderen Mitgliedern manifestieren; Therapeuten im Strafvollzug notieren vielleicht betrügerisches, ausbeuterisches Verhalten; manche Sozialpsychologen mögen vielfältige Versuche sehen, Dominanz, Zuneigung oder Einbeziehung zu erlangen; Schüler von Karen Horney erkennen den distanzierten, resignierten Menschen, der das Bedürfnis hat, enge mitmenschliche Beziehungen zu vermeiden und der seine ganze Energie darauf verwendet, unbeteiligt und gleichgültig zu erscheinen; oder den Perfektionisten, der das System von »Solls«, das ihn beherrscht, befolgen und die Gruppe steuern muß, indem er ihr beibringt, was richtig ist und wie es gemacht werden sollte; oder den arrogant-rachsüchtigen Menschen, der anderen eine Niederlage bereiten und sich selbst beweisen muß, daß er recht hat, indem er beweist, daß andere unrecht haben.

Wichtig ist die Tatsache, daß der interpersonale Stil jedes Gruppenmitglieds, gleichgültig, welche Art von begrifflicher Brille der Therapeut-Beobachter trägt, schließlich in seinen Transaktionen innerhalb der Gruppe zum Vorschein kommt. Manchem Lebensstil wohnt eine größere Tendenz zu interpersonaler Reibung inne, und er manifestiert sich in der Gruppe rascher als andere. Zum Beispiel verursachen Menschen, die zornig, rachsüchtig, überkritisch, selbstverleugnend oder übermäßig kokett sind, schon früh im Leben der Gruppe erhebliche interpersonale Störungen. Ihre unangepaßten sozialen Verhaltensweisen werden viel früher deutlich als die von ebenso oder noch schlimmer gestörten Menschen, die vielleicht andere auf subtile Weise ausnutzen oder bis zu einem gewissen Grad Intimität herstellen, um sich dann in panischer Angst wieder zu distanzieren. Die erste Aufgabe einer Gruppe besteht gewöhnlich darin, sich mit dem Gruppenmitglied auseinanderzusetzen, dessen Erkrankung interpersonal am deutlichsten zum Ausdruck kommt. Manche interpersonalen Verhaltensstile werden durch eine einzige Transaktion kristallklar, andere durch eine einzige Gruppenzusammenkunft, während man andere monatelang beobachten muß, um sie zu verstehen. Die Entwicklung der Fähigkeit, unangepaßtes interpersonales Verhalten, wie es sich im sozialen Mikrokosmos der Kleingruppe zeigt, zu identifizieren und therapeutisch zu nützen, ist eine der Hauptaufgaben eines Ausbildungsprogramms für Gruppenpsychotherapeuten. Einige klinische Beispiele sollen diese Grundsätze anschaulicher machen. [...]

Die Männer, die keine Gefühle hatten

Eines Tages sprach die Gruppe darüber, daß die Therapeuten aus zwingenden Gründen die vorhergehende Zusammenkunft im letzten Augenblick hatten absagen müssen. Miss Sands war sehr unglücklich und brachte ihre tiefe Einsamkeit zum Ausdruck. Die Gruppe schien tatsächlich ihre einzige Heimat, ihr einziger menschlicher Kontakt zu sein, und sie weinte vor Verzweiflung. Mr. Farr war ganz unruhig und begann einen langen Monolog, in dem er ihr Sozialisierungstechniken vorschrieb. Andere versuchten vergebens, ihn zum Schweigen zu bringen. Er steckte mitten in einem endlosen Vergleich zwischen Partys und Schwimmbädern und ließ sich gerade darüber aus, wie man sich ans Wasser gewöhnt, indem man nur einen Zeh auf einmal hineintaucht, als Miss Sands schließlich explodierte und ihn unter Tränen anschrie, er sei ein aufgeblasener Esel. Seine einzige Reaktion war, darauf hinzuweisen, daß man ihn nicht habe ausreden lassen, und er setzte eigensinnig seine Ausführungen fort.

Kurz danach vertauschte plötzlich ein männliches Gruppenmitglied, das erst seit einigen Zusammenkünften zu der Gruppe gehörte, seinen Stuhl neben dem Therapeuten mit einem auf der anderen Seite des Raumes. Als er wegen dieses Wechsels befragt wurde, schien er zu zittern und der Panik nahe zu sein; er erklärte schließlich, er habe sich »von dem Therapeuten sexuell bedrückt gefühlt«. (Dieser Patient war in die Therapie gekommen wegen starker, unausgedrückter homosexueller Impulse, die erhebliche Schuld- und Angstgefühle in ihm erzeugten. Er hatte in der Gruppe noch nicht darüber gesprochen.) Mr. Farr rief scherzend: »Herrje, wie ist denn der Sex hier hereingekommen?« Als wir diese und andere Transaktionen von Mr. Farr untersuchten, schien der gemeinsame Nenner klar: Gefühle müssen vermieden werden. Er vermied seine eigenen Gefühle und strebte danach, emotionale

Interaktion mit anderen zu vermeiden. Mr. Farr war wegen seiner Unfähigkeit, zu lieben und zu heiraten, in die Therapie gekommen. Er hatte als Jugendlicher die Schrecken eines Konzentrationslagers nur knapp überlebt und seither die Gefahren und Schmerzen tiefer interpersonaler Beziehungen vermieden.

In einer anderen Gruppe befand sich Mr. Steele, ein ehemaliger Homosexueller, der wegen eines einzigen scharf umrissenen Problems in die Therapie gekommen war: »Ich möchte mich von einer Frau sexuell erregt fühlen können.« Durch dieses Rätsel neugierig gemacht, suchte die Gruppe nach der Antwort. Sie untersuchte sein frühkindliches Leben, seine Sexualgewohnheiten, seine Phantasien und wandte sich schließlich verwirrt ab. Während das Leben in der Gruppe weiterging, erschien Mr. Steele, der regelmäßig zu den Sitzungen kam, merkwürdig unbeteiligt. Er sprach mit monotoner Stimme und schien für die Schmerzen anderer völlig unempfindlich zu sein. Einmal erzählte zum Beispiel ein weibliches Gruppenmitglied schluchzend und in großer Verzweiflung, sie erwarte ein uneheliches Kind und erwäge eine illegale Abtreibung. Während ihres Berichts erwähnte sie auch nebenbei, sie habe einen schlechten Marihuana-Trip gehabt. Mr. Steele, anscheinend ungerührt von ihren Tränen, beharrte darauf, sie intellektuell über die Wirkung von Marihuana zu befragen, und war ganz verwirrt, als die Gruppe ihm wegen seiner Gefühllosigkeit Vorwürfe machte. Es gab so viele Vorfälle dieser Art, daß die Gruppe mit der Zeit keinerlei Gefühle mehr von ihm erwartete. Wenn man ihn wegen seiner Gefühle direkt befragte, reagierte er, als hätte man ihn in einer fremden Sprache angeredet. Nach einigen Monaten formulierte die Gruppe eine neue Antwort auf seine oft wiederholte Frage: »Warum kann ich einer Frau gegenüber keine sexuellen Gefühle haben?« Sie forderte ihn auf, sich statt dessen zu überlegen, warum er *überhaupt* keine Gefühle habe, weder Frauen noch Männern gegenüber.

Eine Verhaltensänderung trat nur sehr langsam ein, und zwar auf dem Wege über eine Untersuchung seiner autonomen Affektäußerungen. Die Gruppe stellte über sein häufiges Erröten Überlegungen an; er berichtete, daß sich während emotionell geladener Episoden in der Gruppe sein Magen zusammenziehe. Einmal nannte ihn ein leicht erregbares Mädchen in der Gruppe einen »gottverdammten Homo«, sagte, sie könne zu einem »psychisch tauben und toten« Individuum keinen Kontakt finden, und drohte, die Gruppe zu verlassen. Wieder blieb Mr. Steele unbewegt und stellte nur fest, er werde sich nicht »auf ihr Niveau hinunterbegeben«. In der nächsten Woche erzählte er der Gruppe jedoch, daß er nach der Zusammenkunft nach Hause gegangen sei und wie ein kleines Kind geweint habe. Im Rückblick auf den Verlauf seiner Therapie erschien dies wie ein Wendepunkt, und allmählich wurde er fähig, Kummer, Furcht und Wut mit anderen zu fühlen und auszudrücken. Seine Beziehungen zu den Menschen in der Gruppe veränderten sich; er wurde als Gleichgestellter akzeptiert.

Diese wenigen klinischen Beispiele genügen, um dieses einfache, aber grundlegende Konzept der Gruppentherapie zu klären. Patienten werden während ihres Lebens in einer Gruppe früher oder später sie selbst und manifestieren in ihren Beziehungen zu den anderen Gruppenmitgliedern ihr unangepaßtes interpersonales Verhalten. Sie zeigen natürlich auch, wo die Bereiche ihrer Stärke, ihrer Findigkeit, ihrer Sensibilität und ihres Einfühlungsvermögens liegen. Manchmal werden viele dieser Aspekte in einer einzigen Gruppenzusammenkunft deutlich, manchmal sind Monate nötig, bis das Muster klar hervortritt; wie lange es dauert, bis man es erkennt, hängt von der Form der interpersonalen Störung und von der Sensibilität des Therapeuten und der Gruppe ab.

JAKOB L. MORENO

Psychodrama

Das Prinzip

Psychodrama ist Tiefentherapie der Gruppe. Es fängt an, wo die Gruppenpsychotherapie aufhört und erweitert sie, um sie wirksamer zu machen. Das Ziel der Therapiegruppe, ihre Mitglieder in einer Miniaturgesellschaft zusammenzufassen, ist klar und eindeutig. Wenn dieses Ziel erreicht werden soll, müssen andere Methoden außer ärztlichem Gespräch oder Analyse hinzugefügt werden. Die Aufgabe ist, über den Bereich des Abreagierens und der Diskussion hinauszugehen und innere und äußere Erlebnisse zu gestalten. Es ist nicht genug, daß wir auf individuelle und gemeinsame Ideologien in einer Gruppensitzung auf allgemeingültige Art eingehen. Wir müssen die Aussagen der Patienten ordnen, die Gefühle und Gedanken der Gruppe Gehalt gewinnen lassen und sie direkt auf konkrete Mitglieder der Gruppe richten.

Es kommt häufig im Verlauf typischer verbaler, interaktioneller Gruppensitzungen vor, daß ein Mitglied der Gruppe ein Problem mit solcher Intensität erlebt, daß Worte allein ungenügend sind. Dieses Mitglied hat das Bedürfnis, die Situation lebendig zu machen, eine Episode aufzubauen und häufig sie sorgfältiger zu strukturieren, als die reale Welt außerhalb zulassen würde. Das Problem, das der einzelne hat, wird oft von allen Mitgliedern der Gruppe geteilt. Der einzelne wird zum Repräsentanten in Aktion. In solchen Augenblicken macht ihm die Gruppe spontan Raum, denn »Raum«, in dem er sich bewegen und entfalten kann, ist das erste, was er braucht. Er bewegt sich zum Mittelpunkt oder vor die Gruppe, so daß er sich mit allen verständigen kann. Das eine oder andere Mitglied der Gruppe mag in ähnlicher Weise in eine Gegenrolle verwickelt sein und tritt in die Szene ein, um mitzuspielen.

Das ist die natürliche und spontane *Transformation* einer einfachen Gruppenpsychotherapie-Sitzung in ein Gruppenpsychodrama. Autokratische Gruppenpsychotherapeuten mögen versuchen, diese Entwicklung zu hindern. Sie werden zuweilen darin unterstützt von der Furcht der Gruppe gegen spontane Handlung und Bloßlegung ihrer tieferen Dynamik. Aber die Geschichte der letzten zwanzig Jahre zeigt, daß die Entwicklung nicht mehr aufgehalten werden kann. Es wurde im Lauf der Zeit klar, daß man die Verwirklichung des Dranges nach Aktion nicht dem Zufall überlassen und sich mit unendlichen Diskussionen begnügen sollte. Das Errichten einer Plattform oder einer Bühne in einem Raum oder das Freihalten einer bestimmten Arena für die Produktion drückte der zaghaft akzeptierten Praxis ihren offiziellen Stempel auf. Die Gruppe »wußte« dann, daß dieser Platz für die Produktion benützt werden kann, wenn ihre andrängenden Gefühle nach einem dramatischen Ausdruck verlangten. Die psychodramatische Bühne ist *nicht außerhalb der Gruppe, sondern in ihr.*

Solange nur ein einziges Individuum für die Behandlung in Frage kam, konnte das therapeutische Verfahren auf einen Dialog zwischen zweien, die sich gegenüberstanden, beschränkt werden. Die Welt konnte außerhalb gelassen werden. Sobald aber die Gruppe in die Behandlung eintrat, mußte die ganze Welt, ihre Ängste und ihre Werte, ein Teil der therapeutischen Situation werden. Solange wir das Individuum nach individuellen Methoden behandelten, konnten wir es ihm überlassen, den Beweis für den Erfolg der Behandlung in der Wirklichkeit, außerhalb zu finden. Aber jetzt, nachdem wir die ganze Welt in die therapeutische Situation hineinbringen konnten, kann die Angemessenheit seines Verhaltens in der Welt innerhalb des Rahmens der Therapie selbst nachgeprüft werden. Die Probleme der menschlichen Gesellschaft sowie das Problem des Individuums – die Darstellung menschlicher Beziehungen –, Liebe, Ehe, Krankheit und Tod, Krieg und Frieden, die das Bild der Welt im großen ausmachen, können jetzt in Miniatur dargestellt werden, in einer »Mikro-Realität« innerhalb des Rahmens der Gruppe.

Instrumente

Drama ist ein griechisches Wort und bedeutet »Handlung« (oder etwas, was geschieht).

Psychodrama kann darum als diejenige Methode bezeichnet werden, welche die Wahrheit der Seele durch Handeln ergründet. Die Katharsis, die sie hervorruft, ist daher eine »Handlungskatharsis«.

Die psychodramatische Methode bedient sich hauptsächlich fünf verschiedener Mittel: der *Bühne* (Schauplatz), des *Protagonisten* (das griechische Wort für den ersten Schauspieler, den Hauptdarsteller, in der griechischen Tragödie – im Psychodrama wird das Wort Protagonist auch für ein »rollenspielendes« Subjekt oder einen Patienten benützt), des *therapeutischen Leiters* (oder kurz Leiter, Therapeut, Arzt), des Stabes der therapeutischen Hilfskräfte, der *»Hilfs-Iche«* (das gebräuchliche Wort dafür in der amerikanischen Literatur ist »auxiliary ego«) und des *Publikums*.

Das *erste* Werkzug ist die Bühne. Sie umgibt den Patienten mit einem überdimensionalen und äußerst beweglichen Lebensraum. Der Lebensraum der Wirklichkeit ist oft eng und beengend. Auf der Bühne kann der Patient sich wiederfinden, sei es durch Befreiung von unerträglichem Druck oder durch die Freiheit für Ausdruck und Erlebnis. Der Bühnenraum ist eine Erweiterung des Lebens über das wirkliche Leben hinaus. Wirklichkeit und Phantasie sind nicht in Widerstreit, sondern beide sind Funktionen innerhalb einer weiteren Sphäre, der psychodramatischen Welt von Objekten, Personen und Ereignissen. Hier ist Hamlets Vater genauso wirklich und daseinsberechtigt wie Hamlet selbst. Sinnestäuschungen und Halluzinationen erhalten Form durch Verkörperung auf der Bühne und werden normalen, sinnlichen Wahrnehmungen gleichgestellt. Das Bühnenbild wird auf die therapeutischen Bedürfnisse hin entworfen. Seine Formen und Sphären weisen in die vertikalen Dimensionen, regen dadurch Entspannung an und erlauben Beweglichkeit und Elastizität des Handelns.

Das *zweite* Werkzeug ist der Protagonist. Man verlangt von ihm, sich selbst auf der Bühne darzustellen, seine eigene Welt zu zeichnen. Es wird ihm gesagt, er möge er selbst sein und nicht ein Schauspieler, während man vom Schauspieler verlangt, daß er sein eigenes Ich für die Rolle opfert, die der Dramatiker ihm vorschreibt. Wenn sich ein Patient erst einmal für diese Aufgabe erwärmt hat, dann ist es für ihn verhältnismäßig leicht, über sein inneres Leben Rechenschaft zu geben, da nur er selbst seine größte eigene Autorität ist. Er soll frei handeln, wie es ihm gerade in den Sinn kommt, darum muß ihm Freiheit des Ausdrucks – eben Spontaneität – gelassen werden. An Wichtigkeit folgt die konkretisierte Darstellung des Erlebten. Das Wort wird über sich hinaus in die Handlung eingefügt. Es gibt verschiedene Gehalte der Darstellung in einer Rolle, Symbole, Vergangenes nachspielen, ein besonders drükkendes Gegenwartsproblem auf der Bühne lebendig werden lassen, oder sich selbst in die Zukunft versetzen.

Von Wichtigkeit ist auch das »Einbezogensein«. In Intelligenz- und Projektionstesten als auch im Laufe individueller Psychotherapie der Behandlung ist häufig für den Patienten ein Minimum der Beziehung zu anderen Personen und Objekten höchst wünschenswert. In der psychodramatischen Situation dagegen ist ein Maximum der Beziehung zu Menschen und Dingen nicht nur möglich, sondern wird geradezu erwartet. Einbezogensein in das gemeinsame Handeln wird nicht nur nicht gefürchtet, sondern direkt hervorgerufen.

Ferner ist das Prinzip der Konkretisierung hervorzuheben. Der Patient wird nicht nur in die Lage versetzt, Teilen seines eigenen Ichs zu begegnen, sondern auch allen anderen Personen, die in seinen psychischen Konflikten eine Rolle spielen. Diese Personen können wirklich oder illusorisch sein. Die »Wirklichkeitsprobe« – in anderen Therapien nur ein Wort – wird hier auf der Bühne wahrgemacht. Das »Erwärmen« des Subjekts für die psychodramatische Darstellung wird durch verschiedene Methoden angeregt; es seien nur einige davon erwähnt: Selbstdarstellung, Selbstgespräch, Projektion, Einschalten von Widerständen, Rollenwechsel, Doppelgänger, Spiegelmethoden, Hilfswelt, Verwirklichung und Lockerung durch Medikamente. Das Ziel der verschiedenen Methoden ist nicht, die Patienten in Schauspieler zu verwandeln, sondern sie dazu zu bringen, auf der Bühne das zu sein, was sie sind, nur tiefer und klarer, als sie im wirklichen Leben erscheinen.

Das *dritte* Werkzeug ist der Leiter. Er hat drei Funktionen: die des Spielleiters, des Therapeuten und des Analytikers. Als Spielleiter muß er immer bereit sein, jeden Fingerzeig, den das Subjekt bietet, aufzunehmen und in die dramatische Handlung einzugliedern, das Spiel mit dem Leben des Subjektes zu identifizieren und es nie die Fühlung mit dem Publikum verlieren zu lassen. Als Therapeut darf er zuweilen das Subjekt »angreifen«, wie es ihm auch erlaubt ist, mit ihm zu scherzen und zu lachen: zuweilen darf er auch so passiv werden, daß die Sitzung vom Patienten geleitet zu sein scheint. Als Analytiker kann er seine eigenen Auffassungen mit denen seiner Hilfs-Therapeuten oder mit Antworten aus dem Publikum, des Ehemannes, von Kindern, Freunden und Nachbarn vervollständigen.

Das *vierte* Werkzeug ist das Hilfs-Ich. Diesen Hilfs-Ichen oder therapeutischen Mitspielern kommt eine doppelte Bedeutung zu. Sie bilden eine Verstärkung für den Gruppenleiter, erklärend und behandelnd. Aber sie sind auch für den Patienten bedeutungsvoll, indem sie tatsächliche oder symbolische Personen seines Lebensraumes darstellen. Die Funktion des Hilfs-Ich ist dreifach; die des Schauspielers, indem er Rollen spielt, die der Patient sich wünscht oder braucht; die des therapeutischen Helfers, der das Subjekt leitet, und drittens die Funktion eines sozialen Beobachters.

Das *fünfte* Werkzeug ist das Publikum. Das Publikum selbst dient einem doppelten Zweck. Es kann dazu dienen, dem Patienten zu helfen, oder kann selbst zum Patienten werden. Indem es dem Patienten hilft, wird es zum Resonanzboden der öffentlichen Meinung. Reaktionen und Bemerkungen des Publikums zu den Vorgängen kommen genauso aus dem Stegreif wie die des Patienten. Je isolierter der Patient ist – zum Beispiel wenn sein Drama auf der Bühne voller Wahnvorstellungen und Halluzinationen ist –, um so wichtiger wird für ihn die Gegenwart einer Gruppe, die bereit ist, ihn anzuerkennen und zu verstehen. Wird dem Publikum durch den Protagonisten geholfen, so daß das Publikum selbst zum Patienten wird, so hat sich die Situation gewandelt: Das Publikum sieht sich selbst in einem seiner »kollektiven Syndrome« auf der Bühne dargestellt.

Durch die Bühne ist einer psychodramatischen Sitzung der Weg zu lebendiger Forschung und zu lebendiger Therapie geebnet, zu Rollentest und Rollentraining, zu Situationstesten- und -besprechungen, dagegen gibt der Anteil des Publikums die Vorausssetzung für die bekannteren Formen der Gruppenpsychotherapie wie Vorlesung, Diskussion, Analyse und Filmvorführungen. Gruppenpsychotherapie verlangt als Grundbedingung tiefes Wissen um menschliche Beziehungen, bekannt als »Soziometrie«. In der »Soziometrie«, der Pathologie der Soziometrie, werden sowohl die anomalen Gruppenstrukturen behandelt (Diagnose und Prognose, Prophylaxis), als auch das abweichende Verhalten der Gruppe erfaßt.

Nun, da wir die fünf Grundwerkzeuge beschrieben haben, die für eine psychodramatische Sitzung benötigt werden, können wir uns fragen: Welchen therapeutischen Wert hat die psychodramatische Methode? Wir wollen uns hier mit der Beschreibung eines einzigen Phänomens begnügen, mit der *integrierenden Katharsis.*

Auch wir begannen mit dem Drama, dessen Wirkung Aristoteles in der »Katharsis« (Reinigung, Läuterung) sah, aber wir kehrten sie um. Anstatt uns mit der Katharsis der Zuschauer zu begnügen, begannen wir mit der Katharsis des Hauptdarstellers; des Protagonisten.

Da jeder menschlichen Tätigkeit in gewissem Umfang eine Katharsis eigen ist, wird zu bestimmen sein, worin die Katharsis besteht, worin sie sich zum Beispiel von Glück, Zufriedenheit, Abreagieren usw. unterscheidet, ob eine Quelle der Katharsis der anderen überlegen ist und ob tatsächlich ein Element allen kathartischen Formen gemeinsam ist. Darum war es mein Ziel, Katharsis derart zu definieren, daß jedweder Einfluß, der nachweisbar einen läuternden Effekt ausübt, als Teil eines einzigen Prinzips angesehen werden kann. Ich entdeckte als dieses gemeinsame Prinzip, das eine Katharsis hervorruft, *schöpferische Spontaneität;* auf Grund ihrer Universalität und ihrer ursprünglichen Natur schließt sie alle anderen Ausdrucksprägungen (psychisch, somatisch, unbewußt, bewußt usw.) ein. In diesem Strom der allgemeinen Handlung fließen all die kleinen Flüsse gesonderter Katharsis zusammen.

Die Behandlung der Gruppe ist eine wichtige Alternative zur Behandlung eines einzelnen, isolierten Individuums. Wenn die Gruppe als Einheit in der psychodramatischen Sitzung von ihrem eigenen Repräsentanten auf der Bühne dargestellt wird, so ergibt sich daraus der Schlüssel für die Gründe der therapeutischen Wirkung. Im Anfang des griechischen Dramas war die Gruppe, der Chorus. THESPIS führte den *ersten* Schauspieler ein, er nahm einen Repräsentanten des Chorus und stellte ihn auf die Bühne. ÄSCHYLUS wählte einen zweiten Repräsentanten des Chorus und führte so den *zweiten* Schauspieler ein. Das Psychodrama stellte die Psyche selbst und ihre Probleme auf die Bühne. Die soziale Struktur der individuellen Psyche kam ursprünglich aus der Gruppe. In einer Verwandlung auf der Bühne, durch die therapeutischen »Iche« personifiziert, werden ihre Probleme im Verlaufe jeder Sitzung von der Gruppe wieder erlebt in Gestalt des Psychodramas. Das, was am auffallendsten und dramatischsten auf der Bühne sichtbar wird, erscheint den Beteiligten nach gründlicher Darstellung als etwas ihnen Bekanntes und Vertrautes, als ihr eigenes Selbst. Das Psychodrama zeigt ihnen ihre eigene Identität, ihr Selbst wie in einem Spiegel.

Dynamik der Psychodrama-Therapie

Vom Standpunkt des Psychodramas aus kann die psychiatrische Welt in drei Gebiete eingeteilt werden: *»Beicht«*-Psychiatrie, *Shakespearesche* Psychiatrie und *Macchiavellistische* Psychiatrie. Eine Illustration der *»Beicht«*-Psychiatrie ist die Psychoanalyse, eine Illustration der Shakespeareschen Psychiatrie ist das Psychodrama, es heilt und erforscht die Wahrheit mittels dramatischer Methoden. Wir nennen es shakespearisch, weil Shakespeare mehr als ein anderer, nicht zu der Form, aber zum Inhalt dieser Therapie beigetragen hat. Illustrationen der Macchiavellistischen Psychiatrie sind elektrische Schocktherapie, Insulinschock-Therapie und Lobotomie. Wir benennen sie nach Macchiavelli, weil er die grausamsten Methoden in der Handlung menschlicher Beziehungen befürwortet hat. Der Zweck heiligt die Mittel.

Unter diesen drei Kategorien ist das Psychodrama in einer strategischen Position, weil es die drei Methoden in eine Synthese bringt. Nach einer erfolgreichen Behandlung seiner körperlichen und seelischen Erkrankung muß der Patient sich immer noch in den Verlauf des Lebens einordnen, in eine Welt unbekannter Gelegenheiten und Begrenzungen, voll von Ungewißheiten, eine

Welt, in ewigem Wechsel begriffen, angefüllt mit unbekannten Personen und Gegenständen. Nachdem er eine gewisse physische und psychische Genesung erlangt hat, muß der Patient einen weiteren entscheidenden Schritt tun, er muß wieder »ins Leben treten« und an ihm teilnehmen. Das ist es, was das Psychodrama und seine ihm verwandten Methoden für den Patienten planen, ihn mit den Kenntnissen und der Geschicklichkeit für geeignete und produktive Lebensführung zu versehen.

Historisch ging das Psychodrama aus der Grundlage des Spiels hervor. Das Spiel gab es seit jeher, es war immer da; es ist älter als die Menschheit, es hat das Leben des Organismus als einen seiner Überflüsse begleitet, das Wachstum und die Entwicklung vorausahnend. In unserer Kultur waren es besonders Rousseau, Pestalozzi und Fröbel, die unsere Aufmerksamkeit auf den erzieherischen Wert des Spiels gerichtet haben. Aber eine neue Sicht des Spiels entstand, als wir in den Jahren vor dem Ausbruch des ersten Weltkrieges anfingen, in den Gärten und Straßen Wiens mit Kindern zu spielen: das Spiel als ein Prinzip der Selbst-Heilung und Gruppentherapie, als eine Form des ursprünglichen Erlebens; Spiel nicht nur als Epiphänomen, biologische Ziele begleitend und unterstützend, sondern Spiel als Phänomen sui generis, ein positiver Faktor, verbunden mit Spontaneität und Kreativität. Das Spiel wurde von uns allmählich losgelöst von seinen metaphysischen, metabiologischen und metapsychologischen Verbindungen und zu einem methodischen, systematischen Prinzip geformt. All dies hat die Idee des Spiels zu einer neuen, allumfassenden Einheit gebracht. Es hat uns zum »Stegreiftheater« geführt und später zum therapeutischen Theater, das im Rollenwechsel, im Psychodrama und im Soziodrama unserer Zeit seinen Höhepunkt erreichte.

Die Eröffnung des ersten therapeutischen Theaters, des Stegreiftheaters in Wien 1921, war ein Triumph für das Prinzip des Spiels. Zwei Jahre später kündigte mein Buch »Das Stegreiftheater« den Übergang der Psychotherapie vom psychoanalytischen Diwan zur psychodramatischen Bühne an.

Der Procrustes-Diwan wurde in eine multidimensionale Bühne verwandelt, Raum und Freiheit für Spontaneität schaffend, Freiheit für den Körper und für körperlichen Kontakt, Freiheit der Bewegung, der Handlung und des Zusammenspiels. Freuds freie

Assoziationen wurden ersetzt durch psychodramatische Schöpfung und Teilnahme des Publikums, durch die Dynamik der Handlung und Dynamik von Gruppen und Massen. Durch diese Änderungen in Forschung und therapeutischer Handhabung wurde das Gerüst des psychoanalytischen Systems – Sexualität, Unbewußtes, Übertragung, Widerstand und Sublimation – ersetzt durch ein psychodramatisches System, Kreativität und Spontaneität, Tele, Interaktion und Rolle. Diese Umwandlungen in Mittel, Form und Konzept übertrafen wohl, aber entfernten nicht, die nüzlichen Teile der Psychoanalyse. Der Diwan ist immer noch in und auf der Bühne, und in allen ihren Dimensionen, senkrecht, waagrecht und tief. Sexualität ist immer noch in der Spontaneität, das Unbewußte ist immer noch in der Kreativität des Patienten, Übertragung ist immer noch im Tele. Aber es gibt Konzepte, wie »spontane Kreativität«, für das uns die Psychoanalyse kein Gegenstück gegeben hat, oder nur ein ungenügendes: »Sublimation«, und ein anderes, »die Rolle«, das unentbehrlich geworden ist in der psychodramatischen Theorie.

Die Frage der Dynamik im Psychodrama ist oft die Ursache von Mißverständnissen. Der Weg der Psychoanalyse ist, Vorteil zu ziehen aus der Übertragung des Patienten unter Benützung seines Widerstandes. Der Weg des Psychodramas ist anders und komplizierter durch die neuen Elemente, die in die Situation eintreten. Die Beziehung zum therapeutischen Leiter existiert hier auch, aber die Beziehung ist viel realistischer, sie nimmt oft den Charakter eines Kampfes zwischen dem Leiter und dem Patienten an. Der Patient fühlt sich häufig bedroht, weil der Therapeut so viel von ihm verlangt; der therapeutische Leiter will nicht nur, daß der Patient frei »spricht«, er will, daß er seinen ganzen inneren Konflikt in Tat und Wort darstellt, und nicht nur seinen eigenen, sondern auch den von Personen, die ihm am nächsten stehen und deren Geheimnisse er nicht enthüllen möchte. Er versucht daher, sich zu wehren wie gegen einen Angriff. Der psychodramatische Therapeut andererseits ist nicht wie in der Psychoanalyse der ruhige, passive Zuhörer, er muß selbst kämpfen, um den Patienten zur Produktion zu bringen. Die Übertragung beginnt daher manchmal von seiner Seite und ist überwältigend, wie im Falle eines Mannes, der eine Frau liebt und die Initiative ergreift. Der therapeutische

Leiter und der Patient feuern einander an; es ist eine richtige Begegnung, ein Kampf der Geister. Der Leiter versucht den Patienten anzuregen, ein Problem, das ihn gegenwärtig beunruhigt, darzustellen; aber der Patient mag Widerstand leisten. In vielen Fällen ist das Widerstreben, sein Psychodrama zu spielen, sehr gering. Sobald der Patient begreift, in welchem Ausmaß er selber Schöpfer der Darstellung ist und die Darstellung leitet, ist er eher geneigt mitzuwirken. Wichtiger ist aber, daß er auch begreift, daß seine Mitarbeit und das volle Durchleben seiner krankhaften Ideen einen direkten Einfluß auf den Heilungsprozeß hat. Der Kampf zwischen dem Leiter und dem Patienten ist in der psychodramatischen Situation außerordentlich wirklich. Jeder muß für den Kampf aus seinem Vorrat von Spontaneität und List schöpfen, so daß die Übertragungstendenzen zwischen Patienten und Therapeuten in den Hintergrund gedrängt oder reduziert werden. Positive Faktoren, welche Beziehungen und Interaktionen in der Wirklichkeit des Lebens formen, nehmen ihren Platz ein, Kreativität, Spontaneität, Produktivität, und die Fähigkeit, Rollen wirkungsvoll zu spielen.

Eine Sitzung hat gewöhnlich *drei* Phasen: 1. die Vorbereitung, »Lockerung« und »Erwärmung« (die amerikanische Phrase dafür ist »warming up«) der Gruppe, das Auffinden eines gemeinsamen Problems und eines geeigneten Protagonisten; 2. die Darstellung selbst; 3. die therapeutische Beteiligung der Gruppe. Der Therapeut, nachdem er sich bemüht hat, die Gruppe und den Protagonisten zu starten, zieht sich von der Bühne zurück, wird zum passiven Beobachter und nimmt nicht an der Darstellung teil. Die erste Phase ist zu Ende und die zweite Phase beginnt mit dem Drama. Vom Standpunkt des Patienten aus ist das Objekt seiner Übertragung, der therapeutische Leiter, aus der Situation herausgestoßen. Der »Rückzug« des Leiters gibt dem Patienten das Gefühl, daß er, der Patient, der Gewinner ist. Tatsächlich ist der Rückzug des Leiters nichts anderes als die strategische Vorbereitung vor dem großen Kampf. Zur Befriedigung des Patienten treten durch die Vermittlung des Rollenspiels der Hilfs-Iche andere Personen in die Situation ein, Personen, die ihm näherstehen, wie seine Mutter oder seine Frau oder Individualisierungen seiner Einbildungen und Halluzinationen. Er kennt sie viel besser als diesen Fremden,

den therapeutischen Leiter. Je mehr sie in Erscheinung treten, desto mehr vergißt er ihn, und der Therapeut *will* vergessen sein, zumindest für die gegenwärtige Phase des Psychodramas. Die Dynamik dieses Vergessens ist leicht zu erklären. Es ist nicht nur, daß der therapeutische Leiter die Szene verläßt, die Hilfs-Therapeuten treten dafür ein, zu denen er Beziehungen entwickelt, die für ihn wichtiger sind: sie verkörpern die Gestalten und Symbole seiner eigenen Welt. Während der Patient an der Darstellung teilnimmt und sich für diese Gestalten und Symbole erwärmt, erlangt er eine ungeheure Befriedigung, weit größer als er sie jemals erfahren hat; er hat im Laufe seiner Krankheit viel von seiner eigenen Energie in diese inneren Traumbilder investiert, sowohl in den Gestalten seines Vaters, seiner Mutter, seiner Frau und seiner Kinder, als auch in gewissen Gebilden, die eine gesonderte Existenz in ihm führen, seine Einbildungen und Halluzinationen. An diese hatte er einen großen Teil seiner Spontaneität, seiner Produktivität und Kraft verschwendet. Sie haben seine Reichtümer weggenommen, er ist arm geworden, schwach und krank. Und jetzt gibt ihm das Psychodrama, wie eine Gnade Gottes, alles zurück, was er in den fremden Formulierungen seines Geistes gebunden hatte. Er nimmt seinen Vater, Mutter, Geliebte, seinen Wahn und seine Halluzinationen in sich selbst und die Energien, die er in ihnen krankhaft gebunden hatte, kehren dadurch zurück, daß er die Rolle seines Vaters, seines Arbeitgebers, seines Freundes oder Feindes tatsächlich »leben« kann; beim Vertauschen der Rollen mit ihnen erfährt er bereits viele Dinge über sie, die ihm das Leben nicht verschaffte. Aber wenn er schließlich die Personen seiner Halluzinationen verkörpert, dann verlieren sie nicht nur ihre Macht und ihren Zauber über ihn, sondern er erwirbt ihre Kräfte für sich selbst. Sein eigenes Ich hat Gelegenheit sich zu finden und wieder zu ordnen, die Elemente zusammenzusetzen, die durch tückische Kräfte auseinandergehalten waren, sie zu einem Ganzen zu fügen und ein Gefühl von Macht und Erleichterung zu gewinnen, eine *Katharsis der Integration,* eine Reinigung durch Vervollständigung. Man kann wohl sagen, daß das Psychodrama den Patienten mit einer neuen und erweiterten Erfahrung von Wirklichkeit, einer mehrdimensionalen »Überschuß-Realität« versieht, ein Gewinn, der wenigstens teilweise die Opfer aufwiegt, die er bei seinem Hindurcharbeiten durch die psychodramatische Produktion bringen mußte.

Aber diese zweite Phase im Psychodrama wird allmählich ersetzt durch eine dritte. Jetzt übernimmt das Gruppendrama, das Publikum, die Führung der Darstellung. Der Therapeut verschwand von der Szene am Ende der ersten Phase, jetzt aber verschwindet das ganze Theater, die Darstellung selber mit den Hilfs-Ichen, den guten Mitarbeitern und Geistern, die ihm, dem Protagonisten-Patienten, geholfen hatten, ein neues Gefühl von Einheit, Macht und Klarheit zu erwerben. Der Patient ist jetzt im Zwiespalt mit sich selbst, einerseits tut es ihm leid, daß sie alle, die Hilfs-Iche, gegangen sind, andererseits fühlt er sich betrogen und ist zornig, weil er anscheinend der einzige ist, der das Opfer der Selbstentblößung gebracht hat, deren Rechtfertigung er nicht vollkommen einsieht. Die Gegenwart der Gruppe im Auditorium wird nun dem Patienten dynamisch bewußt. Im Laufe der Darstellung vergaß er die Existenz der Gruppe, aber jetzt sieht er sie wieder, einen nach dem andern, Fremde und Freunde. Er hat seine tiefsten persönlichen Geheimnisse vor ihnen aufgedeckt, seine Gefühle von Schuld und Scham erreichen jetzt ihren Höhepunkt.

Eine dritte Umstellung der Kräfte tritt ein. Während er sich anfeuerte, seine Probleme darzustellen, feuerte er das Auditorium an, sich mit ihm zu identifizieren. Er tritt in direkten Kontakt mit den Zuschauern, den Mitgliedern der Gruppe, und diese treten in direkten Kontakt zueinander. Der gruppentherapeutische Teil der Sitzung beginnt. Die Mitglieder der Gruppe beginnen einer nach dem andern ihren Gefühlen und ihren eigenen Erlebnissen ähnlicher Konflikte Ausdruck zu verleihen. Die Patienten gewinnen eine neue Art von Katharsis, eine »Gruppenkatharsis«; er hat Liebe gegeben und jetzt geben sie ihm Liebe zurück. Die Mitglieder der Gruppe teilen ihre eigenen Kümmernisse mit ihm, wie er seine mit ihnen geteilt hat, und allmählich umfaßt die Katharsis alle, die anwesend sind. Aber der Prozeß der Klärung geht nicht ohne Konflikte vor sich; scharfe Kritik und Feindseligkeit, besonders gegen den Therapeuten ist nicht selten. Die ganze Gruppe ist in Aufruhr; es bedarf der ganzen Kunst des Arztes, eine Lösung zu finden.

Die Beschreibung wäre nicht vollständig, wenn wir nicht kurz die Rolle besprechen würden, die der therapeutische Leiter und die Hilfs-Iche während der Darstellung spielen. Da dieser Teil viele Seiten hat, will ich mich hier auf den Beitrag zur Behandlung von Psychosen beschränken. Besonders in der Behandlung psychotischer Personen hat das Psychodrama erstaunliche Resultate erzielt durch eine Art »Liebes«Katharis, eine Katharsis, die von der Begegnung mit ähnlich leidenden Menschen stammt.

Das theoretische Prinzip ist, daß der Therapeut und seine Assistenten direkt auf der Ebene der Spontaneität des Patienten und in dessen Welt handeln; es ist offensichtlich von keiner Bedeutung für die Behandlung, ob die »Spontaneität« des Patienten, sein »Unbewußtes« genannt wird. Es ist aber wichtig, daß der Patient tatsächlich die Gebiete der Gegenstände und Personen erschließt, die seine psychotische Welt erfüllen, gleichgültig wie verwirrt und fragmentarisch alles von ihm erlebt wird. Der psychodramatische Leiter ist nicht damit zufrieden wie der Psychoanalytiker, den Patienten zu beobachten und sein symbolisches Benehmen in verständliche, wissenschaftliche Sprache zu bringen, sondern er tritt mit seinen Hilfs-Ichen als halber Teilnehmer und halber Beobachter in die psychotische Welt des Patienten ein. Er spricht mit ihm in der psychotischen Sprache von Zeichen und Gesten, Worten und Handlungen, wie der Patient sie darbringt. Das ist natürlich gefährliche psychiatrische Praxis.

Psychodrama erfordert keine theatralische Inszenierung – ein häufiges Mißverständnis –, es wird in situ durchgeführt, d. h. wo immer sich der Patient befindet. Es ist sozusagen ein Natur- oder Realheilverfahren. Nach psychodramatischer Theorie ist der älteste Teil der psychischen Entwicklung nicht durchdrungen mit den üblichen, bedeutungsvollen Symbolen der organisierten, grammatischen Sprache. Die psychodramatische Theorie nimmt an, daß die »stummen« Teile der Psyche eine große Rolle in der Entwicklung der Neurosen und Psychosen spielen. Deshalb ist körperlicher Kontakt mit dem Patienten, motorische und taktile Kommunikation, wenn sie hergestellt werden kann, Berührung, Liebkosung, Umarmung, Teilnahme an stummen Betätigungen wie Essen, Gehen oder psychisch bedingten Handlungen, eine wichtige Einleitung zu psychodramatischer Arbeit bei Psychosebehandlungen. Körperlicher Kontakt, Körpertherapie und Körpertraining sind ein wesentlicher Teil der psychodramatischen Situation. *Das Psychodrama hat daher ein sorgfältig ausgearbeitetes System von Methoden entwickelt, mittels derer der therapeutische Leiter und die Hilfs-Iche sich in die Welt des Patienten einarbeiten und sie mit außerordentlich vertrauten Gestalten zu bevölkern versuchen, die den Vorzug haben, nicht durchaus Täuschungen zu sein und nicht durchaus Realität zu haben, sondern halb erfunden und halb wirklich sind.* Diese Hilfs-Iche sind ja doch reale Menschen, aber wie eine gute Fee dringen sie mit ihrem Zauber in die Psyche des gescheiterten Menschen ein. Wie gute und böse Poltergeister erschüttern und erregen sie manchmal den Patienten und überraschen und trösten ihn ein andermal. Er findet sich wie in einer Falle gefangen, in einer halb realen, halb unrealen Welt. Er sieht sich selbst spielen, er hört sich selbst reden, aber seine Handlungen und Gedanken, seine Gefühle und Wahrnehmungen kommen nicht von ihm, sie kommen seltsamerweise von eincr anderen Person, dem therapeutischen Leiter oder von anderen Personen, den Hilfs-Ichen, den Doppelgängern, den Spiegelbildern seines Geistes.

Ruth C. Cohn

Themenzentrierte Interaktion

Ich möchte [...] die thematische interaktionelle Methode, wie wir sie heute ausüben, etwas näher beschreiben:

Die Methode hat eine definitive Struktur, obwohl die Teilnehmer am Anfang einer Gruppe oft das Gefühl einer zu großen Freiheit haben. (Man muß schon ziemlich viel über Poesie wissen, bevor man die Bestimmtheit und Struktur freier Verse erkennt. Ich glaube, daß nur eine feste Struktur Freiheit ermöglicht.)

Die Anzahl der Zusammenkünfte, Zeitspanne und Ort der Arbeitsgruppe werden von vornherein festgelegt. Das Thema muß den Notwendigkeiten oder Interessen der Gruppe entsprechen, ob es sich nun um Beziehungen innerhalb einer Organisation handelt, um ein Studien- oder Aktionsprogramm, oder um ein Thema von psychologischer oder sozialer Bedeutung für das örtliche Gemeinschaftsleben.

Der Inhalt sowohl wie der Titel des Themas sind von Wichtigkeit. Jede Überschrift, die Worte wie »Störungen« oder »Probleme« enthält, führt die Gruppe zur Entdeckung und Beschreibung von negativen Erlebnissen und Gedanken, während ein Titel wie »Zur Überwindung von... Störungen« die Teilnehmer zu einer anderen Haltung ermutigt. Ich habe schlechte Erfahrungen mit Themen gemacht, welche negative Assoziationen hervorrufen. »Schwierigkeiten im demokratischen Prozeß« würde jedenfalls ein schlechterer Titel sein als »Wege zur demokratischen Gruppenbildung«.

Jede Gruppeninteraktion enthält drei Faktoren, die man sich bildlich als Eckpunkte eines Dreiecks vorstellen könnte: 1. *das Ich*, die Persönlichkeit; 2. *das Wir*, die Gruppe; 3. *das Es*, das

Thema. Dieses Dreieck ist eingebettet in eine Kugel, die die Umgebung darstellt, in welcher sich die interaktionelle Gruppe trifft. Diese Umgebung besteht aus Zeit, Ort und deren historischen, sozialen und teleologischen Gegebenheiten.

Die thematische interaktionelle Methode befaßt sich mit den Beziehungen der »Dreieckspunkte« zueinander und ihrer Einbettung in die »Kugel«. Der Reichtum dieser einfachen Struktur wird offensichtlich, wenn man die komplexe Natur des Ichs als eine psycho-biologische Einheit ansieht, das Wir als Zwischenbeziehung aller Gruppenmitglieder und das Thema als die unendlichen Kombinationen aller in Frage kommenden konkreten und abstrakten Faktoren.

Bevor die Gruppe zum erstenmal zusammentritt, muß sich der Gruppenleiter mit der »Kugel« – den Gegebenheiten der äußeren Situation – befassen. Wieviel Zeit steht zur Verfügung beziehungsweise ist minimal oder optimal nötig? Wer zahlt, und was sind die finanziellen Möglichkeiten? Was bedeuten der gewählte oder zu wählende Ort und die Zeit für die Gruppenmitglieder? Welche persönlichen Assoziationen und sozialen Bedeutungen verbinden sich mit diesem Ort und dieser Zeit? Wer hat Interesse am Gelingen dieser interaktionellen Gruppe, und wer in dieser Organisation mag dagegen sein? Hat der Gruppenleiter das nötige Vertrauen der übrigen Repräsentanten der Organisation, um nicht mitten in der Arbeit gestört oder entlassen zu werden? Die »Kugel« enthält die Frage, ob die Gruppe freiwillig zusammenkommt oder dazu gezwungen wird, wie z. B. Insassen eines Gefängnisses oder – weniger offensichtlich – die Arbeiter einer Organisation.

Die Persönlichkeit und Fähigkeit des Gruppenleiters sind natürlich ebenso wichtig wie seine Technik. Keine Methode ersetzt persönliche Wärme, Toleranz und positive Einstellung zum Menschen. Ich glaube jedoch und habe durch meine Arbeit erfahren, daß nicht nur der Intellekt und das Wissen geschult werden können, sondern auch die Gefühlswelt. Intuition, Empathie, Takt und Mut sind nicht nur schicksalhaft an konstitutionelle Elemente gebunden oder von Kindheitserlebnissen bestimmt; Gefühle können erzogen und nacherzogen werden. Der Gruppenleiter braucht allgemeines Wissen vom Menschen, Erfahrung in Gruppendynamik und Gruppentherapie, die Kenntnis vieler technischer Hilfsmittel und vor allem »erzogene Gefühle«. Ich glaube, daß der Gruppenleiter auch eine konstruktive Werteinstellung braucht. Ich sehe in der Psychotherapie und in der allgemeinen Erziehung den axiomatischen Glauben sowohl an die Autonomie des Menschen als auch an die Tatsache der zwischenmenschlichen Verbundenheit. Therapie und Erziehung verlangen, daß Menschen sich dieser Tatsache immer mehr bewußt werden. Autonomie bedeutet nicht Autismus, und zwischenmenschliche Verbundenheit ist etwas anderes als Selbstaufopferung.

Als Gruppenleiterin bin ich mir nun der Dreieckspunkte Ich (Individuum), Wir (Gruppe) und Es (Thema) bewußt. Die Balance dieser drei Gegebenheiten ist nie vollkommen, sondern braucht eine relative, dynamische Ausgeglichenheit. Wenn die Gruppe sich mit dem Thema akademisch beschäftigt, erachte ich dieses nur für so lange als konstruktiv, als ich keine Zeichen von Interesselosigkeit in der Gruppe entdecke, nicht einzelne Teilnehmer als unbeteiligt oder gestört empfinde und auch keine anderen generellen Gruppenzerfallsymptome auftauchen. Sonst lenke ich die Aufmerksamkeit vom Thema fort zur Person (Ich) oder zu Personen (Wir). Wenn die Gruppe sich umgekehrt nur für eine Person oder für ein Aufwallen von verschiedenen Gefühlen in der Gruppe zu interessieren scheint und sich damit in eine Therapie- oder Sensitivitätsgruppe zu verwandeln droht, schlage ich die Brücke zum Thema. In einer gut funktionierenden, erfahrenen Gruppe sind solche Direktiven weniger oft notwendig, da die Gruppe selbst sich zum Wächter der Methode fortentwickelt hat. Meiner Erfahrung nach sind jedoch führerlose Gruppen in interaktionellen Arbeitsseminaren unverläßlich; die führerlose Gruppe verwandelt sich unweigerlich entweder in eine Therapiegruppe oder in ein akademisches Seminar.

Wie es in klassischer analytischer Traumdeutung notwendig ist, der freien Assoziation Spielraum zu geben, um genügend Material zu bekommen, jedoch nicht endlos zu assoziieren (weil die Traumdeutung sonst verlorengeht), so ist es in der interaktionellen Arbeitsgruppe wesentlich, die dynamische Balance der drei Beziehungspunkte durch ein Nicht-Zuviel und Nicht-Zuwenig zu erhalten. Es ist diese dynamische Balance, die die interaktionelle Arbeitsgruppe von anderen Kommunikationsmethoden unterscheidet. Das akademische Lernen bezieht sich fast nur auf das »Es« (das Thema), das psychologische auf das »Ich«, die Gruppentherapie auf das »Ich-Wir«. Die thematische interaktionelle Gruppe versucht die Dreiheit von Ich-Wir-Es in dynamischer Balance zu halten. [...]

Grundlegend für das System themenzentrierter Interaktion (TZI) sind diese Axiome:

1. Der Mensch ist eine psycho-biologische Einheit. Er ist auch Teil des Universums. *Er ist darum autonom und interdependent. Autonomie (Eigenständigkeit) wächst mit dem Bewußtsein der Interdependenz (Allverbundenheit).*

Menschliche Erfahrung, Verhalten und Kommunikation unterliegen interaktionellen und universellen Gesetzen. Geschehnisse sind keine isolierten Begebenheiten, sondern bedingen einander in Vergangenheit, Gegenwart und Zukunft.

2. Ehrfurcht gebührt allem Lebendigen und seinem Wachstum. Respekt vor dem Wachstum bedingt bewertende Entscheidungen. Das Humane ist wertvoll; Inhumanes ist wertbedrohend.

3. Freie Entscheidung geschieht innerhalb bedingender innerer und äußerer Grenzen. Erweiterung dieser Grenzen ist möglich.

Unser Maß an Freiheit ist, wenn wir gesund, intelligent, materiell gesichert und geistig gereift sind, größer, als wenn wir krank, beschränkt oder arm sind und unter Gewalt und mangelnder Reife leiden. *Bewußtsein unserer universellen Interdependenz ist die Grundlage humaner Verantwortung.*

Aus den Axiomen leiten sich Postulate ab; sie sind Forderungen auf der Basis des Paradox' der Freiheit in Bedingtheit. Wir müssen sie befolgen; mangelnde Bewußtheit und mangelnde Handlungsbereitschaft sind Kennzeichen persönlicher und sozialer Krankheit.

Postulate sind:

1. Sei dein eigener Chairman, der Chairmann deiner selbst.

»Chairman« – Vorsitzender, Leiter – ist in diesem Zusammenhang nicht übersetzbar wegen seines Doppelsinns: Chairman of myself = Leiter meiner selbst; und Chairman of a group = Vertreter der Interessen aller in einer Gruppe (nicht nur Vorsitzender oder Moderator). Darum habe ich das Wort »Chairman« als system-immanent auch im Deutschen eingeführt.

Das bedeutet:

a) Sei dir deiner inneren Gegebenheiten und deiner Umwelt bewußt.

b) Nimm jede Situation als Angebot für deine Entscheidungen. Nimm und gib, wie du es verantwortlich für dich selbst und andere willst.

2. Beachte Hindernisse auf deinem Weg, deine eigenen und die von anderen. Störungen haben Vorrang (ohne ihre Lösung wird Wachstum erschwert oder verhindert).

Postulate und das themenzentrierte interaktionelle System (TZI)

1. Sei dein eigener Chairman

Als mein eigener Chairman bin ich der »Vorsitzende meiner inneren Gruppe«, meiner verschiedenen Bedürfnisse und Bestrebungen. Ich versuche, sie mir auch in der Gruppensitzung bewußt zu machen: die körperlichen Empfindungen, die wechselnden Gefühle und die tief verankerten Grundstimmungen, die Wahrnehmung im Gruppengeschehen, die gedanklichen Eingebungen, Phantasien, Intuitionen, Urteile, Wertungen, Absichten. Ich akzeptiere mich, wie ich bin – was meine Wünsche, mich selbst zu ändern, einschließt. Ich mache mir meine Gefühle bewußt und wäge ab, mein »ich soll« gegen mein »ich möchte«; und ich versuche, meine Entscheidungen auch von körperlichen Fähigkeiten und Begrenztheiten abhängig zu machen, denen ich ebenso unterliege wie anderen natürlichen und sozialen Gegebenheiten: Menschen, Natur, sozialer Wirklichkeit.

Die Aussage »sei dein eigener Chairman« in interaktionellen Gruppen bedeutet: Übe dich, dich selbst und andere wahrzunehmen, schenke dir und anderen die gleiche menschliche Achtung, respektiere alle Tatsachen so, daß du den Freiheitsraum deiner Entscheidungen vergrößerst. Nimm dich selbst, deine Umgebung und deine Aufgabe ernst. Mein eigener Chairman zu sein bedeutet, daß ich mich als einzigartiges psycho-biologisches autonomes Wesen anerkenne – begrenzt in Körper und Seele, in Raum und

Zeit und lebendig im lernenden, schaffenden Prozeß. Ich bin verantwortlich für meine Anteilnahme und meine Handlungen, nicht aber für die des anderen. Ich kann anbieten und biete an, so gut ich kann.

Mein eigener Chairman zu sein bedeutet also, meine Möglichkeiten und Grenzen als menschliches Wesen zu begreifen und zu verfolgen: Ich bin nicht allmächtig; ich bin nicht ohnmächtig. Meine Macht ist begrenzt.

Ich bin immer nur mein eigener Chairman und nie der des anderen, außer wenn dieser seine Bewußtheit verliert oder noch nicht erreicht hat.

Beispiele: 1. Mein Nachbar liegt im Koma. Ich entscheide durch Tun oder Nichttun, ob ein Arzt zu Hilfe kommt. 2. Ein Kind entwickelt erst langsam seine Möglichkeiten zur Realitätsübersicht (Erkennen von Gefahren auf der Landstraße, Nahrungsvorsorge, Zeitperspektive). Der Erwachsene entscheidet anhand seiner Realitätsperspektive, inwieweit er Entscheidungen für das Kind oder mit dem Kind zusammen trifft.

Schon vor der Geburt bestehen Autonomie und Interdependenz. Das Kind wächst *selbst* im Mutterschoß. Nach der Geburt kann ihm die Mutter Nahrung anbieten, aber das Kind nimmt selbst an oder verweigert. (Selbst wenn es mechanisch gefüttert wird, kann sein Organismus annehmen oder verwerfen.)

2. Störungen haben Vorrang

Störungen haben de facto den Vorrang, ob Direktiven gegeben werden oder nicht. Störungen fragen nicht nach Erlaubnis, sie sind da: als Schmerz, als Freude, als Angst, als Zerstreutheit; die Frage ist nur, wie man sie bewältigt. *Antipathien und Verstörtheiten können den einzelnen versteinern und die Gruppe unterminieren; unausgesprochen und unterdrückt bestimmen sie Vorgänge in Schulklassen, in Vorständen, in Regierungen.* Verhandlungen und Unterricht kommen auf falsche Bahnen oder drehen sich im Kreis. Leute sitzen am Pult und am grünen Tisch in körperlicher Gegenwart und innerer Abwesenheit. *Entscheidungen entstehen dann nicht auf der Basis von realen Überlegungen, sondern unterliegen der Diktatur der Störungen* – Antipathien zwischen den Teilnehmern, unausgesprochenen Interessen und persönlichen depressiven und angstvollen Gemütsverfassungen. Die Resultate sind dementsprechend geist- und sinnlos und oft destruktiv. Die unpersönlichen »störungsfreien« Klassenzimmer, Hörsäle, Fabrikräume, Konferenzzimmer sind dann angefüllt mit apathischen und unterwürfigen oder mit verzweifelten und rebellierenden Menschen, deren Frustration zur Zerstörung ihrer selbst oder ihrer Institutionen führt.

Das Postulat, daß Störungen und leidenschaftliche Gefühle den Vorrang haben, bedeutet, daß wir die Wirklichkeit des Menschen anerkennen; und diese enthält die Tatsache, daß unsere lebendigen, gefühlsbewegten Körper und Seelen Träger unserer Gedanken und Handlungen sind. Wenn diese Träger wanken, sind unsere Handlungen und Gedanken so unsicher wie ihre Grundlagen.

> Es gibt jedoch auch Teilnehmer mit »dauernden Störungen«, die durch kurze Interaktionen nicht zur Ruhe kommen können. Wenn ein Mensch zutiefst voller Ängste ist oder von chronischen Problemen beschwert, kann er sich oft nicht auf andere Aufgaben als auf seine eigene Existenznot beziehen. Dann ist es besser, eine therapeutische Behandlung vorzuschlagen, oder eine Gruppe mit seinem speziellen Thema zu finden – wie z. B. »Ich und Du in unserer Ehe – wie sollen wir leben?« oder »Wie befreie ich mich von meinen Arbeitsstörungen?«
>
> Die Störung des Wir in nichttherapeutischen Gruppen hat manchmal Vorrang vor unlösbaren Problemen des Ich. Dies trifft auch zu, wenn eine Gruppe rasch entscheiden muß: z. B. bei konkreten Gefahren oder Termindruck. Die Maxime »Realität hat den Vorrang« hilft, Entscheidungen über Vorrangigkeit zu treffen; es braucht Übung, diese »Gefahrenregel« nicht zu mißbrauchen.

Ich glaube, daß die überraschende Wirksamkeit der methodischen Anweisungen der TZI in der Tatsache wurzelt, daß ihre *Postulate Klarstellungen existentieller Phänomene sind und nicht auswechselbare Spielregeln. Die Postulate sprechen in ihrer Forderung aus, die Realität und nicht Dogmen als Autorität anzuerkennen.* Unbewußtheit der eigenen Chairman-Position verführt zur Autoritätsanbetung und zur Ablehnung echter Autorität. (Ich bin Autorität, solange ich die Wirklichkeit repräsentiere – z. B. die Wirklichkeit des Wissens, daß Feuer brennt und ich die Hand des Säuglings schützen muß, aber auch, daß Kinder mit Streichhölzern umzugehen lernen können und müssen. Die Autorität der Erwachsenen begleitet und hilft Kindern zu wachsen: »Wer weniger gibt als nötig, ist ein Dieb; wer mehr gibt, ein Mörder.«)

Themenzentrierte Interaktion wird durch Hilfsregeln unterstützt

Wichtig sind Rücksicht auf Größe und Zusammensetzung der Gruppe, die Zeit, die zur Verfügung steht, Räume, die benutzt werden können, die antizipierte und wirkliche Kombination der Teilnehmer (ihre Motivationen, Berufe, Schicht, Alter etc.), adäquate Themenfindung und -formulierung etc.

Je geübter die Gruppe im Handwerk der TZI ist, um so gleichmäßiger verteilen sich strukturelle und organisatorische Leitungsfunktionen. Die *interaktionelle Diskussion bedarf eines Gruppenleiters,* der zugleich Partizipant ist *und* Verantwortung für die Funktion der dynamischen Balance übernimmt; *er leitet als Person,* als Ich, *unter Einsatz seiner Gedanken und Gefühle, die er wie jeder andere Teilnehmer hat – das heißt als sein eigener Chairman. Er ist zugleich auch Chairman der Gruppe; der die Funktion der Gleichgewichtsführung übernimmt.*

Wenn niemand diese Arbeitsaufgabe hat, übernehmen alle Gruppenmitglieder die Leitungsfunktion, was die Aufgabe jedes einzelnen dem Thema und andern gegenüber erschwert und die Konzentration verringert; oder, wenn die Gruppe nicht leitend einspringt, geht die dynamische Balance verloren. Wenn der Leiter »neutral« als Beobachter und Dirigent und nicht als Partizipant leitet, entstehen vermehrte Übertragungs- und Herrschaftssituationen. *Gruppenleiten ist eine wichtige Arbeitsfunktion,* die gelernt werden kann, *und nicht ein hierarchisches Statussymbol.*

Es gibt TZI-Hilfsregeln, die fast immer nützlich, andere, die situationsspezifisch sind. Wichtig ist, daß Hilfsregeln taktvoll und nicht diktatorisch angewandt werden. Jede Regel kann ad absurdum geführt werden. Die folgenden Regeln sind im Prinzip universell anwendbar für die meisten Gruppenarten.

1. Vertritt dich selbst in deinen Aussagen; sprich per »Ich« und nicht per »Wir« oder per »Man«.

Begründung: Die verallgemeinernden Wendungen von »Wir«, wie z. B. in »Wir glauben«, »man tut«, »jederman denkt«, »niemand sollte«, sind fast immer persönliche Versteckspiele. Der Sprechende übernimmt nicht volle Verantwortung für das, was er sagt. Er versteckt sich hinter der öffentlichen Meinung oder einer nicht kritisch überprüften Majoritätsentscheidung, um sich selbst und seine Zuhörer zu überzeugen. Wenn ich an meine eigene Aussage glaube, brauche ich keine fiktive, quantitative Unterstützung des andern. Wenn ich dennoch Bestätigung brauche oder wünsche, muß ich überprüfen, ob die anderen mir wirklich zustimmen. Aussagen einzelner Gruppenmitglieder wie »Die Gruppe denkt«, »Wir langweilen uns alle«, »Alle sind anderer Meinung als du«, »Wir alle wollen eine Kaffeepause« sind oft nicht wahr. Die Regel, per Ich zu sprechen und nur per Ich, dient dazu, verantwortliche Aussagen zu machen, Projektionen zu vermeiden und weder eigene Kreativität noch Irrtümer zu vertuschen. »Wir« als Träger von Aussagen ist nur authentisch, wenn die Gemeinsamkeitsfaktoren der Ichs überprüft worden sind. »Man« bedeutet eine Aussage über alle Menschen oder eine definitiv bestimmte Gruppe größeren Ausmaßes.

2. Wenn du eine Frage stellst, sage, warum du fragst und was eine Frage für dich bedeutet. Sage dich selbst aus und vermeide das Interview.

Begründung: Echte Fragen verlangen Informationen, die nötig sind, um etwas zu verstehen oder Prozesse weiterzuführen. Authentische Informationsfragen werden durch die Gründe für die Informationswünsche persönlicher und klarer.

Fragen, die kein Verlangen nach Information ausdrücken, sind unecht. Sie können Vermeidungsspiele sein, um eigene Erfahrungen zu verschweigen, oder dienen als Werkzeug inquisitorischer Machtkämpfe. Die befragten Personen, die solche Tendenzen mehr oder minder klar empfinden, nehmen sie nicht ernster, als sie gemeint sind. Unechte Antworten und Gegenfragen folgen unechten Fragen. Interview ersetzt Dialog.

Wenn Teilnehmer dagegen Aussagen machen – anstelle von Fragen –, inspirieren sie zu weiteren Interaktionen, denn immer dann, wenn eigene Erfahrungen und Gedanken ausgesprochen werden, werden andere mit größter Wahrscheinlichkeit eigene Erfahrung und Ideen mitteilen wollen. Echte Kommunikation ist ebenso ansteckend wie Abwehr (Cave: Regeln sind nur brauchbar, wenn sie Echtheit fördern).

3. Sei authentisch und selektiv in deinen Kommunikationen. Mache dir bewußt, was du denkst und fühlst, was du sagst und tust.

Begründung: Wenn ich etwas nur sage oder tue, weil ich soll, dann fehlt dieser Handlung meine eigene bewährte Überprüfung, und ich handle nicht eigenständig. Ich spreche dann entweder auf der Basis einer unreflektierten Gruppennorm oder gehorche einem internalisierten (elterlichen) Soll; oder ich fälle Entscheidungen, ohne wirklich zu entscheiden, »weil mir gerade so zumute ist«, ohne Rücksicht auf mein eigenes Wertsystem oder mein Urteil über Gegebenheiten, und entziehe mich so gleicherweise autonomer Wahl.

Wenn ich alles ungefiltert sage, beachte ich nicht meine und des andern Vertrauensbereitschaft und Verständnisfähigkeit. Wenn ich lüge oder manipuliere, verhindere ich Annäherung und Kooperation. Wenn ich selektiv und authentisch (»selective authenticity«) bin, ermögliche ich Vertrauen und Verständnis. Wenn Vertrauen geschaffen ist, wird Filterung zwischen meiner Erfahrung und meiner Aussage weitgehend überflüssig. Je weniger solches Filtern nötig geworden ist, desto einfacher, produktiver und froher ist die Kooperation der Teilnehmer. Solches Vertrauen kommt nicht durch Konformitätsdruck und in Übereilung zustande.

4. Halte dich mit Interpretationen von anderen so lange wie möglich zurück. Sprich statt dessen deine persönlichen Reaktionen aus.

Begründung: Interpretationen können korrekt und zeitlich angebracht sein. Bestenfalls schaden sie nicht. Wenn sie richtig und taktvoll sind (zeitadäquat), zementieren sie das, was der Interpretierte weiß; wenn sie richtig, jedoch nicht zeitgerecht sind, erregen sie Abwehr und verlangsamen den Prozeß. Häufig sind sie nichts anderes als Sebstbewunderungsspiele. Nicht-interpretative, direkte persönliche Reaktionen zum Verhalten anderer führen zu spontaner Interaktion. (»Du redest, weil du immer im Mittelpunkt stehen willst« versus »Bitte rede jetzt nicht, ich möchte nachdenken« oder »Ich möchte selbst reden.«)

5. Sei zurückhaltend mit Verallgemeinerungen.
Begründung: Verallgemeinerungen haben die Eigenart, den Gruppenprozeß zu unterbrechen. Sie sind am Platz, wenn ein Unterthema ausreichend diskutiert worden und der Wechsel des Gegenstandes angezeigt ist (z. B. als Hilfe, dynamische Balance herzustellen oder zu einem anderen Unterthema überzuleiten).

6. Wenn du etwas über das Benehmen oder die Charakteristik eines anderen Teilnehmers aussagst, sage auch, was es dir bedeutet, daß er so ist, wie er ist (d. h. wie du ihn siehst).
Begründung: Diese Regel, zusammen mit der »Frage-Regel« (»Frage nicht ohne Zufügung deiner Motivation«), verhindert das Phänomen des Prügelknaben. »Interview« und »Feedback« können Geheimwaffen für Ablenkungsmanöver und für Angriffe sein. Die Aussage darüber, wie ich einen anderen sehe, ist immer meine persönliche Meinung. Ich kann nur meine Ansicht über den anderen aussprechen, nicht aber mit dem Anspruch auf allgemeine Gültigkeit. Wenn der Sprecher hinzufügt, was ihm seine Frage und sein Feedback bedeuten, werden echte Dialoge begünstigt.

7. Seitengespräche haben Vorrang. Sie stören und sind meist wichtig. Sie würden nicht geschehen, wenn sie nicht wichtig wären (Vielleicht wollt ihr uns erzählen, was ihr miteinander sprecht?).
Begründung: Wenn ein Gruppenmitglied Aussagen an seinen Nachbarn richtet, so ist er mit großer Wahrscheinlichkeit stark beteiligt. Es kann sein, daß er etwas sagen will, was ihm wichtig ist, aber er scheut sich, es zu tun; oder er kommt nicht gegen schnellere Sprecher auf und braucht Hilfe, sich in der Gruppe zu exponieren. Er kann auch aus dem Gruppenprozeß herausgefallen sein und versucht nun, auf einem Privatweg wieder hineinzukommen.

(Es ist wichtig, daß diese Regel als eine *Aufforderung* erlebt wird und nicht als *Zwang*. Die Angesprochenen werden aufgefordert und nicht erpreßt.)

8. Nur einer zur gleichen Zeit bitte.
Begründung: Niemand kann mehr als einer Äußerung zur gleichen Zeit zuhören. Um sich auf verbale Interaktionen konzentrieren zu können, müssen sie nacheinander erfolgen. Der Gruppenzusammenhalt ergibt sich aus konzentriertem Interesse füreinander und für die Aussagen oder Aktionen jedes Teilnehmers.

Diese Regel bezieht sich primär auf verbale Aussagen. Manchmal können jedoch nichtverbale Kommunikationen wie Gesten, Paarbildungen usw. ebenso ablenkend sein wie verbale Äußerungen; sie werden deshalb am besten aufgegriffen und in den Gesamtstrom eingebracht. (Es gibt viele Situationen, für die diese Regel nicht gilt. Gleichzeitige Interaktionen sind erforderlich, wenn die Gruppe in Paare oder kleinere Arbeitsgruppen aufgeteilt ist oder bei Rollenspielen und Begegnungsübungen, die andersartige Spielregeln erfordern.)

9. Wenn mehr als einer gleichzeitig sprechen will, verständigt euch in Stichworten, über was ihr zu sprechen beabsichtigt.
Begründung: Alle Anliegen derer, die gerne sprechen möchten, werden auf diese Weise kurz erörtert, bevor die volle Gruppenaktion weitergeht. Eine kurze Kommunikation mindert explosive Bedürfnisse, sich mitzuteilen, und befähigt die Gruppe zu wählen. Durch dieses Vorgehen wird die Entscheidung, wer sprechen soll, nicht allein vom Gruppenleiter übernommen, sondern kommt durch autonome Entscheidungen aller Teilnehmer zustande. Sprechordnung kann dann auf verschiedene Arten bestimmt werden, z. B.
a) durch das offenbar starke Bedürfnis eines der Teilnehmer,
b) durch das größere Interesse der Gruppenmitglieder für die eine oder andere Äußerung,
c) durch Identität zweier Aussagen,
d) durch ergänzende Aussagen.

Die rasche Stichwortkommunikation zwischen den Sprechenden vermittelt der ganzen Gruppe einen Überblick über die Vielfalt der Gesprächsfäden, die auch später wieder aufgenommen werden können. So fühlt sich niemand übergangen. Rivalisieren um des Rivalisierens willen wird weitgehend verhindert.

Wenn diese Regel nicht aufgestellt wird, zeigt sich oft verstärktes Rollenverhalten: Der Scheue geht noch weniger aus sich heraus, der Dominante dominiert noch mehr und beherrscht das Sprechfeld. Oder der Gruppenleiter und temperamentvolle Mitglieder entscheiden über andere ohne Notwendigkeit (d. h. sie üben Autorität aus, wo sie unnötig und daher infantilisierend ist).

Regeln sind Hilfestellungen, die der Verwirklichung der Postulate dienen und erfahrungsgemäß in interaktionellen Gruppen nützlich sind. Sie sind jedoch keine absoluten Größen. Ihre Verabsolutierung ist Mißbrauch und dient dem Geist, den sie bekämpfen möchten.

Eine Workshop-Gruppe erlebt die Ermordung John F. Kennedys

Es war Samstag, der 23. November 1963, um 8.00 Uhr morgens. Ein Freund fuhr mit mir von Los Angeles nach Santa Monica. Die *Los Angeles Society for Clinical Psychologists* hatte mich eingeladen, einen Wochenend-Workshop zu leiten. Zum *Thema* hatte ich meinen damaligen Interessenschwerpunkt gewählt: *»Die Schulung der emotionalen Fähigkeiten und Fertigkeiten des Psychotherapeuten.«*

Unsre Herzen waren schwer, unser Geist war erfüllt von dem Bild des jungen Mannes, dessen Leben von seinem Land und von ihm gewichen, dessen Kopf in den Schoß seiner Frau gesunken war. Wir fühlten, daß der Lebensstrom unserer Welt betroffen war.

Mein »inneres Auge« schweifte von dem schauerlichen Bild eines dahinrasenden Autos zu einem drohenden Atompilz, der den ganzen Globus einhüllte. Würde der nächste Präsident ebenso fähig und engagiert sein wie der, den wir eben verloren hatten? Ebenso bereit, Irrtümer und Versagen zuzugeben, und ebenso bemüht, sie zu korrigieren?

Es schien unsinnig, an diesem Wochenende einen Workshop für Psychotherapeuten zu leiten. Wer würde in solcher Situation in den Tagungsraum eines Hotels kommen, um über professionelle Erfordernisse und Fähigkeiten zu reden? Würde nicht jeder lieber vor seinem Fernseher bleiben wollen, um mit Angehörigen und Freunden über dieses Ereignis zu reden?

Ungefähr 15 Personen hatten sich zu diesem Workshop angemeldet. Würden sie kommen? Und wenn sie kämen, wie könnten wir jetzt über uns selbst und unsere Beziehung zu Patienten reden? Waren wir nicht mit den anderen Menschen dieses riesigen Landes wie in einem einzigen totenstillen Wohnzimmer beisammen?

Und doch, dachte ich, erlebte jeder dieses Ereignis auf seine eigene Weise. Mein Schock über die Ermordung des Präsidenten war natürlich mein eigener. Mein Herz, meine Nerven, meine Organe sprachen meine persönliche Sprache. Meine Gedanken und Gefühle im Zusammenhang mit diesem Tod verschmolzen mit meinen eigenen früheren Erfahrungen – mit eigenen Verlusterlebnissen und eigenen politischen Erinnerungen wie z. B. an den »Reichstagsbrand«. – War Oswald auch ein Mietling, der eine politische Katastrophe einleiten würde?

Meine Kollegen, die zu diesem Workshop kommen würden, würden so wie ich eigene Gedanken, Ängste, Erinnerungen zu diesem gemeinsamen Erlebnis haben.

Patienten kamen mir in den Sinn: Robert, den die Ermordung wohl kaum berühren würde, da er ständig mit seinen Zwangsvorstellungen beschäftigt war; Rachel, deren Angst, ermordet zu werden, jetzt noch bestärkt worden war; Paul, der sich vielleicht wünschen könnte, es selbst getan zu haben; Sylvia, die vielleicht den Tod ihres Vaters noch einmal durchleben würde. Jeder von uns würde etwas fühlen, tief oder weniger tief, vielleicht entsetzt, vielleicht erleichtert oder gar schadenfroh, vielleicht ambivalent.

Und dann schoß mir plötzlich der Gedanke durch den Kopf: Das ist genau das richtige Wochenende, um einen Workshop über emotionale Fähigkeiten zu halten; so ist es doch immer für uns Therapeuten: Ich, Mensch, Psychotherapeut, lebe in meiner eigenen inneren Welt; du, Patient, in deiner. Meine Gedanken, meine Gefühle können und müssen jedoch meine Brücke zu dir sein. Sie sind der einzige Weg von Insel zu Insel.

Kennedys Tod, seine Wirkung auf die Menschen, schien plötzlich das zu symbolisieren, woran wir an diesem Wochenende arbeiten wollten: uns immer mehr unsrer eigenen Gefühle und der des Patienten in ihren Übereinstimmungen und Unterschieden bewußt zu werden und sie mit größerer Sicherheit für unsere therapeutische Arbeit einzusetzen. Nun standen wir alle im Schatten desselben Ereignisses – aber keiner von uns wußte genauer, wie die Kollegen es erlebten, und nicht einmal, was es für uns selbst bedeutete. Das würde unsere Aufgabe an diesem Wochenende sein: unseren eigenen Gefühlen und denen der andern Therapeuten näherzukommen.

Als das Auto vor dem Hotel Miramar in Santa Monica anhielt, sprach ich mir gut zu, daß meine Überzeugung sich bewähren würde, daß Gefühle – durch Erkennen und Üben – zu verbesserter Empathie, Intuition und Takt entwickelt werden können, auch hier, selbst wenn nur wenige Leute zu diesem Workshop kommen würden. Ich würde auffordern, unsre augenblicklichen Gefühle nicht auszuklammern, sondern sie als besondere Hilfe für unsere Arbeit einzusetzen.

Um 9.30 Uhr war der Workshop komplett. Es fehlte kein einziger der Angemeldeten. Jeder war »beinahe nicht gekommen«. Jeder hatte sich entschlossen, daß er weitermachen wollte, trotz... (Und jemand sagte, er wollte mit Kollegen zusammensein, die am Montag vor dem gleichen Problem stehen würden; – und ein andrer sagte, er wolle lieber mit fremden Menschen zusammensein als mit Angehörigen.)

Ich bat um Schweigen, »um nachzudenken und zu erfühlen, was in uns ist«.

Ich fühlte mein eigenes aufgewühltes Dasein: die Kennedy-Tragödie – die Unruhe über eine persönliche Beziehung und die Beklemmung, eine fremde Gruppe von Professionellen mit einem mir neuen Thema in dieser Situation zu leiten.

Minuten später fragte ich in das lastende Schweigen hinein: »Wie fühlt es sich an, hier zu sein, in dieser Gruppe, in diesem Augenblick, wo wir uns über unsre Gefühle befragen, wo wir hierhergekommen sind, um unsre emotionalen Fähigkeiten als Therapeuten zu schulen – in dieser Situation?« Und nach einigen Minuten bat ich darum, uns einander mitzuteilen.

Ich machte mir keine Notizen. Es gab kein Tondband. Mein Gedächtnis liefert mir nur wenige detaillierte Erinnerungen. Und doch weiß ich, daß diese spontane Einführung in den Workshop über emotionale Fähigkeiten, geboren aus einem tragischen Augenblick, uns alle zu einem tieferen Begreifen unsrer Gefühle führte. Einigen von uns war es, als sei ein Bruder, der Vater oder ein Freund, anderen war es, als sei ein Fremder, den sie gerne näher kennengelernt hätten, getötet worden. Erinnerungen an frühe Verluste wurden ausgetauscht. Es herrschte ein Gefühl der Benommenheit. Wir hatten das Gefühl, als stünde der Tod an der nächsten Ecke oder auf dem Dach – bereit auf uns zu schießen –, und gleichzeitig glaubten wir, er würde uns nicht finden, nicht einmal in einem offenen Auto, das durch feindliches Land fährt. Wir besaßen alle ein Stück vom undurchdringlichen Präsidenten-Mantel der Omnipotenz! Wir identifizierten uns auch mit Jackie oder vermieden es, uns in ihre Lage zu versetzen: Wie würde ich, du, dieser oder jener Patient an ihrer Stelle empfunden und gedacht haben? Inwieweit herrschten in ihr Betäubung, Mut, Schuldgefühle, Erleichterung, Schmerz, Schauspielerei, Furcht oder Hoffnung?

Wir waren überrascht, wenn wir ebenso fühlten wie die Kollgen neben uns; wir waren ebenso überrascht, wenn es anders war. Wir versuchten die Reaktionen der andern zu erraten, wir verglichen und unterschieden sie von unseren eigenen. Wir erlebten und verstanden einander gefühls- und verstandesmäßig, aber wir verrannten uns auch in Mißverständnisse. Es herrschten Toleranz und Freundlichkeit, aber auch neue und alte Antagonismen kamen auf (einige Gruppenmitglieder kannten sich schon seit Jahren). Bereits Mumifiziertes wurde ausgewickelt und wieder begraben. Wir äußerten unsre wechselnden Gefühle über uns selbst, über die andern, über Kennedy, über Oswald. Wir interpretierten unsre inneren Vorgänge und unsre wechselseitigen Beobachtungen.

Eine Erinnerung steht mir deutlich vor Augen. Ein Mann, ein Therapeut in den Dreißigern, war einer der ersten, der das Wort ergriff. Er sagte, daß ihm seit dem Augenblick, da er von der Ermordung gehört hatte, zum Heulen zumute sei. Aber er konnte nicht weinen. Wir reagierten mit Mitgefühl auf ihn. Viele von uns hatten geweint oder hatten weinen wollen. Er schien für die meisten von uns zu sprechen. Wir trösteten ihn und spürten, daß wir selbst den Wunsch hatten, genauso getröstet zu werden. Nun strömten Tränen über sein Gesicht. Wir empfanden Erleichterung, Wärme, Mitgefühl.

An diesem Tag kamen wir zu drei zweistündigen Sitzungen zusammen. Gegen Ende der dritten Sitzung sagte ein Mann ruhig zu dem trauernden Therapeuten: »Ich bin Oswald; ich will dich erschießen.« Er sagte, dieses Gefühl sei plötzlich in ihm aufgewallt, als er die Stirn seines Kollegen betrachtete. »Ich will dir durch den Kopf schießen und dann gehen.« Alle waren bestürzt. Es herrschte Entsetzen. Aber es war auch ein Gefühl der Erleichterung da: Viele von uns wurden sich einer unterschwelligen Feindseligkeit gegen den Therapeuten bewußt, für den wir vorher so warm empfunden hatten. Er hat das Opfer in uns symbolisiert, den, der zerstört worden war. Und jetzt durchbrach ein Mann mit seinem Gefühl und der Vorstellung, der Mörder zu sein, unsere bewußte Identifikation mit dem Ermordeten, den Leidenden. Hier war die Mord-Phantasie, klar und unverhüllt, der nackte Wunsch zu zerstören, was im Weg ist: ein Gesicht, das ich nicht mag, eine Stimme, die mich stört, eine Äußerung, die mir gegen den Strich geht – ein junger Präsident, der alles hat, was einer sich wünschen mag: Reichtum, Brillanz, Macht, Berühmtheit, eine schöne Frau, Kinder.

»Unser Oswald«, entlarvte in symbolischer Weise den verdrängten Teil in uns selbst und unser Zurückschrecken, den Neid, den Haß und die körperliche Spannung des Mörders zu fühlen. Wir fingen an, uns weniger freundlich, weniger großartig, weniger sorgend und umsorgt zu benehmen. Wir begannen, in uns jenen Patienten zu finden, den wir gewöhnlich ignorieren oder nur in gutgefütterter Verhüllung sehen: den, der schreit, um sich schlägt, mordet. Denn er ist in uns selbst, so wie er auch auf unsrer Couch liegt, auf unserm Stuhl sitzt und herabspäht von der Verlagsbuchhandlung in Dallas, Texas, und von den Fenstern in Los Angeles, in New York, meinem Haus und deinem...

Es war gegen Ende der letzten Sitzung am Samstag. Wir spürten alle auf verschiedene Weise aufflammenden oder abgrundtiefen Haß gegen den einen oder den anderen der beiden Männer oder gegen andere Gruppenmitglieder. Die Eintracht zwischen uns war zerstört. Wir wurden uns darüber klar, daß wir uns mit dem liebenswerten Teil in uns, in den andern und in der Kennedy-Tragödie identifiziert hatten. Wir haßten den Mörder in uns so sehr, daß wir uns in der Tragödie, in Mitleid, Furcht, Schuldgefühlen, Hoffnung badeten – und die Tür vor unsrer eigenen Frustration, vor unserm Neid und unsrer Gewalt verschlossen hielten. So starb Kennedy. So wurden wir Opfer. Wir würden lieber engherzig bleiben, emotional nicht dafür gerüstet, mit den zerstörerischen Kräften um uns herum fertigzuwerden, als gewalttätige und haßerfüllte Gefühle und Phantasien in uns selbst zu erdulden. Die größte Gefahr in uns, in der Welt, besteht dann, wenn wir die Existenz unseres Mörderseins verleugnen.

Der »Mörder«-Therapeut kam am nächsten Tag nicht wieder. Außer ihm fehlte keiner. Er war »aus familiären Gründen verhindert«. Für uns hatte dies symbolische Bedeutung: Wir waren unfähig gewesen, unsere zerstörerischen Kräfte zu integrieren.

Mitten hinein in unsere Erfahrungen, Enthüllungen und Versuche zu begreifen, platzte der neue Schock: Ruby hatte Oswald erschossen. Die Gesellschaft, wie wir selbst auch, hatte den Aggressor nicht geschützt (oder waren auch unsre gesellschaftlichen Schutzmächte, die Polizei, in den Mordfall verwickelt?). Würden wir selbst nun als Heilende ein wenig fähiger werden, Haß und Zerstörung in uns selbst, unsern Patienten, unsrer sozialen Welt wahrzunehmen, zu verstehen, zu assimilieren und humaner zu kontrollieren?

Jörg Kaspar Roth

Balintgruppen

Wir befinden uns in einer Gruppe von zehn Psychologie- und Pädagogikstudenten, die bereits während ihres Studiums praktisch arbeiten. Gleich zu Beginn der Stunde wird von M. ein neues Fallbeispiel vorgetragen.

»Es ist ziemlich kompliziert«, bemerkt er einleitend, »und das liegt wahrscheinlich an mir«, fügt er mit einem leisen Selbstvorwurf hinzu. Es geht um Mike, den er zusammen mit fünf anderen acht- bis neunjährigen Kindern im Rahmen einer Hausaufgabenhilfe betreut. Die Schwierigkeit liegt darin, ihn zu motivieren, die Hausaufgaben zu machen, »sich an den Tisch zu setzen und sich zu konzentrieren. Mike hat eine gute Technik, mich zu provozieren. Er geht so weit, bis ich ihn aus der Gruppe tue, ihn rauswerfe, wie es letzte Woche passiert ist.« Balint-Gruppenleiter: »Können Sie eine Szene berichten?« – »Ja. Der spitzt zum Beispiel ewig lang Bleistifte und macht Faxen und zwar so lange, bis es reicht. Das gleiche Problem hatte er früher mit meiner Kollegin. Der Mike ärgert mich, und dann sagt er, schlag mich doch, dann hol' ich die Polizei. Der kriegt genau den Punkt raus, wo er mich Schach-matt setzen kann.«

Die Balint-Gruppe beschäftigt sich mit der geschilderten Situation, versucht herauszufinden, was der Junge mit dem Betreuer macht. Er verkörpert, repräsentiert etwas Wichtiges in seiner Gruppe: Faxen, Blödsinn machen. Er will den Betreuer lenken, manipulieren, so wird vermutet, und zwar so, daß er die Kontrolle über sich verliert, ihn schlägt, und Mike dann mit Recht die Polizei holt, die für Ordnung sorgt, den Pädagogen einsperrt, usw. Der Berichtende fühlt sich in der Beziehung zu Mike hilflos und ohnmächtig. Dies wird später in der Gruppe als Gegenübertragung erkannt – ein äußerst wichtiger Lernschritt.

Der Junge fühlte sich zuhause wahrscheinlich ebenfalls hilflos und ohnmächtig, so die Überlegung eines Kollegen in der Balint-Gruppe, und sein Gedanke wird durch folgendes Material bestätigt: Mike wächst bei seiner Mutter auf, die sich wenig um ihn kümmern kann. Der Vater ist von zuhause weg, ebenso die beiden älteren Brüder. Von einer »verwahrlosten Familienatmosphäre« wird berichtet. Mike verkleidet sich gern. Er zieht Frauenkleider an und möchte ständig im Mittelpunkt stehen und beachtet werden. »In der Gruppe zieht er eine Perücke auf, dann tanzt er rum, da ist alles vorbei mit Hausaufgaben«, so M. »Wenn ich allein mit ihm wäre, würde ich ihn nicht so schnell rauswerfen.«

Die Balint-Gruppe diskutiert, wie man auf den Jungen »positiv zugehen« kann, so daß er aus dem Mittelpunkt, aus der Sündenbockrolle herauskommt. Berichtender: »Auf ihn positiv zugehen, da weiß ich nicht, habe ich Angst. Wird das zu nah? Ob ich das mit ihm durchhaue?« – verspricht er sich und verbessert dann: »Ob ich das mit ihm durchhalte.« Erleichtertes Gelächter in der Gruppe. Die Deutung des Leiters: »Wenn Sie und der Junge weniger Angst vor Nähe haben, wird die Aggressivität abnehmen.«

Im folgenden Gruppengespräch wird deutlich, wie groß die Angst vor Nähe, vor den damit verbundenen aggressiven und homosexuellen Impulsen und vor befürchteter Zurückweisung bei Mike ist. Gleichzeitig droht in der Kindergruppe die unbewußte Wiederholung der familiären Situation, wo Mike seinen Rausschmiß zu provozieren sucht. In der Balint-Gruppe sagt M., er stehe vor der Schwierigkeit, daß er einerseits mit der quasi »antiautoritären Haltung« des Jungen sympathisiere und andererseits selbst als Autoritätsperson auftreten will und muß. Er versteht also Mike zunächst aufgrund einer eigenen Identifikation mit dem Jungen und erkennt, daß er damit allein seiner Aufgabe als Pädagoge nicht gerecht wird. Beim folgenden Treffen der Balint-Gruppe ist zu erfahren, daß sich die Beziehung zu Mike überraschend positiv entwickelt hat. Beide haben zusammen ein Flugzeug gebaut. Mike kann sich jetzt besser in die Gruppe einfügen und seine Hausaufgaben erledigen.

In der Anfangsphase geht es in der Balint-Gruppe darum, überhaupt ein Gespür für die psychische Dynamik einer Beziehung zu entwickeln. Es geht also darum, zu erfahren und zu spüren, daß es neben dem inhaltlich konkreten Geschehen in einer Beziehung noch etwas ganz anderes gibt: einen verdeckten, indirekten Austausch von Botschaften und Gefühlen, der unausgesprochen bleibt, ein Wechselspiel von Verhaltensweisen, deren Absichten nicht erkannt werden, aber wirksam bleiben.

Die Balint-Gruppe setzt sich aus Mitgliedern ein und derselben Berufsgruppe zusammen und bietet ihren Teilnehmern die Möglichkeit, anhand konkreter Beispiele aus dem Berufsalltag typische Eigenschaften zwischenmenschlicher Beziehungen und Konflikte zu studieren und sie in ihrer unbewußten Bedeutung verstehen zu lernen. Diese Art des Lernens wird durch die persönliche Atmosphäre in einer kleinen Gruppe möglich, die üblicherweise aus 6 bis 12 Personen besteht. Sie trifft sich in der Regel einmal wöchentlich für ein bis zwei Stunden mit einem Psychoanalytiker oder einem entsprechend ausgebildeten Gruppenleiter über einen Zeitraum von 1 bis 3 Jahren. Die Teilnehmer stellen in der Balint-Gruppe sogenannte Fallbeispiele vor und diskutieren darüber nach einer psychoanalytischen Methode. Der Arzt berichtet über seinen Patienten, der Sozialarbeiter über seinen Klienten, ein Lehrer über seine Schüler, ein Seelsorger über den Ratsuchenden, ein Richter über den Angeklagten, ein Rechtsanwalt über das Ehepaar, das sich scheiden läßt, die Krankenschwester über ihren Patienten. Die Balint-Gruppenmethode wird heute in den Berufsfeldern angewandt, in denen die zwischenmenschliche Beziehung eine ähnlich zentrale Rolle einnimmt wie im Arztberuf.

Das Lernen vollzieht sich über ein Aufarbeiten persönlicher Berufserfahrung. Es ist ein Lernen aufgrund intensiver Reflexion und Auseinandersetzung mit der alltäglichen Erfahrung im Beruf. Im Lauf dieser Gruppenarbeit verfeinert sich die eigene Wahrnehmung, und die Fähigkeit, sich in andere Menschen einzufühlen, nimmt zu, aber auch die Möglichkeit, sich von anderen sinnvoll abzugrenzen und nein sagen zu können. Im folgenden Beispiel wird dies deutlich.

Ute, die Betreuerin eines freien Kindergartens, erzählt in der Balint-Gruppe von dem »Schreihals in ihrer Kindergruppe« und über die Streitigkeiten mit den Eltern, ob sie das neue Mädchen in ihre Kindergruppe nehmen kann oder nicht. Auf Wunsch der Eltern soll in die Gruppe von zehn Kindern zwischen 4 und 6 Jahren ein dreijähriges Mädchen neu dazukommen. Darüber kommt es zu Auseinandersetzungen mit den Eltern. Außerdem hält das kleine Mädchen die Trennung von seiner Mutter noch nicht aus. Es schreit viel, weshalb die Mutter häufig in den Kindergarten mitkommt. »Das regt mich auf. Das Kind schreit wie am Spieß, und die Mutter kann ihre Tochter nicht allein lassen. Nur wenn ich mich besonders um dieses Kind kümmere, ist das Wegbleiben der Mutter erträglich«, berichtet Ute.

»Was für eine Grenze setzt Du Dir?« fragt ein Kollege in der Balint-Gruppe. »Das war eben von Anfang an zwischen den Eltern und mir unklar. Zehn Kinder in einer Gruppe ist meine Grenze, das kann ich gut machen.« Nun wird Ute klar, daß der Konflikt mit den Eltern und die Schuldgefühle, die ihr die Eltern machen, sie in ihrer Entscheidungsfähigkeit lähmen. Vor dem Elterntreffen hat sie Angst, fühlt sich unsicher und fragt, ob sie auf die Mutter des kleinen Mädchens »richtig eingegangen« ist, ob das gut war, ihr zu sagen, »sie soll gehen.« Erinnerungen an frühere Streitigkeiten mit den Eltern tauchen auf; damals ging es um Urlaubsregelung und Bezahlung. Ute traut sich nicht zu entscheiden, ob sie das neue Mädchen in die Gruppe nehmen will oder nicht. Möglicherweise, so ihre Befürchtung, würden die Eltern dann »mit dem Geld kommen«.

»Du bist der verlängerte Arm der Eltern«, entgegnet eine Kollegin in der Balint-Gruppe, »und da reagieren sie sauer, wenn ihr Arm nicht so funktioniert, wie sie wollen.« – »Die Eltern glauben vielleicht«, so ein anderer Teilnehmer, »sie können mit Dir machen, was sie wollen. Sie glauben, sie hätten eine perfekte Erzieherin, ein Kindermädchen, und dafür zahlen sie. Was die Eltern ihren Kindern nicht geben können, sollst Du für sie sein. Was bist Du, eine Übermutter oder eine angestellte Erzieherin?«

Unterstützt von der Balint-Gruppe, gegenüber den Eltern eigene Interessen entschiedener zu vertreten, sich klarer abzugrenzen und sich nicht in das überzogene Ideal von der »Übermutter« einspannen zu lassen, sagt Ute: »Jetzt ist mir klarer, wo der Konflikt zwischen mir und den Eltern liegt. Da muß ich eine Grenze ziehen – für mich und gegenüber den Eltern.«

In dieser Stunde spiegelt sich in dem Fallbeispiel auch ein Problem der Balint-Gruppe: die Zahl der Teilnehmer. Hier war es dem Balint-Gruppenleiter gelungen, zwei Interessenten wieder wegzuschicken. Ute fällt es hingegen in ihrer Kindergruppe schwerer, die Grenze zu ziehen und einzuschätzen, wieviele Kinder sie betreuen kann.

Das Lernen fordert in einer Balint-Gruppe von den Beteiligten Zeit und Geduld, da für den Zugang zum Unbewußten eine neue Wahrnehmungsweise eingeübt werden muß, die traditionellem Verstehen und Wahrnehmen widerspricht. Dabei treten verschiedene Hindernisse auf, die wir verallgemeinernd als Abwehrkräfte bzw. als Widerstand verstehen. Das bewußte Interesse und der Wunsch, Unbewußtes zu erkennen und in Erfahrung zu bringen, ist oft ebenso groß wie die unbewußte Angst vor solcher Erkenntnis und ihren Folgen. Dies gilt auch für die Teilnehmer einer Balint-Gruppe. Dazu ein kurzes Beispiel.

Die Mitglieder der Gruppe stellen anfangs ihre Arbeit vor, die Atmosphäre ist gespannt, nervös. Jeder betont, wie unvollständig und fehlerhaft das eigene Arbeiten ist, und führt das auf die eigene Person zurück. Der Gruppenleiter wird dagegen in ein sonniges, ideales Licht gerückt. Mit viel Selbstkritik erzählt eine Kollegin von ihren Beratungen mit Pädagogen, die türkische und griechische Kinder betreuen und die den vereinbarten Treffen fernbleiben. Ein anderer Kollege berichtet von seiner Tätigkeit in einem Heim für Jugendliche, die dort mit Mißtrauen beobachtet würde. Die Sozialpädagogin zeigt sich zutiefst unzufrieden, weil in ihren Beratungen »alles so harmonisch verläuft; da gibt's gar keine Probleme«.

Zu Beginn der Balint-Gruppenarbeit wird oft eine Angst spürbar, bewertet zu werden, schlechter dazustehen in der Gruppe, vor den Kollegen als unfähig zu erscheinen. Die Angst, entwertet zu werden, verwandelt sich in eine Angst vor der Gruppe oder ihrem Leiter. Die Befürchtung kann unterschiedliche Quellen haben – sie kann von den Hilfesuchenden ausgehen, die ihre Betreuer und Helfer klein und minderwertig machen wollen, um ihnen zu demonstrieren, wie sie sich selbst oft fühlen. Oder sie kann von den Teilnehmern der Gruppe und ihrem hohen Ideal herrühren, das sie auf die Gruppe oder den Leiter übertragen. Davon verschieden ist die Angst, den anderen Menschen direkt zu berühren, wie es eine Krankenschwester für die Situation mit ihrer Patientin schildert.

»Die Wahrheit ist schwer zu ertragen, wir haben oft selbst Angst davor, nicht nur die Patienten«, bemerkt Anne selbstkritisch in der Balint-Gruppe. Eine seit Wochen an Magenkrebs schwer erkrankte Patientin kennt Art und Ausmaß ihrer Krankheit nicht. Eines Morgens, als Anne mit ihrer Kollegin im Zimmer der Patientin war, um die Betten zu machen, sagt die Frau zu ihr: »Wenn ich wüßte, daß ich Krebs habe, würde ich mich erschießen.« Anne und ihre Kollegin waren erschrocken und ratlos, sie sahen sich schweigend an, sagten weiter nichts und verließen das Krankenzimmer. Auf die Frage, wie die Patientin wirken würde, antwortet Anne: »Resolut, aktiv, selbstbewußt.« Sie selbst fühle sich unter Druck, wisse nicht einmal, ob sie die Wahrheit andeuten könne. Der Patientin alles vorzuenthalten, fände sie bedrückend.

In der Gruppe wird daraufhin darüber diskutiert, ob dic Patientin über ihre Krankheit aufgeklärt werden soll, wie und wer das machen könne. In ihrer Androhung von Selbstmord, so wird vermutet, komme ja ihre Ahnung und ihre Verzweiflung darüber zum Ausdruck, daß sie unheilbar krank ist. Anne hatte schon versucht, mit der Patientin in ein Gespräch zu kommen und einen persönlichen Kontakt herzustellen, was jedoch mißlang. Die Balint-Gruppe spricht darüber, daß die so selbstbewußte, aktiv wirkende Frau große Angst davor hat, ihrer Krankheit ohnmächtig ausgeliefert zu sein, nicht mehr über sich selbst bestimmen zu können. »Sie versucht«, so meint eine Kollegin, »sich von ihrer Angst zu entlasten, indem sie Euch mit Selbstmord droht. Eure Angst und Ratlosigkeit ist die der Patientin.«

Die Stimmung in der Balint-Gruppe ist bedrückt, die Teilnehmer sind betroffen – aber nicht mehr ängstlich und ratlos. »Wieviel kann ich einem Patienten zumuten? Bin ich selbst in der Lage, mit ihm über seine Situation zu sprechen?« meint Anne nachdenklich am Schluß. [...]

Wie arbeitet eine Balint-Gruppe?

Das wichtigste methodische Element der Balint-Gruppe ist der freie Bericht über ein Fallbeispiel. Frei heißt, daß weder Aufzeichnungen noch andere Hilfsmittel für die Darstellung in der Gruppe verwendet werden. Frei erzählen bedeutet auch möglichst unbefangen erzählen, so daß auf diese Weise jeweils ein umfassendes Bild von gefühlsmäßigen Reaktionen auf den betreffenden Patienten und von dem eigenen Beteiligtsein entstehen kann. In modifizierter Form, eingegrenzt und bezogen auf die zwischenmenschliche Beziehung im Beruf, wird in der Balint-Gruppe die analytische Grundregel, alles mitzuteilen, was den Teilnehmern einfällt, und die Aufforderung zur freien Assoziation angewandt.

Der freie Bericht über einen Fall soll, darin vergleichbar mit der analytischen Situation, möglichst wenig ausgewählt, vorbereitet, strukturiert sein und alle die Empfindungen und Gedanken einschließen, die zunächst als abwegig und unpassend, schmerzlich oder peinlich und anstößig erscheinen könnten. Diese Art des Berichtens steht in völligem Kontrast zum Typus eines Berichts oder einer Anamnese, die festgelegte Merkmale erfaßt. Der freie Bericht hat den Vorteil, daß dadurch eine Gesprächsatmosphäre in der Gruppe gefördert wird, in der die freien Einfälle und Ideen, die unfrisierten Gedanken und ungeschminkten Kommentare leichter ans Licht gelangen können.

Analog zu den freien Einfällen in der analytischen Psychotherapie, die dort zusammen mit dem Traum, den Fehlleistungen und den Übertragungsphänomenen den Zugang zum Unbewußten eröffnen, stellt in der Balint-Gruppe der freie Fallbericht mit den Assoziationen und Gefühlen, die er in der Gruppe auslöst, das Material dar, das den Kontakt zum Unbewußten möglich macht. Das Mitteilen der freien Einfälle, Gedanken und Phantasien geschieht jedoch nicht völlig willkürlich, sondern ist zugleich mit der Aufgabe verbunden, sich in den Berichtenden und seinen Klienten einzufühlen. Über Identifikationen mit dem Berichtenden und seinem Klienten geschieht dies relativ schnell, da in der Regel alle Mitglieder der Gruppe sich auf diese Weise innerlich beteiligen – auch diejenigen, die schweigsam sind und sich scheinbar aus dem Gruppengespräch zurückziehen.

Die Einfälle und Reaktionen der Teilnehmer werden also systematisch auf den Fall bezogen. Über ein allmählich sich in der Gruppe entwickelndes Verständnis der Einfälle und Reaktionen als Gegenübertragungsreaktionen, das durch die Beiträge und Deutungen des Leiters gefördert wird, entsteht ein neues Bild und eine neue Erkenntnis über den berichteten Fall. Die Relevanz und Stimmigkeit dieses Bildes wird in der Balint-Gruppe daran überprüft, daß am Ende einer Falldiskussion die Teilnehmer Voraussagen über den weiteren Verlauf des vorgestellten Beispiels machen. Durch die Aufgabe, eine Prognose zu stellen, wird die Phantasietätigkeit der Gruppe wieder eingeschränkt und eine realistische Einschätzung der weiteren Entwicklung unterstützt.

In der Balint-Gruppenarbeit wird immer wieder deutlich, wie wichtig es für die Gruppe und den Verlauf ihrer Arbeit ist, eine »freie Gesprächsatmosphäre« herzustellen, wieviel Zeit und Mühe dazu erforderlich ist. Als Psychoanalytiker erkannte Balint die Bedeutung der »freien Gesprächsatmosphäre«, wenn er schreibt: »Das Ziel sollte möglichst darin bestehen, eine Atmosphäre zu schaffen, in der jeder unbeeilt sich aussprechen kann, während die anderen mit frei flotierender Aufmerksamkeit zuhören, bei welcher auch eine Pause geduldet und jedem Zeit gegönnt wird, sich klar zu machen, was er wirklich meint und sagen will. Auch unerwartete Dinge können gelegentlich ohne affektiven Aufwand ausgesprochen und betrachtet werden, während ein andermal auch Gefühle wie Heiterkeit, Überraschung, Verlegenheit und selbst Schmerz frei gezeigt werden können. Aber welches auch immer die Reaktionen der Gruppe sein mögen, die im Berichterstatter wie bei den Zuhörern aufsteigenden Affekte müssen akzeptiert und als Ausdruck unbewußter Prozesse, die durch den Bericht aktiviert wurden, bewertet werden«.

Dieses Ziel mag zunächst einfach erscheinen, in der Praxis ist es keineswegs einfach zu erreichen. Die Gesprächssituation in der Balint-Gruppe steht im Gegensatz und Kontrast zu konventionellen Gesprächen, und das Zeigen eigener (Gegenübertragungs-) Gefühle ist natürlicherweise mit Hemmungen und Widerständen unterschiedlichster Art verbunden. Gerade deshalb ist die gegenseitige Akzeptanz in der Balint-Gruppe so wichtig. Der Gruppenleiter dient hier, besonders zu Beginn der Gruppenarbeit, zweifellos als Beispiel und Modell. Er verfügt über einen Vorsprung, den er seiner Gruppe zur Verfügung stellt. Durch seine eigene psychoanalytische Ausbildung kennt er, abgesehen von einem gewissen Rest, seine Hemmungen und Widerstände und hat sie wenigstens zum Teil überwunden. Er kann freier reagieren und das Material aus Einfällen und Gedanken in der Gruppe ordnen und zur berichteten Situation in Beziehung setzen.

Die »freie Gesprächsatmosphäre« der Balint-Gruppe steht in enger Beziehung zu einer inneren Freiheit der Gruppenmitglieder. Das Zeigen und Mitteilen von verpönten, »unpassenden« Gefühlen und Gedanken in der Gruppe entspricht einer inneren Freiheit des Annehmens und Duldens solcher Regungen. In der Balint-Gruppenarbeit bildet deshalb das Aufgeben von Abwehrhaltungen eine wichtige Voraussetzung für das neu zu gewinnende Verständnis.

Balint wurde nicht müde, immer wieder zu betonen, wie wichtig die vertrauensvolle und freundliche Atmosphäre in der Gruppe ist, damit jeder Teilnehmer sich unbefangen äußern kann und, wie er sagt, »den Mut zur eigenen Dummheit« riskiert und gelegentliche Kritik an dieser sogenannten Dummheit ertragen kann. Dies gilt meiner Auffassung nach für den Leiter der Gruppe ebenso wie für die Teilnehmer. Die Gruppe wirkt hier stärkend und der einzelne Teilnehmer kann seine Fehler besser hinnehmen, wenn er sieht, daß die Fehler verstanden werden und es anderen ähnlich ergeht wie ihm.

Die gleichwertige Partnerschaft zwischen Spezialist und Praktiker ist sicher eine wichtige Hilfe dafür, um die genannte freie Gesprächsatmosphäre herzustellen. Wie kaum ein anderer Psychoanalytiker hat M. Balint hervorgehoben und praktiziert, daß der Lehrende immer auch Lernender und der Lernende seinerseits Lehrender ist. Das Prinzip der Gegenseitigkeit im Lehren und Lernen ist für die Balint-Gruppe grundlegend.

Diese Erkenntnis in die Praxis umzusetzen, fällt nicht immer leicht. Denn die konventionelle Rollenaufteilung in den wissenden Lehrer und Gruppenleiter und in die unwissenden, abhängigen Schüler und Teilnehmer ist im Alltag so weit verbreitet und schmeichelt noch dazu dem Narzißmus des Leiters, daß es schon einiger Mühe und Selbstüberwindung bedarf, sich aus dem traditionellen Schema von Lehren und Lernen zu lösen. Dabei sind es gerade die gegenseitigen Möglichkeiten des Lernens und Lehrens, die die Balint-Gruppenarbeit so lohnend machen und vor persönlicher Erstarrung und Besserwisserei bewahren.

In der Balint-Gruppe bringen Gruppenleiter und Teilnehmer unterschiedliche Kompetenzen ein, die nicht hierarchisch in ein »mehr oder weniger« geordnet werden können oder gar miteinander austauschbar sind. Der Balint-Gruppenleiter würde sich schnell überfordert sehen, wenn er den Beruf eines Seelsorgers und Theologen, eines praktischen Arztes oder eines Lehrers, einer Krankenschwester oder eines Sozialarbeiters ausüben sollte – und umgekehrt. Noch ein anderer Grund spricht für die gegenseitige Lernbeziehung in der Balint-Gruppe. In einer hierarchisch aufgebauten Lernsituation würde schnell die Neigung unterstützt, die Verantwortung für den Fall »nach oben«, an den Gruppenleiter, abzugeben. Genau das will die Balint-Gruppe verhindern. Jeder einzelne Teilnehmer soll darin unterstützt und bestärkt werden, seine Verantwortung zu übernehmen.

Der zweite entscheidende Kunstgriff Balints bei der Entwicklung seiner Gruppenmethode bestand darin, den freien Fallbericht wie den Inhalt eines Traumes anzusehen und die Reaktionen, Einfälle und Gedanken der Teilnehmer wie die freien Assoziationen zu diesem Traum zu verstehen und zu deuten. Dieses wichtige methodische Element der Balint-Gruppe greift Wolfgang Loch auf. Vergleichbar mit der Einzeltherapie bekomme in der Balint-Gruppe der Fallbericht die Bedeutung einer Traumerzählung, während die Beiträge der Teilnehmer wie Assoziationen zu dieser Traumerzählung verstanden werden und damit als Wegweiser zu den unbewußten Trauminhalten dienen, bzw. zu den unbewußten Beziehungsmustern zwischen den Menschen, über die berichtet worden ist. Die Gedanken und freien Assoziationen zerlegen den Bericht in der Balint-Gruppe wie eine Art Prisma in die möglichen unbewußten Anteile. Diesen Prozeß analysiert der Balint-Gruppenleiter und stellt seine Deutungen und Schlußfolgerungen der Gruppe zur Verfügung.

Im fortschreitenden Verlauf der Gruppenarbeit werden die deutenden, psychoanalytisch verstehenden Funktionen, die anfangs überwiegend der Gruppenleiter einbringt, immer mehr von den

Teilnehmern übernommen, die dabei ihr eigenes analytisches Verständnis entwickeln. Da jeder Mensch mehr oder weniger über eine psychologische Fähigkeit des Verstehens und Erklärens verfügt, gehört es zur Aufgabe des Leiters der Balint-Gruppe, an dem vorhandenen psychologischen Potential der Teilnehmer anzuknüpfen, es zu trainieren und weiterzuentwickeln. [...]

VI. LIEBE ALLEIN GENÜGT NICHT

Therapie mit Kindern

Anna Freud

Die Technik der Kinderanalyse

In der Technik der Erwachsenenanalyse haben wir vier [...] Hilfsmittel. Wir verwerten erstens alles, was die bewußte Erinnerung des Patienten liefern kann, um seine Krankengeschichte möglichst vollständig herzustellen. Wir bedienen uns der Traumdeutung. Wir verarbeiten und deuten die Einfälle, welche uns die freie Assoziation des Analysierten bringt. Und wir verschaffen uns schließlich aus der Deutung seiner Übertragungsreaktionen Zugänge zu allen jenen Stücken seines vergangenen Erlebens, die sich auf keine andere Weise in Bewußtes übersetzen lassen. Sie werden sich im folgenden eine systematische Überprüfung dieser Mittel auf ihre Verwendbarkeit und Verwertbarkeit in der Kinderanalyse hin gefallen lassen müssen.

Bei der Zusammensetzung der Krankengeschichte aus den bewußten Erinnerungen des Patienten stoßen wir schon auf den ersten Unterschied. Wir vermeiden beim Erwachsenen, irgendwelche Auskünfte von seiner Familie einzuholen und verlassen uns ausschließlich auf die Auskünfte, die er uns selber geben kann. Diese freiwillige Einschränkung begründen wir damit, daß die von den Familienmitgliedern beigebrachten Mitteilungen meist unzuverlässig und lückenhaft sind und ihre Färbung durch deren persönliche Einstellung zu dem Erkrankten erhalten. Das Kind aber weiß uns nicht viel über seine Krankengeschichte anzugeben. Seine Erinnerung reicht, ehe man ihm in der Analyse zu Hilfe kommt, nicht weit zurück. Es ist von der jeweiligen Gegenwart so sehr in Anspruch genommen, daß die Vergangenheit daneben verblaßt. Außerdem weiß es selber nicht, wann seine Abnormitäten begonnen und wann sein Wesen sich von dem anderer Kinder zu unterscheiden angefangen hat. Es hat noch wenig Sinn für den Vergleich mit anderen und auch noch wenig selbstgestellte Aufgaben, an denen es sein Versagen messen könnte. Der Kinderanalytiker holt also tatsächlich die Krankengeschichte bei den Eltern des Patienten ein. Es wird ihm nichts übrig bleiben, als dabei alle möglichen Ungenauigkeiten und Entstellungen aus persönlichen Motiven in Rechnung zu ziehen.

Dafür haben wir in der Traumdeutung ein Gebiet, in dem man von der Erwachsenen- zur Kinderanalyse nichts umzulernen hat. Das Kind träumt in der Analyse nicht weniger und nicht mehr als der Erwachsene, die Durchsichtigkeit oder Unverständlichkeit des Geträumten richtet sich wie bei jenem nach der Stärke des Widerstandes. Die Träume der Kinder sind sicher leichter zu deuten, wenn sie auch in der Analyse nicht immer so einfach sind wie die in der »Traumdeutung« gebotenen Beispiele von Kinderträumen. Wir finden alle jene Entstellungen der Wunscherfüllung in ihnen, wie sie der komplizierteren neurotischen Organisation der kindlichen Patienten entsprechen. Aber dem Kinde ist nichts leichter begreiflich zu machen, als gerade die Traumdeutung. Ich sage ihm bei der ersten Traumerzählung: Der Traum kann nichts selber machen; jedes Stück hat er sich von irgendwo hergeholt; und gehe dann gemeinsam mit dem Kinde auf die Suche. Es unterhält sich über das Aufsuchen der einzelnen Traumelemente wie über ein Zusammenlegspiel und verfolgt mit vieler Genugtuung die einzelnen Bilder oder Worte des Traumes in die Situation des wirklichen Lebens. Vielleicht kommt dies daher, daß das Kind dem Traum noch näher steht als der Erwachsene, vielleicht ist es auch nur darum nicht erstaunt, im Traum einen Sinn zu finden, weil es die wissenschaftliche Meinung von der Unsinnigkeit des Traumes vorher nie vertreten gehört hat. Jedenfalls ist es auf eine gelungene Traumdeutung stolz. Ich habe übrigens oft gefunden, daß auch unintelligente Kinder, die in allen anderen Punkten zur Analyse so ungeeignet wie nur möglich waren, in der Traumdeutung nicht versagten. Zwei solcher Analysen habe ich lange Zeit hindurch fast ausschließlich an Hand der Träume geführt.

Aber auch wo die Assoziationen des kindlichen Träumers ausbleiben, ist oft trotzdem noch eine Deutung möglich. Die Situation des Kindes ist so viel leichter zu kennen, seine Tageserlebnisse zu übersehen, die Anzahl der Personen seiner Umwelt viel geringer. Man kann sich oft getrauen, die fehlenden Einfälle aus der eigenen Kenntnis der Lage zur Deutung einzusetzen. Die folgenden zwei Beispiele von Kinderträumen, die gar nichts Neues bieten, sollen Ihnen nur die eben beschriebenen Verhältnisse noch einmal veranschaulichen.

Im fünften Monat der Analyse eines neunjährigen Mädchens lange ich endlich bei der Besprechung ihrer Onanie an, die sie sich nur unter schweren Schuldgefühlen eingestehen kann. Sie spürt beim Onanieren starke Hitzegefühle, ihre Ablehnung gegen die Betätigung am Genitale greift auch auf diese Sensation über. Sie beginnt, sich vor Feuer zu fürchten und sträubt sich dagegen, warme Kleidung zu tragen. An einem Gasbadeofen, der neben ihrem Schlafzimmer angebracht ist, kann sie die Flammen nicht ohne Angst vor einer Explosion brennen sehen. Eines Abends will ihre Kinderfrau in Abwesenheit der Mutter den Badeofen anzünden, kennt sich aber nicht aus, und ruft den größeren Bruder zu Hilfe. Er bringt es auch nicht zustande. Die Kleine steht dabei und hat das Gefühl, sie sollte sich auskennen. In der darauffolgenden Nacht träumt sie dieselbe Situation, nur *hilft sie* im Traume *wirklich mit, macht es aber falsch und der Ofen explodiert. Die Kinderfrau hält sie zur Strafe unter das Feuer, so daß sie verbrennen muß.* Sie erwacht mit großer Angst, weckt sofort die Mutter, erzählt ihr den Traum und setzt (aus ihrer analytischen Kenntnis) hinzu, daß das sicher ein Bestrafungstraum ist. – Sie bringt sonst keine Einfälle, die ich mir aber in diesem Falle leicht ergänzen konnte. Das Herumarbeiten am Ofen steht offenbar für das Herumarbeiten an ihrem eigenen Körper, das sie auch bei ihrem Bruder voraussetzt. Das »Falsche« daran wäre der Ausdruck ihrer eigenen Kritik, die Explosion wahrscheinlich die Art ihres Orgasmus. Die Kinderfrau, welche die Warnerin vor der Onanie ist, vollzieht auch folgerichtig die Bestrafung.

Zwei Monate später hatte sie einen zweiten Feuertraum folgenden Inhalts: *»Auf der Zentralheizung liegen zwei Ziegelsteine von verschiedener Farbe. Ich weiß, jetzt wird das Haus gleich brennen und habe Angst. Dann kommt jemand und nimmt die Ziegelsteine fort.«* Beim Erwachen hat sie die Hand am Genitale. Diesmal bringt sie einen Einfall zu einem Traumstück, zu den Ziegelsteinen: man habe ihr gesagt, wenn man sich Ziegelsteine auf den Kopf legt, wächst man nicht. Von hier aus ergänzt sich die Deutung ohne Schwierigkeiten. Das Nichtwachsen ist eine der Strafen, die sie für die Onanie befürchtet, die Feuerbedeutung kennen wir aus dem früheren Traum als Symbol ihrer Sexualerregung. Sie onaniert also im Schlaf, wird von der Erinnerung an alle Onanieverbote gewarnt und bekommt Angst. Der Unbekannte, der die Ziegelsteine fortnimmt, bin wahrscheinlich ich mit meinen beruhigenden Versicherungen.

Nicht alle Träume, die in den Kinderanalysen vorkommen, deuten sich mit so geringen Schwierigkeiten. Im allgemeinen aber hat die letztesmal erwähnte kleine Zwangsneurotikerin recht, die mir einen Traum der vergangenen Nacht mit folgenden Worten anzukündigen pflegt: »Ich habe heute einen komischen Traum gehabt. Aber du und ich, wir werden sehr bald herausfinden, was das alles bedeutet.«

Neben der Deutung der Träume spielt auch die der Tagträume eine große Rolle in der Kinderanalyse. Mehrere der Kinder, an denen ich meine Erfahrungen sammeln konnte, waren große Tagträumer, die Erzählung ihrer Phantasien wurde mir zum größten Hilfsmittel in der Analyse. Es ist gewöhnlich sehr leicht, Kinder, deren Vertrauen man einmal auf anderen Gebieten gewonnen hat, auch zur Erzählung ihrer Tagesphantasien zu bewegen. Sie erzählen sie leichter, schämen sich offenbar weniger für sie als der Erwachsene, der seine Tagträumereien als »kindisch« verurteilt. Während der Erwachsene gerade aus diesen Gründen des Schämens und der Verurteilung seine Tagträume gewöhnlich erst spät und zögernd in die Analyse bringt, kommt einem bei dem Kind in den schwierigen Anfangsstadien ihr Auftauchen oft sehr zu Hilfe. Die folgenden Beispiele sollen drei Typen solcher Phantasien vor Augen führen.

Der einfachste Typus wäre der Tagtraum als Reaktion auf ein Tageserlebnis. Die kleine, eben erwähnte Träumerin z. B. reagiert zur Zeit, da ihr Konkurrenzkampf gegen die Geschwister die größte Rolle in ihrer Analyse spielt auf eine vermeintliche Zurücksetzung mit folgendem Tagtraum: *»Ich möchte überhaupt nicht auf die Welt gekommen sein, ich möchte sterben. Ich stelle mir manchmal vor, daß ich sterbe und dann wieder auf die Welt komme, als*

Tier oder als Puppe. Wenn ich aber als Puppe auf die Welt komme, dann weiß ich, wem ich gehören möchte, einem kleinen Mädchen, bei dem meine Kinderfrau früher war, und das besonders nett und brav ist. Bei der möchte ich Puppe sein und würde mir auch gar nichts daraus machen, wenn man mit mir so herumtun würde, wie man mit Puppen herumtut. Ich wäre ein reizendes kleines Baby, man könnte mich waschen und alles mit mir machen. Das Mädchen würde mich am allerliebsten haben. Wenn es aber vielleicht zu Weihnachten wieder eine Puppe bekommen würde, so würde ich doch weiter ihr Liebling sein. Sie würde nie eine Puppe lieber haben als die Babypuppe.« Es ist hier wohl überflüssig hinzuzusetzen, daß zwei der Geschwister, auf die sich ihre Eifersucht am stärksten richtet, jünger sind als sie. Ihre augenblickliche Situation könnte sich aus keiner Mitteilung und keinem Einfall klarer herauslesen lassen als aus dieser kleinen Phantasie.

Die sechsjährige Zwangsneurotikerin wohnt zu Beginn ihrer Analyse bei einer befreundeten Familie. Sie hat einen ihrer Schlimmheitsanfälle, der von den anderen Kindern sehr kritisiert wird. Ihre kleine Freundin weigert sich sogar, mit ihr in einem Zimmer zu schlafen, was sie sehr kränkt. In der Analyse erzählt sie mir aber, daß sie von der Kinderfrau, weil sie brav war, einen kleinen Spielzeughasen geschenkt bekommen hat und versichert gleichzeitig, daß die andern Kinder sehr gerne mit ihr schlafen. Dann berichtet sie einen Tagtraum, den sie beim Ausruhen plötzlich gehabt hat. Sie habe gar nicht gewußt, daß sie ihn macht.

»Es war einmal ein kleiner Hase, mit dem seine Familie gar nicht nett war. Sie wollten ihn zum Schlächter schicken und abschlachten lassen. Das hat er erfahren. Er hat ein ganz altes Automobil gehabt, mit dem man aber noch fahren konnte. Das hat er in der Nacht geholt, sich hineingesetzt und ist davongefahren. Er ist zu einem reizenden kleinen Haus gekommen, in dem ein Mädchen (hier sagt sie ihren eigenen Namen) *gewohnt hat. Sie hat ihn unten weinen gehört, ist hinuntergegangen und hat ihn eingelassen. Er ist dann bei ihr wohnen geblieben.«* Hier kommt also das Gefühl des Unerwünschtseins, das sie sich in der Analyse bei mir offenbar auch vor sich selbst gerne ersparen möchte, mit aller Deutlichkeit zum Durchbruch. Sie selbst ist doppelt in dem Tagtraum vorhanden: einerseits als der kleine ungeliebte Hase, anderseits als das Mäd-

chen, das den Hasen dann so gut behandeln wird, wie sie selbst behandelt werden möchte.

Ein komplizierterer zweiter Typus ist dann der fortgesetzte Tagtraum.

Bei Kindern, die solche Tagträume, *»continued stories«*, ausspinnen, ist es, sogar in der allerersten Periode der Analyse, oft sehr leicht, sich soweit mit ihnen in Verbindung zu setzen, daß man täglich das neu hinzugefügte Stück des Tagtraumes erzählt bekommt. Aus diesen täglichen Fortsetzungen läßt sich dann die jeweilige innere Situation des Kindes rekonstruieren.

Als drittes Beispiel erwähne ich einen neunjährigen Knaben, dessen Tagträume sich zwar mit voneinander verschiedenen Personen und Situationen beschäftigen, aber den gleichen Typus des Ablaufes in unzähligen Situationen wiederholten. Er begann seine Analyse mit der Erzählung einer Fülle solcher in ihm aufgespeicherten Phantasien. In vielen davon waren die beiden Hauptpersonen ein Held und ein König. Der König bedroht den Helden, will ihn martern und umbringen, der Held entzieht sich ihm auf alle mögliche Weise. Alle technischen Neuerungen, besonders eine Luftflotte, spielen bei der Verfolgung eine große Rolle. Von großer Bedeutung ist auch eine Schneidemaschine, die nach beiden Seiten bei der Fortbewegung sichelartige Messer ausschickt. Die Phantasie endet damit, daß der Held siegt und dem König alles antut, was dieser ihm antun wollte.

Ein anderer seiner Tagträume schildert eine Lehrerin, welche die Kinder straft und schlägt. Die Kinder umringen und überwältigen sie schließlich und schlagen sie, bis sie stirbt.

Ein anderer wieder beschäftigt sich mit einer Schlagemaschine, in die am Ende, statt des Gefangenen, der gepeinigt werden sollte, der Peiniger selbst gesperrt wird. Er besaß in seiner Erinnerung noch eine ganze Sammlung solcher Phantasien in unendlichen Variationen. Wir erraten, ohne noch mehr von dem Knaben zu wissen, daß all diesen Phantasien die Abwehr und Rache für eine Kastrationsdrohung zugrunde liegt; d. h. die Kastration wird im Tagtraum an demjenigen Menschen vollzogen, der sie ursprünglich angedroht hatte. Bei solchem Analysenbeginn kann man sich eine ganze Reihe von Erwartungsvorstellungen für den späteren Verlauf bilden.

Ein weiteres technisches Hilfsmittel, das neben der Verwertung der Träume und Tagträume in manchen meiner Kinderanalysen sehr im Vordergrund stand, ist das Zeichnen, das sich bei drei meiner aufgezählten Fälle für eine Weile fast an die Stelle aller anderen Mitteilungen setzte. So zeichnete die vorhin erwähnte Feuerträumerin zur Zeit, da sie mit ihrem Kastrationskomplex beschäftigt war, unaufhörlich furchtbar aussehende menschliche Ungeheuer mit überlangem Kinn, langer Nase, unendlichen Haaren und einem schrecklichen Gebiß. Der Name dieses immer wiederkehrenden Ungeheuers war Beißer, sein Beruf offenbar das Abbeißen des Gliedes, das er selber an seinem Körper in so vielfacher Weise ausgebildet hatte. Eine Reihe anderer Zeichenblätter, die sie in den Stunden immer wieder als Begleitung zu ihren Erzählungen oder auch schweigend füllte, zeigte alle Arten von Wesen, Kinder, Vögel, Schlangen, Puppen, alle mit unendlich in die Länge gezogenen Armen, Beinen, Schnäbeln und Schwänzen. Auf einem anderen Blatt der gleichen Periode stellte sie blitzartig zusammen, was sie sein wollte: ein Knabe (um ein Glied zu besitzen), eine Puppe (um die geliebteste zu sein), ein Hund (der ihr als Vertreter der Männlichkeit galt) und ein Seejunge, den sie einer Phantasie entnahm, in der sie allein als Knabe den Vater auf einer Reise um die Welt begleitete. Über all diesen Figuren war noch eine Zeichnung aus einem halb gehörten, halb selbst erfundenen Märchen angebracht: eine Hexe, die einem Riesen die Haare ausriß, also wieder ein Bild für die Kastration, welche sie zu dieser Zeit der Mutter zum Vorwurf machte. Sehr merkwürdig wirkt daneben eine Serie Bilder aus einer viel späteren Periode, in der ganz im Gegenteil eine Königin einer kleinen Prinzessin, die vor ihr steht, eine langstielige wunderbare Blume (offenbar wieder ein Penissymbol) überreicht.

Noch anders waren die Bilder der kleinen Zwangsneurotikerin. Die Erzählungen ihrer analen Phantasien, welche den ersten Teil ihrer Analyse ausfüllten, begleitete sie gelegentlich mit Illustrationen. So zeichnete sie z. B. ein anales Schlaraffenland, in dem sich die Menschen statt durch die Brei- und Tortenmengen des Märchens durch einen ungeheuren Haufen aneinandergereihter Kotbatzen durchfressen mußten. Außerdem aber besitze ich von ihr eine Reihe der zartesten farbigen Blumen- und Gartenbilder, die sie mit ungeheurer Sorgfalt, Sauberkeit und Anmut ausführte, während sie mir ihre von Schmutz starrenden analen Tagträumereien entwickelte.

Aber ich fürchte, daß ich bisher ein zu ideales Bild von den Verhältnissen in der Kinderanalyse entworfen habe. Die Familie liefert einem bereitwillig alle notwendigen Auskünfte; das Kind selbst entpuppt sich als ein eifriger Traumdeuter, es bringt eine reichlich strömende Fülle von Tagesphantasien und liefert nebenbei Serien interessanter Zeichnungen, von denen sich Schlüsse auf seine unbewußten Regungen ziehen lassen. Es wäre nach allen diesen Schilderungen nicht ganz verständlich, warum man bisher die Kinderanalyse immer als ein ganz besonders schwieriges Gebiet der Analysentechnik empfunden hat oder warum so viele Analytiker erklären, mit Kindern in der Behandlung nichts anfangen zu können.

Die Antwort ist nicht schwer zu geben. Das Kind hebt alle erwähnten Vorteile dadurch wieder auf, daß es sich weigert zu assoziieren. Es stürzt also den Analytiker dadurch in Verlegenheit, daß das eigentliche Mittel, auf welches die analytische Technik gebaut ist, bei ihm so gut wie nicht zur Anwendung gelangen kann. Es widerspricht offenbar dem Wesen des Kindes, die dem Erwachsenen vorgeschriebene bequeme Ruhelage einzunehmen, mit seinem bewußten Willen alle Kritik der auftauchenden Einfälle auszuschalten, nichts von der Mitteilung auszuschließen und auf diese Weise die Oberfläche seines Bewußtseins abzutasten.

Es ist allerdings wahr, daß man ein Kind, das man auf die beschriebene Weise an sich gebunden hat und dem man unentbehrlich geworden ist, zu allem veranlassen kann. Es assoziiert also auch gelegentlich einmal auf die Aufforderung hin, für kurze Zeit und dem Analytiker zuliebe. Ein solches Einschieben der Assoziationen kann sogar von großem Nutzen sein und in einer schwierigen Situation plötzliche Aufklärung bringen. Aber es wird immer den Charakter einer solchen einmaligen Hilfe behalten, nicht die sichere Basis sein, auf welche die ganze analytische Arbeit gegründet wird.

Ein kleines Mädchen, das sich in der Analyse als besonders folgsam und meinen Wünschen gefügig erwies, das auch bei seiner großen zeichnerischen Begabung durchaus visuell veranlagt war, konnte ich gelegentlich, wenn ich mich gar nicht mehr auskannte, darum bitten, »Bilder zu sehen«. Sie setzte sich dann mit geschlossenen Augen und in einer merkwürdig hockenden Stellung hin und verfolgte gespannt die Dinge, die in ihr vorgingen.

Auf diese Weise gab sie mir tatsächlich einmal die Lösung einer langdauernden Widerstandssituation. Das Thema war damals der Kampf um die Onanie und die Ablösung von der Kinderfrau, zu der sie, um sich vor meinen Befreiungsversuchen zu schützen, mit doppelter Zärtlichkeit geflüchtet war. Ich bat sie, Bilder zu sehen, und das erste Bild, das in ihr auftauchte, brachte die Antwort: »Die Kinderfrau fliegt über das Meer davon.« Das hieß mit der weiteren Ergänzung, in der um mich lauter Teufel herumtanzten, daß ich die Kinderfrau zum Weggehen bringen würde. Dann aber würde sie keinen Schutz gegen ihre Onanieversuchung mehr haben und sich von mir »schlecht« machen lassen.

Hie und da einmal kommt einem auch, häufiger als diese gewollten und verlangten Assoziationen, unbeabsichtigte und ungewollte Hilfe. Hier nehme ich wieder die kleine Zwangsneurotikerin zum Beispiel. Auf dem Höhepunkt ihrer Analyse handelt es sich darum, ihr ihren Haß gegen die Mutter klar zu zeigen, vor dem sie sich in der Vergangenheit durch die Schaffung ihres »Teufels«, des unpersönlichen Vertreters aller Haßregungen, geschützt hatte. Obwohl sie bisher willig mitgegangen war, begann sie sich an dieser Stelle zu sträuben. Gleichzeitig aber verfiel sie zu Hause in alle möglichen trotzigen Schlimmheiten, an Hand derer ich ihr täglich nachwies, daß man sich nur gegen einen Menschen, den man hasse, so schlecht benehmen könne. Schließlich gab sie unter dem Druck der immer wieder beigebrachten Beweise äußerlich nach, wollte aber jetzt von mir auch den Grund eines solchen Haßgefühls gegen die angeblich sehr geliebte Mutter wissen. Hier verweigerte ich die weiteren Auskünfte, da ich mit meinem Wissen auch zu Ende war. Darauf sagte sie nach einer Minute des Stillschweigens: »Ich glaube immer, es ist ein Traum daran schuld, den ich einmal (vor mehreren Wochen) gehabt habe und den wir nie verstanden haben.« (Ich bitte sie, ihn zu wiederholen, was sie auch tut): *»Alle meine Puppen waren da und auch mein Hase. Dann bin ich weggegangen und der Hase hat so schrecklich zu weinen angefangen. Da habe ich solches Mitleid mit dem Hasen gehabt.* Und ich glaube, jetzt mache ich den Hasen immer nach und darum weine ich auch so wie er.« In Wirklichkeit verhielt es sich natürlich umgekehrt, der Hase machte sie nach, nicht sie den Hasen. Sie selber stellt in diesem Traum die Mutter dar und behandelt den Hasen, wie sie von der Mutter behandelt worden war. Sie hatte mit diesem Traumeinfall endlich den Vorwurf gefunden, den ihr Bewußtsein sich immer gesträubt hatte, der Mutter zu machen: daß sie immer gerade dann weggegangen war, wenn das Kind sie am meisten gebraucht hätte.

Einige Tage später wiederholte sie den Vorgang noch ein zweites Mal. Ich dringe weiter in sie, nachdem sich nach einer momentanen Befreiung ihre ganze Stimmung wieder bewölkt hat, noch mehr zu dem gleichen Thema zu bringen. Sie weiß nichts, sagt aber plötzlich aus tiefen Gedanken: »In G. ist es so schön, da möchte ich gerne wieder einmal hingehen.« Bei näherem Befragen stellt sich heraus, daß sie in diesem Landaufenthalt eine ihrer unglücklichsten Zeiten gehabt haben mußte. Ihr größerer Bruder war eines Keuchhustens wegen zu den Eltern in die Stadt geholt worden und sie war mit der Kinderfrau und zwei kleinen Geschwistern isoliert. »Die Kinderfrau war immer böse, wenn ich den Kleinen das Spielzeug weggenommen habe«, sagt sie spontan. Es kam also damals zu der vermeintlichen Bevorzugung des Bruders durch die Eltern noch die wirkliche der kleineren Geschwister durch die Kinderfrau. Sie fand sich von allen Seiten verlassen und reagierte in der ihr eigenen Weise. Wieder also hatte sie durch die Erinnerung, diesmal an die landschaftliche Schönheit jenes Ortes, einen der schwerwiegendsten Vorwürfe gegen die Mutter gefunden. [...]

Virginia M. Axline

Kinder-Spieltherapie

Diese Art der Spieltherapie fußt auf der Annahme, daß jeder Mensch in sich selber nicht nur die Fähigkeit besitzt, seine Probleme auf eine zufriedenstellende Weise zu lösen, sondern daß er auch einem Reifungsimpuls unterworfen ist, der ihm reifes Verhalten befriedigender erscheinen läßt als unreifes.

Die Therapie beginnt beim jeweiligen Entwicklungsstand des Klienten und geht bei der Arbeit von der im Augenblick gegebenen Konstellation aus, wobei jede Veränderung, wie sie im therapeutischen Kontakt von Minute zu Minute auftreten kann, berücksichtigt wird. Das Tempo und die Anzahl der Veränderungen hängen von der Verarbeitung der erworbenen Erfahrungen, Haltungen, Gedanken und Gefühle des Klienten ab. Es ist Aufgabe dieser Verarbeitung, zur Einsicht als der Vorbedingung für eine erfolgreiche Therapie zu führen.

Therapie im nicht-direktiven Verfahren erlaubt dem Menschen, er selbst zu sein. Sie nimmt dieses Selbst vollkommen an, ohne Wertung und ohne einen Druck auszuüben. Sie erkennt und klärt die zum Ausdruck gebrachten Gefühle durch eine Rückspiegelung dessen, was der Klient ausgedrückt hat. Auf diese Weise wird dem hilfsbedürftigen Kind die Möglichkeit gegeben, sich kennenzulernen. Die Therapie weist ihm den Weg zu Veränderungen und zeigt ihm, wie er »das Kaleidoskop« neu einstellen kann, so daß er zu einer konstruktiveren Haltung seinem Leben gegenüber gelangt. [...]

Spieltherapie im nicht-direktiven Verfahren kann als eine Gelegenheit für das Kind angesehen werden, unter günstigsten Bedingungen eine Wachstums- und Reifungshilfe zu erfahren. Da das

Spiel das natürliche Medium für seine Selbstdarstellung ist, wird dem Kind die Möglichkeit geboten, angesammelte Gefühle von Spannungen, Frustration, Unsicherheit, Angst, Aggression und Verwirrung »auszuspielen«.

Dadurch gelangen Emotionen an die Oberfläche: das Kind stellt sich ihnen, lernt sie beherrschen oder aufgeben. Ist eine psychische Druckentlastung erreicht, beginnt es, seine Fähigkeit zu entdecken, eine eigenständige Persönlichkeit zu sein, selber zu denken, zu entscheiden und zu reifen und dadurch sich selbst zu verwirklichen.

Das Spieltherapiezimmer ist für eine solche Reifung ein guter Nährboden. In der Geborgenheit dieses Raumes, in dem das Kind selber der Mittelpunkt ist, in dem es über sich selbst und über die Situation verfügen darf, in dem niemand ihm sagt, was es tun soll, niemand es kritisiert, an ihm herumnörgelt, es gängelt oder antreibt oder neugierige Blicke in scinc kindliche Welt wirft, entdeckt es plötzlich, daß es sich entfalten kann und darf. Es kann sich selbst klar ins Auge sehen, denn hier wird es angenommen, so wie es ist – es kann seine Ideen ausprobieren und sich frei ausdrücken; es bewegt sich in seiner Welt und muß sich nicht mit der Überlegenheit der Erwachsenen oder mit gleichaltrigen Rivalen messen. Hier erlebt es nicht, daß es als Schachfigur in den Auseinandersetzungen der Eltern hin- und hergeschoben oder als Puffer für Frustrationen und Aggressionen eines anderen Menschen benutzt wird. Es ist ein selbständiger Mensch mit eigenen Rechten und wird ernstgenommen und geachtet. Es kann sagen, was es will – und es wird angenommen. Es kann hassen oder lieben oder so gleichgültig sein wie eine steinerne Wand – und immer noch wird es angenommen. Es kann so schnell sein wie der Wind oder so langsam wie eine Schnecke, – es wird weder zurückgehalten noch wird es angetrieben.

Für ein Kind ist es eine völlig neue Erfahrung, wenn plötzlich Vorschläge, Regelungen, Verbote und Zurechtweisungen der Erwachsenen, aber auch Einmischung und Unterstützung fortfallen. All das wird durch die Gewährungshaltung ersetzt, in der man dem Kinde erlaubt, so zu sein, wie es ist.

Kein Wunder, daß das Kind beim ersten Spielkontakt konsterniert ist. Was bedeutet das alles? Es ist mißtrauisch. Es ist neugierig. Immer ist jemand dagewesen, der ihm dabei helfen wollte, mit dem Leben fertig zu werden, – vielleicht sogar jemand, der entschlossen war, das Leben des Kindes nach seinen eigenen Vorstellungen zu gestalten. Auf einmal fällt diese Einmischung fort und es lebt nicht mehr im Schatten einer größeren Gestalt, die seinen Horizont verdunkelt. Es steht nun selber im Licht, und die einzigen Schatten sind die, die es selber wirft.

Hierin liegt eine Herausforderung, und tief in der kindlichen Seele antwortet etwas auf die Herausforderung, seiner Lebenskraft Ausdruck und Richtung zu geben, zielbewußter, entscheidungsfähiger und unabhängiger zu werden.

Das Kind beginnt mit tastenden Versuchen. Dann aber, wenn es die gleichbleibende Gewährungshaltung erlebt, werden diese Versuche immer mutiger. Weil es nicht mehr von äußeren Mächten eingeengt wird, braucht der dynamische Wachstumsantrieb in ihm keine Umwege mehr zu gehen.

Die Gegenwart eines verständnisvollen, freundlichen Menschen gibt ihm Sicherheit. Dazu tragen auch die wenigen Begrenzungen seiner Spiel- und Verhaltensfreiheit bei: sie verstärken das Realitätsbewußtsein. Auch das Mitgehen des Therapeuten im therapeutischen Kontakt erhöht das Sicherheitsgefühl des Kindes. Er fühlt, was das Kind durch sein Spiel oder in Worten ausdrücken will. Wie ein Spiegel reflektiert er die Gefühlseinstellungen des Kindes, so daß es sich selbst besser sehen und verstehen kann. Er hat Achtung vor dem Kind und seiner Fähigkeit, auf eigenen Füßen zu stehen und – falls man ihm die Gelegenheit dazu gibt – reifer und selbständiger zu werden. Abgesehen davon, daß er durch dieses Reflektieren dem Kind hilft, sich selber zu verstehen, gibt er ihm auch das sichere Gefühl, von ihm verstanden und unbedingt angenommen zu werden, was immer es sagt oder tut. Der Therapeut macht auf diese Weise dem Kind Mut, tiefer in seine eigene Welt einzudringen und sein wahres Selbst zu entfalten.

Durch die Therapie wird das ständige Streben des Kindes nach Selbstverwirklichung herausgefordert. In meiner Arbeit mit Kindern habe ich diese Herausforderung niemals übersehen. Das Tempo, in dem die Gelegenheit zu seiner Reifung vom Kinde genutzt wird, ist von Fall zu Fall verschieden, aber es hat sich viele Male erwiesen, daß während der Spieltherapie ein mehr oder weniger deutlich erkennbarer Entwicklungsfortschritt eingetreten ist.

Für den Therapeuten ist es eine Gelegenheit, die Hypothese zu erproben, nach welcher das Kind, falls man ihm die Möglichkeit gibt, reifer und positiver in seinem Verhalten werden kann und wird und schließlich auch lernt, seine inneren Antriebe schöpferisch zu nutzen.

Ich glaube, daß derselbe innere Drang nach Selbstverwirklichung, Erfüllung und Unabhängigkeit auch das hervorruft, was wir Unangepaßtheit nennen. Es scheint, daß dies beim Kind entweder zu einer aggressiv zum Ausdruck gebrachten Entschlossenheit führt, auf die eine oder andere Weise es selbst sein zu dürfen oder aber zu einem starken Widerstand gegen jede Art von Einengung seiner Wesensäußerungen. Wenn Thomas z. B. von seinen Eltern, Lehrern und Kameraden mißachtet wurde, weil sein Verhalten und Betragen für sie unannehmbar waren, so wird er trotzdem mit Konsequenz seine Art zu leben beibehalten, selbst wenn man ihn schlägt. Er wird den Kampf mit den Erwachsenen aufnehmen. Er wird ihnen trotzen und sie herausfordern. Er wird so tun, als wolle er die Fahne anspucken. Seine Frustrationen und Konflikte werden ihn dazu bringen, verzweiflungsvoll zu weinen. Das gleiche gilt für alle anderen Kinder, die in diesem Buch vorkommen. Sie alle kämpfen um ihre Reifung und Unabhängigkeit und um ihr Recht, sie selbst zu sein. Betrachtet der Leser alle diese Beispiele unter dem Aspekt der Frage: Was ist denn nun eigentlich in der betreffenden Therapiestunde vor sich gegangen?, so wird ihm die Antwort ins Auge springen: Dem Kinde wurde Gelegenheit gegeben, seine inneren Wachstumskräfte in konstruktive und positive Bahnen zu lenken. In der Therapiestunde kann es alle Schwierigkeiten auf eine Weise, die es selbst für richtig hält, lösen; es kann mehr Verantwortung für sich übernehmen als ihm das sonst gestattet wird.

Wenn ein Kind eine Therapiestunde beschreibt und spontan dazu Bemerkungen macht, so ist das in bezug auf die Bedeutung einer solchen Stunde aufschlußreicher als alles, was der Therapeut über sie aussagen kann.

Drei Jungen im Alter von acht Jahren nahmen an einer Gruppentherapiestunde teil. In der 8. Stunde fragte Herbert die Therapeutin plötzlich: »Mußt du das hier tun? Oder tust du das, weil es dir Spaß macht?« Und er fuhr fort: »Ich könnte das nicht tun.« Heinz fragte: »Wie meinst du das? Wir spielen doch einfach, weiter nichts.« Otto stimmte Heinz zu: »Klar, wir spielen bloß.« Aber Herbert griff das Thema noch einmal auf: »Ich könnte nicht tun, was sie tut. Ich weiß überhaupt nicht, was sie tut. Es sieht so aus, als täte sie überhaupt nichts. Aber ich fühle mich mit einem Male so frei, innen drin fühl' ich mich frei.« (Er schlägt mit den Armen um sich.) »Ich bin Herbert und Klaus und Theo und ein Teufel.« (Er lacht und schlägt sich an die Brust.) »Ich bin ein Riese und ein Held. Ich bin prima und schrecklich. Ich bin ein Depp und ein ganz Schlauer. Ich bin 2, 4, 6, 8, 10 Leute auf einmal. Ich kämpfe und morde.« Die Therapeutin sagte zu Herbert: »In dir sind lauter verschiedene Menschen.« Heinz meinte: »Und stinken tust du auch.« Herbert starrte Heinz an und sagte: »Ich stinke und du stinkst. Paßt nur auf, ich schlage euch alle zusammen.« Die Therapeutin unterhielt sich weiter mit Herbert: »Lauter verschiedene Menschen sind hier. Ihr seid täppisch, schrecklich und schlau.« Da unterbrach Herbert sie triumphierend: »Ich bin gut und ich bin schlecht, und immer bleibe ich Herbert. Ich kann dir sagen: Ich bin ganz prima, ich kann alles sein, was ich will.« Herbert fühlte offensichtlich, daß er in dieser Stunde alle Gefühle und all seine inneren Einstellungen, die seine Persönlichkeit ausmachten, ausdrücken durfte, daß er angenommen wurde, daß er er selbst sein konnte. Er schien die Kraft zur Selbstbestimmung in sich zu spüren.

Ein anderer 12jähriger Junge äußerte in der ersten Therapiestunde: »Hier ist alles so anders und so komisch. Du sagst, hier kann ich machen, was ich will. Du sagst mir nicht, was ich tun soll. Wenn ich will, kann ich ein Bild verschmieren. Ich kann meine Zeichenlehrerin in Ton kneten und sie vom Krokodil auffressen lassen.« Er lachte. »Alles darf ich tun, ich darf ich sein.«

Der 5jährige Gerd sprach immer nur in der 2. oder 3. Person von sich. Wenn er z. B. seinen Mantel ausziehen wollte, sagte er: »Du willst jetzt deinen Mantel ausziehen.« Oder: »Du willst jetzt malen« statt: »Ich will malen.« Ganz allmählich wurde Gerd durch die Therapiestunden »Ich«, und schließlich sagte er eines Tages: »Heute fand ich den Sand sehr interessant.« In der 6. Stunde wagte er sich endlich in die Sandkiste hinein und wühlte mit seinen Händen in dem schönen, sauberen Sand. In seiner Stimme schwang etwas von Erstaunen mit, als er sagte: »Heute bin ich in die Sandkiste gegangen, endlich bin ich an den Sand rangekommen.« So war es tatsächlich gewesen.

Was während der Therapie in den Kindern vor sich gegangen war, ist folgendes: Sie fanden ihren eigenen Weg, prüften sich selbst, entfalteten ihre Persönlichkeiten und übernahmen Verantwortung für das, was sie taten.

Dutzende von ähnlichen Beispielen könnten hier angeführt werden. Jede therapeutische Erfahrung läßt sich auf den gleichen Grundnenner bringen: Die Kinder fanden den Mut, sich zu einem reiferen und unabhängigeren Individuum zu entwickeln.

Da das vorbehaltlose »Annehmen« des Kindes offenbar von so entscheidender Bedeutung ist, verdient es eine gründliche Untersuchung. Was wird denn »angenommen«? Die Antwort muß heißen: Das Kind selbst wird angenommen, in dem festen Glauben an seine Fähigkeit zur Selbstentscheidung. Darin liegt die Achtung vor der Fähigkeit des Kindes, ein denkendes, unabhängiges, konstruktives menschliches Wesen zu sein.

Das Annehmen enthält aber auch das Verständnis für den Trieb zur Selbstverwirklichung, zur vollständigen individuellen Wesenserfüllung, so daß alle Anlagen, – psychisch frei geworden –, zur Entfaltung kommen können. Ein gut angepaßter Mensch ist derjenige, dem nicht allzuviele Hindernisse den Weg versperren, und der in sich die Möglichkeit hat, sich frei und unabhängig zu entwikkeln. Der unangepaßte Mensch hingegen ist einer, dem dies nur unter schweren Kämpfen möglich ist. Das hat sich bei der Durchsicht von Krankengeschichten immer wieder gezeigt. Manchmal ist der Mensch zurückgewiesen oder beiseitegeschoben worden. Manchmal wurde er von liebevoller Besorgtheit erdrückt und konnte sich nur schwer aus dieser Umklammerung befreien. Es scheint, als würden die Menschen nicht die Verhaltensweisen zeigen, die wir an ihnen beobachten, wenn sie nicht auf der Suche nach ihrem eigenen individuellen Status wären. Sie versuchen das auf die verschiedenste Art, immer aber wird der Widerstand gegen die Blockierung der Reifung und des Selbständigwerdens erkennbar. Selbst das streng erzogene, tyrannisierte Kind, das in eine starre Abhängigkeitshaltung geraten ist, erreicht auf diese Weise eine beherrschende Rolle in seiner Umgebung. Das in der Babyrolle zurückgehaltene Kind, das sich in der Schule weigert, Lesen und Schreiben zu lernen, scheint auf den ersten Blick gegen das Unabhängigwerden anzukämpfen. Es könnte aber sein, daß es in dieser Weigerung den einfachsten Weg sieht, die Situation weiterhin zu beherrschen und daß es ihm Befriedigung verschafft, seine Macht, »anders« sein zu können, zu dokumentieren. Dies ist eine umstrittene Hypothese und soll hier nur als Deutungsversuch für die in der Spieltherapie immer wiederkehrende Erfahrung angewandt werden: daß nämlich im Menschen ein ununterbrochener Wachstumsprozeß vor sich geht, – manchmal in unvorstellbar kurzer Zeit.

Manche Fälle scheinen zu beweisen, daß das einzige Bedürfnis des Menschen darin besteht, von einengenden Fesseln befreit zu werden und die Möglichkeit zu bekommen, sich ohne kräfteverzehrende Selbstbefreiungsversuche entfalten und entwickeln zu können. Dies bedeutet nicht, daß der Mensch so egozentrisch wird, daß die Umwelt aufhört, für ihn zu existieren. Es bedeutet, daß er die Freiheit zur Selbstentfaltung gewinnen kann, ohne daß die Durchsetzung dieses inneren Antriebs für ihn zum Mittelpunkt seines Daseins wird, und ohne daß er all seine Kräfte dafür verbrauchen muß, gegen Barrieren anzurennen, die seiner Reifung im Wege stehen und dadurch seine Aufmerksamkeit ständig auf ihn selbst lenken.

Solange es Leben gibt, gibt es Wachstum. Wird der im Menschen vorhandene Drang nach immer größerer Reife naturgemäß und in konstanter Weise befriedigt, so entwickelt sich ein fortlaufender Prozeß. Das Individuum gelangt dann sowohl zu physischer wie psychischer Reife. Beides gehört zur Ganzheit einer Persönlichkeit.

Ebenso wie der Mensch seine wachsende physische Selbständigkeit dazu benutzt, seine körperlichen Fähigkeiten zu entwickeln, so benutzt er die wachsende psychische Selbständigkeit dazu, den Raum für seine geistigen Fortschritte zu erweitern.

Das Kind, das laufen kann, kommt besser voran als das Kleinkind, das nur kriechen kann. Das Kind, das sprechen gelernt hat, kann sich wirksamer verständlich machen als das Baby, das nur gurrt und lallt. Mit der Reifung strebt alles im Menschen einer Welt entgegen, die er erfassen möchte, so weit er sie in sein Blickfeld aufnehmen kann. So bleibt es das ganze Leben hindurch. Das im psychologischen Sinne freigewordene Kind kann mehr schaffen und gestalten als das Kind, das all seine Energien im aufreibenden Kampf um seine freie individuelle Entfaltung verschwenden muß.

Das Kind *will* zum Individuum werden. Und wenn es das nicht auf legitime Weise erreichen kann, so wird es durch Ersatzhaltungen einen Umweg dabei gehen: Das Kind bekommt dann z. B. Wutanfälle, es kommt zu Trotzphasen, Tagträumen oder ständigen Streitereien mit anderen Kindern. Es riegelt sich durch mißmutiges Schweigen ab, zieht sich zurück oder versucht, die Umwelt ständig durch sein Benehmen zu schockieren. Manche Lehrer meinen in bezug auf solche »Angeber« unter den Kindern: »Gebt ihm doch einen legitimen Grund für sein Bedürfnis, sich in Szene zu setzen! Laßt ihn die Hauptrolle in einer Theateraufführung spielen oder gebt ihm in der Klasse einen Vertrauensposten!« Auf viele Arten hat man versucht, dem Drang des Kindes, als Person anerkannt zu werden, entgegenzukommen. Ebenso wird in der Spieltherapie dem Kind die Gelegenheit gegeben, diese ihm innewohnende Fähigkeit, etwas »Eigenständiges« zu sein, zu betätigen.

Spielmaterial ist das Werkzeug dieses Vorgangs, denn es ist das natürliche Ausdrucksmittel des Kindes. Im allgemeinen wird es auch als das Eigentum des Kindes anerkannt. Das freie Spiel drückt aus, wonach dem Kind zumute ist. In dieser seiner eigenen Welt ist es Alleinherrscher. Deshalb dirigiert der Therapeut sein Spiel niemals. Er überläßt dem Kind, was des Kindes ist, in diesem Fall das Spielmaterial und den unbeeinflußten Gebrauch davon. Wenn das Kind unbeeinflußt und frei spielt, drückt es seine persönliche Wesensart aus. Es erlebt und erfährt eine Zeitspanne eigenen Überlegens, Planens und Handelns. Es läßt den Gefühlen und Neigungen freien Lauf, die sich in ihm angestaut haben.

Deshalb erscheint es uns nicht notwendig, daß das Kind von seinem Problem wissen muß, um einen Gewinn von der Spieltherapie zu haben. Schon manches Kind ist mit deutlichen Anzeichen eines reiferen Verhaltens aus der Spieltherapie hervorgegangen, ohne sich bewußt geworden zu sein, daß es sich um etwas anderes als um eine Spielstunde handelte.

Spieltherapie im nicht-direktiven Verfahren ist nicht als ein Mittel gedacht, daß ein von der Erwachsenenwelt unerwünschtes Verhalten durch ein von ihr gebilligtes ersetzt wird. Sie bedeutet auch nicht den Versuch, dem Kinde kraft der Erwachsenenautorität zu sagen: »Du hast ein Problem. Ich möchte, daß du es aus der Welt schaffst.« Wenn das geschieht, leistet das Kind Widerstand – entweder aktiv oder passiv. Es will nicht »umgemodelt« werden. Es sucht nach seinem eigenen Weg, es möchte »werden, was es ist«. Verhaltensmuster, die es nicht bejahen kann, sind oberflächliches Flickwerk und lohnen nicht die Zeit und Mühe, die investiert werden, um sie dem Kind aufzuzwingen.

Die hier beschriebene Therapie fußt auf einer positiven Einstellung zu den inneren Möglichkeiten des Individuums. Sie setzt dem Wachstum der Persönlichkeit keine Grenzen. Sie beginnt dort, wo der Mensch im Augenblick steht, und läßt ihn sich so weit entwikkeln, wie es ihm möglich ist. Daher gibt es vor Beginn der Therapie keine diagnostische Voruntersuchung. Ungeachtet seiner Symptomatik wird der Mensch angenommen, so wie er im Augenblick ist. Deutungsversuche werden weitestgehend vermieden. Was in der Vergangenheit geschehen ist, gehört der Vergangenheit an. Da durch die Dynamik des Lebens die Dinge relativiert werden, sieht man zurückliegende Ereignisse immer wieder unter neuen Aspekten; sie verändern sich dauernd. Alles, was sich der Reifung des Menschen hemmend in den Weg stellt, blockiert seine Entwicklung. Wenn die Therapie die Vergangenheit des Klienten in die Arbeit einbezieht, so wird damit die Möglichkeit ausgeschlossen, daß das Individuum in der Zwischenzeit an Reife gewonnen haben könnte. Der Vergangenheit kommt nicht mehr die gleiche Bedeutung zu. Aus diesem Grund wird auch gezieltes Fragen vermieden. Das Kind wird die Dinge, die ihm wichtig sind, dann zur Sprache bringen, wenn es bereit dazu ist. Der Therapeut vertritt in der nicht-direktiven Therapie die Überzeugung, daß seine Behandlung ganz auf den Klienten gerichtet sein sollte, denn für ihn liegt der Ursprung von allen Reifung bewirkenden Lebenskräften im Klienten selbst.

Während der Spieltherapie bildet sich zwischen dem Therapeuten und dem Kind eine Beziehung, die es dem Kind möglich macht, dem Therapeuten sein eigentliches Selbst zu zeigen. Ist dieses Selbst vom Therapeuten angenommen, und hat das Kind auf diese Weise etwas an Selbstvertrauen gewonnen, kann es die Grenzen für die Darstellung seiner Persönlichkeit weiter stecken.

Das Kind lebt in seiner eigenen Welt, nur wenige Erwachsene verstehen es wirklich. In unserer modernen Welt gibt es soviel Hast, soviel Leistungsdruck, daß es für ein Kind schwer ist, in eine auf Nähe und Vertrautheit gegründete Beziehung zu einem erwachsenen Menschen zu treten, – in eine Beziehung, in der es etwas von seinem inneren, heimlich gehüteten Leben preisgeben kann. Zu viele Menschen unterliegen der Versuchung, das Kind für ihre Zwecke zu benutzen, und darum verteidigt es seine Identität. Es hält sich abseits und geht ganz in den Dingen auf, die ihm so ungeheuer wichtig und interessant erscheinen.

Versunken in irgendeine Beschäftigung, lassen die Kinder ihrer unersättlichen Neugier und ihren Interessen freien Lauf. Erwachsene neigen dazu, ein Kind verächtlich auszulachen, wenn es mit erregter Stimme, wie ein Entdecker sie haben könnte, verkündet: »Dieser Sand ist grob und schmeckt nach gar nichts. Schmeckt so nichts?« Oder: »Diese Fingerfarbe kleckert wie roter oder grüner Schlamm.« Oder wenn ein Kind die Beobachtung macht: »Das sind Leute, die nach der Arbeit nach Hause gehen, – gehen sie nach Hause, gehen sie nach Osten, – dann gehen sie zum Abendbrot. Morgen kommen sie wieder, kommen sie wieder. Dann gehen sie nach Westen wieder zu ihrer Arbeit.« Oder wenn ein kleiner 5jähriger, der zur Kirche hinüber aus dem Fenster sieht, vor sich hinredet: »Da ist die Kirche – die große, große Kirche. Die Kirche, die bis in den Himmel steigt. Die Kirche, die Musik macht. Die Glocke läutet ein, zwei, drei, vier Mal, wenn es vier Uhr ist. Eine große Kirche mit vielen Sträuchern drum 'rum.« Und dann nach einer langen Pause: »Und Himmel! Soviel Himmel da oben. Und ein Vogel und ein Flugzeug. Und Rauch.« Wieder eine lange Pause und dann: »Und Willi steht an einem kleinen Fenster und sieht 'rauf auf alles, was da so groß ist.«

Die Therapeutin sagt ganz ruhig: »Die Welt kommt dir sicher sehr groß vor. Du hast ganz recht, alles ist groß, riesengroß.«

Willi geht vom Fenster weg und seufzt: »Nur ich nicht. Willi ist nicht so groß wie eine Kirche.«

Willis Betrachtungen zeugen von einem gewissen Rhythmus,

von Poesie und Kühnheit. Die Erwachsenen sind oft so abgehetzt, daß sie den Kindern nicht gerecht werden. Dieser kleine 5jährige war drei Monate zuvor als »sonderbar, komisch, langsam und kontaktgestört« beschrieben worden.

In den meisten Kindern besteht ein starkes Gefühl von Abhängigkeit, aber in ihrem Inneren hört das Streben nach Unabhängigkeit nicht auf. Haben sie erst einmal Vertrauen zu einem Therapeuten gefaßt und diesen ebenso angenommen wie er sie, dann gewähren sie ihm Einblick in ihre Gefühlswelt, wodurch der Horizont von beiden, vom Kind und vom Therapeuten, eine Ausweitung erfährt. [...]

Bruno Bettelheim

Allein und in der Gruppe

Die Schule* ist ein Internat für Kinder mit normaler oder überdurchschnittlicher Intelligenz. Alle Kinder, die in der Schule untergebracht sind, sind frei von körperlichen Krankheiten, leiden aber an schweren psychischen Störungen, die erwiesenermaßen durch gewöhnliche therapeutische Methoden nicht zu beeinflussen waren (oder bei denen sich dies vorhersehen läßt). Viele dieser Kinder sind, bevor sie zu uns gebracht wurden, auf verschiedene Weise behandelt worden, sie waren z. B. in einer Kinderanalyse, in psychotherapeutischer Behandlung an einer Child Guidance Clinic oder bei einem frei praktizierenden Arzt, haben aber auf die Behandlung nur wenig oder überhaupt nicht reagiert. [...]

Zwischen der therapeutischen Wirksamkeit der Erlebnisse eines Kindes in der Einzelsitzung und in der Gruppe besteht eine so enge Wechselbeziehung, daß es wenig sinnvoll ist, sich allgemein darüber zu äußern, welche von ihnen letzten Endes den Ausschlag geben. Von den verschiedenen Maßnahmen, die wir anwenden, sind manche bei gewissen Kindern wirksamer, andere wieder bei anderen Kindern und aus anderen psychologischen Gründen.

Der Einfluß, den die Kinder aufeinander ausüben, gehört zu den wirksamsten therapeutischen Hilfsmitteln, die uns zur Verfügung stehen. [...]

Jack war ein Kind, das an Verfolgungswahn und verschiedenen Zwangsvorstellungen litt. Nachdem er an unsere Schule gekommen war, interpretierte er alle Vorschläge, die von Betreuern oder Kindern gemacht wurden, im Rahmen seiner eigenen zwanghaften

* Die Sonia Shankman Orthogenic School der Universität von Chicago

Tendenzen – für ihn waren ihre Vorschläge nie weniger als Regeln, von denen er glaubte, er müsse sie entweder mißachten oder streng befolgen.

Am Anfang seines Aufenthalts bei uns war den anderen Kindern seine Unfähigkeit, mit ihnen in Kontakt zu kommen, unbehaglich; sie wandten sich vor allem gegen seine Äußerungen vorgeblicher Gefühle. Einmal, als er mit einer Art Bauchrednerstimme versicherte, wie gut ihm eine Party gefalle, die die Kinder für sich selbst arrangiert hatten, machten die Kinder untereinander Bemerkungen darüber. Dann spielten sie weiter, als ob sie wüßten, daß es für Jack vielleicht leichter wäre, sich anders zu verhalten, wenn sie versuchten, ihn zum Mitmachen zu bewegen, ohne ihn mit der Bedrohung zu konfrontieren, die darin enthalten sein könnte, daß man ihn direkt zur Rede stellte. Als dies zu nichts führte, wurden sie direkter, und schließlich sagte einer von ihnen: »Wenn du redest, klingt es, als seist du weit weg«, worauf Jack antwortete: »Das bin ich auch«. Dagegen erhoben die Kinder Einwände und sagten, sie wollten auf ihrer Party niemand haben, der nicht da sei.

Das machte Jack ziemlich großen Eindruck. Einmal wollte er wirklich sehr gern »dabei« sein, und außerdem überzeugte ihn die Drohung der Kinder, ihn auszuschließen, weit mehr als ihre freundlichen (und später ihre kritischen) Bemerkungen von der Tatsache, daß sowohl er als auch seine Gefühle – die zu Hause immer vernachlässigt worden waren – für die Kinder von Belang waren. Dies alles baute seine abwehrende Isolierung ab, und das Ergebnis war sowohl für ihn selbst als auch für die anderen eine erfreuliche Überraschung.

Ein paar Tage nach diesem Vorfall war Jack dabei, als ein anderes Kind vorgab, es sei ein Bär. Angesichts der Neigung Jacks, die Realität zu meiden, war die Betreuerin von diesem Spiel nicht sehr angetan und sagte zu dem Jungen, er sei ganz gewiß kein Bär und nicht einmal ein Tier, sondern ein Mensch. Jack, der niemals zugegeben hatte, daß auch er sich einbildete, ein Tier zu sein, wurde sehr wütend und sagte: »Ach, das ist wieder eine von euren verdammten Regeln. Diese Regel ist so dreckig, daß sie ein Bad braucht.« Seine Zornausbrüche gingen noch eine Zeitlang weiter, bis ein anderer Junge schließlich zu ihm sagte: »Jetzt halt' den Mund. Du bist kein Tier, du bist ein Mensch«, worauf Jack sich beschwerte: »Ich hab' immer so getan, als sei ich ein Tier, aber ihr und diese verdammten Regeln hier, ihr wollt mich nicht lassen.«

So hatte sich Jack zum erstenmal, veranlaßt durch den Druck der Gruppe, nicht nur zu Phantasien bekannt, die er vorher geheimgehalten hatte, sondern er hatte auch die Möglichkeit zugestanden, sie vielleicht aufgeben zu müssen. Die Auseinandersetzung wurde dadurch beendet, daß der andere Junge mit entschiedener Miene sagte: »Na, du bist ein Mensch, und wenn das eine Regel ist, dann ist es eine verdammt gute.«

Diese Episode ist übrigens ein Beispiel für etwas, das sehr oft vorkommt: Die Gruppe oder ein anderes Kind übt eine hemmende oder deutende Funktion aus, so daß die Beziehungen zwischen Kind und Betreuer teilweise von der Notwendigkeit, zu hemmen oder zu deuten, entlastet werden. Auf diese Weise wird es den Betreuern ermöglicht, in ihren Beziehungen zu den Kindern in höherem Grad die positiv unterstützende Funktion beizubehalten.

Wie in vielen anderen Fällen bekannte sich die Gruppe auch in diesem Fall zu einer vernünftigen Einstellung, und es gelang ihr, die Lage vernünftig zu beherrschen. Aber das Motiv, das die Gruppe in erster Linie veranlaßt hatte, ihren Einfluß geltend zu machen, war der Umstand, daß das unvernünftige Verhalten eines Kindes die Integration und Sicherheit anderer Gruppenmitglieder zu bedrohen schien.

Wahnvorstellungen sind nicht die einzige Bedrohung, gegen die eine Gruppe oder ihre Mitglieder sich verteidigen und so einen hilfreichen Einfluß auf das Individuum ausüben. Fast jede kohärente Gruppe von Kindern pflegt sich durch ein mürrisches, in sich selbst zurückgezogenes Individuum bedroht zu fühlen, und sie wird immer versuchen, es in ihren Kreis hereinzuziehen. Dies macht es dem sich absondernden Kind schwerer, der Versuchung zu widerstehen, positive Beziehungen herzustellen. Den imaginären Freuden der Geselligkeit kann das mürrische Individuum leichter widerstehen, wenn es allein in seinem Zimmer ist, wo es sich nach Belieben vorsagen kann, daß die anderen gehässig oder hassenswert sind; es ist etwas ganz anderes, sie zu mißachten, wenn sie wirklich gegenwärtig und sichtlich freundlich sind.

Die Gruppe dient auch als Therapiemittel, wenn sie zum Gegenstand der Entladung von Feindseligkeit wird, die sich sonst auf asozialere Weise Luft machen müßte und schwere Gegenaggressionen nach sich ziehen könnte – oder die mehr Schuldgefühle hervorrufen würde als die, die entstehen, wenn Aggressionen sich gegen eine Gruppe richten, die sich in ihrer Zusammengehörigkeit sicher fühlt.

Die Gruppe erlaubt dem Individuum unter anderem, seine Gefühle offener zu äußern, weil eine der Hauptängste des feindseligen Individuums die ist, es könne mit seiner Aggression zu weit gehen und gefährliche Handlungen begehen. Diese Angst wird durch die Gegenwart der Gruppe vermindert, die als solche besser in der Lage ist, das Individuum zurückzuhalten, als alles, was es selbst zu diesem Zweck tun kann.

Überdies kann zwar die gegen eine Gruppe gerichtete Aggression Gegenaggression hervorrufen, aber die Gegenaggression einer kohärenten Gruppe – wenn auch nicht die eines Pöbelhaufens – pflegt nie so heftig zu sein wie die Gegenaggression eines Individuums unter Umständen sein würde, weil die kohärente Gruppe sich ihrer Stärke bewußt ist, aber auch ihrer Verpflichtung selbst gegenüber einem Gruppenmitglied, das sich zeitweilig gegen sie wendet. Deshalb fühlt sich die festgefügte Gruppe durch die Handlung des Aggressors weniger bedroht. Die Gruppe macht es leichter, mit den Aggressionen des Kindes und mit seiner Furcht vor Vergeltung fertigzuwerden, und das Weiterleben ist trotz des Aggressionsaktes leichter, als wenn das Individuum nicht in einer solchen Gruppe lebte.

Dies alles gilt natürlich nur, wenn diese Ereignisse bei einer Gruppe von Kindern stattfinden, die im übrigen meistens zufrieden oder mindestens friedlich zusammenleben. Bei psychisch gestörten Kindern gilt es außerdem nur, wenn die Anwesenheit eines beschützenden Erwachsenen ihnen die Gewißheit gibt, daß dieser rechtzeitig dazwischentritt, wenn die Situation ihnen zu entgleiten droht.

Andererseits wird sich eine nicht festgefügte Gruppe von gestörten Kindern durch die Feindseligkeit eines Individuums bedroht fühlen, und sie wird vielleicht auf die Aggression eines Fremden heftiger reagieren als ein einzelner, weil ihre Anzahl den Kindern die Kraft und den Mut gibt, ihre Wut an dem Aggressor auszulassen.

Im allgemeinen wird eine Gruppe in ihrer Reaktion auf die Aggression eines Außenseiters um so heftiger sein, je weniger fest sie zusammenhält. Es ist jedoch etwas ganz anderes, wenn die Aggression von einem Mitglied einer sonst meistens festgefügten Gruppe von Freunden ausgeht. Die Kraft, die ihnen ihre Zusammengehörigkeit gewöhnlich gibt, erlaubt es ihnen, Aggressionen, Wahnvorstellungen oder auf andere Weise Ärger erregendes Verhalten zu übersehen. Geborgen in ihren wechselseitigen Beziehungen, fühlen sie sich nicht davon bedroht. Sie werden damit fertig, indem sie dem Aggressor sagen, er solle das lassen, oder indem sie sich an die übrigen Gruppenmitglieder wenden, als ob sie sie (und damit auch sich selbst) beruhigen wollten, dieses Verhalten sei ohne Bedeutung; sie sagen dann z. B.: »Er fängt schon wieder damit an.«

Der Missetäter, dem eine derartige Reaktion begegnet, kommt allmählich zu der Überzeugung, daß er trotz seines aggressiven Ausbruchs das Wohlwollen der Gruppe nicht für dauernd verliert, wie er gefürchtet hatte, und daß er, selbst wenn er seine Spannung, einem inneren Bedürfnis folgend, an den anderen ausläßt, die Sicherheit, die ihm seine Beziehungen zu den anderen geben, nicht endgültig verliert.

Dieser Umstand erhöht zwar meistens zunächst die Häufigkeit und Intensität der Feindseligkeiten eines Kindes, aber auf lange Sicht nehmen sie ab. Die Gegenaggression, die es nach jeder aggressiven Handlung zu fürchten pflegte, bleibt nun aus; auf diese Weise werden seine Angst und seine Spannung vermindert, daher sammeln sich auch weniger aggressive Gefühle an. Einerseits ist also das Bedürfnis nach Aggressionsabfuhr geringer, andererseits kann es nicht ausbleiben, daß das Verhalten der Gruppe im Individuum freundliche Gefühle erweckt; Gefühle, die es veranlassen, seine Aggressionen zu beherrschen, um nicht zuviel von der Gruppe zu verlangen oder den Verlust ihrer Freundschaft und Achtung zu riskieren.

Die Gruppe macht ihren Einfluß geltend, wo ihre allgemeinen Interessen oder die Interessen einiger Gruppenmitglieder betroffen sind. Sonst erlaubt die Sicherheit, die die Mitglieder einer festgefügten Gruppe aus ihrem Zusammenhalt gewinnen, diesen Mitgliedern, von einem Verhalten unberührt zu bleiben, das in einem anderen sozialen Rahmen heftige Reaktionen hervorrufen könnte. Bei der Behandlung von Kindern, die an den verschiedensten Wahnideen leiden, ist dieser Umstand sehr wichtig.

Es ist interessant zu beobachten, wie sich an der Schule gleichartige Kinder zusammenfinden. Ein »verwahrloster« Neuling pflegt sofort das Interesse aller anderen Verwahrlosten auf sich zu lenken, ein paranoides Kind findet das Interesse der anderen Kinder, die an Verfolgungswahn leiden, und so fort.

... Ich [habe] erwähnt, daß man sich die Abwehrbedürfnisse des Verwahrlosten, der sein Stadium des Ausagierens überwunden hat, bei der Rehabilitation eines Verwahrlosten, der noch in diesem Stadium steckt, zunutze machen kann. Hier möchte ich hinzufügen, daß das gleiche auch für paranoide Kinder gilt, ebenso für Kinder, die an anderen Wahnvorstellungen leiden. Aber auch eine Warnung erscheint mir angebracht. Zwei oder mehr ausagierende Verwahrloste können sehr wohl einander bestärken; das kann dazu führen, daß beide für die Lehrerin, die Betreuerin oder andere Kinder nicht mehr ansprechbar sind. Ähnlich können auch zwei paranoide Kinder einander in ihren Wahnvorstellungen bestärken und so all unsere Bemühungen zunichte machen.

Zum Beispiel waren zwei Jungen, die aus gutem Grund große Angst hatten, sie könnten ihre noch wenig gefestigte Herrschaft über asoziale Gefühle verlieren und sich zu destruktiven (oder selbstzerstörerischen) Handlungen hinreißen lassen, beide vom Anblick Betrunkener fasziniert, von Personen also, die offensichtlich die Herrschaft über ihr Handeln verloren hatten. Sie spielten zusammen, sie seien selbst betrunken und behaupteten oft, sie sähen zufällig vorbeikommende Betrunkene. In solchen Fällen pflegte ein seltsamer Circulus vitiosus des Verhaltens in Gang zu kommen. Einer von den Jungen, der schon zum Teil die Herrschaft über seine Handlungen verloren hatte und wahnhafte Bemerkungen und unkontrollierte Bewegungen machte, pflegte den anderen herbeizurufen und auf einen Mann zu zeigen, den er vom Fenster aus sehen konnte und von dem er behauptete, er sei betrunken.

Daß er den anderen Jungen herbeirief, schien auf verschiedenen Gefühlsebenen eine Bedeutung zu haben. Er hatte eine gewisse Hoffnung, der andere Junge werde sagen, der Mann draußen sei ja gar nicht wirklich betrunken; dann hätte er sich sicher fühlen können. Dieses Ziel der Abwehr hätte er aber leichter erreichen können, wenn er irgendein anderes Kind gerufen hätte, das mit viel größerer Wahrscheinlichkeit die Täuschung korrigiert hätte. Aber in diesem Fall wäre der Junge selbst als jemand erschienen, der die Realität gemäß seinen Wahnvorstellungen mißdeutet, mit einem Wort, als ein »Verrückter«, wie die Kinder zu sagen pflegten. Um diese Bloßstellung zu vermeiden, zog er es vor, ein Kind zu rufen, das sicher seine Ängste verstehen würde, weil es sie selbst auch empfand. Deshalb rief er nach dem Kind, von dem er wußte, daß es höchstwahrscheinlich den visuellen Eindruck in der gleichen Weise mißdeuten würde wie er selbst, indem es ihm beipflichten würde, der Mann sei betrunken.

Der Versuch, sein Erlebnis an der Beobachtung eines Zweiten nachzuprüfen, verstärkte also seine eigene Angst, um so mehr, als das andere Kind mit der gleichen Angst vor dem Verlust der Selbstbeherrschung reagierte, wenn es sich etwas gegenübersah, das beide Kinder als einen Beweis dafür empfanden, wie leicht man die Beherrschung verlieren kann. Daß sie sich beide fürchteten, machte die Angst und die Gefahr nur realer und vergrößerte daher auch ihre Angst. Wenn es die Angst des zweiten Kindes wachsen sah, nahm auch die Angst des ersten Kindes zu, die ihrerseits wieder die Angst des anderen verdoppelte, und so ging es weiter ohne Ende.

Im Fall dieser beiden Jungen war eine andere Gruppenzusammenstellung im Augenblick technisch unmöglich. Da man keinem von beiden helfen konnte, solange beide weiterhin in unserer Schule lebten, mußte einer von ihnen in eine andere Anstalt umquartiert werden, um die gegenseitige Verstärkung ihrer Ängste zu verhindern, die einen Behandlungsfortschritt unmöglich machte.

Aus diesen und ähnlichen Gründen ist es oft nicht möglich, mehr als einen heftig ausagierenden Verwahrlosten oder mehr als ein Kind, das an einer bestimmten Wahnkrankheit leidet, in der gleichen Gruppe oder sogar an der gleichen Schule zu haben.

Die Aufnahme eines weiteren Kindes mit denselben Symptomen – wenn auch nicht mit der gleichen Störung – muß dann so lange aufgeschoben werden, bis die Abwehr des ersten Kindes so fest gefügt ist, daß es zwar vielleicht die Schwierigkeiten des Neulings noch als bedrohlich empfindet, aber ihnen nicht mehr zum Opfer fällt. Dann, und erst dann, wird die Bedrohung durch den Neuankömmling zu einem integrierenden Erlebnis, weil das besser angepaßte Kind seine Integration am unintegrierten Verhalten des neuen Kindes messen kann und dadurch ermutigt wird. Zu diesem Zeitpunkt ist das besser integrierte Kind für den Neuling das geeignetste Objekt zur Nachahmung, zur Identifizierung, denn er erkennt, daß das andere Kind seine Schwierigkeiten besiegt hat, und das macht ihm Mut zu glauben, daß er selbst vielleicht in der Lage sein wird, es ihm gleichzutun.

Der wechselseitigen Verstärkung wahnhaften Verhaltens steht die Nichtbeachtung derartigen Verhaltens durch die festgefügte Gruppe gegenüber, die wir oben schon erwähnt haben und die wir hier durch ein Beispiel veranschaulichen wollen.

Eines Abends hörten Jack und seine Gruppe still einer Geschichte zu, die ihnen kurz vor dem Schlafengehen vorgelesen wurde. Zur Vorbereitung aufs Einschlafen brannte nur noch das nötigste Licht, und alle Kinder waren von der Geschichte gefesselt, als Jack plötzlich gellend schrie: »Da ist ein toter Mann unter dem Tisch.« Ziemlich laut und fast einstimmig riefen die Kinder: »Da ist keiner. Halt den Mund, wir wollen die Geschichte hören.«

Keine beruhigende Feststellung eines Erwachsenen hätte so eindrucksvoll sein können; tatsächlich hätte Jack darauf gar nicht gehört, denn die Erwachsenen zu Hause hatten immer die Wahrheit seiner Wahnvorstellungen geleugnet und ihn auch auf andere Weise davon überzeugt, daß sie niemals verstanden, was ihn beunruhigte.

Zu Hause hatten auch Kinder gewöhnlich auf seine Wahnbilder mit so viel Emotion reagiert (wie auch seine Eltern und andere Erwachsene), daß er ihre beruhigenden Versicherungen nie geglaubt hatte; zeigten doch ihre gefühlsbetonten Reaktionen deutlich, daß an der Sache mehr war, als sie zugeben wollten. Er war es gewöhnt, den Kummer anderer Leute über seine Wahnbilder, wie auch ihre Bemühungen, ihn zu beruhigen, nicht als ein Ergebnis seiner Verzerrung der Realität zu deuten, sondern als ein Eingeständnis, daß es gute Gründe gebe, bestürzt zu sein. Darum machte es ihn unsicher, daß die Kinder diesmal seine furchterregenden Einbildungen ohne das mindeste Interesse einfach nicht glaubten.

Er machte noch einen Versuch, obwohl seine Stimme nicht mehr so überzeugt klang und obwohl er vielleicht selbst nicht mehr überzeugt war: »Aber es sieht so aus wie ein toter Mann.« Darauf antworteten die anderen: »Es kann ja sein, daß es für dich so aussieht, aber für uns sieht es gewiß nicht so aus. Es gibt keine toten Leute in der Schule.«

Jack war offenbar eine Zeitlang beruhigt, aber etwa fünfzehn Minuten später sagte er ganz ruhig: »Da ist ein Mann, der sitzt auf meinem Bett.« (Es war nun kein toter Mann mehr.) Mittlerweile war Jacks Vorstellung so weit eingeengt, daß eine kurze Nachschau zusammen mit der Betreuerin ihn überzeugte, es sei niemand da, vor dem er sich fürchten müsse. Danach genügte es, daß die Betreuerin ihn erinnerte, wo er sie nachts finden könne, um Jack ohne weiteres einschlafen zu lassen.

Natürlich war Jack weder von seinen Ängsten noch von seinen Wahnvorstellungen befreit, aber er schlief wenigstens einmal früh und friedlich ein, was in diesem Stadium ein seltenes und ermutigendes Erlebnis für ihn war.

Dieses Beispiel macht übrigens auch deutlich, wie die enge Gemeinschaft des Lebens in unserer Schule und besonders das Leben innerhalb einer festgefügten Gruppe dazu beiträgt, die Wahnvorstellungen eines Kindes aufzulösen. Als Jack noch zu Hause lebte, waren seine Wahnbilder natürlich für seine nähere Umgebung sehr beunruhigend. Sie waren einerseits beunruhigend, weil sie zeigten, wie Jack litt, andererseits aber auch, weil Jack in so hohem Maß alle gut gemeinten Bemühungen der Eltern, Freunde und Verwandten mißdeutete und sogar in ihr Gegenteil verkehrte. Zuhause gab man sich offensichtlich Mühe, ihm mit Nachsicht zu begegnen und ihm das Gefühl zu geben, man beschütze ihn. Aber das war für ihn nur ein Beweis dafür, daß man ihm nachspionierte. Wenn er seine Wahnvorstellungen vor Zufallsbekannten, Klassenkameraden in der Schule oder vor Kindern erwähnte, die er auf der Straße oder auf dem Spielplatz traf, machten sie sich lustig über ihn oder wollten nichts mehr mit ihm zu tun haben. In jedem Fall gab ihr Verhalten seiner Überzeugung neue Nahrung, er werde von allen verfolgt.

An unserer Schule wurde Jack nicht mit größerer Nachsicht behandelt oder mehr behütet als jedes andere Kind. Daher konnte er sich unmöglich längere Zeit vormachen, ihm allein werde besondere Aufmerksamkeit geschenkt, sei es, um ihm nachzuspionieren, sei es, um ihn zu beobachten, weil er so gefährlich oder in so einzigartiger Weise gefährdet war. Die festgefügte Lebensordnung an der Schule machte es ihm schwer, von einem Erwachsenen oder von einem Kind zum nächsten zu wandern und sich Leute zu suchen, die er mit seinem Verhalten einschüchtern konnte. Er versuchte dies zwar zuerst, aber er hatte es bald mit allen probiert, die an unserer Schule lebten oder arbeiteten. Außerdem verloren mit der Zeit die Ansichten und Haltungen, die Außenstehende in bezug auf seine Person gehabt haben mochten, gegenüber den Meinungen und Einstellungen, die ihm an unserer Schule begegneten, an Bedeutung. Wie schon oben angedeutet, waren an der Schule weder Kinder noch Erwachsene von seinen Wahnvorstellungen besonders beunruhigt, noch lehnten sie ihn ihrethalben auf die Dauer ab. Aber dies allein hätte niemals genügt, um eine Änderung zu bewirken, wenn Einflüsse von außen weiterhin seine Vorstellungen genährt hätten, ihm werde nachspioniert oder er werde verfolgt. Die gesunde Einstellung der Gruppe gegenüber seinen Wahnvorstellungen, zusammen mit der festgefügten Lebensordnung an der Schule, verminderte den Einfluß von Außenstehenden auf ein Minimum und half Jack, seinen Wahn zu überwinden.

Das Beispiel der festgefügten Gruppe und ihrer Reaktion auf neurotische Abwehr ist ein starker Anreiz für das Individuum, sein eigenes neurotisches Verhalten zu ändern, wenn es einmal zu der Überzeugung gelangt ist, daß es mit dieser Gruppe leben muß und sich ihrem Einfluß auf die Dauer nicht entziehen kann. Es zwingt den einzelnen, ein natürliches Verhalten zu praktizieren, und selbst wenn er dies zunächst defensiv tut, gewissermaßen um sich »in die Gesellschaft« zu flüchten, erlaubt das an der Oberfläche normalere Verhalten eine bessere Realitätskontrolle, die ihrerseits zu einer wirklich besseren Gesundheit und zur Aufgabe neurotischer Abwehr führen kann.

Zum Beispiel fürchten sich viele Kinder, wenn sie neu an unsere Schule kommen, sehr davor, sich in Gegenwart anderer Kinder auszuziehen; der Grund dafür ist allerdings selten in ihrem Schamgefühl zu suchen. Gewöhnlich sind die Motive für das, was sie als Schamgefühl bezeichnen, ihre eigenen neurotischen Ängste. Entweder haben sie das Gefühl, mit ihrem Körper sei etwas nicht in Ordnung, besonders mit den Körperteilen, die ihre Eltern sie gelehrt haben, bedeckt zu halten, oder sie fürchten, ihre Nacktheit werde unbeherrschbare sexuelle Begierden in ihnen selbst oder in anderen erwecken; sie fürchten entweder, daß ihre Nacktheit als eine Aufforderung zu sexueller Aggression verstanden werden könnte oder daß das Nacktsein an sich sie veranlassen könnte, zum sexuellen Aggressor zu werden.

Aber, was auch die Ursache ihrer Furcht ist, sich zu zeigen, die Erfahrung, andere Kinder beim An- und Ausziehen mit relativer Freiheit zu Werke gehen zu sehen, stellt die schlechte Meinung des Kindes über das Aussehen seines eigenen Körpers (oder eigener Körperteile) in Frage, während die Erfahrung, daß seine Nacktheit sowohl die anderen als auch es selbst so viel weniger erregt, als es gehofft (oder gefürchtet) hatte, sich als äußerst beruhigend erweist.

Es wäre zu einfach, wollte man annehmen, daß lediglich der Anblick des anderen Verhaltens der Kinder den Neuankömmling veranlaßt, ihrem Beispiel zu folgen. Wenn ein Kind z. B. Minderwertigkeitsgefühle in bezug auf seine Sexualorgane hat, scheint der Vorgang so abzulaufen: Während das Kind seine eigenen Minderwertigkeitsgefühle genau kennt, zwingt es der Anblick dessen, was es als die Freiheit anderer deutet, bald, darüber nachzudenken, wie seltsam sie sich benehmen; zugleich tritt der Unterschied zwischen ihren Gefühlen und seinen eigenen dadurch plastischer hervor.

Die Überzeugung, daß sich die anderen seltsam benehmen, zwingt den Neuling, oft zum erstenmal, sein eigenes Verhalten als merkwürdig anzusehen. Sobald dieser Punkt erreicht ist, kann der nächste Schritt darin bestehen, daß der Neuling zu dem Schluß kommt, wenn sie sich so natürlich benehmen und ihm seltsam vorkommen, müsse er ihnen noch viel seltsamer vorkommen, da sie so ungezwungen sind, wo er gehemmt ist.

Zum erstenmal erscheint ihm die Nacktheit als etwas, das von anderen bei bestimmten Gelegenheiten als natürlich akzeptiert wird – das stellt wiederum seine früheren Ansichten und Ängste in Frage. In Wirklichkeit sind die anderen nicht ganz so ungehemmt, wie der Neuling glaubt – sie setzen nur ihre Ängste anders in Handlungen um –, und sie halten ihn auch nicht für so seltsam, wie er annimmt.

Natürlich würde Ungezwungenheit beim An- und Ausziehen bei nur dem einen oder anderen Kind niemals wirklich überzeugend wirken. Sie würden nur als »ungezogene« Kinder angesehen werden oder als Kinder, die es eben nicht besser wissen. Aber das Kind kann nicht so leicht die ungezwungene Verhaltensweise einer ganzen Gruppe als unerheblich abtun, die mit Selbstverständlichkeit und in Gegenwart eines Erwachsenen praktiziert wird, der mehr oder weniger als Elternfigur erlebt wird; dies ist eine Aufforderung zu ungezwungenerem Verhalten, die man nicht ganz und gar unbeachtet lassen kann.

Das ungehemmte Sich-Ausziehen vor anderen ist allerdings an sich noch keine Lösung, die die Ängste des Kindes beseitigt. Tatsächlich empfindet das Kind, das zuerst schamhaft ist und dann anfängt, sich ungezwungen vor anderen auszuziehen, noch größere Angst als vorher, als es aus Angst Teile seines Körpers verbergen wollte. Aber ohne dieses Wagnis könnte die Angst, die sich darin äußert, daß das Kind nicht wagt, sich vor anderen zu entblößen, sich niemals durch Realitätsprüfung auflösen, denn das »schamhafte« Kind würde nie Erfahrungen machen, die es eines Tages davon überzeugen könnten, daß sein Körper ebenso gut ist wie jeder andere und daß er bei anderen weder Abscheu noch irgendwelche bizarren sexuellen Wünsche erregt.

Es trifft zwar zu, daß die Herausforderung der Gruppe das Kind oft zu einem Verhalten zwingt, das zunächst mindestens ebenso asozial und unter Umständen mehr mit Angst beladen ist als irgendeine seiner früheren Abwehrreaktionen, z. B. dann, wenn es sich zur Schau stellt. Aber es wird bald möglich, seine Erfahrungen so zu planen, daß das neue und offenere Verhalten schließlich zur Auflösung von Gefühlen genitaler Minderwertigkeit führt, die ihren Ursprung in seiner geringen Meinung vom Aussehen seiner Sexualorgane haben, und dies kann wiederum zu einer vernünftigeren Ansicht von seinem eigenen Körper und von den Folgen seiner Selbstentblößung führen.

Nicht nur der Eindruck von der Freiheit anderer macht es dem Individuum möglich, selbst größere Freiheit zu wagen, sondern viel mehr noch das Gefühl der Sicherheit, das das Individuum in den Handlungen anderer spürt. Nicht die Tatsache ist so wichtig, daß die anderen Kinder sich ungezwungen benehmen, sondern vielmehr, daß sie sich sicher zu fühlen scheinen, während sie es tun.

Das Kind, das sich vor der Entblößung oder vor dem sexuellen

Gefühl fürchtet, das diese auslösen könnte, wird durch diesen allgemeinen Geist der Sicherheit veranlaßt, auch selbst zu wagen, sich ungezwungener zu benehmen. Dieses freiere Benehmen ist zwar noch furchtsam (weil es positives Verhalten und nicht nur ein Vermeiden von Handlungen ist), aber es ermöglicht schließlich die Realitätsprüfung, die dann ihre Chance bekommen kann, die Angst zu zerstreuen.

Dies alles setzt natürlich eine geschickte Handhabung der Situation durch den Erwachsenen voraus. Falls das Kind verspottet würde oder zuviel Interesse erregte, wenn es sich zum erstenmal vor anderen auszieht (oder auch bei späteren Gelegenheiten), würde ihm jeweils der Mut zu jeder weiteren Realitätsprüfung genommen; statt dessen würde es den Eindruck, den seine Genitalien hervorrufen, unter- oder überbewerten. Ähnlich kann, falls seine Selbstentblößung bei anderen sexuelle Aggressionen hervorruft, die Wirkung höchst schädlich sein. Es sind also nicht die offenkundigen Handlungen der Kinder, sondern es ist die Art, wie die festgefügte Gruppe beiläufig das Individuum ihre Sicherheit spüren läßt, was diese Gruppe zu einem Werkzeug der Therapie macht.

Die von der Gruppenzugehörigkeit hergeleitete Sicherheit ermöglicht es auch, daß ein Kind die Handlung eines anderen Kindes deutet. In der Zweiersituation würde ein Kind es sich vielleicht nicht erlauben, den Sinn zu erkennen oder zu benennen, den es hinter den Handlungen eines anderen Kindes spürt, weil es möglicherweise zuviel Angst vor Vergeltung hätte. Aber wenn es sich der Unterstützung durch die Gruppe sicher ist, kann das einzelne Kind sich den Mut leisten, Einsicht in die unbewußte Motivation eines anderen Kindes zu haben und dies auch zu äußern.

Eines Tages kam z. B. eine Gruppe von Jungen mit ihrer Betreuerin vom Strand zurück, als in einiger Entfernung ein Gewitter niederging. Die Kinder sahen die Blitze und konnten fernes Donnergrollen hören; darauf bekam Charles große Angst und fing an, mit den Zähnen zu knirschen. Je näher das Gewitter kam, desto stärker wurde das Zähneknirschen. Bob, ein anderer Junge aus der Gruppe, beschwerte sich zuerst bei Charles und dann bei der Betreuerin über die unangenehmen Geräusche, die Charles hervorbrachte. Aber Charles knirschte nur noch lauter und intensiver mit den Zähnen, bis Bob schließlich sagte: »Nur weil du Angst hast, brauchst du uns nicht die Köpfe abzubeißen«, worauf andere sich ihm mit ähnlichen Protesten anschlossen.

Da die Gruppe offensichtlich einige der Gefühle verstand, die sein Verhalten ausdrückte, leugnete Charles seine feindselige Wut nicht länger und gab zu, daß die Deutung richtig war. Er mußte außerdem erkennen, daß andere die Bedeutung dessen verstanden hatten, was er seiner Betreuerin gegenüber leichthin als eine harmlose »Gewohnheit« bezeichnet hatte. Aber Bob hatte das, was er gesagt hatte, hauptsächlich aus zwei Gründen sagen können: Erstens gehörte er einer festgefügten Gruppe an, und zweitens gab ihm die Gegenwart der Betreuerin das Gefühl, er sei vor jeder Gegenaggression, die von Charles zu erwarten war, geschützt, auch wenn er wußte, daß sie ziemlich heftig ausfallen konnte. Außerdem war das Zähneknirschen für Bob viel weniger bedrohlich, während die Gruppe anwesend war, als es gewesen wäre, wenn er sich Charles allein gegenüber gesehen hätte.

Diese Deutungen durch Gruppenmitglieder kommen unter verschiedenen Umständen vor. Oft verdanken wir unsere besten Einsichten in die Bedeutung des seltsamen Verhaltens eines Kindes den Bemerkungen eines anderen Kindes.

Charles' Leidenschaft für Lokomotiven ist [...] ausführlich besprochen worden. Aber darauf, daß er sich mit der blinden und zerstörerischen Kraft einer Dampflokomotive identifizierte, wurde unsere Aufmerksamkeit zum erstenmal gelenkt, als er eines Tages gerade wieder einmal einen anderen Jungen »angefahren« hatte. Wir hatten ihn das schon früher tun sehen und hatten es als einen Ausdruck seiner heftigen Aggressionen betrachtet. Aber diesmal rief das Opfer aus: »Da kommt wieder die Dampflokomotive und überfährt mich!«

Auf unsere Fragen stellte sich dann heraus, daß Charles sich vorstellte, er fahre auf Schienen und überfahre alle Dinge und Menschen, die sich seinem Vorfahrtsrecht in den Weg stellten. Aber die Tatsache, daß von nun an die anderen Kinder sein Verhalten verstanden, machte es für Charles sinnlos, seine Phantasien geheimzuhalten, wie er es bisher getan hatte. Sobald er sie offen eingestanden hatte, sobald sein Verhalten verstanden wurde und deshalb für seine Spielkameraden kein Grund mehr war, irrationale Angst zu empfinden, konnten andere Kinder sich an dem Spiel beteiligen.

Auch hier ist es wieder das enge Beieinander des Lebens an unserer Schule, das derartige Deutungen anderer Kinder in der Behandlung des Kindes fruchtbar werden läßt. Wenn Charles hätte glauben können, es gebe immer noch ein paar Kinder, die noch nicht hinter die geheime Bedeutung seines Spiels gekommen seien, hätte er diese Bedeutung weiterhin geheimgehalten, oder er hätte sich mit einer anderen Gruppe von Kindern zusammengetan. Aber an der Schule mußte Charles sich mit der Tatsache abfinden, daß alle Kinder, mit denen er spielen konnte oder (was ihm im Augenblick noch wichtiger war) die zu Opfern seiner Aggressionen werden konnten, nun verstanden, welcher Art die Phantasien waren, die er ausagierte, wenn er mit ihnen zusammenstieß.

Nach diesem Ereignis wurde das, was lange ein isolierendes, asoziales Verhalten gewesen war (und was es für immer hätte bleiben können), durch die Deutung eines anderen Kindes und mit Hilfe der Betreuer in ein sozialisierendes Spiel verwandelt, das Charles aus seiner Isolierung herauslockte und das seine Feindseligkeit gegen die Welt herabsetzte.

Die Kinder pflegen die Handlungen oder Gefühle eines anderen Kindes nicht nur einander zu deuten, sondern auch einer Betreuerin (oder einem Betreuer), der (dem) sie vertrauen. Auf diese Weise pflegen die Mitglieder einer kohärenten Gruppe oft dem Kind sein eigenes Verhalten auf die unaufdringlichste Art zu erklären, indem sie so tun, als erklärten sie es dem Erwachsenen (oder indem sie es tatsächlich dem Erwachsenen erklären wollen).

Bert, der noch relativ neu war, stellte eines Tages die Betreuerin und die Gruppe auf die Probe, indem er versuchte, Hank zu ärgern. Zuerst stellte er seinen Fuß auf den Tisch, an dem Hank zu spielen versuchte, bis Hank sich entfernte. Aber Bert folgte ihm und setzte wieder seinen Fuß auf den Tisch, um Hank an der Fortsetzung dessen zu hindern, womit er gerade beschäftigt war. Daraufhin nahm die Betreuerin Berts Fuß und stellte ihn sanft aber entschieden auf den Fußboden.

Bert saß eine Weile ruhig da, dann fing er an zu weinen. Er verbarg seinen Kopf unter dem Tisch, als hoffte er, so werde ihn niemand weinen sehen; er versuchte sich von der Gruppe abzusondern. Die Betreuerin fragte ihn, ob sie ihm am Fuß wehgetan habe, aber Bert schüttelte den Kof und weinte hoffnungslos weiter. In diesem Augenblick ergriff Ralph das Wort und sagte: »Natürlich hast du nicht seinem Fuß wehgetan, Gayle. Du hast seine Gefühle verletzt.« Nun fing Bert, der insgeheim geweint hatte, offen zu weinen an; er hob den Kopf und sah die Mitglieder der Gruppe an, deren Verständnis und Unterstützung er nun zu spüren schien.

Während er die vorherigen Versuche der Betreuerin, ihn zu trösten, hatte abweisen müssen, konnte er nun selbst sehen, daß die Gruppe seine Gefühle verstand und respektierte (obwohl er in Wirklichkeit der Aggressor gewesen war), und er war nun bereit, ihren Trost zu akzeptieren. Bald darauf hörte er auf zu weinen und rollte sich auf dem Schoß der Betreuerin zusammen, und kurz danach beteiligte er sich als Mitglied der Gruppe am Spiel der Kinder.

Dieses letzte Beispiel zeigt die Interaktion zwischen der direkten Hilfe, die das Kind von der Gruppe bekommen kann, und der indirekten Hilfe der Betreuerin. Bei einer derartigen Interaktion ist es oft wichtig, daß der Erwachsene (der Betreuer) eine Haltung einnimmt, die auf die Realität der Situation bezogen ist, wie z. B. die, daß er ein Kind daran hindert, ein anderes zu ärgern. Es ist die Aufgabe des Erwachsenen, den Kindern die Welt zu erklären und ihnen zu helfen, die Welt zu verstehen, während die Anwendung dieses neuen Verständnisses auf die emotionalen Probleme des Kindes am besten durch dieses selbst oder durch andere Kinder vollzogen wird, die ihm im Alter näher stehen und es besser auf seinem eigenen Niveau interpretieren können. Dies macht die Anwendung jedes neugewonnenen Verständnisses seiner psychischen Probleme für das Kind weniger bedrohlich und deshalb auch annehmbarer. In diesem Zusammenhang möchte ich noch einmal betonen, daß alle schwer gestörten Kinder mit der Welt der Erwachsenen weit stärker auf dem Kriegsfuß stehen als mit der Welt anderer Kinder.

Wenn die Kinder die Erklärung eines Erwachsenen aufnehmen

und diskutieren, ist sie nicht mehr etwas, das der Erwachsene aus unbekannten und möglicherweise selbstsüchtigen Gründen dem Kind aufdrängen will, sondern etwas, das es selbst hätte herausfinden können (oder selbst herausgefunden hat). Auf diese Weise bleibt das neue Verständnis nicht etwas Äußerliches, Ich-fremdes, sondern es wird zum Bestandteil der Anschauung des Kindes von der Welt und von sich selbst. Zwei Beispiele mögen dies veranschaulichen.

George wurde eines Tages sehr wütend, weil einige der Kinder seine gehässigen Bemerkungen recht kritisch aufnahmen. An Stelle einer Antwort kündigte er an, er wolle allein einen Spaziergang machen. Im allgemeinen hindern wir die Kinder nicht daran, sich zu isolieren, wenn sie sich in der Gruppe unbehaglich fühlen; aber in diesem Fall hatte die Betreuerin das Gefühl, es würde George nicht zum Vorteil gereichen, wenn man ihn die anderen Kinder ärgern ließe und ihm dann erlaubte, wegzulaufen, so daß er den Folgen seiner Feindschaft ausweichen könne. Sie meinte, er sei mittlerweile in seiner Entwicklung weit genug fortgeschritten, um darauf verzichten zu können, aufs Geratewohl Feindseligkeit gegen andere zu äußern, ohne ihre Haltung ihm gegenüber zu berücksichtigen, die in diesem Fall sehr freundlich gewesen war. Aber George bestand auf seinem Vorhaben und sagte großsprecherisch, er gehe fort und er wünsche nicht durch das belästigt zu werden, was andere Kinder über seine Bemerkungen dächten. Er fügte hinzu, es sei ihm auch gleichgültig, was die Betreuerin von seinen Bemerkungen halte, worauf sie die Achseln zuckte.

Aber nun übernahm Paul, einer der anderen Jungen, die Gesprächsführung und sagte: »Daß du weggehen und einen Spaziergang machen willst, ist genauso wie bei einem Mann, der trinkt. Weißt du, manche Leute betrinken sich, wenn sie 'ne Menge Schwierigkeiten haben, und glauben, sie würden sie auf diese Weise vergessen. Und dann legen sie sich hin und schlafen ihren Rausch aus, aber wenn sie wieder aufwachen, stellen sie fest, daß sie immer noch die gleichen Schwierigkeiten haben und sie nicht losgeworden sind. Es ist genau das gleiche, wenn du jetzt einen Spaziergang machen willst.«

Pauls vernünftige Einstellung veränderte für George die ganze

Situation. Sie gab ihm zu denken, und er fing an sich zu fragen, ob sein Versuch, immer jeder Auseinandersetzung auszuweichen, indem er einfach allein fortging, wirklich so eine gute Methode sei, mit der Realität fertig zu werden.

Auf ganz andere Art erwies sich die Haltung der Gruppe als Hilfe für Morton, als seine Angst ihn daran hinderte, das Weltgeschehen im richtigen Maßstab zu sehen. Morton benützte, wie viele andere Kinder, Zeitungsartikel ebenso wie Comics und das, was er als »unheimliche Filme« bezeichnete, als zusätzliches Phantasiematerial für seine Ängste. Er benützte sie auch, um gemäß seinen eigenen neurotischen Bedürfnissen in anderen Kindern Angst zu wecken.

Zur Berichtszeit waren die Zeitungen voll von der Gefahr eines nahe bevorstehenden Krieges mit Rußland, und Morton nützte die Schlagzeile: »Die USA planen den Krieg, sagen die Russen«, um aufgeregt von einem Kind zum anderen zu laufen und ihnen zu erzählen, es werde Krieg geben. Seine Betreuerin nahm dieses Verhalten zum Anlaß, ihm noch einmal Sinn und Zweck von Zeitungsschlagzeilen zu erklären, und auch den Umstand, daß er die Schlagzeile mißbrauche, ohne den Artikel und die Tatsachen näher zu untersuchen.

Einige der Kinder beteiligten sich an der Diskussion und sagten, sie wünschten, man würde den Zeitungen nicht erlauben, solche Schlagzeilen zu drucken. Die Betreuerin ging darauf ein, um noch einmal mit der Gruppe zu erörtern, daß zwar jeder das Recht hat, seine Meinung zu sagen, daß man sie aber nicht einfach nur akzeptieren, sondern sie untersuchen und über sie reden solle, besonders über das, was einen selbst angehe oder einem erschreckend vorkomme. Am Beispiel der Schlagzeile zeigte sie den Kindern, wie leicht andere angegriffen werden können und wie schnell ein Streit entstehen kann, wenn man Meinungen für Tatsachen nimmt – und wie wenig man tun kann, wenn über die vorhandene Wut oder Angst nicht gesprochen wird. Dann wies sie darauf hin, wie eine bestimmte Behauptung über die Zukunft – weil sie als Tatsache und nicht als Meinung präsentiert wurde – große und ungerechtfertigte Angst und vielleicht sogar Aggression ausgelöst habe.

Das erregte das Interesse jener Kinder, die dazu neigten, ihre Furcht vor möglichen Aggressionen anderer als Tatsache hinzustellen und dann die »Tatsache« dazu benützten, Aggressionen oder asoziales Sich-Zurückziehen ihrerseits zu rechtfertigen.

Als Ergebnis dieses Gesprächs nahm die Gruppe das Angebot der Betreuerin an, den Jungen beim richtigeren Zeitunglesen zu helfen und Meinungen von Tatsachen unterscheiden zu lernen. Daraufhin lieferte Morton, der erregbar und paranoid war, spontan ein Beispiel, wie eine Schlagzeile, die er an einem Zeitungskiosk gesehen hatte, ihn verwirrt hatte. Diese habe gelautet: »Mr. Bennett tot im Zimmer aufgefunden.« Und er lachte ängstlich und versuchte, die anderen anzustecken. Aber sie sagten: »Wer ist denn dieser Mr. Bennett?« und »Sie reden von Leuten, die man nicht einmal kennt, und so kriegen sie einen dazu, daß man die Zeitung kauft. Das ist genauso wie unheimliche Comics.«

Die Betreuerin sagte zu den Jungen, es sei zwar wahr, daß manche Zeitungen auf diese Weise versuchen, ihren Umsatz zu erhöhen, aber es gebe auch andere, dic nur die Tatsachen drucken und den Leuten die Möglichkeit geben, selbständig zu denken. Sie erzählte ihnen, daß die Mitarbeiter vor einigen Tagen gerade beschlossen hätten, ein paar Zeitungen wie »The New York Times« (Sonntagsausgabe) zu bestellen, so daß die Kinder sie haben und selbst sehen könnten, daß es Zeitungen gibt, die ohne unzuverlässige Meinungen und reißerische Schlagzeilen über Verbrechen auskommen können. Die Kinder, besonders Morton, hörten mit Interesse, daß wir bei Mitarbeiterkonferenzen über solche Dinge sprechen.

Am nächsten Tag legte die Betreuerin eine Lokalzeitung auf den Tisch, bevor die Gruppe den Schlafraum betrat. Die Jungen sahen sie durch und stellten fest, daß die drei ersten Seiten von Mord- und Scheidungsgeschichten beansprucht wurden, die alle von Leuten handelten, die sie nicht kannten. Sie sprachen unter sich darüber und entschieden, da keiner von ihnen die Leute kenne, von denen in der Zeitung die Rede war, gingen die Geschichten sie (die Jungen) wohl wirklich nichts an.

Dies war das erstemal, daß Morton eine Zeitung ansehen konnte, ohne Angst zu bekommen und ohne das Gefühl zu haben, jeder Mordbericht, den er las, könnte etwas mit ihm oder mit seiner Familie zu tun haben. Er wiederholte sich mehrmals, er kenne niemand von den Leuten, über die die Zeitung berichte; sie bedeuteten ihm überhaupt nichts. Er hatte zwar die Wahrheit seiner eigenen Aussagen noch nicht ganz akzeptiert, aber er dachte ernsthaft über sie nach, weil ihm die Zweifel, ob alle erschreckenden Neuigkeiten etwas mit ihm zu tun hätten, bei der Besprechung dieses Themas mit anderen Kindern gekommen waren, und nicht nur, weil ein Erwachsener eine bestimmte Meinung vertreten hatte. [...]

VII. SEIN UND NICHT-SEIN

Psychotherapie in der Psychiatrie

RONALD D. LAING

Das geteilte Selbst

[...] Ein Mensch kann das Gefühl seiner Präsenz in der Welt haben als eine reale, lebendige, ganze und, in einem temporalen Sinn, kontinuierliche Person. Als solche kann er in der Welt leben und andere treffen: eine Welt und andere, die als gleichermaßen real, lebendig, ganz und kontinuierlich erfahren werden.

Solch eine fundamental ontologisch sichere Person wird allen Zufällen des Lebens – sozialen, ethischen, geistigen, biologischen – begegnen mit einem zentralen, unveränderlichen Gefühl von der eigenen Realität und Identität und der anderer. Es ist oft schwierig für eine Person mit solchen Gefühlen der integrierten Selbstheit und personalen Identität, der Permanenz der Dinge, der Reliabilität von Naturprozessen, der Substantialität von Naturprozessen, der Substantialität von anderen, sich in die Welt eines Individuums zu versetzen, dessen Erfahrungen es an jeglicher unstreitigen selbstbestätigenden Gewißheit fehlt.

Diese Studie befaßt sich mit den Problemen, die dort involviert sind, wo die Gewißheiten, die sich aus einer existentiellen Position der, wie ich sie nennen werde, *primären ontologischen* Sicherheit ableiten, teilweise oder beinahe ganz fehlen: mit Ängsten und Gefahren, die, wie ich meine, *nur* aus einer *primären ontologischen* Unsicherheit heraus entstehen; und mit den darauffolgenden Versuchen, mit solchen Ängsten und Gefahren fertig zu werden.

Der Literaturkritiker Lionel Trilling zeigt den Kontrast auf, den ich zwischen einer *fundamentalen existentiellen Position der ontologischen Sicherheit* und der einer *ontologischen Unsicherheit* feststellen möchte, sehr deutlich bei einem Vergleich der Welten William Shakespeares und John Keats' auf der einen Seite und Franz Kafkas auf der anderen:

»... für Keats existierte die Bewußtheit vom Bösen Seite an Seite mit einem sehr starken Gefühl von personaler Identität und ist darum weniger unmittelbar erkennbar. Einigen zeitgenössischen Lesern wird sie aus dem gleichen Grund weniger intensiv erscheinen. Genauso mag es den zeitgenössischen Lesern scheinen, daß bei einem Vergleich Shakespeare – Kafka, wenn wir beide nur als Darsteller des menschlichen Leidens und kosmischer Entfremdung betrachten, ohne den Grad der Genialität eines jeden zu berücksichtigen, Kafka derjenige ist, der die intensivste und vollständigste Ausführung gibt. Und das Urteil ist vielleicht tatsächlich korrekt, eben darum, weil für Kafka dem Gefühl vom Bösen kein Gefühl von personaler Identität gegenübergestellt ist. Shakespeares Welt ist, ungefähr wie die Kafkas, die Gefängniszelle, die nach Pascal die Welt ist und aus der täglich die Insassen zur Hinrichtung hinausgeführt werden; Shakespeare zwingt uns genau wie Kafka die grausamen Irrationalitäten menschlicher Lebensbedingungen auf, die Geschichte, von einem Idioten erzählt, die kindischen Götter, die uns nicht zur Strafe foltern, sondern zu ihrem Ergötzen; und genau wie Kafka empört sich Shakespeare über den Gestank dieses Weltgefängnisses, nichts ist charakteristischer für ihn als diese bildhafte Schilderung des Abscheus. Aber in Shakespeares Zelle befindet man sich in viel besserer Gesellschaft als in der Kafkas. Shakespeares Kapitäne und Könige und Liebhaber und Clowns sind lebendig und heil, bevor sie sterben. In Kafkas Zelle ist dem Angeklagten, lange bevor die Strafe vollzogen wird, sogar lange bevor der bösartige Gerichtsprozeß überhaupt in Gang kommt, Furchtbares angetan worden. Wir alle wissen, was das ist – man hat von ihm alles das weggerissen, was einen Menschen ausmacht, außer seiner abstrakten Menschlichkeit, die wie ein Skelett niemals ganz zu einem Menschen werden kann. Er ist ohne Eltern, Heimat, Frau, Kind, Verpflichtungen oder Verlangen; er hat keine Verbindung mit Macht, Schönheit, Liebe, Witz, Mut, Loyalität oder Ruhm, auch keinen Stolz, den man über diese Dinge empfinden kann. Wir können darum sagen, daß Kafkas Kenntnis des Bösen ohne die gegenteilige Kenntnis des Selbst in seiner Gesundheit und Gültigkeit existiert, daß Shakespeares Kenntnis des Bösen mit diesem Widerspruch existiert, wie er stärker nicht möglich ist.«

Wir finden, wie Trilling dargelegt hat, daß Shakespeare Charaktere zeichnet, die sich offensichtlich als real und lebendig und heil erfahren, auch wenn sie von Zweifeln geplagt und von Konflikten zerrissen werden. Bei Kafka ist das nicht so. In der Tat scheint das Bemühen mitzuteilen, wie ein solches Leben ohne solche Sicherungen aussieht, das Werk einer Anzahl von Schriftstellern und Künstlern unserer Zeit zu charakterisieren. Leben, ohne sich lebendig zu fühlen.

Mit Samuel Beckett zum Beispiel betritt man eine Welt, in der es kein gegenpoliges Gefühl des Selbst in seiner »Gesundheit und Verläßlichkeit« gibt, um die Verzweiflung, die ständige Angst und die Langeweile der Existenz zu mildern. Auf soche Weise sind die beiden Tramps, die auf Godot warten, verdammt zu leben:

»Estragon: Wir finden doch immer was, um uns einzureden, daß wir existieren, nicht wahr, Didi?

Wladimir (ungeduldig): Ja, ja, wir sind Zauberer. Aber wir sollten uns nicht von unserem Entschluß abbringen lassen.«

In der Malerei scheint Francis Bacon neben anderen ähnliche Probleme zu behandeln. Allgemein ist es klar, daß das, was hier von klinischem Standpunkt aus diskutiert werden soll, nur eine kleine Probe von dem ist, worin menschliche Natur tief verflochten ist und zu dessen Verstehen wir nur Bruchstücke beisteuern können.

Um am Anfang anzufangen: Die biologische Geburt ist ein definitiver Akt, durch den der kindliche Organismus jäh in die Welt gestürzt wird. Da ist er, ein neuer Säugling, eine neue biologische Entität, schon mit seiner Eigenart, real und lebendig, von unserem Standpunkt aus zumindest. Aber was ist mit dem Standpunkt des Säuglings? Unter gewöhnlichen Umständen leitet die physische Geburt eines neuen lebenden Organismus schnell aufeinander folgende Prozesse ein, durch die innerhalb erstaunlich kurzer Zeit der Säugling sich real und lebendig *fühlt* und ein *Gefühl* hat, eine Entität zu sein mit Kontinuität in Zeit und einer Lokalisation im Raum. In kurzer Zeit folgt auf physische Geburt und biologisches Lebendigsein die existentielle Geburt des Säuglings als real und lebendig. Gewöhnlich wird diese Entwicklung als selbstverständlich hingenommen und gewährt die Gewißheit, von der alle anderen Gewißheiten abhängen. Das heißt, Erwachsene sehen nicht nur Kinder als reale, biologisch lebensfähige Entitäten an, sondern sie erfahren auch sich selbst als ganze Personen, die real und lebendig sind, und verbunden damit erfahren sie andere menschliche Wesen als real und lebendig. Das sind selbstbestätigende Daten der Erfahrung.

Das Individuum kann also sein eigenes Sein als real, lebendig, ganz erfahren; als, unter normalen Bedingungen, so sehr verschieden vom Rest der Welt, daß seine Identität und Autonomie niemals in Frage gestellt werden; als ein Kontinuum in Zeit; als innere Konsistenz, Substantialität, Wahrheit und Wert habend; als räumlich gleich mit dem Körper; und gewöhnlich beginnend mit der Geburt oder um die Geburt herum und der Vernichtung durch den Tod unterworfen. Das Individuum hat so einen festen Kern ontologischer Sicherheit.

Das kann aber auch anders sein. Das Individuum mag sich unter normalen Lebensbedingungen eher irreal als real fühlen; buchstäblich eher tot als lebend; vom Rest der Welt unbestimmt differenziert, so daß seine Identität und Autonomie immer in Frage gestellt sind. Vielleicht fehlt ihm die Erfahrung der eigenen temporalen Kontinuität. Vielleicht besitzt es kein sich über alles hinwegsetzendes Gefühl personaler Konsistenz oder Kohäsion. Vielleicht fühlt es sich eher körperlos als substantiell und außerstande anzunehmen, daß das Zeug, aus dem es gemacht ist, wahr, gut und wertvoll ist. Und es kann sein Selbst als teilweise getrennt von seinem Körper empfinden.

Natürlich ist es unvermeidbar, daß ein Individuum, dessen Erfahrung von sich selbst so ist, nicht mehr in einer »sicheren« Welt leben kann, als es in sich selbst sicher sein kann. Die ganze »Physiognomie« seiner Welt wird entsprechend verschieden von der des Individuums sein, dessen Gefühl vom Selbst sicher in seiner Gesundheit und Validität begründet ist. Wir werden sehen, daß das In-Beziehung-Sein zu anderen Personen eine radikal verschiedene Signifikanz und Funktion hat. Vorwegnehmend können wir sagen, daß für das Individuum, dessen eigenes Sein in diesem primären Erfahrungsgefühl sicher ist, das Verbundensein mit anderen potentiell belohnend ist, während die ontologisch unsichere Person überwiegend davon in Anspruch genommen ist, sich selbst zu bewahren, anstatt sich zu belohnen. Die gewöhnlichen Lebensumstände bedrohen ihre *niedrige Sicherheitsschwelle*.

Wenn eine Position der primären ontologischen Sicherheit erreicht wurde, stellen die gewöhnlichen Lebensumstände keine fortwährende Bedrohung der eigenen Existenz dar. Wenn eine solche Lebensgrundlage nicht erreicht wurde, bilden die gewöhnlichen Situationen des tagtäglichen Lebens eine kontinuierliche und tödliche Bedrohung.

Nur wenn man sich das klar macht, ist es möglich zu verstehen, wie bestimmte Psychosen sich entwickeln können.

Wenn das Individuum das Realsein, das Lebendigsein, die Autonomie und Identität von sich selbst und anderen nicht als selbstverständlich annehmen kann, dann muß es ständig Wege finden, um zu versuchen, real zu sein, sich oder andere lebend zu halten, seine Identität zu erhalten, alles in dem Bemühen zu verhindern, wie es das oft ausdrückt, sein Selbst zu verlieren. Was für die meisten Leute alltägliche Geschehnisse sind, die wegen ihrer Bedeutungslosigkeit kaum beachtet werden, kann immense Bedeutung gewinnen, da sie entweder zur Aufrechterhaltung des individuellen Seins beitragen oder es mit Nicht-Sein bedrohen. Ein solches Individuum, für das die Weltelemente eine Bedeutungshierarchie bekommen oder bekommen haben, die von der der gewöhnlichen Person verschieden ist, fängt an, wie wir sagen, »in seiner eigenen Welt zu leben oder lebt schon darin. Es ist aber nicht richtig, ohne Einschränkung zu behaupten, daß es »den Kontakt« zur Realität verliert und sich in sich selbst zurückzieht. Äußere Ereignisse berühren es nicht länger in der Weise, wie sie andere berühren; sie berühren es aber nicht weniger; im Gegenteil, häufig berühren sie es sehr viel mehr. Es ist oft nicht so, daß es »indifferent« wird und anfängt, sich zurückzuziehen. Allerdings kann es sein, daß die Welt seiner Erfahrung zu einer Welt wird, die es nicht länger mit anderen Leuten teilen kann.

Aber bevor diese Entwicklungen untersucht werden, wird es nützlich sein, unter drei Überschriften drei Formen der Angst zu charakterisieren, die der ontologisch unsicheren Person begegnen: Angst vor dem Verschlungenwerden, vor Implosion, vor Petrifikation.

Verschlungenwerden

Zwei Patienten diskutierten während einer analytischen Gruppensitzung miteinander. Plötzlich brach einer der Protagonisten die Diskussion ab, indem er sagte: »Ich kann nicht weitermachen. Sie argumentieren, um über mich triumphieren zu können. Bestenfalls können Ihre Argumente anerkannt werden, schlimmstenfalls werden sie verworfen. *Ich aber argumentiere, um meine Existenz zu bewahren.*«

Dieser Patient war ein junger Mann, den ich für gesund halten würde, aber, wie er sagte, hatte seine Aktivität in der Diskussion wie in seinem restlichen Leben nicht den Zweck, ihm Befriedigung zu verschaffen, sondern »seine Existenz zu bewahren«. Nun könnte man sagen, daß er, wenn er sich wirklich einbildet, durch das Aufgeben eines Arguments seine Existenz zu gefährden, »ziemlich außerhalb der Realität« und im Grunde genommen psychotisch war. Aber so weicht man einfach dem wahren Sachverhalt aus, ohne etwas zum Verstehen des Patienten beizutragen. Es ist allerdings wichtig zu wissen, daß, unterzöge man diesen Patienten einer Art psychiatrischer Befragung, wie sie in vielen psychiatrischen Lehrbüchern empfohlen wird, sein Verhalten und seine Redeweise innerhalb von zehn Minuten »Zeichen« einer Psychose aufzeigen würden. Es ist ziemlich einfach, solche »Symptome« bei einer Person zu evozieren, deren Schwelle fundamentaler Sicherheit so niedrig ist, daß praktisch jede Beziehung mit einer anderen Person, so vage oder so »harmlos« sie auch sein mag, sie zu überwältigen droht.

Ein starkes Gefühl eigener autonomer Identität ist nötig, damit man als ein menschliches Sein zu dem anderen in Beziehung sein kann. Sonst bedroht jede Beziehung das Individuum mit dem Verlust der Identität. Eine Form dieses Verlustes kann Verschlungenwerden genannt werden. Hierbei fürchtet das Individuum Bezogenheit als solche mit allem und jedem oder sogar mit sich selbst, weil die Unsicherheit über die Stabilität seiner Autonomie es in jeder Beziehung ständig den Verlust seiner Identität und Autonomie befürchten läßt. Das Verschlungenwerden wird nicht einfach vorgestellt als etwas, das unabänderlich geschehen muß, wohl oder übel trotz der aktivsten Bemühungen des Individuums, es zu vermeiden. Das Individuum erfährt sich als einen Menschen, der sich vor dem Ertrinken nur retten kann durch die konstanteste, rastloseste, verzweifeltste Aktivität. Man vermutet das Risiko des Verschlungenwerdens im Verstandenwerden (und so im Begriffen- und Bejahtwerden), im Geliebtwerden oder einfach im Gesehenwerden. Gehaßtwerden kann man aus anderen Gründen fürchten, aber einfach nur gehaßt zu werden, ist oft weniger beeinträchtigend, als zerstört zu werden durch ein, so wird es oft empfunden, Einverleibtwerden durch Liebe.

Das Hauptmanöver, um Identität unter der ständigen Bedrohung des Verschlungenwerdens zu bewahren, ist Isolation. So tritt an die Stelle der auf individueller Autonomie beruhenden Polaritäten des Getrenntseins und des Bezogenseins die Antithese zwischen vollständigem Verlust des Seins durch Absorption in der anderen Person (Verschlungenwerden) und vollständigem Alleinsein (Isolation). Es gibt hier nicht die sichere dritte Möglichkeit einer dialektischen Beziehung zwischen zwei Personen, die ihrer selbst sicher sind und auf dieser Basis sich im anderen »verlieren« können. So eine Verschmelzung des Seins kann sich auf »authentische« Weise nur ereignen, wenn die Individuen ihrer selbst sicher sind. Wenn ein Mensch sich selbst haßt, möchte er sich vielleicht im anderen verlieren: dann ist das Verschlungenwerden vom anderen eine Flucht vor sich selbst. Im vorliegenden Fall ist das eine allzu gegenwärtige Möglichkeit, die gefürchtet werden muß. Es wird später gezeigt, daß das, was in einem bestimmten Augenblick am meisten gefürchtet und am eifrigsten vermieden wird, sich transformieren kann zu dem, was am meisten begehrt wird.

Diese Angst ist verantwortlich zu machen für eine Form der sogenannten »negativen therapeutischen Reaktion« auf eine offensichtlich korrekte Interpretation in der Psychotherapie. Korrekt verstanden zu werden, bedeutet verschlungen zu werden, eingeschlossen zu werden, verschluckt, ertränkt, aufgegessen, unterdrückt, erstickt zu werden in oder durch das angeblich allumfassende Verständnis einer anderen Person. Es macht einsam und ist schmerzvoll, immer mißverstanden zu werden, aber zumindest bietet Isolation von diesem Standpunkt aus ein gewisses Maß an Sicherheit.

Die Liebe des anderen wird darum mehr gefürchtet als sein Haß oder, anders ausgedrückt, jede Liebe wird als eine Version des Hasses empfunden. Durch Geliebtwerden wird man ungewollt verpflichtet. Das letzte, was für eine solche Person in der Therapie einen Sinn hat, ist die Vortäuschung von mehr »Liebe« und »Anteilnahme«, als man hat. Je mehr die eigenen, notwendigerweise komplexen Motive des Therapeuten, einer solchen Person zu »helfen«, hinauslaufen auf eine Anteilnahme, die sie »sein« läßt und nicht in der Tat verschlingend oder nur indifferent ist, um so mehr besteht Aussicht auf Hoffnung.

Es gibt viele Bilder, mit denen man ähnliche Arten der Identitätsbedrohung beschrieben hat und die hier erwähnt werden können, alle im Zusammenhang mit der Furcht des Verschlungenwerdens, zum Beispiel begraben werden, ertränkt werden, gefangen werden und langsam im Morast versinken. Das Bild des Feuers kommt wiederholt vor. Vielleicht meint Feuer das ungewisse Flakkern des eigenen inneren Lebendigseins des Individuums. Vielleicht ist es eine zerstörende fremde Macht, die es verwüsten wird. Einige Psychotiker sagen in akuten Phasen, daß sie in Flammen stehen, daß ihre Körper verbrennen. Ein Patient beschreibt sich als kalt und verdorrt, dennoch fürchtet er jede Wärme oder Nässe. Er wird vom Feuer oder vom Wasser verschlungen werden und in beiden Fällen zerstört werden.

Implosion

Das ist das stärkste Wort, das ich für die extreme Form dessen, was Donald Winnicott das »Eindringen« der Realität nannte, finden kann. Das Wort »eindringen« vermittelt jedoch nicht den ganzen Schrecken, die Welt als etwas zu erfahren, das jeden Moment einstürzen kann und jede Identität vernichtet wie Gas, das in ein Vakuum einströmt. Das Individuum fühlt, daß es leer ist wie das Vakuum. Aber diese Leere ist es selbst. Obwohl es andererseits ersehnt, daß diese Leere gefüllt werde, fürchtet es die Möglichkeit, daß dies passieren könnte, weil es zu fühlen begonnen hat, daß alles, was es je sein kann, dieses fürchterliche Nichts eben dieses Vakuums ist. Jeder »Kontakt« mit Realität an sich wird dann erfahren als eine furchtbare Drohung, weil Realität, wie sie von dieser Position aus erfahren wird, notwendigerweise *implosiv* ist und so, wie es das Bezogensein für das Verschlungenwerden ist, in sich selbst eine Bedrohung der Identität ist, die das Individuum fähig ist, als die seine zu akzeptieren.

Realität als solche, Verschlungenwerden oder Implosion androhend, ist der Verfolger.

Tatsache ist, daß wir alle nur zwei oder drei Grad Fahrenheit von Erfahrungen dieser Art entfernt sind. Nur ein leichtes Fieber, und die ganze Welt kann plötzlich einen beängstigenden und bedrohlichen Aspekt bekommen.

Petrifikation und Depersonalisation

Durch den Gebrauch des Begriffs »Petrifikation« lassen sich eine Anzahl von Bedeutungen auswerten, die in diesem Wort stecken:

1. Eine besondere Form des Schreckens, durch die man petrifiziert, das heißt zu Stein verwandelt wird.
2. Furcht, daß das passiert: die Furcht vor der Möglichkeit, sich zu verwandeln oder verwandelt zu werden von einer lebenden Person in ein totes Ding, in einen Stein, in einen Roboter, einen Automaten ohne personale Autonomie der Aktion, in ein *Es* ohne Subjektivität.
3. Der »magische« Akt, durch den man versuchen kann, jemand anderen in Stein zu verwandeln, indem man ihn petrifiziert und, weiter ausgedehnt, der Akt, durch den man die Autonomie der anderen Person negiert, ihre Gefühle ignoriert, sie als Ding betrachtet, das Leben in ihr tötet. In diesem Sinn ist es vielleicht besser zu sagen, man depersonalisiert oder materialisiert sie. Man behandelt sie nicht als Person, als einen frei Handelnden, sondern als ein »Es«.

Depersonalisation ist eine Technik, die überall dann als Mittel zur Behandlung eines anderen verwendet wird, wenn dieser zu langweilig oder zu störend wird. Man erlaubt sich nicht länger, auf seine Gefühle zu reagieren, und vielleicht ist man bereit, ihn so zu behandeln und anzusehen, als ob er keine Gefühle habe. Die Menschen, von denen hier die Rede ist, neigen dazu, sich mehr oder weniger depersonalisiert zu fühlen und dazu, andere zu depersonalisieren, und sie haben fortwährend Angst, vom anderen depersonalisiert zu werden. Der Akt, jemanden zu einem Ding zu machen, ist *für diesen* tatsächlich versteinernd. Sich als ein »Es« behandelt zu sehen, läßt seine eigene Subjektivität von ihm abfließen wie Blut aus dem Gesicht. Im Grunde braucht er von dem andern konstante Bestätigung seiner eigenen Existenz als Person.

Teilweise Depersonalisation anderer wird im tagtäglichen Leben extensiv praktiziert und als normal, wenn nicht sogar als höchst wünschenswert betrachtet. Viele Beziehungen basieren auf einer teilweise depersonalisierenden Tendenz insofern, als man den anderen nicht entsprechend irgendeiner Bewußtheit, wer oder was er als Person sein mag, behandelt, sondern im Prinzip als einen androiden Roboter, der seine Rolle spielt innerhalb einer großen Maschine, in der man vielleicht auch agiert, jedoch in einer anderen Rolle.

Gewöhnlich hält man, wenn auch nicht an der Realität, so doch an der Illusion fest, daß es eine begrenzte Sphäre gibt, in der man frei von dieser Dehumanisierung leben kann. Jedoch mag es gerade in dieser Sphäre sein, in der das größere Risiko gefühlt wird, und die ontologisch unsichere Person erfährt dieses Risiko in hochpotenzierter Form.

Das Risiko besteht darin: Wenn man den anderen als frei Handelnden erkennt, setzt man sich der Möglichkeit aus, sich als *Objekt* von dessen Erfahrung zu erfahren und so dem Gefühl, der eigenen Subjektivität beraubt zu werden. Man ist von der Möglichkeit bedroht, nicht mehr als ein Ding zu werden in der Welt der anderen, ohne Leben für sich selbst, ohne Sein für sich selbst. Unter dem Einfluß einer solchen Angst wird eben dieser Akt, den anderen als Person zu erfahren, als selbstmörderisch empfunden. Sartre behandelt diese Erfahrung brillant im dritten Teil von »Das Sein und das Nichts«.

Im Prinzip ist das Problem einfach. Man kann sich durch den anderen belebt und das Gefühl für das eigene Sein durch den anderen vergrößert finden, oder man kann den andern als tötend und verarmend erfahren. Eine Person kann zu dem vorweggenommenen Schluß gekommen sein, daß jede mögliche Relation mit einem andern die letzteren Konsequenzen haben wird. Jede andere Person ist dann eine Bedrohung für ihr »Selbst«, für ihre Fähigkeit, autonom zu handeln. Nicht weil sie oder er irgend etwas Bestimmtes tut oder nicht tut, sondern eben seiner oder ihrer Existenz wegen.

Einige der oben erwähnten Punkte werden illustriert im Leben von James, einem Chemiker, achtundzwanzig Jahre alt.

Seine fortdauernde Beschwerde war, daß er keine »Person« werden konnte. Er hatte kein »Selbst«. »Ich bin nur eine Reaktion auf andere Leute, ich habe keine eigene Identität.«... Er fühlte, daß er mehr und mehr zu einer »mythischen Person« wurde. Er fühlte kein Gewicht, keine Substanz seiner selbst. »Ich bin nur ein Korken, der im Ozean schwimmt.«

Dieser Mann war sehr damit beschäftigt, keine Person geworden zu sein: Er machte seine Mutter für dieses Mißlingen verantwortlich. »Ich war nur ihr Emblem. Sie erkannte niemals meine Identität.« Im Gegensatz zu der Herabsetzung seiner selbst und Unsicherheit war er ständig nahe daran, von der furchtbaren Realität, die in anderen Leuten enthalten war, überwältigt und zermalmt zu werden. Im Gegensatz zu seinem eigenen leichten Gewicht, seiner Unsicherheit und Substanzlosigkeit waren *sie* solide, entschlossen, eindrucksvoll und substantiell. Er fühlte, daß die anderen in jeder Sache, auf die es ankam, ihm überlegen waren.

Gleichzeitig wurde er jedoch praktisch nicht leicht eingeschüchtert. Er benutzte zwei Hauptmanöver, um Sicherheit zu behalten. Das eine war eine äußere Konformität dem anderen gegenüber. Das zweite war das innere intellektuelle Medusenhaupt, das er den andern zeigte. Beide Manöver zusammen gewährleisteten seine eigene Subjektivität, die er niemals offen an den Tag zu legen brauchte und die so niemals direkten und unmittelbaren Ausdruck fand. Geheimgehalten war sie sicher. Beide Techniken zusammen waren ersonnen, um die Gefahren, einverleibt oder depersonalisiert zu werden, zu vermeiden.

Mit diesem äußeren Verhalten kam er der Gefahr zuvor, der er ständig unterworfen war, nämlich das *Ding* eines anderen zu werden, indem er vorgab, nicht mehr als ein Korken zu sein (überhaupt, was kann im Ozean sicherer sein als ein Korken?). Zur gleichen Zeit aber verwandelte er in den eigenen Augen die andere Person in ein Ding und hob so magisch jede Gefahr auf durch eine heimliche totale Entwaffnung des Feindes. Indem er in den eigenen Augen die andere Person als Person zerstört, raubt er ihr die Macht, ihn zu zerschmettern. Indem er sie ihrer personalen Lebendigkeit entleert, das heißt, indem er sie als ein Stück eines Mechanismus und nicht als menschliches Wesen ansieht, beschneidet er das Risiko, das diese Lebendigkeit für ihn hat, die ihn entweder überschwemmen, in seine eigene Leere eindringen oder ihn in ein bloßes Anhängsel verwandeln kann.

Dieser Mann war mit einer sehr temperamentvollen und lebhaften Frau verheiratet, geistreich, von starker Persönlichkeit und mit eigenen Ansichten. Er unterhielt eine paradoxe Beziehung zu ihr, indem er auf der einen Seite ganz allein und isoliert war und auf der anderen Seite beinahe ein Parasit. Er träumte zum Beispiel, er sei eine Muschel, die an dem Körper seiner Frau klebte.

Gerade weil er solches träumen konnte, hatte er um so mehr das Bedürfnis, sie in Schach zu halten dadurch, daß es ihm gelang, sie nur als eine Maschine zu betrachten. Er beschrieb ihr Lachen, ihren Ärger, ihre Traurigkeit mit »klinischer« Präzision, und er ging sogar so weit, auf sie als ein »Es« zu verweisen, eine Gewohnheit, die eine niederdrückende Wirkung hatte. »Es begann dann zu lachen.« Sie war ein »Es«, weil alles, was sie tat, eine vorauszusagende bestimmte Reaktion war. Er pflegte ihr (ihm, dem Ding) zum Beispiel einen gewöhnlichen lustigen Witz zu erzählen, und wenn sie (es) lachte, indizierte das ihre (seine, des Dinges) ganze »konditionierte« roboterähnliche Beschaffenheit, die er tatsächlich in weitgehend den gleichen Begriffen sah, die auch bestimmte psychiatrische Theorien zu verwenden pflegen, um damit alle menschlichen Aktionen zu erklären.

Zuerst war ich zugegebenermaßen überrascht über seine augenscheinliche Fähigkeit, das, was ich sagte, zu widerlegen und zurückzuweisen oder auch zu akzeptieren. Das schien darauf hinzuweisen, daß er mehr eigene Ansichten besaß, als er vielleicht realisierte, und daß er sich nicht allzu sehr fürchtete, ein bestimmtes Ausmaß an Autonomie zu zeigen. Es wurde jedoch deutlich, daß seine augenscheinliche Befähigung, als autonome Person mit mir zu agieren, auf sein heimliches Manöver zurückzuführen war, mich nicht als lebendes menschliches Wesen, als Person mit eigener Berechtigung und eigener Selbstheit zu betrachten, sondern als eine roboterähnliche Interpretationsvorrichtung, die er mit Daten fütterte und die nach einer schnellen Umschaltung eine verbale Botschaft für ihn ausspuckte. Indem er mich so heimlich als Ding ansah, konnte er als eine »Person« erscheinen. Was er nicht ertragen konnte, war eine als solche erfahrene Beziehung von Person zu Person.

Träume, in denen die eine oder andere der oben erwähnten Formen der Angst ausgedrückt werden, sind häufig bei solchen Personen. Diese Träume sind keine Variationen der Befürchtungen, gegessen zu werden, die bei ontologisch sicheren Personen vorkommen. Gegessen zu werden meint nicht notwendigerweise, die eigene Identität zu verlieren. Jonas war immer noch er selbst, auch im Bauch des Wales. Nur wenige Alpträume gehen so weit und erwecken Ängste vor einem tatsächlichen Verlust der Identität, gewöhnlich weil die meisten Leute auch in ihren Träumen Gefahren, welcher Art auch immer, als Personen begegnen, die vielleicht angegriffen und verletzt werden können, aber deren fundamentaler existentieller Kern selbst nicht gefährdet ist. Im klassischen Alptraum erwacht der Träumer mit Entsetzen. Aber dieses Entsetzen ist nicht die Furcht, das »Selbst« zu verlieren. So träumt ein Patient von einem fetten Schwein, das auf seiner Brust sitzt und ihn zu ersticken droht. Er erwacht mit Entsetzen. In diesem Alptraum droht ihm schlimmstenfalls Erstickung, aber nicht die Auflösung seines eigenen Seins.

Die defensive Methode, die bedrohliche Mutter- oder Brustfigur *in ein Ding* zu verwandeln, kommt in Träumen von Patienten vor. Ein Patient träumte wiederholt von einem kleinen schwarzen Dreieck, das in einer Ecke seines Raumes entstand und größer und größer wurde, bis es ihn zu verschlingen drohte, worauf er immer voller Entsetzen aufwachte. Das war ein psychotischer junger Mann, der etliche Monate in meiner Familie verbrachte und den ich so ziemlich genau kennenlernen konnte. Es gab nur eine einzige Situation, soweit ich beurteilen kann, in der er sich »gehen« lassen konnte ohne die Angst, sich nicht wiederzufinden, und das war, wenn er Jazz hörte.

Die Tatsache, daß sogar im Traum die Brustfigur so depersonalisiert werden muß, ist ein Maß ihrer potentiellen Gefahr für das Selbst, wahrscheinlich wegen ihrer furchterweckenden ursprünglichen Personifizierung und dem Mißlingen *eines normalen Prozesses der Depersonalisation.*

Medard Boss gibt Beispiele verschiedener Träume, die eine Psychose ankündigen. In einem wird der Träumer von Feuer verschlungen:

»Eine Frau von kaum dreißig Jahren träumte zu einer Zeit, in der sie sich noch verhältnismäßig gesund fühlte, daß sie in Flammen stand. Um sie herum bildete das Feuer eine immer größere Lavakruste. Halb von außen und halb vom Inneren ihres eigenen Körpers her konnte sie sehen, wie das Feuer langsam von dieser Kruste erstickt wurde. Plötzlich befand sie sich vollständig außerhalb des Feuers, und sie schlug wie besessen mit einem Stock auf das Feuer ein, um die Kruste zu brechen und Luft heranzulassen. Aber bald wurde die Träumende müde und sie (das Feuer) erlosch langsam. Vier Tage nach diesem Traum fing sie an, unter akuter Schizophrenie zu leiden. In den Einzelheiten ihres Traums hatte die Träumende genau den Verlauf ihrer Psychose vorausgesagt. Sie erstarrte zuerst und war in der Tat wie eingeschlossen. Sechs Wochen danach verteidigte sie sich noch einmal mit aller Macht gegen das Ersticken ihres Lebensfeuers, bis sie schließlich vollständig erlosch, gefühls- und verstandesmäßig. Seit einigen Jahren ist sie wie ein erloschener Vulkan gewesen.«

In einem anderen Beispiel kommt die Versteinerung von anderen vor und nimmt so die eigene Petrifikation des Träumers vorweg.

»... ein Mädchen von fünfundzwanzig Jahren träumte, daß sie für ihre Familie von fünf Personen das Abendessen zubereitet hatte. Sie hatte gerade den Tisch gedeckt und rief nun ihre Eltern und ihre Brüder und Schwestern zum Essen. Keiner antwortete. Nur ihre Stimme kam zurück wie ein Echo aus einem tiefen Keller. Sie fand diese plötzliche Leere im Haus unheimlich. Sie rannte nach oben, um nach ihrer Familie zu sehen. Im ersten Schlafzimmer konnte sie ihre beiden Schwestern auf den zwei Betten sitzen sehen. Trotz ihrer ungeduldigen Anrufe verharrten diese in einer unnatürlichen rigiden Position und antworteten ihr nicht einmal. Sie ging auf ihre Schwestern zu und wollte sie schütteln. Plötzlich bemerkte sie, daß sie Steinstatuen waren. Sie flüchtete in Entsetzen und rannte in das Zimmer ihrer Mutter. Auch ihre Mutter war zu Stein geworden und saß leblos in ihrem Sessel, mit leeren Augen in die Luft starrend. Die Träumende flüchtete in das Zimmer ihres Vaters. Er stand in der Mitte des Zimmers. In ihrer Verzweiflung rannte sie auf ihn zu und warf schutzsuchend ihre Arme um seinen Hals. Aber auch er war aus Stein und zu ihrem unaussprechlichen Entsetzen verwandelte er sich in Sand, als sie ihn umarmte. Sie wachte auf, von Grauen erfüllt, und war so betäubt von dieser Traumerfahrung, daß sie sich für einige Minuten nicht bewegen konnte. Dieser gleiche entsetzliche Traum wurde von der Patientin viermal hintereinander innerhalb weniger Tage geträumt. Zu dieser Zeit muß sie ein Bild geistiger und körperlicher Gesundheit gewesen sein. Ihre Eltern pflegten sie den Sonnenschein der ganzen Familie zu nennen. Zehn Tage nach der vierten Wiederholung des Traumes erkrankte die Patientin an einer akuten Form der Schizophrenie mit heftigen katatonen Symptomen. Sie fiel in einen Zustand, der der physischen Versteinerung ihrer Familie in ihrem Traum bemerkenswert ähnlich war. Im wachen Leben war sie nun von Verhaltensmustern überwältigt, die sie in ihren Träumen lediglich an anderen Personen beobachtet hatte.«

Es scheint ein allgemeines Gesetz zu sein, daß an einem bestimmten Punkt eben diese am meisten gefürchteten Gefahren selbst umrissen werden können, wie um ihrem wirklichen Auftreten vorzubeugen. So wird aus dem Verzicht auf eigene Autonomie ein Mittel, sie heimlich zu sichern; sich krank stellen, sich tot stellen wird zu einem Mittel, die eigene Lebendigkeit zu erhalten... Sich selbst in Stein verwandeln wird zu einem Mittel, nicht von jemand anderem in Stein verwandelt zu werden. »Sei hart«, mahnt Nietzsche. In einem gewissen Sinn, den, wie ich glaube, Nietzsche nicht beabsichtigt hat, steinhart zu sein und soweit tot, beugt das der Gefahr vor, von einer anderen Person in ein totes Ding verwandelt zu werden. Sich selbst vollständig zu verstehen (sich selbst einzuverleiben), ist ein Schutz gegen das Risiko, in den Strudel des Verständnisses gesaugt zu werden, das eine andere Person für einen hat. Sich selbst durch eigene Liebe zu konsumieren, kommt der Möglichkeit zuvor, von anderen konsumiert zu werden.

Es scheint auch, daß die bevorzugte Angriffsmethode gegenüber dem anderen auf dem gleichen Prinzip basiert wie der Angriff, den man in der Beziehung des anderen zu einem selbst impliziert fühlt. So kann man oft beobachten, daß der Mensch, der befürchtet, seine eigene Subjektivität könne durch den anderen unterdrückt, ausgehöhlt und eingefroren werden, versucht, die Subjektivität der anderen Person zu unterdrücken, auszuhöhlen oder zu töten. Der Prozeß involviert einen Circulus vitiosus. Je mehr man seine eigene Autonomie und Identität durch Aufhebung der spezifischen menschlichen Individualität des anderen zu erhalten versucht, desto mehr fühlt man sich gezwungen, damit fortzufahren, da mit jeder Leugnung des ontologischen Status der anderen Person die eigene ontologische Sicherheit verringert wird. Die Bedrohung, die der andere für das Selbst ist, wird potenziert und muß daher um so verzweifelter negiert werden.

Dieser Defekt im Gefühl personaler Autonomie umfaßt sowohl die Unfähigkeit, ein Gefühl von sich selbst als Person mit dem anderen aufrechtzuerhalten als auch die Unfähigkeit, es allein aufrechtzuerhalten. Es ist die Unfähigkeit, ein Gefühl des eigenen Seins aufrechtzuerhalten auch ohne die Anwesenheit anderer Leute. Es ist die Unfähigkeit, durch sich selbst *zu sein*, eine Unfähigkeit, allein zu existieren. James hat das so ausgedrückt: »Andere Leute versehen mich mit meiner Existenz.« Das scheint in direktem Widerspruch zu stehen zu seiner vorher erwähnten Befürchtung, daß andere Leute ihm seine Existenz entziehen könnten. Aber so widersprüchlich oder absurd dies auch sein mag, diese zwei Einstellungen existieren in ihm nebeneinander und sind in der Tat für diese Art von Personen sehr charakteristisch.

Die Fähigkeit, sich selbst als autonom zu erfahren, bedeutet, daß man sich wirklich darüber klar geworden ist, eine von allen anderen getrennte Person zu sein. Egal wie tief ich einer anderen Person in Freude oder Schmerz verpflichtet bin, sie ist nicht ich, und ich bin nicht sie. Wie einsam oder traurig man auch sein mag, man kann allein existieren. Der Tatsache, daß die andere Person in ihrer eigenen Realität nicht ich bin, steht die gleichermaßen reale Tatsache gegenüber, daß meine Zuneigung zu ihr ein Teil von mir ist. Wenn sie stirbt oder mich verläßt, ist sie nicht mehr da, aber meine Zuneigung zu ihr bleibt weiter bestehen. Denn letztlich kann ich nicht den Tod einer anderen Person für sie sterben, noch kann sie meinen Tod sterben. Darum, wie Sartre diesen Gedanken

Heideggers kommentiert, kann sie nicht für mich lieben oder meine Entscheidungen treffen, und genauso kann ich das nicht für sie tun. Kurz, sie kann nicht ich sein, und ich kann nicht sie sein.

Wenn das Individuum sich nicht autonom fühlt, so meint das, daß es weder seine Getrenntheit von den anderen noch seine Bezogenheit zu den anderen auf normale Weise erfahren kann. Ein Fehlen des Gefühls für Autonomie impliziert den Glauben, das eigene Sein sei an den anderen gebunden oder der andere sei an einen selbst gebunden in einem Maße, das die tatsächlichen Möglichkeiten innerhalb der Struktur menschlichen Bezogenseins weit überschreitet. Das bedeutet, daß ein Gefühl einer Position der ontologischen Abhängigkeit vom anderen (das heißt abhängig vom anderen, um selbst zu sein) an die Stelle des Gefühls der Bezogenheit und Bindung gesetzt wurde, die auf echter Gegenseitigkeit beruhen. Vollständige Bindungslosigkeit und Isolation werden als einzige Alternativen zu der klammer- oder vampirartigen Bindung gesehen, in der das Lebensblut der anderen Person für das eigene Überleben notwendig und dennoch das Überleben in Gefahr ist. Darum besteht die Polarität zwischen vollständiger Isolation und vollständigem Verschmelzen der Identität und nicht zwischen Getrenntheit und Bezogenheit. Das Individuum oszilliert zwischen den zwei Extremen, die sich beide nicht verwirklichen lassen. Es lebt schließlich ähnlich wie diese mechanischen Spielzeuge mit positivem Tropismus, der sie auf Reizobjekte hintreibt bis zu einem kritischen Punkt, wo ein eingebauter negativer Tropismus sie in eine andere Richtung dirigiert, bis der positive Tropismus die Sache wieder übernimmt. Diese Oszillation wird *ad infinitum* wiederholt.

Andere Leute seien notwendig für seine Existenz, sagte James. Ein anderer Patient im gleichen fundamentalen Dilemma verhielt sich so: Er verbrachte Monate in isolierter Absonderung von der Welt, allein in einem Raum lebend, selbstgenügsam von seinen wenigen Ersparnissen existierend, tagträumend. Aber indem er so lebte, fühlte er langsam, daß er von innen starb; er wurde leerer und leerer und beobachtete »eine fortschreitende Verarmung meiner Lebensweise«. Eine ganze Menge Stolz und Selbstachtung war darin impliziert, so auf sich allein gestellt zu existieren, aber so wie sein Zustand der Depersonalisation sich verschlimmerte, würde er für einen kurzen Raubzug wieder im sozialen Leben auftauchen, um eine »Dosis« anderer Leute zu bekommen, aber keine »Überdosis«. Er war wie ein Alkoholiker, der nach Durststrecken plötzlich Alkoholorgien feiert, nur daß in seinem Fall seine Sucht, die ihn erschreckte und für die er sich schämte wie irgendein reuiger Alkoholiker oder Drogensüchtiger, eine Sucht nach anderen Leuten war. Innerhalb kurzer Zeit würde er dann fühlen, daß er Gefahr lief, in dem Kreis, den er betreten hatte, gefangen oder ertappt zu werden, und er würde sich wieder in seine eigene Isolation zurückziehen in einem Aufruhr erschreckender Hoffnungslosigkeit, Argwohn und Scham. [...]

Margaret S. Mahler

Symbiose und Individuation

Das einleitende Stadium der Therapie

Die Aufgabe der Therapeutin besteht zunächst darin, einen gewissen Kontakt zu erreichen, eine gewisse Art primitiver Kommunikation mit dem symbiotisch-psychotischen Kind, das zu diesem Zeitpunkt unfähig ist, irgendeine direkte Beziehung zu einer anderen Person herzustellen oder zu erleben (sekundärer Autismus). Die Aufgabe der Therapeutin kann so aufgefaßt werden, daß sie ihre Gegenwart in einer Weise fühlbar machen muß, die es dem Kind ermöglicht, sie als etwas Positives zu empfinden, ohne daß es von der Existenz der Therapeutin als Person Kenntnis zu nehmen braucht.

Dies erfordert die Schaffung einer unaufdringlichen, aufmerksamen Anwesenheit, die, statt die Angst des Kindes zu vermehren (wie es jede andere Anwesenheit täte), langsam der Führung durch das Kind folgt. So wird es ihm möglich gemacht, allmählich die Gegenwart der Therapeutin als einer beruhigenden Erscheinung zu akzeptieren, in deren Gesellschaft es sich wohler fühlt als ohne sie. An diesem Punkt stellen wir uns die Therapeutin als Teilobjekt vor, das das Kind als Verlängerung seiner selbst zu benutzen beginnt, z. B. indem es den Arm der Therapeutin als Werkzeug gebraucht, mit dem es Gegenstände außerhalb seiner Reichweite erlangt. Oder es lehnt sich gegen die Therapeutin wie gegen eine Stützfläche, oder es sinkt ihr in die Arme wie auf eine sanfte, beschützende Unterlage, wobei es jederzeit für selbstverständlich gehalten wird, daß sie stets dazu da ist, in dieser Weise benutzt zu werden. Allmählich darf die Therapeutin den Bedürfnissen des Kindes in aktiverer Weise nachkommen – etwa indem sie es füttert. Das Kind akzeptiert nun gleichzeitige spielähnliche Handlungen, was später zum Beginn eines Austausches zwischen ihm und der Therapeutin wird, wie wenn sie beispielsweise abwechselnd auf den Tisch trommeln oder ein Lied summen. Am Anfang kann sogar ein visueller Kontakt vom Kind abgelehnt werden, so daß man sich ihm mit Lauten nur nähern darf, solange sie außerhalb seines Blickfeldes ertönen. Diese Einschränkung war deutlich sichtbar im Falle eines Mädchens, das einen Panikanfall bekam, als es die Therapeutin im Spiegel erblickte, obwohl es sie nicht direkt sehen konnte.

[...] wir [haben] von Violet und der Art der Interaktion berichtet, die sie mit ihrer Mutter hatte, als sie zum ersten Mal in das Behandlungszentrum kam. Wie bereits erwähnt, war sie mutistisch und in hohem Maße autistisch. Sie beschäftigte sich eifrig mit Spielzeugen und ignorierte alle Menschen in ihrer Umgebung vollkommen. Ich möchte hier die Aufmerksamkeit auf den Verlauf von Violets Behandlung lenken. Die Therapeutin versuchte behutsam und indirekt einen Kontakt herzustellen. Sie näherte sich Violet niemals, indem sie in ihr Blickfeld trat, sondern eher von hinten – etwa indem sie ihren Körper als Kissen darbot. Sie erlaubte dem Kind auch, daß es ihre Arme als Verlängerung seiner eigenen benutzte. Sie gebrauchte ihre Stimme zunächst sparsam, und zwar absichtlich in der Art eines neutralen Singsangs ohne jeden Anklang von Emotionalität, um das Kind nicht dadurch zu bedrängen, daß sie eine Reaktion zu fordern schien. Nach einer Weile schmiegte sich das Kind dann deutlicher an die Therapeutin an. Allmählich konnte die Therapeutin das Mädchen ohne Einschränkung füttern.

Zu Hause war das Essen einfach auf einem Teller vor Violet hingestellt worden – sie mochte essen oder auch nicht –, ohne daß die Mutter daran Anteil nahm. Bezeichnend für die Einstellung der Mutter gegenüber der Fütterungssituation war ihre Überzeugung, daß das Kind, wenn es keine Süßigkeiten bekam, nichts davon wußte und so niemals danach verlangen würde. Es ist auch interessant, daß die Mutter heimlich Essen von Violets Teller nahm, während diese von der Therapeutin gefüttert wurde. Erst in darauffolgenden Behandlungsperioden und erst nachdem der Mutter eine Mahlzeit zusammen mit dem Kind angeboten wurde und sie und das Kind andere symbolische Liebesbeweise erhalten hatten, konnte die Mutter dem Kind gegenüber die »Gebende« sein.

Physischer Kontakt, den die Therapeutin einleitete und den das Kind akzeptierte, wurde zunächst mittels Seifenblasen hergestellt. Eine zusätzliche Stimulierung konnte auch durch Spiele mit Wasser erreicht werden. Während eines solchen Spiels hob Violet ihr Hemd hoch und erlaubte der Therapeutin, die Seifenblasen auf ihr nacktes Bäuchlein zu pusten; sie schien an dieser Berührungssensation viel Spaß zu haben.

Die Therapeutin begann dann, die Handlungen des Kindes mit dem Singen einfacher, vertrauter Melodien zu begleiten. Bald wurden Lied und Handlung zueinander in Beziehung gesetzt. Diese Assoziation bereitete Vergnügen und bot die Möglichkeit, Wiederholungen zu erkennen; ebenso ermöglichte sie den Beginn einer Struktur – und zwar einer Sprache –, die langsam immer bedeutungsvoller und vielfältiger wurde. Es gab ein Lied für das Spielen mit der Eisenbahn, ein Lied für das Spielen mit Bauklötzen, ein Lied für das Spielen miteinander.

Beim Versuch einer begrifflichen Erfassung, wie das symbiotisch-psychotische Kind die Therapeutin in diesem ersten Behandlungsstadium erlebt, wurde formuliert, daß die Therapeutin ein »mütterliches Prinzip« repräsentiert: in diesem Stadium kann sie noch kein verschiedenartiges, getrenntes menschliches Objekt darstellen. Der Platz, den das »mütterliche »Prinzip« beim Kind mit einer vorwiegend autistischen Abwehrorganisation einnimmt, ist vielleicht mit jenem Stadium der normalen symbiotischen Phase zu vergleichen, in dem das Baby verschwommen erkennt, daß Pflegeleistungen, die die Homöostase wiederherstellen, einer guten Quelle der äußeren Umgebung entstammen.

Eine Teilfunktion dieses »Prinzips« in bezug auf das Kind – nämlich daß es das Erlebnis von Behagen anstelle heftigen Unbehagens vermittelt – besteht darin, daß es als Puffer zwischen ihm und seiner Umwelt wirkt. Wir glauben, daß das Kind zwar solche besonderen Attribute der Therapeutin wie etwa die Stimme, Gefühlstonus oder Nähe wahrnimmt, aber nicht klar zu erkennen vermag, woher sie kommen. Wir vergleichen diese Erfahrung mit dem, was als »Übergangsphänomen« (Winnicott) bezeichnet worden ist. Langsam beginnt das Kind, die besänftigende Ausstrahlung der Therapeutin für selbstverständlich zu halten. Es hält dann nach diesem Wohlbefinden Ausschau und erkennt allmählich die Person der Therapeutin als dessen Quelle; diese ist jedoch für das Kind noch kein vollständiges, getrenntes menschliches Objekt. Diese Atmosphäre, die von einem menschlichen Objekt ausströmt und von ihm, der Therapeutin, geschaffen wird, wird zur Quelle des Wohlbefindens und wirkt als Schutz vor der Umgebung sowie vor dem inneren Mißbehagen des Kindes.

Es ist wahrscheinlich, daß die wohltuende Gegenwart der Therapeutin Aggression und heftige Destruktivität des Kindes, die gegen das Selbst und nach außen gerichtet sind, etwas mildert, damit das Angstniveau senkt und das Kind müheloser funktionieren läßt.

Als während Violets Wutanfällen noch keine anderen physischen Mittel angewandt werden konnten, um Kontakt mit dem Kind zu bewahren, schien ein Kommentar in Form eines leisen, beruhigenden Singsangs die Selbstdestruktivität etwas zu mildern und damit auch die Heftigkeit des Anfalls. Dieser Kommentar enthielt eine Verbalisierung der Empfindungen und Emotionen des Kindes und betonte gleichzeitig die von Mutter und Therapeutin geschaffene libidinöse Atmosphäre. »Oh, es tut weh!« – »Tu Violet nicht weh, sie ist ein liebes Mädchen.« – »Du bist böse auf Violet, aber wir wollen nicht, daß du dir weh tust, weil wir dich lieben.«

Nachdem die Therapeutin diese anfänglichen Veränderungen erreicht, d. h., nachdem das Kind sie als mütterliches Prinzip akzeptiert hat, stellt sie im zweiten Abschnitt der einleitenden Phase die gleiche Art der Beziehung zwischen Mutter und Kind her. Die Therapeutin ist sich stets der Tatsache bewußt, daß das Ziel des Drei-Parteien-Modells von Anfang an die Wiederherstellung eines quasi symbiotischen Bandes zum ursprünglichen Objekt, nämlich der Mutter, ist – eines Stadiums, das vom psychotischen Kind entweder verfehlt oder ernstlich gestört wurde, ohne das aber kein Fortschritt (keinerlei Individuation) erreicht werden kann. Die Wiederentdeckung der Mutter wird durch die Therapeutin, die als Katalysator dieses Prozesses fungiert, ständig vorangetrieben.

In dieser Phase sind die intuitive Wahrnehmung knospender Gefühle bei Mutter und Kind seitens der Therapeutin und die Zeitwahl ihres Zusammenführens von entscheidender Bedeutung. Gelegenheiten zu kurzfristigem, aber aufrichtigem Austausch von Empfindungen ergeben sich häufig dann, wenn Mutter und Therapeutin Ereignisse im Leben des Kindes diskutieren. Dabei wird das Kind aus seiner Erinnerung und in seiner primärprozeßhaften Weise, die oft zuerst von der Mutter verstanden wird, zur Diskussion beitragen.

Zu Beginn der Behandlung war Violets Mutter beinahe ebenso unzugänglich wie Violet selbst. Vollkommen schweigsam, starr und mit steinerner Miene saß sie da. Sie interpretierte Violets Unzugänglichkeit sich selbst und der Therapeutin gegenüber als Abwehr ihr gegenüber und konnte doch nur in gleicher Weise reagieren. Um die Mutter in eine Beziehung zur Therapeutin und zum Kind hineinzuziehen, mußte sie zunächst sowohl im übertragenen wie im buchstäblichen Sinn gefüttert werden, um sie wenigstens in bescheidenem Maße für den Hunger nach Liebe in ihrer eigenen Kindheit zu entschädigen. Nahrung war von großer Wichtigkeit für die Mutter. Es mußten daher für sie ebenso wie für das Kind Mahlzeiten zubereitet werden. Diesen Hinweis hatte die Tatsache geliefert, daß sie dabei beobachtet worden war, als sie heimlich Bissen vom Teller ihres Kindes naschte. Die Therapeutin wie auch die therapeutische Institution als solche mußten zu einem mütterlichen Prinzip für die Mutter werden. War sie ärgerlich, bekam sie zu essen; war sie müde, bekam sie ein Plätzchen für ein Nickerchen. Außerdem zeigte die Therapeutin der Mutter eine praktische Methode, mit dem Kind besser fertig zu werden, etwa mit Violets Wutausbrüchen. Die Mutter war außerordentlich empfindlich gegenüber allem, was als negative Kritik an ihr aufgefaßt werden konnte. Jahre später verriet sie, sie habe im Anschluß an eine Bemerkung der Fürsorgerin, die sie in dieser Weise interpretierte, tatsächlich einen Selbstmordversuch gemacht. Allmählich vermochte sich die Mutter mit der Therapeutin zu identifizieren und zeitweise sogar ihrem Kind besser gerecht zu werden. Diese aufkeimende Beziehung blieb jedoch äußerst zerbrechlich; bei jedem Rückschritt oder erneuter Frustration geriet sie ins Wanken.

Nach dem Anfangsstadium der Kontaktherstellung mit Mutter und Kind und der Schaffung einer freundlichen Umwelt für beide bezog die Therapeutin die Mutter in aktiverer Weise in den Behandlungsprozeß ein, indem sie sie aufforderte, während der Sitzungen über ihr häusliches Leben zu berichten. Das war zunächst schwierig, da das häusliche Leben weniger idyllisch war, als die Mutter zugeben mochte. Die therapeutische Situation bot eine Zuflucht, und Mutter und Kind waren nicht geneigt, diese Zuflucht von den Schwierigkeiten überfluten zu lassen, die zu Hause weiterhin bestanden. Nachdem die Mutter aber so weit war, ihr häusliches Leben in den therapeutischen Prozeß einbeziehen und darüber sprechen zu können, erreichten sie und das Kind eine aktivere Teilnahme an der Behandlung und eine engere Beziehung zueinander.

Wegen ihrer ungewöhnlichen musikalischen Begabung und ihrer angeborenen Empfindsamkeit war Violet in der Lage, ihre Anteilnahme musikalisch auszudrücken. Als die Mutter eines Tages sagte, Violet sei morgens erregt gewesen, begann diese eine Klaviersonate von Mozart zu spielen. Die Mutter reagierte darauf mit der Bemerkung: »Heute morgen hat Violets Vater eine Schallplattenaufnahme dieser Sonate gespielt, um Violet zu beruhigen, als sie aufgeregt war.« Als die Mutter eines Tages im späteren Verlauf der Behandlung sehr ärgerlich über Violet war und in ihr früheres feindseliges Schweigen verfiel, spielte Violet ein Lied auf dem Xylophon. Die Mutter erkannte das Lied und sagte: »Das ist ein Lied, das ich Violet abends vorsinge. Der Text lautet: ›Ich liebe dich, mein Liebling.‹« Das war ein Beispiel für die erstaunlichen Fähigkeiten des Kindes, die sich später während der Behandlung so weit entwickelten, daß sie es vermochten, eine Versöhnung mit der Mutter zustande zu bringen und sie zu einer positiveren, aktiveren Beziehung zu bewegen, wenn sie deutliche Anzeichen von Zurückziehung und Wut erkennen ließ.

Wenn die Gefühle des Kindes sich nun auf differenziertere menschliche Objekte, und zwar die Therapeutin und die Mutter, zu richten beginnen, stellen wir häufig fest, daß es dazu neigt, die positiven Aspekte seiner Reaktion auf eines dieser neuentdeckten Teilobjekte zu richten und die negativen Aspekte auf den anderen Teil. Diese Spaltung der Gefühlsreaktion, die mit einer abwehrenden Spaltung in gute und schlechte Objektbilder einhergehen kann, beobachten wir auch am Verhalten der Mütter. Im allgemeinen wird das positive Gefühl der Therapeutin und dem beratenden

Kinderpsychiater vorbehalten, während Ärger und Enttäuschung sich auf die Beziehung der Mutter zur Fürsorgerin konzentrieren.

Nach unserer Erfahrung erscheinen viele der schwer gestörten Kinder, die zu uns zur Behandlung kommen, zunächst nahezu vollkommen desorganisiert. Ihr Verhalten ist ziellos und unbegreiflich; sie scheinen nicht einmal ihre Bedürfnisse zu kennen, oder aber diese werden in diffusen motorischen Reaktionen entladen, ohne daß eine sinnvolle Kommunikation mit irgend jemand in ihrer Umgebung zustande kommt. Während der ersten Monate bei uns beobachten wir häufig eine rapide zunehmende Organisierung des kindlichen Verhaltens, so daß wir Reaktionen, wie etwa Hunger oder Schmerz, zu erkennen beginnen. Das Kind macht uns auch manche seiner Wünsche verständlich, wenngleich in der bereits beschriebenen privatistischen Gestensprache psychotischer Kinder. Am bedeutungsvollsten aus unserer Sicht war die Tatsache, daß es oft zu floriden Symptomen eines ritualistischen Verlangens nach Gleichheit kommt, die aber zusätzlich eine Konzentration auf geliebte Objekte (den »psychotischen Fetisch«) einschließen. Anfangs können sich die libidinösen Besetzungen rasch von einem unbelebten Objekt (oder einer Sammlung von Objekten bzw. einem Aspekt eines Objekts) auf ein anderes verschieben, doch scheinen sie sich bald auf relativ wenige einzustellen. Dann muß das Bild – oder das Häufchen Knöpfe – für das Kind jederzeit zur Hand oder aber so im Raum plaziert sein, daß es es jederzeit erblicken kann. Gleichzeitig beginnt die Beschäftigung des Kindes mit dem psychotischen Fetisch – einem unbelebten Objekt, etwa dem Klavier, den Karten, Nummern, Fächern, Kannen, Flaschen, Deckeln etc. – eine primitive Beziehung zur Therapeutin einzuschließen. Wir glauben, daß es sich hierbei um Übergangsobjekte handelt, da sie sowohl das verzerrte Selbstbild des Kindes als auch das therapeutisch erzeugte Teil-Liebesobjekt repräsentieren. Wir beobachten viele Beispiele der Liebe, des Hasses und der Angst des Kindes wegen des Verlustes dieses Objekts, des psychotischen Fetischs – Beispiele, die sich aus früheren Erfahrungen mit der Mutter herleiten. Mit dem wachsenden Verständnis des Kindes für das, was der Fetisch repräsentiert, gelangt es zu einem klareren Bewußtsein seiner realen Umgebung sowie seiner Erinnerungen und Konflikte, was sich in seinem Verhalten gegenüber dem Fetisch ausdrückt.

Eine gute Illustration hierfür liefert der Fall Johnnys, dessen psychotischer Fetisch ein bestimmtes Fläschchen für Babynahrung mit der Abbildung eines Babys war. Nachdem er dafür Interesse entwickelt hatte, beschäftigte er sich mit dem Fläschchen auf vielfältige Weise. Manchmal drückte er es sanft und liebkosend an sein Gesicht, ein andermal versuchte er verzweifelt eine Möglichkeit zu finden, um es aus dem Fenster oder die Treppen hinunterzuwerfen. Schließlich bildete sich ein sich wiederholendes Spiel heraus, bei dem er das Fläschchen wegschleuderte und die Therapeutin es zurückbrachte. Nach und nach begann er Anzeichen von Angst zu zeigen, wenn er es wegwarf, und von Erleichterung, wenn es zurückgebracht wurde. Die Mutter konnte uns berichten, daß Johnny manchmal versuchte, aus dem Fenster zu springen oder auch seinen kleinen Bruder aus dem Fenster zu stoßen, was auf seiten der Mutter heftige Reaktionen auslöste. Allmählich gelang es, Johnny sein ambivalentes Verhalten gegenüber seinem Bruder und der Mutter bewußtzumachen. So wie ihm die bewußte Wahrnehmung seiner Gefühle gegenüber dem unbelebten Objekt möglich wurde, entwickelte sich während der Behandlungsstunden eine deutlichere Wahrnehmung der Therapeutin und der Mutter.

Mit dieser neuen Verfügungsgewalt über seine Bedürfnisse und mit dem Vorhandensein eines wirklichen Liebesobjekts, das sie zu befriedigen vermag, wendet sich das Kind mit heftigen symbiotischen Bedürfnissen und Forderungen der Mutter und der Therapeutin zu – Forderungen, die für Mütter so überwältigend sein können, daß einige tatsächlich versucht haben, sich vor ihren Kindern zu verstecken und sich ihrer schließlich zu entledigen. An diesem Punkt gewinnt die Identifizierung der Mutter mit der Therapeutin für uns erstrangige Bedeutung, denn sie macht es möglich, Panik und Verwirrung bei den Müttern zu verhindern, die wir früher beobachteten, wenn die Kinder anfingen, Befriedigungen von ihnen in einer Weise zu fordern, die ihnen während des vorausgehenden psychotischen Zustands (sekundärer Autismus) verwehrt waren. Für die Mutter bedeutet es außerdem eine Hilfe, daß ihre positiven Gefühle vorwiegend auf die Therapeutin gerichtet bleiben, während die negativen Gefühle sich auf die Fürsorgerin konzentrieren, die sie in Abwesenheit des Kindes sieht.

Die eigentliche Behandlungsphase

In der zweiten Phase lenkt die Therapeutin das Kind und verfolgt gleichzeitig seine Entwicklung, die von der Mutter als einer Teilobjektbeziehung weg- und zur Besetzung des differenzierteren gesamten menschlichen Objekts hinführt. Während es in der ersten Phase um die Wiederherstellung der beginnenden Objektbeziehung ging, geht es in dieser Phase darum, daß das Kind die traumatischen Erfahrungen, die seine Entwicklung beeinträchtigt haben, neu durchlebt und versteht. Die Therapeutin bildet das Verbindungsglied zwischen den psychotischen Interessen und der Wiederbesetzung der Mutter. Verständnis und allmähliche Entdekkung der Herkunft der Bedeutung des psychotischen Fetischs sind die Voraussetzungen einer stabilen Besetzung der Mutter.

Das Klavier war Violets psychotischer Fetisch; es spielte in ihrem Leben wie in der Therapie eine Hauptrolle. Violets Beziehung zum Klavier hatte in ihrer frühesten Kindheit begonnen. Als sie noch ein Säugling war, stand ihre Wiege neben dem Klavier, wenn die Eltern übten. Das Kind, mit einem ungewöhnlich feinen Gehör begabt, scheint an diesen frühen Erlebnissen Freude gehabt zu haben. Für das Kleinkind aber wurde das Klavier später zum größten Konkurrenten. Violet befriedigte es nicht mehr, die Eltern üben zu lassen. Sie zeigte ihren Ärger, indem sie wütend auf das Klavier losging, biß und kratzte und die Noten der Eltern zerfetzte. Die Eltern – beide junge, ehrgeizige Musiker – konnten es nicht ertragen, beim Üben gestört zu werden, und halfen sich damit, daß sie Violet in ihr Zimmer einsperrten, während sie ihre Arbeit fortsetzten. In ihrem Zimmer hatte Violet schwere Wutanfälle; sie trat mit den Füßen gegen die verschlossene Tür. So wurde das Klavier gleichzeitig gehaßt und geliebt: Es erzeugte eine tönende Lebenslinie zwischen ihrer isolierten Welt und der Welt der Eltern, während es zugleich die Ursache ihrer Isolierung war.

Zu Beginn der Therapie untersuchte Violet das Innere des Klaviers in einer Weise, die einen fühlen ließ, daß es den Körper der Mutter repräsentierte: Sie erinnerte an die Art, wie ein Säugling von etwa 10 Monaten Gesicht und Körper der Mutter aufmerksam untersucht, wenn er nach dem Heraustreten aus der symbiotischen Phase um seine Differenzierung bemüht ist. Violet brachte ihr aufdämmerndes Gewahrwerden von Menschen außerhalb ihrer selbst zuerst durch Musik zum Ausdruck, indem sie – entweder die Mutter oder den Vater imitierend – auf verschiedene Weise Klavier spielte. Sie improvisierte Musik, während sie Bilder betrachtete und den Geschichten lauschte, die die Therapeutin dazu erzählte. Später wurde ihr Spiel komplizierter und ausdauernder. Mitunter brachte sie ganze Behandlungsstunden am Klavier zu, indem sie Stücke spielte, die sie von den Eltern gehört hatte, oder sie improvisierte in vielerlei Stimmungen und Stilen. Zu gewissen Zeiten konnte ihr Spiel zart oder ekstatisch wirken; bei anderen Gelegenheiten schlug sie unbarmherzig auf das Instrument ein und versuchte sogar daraufzuspringen. (Noch Jahre später, als Violet ein sehr viel höheres Stadium der Objektbeziehungen und Ich-Funktionen erreicht hatte, brachte sie Ärger zum Ausdruck, indem sie auf das Klavier schlug oder sprang.)

Während des zweiten Behandlungsstadiums teilte sich Violet oft auf mancherlei subtile Arten durch das Klavier mit. Durch ihre eigentümliche primärprozeßhafte Ausdrucksweise mittels Musik sowie durch ihr Verhalten am Klavier stellte sie nun komplexere intrapsychische Konflikte dar. So beschloß sie z. B. eines Tages vor den Weihnachtsferien, eine Clementi-Sonate zu spielen. Sie wiederholte sämtliche Reprisen immer aufs neue und brachte das Stück nicht zu Ende. Dies wurde ihr so gedeutet, daß sie das Stück nicht zum Ende kommen lassen wolle, ebenso wie sie die Zeit mit der Therapeutin nicht zu beenden wünsche. Weinen und ein Wutanfall zeigten an, daß die Deutung zutreffend war. Nachdem sie sich von ihrem Ausbruch erholt hatte, lehnte sie sich zärtlich an die Therapeutin und spielte ihr Lieblings-Weihnachtslied »Jingle Bells«, diesmal aber in eine Moll-Tonart transponiert, die ihr libidinöses Sehnen und zärtliche Abschiedsgefühle ausdrückte.

Etwas später begann Violet mit der Mutter und der Therapeutin vierhändig zu spielen. Sie bestimmte, welches Lied und in welcher Tonart gespielt werden sollte. Als die Therapeutin Schwierigkeiten hatte, mit den ausgedehnten Variationen des Kindes Schritt zu halten, hörte Violet auf und zeigte ihr geduldig, wie sie es machen müsse. Im Gegensatz zu früher, wo sie mit ihrem Spiel das Spiel anderer imitierte, schien es, daß nun ein Selbstgefühl und ein Liebesobjekt vorhanden waren, die getrennt voneinander existierten.

Während sich Violet einerseits des Klaviers für diese Mitteilungen bediente, insbesondere beim Duett, behandelte sie es andererseits so, als wäre es lebendig. Manchmal legte sie sich darauf und umarmte es, manchmal schlug oder biß sie es.

Als Violets erste Therapeutin sich von ihr verabschiedete – nach einjähriger Behandlung und nachdem das autistische Gleichgewicht verändert und ein gewisses Maß an Objektbeziehungen hergestellt worden war –, gab sie Violet als Abschiedsgeschenk einen Stoffhund, den sie »happy dog« nannte. Violet sagte ebenfalls »happy dog«, und für lange Zeit blieb das einer der wenigen Ausdrücke ihres Vokabulars. Die erste Therapeutin hatte gelegentlich auch Violet »happy girl« genannt. Violet benutzte diesen Ausdruck, wenn sie sich glücklich fühlte, aber auch, wenn sie unglücklich war. Wenn sie diese Worte sagte, konnte sie ihren Wunsch, sich glücklich zu fühlen, zum Ausdruck bringen sowie ihren Wunsch nach größerem Wohlbefinden, wenn sie sich schlecht fühlte. »Happy dog« wurde Violets erster geliebter Besitz. Er entsprach entschieden dem Bild des verlorenen Liebesobjekts – der Therapeutin. Ihre Gefühle für »happy dog« waren weniger ambivalent als die Gefühle, die sie dem psychotischen Fetisch – dem Klavier – entgegenbrachte, und sie waren nicht durch nicht-neutralisierte Aggression belastet. »Happy dog« behielt auch im zweiten Behandlungsjahr mit einer neuen Therapeutin seine Bedeutung für Violet. Einen weiteren geliebten Besitz lieferte Violets Mutter, als sie Violet nach einem sehr schwierigen Tag eine Stoffkatze schenkte, die »kitty cat« genannt wurde – ein weiteres Wort, das in Violets Wortschatz verblieb.

Nach dem zweiten Behandlungsjahr ging Violets neue Therapeutin in Urlaub. Zur Zeit des Abschieds war Violet sehr traurig. Während der Abwesenheit der Therapeutin und in Ermangelung der Zuflucht, die die therapeutische Institution für Mutter und Kind darstellte, gestaltete sich die Beziehung zwischen Violet und ihrer Mutter schwierig und regredierte in vielfältiger Weise auf das frühere Niveau. Kein Wunder, daß Violet während des Sommers »happy dog« und »kitty cat« verlor, ihre beiden geliebten Besitztümer.

Im folgenden Behandlungsjahr wurden frühe traumatische Ereignisse zwischen Mutter und Kind wiedererlebt und mit Hilfe des

Klaviers erneut gespielt. Einer dieser Vorfälle hing damit zusammen, daß Violet aus dem Zimmer ausgesperrt wurde, während die Eltern übten. Violet versuchte nun diese Situation aktiver zu meistern, indem sie die Therapeutin in eine Ecke des Raumes stellte und gebieterisch verlangte, daß sie dort blieb, während Violet nach Art ihrer Eltern auf dem Klavier übte. Ein anderes Ereignis hatte etwas mit frühen traumatischen Vorfällen zu tun, die sich im Zusammenhang mit Violets Stuhlgang zwischen ihr und ihrer Mutter abspielten. Als sie etwa neun Monate alt war, hatte sie einmal mit Fäzes geschmiert, als sie allein in ihrem Körbchen lag. Als die Mutter das sah, ging sie in großer Wut auf Violet los. Violet schmierte nie wieder, aber sie betrachtete auch nie wieder ihre Fäzes und verweigerte den Stuhlgang, wenn sie keine Windeln oder Höschen trug. Während der Behandlung gelang es, Violet die Notwendigkeit der Darmentleerung und des Stuhlgangs bewußtzumachen. Anstatt sich in eine Ecke zu verkriechen, begann sie nun in der Nähe des Klaviers zu defäzieren. Sie fing auch an, auf ein Signal zu reagieren, das die Mutter auf dem Klavier spielte, wenn sie glaubte, daß Violet Stuhlgang haben müsse. Dieses Signal war eine absteigende Terz in Dur. Violet spielte sie manchmal selbst. Als sie eines Tages einen Walzer von Brahms spielte, bemerkte die Therapeutin nach einer Weile, daß er auf der absteigenden Dur-Terz aufgebaut war. Sie konnte ihn Violet dann als ein Lied deuten, das sie erfunden und entsprechend dem Signal der Mutter spielte, sobald sich der Stuhlgang ankündigte.

Während des dritten Behandlungsjahres gab es neben Fortschritten auch eine große Zahl erneuter Schwierigkeiten in der Beziehung Violets zu ihrer Mutter. Der Druck auf die Mutter wurde zu stark, so daß Violet von verschiedenen »Babysittern« zu den Behandlungsstunden gebracht werden mußte. Die Therapeutin nahm Violets Wut und Enttäuschung auf sich. Sie sagte Violet, daß sie ihren Ärger verstehen könne, da sie, die Therapeutin, sie stets ermutigte, den Menschen zu vertrauen und sie zu lieben, obwohl dieselben Menschen sie dann wieder und wieder enttäuschten. Sie entwickelten ein Spiel, bei dem die Therapeutin den Plattenspieler laufen ließ, während Violet das Spiel dadurch unterbrach, daß sie heftig auf das Klavier schlug. Sobald sie damit aufhörte, begann die Therapeutin wieder zu spielen und erklärte Violet sodann, daß böse Dinge geschehen könnten, daß aber ihre einmal gefestigte Beziehung nicht zu zerstören sei. Violet reagierte auf diese Interpretation, indem sie die Musik vom Plattenspieler begleitete, anstatt sie durch Klopfen zu unterbrechen.

In der Folgezeit faßte Violet den Mut, ihre rachsüchtige Zerstörung des Klaviers noch einmal darzustellen, die sie sehr frühzeitig dadurch zu bewerkstelligen versucht hatte, daß sie ständig entweder auf das Klavier oder die Noten der Eltern losging. Zu diesem Zeitpunkt waren in der Behandlungssituation zwei Klaviere vorhanden: ein altes, mit dem Violet tun durfte, was sie wollte, und ein neueres, auf dem sie zu spielen pflegte. Eines Tages begann sie systematisch, das Innere des alten Klaviers auszuweiden. Das wurde nicht nur als Wiederbelebung alter Konflikte, die mit dem Klavier zu tun hatten, sondern auch als direkter Angriff auf die Mutter gedeutet. Die Therapeutin sprach mit Violet über die wiederholten Enttäuschungen, die ihre Liebesobjekte ihr zufügten. Während sie so mittels der Zerstörung des Klaviers symbolisch die Mutter angriff, zeigte Violet gleichzeitig in steigendem Maße die Fähigkeit, eine Versöhnung zustande zu bringen, wenn die Mutter ärgerlich auf sie war. Sie ging beispielsweise eines Tages zur Vordertür, so als wolle sie das Haus verlassen. Sie öffnete die Tür und ging hinaus, kam aber dann zurück und blieb auf der Schwelle stehen. Die Mutter erklärte daraufhin, Violet habe reifer gehandelt als sie selbst, deren Wutausbrüche gegenüber dem Kind zu dieser Zeit äußerst heftig und destruktiv waren. Als sie das erkannt hatte, war sie auch in der Lage, dem Kind zu verzeihen und wieder eine positivere Beziehung zu ihm aufzunehmen.

Die Fähigkeit der Mutter, Violet zu akzeptieren, blieb jedoch sehr gering, und da erneut Sommerferien bevorstanden, wurde entschieden, daß es zu unsicher wäre, Mutter und Kind in Abwesenheit der Therapeutin miteinander allein zu lassen. Es wurde als weniger gefährlich angesehen, Violet den Sommer über in eine Sonderschule für gestörte Kinder, eine kleine Institution mit besonders warmherziger, toleranter Atmosphäre, zu geben. Verschiedene Vorfälle von großer Bedeutung ereigneten sich während dieser Periode der Trennung Violets von all ihren Liebesobjekten. So wie sie im vergangenen Sommer »happy dog« und »kitty cat« verloren hatte, gab sie nun das Klavier auf. Obgleich ihr ein Klavier zur Verfügung stand, rührte sie es während des ganzen Sommers niemals an; auch nach ihrer Rückkehr spielte sie monatelang nicht mehr. Sie gab auch ihre Flasche auf, an der sie so sehr gehangen hatte. Die Mutter hatte sich während des vorangegangenen Jahres sehr bemüht, das zu erreichen – ohne Erfolg. Violets orale Vergangenheit war glücklich gewesen: die Zeitspanne der Brustnahrung war die glücklichste zwischen Mutter und Kind. Man muß sich fragen, ob die Flasche irgendeine vage Erinnerung an die glücklichere Zeit an der Brust der Mutter in sich barg. Während des Sommers wurde auch Violets Sauberkeitsgewöhnung erreicht; dies geschah anscheinend auf ziemlich natürliche Weise, indem sie die anderen Kinder beobachtete. Aber Violet machte nun auch keinen Gebrauch mehr von den wenigen Worten, die sie zuvor geäußert hatte. Bei ihrer Rückkehr aus den Sommerferien war sie wieder mutistisch und weit zurückgezogener und beziehungsloser als zuvor.

Während des zweiten Teils der eigentlichen Behandlungsphase bemerken wir eine größere Differenzierung zwischen Selbst und Objekt, ein stärkeres Gewahrwerden der Umgebung und die Besetzung derjenigen Objekte, die deren wichtigste Bestandteile bilden. Wir erkennen auch mehr Anzeichen einer Ich-Kontrolle, etwa sekundärprozeßhaftes Denken und Spracherwerb. Diese Veränderungen bringen die Fähigkeit mit sich, zwischen dem Ding, etwa dem Spielzeug oder Fetisch, und dem Wortsymbol zu unterschieden. In der Sprachentwicklung zeichnet sich ein Fortschritt insofern ab, als das Nachplappern von Sätzen, die in so unbelebten Situationen wie etwa der Fernsehwerbung gehört wurden, zur Imitation der Sprache des menschlichen Objekts und dann zum Gebrauch der Sprache als Ausdruck der eigenen Gedanken des Kindes führt.

In vielen Fällen erreichen andere Kommunikationsweisen, insbesondere Singen und Musik, einen hohen Entwicklungsgrad, bevor Worte zu diesem Zweck verwendet werden. Amy zum Beispiel benutzte Lieder in einem sehr verfeinerten Kommunikationsschema. Sie wurde aus Zurückgezogenheit und Mutismus durch vertraute Kinderlieder herausgeführt, nach deren Melodie sie sich zuerst hin- und herwiegte und die sie später summte. Schließlich brachte sie ihre Gedanken zum Ausdruck, indem sie entweder pantomimisch oder durch Summen bekannte Melodien andeutete; mit Hilfe ihrer Texte vermittelte sie, was sie wollte, während sie tatsächlich mutistisch blieb. Beispielsweise summte sie die Melodie von »Oh, take a little girl and tap her on the shoulder, oh Johnny, I'm tired« (»O, nimm ein kleines Mädchen und klopf ihr auf die Schulter, ach Johnny, ich bin müde«). Sie wollte so den Bericht über einen Spaziergang, von dem die Therapeutin der Mutter erzählte, ergänzen, indem sie etwas einfügte, was die Therapeutin ausgelassen hatte, nämlich daß Amy sehr müde geworden war und die Therapeutin sie tragen mußte. Verbalisierungen, die die Lieder später begleiteten, waren entweder Geplapper oder Neologismen. Die Bedeutungen schienen eher durch die Melodie als durch Worte vermittelt zu werden, und das Summen war oft von dem entsprechenden Affekt begleitet, was sich in ihrem Gesichtsausdruck widerspiegelte.

Im Falle Violets wurde dieses Behandlungsstadium durch ihren scheinbaren Rückfall in den Autismus eingeleitet, der auf ihre Trennung von Mutter und Therapeutin während der Sommermonate folgte. Während ihr Gesichtsausdruck heiter wirkte, war sie unfähig, irgendeiner Tätigkeit Interesse abzugewinnen. Sie ignorierte die Therapeutin und wechselte rasch und abrupt von einer Beschäftigung zur anderen. Der Sandkasten war das einzige, was sie für längere Zeit fesseln konnte. Sie und die Mutter schienen unzugänglich für jede Interpretation in bezug auf die Wirkung der vor kurzem erfolgten Trennung. Die Mutter beharrte darauf, sich schuldig zu fühlen, nicht weil sie das Kind fortgeschickt, sondern weil sie es zurückgeholt hatte. Sie rationalisierte das, indem sie erklärte, Violet hätte im Lager viel glücklicher gewirkt. Violet reagierte auf nichts, was darüber zu ihr gesagt wurde. Sie zeigte ihre Enttäuschung über die Therapeutin, indem sie sie ignorierte und die frühere enge, herzliche Beziehung verleugnete. Weder die Gegenwart noch die Abwesenheit der Mutter bei den Sitzungen schien einen Unterschied zu machen.

Zu dieser Zeit fanden Violets Sitzungen am späten Nachmittag im Anschluß an die Schule statt. (Sie war im Herbst in die Schule gekommen. Sie war damals sechs Jahre alt, und die Mutter war nicht mehr in der Lage, den ganzen Tag allein mit ihr fertig zu werden.) Eines Tages ging Frau V. einkaufen. Als es dunkel wurde und sie noch immer nicht erschien, um Violet mit nach Hause zu nehmen, wurde diese deutlich unruhig, was sich daran zeigte, daß sie von einem Fleck zum anderen huschte. Die Therapeutin erkannte plötzlich, daß sie selbst unruhig zu werden begann, aus Angst – obgleich das unmöglich erschien –, daß Frau V. Violet auf diese ungewöhnliche Weise verlassen könnte. Nach diesem Erlebnis wurde es möglich, mit Violet darüber zu sprechen, wie ihr im Sommerlager zumute gewesen sein mußte, als es dunkel wurde und die Mutter nicht zurückkehrte. Nach und nach entstand eine neue Beziehung zur Therapeutin, die sich von der früheren symbioseähnlichen Verbindung unterschied. Offensichtlich waren Mutter und Therapeutin zu ihren Liebesobjekten geworden, was sich daran zeigte, daß Violet ängstlich bemüht war, der Mutter zu gefallen. Sie entwickelte auch Anhänglichkeit an eine Puppe, mit der sie Szenen aus ihrem Leben agierte. Die Puppe hatte zum Beispiel Temperamentausbrüche und wurde aus dem Zimmer geschickt. Mit einer Vorschullehrerin, die sie zu Hause besuchte, agierte Violet Trennungen von ihrer Puppe, indem sie sie aus dem Fenster warf und wieder zurückholte. Dieses Talent für symbolische Spiele zeigte sich bei Violet erstmals zu dieser Zeit; es schien einen sehr bedeutenden Schritt nach vorn zu bezeichnen. Während der Behandlungssitzungen spielte sie stundenlang mit vielen kleinen Puppen und agierte mit ihnen sehr naturgetreu Situationen, die sie in der Schule erlebte. Bei diesen Spielen gab es immer eine Puppe, die sie selbst darstellte: Diese Puppe bekam stets große Portionen zu essen.

Zu dieser Zeit begann Violet zu zeichnen. Wenn sie Selbstbildnisse anfertigte – ein kleines Mädchen, das mit ihrem Namen bezeichnet war –, dann stellte sie sich dar, wie sie an Eiswaffeln oder Lutschern leckte oder eine Flasche in der Hand hielt. Ihre Zeichnungen und Malereien wurden zunehmend detaillierter und ausdrucksvoller, und sie war imstande, sich durch Zeichnen über unvermeidliche Versagungen zu trösten. So traf Violet eines Tages in aufgeregter Verfassung ein. Die Mutter erklärte uns, Violet habe gewünscht, daß sie Benzin aus dem roten Behälter tanke, weil Rot zu dieser Zeit Violets Lieblingsfarbe war. Das war jedoch nicht möglich gewesen, und Violet, immer noch ärgerlich, ging an die Staffelei und begann zu malen. Sie malte einen hellroten Tank, dann einen grünen. Trotzig zeigte sie auf ihrem Bild, daß der Benzinbehälter im Auto mit dem Schlauch aus dem roten Tank gefüllt wurde. Aber dann malte sie auch einen Schlauch, der von dem grünen Tank aus zum Auto reichte. Auf diese Weise ließ sie durch ihr Bild erkennen, daß, wenn sie nur zuerst ihren Willen gehabt hätte, die Mutter auch ihren Willen hätte haben können. Wichtig schien jedoch zu sein, daß die symbolische Befriedigung ihres Wunsches durch Malen als Realitätsersatz fungieren konnte.

Violets Sprachentwicklung schien im gleichen Tempo fortzuschreiten wie die Entwicklung ihres Körperbildes und die Erforschung des Gesichts von Mutter und Therapeutin.

Violet waren die Geschlechtsunterschiede erstmals im Alter von 4½ Jahren bewußt geworden. Zu dieser Zeit war die Beziehung zwischen ihr und der Mutter besonders gut. Nach einem Besuch bei einer Freundin, die einen kleinen Jungen hatte, beobachtete die Mutter, daß Violet in der Badewanne sich Seifenblasen zwischen die Beine spülte. Die Wahl von Seifenblasen war insofern interessant, weil während des ersten Behandlungsjahres Seifenblasen benutzt worden waren, um Violet ihre ersten Körpersensationen zu vermitteln. Etwa ein Jahr später begann sich Violet für den Körper ihres Vaters zu interessieren; sie wollte ihn berühren und seinen Penis ergreifen. Gleichzeitig erlaubte sie der Mutter nicht, sich zu entkleiden, und sie war aufgeregt, wenn die Mutter ein Bad nehmen wollte, wahrscheinlich in dem Bemühen, die Tatsache zu verleugnen, daß die Mutter und sie keinen Penis hatten. Wieder ein Jahr später interessierte sich Violet für kleine Verletzungen und fing an, sich überall mit Heftpflaster zu bekleben.

Einige von Violets ersten Worten waren an ihren Körper gerichtet und betrafen die Befriedigung ihrer oralen Bedürfnisse, etwa »Bauchnabel«, »Eistütchen« und »Lutscher«. Während dieser Periode spielte sie in ihren Behandlungsstunden mit der Puppe. Sie tat Sand in die Puppenhöschen, was möglicherweise Stuhlgang oder Penis oder beides repräsentierte. Die Mutter berichtete, daß Violet zu Hause versucht hatte, durch eine Röhre zu urinieren. Es gab auch gewisse Anzeichen dafür, daß das Kind am Beginn einer phallisch-ödipalen Phase stand – das heißt, vorgab, ein Knabe zu sein, und die Mutter umwarb –, was sich darin ausdrückte, daß sie mit der Mutter zusammen schlafen und den Vater ausstoßen wollte. In ihren Zeichnungen zeigte sie deutlich ihren Wunsch nach einem Penis, indem sie Figuren mit vielen hervorstehenden Teilen und Penissen darstellte. Während einer Sitzung produzierte sie eine dramatische Serie von Zeichnungen, in der sie zuerst ein kleines Mädchen mit einem Penis darstellte und dann ein kleines Mädchen, das schön gemusterte Strümpfe anhatte, wie sie die Therapeutin und die Vorschullehrerin häufig trugen, sowie einen Hut mit einer langen Quaste. Später bestand Violet auf einer Pferdeschwanzfrisur.

Als Violet im nächsten Sommer wieder in dasselbe Lager geschickt wurde, war es ihr möglich zu zeigen, daß sie die Mutter vermißte; sie war traurig, als die Mutter fortging, und begierig nach Hause zurückzukehren, als der Sommer zu Ende war. Diesmal reagierte sie bei ihrer Rückkehr nicht mit Zurückziehung oder Sprachverlust. Im Gegenteil: Ihre Sprache entwickelte sich sehr rasch, und sie gelangte darüber hinaus, nur Worte zu äußern, die mit ihrem Körper und oraler Befriedigung zu tun hatten. Ihre nächsten beiden Worte waren »nein« und »Mami«. Es bereitete ihr Freude, diese Worte auszusprechen, so als wäre es eine große Entdeckung, und sie benutzte sie stets richtig. Etwas später fing sie auch an, ihren eigenen Namen, »Papi« und die Namen von Leuten zu sagen, die sie mochte; ganz allgemein begann sie Worte und später ganze Passagen und Sätze nachzusprechen. Ein weiterer Beweis für die Stabilität des Selbst und der Objektrepräsentanzen wurde in einer Weiterentwicklung ihrer Spielfähigkeit erblickt, nämlich der Fähigkeit, nicht mehr nur mit Puppen zu spielen und ihnen Rollen zuzuteilen, sondern auch selbst Rollen zu übernehmen. Manchmal sagte sie, sie sei nicht Violet, sondern Bobby, ein kleiner Junge; bei anderen Gelegenheiten war sie »Mami« und bat ihre Mutter, Violet zu sein.

Wenn es zu Wutausbrüchen und Zurückziehung der Mutter kam, schienen sie nun nicht länger die Existenz des Kindes zu bedrohen. Statt dessen entwickelte Violet die Fähigkeit zu zeigen, daß ihre Gefühle verletzt worden waren, empfindlich zu sein, zu weinen und sich der Mutter sogar mit spontanen Beweisen der Zuneigung zu nähern, sie zu drücken und zu küssen.

Mara Selvini Palazzoli

Magersucht

Das Bündnisproblem

Meines Erachtens stellt das Bündnisspiel das zentrale und schwierigste Problem dar, vor dem Familien mit magersüchtigen Patienten stehen. Es ist die Grundlage einer großen Zahl geheimer Regeln, die niemals erwähnt oder auch nur angedeutet werden dürfen und zahlreiche verzerrte Verhaltensmuster zur Folge haben. Doch wie wir sehen werden, können sie vom Therapeuten wirksam eingesetzt werden. Als typisches Beispiel werde ich den Fall einer Familie benutzen, die ich Bianchi nennen will.

Die Familie bestand aus dem Vater, einem 45jährigen Angestellten, der Mutter, einer 42jährigen Hausfrau, Flavia, der 17jährigen Patientin und ihrem 8jährigen dicken kleinen Bruder Claudio. Claudio war dick, weil seine Schwester ihn zwang, riesige Mahlzeiten zu sich zu nehmen, die sie selbst für ihn zubereitete. Im Verlauf der Gespräche wurde durch das Verhalten der verschiedenen Familienmitglieder klar, daß Bündnisse von zwei Personen innerhalb der Familie tabu waren. So ergab sich, daß die Mutter Flavia anvertraut hatte, sie sei nur ihretwegen mit dem Vater zusammengeblieben (wofür sie ihr natürlich ungeheuren Dank schuldete). Doch wenn Flavia selbst (oft von der Mutter angestachelt) den Vater zu kritisieren wagte, wies die Mutter sie sofort zurecht, was Flavia aufregte und sie noch mehr gegen den Vater einnahm. Wenn der Streit zwischen Tochter und Vater auf dem Höhepunkt war, streichelte die Mutter, die neben ihrem Mann saß, diesem freundlich die Hand. An dieser Stelle war die ganze Interaktion beendet; der Vater murmelte: »Lassen wir's auf sich beruhen«, und Flavia brach in Tränen aus. Das Verhalten des Ehemanns seiner Frau gegenüber war ähnlich. Immer wenn er sie in

Anwesenheit der übrigen Familienmitglieder kritisierte und jemanden fand, der ihn unterstützte, sah er seine Frau sofort liebevoll an, und am Ende des Gesprächs half er ihr in den Mantel (was er normalerweise nicht tat), womit er zeigte, daß er es wirklich nicht bös gemeint hatte.

Andererseits hatte die Mutter offenbar ein heimliches Bündnis mit Claudio geschlossen, um ihn vor den ungeheuren Mengen von Speisen zu schützen, die er nach Flavias Meinung verzehren sollte. Wenn sie ihn zur Schule brachte, warf sie deshalb die Brote weg, die Flavia ihm eingepackt hatte. Bei Tisch hingegen drängte sie ihn, alles aufzuessen, was ihm Flavia auf den Teller getan hatte, »um seine Schwester nicht zu kränken«. Während des zehnten Gesprächs diskutierte die Familie, was Claudio in den Sommerferien machen sollte. Der Vater sagte, er sei sicher, Claudio würde es in einem Sommerlager mit anderen Kindern gefallen. Es ergab sich, daß der Vorschlag von Flavia gekommen war; die Mutter war überzeugt, daß Claudio sehr unglücklich sein würde, und sie wollte ihn nur »um Flavias willen« ins Lager schicken. Daraufhin begann Flavia zu weinen und sagte, jeder meinte, sie sei schlecht und wolle ihren Bruder aus dem Weg haben. Dabei wolle sie nur sein Bestes; der Junge müßte unabhängiger werden, sonst würde er wie sie enden.

Der einzige, der von allem überhaupt nichts wußte, war Claudio. Als einer der Therapeuten ihn fragte, was er davon hielt, ins Lager zu gehen, sah er prompt fragend seine Mutter an.

Die Familienmitglieder benehmen sich ganz deutlich so, als ob ein Bündnis zwischen zweien ein Verrat am dritten wäre. Sie scheinen große Schwierigkeiten zu haben, eine Zweierbeziehung einzugehen; der Ausschluß des Dritten erscheint ihnen als schwere Bedrohung ihrer Pseudosolidarität – nur wenn es keinerlei offene Bündnisse gibt, kann diese Bedrohung offenbar vermieden werden.

Bündnisphänomene sind in dreiköpfigen Familien sehr viel einfacher zu untersuchen als in größeren Familien; sie veranschaulichen die Wirkungsweise des Tabus gegen Zweierbündnisse besonders deutlich. Die Patientin wird in eine unmögliche Position gedrängt – sie wird ständig aufgefordert, sich mit dem Vater gegen die Mutter zu verbünden und umgekehrt. Und was noch schlimmer ist: Beide Elternteile, vom Partner zutiefst enttäuscht, *ermutigen die Patientin heimlich, dessen Mängel auszugleichen.* Das hat zur Folge, daß die Patientin zur Hälfte heimlich die Rolle des Gatten wie der Gattin spielt, um ihre Sympathie auf beide gleichmäßig zu verteilen.

Ein ausgezeichnetes Beispiel für diese Situation lieferte Chiara, das einzige Kind eines Mannes mit ausgeprägten künstlerischen Interessen und seiner ungebildeten, schwatzhaften Frau. Seit ihrer frühen Kindheit hatte Chiaras Vater versucht, ihr Liebe zur Kunst einzuflößen; sonntags besuchte er mit ihr alte Kirchen und Museen, während die Mutter im Auto sitzenblieb und Zeitungen las. »Du hast wenigstens Sinn für schöne Dinge«, sagte der Vater zu ihr und brachte damit deutlich seine Unzufriedenheit mit seiner Frau zum Ausdruck. Doch sobald Chiara mit ihrer Mutter allein war, mußte sie ihr jede Einzelheit des Tagesablaufs berichten, um das Schweigen des mürrischen Gatten auszugleichen, der in seine Bücher oder seine Musik vertieft war.

So ziemlich dasselbe passierte Rosella, dem idealisierten Kind eines Vaters, der sich leidenschaftlich für Sport und Ökologie interessierte. Er lud sie zu Ausritten aufs Land ein, doch sie mußte auch seinen »Platz« im Bett neben ihrer Mutter einnehmen, einer deprimierten, unbedeutenden Hausfrau, die die Interessen ihres Mannes in keiner Weise teilte und viel zu oft allein gelassen wurde.

In diesem sonderbaren Arrangement, das wir »Ehe zu dritt« genannt haben, ist jedes Familienmitglied mit zwei Personen verheiratet: die Mutter mit Mann und Tochter, der Vater mit Frau und Tochter und die Tochter mit Mutter und Vater.

Dieses Arrangement bewährt sich für die Eltern recht gut, hingegen nicht für die Tochter, von der erwartet wird, ihre Aufmerksamkeit so gerecht wie möglich zu verteilen, und die infolgedessen keine Möglichkeit bzw. Kraft hat, ein eigenes Leben aufzubauen oder mit dem Erreichen der Adoleszenz die offene Rebellion zu wagen. In der Tat haben wir beobachtet, daß die Tochter im allgemeinen die ihr zugedachte Rolle so weitgehend auf sich nimmt, daß ihre Symptome genau in dem Augenblick auftreten, in welchem dem System eine Veränderung droht. In den beiden Familien, in denen die Patientin die einzige Tochter war, zeigten sich die Symptome bald nachdem der Vater, bisher am Familienleben ziemlich uninteressiert, stärker in Erscheinung trat – im einen Fall infolge einer schweren Krankheit, im anderen, weil er eine enttäuschende, frustrierende Tätigkeit aufgegeben hatte. Die erneute Anteilnahme des Vaters am Familienleben hatte offensichtlich das bestehende Gleichgewicht erschüttert.

In Familien mit zwei, drei oder vier Kindern sind die kritischen Faktoren sehr viel schwerer zu identifizieren. In mehreren Familien stellten wir jedoch fest, daß die Symptome nach einer Veränderung im alten System heimlicher Bündnisse auftraten. Wenn ein Bruder oder eine Schwester älter wurden, änderten sie ihre Beziehung zu den Eltern und bedrohten dadurch das familiäre Gleichgewicht sowie die vermeintlichen Privilegien der Patientin.

Doch in der ersten Familiensitzung läßt sich aus dem Gespräch stets entnehmen, daß die Patientin die Behandlung in einem Zustand der Isolation von ihren Brüdern und Schwestern beginnt; weit davon entfernt, mit irgend jemand verbündet zu sein, wird sie vielmehr heimlich von allen wegen der privilegierten Stellung abgelehnt, die sie infolge ihrer Krankheit genießt – gleichgültig, ob dies zutrifft oder nicht. Die fatale Loyalität gegenüber der älteren Generation entfremdet die Patientin nicht nur den Gleichaltrigen, sie führt auch dazu, daß sie gewissermaßen die Rolle eines zusätzlichen Elternteils spielt und von ihren Geschwistern abgelehnt wird.

Zweierbündnisse außerhalb der Familie werden ebenfalls beanstandet. Als eine unserer 13jährigen Patientinnen sich mit der gleichaltrigen Patrizia anfreundete und sie nach Hause einlud, bemühte sich ihre achtjährige Schwester sofort, daraus einen Dreierbund zu machen, und trotz des beträchtlichen Altersunterschiedes gelang es ihr auch, Patrizia zur Freundin zu gewinnen. Die Patientin fühlte sich dadurch so überfordert, daß sie sich bald darauf von Patrizia trennte. In anderen Fällen werden Freundschaften keineswegs in die Gruppe integriert, sondern als zu intim oder unpassend kritisiert. Es gibt auch Fälle, in denen sich die Patientin zu »retten« versucht, indem sie irgendeinem Jungen oder Mädchen die unmögliche Rolle des Erlösers auferlegt. In mehreren Fällen ging das vorhersehbare Scheitern dieses Versuches dem Auftreten der Symptome unmittelbar voraus und führte zu einer Familienkrise.

Das Schuldproblem

Gerade weil sich jedes Familienmitglied den anderen zuliebe in den Hintergrund stellt, ist keines wirklich bereit, Verantwortung zu übernehmen, wenn etwas schief geht. Die Mütter klagen sich vielleicht wegen der Krankheit der Tochter an, doch sie nehmen diese Selbstbeschuldigung sofort zurück, indem sie erklären, daß ihre Handlungsweise lediglich auf übergroßen Eifer und Hingabe zurückzuführen sei (wofür man sie nicht tadeln kann). Werden sie andererseits wegen eines konkreten Punkts kritisiert, verteidigen sie sich entweder energisch, oder sie werden depressiv und erklären, sie seien bereit, das Haus zu verlassen, wenn sich dadurch die Hoffnung auf Besserung für ihre Tochter erhöhen sollte. Dieser scheinbare Wille zur Selbstaufopferung ist eine verschleierte Bedrohung für die übrigen Familienmitglieder, was zur Folge hat, daß sie auf jede Kritik verzichten.

Für die Väter ist charakteristisch, daß sie sich als Menschen bezeichnen, deren einzige Schuld darin bestehen könnte, daß sie um des lieben Friedens willen zuviel haben durchgehen lassen. Sie halten sich für vernünftige, ausgeglichene Leute und bedauern, daß es ihnen nie gelungen ist, sich mit diesen Eigenschaften gegen das irrationale Verhalten ihrer Frau durchzusetzen. Geht man jedoch der Sache auf den Grund, zeigt sich stets, daß sie vor lauter Selbstmitleid so blind waren, daß sie überhaupt nicht sahen, welche Schwierigkeiten die Tochter in ihrer Beziehung zur Mutter hatte. Niemals hatten sie mutig und nachdrücklich die Partei der Tochter ergriffen. Was die Patientin angeht, so vertritt sie den Standpunkt, daß sie nichts gegen die Symptome tun könne, sobald sie einmal aufgetreten sind. Sie bemerkt, daß ihre Eltern besorgt sind und wünscht, es wäre nicht so. Aber sie ist nun von einer Krankheit befallen, über die sie keinerlei Macht hat und für die man sie in keiner Weise verantwortlich machen kann.

Die Interaktion des Elternpaares

Hinter der Fassade von Anständigkeit und ehelicher Einmütigkeit verbergen die Eltern im allgemeinen eine tiefe Enttäuschung über den anderen, die sie auf keinen Fall zugeben, geschweige denn beheben können.

Darin spielt sich ihre zwiespältige Auffassung von ihrer Ehe wider: Während sie die befriedigenden Seiten begrüßen, lehnen sie die mit Zwang verbundenen heftig ab. Bei allen Familien, die wir bisher behandelt haben, schienen Väter und Mütter ihre eigene Rolle in der Beziehung auf gleiche Weise zu sehen. Die Mütter betrachten sich als »Seele vom Ganzen« – sie weihen sich völlig dem Wohle anderer. Ihre Rechtschaffenheit und anerkannte Großzügigkeit verbieten jede Kritik an ihren ständigen Einmischungen. Sie greifen jeden an, der sich weigert, Wohltäterinnen in ihnen zu erblicken. Die Väter wiederum betrachten sich stets als im wesentlichen gute und anständige Männer. Nichts kann sie dazu bewegen, etwas anderes anzunehmen. Daher begegnen sie den Therapeuten jederzeit respektvoll, während diese von den Müttern gelegentlich angeklagt werden. Wenn man die Väter um etwas bittet, tun sie es gewissenhaft, als wären es Schularbeiten.

Ihre Methoden der Schuldzuweisung in der zwischenmenschlichen Beziehung sind weitaus subtiler als die ihrer Frauen. In trauriges Schweigen versunken, beschuldigen sie alle der Ungerechtigkeit und Verständnislosigkeit, als deren Opfer sie sich fühlen. Ihre Position in der Beziehung ist daher symmetrischer Art, doch handelt es sich hier um eine eigentümliche Symmetrie: In ihr soll derjenige »oben« sein, der größere Opfer im Dienste von Pflicht, Anständigkeit und ehelicher Treue gebracht hat als der andere. Wir nennen das »Symmetrie durch Opfer-Eskalation«.

Es ist eine wohlbekannte Tatsache, daß Ehepartner, die in ihrer Beziehung zueinander an einer starren symmetrischen Position festhalten, normalerweise Verbündete suchen: zunächst bei den eigenen Angehörigen, dann bei Freunden, Ratgebern oder Pfarrern, die gebeten werden, Stellung zu beziehen, bei ehelichen Fehden den Schiedsrichter zu spielen und in kritischen Augenblicken einzugreifen. *Das geschieht jedoch nicht bei unserem Paar, das sich in aller Heimlichkeit der Opfer-Eskalation hingibt,* weil der Anstand erfordert, daß man der Außenwelt als vorbildliches Paar erscheint. Das Geheimnis muß vor den Angehörigen und erst recht vor Bekannten verborgen werden, mit denen sich der Kontakt auf den Austausch konventioneller Höflichkeiten beschränkt. Infolgedessen bleibt das Bündnissystem innerhalb der Familie, und die Suche nach einem Schiedsrichter konzentriert sich vor allem auf die Patientin, die heimlich ermutigt wird, sich mit dem bedauernswerteren Elternteil zu liieren. Da aber beide Eltern sich in dieser Rolle sehen und die Patientin von beiden abhängig ist, fällt ihr eine äußerst zwiespältige Position im System zu. Die Zwiespältigkeit wird weiter dadurch kompliziert, daß zwar beide Eltern um ihre Unterstützung wetteifern, aber keiner zu einem offenen Bündnis mit ihr bereit ist, weil er dadurch paradoxerweise als der weniger Unterdrückte dastehen würde. Mit anderen Worten, der Elternteil, dem es gelingt, ein Bündnis mit der Tochter zu schließen, fällt im Rennen um die Opfer-Eskalation zurück und verliert damit seine moralische Überlegenheit. Aus eben diesem Grunde zeigen beide Eltern verblüffende Widersprüche in ihrem Verhalten bei den Sitzungen. Jeder will das Mitleid der Tochter erringen und drückt seine Enttäuschung aus, wenn es ihm nicht zuteil wird. Dennoch ist er schmerzlich berührt oder gar entrüstet, wenn die Tochter dem anderen gegenüber allzu kritisch oder aggressiv ist.

Wir haben dieses Phänomen immer wieder beobachtet. Im folgenden ein Beispiel: Während einer Familiensitzung brach die Mutter in Tränen aus, als sie zu erklären versuchte, wie schwer es für sie sei, Kontakt mit ihrem Mann zu bekommen, der ständig in seinem Büro arbeitete, selbst an Sonn- und Feiertagen. Entrüstet über die ewige Entschuldigung, daß er eine Menge beruflicher Verpflichtungen habe, sagte sie schließlich schluchzend: »In diesem Fall häng ein Schild an deine Tür, damit deine Klienten wissen, wann deine Bürostunden sind. Dann könnte ich mich wenigstens danach richten.« Während des ganzen Streits hatte die Patientin ein distanziertes Schweigen bewahrt, sorgsam darauf bedacht, nicht die Partei eines Elternteils zu ergreifen. Am Ende des Gesprächs baten die Therapeuten den Vater, eine Zeitlang allein mit der Tochter zu essen, ohne jedoch einen Grund dafür anzugeben. Als die Tochter in der nächsten Sitzung über ihre Mahlzeiten mit dem Vater sprach, erwähnte sie dasselbe qualvolle Schweigen und das Gefühl gefühlsmäßiger Distanziertheit, über die sich ihre Mutter beklagt hatte. Sie tat das sehr zartfühlend, um ihn in keiner Weise zu beschuldigen. Sofort sah sich die Mutter veranlaßt, ihren Mann zu verteidigen – ihre Tochter, meinte sie, erwarte zuviel, während sie immer mit dem wenigen an Zuneigung zufrieden gewesen sei, das ihr zuteil wurde. In einer anderen Familie machte sich der Vater plötzlich Sorgen um den hohen Blutdruck, unter dem seine Frau seit langem litt. »Von jetzt an«, sagte er, »darf sie sich nicht die geringste Anstrengung zumuten.« Das geschah nach einem Gespräch, in dem es der Tochter sichtlich verängstigt zum ersten Mal gelungen war, einige besonders schmerzliche Aspekte der Beziehung zu ihrer Mutter zu beschreiben.

Der »Vermittler« zwischen Paaren dieser Art, die Patientin, scheint demnach gern freiwillig eine Rolle zu übernehmen, die viel zu schwer für sie ist. Wenn sie versucht, ein wirkliches Gespräch mit dem Vater zu führen, wird er sie aus Angst zurückstoßen, während die Mutter sie aus Eifersucht zurückstößt. Gibt sie ihrer Mutter nach, wird vollkommen von ihr Besitz ergriffen, als sei sie noch immer ein Baby, d. h. sie wird als Person abgelehnt; gleichzeitig weist sie der Vater wegen ihres kindlichen Benehmens zurück. Greift sie einen Elternteil an, läßt der andere sie sofort fallen, indem er dem Partner zu Hilfe eilt. Versucht sie schließlich, den ungleichen Kampf zu beenden und sich auf eigene Füße zu stellen, steht sie zum ersten Mal in ihrem Leben einem *vereinten Paar* gegenüber, das entschlossen ist, ihrem Verlangen nach Unabhängigkeit nicht nachzugeben. *In einem System, in dem die Wahrscheinlichkeit so groß ist, daß jede Kommunikation abgelehnt wird, scheint die Ablehnung von Nahrung in vollem Einklang mit dem Interaktionsstil der Familie zu stehen.* Insbesondere stimmt sie völlig mit der Opferhaltung der Gruppe überein, in der Leiden im Spiel um Überlegenheit der beste Zug ist. [...]

Eingriffe beim Bündnisproblem

Das Bündnisproblem ist zweifellos eines der wichtigsten in der Familientherapie. Weil wir die Notwendigkeit, in das Bündnisproblem einzugreifen, nicht erkannt hatten, mußten wir nicht wenige Fehlschläge hinnehmen, besonders zu Anfang unserer Arbeit. Im wesentlichen verlangt diese Form des Eingreifens, eine Methode zu finden, mit der Vater und Tochter zu einem konstruktiven Bündnis veranlaßt werden können. *Dieses Bündnis sollte jedoch nur vorübergehend sein, und es sollte streng darauf geachtet werden, daß es für die Mutter nicht zerstörerisch wird,* die sich sonst ausgeschlossen fühlt und depressiv oder feindselig werden kann. *Das Endziel dieses Eingriffs ist es, die Generationsschranke neu festzulegen, damit die Tochter endlich beginnen kann, ihr eigenes Leben zu führen.*

Dieses Vorgehen ist zwar einfach zu erklären, doch schwer in die Praxis umzusetzen. Zunächst gelingt es dem Familiensystem oft, die Therapeuten zu überzeugen, daß der Vater tatsächlich völlig unzuverlässig ist. Die Mutter läßt keine Gelegenheit ungenützt, auf die Mängel ihres Mannes, soweit es sich um Familienprobleme handelt, hinzuweisen, und sein Verhalten bestätigt diese Meinung. Weil die Tochter oft Feindseligkeit und Ungeduld an den Tag legt oder die Befürchtung äußert, daß mit ihm niemals ein sinnvoller Dialog möglich sein werde, zeigt er außerdem seinerseits immer weniger Bereitschaft, eine Zweierbeziehung mit ihr aufzunehmen.

Um diese Schwierigkeiten zu überwinden, haben wir eine Vielzahl von Taktiken und Vorschriften eingeführt, von denen ich einige kurz erwähnen möchte.

In einem Fall, in dem der körperliche Zustand der Tochter äußerst ernst war und die Aufgabe, sie zum Essen zu bewegen, ausschließlich bei der Mutter lag, hielten wir es für wichtig, ihren distanzierten, hoheitsvollen Vater zu zwingen, seine Gefühle der Tochter zuzuwenden. Angeblich um die unmittelbar bevorstehende Tragödie einer Hospitalisierung abzuwenden, ordneten wir an, daß sich der Vater eine Zeitlang allein um die Mahlzeiten seiner Tochter kümmern und mit ihr in ihrem Zimmer essen sollte. Er sollte genausoviel essen wie sie und auch genausoviel übriglassen.

Dank seiner außerordentlichen Selbstbeherrschung nahm er mehrere Kilo ab, bevor ihn Hunger und Ärger schließlich dazu brachten, ihr eine heftige Szene zu machen. Das Mädchen hatte ihn schließlich besiegt und zum ersten Mal in seinem Leben eine klare, konsequente Botschaft von ihm erhalten. (Unmittelbar danach gab sie ihr Symptom auf.)

In einem anderen Fall zeigten wir Mitgefühl für den großen Kummer, den die Nahrungsverweigerung der Patientin ihrer Mutter verursachte, indem wir vorschlugen, daß die Mutter ein großes Opfer bringe (sie »weihte« sich völlig dem Wohl der anderen) und zwei Wochen Urlaub mache. Vater und Tochter wiederum sollten das »Opfer« bringen, sich in ihrer Abwesenheit umeinander zu kümmern. Auf diese Art konnten wir die wahre Beziehung zwischen Vater und Tochter aufdecken, ohne jemanden beschuldigen zu müssen.

In Familien mit Söhnen und Töchtern versuchten wir komplexere Bündnistaktiken anzuwenden, die sich jedoch als nahezu nutzlos erwiesen, es sei denn, sie gingen mit einer Konsolidierung der Position des Vaters Hand in Hand. Wenn diese Strategie Erfolg hat, haben wir am Ende stets »intelligente« und tüchtige Väter. *Das läßt sehr stark vermuten, daß die sogenannten untüchtigen Väter das Produkt der Kooperation aller Mitglieder des Systems sind und es sich nicht um ein intrapsychisches Faktum handelt.* In diesem Zusammenhang muß ich erwähnen, daß uns in einer derartigen Familie das System dazu verführte, den Vater abzuschreiben und seine Rolle einem der Söhne zu übertragen, in dem Glauben, daß er der Patientin ein verläßlicherer Bündnispartner sein würde. Wir mußten zur Kenntnis nehmen, daß das eine weitere Demütigung des Vaters bedeutete (die das System forderte, um Veränderungen zu verhindern).

Ich möchte hinzufügen, daß es immer, wenn ein vorübergehendes Bündnis zwischen Vater und Tochter von den Therapeuten ausdrücklich empfohlen oder als unvermeidliches Resultat einer Anordnung toleriert wird, darum gehen muß, perverse Dreiecksverhältnisse aufzudecken und besser zu bekämpfen.

Mit perversen Dreiecksverhältnissen meine ich *heimliche* Bündnisse zwischen einer Generation und der nächsten gegen Bündnisse mit Gleichaltrigen. Solche Bündnisse werden niemals zugegeben, und immer wenn das Verhalten der beiden ihren geheimen Pakt verrät, wird er sofort durch Metakommunikationen vertuscht. Die pathogene Struktur der perversen Dreiecksbeziehung liegt daher nicht so sehr in dem Bündnis selbst, sondern in der gleichzeitigen Verleugnung seiner Existenz und der Generationsschranke.

Mit anderen Worten, ein gewisses Verhalten deutet auf ein Bündnis hin, das, wenn man ihm nachgehen will, als solches verleugnet wird. Formaler ausgedrückt, das Verhalten auf einer Ebene, die auf ein Bündnis hinweist, wird durch ein metakommunikatives Verhalten gekennzeichnet, wonach es nicht existiert (Haley).

Ich benutze die Bezeichnung »Bündnis« im Sinne Haleys. Ich meine damit jenes gemeinsame Handeln, das *gegen* eine dritte Person gerichtet ist, im Gegensatz zu einem Bündnis, bei dem zwei von drei Leuten offen gemeinsame Sache machen können.

Es gibt natürlich überhaupt keinen Grund, weshalb ein Elternteil, in unserem Fall der Vater, keine enge gefühlsmäßige Beziehung zu seiner Tochter haben oder nicht offen erklären dürfte, daß er sich vorübergehend mit ihr gegen gewisse unerträgliche Verhaltensweisen seiner Frau verbündet hat. Er muß sich jedoch vor der Versuchung hüten, die Generationsschranke zu ignorieren und die Tochter an die Stelle seiner Frau zu setzen. Wenn er sich mit ihr verbündet, muß er es aus rationalen und deutlich ausgesprochenen Gründen tun.

Ich möchte auch hinzufügen, daß in einigen Fällen unsere Anordnungen, die Vater und Tochter miteinander konfrontieren sollten, keineswegs zu einer engeren emotionalen Beziehung führten, sondern zur Aufdeckung und Beseitigung pathologisch zwiespältiger Situationen. In all diesen Fällen hatte der Vater, mit seiner Frau sichtlich unzufrieden, die Gewohnheit, der Tochter subtile Botschaften – gewöhnlich unausgesprochen – zukommen zu lassen. Es bedarf eines aufmerksamen Therapeuten, um den flüchtigen Austausch ironischer Blicke oder Seufzer zu bemerken, sobald die Ehefrau eine ihrer üblichen Klagen äußert. Mit Hilfe solcher geheimen – oft wiederholten – Botschaften verstärkt der Vater die Feindseligkeit der Tochter gegenüber der Mutter, indem er andeutet, daß sie wunder was für mystische Erlebnisse teilen würden, wäre nur die Mutter nicht im Wege. (In diesem Zusammenhang möchte ich darauf hinweisen, daß sich keine unserer magersüchtigen Patientinnen jemals einen Stuhl neben ihrem Vater ausgesucht hat – meistens sitzen sie neben der Mutter oder abgesondert von der ganzen Gruppe.) In zwei Fällen dieser Art ordneten wir an – ohne es näher zu begründen –, daß sich Vater und Tochter lange genug allein gegenübertreten sollten, um klärende Reaktionen zu ermöglichen. In beiden Fällen wurde unsere Anordnung von der Tochter mit schlechtverhehlter Freude begrüßt, die zweifellos hoffte, der Vater würde nun endlich die in seinen Blicken liegenden Versprechungen wahrmachen. Doch das genaue Gegenteil war der Fall. Einer der beiden Väter, der eine ganze Woche lang mit der Tochter eine Ferienwohnung in einem kleinen Seebad teilen mußte, verschloß sich wie eine Schnecke und brach sein Schweigen nur gelegentlich mit Bemerkungen wie: »Wäre es nicht herrlich, wenn Mami hier bei uns wäre?« Allen Versuchen seiner Tochter, sich an ihren verschiedenen Aktivitäten zu beteiligen, entzog er sich. Alles mußte bis zu dem glorreichen Moment verschoben werden, wenn Mami bei ihnen sein würde!

Der andere Vater, dessen geheime Botschaften an die Tochter noch subtiler gewesen waren, wurde bei unseren Anordnungen sofort von Panik erfüllt. Sobald die vielgeschmähte Gattin, die er als Einfaltspinsel und Klatschbase bezeichnet hatte, aus dem ihr verordneten Urlaub zurückgekehrt war, brach er in Tränen aus wie ein Baby (er war der erfolgreiche Direktor eines großen Unternehmens!). In Gegenwart der Tochter zog er seine Frau eng an sich und flehte sie unter weiteren Tränen an, ihn nie wieder zu verlassen, ihn nie wieder so leiden zu lassen wie während ihrer zweiwöchigen Abwesenheit. In der Sitzung, die auf diese dramatische Szene folgte, beobachteten wir, daß es zwischen Vater und Tochter keine bedeutungsvollen Blicke mehr gab. Der Vater, der sich an seine Frau wie ein Ertrinkender klammerte, schrie die Tochter an, sie solle sie gefälligst in Frieden lassen und ihr eigenes Leben leben. Die Ehefrau, so unerwartet mit Wertschätzung überschüttet, schloß sich ihm an, und die Tochter, enttäuscht wie es nur eine Frau sein kann, die jahrelang vom falschen Mann an der Nase herumgeführt worden ist, stand zum ersten Mal in ihrem Leben vor einem völlig einigen Paar und mußte erkennen, daß sie ihre Eltern nicht länger mit ihren Problemen behelligen konnte.

Solche Beobachtungen sind natürlich in der Psychiatrie nichts Neues, denn sie können auch bei der Einzeltherapie gemacht werden, und vor allem bei der Analyse von Übertragungsphänomenen. Neu daran ist jedoch die Methode, die Dinge schnell ans Tageslicht zu befördern, ohne sie in Worte fassen zu müssen. In der Tat stehen uns sofort ganz neuartige therapeutische Instrumente zur Verfügung, sobald wir eine kybernetische Definition der Familie akzeptieren, d. h. sobald wir sie als »selbstregulatorisches System, das bestimmten Regeln gehorcht«, betrachten.

In den beiden gerade beschriebenen Fällen brauchten die Therapeuten nicht lange, um zu erkennen, daß eine der unausgesprochenen Regeln *das Tabu gegen die Wahrnehmung der Beziehung zwischen Vater und Tochter in ihrer wirklichen Bedeutung und damit gegen Metakommunikationen über dieses Thema war*. Wären die Therapeuten nun unvorsichtig genug gewesen, die offensichtlichen Redundanzen im Verhalten von Vater und Tochter aufzudekken, und hätten sie ihnen ihre Ansicht über diese Beobachtungen mitgeteilt, hätte man ihnen eine Reihe von Disqualifikationen oder entschiedener Verneinungen vorgesetzt. Das ist aber nicht alles. Wegen unseres moralistischen kulturellen Hintergrundes werden solche Enthüllungen, selbst wenn sie mit neutralem Wohlwollen vorgebracht werden, zwangsläufig wie Beschuldigungen behandelt. Die unvermeidlichen Rückkopplungen sind in keiner Weise produktiv und behindern den therapeutischen Prozeß.

Therapeuten und Beobachter müssen sich daher eine eigene Meinung über ihre Beobachtungen bilden und sie zur Entwicklung einer geeigneten Interventionsstrategie benutzen, d. h. zu einer Reihe von *konkreten* Anweisungen, die eine der geheimen Regeln sprengen sollen, welche für die Fehlfunktion des Systems als einer homöostatischen Einheit verantwortlich sind. Erst wenn das erreicht worden ist, kann der Therapeut beginnen, sinnvoll darüber zu kommunizieren, und hoffen, daß seine Beobachtungen bestätigt werden.

Eingriffe beim Schuldproblem

Bei allen unseren Eingriffen sind wir sorgfältig darauf bedacht, niemanden zu beschuldigen – auch nicht indirekt –, am wenigsten die Eltern. Selbst wenn uns besondere Umstände (die seltener werden) gezwungen haben, darauf hinzuweisen, wie dramatisch die Situation war, haben wir unsere Bemühungen darauf beschränkt, gewisse geheime Regeln aufzudecken, die einer ehrlichen Kommunikatin im Wege stehen und Zweideutigkeit und Verwirrungen verewigen (als Emilia beispielsweise ihren bitteren Groll als »Liebe« bezeichnete). Die Erfahrung hat uns gelehrt, zunehmend auf die Methode der *positiven Konnotation* zu vertrauen, d. h. jener Art zwischenmenschlichen Verhaltens, das im allgemeinen als destruktiv oder schädlich bezeichnet wird, konstruktive Absichten zuzuschreiben. Wir sind uns bewußt, daß wir mit der Benutzung der Bezeichnung »positiv« in eine linguistische Falle geraten, da Antinomien wie gut–böse, positiv–negativ etc. in unserem kybernetischen Modell keinen Platz haben. Doch das moralische Klima unserer Zeit ist so beschaffen, daß wir, um uns verständlich machen zu können, in Ermangelung von etwas Besserem die alten Bezeichnungen weiter benutzen müssen.

Um diesen Punkt klarzumachen, kann ich nur ein aktuelles Beispiel positiver Konnotation nennen, das uns unter anderem half, ein gefährliches Manöver einer unserer Patientinnen zu unterlaufen.

Dem Leser ist sicher inzwischen klar geworden, daß magersüchtige Patientinnen (und nicht nur sie!) es sehr geschickt verstehen, ihre Eltern im schlimmsten Licht erscheinen zu lassen. Sie tun dies oft, indem sie sie zu Handlungsweisen reizen, die von anderen zwangsläufig verurteilt werden müssen. Wenn sich Therapeuten in dieser Falle fangen lassen, können sie den weiteren Behandlungsverlauf ernstlich beeinträchtigen.

So brachte eine Patientin beim ersten Familiengespräch die Diskussion geschickt auf ihre prämorbide Phase. Es gelang ihr schnell, die Eltern zu veranlassen, antiquierte und repressive Ansichten über sexuelle Themen zu äußern, wodurch sie als altmodische Käuze erschienen, die sich nur in der Entschlossenheit einig waren, die aufkeimende Sexualität ihrer Tochter zu unterdrücken.

Die Therapeuten dachten nicht daran, den Köder zu schlucken, und äußerten sich weiterhin positiv darüber, daß die Eltern offensichtlich vom weiblichen Charme ihrer Tochter begeistert waren und es verstanden hatten, diesen Charme der Patientin bewußt zu machen. Sie hätten sicherlich nicht so gehandelt, wenn sie sie nicht für begehrenswert gehalten hätten. In der Tat schätzten sie die Situation in einer Weise ein, mit der die Patientin vollkommen einverstanden sein mußte. Weshalb sonst war sie ihnen immer so ergeben gewesen und hatte niemals versucht, sich ihren Verboten auch nur im geringsten zu widersetzen?

Solche Eingriffe führen dazu, daß alle Familienmitglieder auf dieselbe Ebene gestellt werden. Das ermöglicht es dem Therapeuten, ihre Interaktion dem Modell anzupassen, was automatisch alle willkürlichen kausalen Tüfteleien ausschließt. Wer wollte wirklich im vorliegenden Fall sagen, welches Familienmitglied die aktuelle Situation verursacht hat? Behinderten die Eltern die sexuelle Entwicklung ihrer Tochter durch ihre Ängste? Oder setzte die Tochter den ganzen Prozeß selbst in Gang, weil sie den Eltern ihre eigenen Ängste auf die eine oder andere Art signalisierte? Das einzige, was wir im Hier und Jetzt unserer Familiensitzungen wahrnehmen können, und zwar sehr deutlich, ist, daß die ganze Familie zusammenarbeitet, um den *Status quo* aufrechtzuerhalten – allen Anklagen und Gegenanklagen zum Trotz, die nur dazu dienen, die starre Haltung der Selbstverteidigung zu verhärten (einschließlich der depressiven Manöver, insbesondere der Patientinnen, die verzweifelt die Hände ringen, um die Therapeuten zu überzeugen, daß es ganz unmöglich ist, Menschen in ihrer Situation zu ändern).

Die positive Konnotation interaktionalen Verhaltens ist für uns der Weg, ins System einzutreten und zugelassen zu werden *und es in angemessener Zeit zu verändern. Das gilt sowohl für das System als Ganzes wie für das Symptom der Patientin.* Denn es ist unmöglich anzuordnen, was vorher kritisiert worden ist. So kann die Behandlung des Magersuchtsymptoms als eine absichtliche Bekundung von »Bosheit« nur zu sofortiger Ablehnung führen – die Patientin wird stets behaupten, es sei nicht so, daß sie nicht essen *wolle*, sondern daß sie einfach nicht *könne*. Geben wir dem Symptom dagegen eine positive Konnotation und betonen wir in jedem

Fall die »guten« Absichten mit Hilfe des besonderen Materials, das während der Stunde angeboten wird, ebnen wir den Weg für die *paradoxe Verordnung des Symptoms*. So konnten wir im vorliegenden Fall am Ende der allerersten Stunde den Rat erteilen, daß die Patientin (die in unserer Gegenwart und ohne darum gebeten worden zu sein, ihren Eltern während der bevorstehenden Weihnachtsferien eine schnelle Besserung versprochen hatte) mit dem Zunehmen äußerst vorsichtig sein solle. Ihre Abmagerung, erklärten wir, war eine außerordentlich wichtige Abwehr gegen viele Ängste und Gefahren, mit der wir völlig einverstanden seien. Auf diese Weise errichteten wir ein therapeutisches Double-bind, aus dem sich die Patientin nur befreien konnte, indem sie sich gegen uns auflehnte, was im konkreten Fall bedeutete, daß sie ihr Symptom aufgab. [...]

VIII. ÜBER DEN KÖRPER DIE SEELE HEILEN

Körpertherapie

ALEXANDER LOWEN

Bioenergetik

Die Bioenergetische Analyse ist eine Erweiterung und Systematisierung der von Reich entwickelten Seele-Körper-Konzeptionen. Die fundamentale These der Reichschen Therapie ist die funktionale Identität des Muskelpanzers und des Charakterpanzers oder auch der Körperhaltung eines Einzelnen und seiner Ichstruktur. Diese Konzeption psychischer und physischer Einheit erlaubt es einem Therapeuten, Persönlichkeitsstörungen von dem Ausdruck und der Motilität des Körpers her zu diagnostizieren. Man kann zum Beispiel einen verschlossenen Menschen an seiner Körperhaltung erkennen. Dieser Zugang zu der Persönlichkeit über den Körper ist nicht neu. Jeder sieht den anderen als Körper, das heißt, er hat ein Bild vom anderen, in dem Körperformen, Bewegung und Gestik wichtige Informationen liefern. Reich war jedoch der erste, der diese Informationen in das analytische Verfahren integrierte.

Eine zweite grundlegende Idee Reichs stellt die Beziehung her zwischen der Hemmung emotionaler Erregbarkeit und der Restriktion des Atems. Bereits 1935 beobachtete Reich, daß sich der Widerstand gegen den analytischen Prozeß physisch in unbewußtem Anhalten des Atems manifestierte. Wenn der Patient ermutigt wurde, tief zu atmen, dann fiel der Widerstand zusammen und eine Flut verdrängten Materials mitsamt den begleitenden Wirkungen und Gefühlen wurde freigesetzt. Diese Beobachtungen führten Reich zu der Erkenntnis, daß emotionale Erregbarkeit abhängig ist von der Atemfunktion. Durch die Einschränkung der Sauerstoffzufuhr reduziert der Mensch den metabolischen Prozeß in seinem Körper und senkt damit seinen Energiespiegel. Die

Dämpfung des metabolischen Feuers kühlt die Erregungen des Körpers. Die Kinder scheinen zu wissen, daß Atemanhalten schmerzhafte Gefühle abfängt und bedrohliche Impulse unterdrückt.

Neben ihrer Auswirkung auf den Metabolismus übt die eingeschränkte Atmung auch eine restriktive Wirkung auf die Motilität des Körpers aus. Die Atembewegungen fließen über den Körper wie Wellenbewegungen, die bei der Einatmung nach oben und bei der Ausatmung nach unten gehen. Diese Bewegungen, die den Nährboden für den emotionalen Ausdruck bilden, werden durch chronische Muskelspannungen vor allem in Hals, Brust, Zwerchfell und Bauch blockiert. Die Spannung im Hals ergibt sich aus der Hemmung des vokalen Ausdrucks. Sie stellt eine unbewußte Verdrängung der Impulse des Weinens, Schreiens und Heulens dar. Chronische Spannungen in der Brust stehen in engem Zusammenhang mit Muskelverkrampfungen im Schultergürtel, die das Ausstrecken der Arme verhindert. Die Erstarrung des Thorax unterdrückt das Verlangen nach Liebe, das seinen Ausdruck im Weinen und Ausstrecken der Arme finden würde. Diese Gefühle werden unterdrückt, weil wiederholte Enttäuschungen in der Kindheit sie zu schmerzvoll gemacht haben. Muskuläre Verspannungen oder Verkrampfungen in irgendeinem Teil des Körpers beeinflussen die Atmung, weil die Atmung eine Tätigkeit des ganzen Körpers ist. Ein zusammengebissener Kiefer oder zusammengepreßte Hinterbacken verringern die Atembewegungen und schränken die Atemzufuhr ein. Allgemein gesprochen kann man sagen, wenn diese Spannungen in der Oberflächenmuskulatur des Körpers vorherrschen, dann ist die Folge eine allgemeine Erstarrung sowohl physischer als auch psychischer Natur. Umfaßt die hauptsächliche Muskelverspannung die tieferliegenden, kleinen Muskeln in der Umgebung der Gelenke, dann ist Schlaffheit und Gebrochenheit die Folge. Beide führen zum Verlust der Integrität auf physischer wie auf psychischer Ebene. Ziel der bioenergetischen Therapie ist die Lösung der chronischen Muskelverkrampfungen des Körpers und dadurch die Wiederherstellung der natürlichen Motilität und Ausdruckskraft des Organismus.

Der dritte Hauptgedanke der Reichschen Therapie behandelt die Rolle der sexuellen Erfüllung für die Regulierung des Energiehaushalts im Körper. Reich postulierte, daß eine volle orgastische Befriedigung alle überschüssige Energie im Organismus abbaue und daß so keine Energie übrigbliebe, die für die Unterstützung neurotischer Verhaltensmuster verfügbar wäre. Er erkannte, daß dieser Abbau nicht eintritt, wenn die Energie in chronischen Muskelverspannungen festgehalten wird, und daß diese beseitigt werden müßten, wenn der volle Orgasmus erreicht werden solle. Er war der Überzeugung, wenn ein Mensch die Fähigkeit entwickele, alle seine überschüssige Energie im Orgasmus abzubauen, das heißt, wenn er orgastisch potent würde, dann wäre seine emotionale Gesundheit gesichert, da keine Energie für neurotische Verhaltensweisen verfügbar wäre. Daher wurde die orgastische Potenz das Ziel der Reichschen Therapie und das Kriterium emotionalen Wohlbefindens.

Diese drei Ideen konstituieren den Rahmen der Reichschen charakteranalytischen Vegotherapie, und sie wurden, mit einigen wesentlichen Modifikationen, zur Grundlegung der bioenergetischen Analyse.

Reich stieß aber bei der Verfolgung seines Interesses am energetischen Lebensprozeß noch weiter vor. Er entwickelte die Idee der Orgonenergie, die er als die spezielle Lebensenergie bezeichnete. Er arbeitete in der Krebsforschung, wo er, wie ich meine, wesentliche Beiträge leistete. Er untersuchte viele physische Phänomene im Hinblick auf seine orgonenergetischen Theorien. Diese Entwicklung führte dazu, daß er den Namen seines therapeutischen Ansatzes in »Orgontherapie« umwandelte. Die bioenergetische Analyse ging in eine andere Richtung. Sie richtete ihre gesamte Aufmerksamkeit auf die Körperfunktionen mit dem Ziel, die körperlichen Prozesse und die psychischen Phänomene in einer umfassenderen Weise zu integrieren, als Reich es getan hatte. Das Ergebnis ist ein tieferes Verständnis der Persönlichkeitsstörungen und die Entwicklung wirksamerer Techniken für ihre Behandlung. Eine gute Illustration für die Wirksamkeit der bioenergetischen Techniken ist die Behandlung der Depression. Gefilmte Studien haben gezeigt, daß bei dem depressiven Menschen die Motilität merklich herabgesetzt ist. Unsere Beobachtungen zeigen deutlich an, daß auch die Atmung bei dieser Störung merklich eingeschränkt ist. Die Auswirkung dieser Herabsetzung des fundamentalen biologischen Körperprozesses bedeutet die Verminderung der emotionalen Erregbarkeit. Wenn wir für einen Augenblick einmal die psychischen Faktoren ignorieren, die bei diesem Zustand mitwirken, dann bleibt doch die Tatsache, daß jedes Verfahren, das die Atmung stimuliert und die Motilität des Körpers verstärkt, den Menschen aus seinem depressiven Status herausheben muß. Die Benutzung der speziellen Techniken der bioenergetischen Analyse ermöglichen häufig eine ziemlich rasche zeitweilige Besserung dieser fundamentalen Funktionen. Für den Patienten, der keine Ahnung hatte, daß das, was er als psychische Störung ansah, direkt und wesentlich mit seinen Körperaktivitäten in Verbindung stand, ist das Ergebnis häufig überraschend. Diese unmittelbare Befreiung von der Depression ist deshalb nur von kurzer Dauer, weil die dynamischen Faktoren, die in dem Patienten eine depressive Tendenz verursacht haben, noch unberührt sind. Es ist daher vorherzusehen, daß die Depression wiederkehrt. Ich weise also die Patienten darauf hin, daß eine Wiederkehr wahrscheinlich ist. Da sie aber die Befreiung erfahren haben, wissen sie auch, daß eine fortgesetzte Arbeit an der Verbesserung des Atems und der Motilität des Körpers die Tendenz zur Depression überwinden wird.

Was ist das für eine Tendenz? Es wird überraschen, wenn ich erkläre, daß eine Depression eintritt, wenn eine Illusion zusammenbricht, die der Patient bei sich genährt hatte. Diese Illusionen, die direkt unter der Oberfläche des Bewußtseins angesiedelt sind, haben die Funktion, die Seele gegen ein tiefliegendes Gefühl der Verzweiflung zu wappnen. Die Seele des Kindes kann elterliche Zurückweisung und Ablehnung nicht akzeptieren. Sie gewinnt die Vorstellung, die Liebe, die nicht gegeben wird, könne mit gutem Betragen, Erfolg, Leistungen, Intelligenz, Liebenswürdigkeit etc. verdient werden. Das führt zu der Illusion, wenn man nur anders sein könnte, dann könnte alles in Ordnung kommen. Das Kind lehnt seine eigene Natur, seine Gefühle und seine Seinsweise ab, um einem Selbstbild zu genügen, das ihm durch die Forderungen der Eltern aufgenötigt worden ist. Die Tendenz zur Depression gründet sich auf der Ablehnung und Verleugnung des Selbst und auf den Versuch, dadurch Zustimmung zu erlangen, daß man so ist, wie ein anderer es wünscht. Zustimmung ist aber, ganz gleich, wieviel man davon für Erfolg oder Leistung erhält, kein adäquater Ersatz für Liebe. Die Liebe akzeptiert den anderen ganz und gar, ohne Bedingungen oder Forderungen. Die erste Illusion besteht darin, daß man diese Liebe verdienen könne. Wenn man merkt, daß das Ziel sinnlos und der Kampf vergeblich war, dann bricht die Illusion zusammen. Sei es auch, daß der Mensch nicht vollständig versteht, was geschieht; er gibt jedenfalls alle Bemühungen auf und wird depressiv. Jede Depression zeigt an, daß der Mensch den Punkt »Was nützt das alles« erreicht hat. Sie bezeichnet die Rückkehr zu der ursprünglichen Verzweiflung, die durch das Scheitern der bewußten Bemühung noch verstärkt wird.

Die Sequenz Verzweiflung, Anstrengung, Scheitern und Depression muß psychisch durchgearbeitet werden, so daß der Patient ein Verständnis für den *circulus vitiosus* erwerben kann, in dem er sich verfangen hat. Ich habe aber festgestellt, daß dieses Verständnis im allgemeinen nicht ausreicht, die depressiven Tendenzen zu überwinden, ohne daß eine Umkehrung der Selbstablehnung und Selbstverleugnung, die die Tendenz verstärken, stattfindet. Um diese Umkehrung zu erreichen, muß man eine zweite Illusion zerstören, die nämlich, die eigenen Verhaltensweisen seien eine Sache der Selbstkontrolle. Diese Illusion setzt überdies das Selbst mit der Seele und dem Selbstbild gleich und ignoriert den Körper als Basis der eigenen Existenz in der Welt. Wenn wir älter werden, erkennen wir, daß das Selbst nicht Herr über den Körper ist. In unserer Jugend hatte es den Körper erbarmungslos für die Verfolgung seiner Ziele angetrieben, und nun kann der müde Körper nicht mehr weiter. Wir sind mit Krankheit geschlagen und haben eine Vorahnung des Todes. Wir haben irgendwie das Gefühl, daß wir den Zug verpaßt haben. Lust und Freude des Lebens haben uns unmerklich verlassen. Wir sind hilflos, und wieder überwältigt uns das Gefühl »Was nützt das Ganze überhaupt«. Wir werden depressiv.

Der Mensch, der im Sinne seines Körpers lebt, wird nicht depressiv. Er weiß, daß Lust und Freude von guten Körpergefühlen abhängig sind, und er ist mit seinem Körper gut genug in Kontakt, um ihre Abwesenheit zu spüren und um geeignete Maßnahmen zu ergreifen, die sie wieder herstellen. Er ist sich der körperlichen Spannungen bewußt, und er weiß, daß sie, solange sie bestehen, seine emotionale Anregbarkeit bedingen und determinieren. Kontakt mit dem eigenen Körper ist für ihn gleichbedeutend mit dem Kontakt zur Realität, zur fundamentalen Realität der eigenen Existenz. Er hat keine Illusionen von sich oder vom Leben. Er akzeptiert seine Gefühle als Ausdruck seiner Persönlichkeit und er hat keine Schwierigkeiten, sie zu äußern. Wenn ein Mensch zu dieser Seinsweise zurückkehren kann, dann ist seine depressive Tendenz beseitigt. Er kann enttäuscht werden, und er kann über Ereignisse in seinem Leben traurig sein, aber er kann nicht in Depression zusammenbrechen.

Der Kontakt mit dem eigenen Körper ist das leitende Prinzip der bioenergetischen Analyse. Je gestörter ein Mensch im emotionalen Bereich ist, desto weniger ist er in Kontakt mit seinem Körper. Die bioenergetische Analyse versucht, den Patienten in Kontakt zu bringen mit den fundamentalen Bezügen seiner Existenz, das heißt unter anderm mit dem Bezug zu der gasförmigen Umgebung, in der er funktioniert. Die Qualität des Kontakts zwischen den Füßen und dem Boden bestimmt, wie gegründet ein Mensch ist, ob seine Füße nämlich fest verwurzelt sind oder ob er in den Wolken schwebt, ob er auf seinen eigenen Füßen steht oder ob er abhängig ist und der Unterstützung durch andere bedarf. Die meisten Patienten werden sich rasch bewußt, daß sie nicht das Gefühl haben, ihre Füße seien in vollem Kontakt mit dem Boden. Manche äußern sogar, sie ständen auf ihren Knien. Nicht zu wissen, wie man steht, heißt aber, nicht zu wissen, wo man steht, oder auch, als Mensch keinen Stand zu haben. Ein armseliger Kontakt mit dem Boden wird durch chronische Muskelverspannungen in den Füßen, in den Beinen, im Beckenbereich und im ganzen übrigen Körper verursacht. Ein hoher Spann und schmale Füße deuten hin auf den Zug weg vom Boden. Plattfüße und ein kraftloser Spann zeigen die Unfähigkeit, sich auf dem Boden zu bewegen oder ihn zu verlassen. Neben diesen Verspannungszonen findet man häufig chronische Verkrampfungen in den Muskeln der Beine und Oberschenkel, der Fesseln usw. Jede dieser chronischen Verspannungen spiegelt eine Bewegungseinschränkung wider und repräsentiert in der Folge eine Einschränkung des Ausdrucks und des Selbst. Jede hat eine Geschichte, die psychologisch erhellt werden muß, wenn die Verspannung gelöst werden soll.

Der Boden wird immer als Symbol für die Mutter interpretiert. »Boden gleich Erde gleich Mutter« ist ein Grundgedanke der bioenergetischen Analyse. Die Art und Weise, wie ein Mensch steht, sagt uns viel über seine frühe Beziehung zu seiner Mutter. Die Ungesichertheit der Beziehung überträgt sich auf die Unsicherheit des Stehens und wird zur fundamentalen Unsicherheit seines Lebens.

Die zweite vorherrschende Beziehung ist die zur Luft, und die Qualität dieser Beziehung spiegelt sich im Atem. Luft oder Atem ist gleichbedeutend mit dem Geist, dem *pneuma* der alten Religionen, ist ein Symbol geistiger Macht, die in Gott, der Vaterfigur, wohnt. Atmen ist ein aggressiver Akt, denn das Einatmen ist ein aktiver Prozeß. Der Körper saugt die Luft ein. Die Art und Weise, wie man atmet, manifestiert das eigene Gefühl in bezug auf das Recht, zu bekommen, was man vom Leben haben will. Beim Atmen sind wir identisch mit dem männlichen Prinzip, das heißt dem aktiven oder aggressiven Lebensprinzip. Diese Vorstellung zeigt uns die breite Basis, auf der die bioenergetische Analyse ruht. Mit diesem Konzept ist es in vielen Fällen möglich, die Beziehung eines Menschen zu seinem Vater zu analysieren.

Es gibt mehrere Arten von Atemstörungen, die zur Persönlichkeitsfunktion in Beziehung stehen. Zwei sind so wesentlich, daß sie in dieser Darstellung beschrieben werden sollen. Bei dem schizoiden und schizophrenen Patienten stellt man zum Beispiel rasch fest, daß sein Brustkorb in der Ausatmungsphase zusammengepreßt ist. Die Einatmung ist außerordentlich eingeengt, so als wären die Muskeln des Brustraumes, des Zwerchfells und des Halses teilweise gelähmt. Bei diesen Patienten gibt es in der Tat eine teilweise Lähmung aller automatischen und unwillkürlichen Körperfunktionen. Diese teilweise Lähmung steht in Beziehung zu einem Zustand des Entsetzens, der dem schizoiden Patienten überwiegend unbewußt ist, beim schizophrenen aber zum Bewußtsein kommt. Diese Seiten des schizoiden Lebens habe ich beschrieben in meinem Buch *The Betrayal of the Body.* Beim Neurotiker stellt man dagegen häufig fest, daß der Brustkasten in der Einatmungsstellung verharrt. Er ist in der Regel aufgeblasen, und der Patient hat Mühe mit der vollständigen Ausatmung. Er hält die Luft an als Sicherheitsmaßnahme. Eine tiefe Ausatmung ruft bei ihm häufig ein Gefühl der Panik hervor, so als wäre er nicht fähig, wieder Luft zu bekommen. Er behält den Atem drinnen, während der Schizoide sich einfach festhält. In beiden Fällen deckt die Arbeit mit dem Atem des Patienten bald seine Grundängste auf und fördert die psychische Verarbeitung dieser Ängste.

Die Unterscheidung zwischen einer schizoiden und einer neurotischen Atmung ist nicht absolut. Sie ist genaugenommen ebensowenig absolut wie die Unterscheidung zwischen dem schizoiden und dem neurotischen Verhalten. Was man sagen kann, ist, daß eine restriktive Einatmung eine schizoide Tendenz in der Persönlichkeit kennzeichnet, während die restriktive Ausatmung ein Zeichen für eine neurotische Tendenz ist. Und selbst diese Unterscheidung ist nicht so wichtig wie die Tatsache, daß der Patient nicht frei und vollkommen ein- und ausatmet.

Die Beschreibung der bioenergetischen Techniken, die benutzt werden, um die Atemfunktion von den chronischen restriktiven Muskelanspannungen zu befreien, geht über den Rahmen dieser Darstellung hinaus. Eine dieser Techniken verdient jedoch einige Beachtung. Sie bezieht die Benutzung der Stimme mit ein. Die Breite und Qualität der Tonerzeugung ist ein Maßstab für die Beurteilung der Persönlichkeit.

Das Wort »Person« leitet sich her von dem Ausdruck »persona«, was »Hindurchtönen« bedeutet. Man kann einen Menschen an seinem Ton erkennen, und man kann an den Tönen, die jemand äußert, erkennen, was er fühlt. Menschen, die beim Weinen, Schreien und Heulen gehemmt sind, sind in ihrer Atmung durch die Verspannung eingeschränkt, die diese Ausdrucksformen blockieren. Bekommt man einen Patienten so weit, daß er weint oder schreit, dann ist das einer der wirksamsten Wege, die blokkierte Emotion zu lösen und die Atemfunktion zu befreien. Das Schreien kann häufig hervorgerufen werden durch punktuellen Druck auf die vorderen Skalenusmuskeln, während der Patient einen getragenen Ton von sich gibt. Der willkürliche Schrei schickt einen Strom von Gefühl durch den ganzen Körper, von dem Scheitel bis zur Fußsohle, und schafft eine völlige und ungeteilte Körperbewußtheit. Wie auch immer das Persönlichkeitsproblem aussieht, es spiegelt sich in einer Störung des Gefühlsstroms im Körper. Dieser Gefühlsstrom ist die Grundlage aller emotionalen

Reaktionen. Wird er unterdrückt, dann ist die emotionale Erregbarkeit flau. Ist er gebrochen, dann sind die emotionalen Reaktionen widersprüchlich und ambivalent. Nur in dem emotional gesunden Menschen ist der Strom vollkommen, frei und rhythmisch. Ein solcher Mensch ist fähig, seine Gefühle der Liebe, der Wut, der Furcht und der Trauer mühelos und mit vollständiger Selbstkontrolle auszudrücken. Er hat Selbstbeherrschung.

Wenn der Gefühlsstrom durch chronische Muskelverspannungen blockiert ist, dann ist die Selbstbeherrschung eingeschränkt. Dann wird es wichtig, diese Verspannungen zu beseitigen. Drei Schritte sind nötig, um das zu erreichen. Erstens muß sich der Patient seiner Verspannung bewußt werden, das heißt, er muß die Verspannung fühlen und den Impuls wahrnehmen, dessen Ausdruck blockiert ist. Er muß zum Beispiel wahrnehmen, daß sein zusammengepreßter Kiefer Beißimpulse zurückhält, daß seine angespannten Schultern Impulse des Schlagens und Greifens zurückhalten usw. Jede chronische Muskelverspannung repräsentiert eine Ausdruckshemmung bestimmter Gefühle. Die Verspannung ist das physische Gegenstück zur psychischen Hemmung. Verspannungen sind aber keine isolierten Phänomene. Sie stehen untereinander in Wechselbeziehung und determinieren alle gemeinsam die Charakterhaltung des Menschen. Der Patient muß sich dieser Haltung bewußt werden und ihre Rolle in der Determinierung seines Verhaltens begreifen. Das ist es, was Reich die Charakteranalyse nannte.

Zweitens muß der Patient den Ursprung seiner Verspannung oder Hemmung entdecken und ihre Geschichte erhellen. Das ist die analytische Seite der bioenergetischen Therapie. Wird diese Seite vernachlässigt, dann bleibt der Patient ohne Verbindung mit seiner Vergangenheit, und der zugrundeliegende Konflikt, der die Verspannung hervorgebracht hat, wird niemals wirklich gelöst. Auch bei diesem Schritt ist die Konzentration niemals auf die einzelne Verspannung beschränkt. Das Warum einer bestimmten Verspannung wird ausgedehnt und umfaßt das Warum der gesamten Charakterstruktur. Der Patient muß sich selbst als ein Produkt einer einmaligen historischen Entwicklung sehen. Wenn er das ganze Bild im Blickfeld hat, dann bekommt das Puzzlespiel seines Lebens einen Sinn...

Drittens müssen die blockierten Impulse durch geeignete Bewegungen gelöst werden. Solange das nicht geschieht, bleibt die Analyse steril, und es geschieht keine Veränderung in der Gesamtpersönlichkeit.

Der Begriff »geeignete Bewegung« bedeutet auch geeignete Umgebungen. Eine destruktive Verhaltensform agiert die blokkierten Impulse in den sozialen Beziehungen aus. Ob man solch ein Verhalten nun als Schuld empfindet oder nicht, es negiert die Würde und Integrität des Selbst und der anderen. Die bioenergetische Therapie stellt die Möglichkeiten bereit, durch die die Impulse im kontrollierten Setting der therapeutischen Situation zum Ausdruck kommen können. Blockierte Wut zum Beispiel kann durch Schläge oder Tritte auf die Matte gelöst werden. Bei diesem Verfahren besteht keine Gefahr, daß der Patient oder jemand anders verletzt wird. In allen meinen Praxisjahren bin ich nie von einem Patienten verletzt worden. Auf diese Weise kann das volle Ausmaß der Emotionen vom tiefsten Verlangen bis zur heftigsten Wut seinen Ausdruck bekommen.

Ein Vorteil der Arbeit mit diesen Techniken liegt darin, daß der Patient vieles selbst tun kann, um sich zu helfen. Die Kontaktaufnahme mit dem Körper ist keine einmal wöchentliche Aktivität. Jeder wache Augenblick und jede Bewegung verschaffen dem Patienten die Gelegenheit, seine Körperbewußtheit zu steigern. Der Patient entwickelt eine Gefühlsbewußtheit seiner selbst anstelle der intellektuellen Bewußtheit, die aus der Analyse der eigenen Gedanken resultierte. Meine Patienten führen zusätzlich viele der therapeutischen Übungen zu Hause durch und fördern dadurch nicht nur ihr emotionales Wohlbefinden, sondern gleichzeitig ihre physische Gesundheit.

Eine der vielen Modifikationen, die die Reichsche Therapie durch die bioenergetische Analyse erfuhr, ist der Wechsel von der orgastischen Potenz hin zur Lust als dem therapeutischen Ziel. Mit Lust meine ich nicht irgendeine momentane Selbstbefriedigung, sondern vielmehr die Freude am Leben. Ziel der Therapie ist es, dem Patienten dabei zu helfen, die Fähigkeit zu Lust und Freude zu gewinnen. Das ist ein breiteres Ziel, als es bei Reich formuliert wird, denn es umfaßt Lebensfreude, sexuelle Lust und orgastische Befriedigung. Die Analyse der sexuellen Konflikte ist zwar immer noch einer der Brennpunkte der therapeutischen Bemühungen in der bioenergetischen Analyse, aber diese Therapie vermeidet die ausschließliche Beschäftigung mit dem Sex, die den Reichschen Ansatz charakterisierte.

Am Anfang dieser Darstellung habe ich das wachsende Interesse am Körper und an der unmittelbaren Erfahrung als die Hauptzüge der neuen psychotherapeutischen Ansätze erwähnt. Die Bedeutung dieser Ausrichtung wird in der folgenden kurzen Fallgeschichte einer Sitzung sichtbar. Die Patientin, eine junge Frau von fünfundzwanzig Jahren, konsultierte mich wegen einer schweren depressiven Reaktion, die in einem Selbstmordversuch ihren Höhepunkt gehabt hatte. Sie war für diese Konsultation aus dem Krankenhaus beurlaubt worden. Nachdem wir ihre Situation besprochen hatten, arbeiteten wir mit einigen bioenergetischen Übungen, die dazu angetan waren, ihre Atmung und ihre Motilität zu steigern und den Gefühlsausdruck zu fördern. Am Ende der Sitzung war ihre Hautfarbe besser, ihre Augen waren lebendiger und ihr Körper hatte mehr Gefühl. Beim Gehen sagte sie zu mir: »Dr. Lowen, ich kam ohne Hoffnung her, aber ich gehe mit einem Gefühl der Hoffnung fort.« Der Zugang zu der Persönlichkeit über den Körper bedeutet für die Psychotherapie eine neue Hoffnung für das Verständis und die bessere Bearbeitung von Problemen, die durch verbale Techniken nicht angerührt werden können. Das betrifft die Charakterstörungen wie zum Beispiel die schizoide Persönlichkeit, die oralabhängige Persönlichkeit, die masochistische Persönlichkeit und die rigide, zwanghafte Persönlichkeit. In der Behandlung dieser Persönlichkeitsprobleme erweisen sich verbale Techniken als relativ impotent, da ihre Ausprägung im Körper verankert ist. Die schizoide Persönlichkeit zum Beispiel ist bestimmt durch eine Dissoziation des bewußten Geistes vom Körper und gründet sich auf einer Herabsetzung des Gefühls im Körper. Eine Steigerung der Körpersensationen und eine Mobilisierung der Körperbewußtheit sind die unmittelbaren Verfahren, die diese Geist-Körper-Dissoziation überwinden können. Die oralabhängige Persönlichkeit ist durch Gefühle der Ungesichertheit bestimmt, die aus dem inadäquaten Kontakt zwischen Füßen und Boden herrühren. Neu erlangte Gefühle in Beinen und Füßen überwinden das Gefühl der Ungesichertheit und reduzieren die Abhängigkeiten dieser Persönlichkeit. Die masochistische Persönlichkeit ist, allgemein gesprochen, bestimmt durch chronische Muskelverspannungen, die den Nacken und den Beckenabfluß einengen. Der Masochist kann betrachtet werden als Mensch, in dem sich alles aufgestaut hat, und dessen Hauptklage der Furcht gilt, er könne platzen. Werden diese Verspannungen gelöst, dann verringert sich die masochistische Tendenz zu jammern, zu klagen und zu leiden. Rigide, zwanghafte Menschen sind durch starre, angespannte Körper charakterisiert, deren psychische Rigidität nur aufgeweicht wird, wenn die körperliche Starre gelöst ist. Der interessierte Leser wird für eine vollständige Analyse dieser Persönlichkeitsstrukturen auf Reichs Werke und meine Bücher verwiesen. Der Kontakt mit dem eigenen Körper eröffnet dem einzelnen eine neue Hoffnung auf eine sinnvolle Existenz in diesen verwirrten Zeiten. Alle Werte können heute angezweifelt werden, nur ein einziger nicht. Dieser eine Wert, der außer Frage steht, ist die körperliche Gesundheit. Wer mit seinem Körper in Kontakt ist, ist sich seiner Verspannungen bewußt. Er nimmt wahr, wann sein Atem gestört ist, und er kann tun, was nötig ist, um seinen Körperfunktionen wieder zu ihrem optimalen Stand zu verhelfen. So kann er die Verantwortung für sein emotionales und physisches Wohlbefinden übernehmen. [...]

GERDA BOYESEN

Biodynamische Psychotherapie

[...] Das Kind kommt mit seinem eigenen Energiekreislauf, mit dem Gefühl der ozeanischen Welle, die ihm den Zustand tiefen Glücks und innerer Zufriedenheit gibt, zur Welt. Es ist von anderen Menschen in gewissem Sinn nicht abhängig, mit Ausnahme natürlich der Nahrung und Pflege, die es braucht. Nur wenn Hunger oder irgendein andres Unwohlsein den Libido-Fluß unterbrechen, reagiert das Kind mit dem entsprechenden Ausdruck, der die Mutter holen soll, um es mit Nahrung, Liebe und der nötigen Pflege zu versorgen. Jedes Lebewesen, bis hinab zum Einzeller, wird mit seinem autonomen Libido-Fluß geboren, und das Hauptziel meiner Therapie ist es, den Patienten damit wieder in Kontakt zu bringen, d. h. ihm zu seinem eigenen inneren Glück zu verhelfen.

Die Psychoperistaltik steht in engem und direktem Zusammenhang mit diesem Libido-Fluß. In Alarmzuständen ist es völlig normal, daß der Adrenalinpegel im Blut steigt und die Energie vollständig auf eine Handlung konzentriert wird. Es ist also ein regelrechtes Unlustprinzip, das alle verfügbaren Kräfte für die Handlung und den Kampf mobilisieren soll. Anschließend sollte sich die Energie verteilen und der Libido-Kreislauf wieder in Fluß kommen. Wir wissen inzwischen, daß eben diese Harmonisierung sehr häufig unterbrochen ist, und daß hierin die grundlegende Blockierung, die fundamentale Ursache der Neurose liegt.

Seit einigen Jahren hat sich in manchen Therapierichtungen die Vorstellung durchgesetzt, daß Therapie schmerzhaft sein muß. Ich bin damit absolut nicht einverstanden: meiner Ansicht nach sind ein solches Konzept und die damit verbundenen Techniken sehr oft antitherapeutisch. Wenn Patienten, die so geleitet werden, zu tief in die emotionale Entladung gehen – die Entladung dessen, was sie »Primärschmerz« nennen – treten oft energetische Blockierungen in der Kehle auf. Der Libido-Fluß ist damit ein zweites Mal zerstört. In solchen Fällen, d. h. bei Patienten, die wir sekundärneurotisch nennen könnten, geht es unserer Ansicht nach darum, das Schmelzen, die Lösung und das Zirkulieren dieser Energie zuzulassen.

In jeder biodynamischen Therapiesitzung gibt es zuerst eine Provokation, am Schluß jedoch wird immer für ein »Happy-End« gesorgt. Die durch die Entladung befreite Energie kann jetzt in den gesamten Libido-Kreislauf zurückfließen.

Ich habe sehr häufig ein gewisses Mißtrauen gegenüber glücklichen Leuten beobachtet. Tatsächlich existieren zwei Seiten eines solchen Ausdrucks, die ich »die eine und die andere Seite des Spiegels« nenne. Auf dieser Seite des Spiegels besteht die Realität des Patienten aus einer Überladung mit neurotischen Abwehrmechanismen, Einsamkeit und dem ständigen Versuch, Konflikte zu vermeiden. Sehr oft schreckt er vor dem Kontakt mit anderen zurück. Bei einem Menschen, der so betroffen ist, wäre jedes Lächeln, jede Haltung, die Glück zum Ausdruck bringen soll, ein oberflächlicher Notbehelf, eine Maske oder eine Idealisierung. Er versucht, durch seine oberflächliche Haltung seinen tiefen Haß, seine Konflikte, die unterschwellige Depression und die Wut zu verleugnen. Das geschieht im Stadium starker Blockierung. Mit fortschreitendem Lösungsprozeß dieser tiefen energetischen Blockaden aber beginnt die zuvor verkapselte Energie wieder zu zirkulieren. Der Patient erlebt den echten Libido-Fluß und kann so aus seiner Abhängigkeit in ein unabhängiges Lustempfinden übergehen. Er entdeckt seine eigene innere Sicherheit und das Vertrauen in sich selbst.

Auf der anderen Seite des Spiegels ist die Situation ganz anders: der Mensch kann sich sehr gut auf Dauer glücklich fühlen. Selbstverständlich würde eine Person, die ihr eigenes inneres Glück entdeckt hat, auf die Situationen und Anforderungen des täglichen Lebens emotional reagieren, wie jeder andere auch; der Unterschied liegt jedoch darin, daß sie in jedem Moment die Möglichkeit hat, mit ihrem Energiestrom, dem Libido-Fluß in Kontakt zu gehen, der ihr ein Gefühl der Lust und Sicherheit gibt. Solchen

Menschen gegenüber zeigt sich oft eine negative Haltung seitens derjenigen, die sich noch auf der ersten Seite des Spiegels befinden. Sie betrachten die Zufriedenheit und das innere Glück als Attrappe, als gefälschte oberflächliche Haltung, durch die man dem tiefen inneren Leben entfliehen will.

Ein Amerikaner, der von mir gehört hatte, daß ich lange vor Janov »Primärarbeit« machte, kam zu mir in Behandlung, um zu beweisen, daß es damit nichts auf sich habe. Als ich ihm die Tür öffnete, musterte er mich von Kopf bis Fuß und meinte schließlich: »Sie sehen so glücklich und zufrieden aus, daß ich sicher bin, Sie versuchen, irgendeinen tiefen Kummer zu verbergen.» Er befand sich auf der anderen Seite des Spiegels.

Vor allem in Gruppen ist diese Unterscheidung zwischen den beiden Seiten des Spiegels besonders wichtig für die therapeutische Arbeit. Wenn nämlich einer der Teilnehmer sich auf der anderen Seite, d. h. in seinem eigenen Libido-Fluß befindet, kann es leicht geschehen, daß die anderen ihm vorwerfen, er verstecke oder überspiele etwas. Wenn diese Person z. B. den Wunsch äußert, einen Moment allein zu sein, das zu beanspruchen, was ich die »animalische Intimität« nenne, könnte ihr vorgeworfen werden, sie versuche, Konflikten aus dem Weg zu gehen. Hier muß ein gewissenhafter Therapeut einschreiten, um zu verhindern, daß ein neurotischer Konflikt aus der Verwirrung zwischen dem Über-Ich der einen Spiegelseite und dem, was sich auf der anderen Seite wirklich abspielt, entsteht. Bei einem Menschen, der sich auf der anderen Seite des Spiegels befindet, kann eine mitunter kühle Haltung keinesfalls als Vermeidung interpretiert werden, und auch nicht als Mittel, um der bewußten Wahrnehmung realer Gefühle zu entgehen; eine solche Haltung muß vielmehr als Schutz verstanden werden, Schutz für den Libido-Fluß, der die innere Entwicklung ermöglicht.

Ein Mensch, der sich wirklich auf der anderen Seite des Spiegels befindet, wird zugleich extra- und introvertierter. Je mehr der Prozeß der Reinigung und Freisetzung der Energie fortschreitet, und je mehr die Psychoperistaltik eine Bewußtwerdung der verschiedenen Ebenen der Realität zuläßt, desto mehr entwickelt sich die authentische Persönlichkeit und mit ihr die höheren Bewußtseinsebenen, das, was Carl Gustav Jung das »Selbst« nannte. Der Libido-Fluß vermittelt nicht nur inneres Lustempfinden, sondern auch das Bewußtsein energetischer Zirkulation durch jede Zelle, durch jedes Organ. Das energetische Potential, speziell das Schwingungspotential im Gehirn, ist daher erheblich höher, was den Zugang zu anderen Bewußtseinsebenen ermöglicht: der Mensch erreicht die Ebene der Archetypen und wird sich seines kreativen Potentials in erhöhtem Maß bewußt.

Innerhalb einer Zweierbeziehung könnten gewisse Schwierigkeiten auftreten, wenn ein Partner seinen eigenen Libido-Fluß entdeckt hat, während der andere noch in seiner Abhängigkeit steckt. Zur Zeit scheint ein neuer Zwang zu entstehen: innerhalb einer Zweierbeziehung müssen die beiden Partner permanent körperlich beisammen sein. Ich habe den Begriff »animalische Intimität« als Bezeichnung für das Bedürfnis eingeführt, das ein Mensch entwickelt, der seinen Libido-Fluß ganz zurückgewonnen hat. Bei diesen Menschen tritt das Bedürfnis nach Zeit und Raum für sich, um mit sich selbst zu sein, sehr stark hervor. Um den Libido-Kreislauf in Fluß zu halten, braucht es in der Tat Zeit, physisches und spirituelles Alleinsein. Es dient sowohl der Psychoperistaltik, als auch der spirituellen Entwicklung, wird aber vom Partner häufig als Verlassen erlebt.

Wer den Kontakt zu seinem Libido-Fluß verloren hat, lebt in ständiger Abhängigkeit von irgend etwas oder irgend jemandem. Es ist der total offene Libido-Fluß, der es uns möglich macht, uns völlig dem orgiastischen Schmelzen und dem genitalen Liebesakt hinzugeben. Demgegenüber steht das »Glück in der Abhängigkeit« – ein Mensch in einer solchen Situation ist darauf angewiesen, die Liebe außen zu suchen, um sie empfinden zu können; er hat den Kontakt zu der Liebe in sich selbst verloren. Daraus entsteht die Abhängigkeit und das Gefühl der Bedrohung durch eine Katastrophe, die hereinbricht, wenn man nicht alles Mögliche tut, um die Liebe des anderen zu erhalten. In dieser Situation kann man unmöglich allein sein; jede Liebesbeziehung muß symbiotisch werden, es gibt keine innere Freiheit.

Der tiefe Kontakt zur eigenen Liebe wird mit dem freien Fluß der Libido intensiver erlebt, und in gleichem Maß entwickelt sich ein Gefühl der Selbstachtung und Zufriedenheit. Die Abhängigkeit gegenüber äußeren Situationen hat nicht mehr die gleiche Bedeutung. Ein Mensch mit seinem eigenen, vollständigen Libido-Fluß hat es nicht nötig, die Energie von anderen »abzusaugen«; er kann geben und nehmen wie eine reife Persönlichkeit. Das In-Beziehung-Treten zu anderen geschieht aus der eigenen Mitte heraus, dort, wo der Mensch frei und unabhängig ist und keinerlei Zwang besteht zu Nehmen, Anklammern, Versuchen, vom anderen etwas zu bekommen. Es ist uns nicht unbekannt, daß der Großteil der Liebesbeziehungen daran zugrunde geht.

Wir können dieses Abhängigkeitsphänomen zurückverfolgen bis hin zu dem Kind, das sein Lustempfinden, seine innere Zufriedenheit – sprich seinen Libido-Fluß – verloren hat und jetzt, um seinen Körper lustvoll spüren zu können, völlig auf den Kontakt mit der Mutter angewiesen ist. Die meisten Mütter, deren Kinder in dieser Situation sind, spielen diese Fähigkeit, zu geben oder nicht, aus, um die Macht über das Kind zu behalten. Mit dieser Form von Erpressung kann die Mutter das Kind zu allem bringen. Man muß sich vorstellen, daß das Kind, das seinen Libido-Fluß verloren hat, in dem ständigen Bedürfnis lebt, ihn wiederzugewinnen, und der einzige Weg scheint über die Mutter zu gehen, über ihr Streicheln und ihre Zärtlichkeit. Aufgrund dieses Bedürfnisses kann die Mutter auf subtile und zugleich sehr effektive Weise Einfluß ausüben, um das Kind in eine Kondition zu bringen, die man Sekundärpersönlichkeit nennt und die durch Abhängigkeit und Kontaktlosigkeit zum Inneren des Körpers und zu den Emotionen gekennzeichnet ist. So wird das Kind also sehr gehorsam und sehr abhängig; es entwickelt das Gefühl einer immanenten Bedrohung, d. h. es weiß und spürt bewußt, daß die Mutter ihm die Libido und die Liebe in jedem Augenblick nach Belieben entziehen kann, vor allem, wenn es etwas tut, das ihr mißfällt. In dieser Situation reagiert es mit telepathischer Einfühlung auf jedes Zeichen von Zustimmung oder Mißbilligung, das von der Mutter ausgeht.

Im Gegensatz zu dieser blockierten Situation haben wir die Position des Kindes auf der anderen Seite des Spiegels. Die Liebesenergie, die Herzenergie, die Energie in jeder Zelle, im Genitalbereich, die kosmische Energie im ganzen Körper – all das ist das gleiche, und wir können darin die tiefe Zugehörigkeit zur Natur erkennen. Kinder auf der anderen Seite des Spiegels haben ein sehr sensibles Herz und eine unendliche Liebesfähigkeit. Die kosmische Energie, die jede Zelle durchströmt, fließt auch zu anderen und wird von anderen empfangen. Der Bruch im Libido-Kreislauf und der Verlust des unabhängigen Lustempfindens kann leider sehr früh erfolgen. Er ist eine Konsequenz der »Unterbrechungen«.

Die Auswirkungen abrupter Unterbrechung des Libido-Flusses

Das Kind kann sich mit sich selbst beschäftigen und dabei völlig in seiner eigenen Welt aufgehen; es ist mitten in seinem Libido-Fluß, in seinem Gefühl der Unabhängigkeit, im lustvollen Spiel. Es ist ganz und gar absorbiert in seiner Aktivität, hat die Umwelt völlig vergessen und empfindet unendliche Freude an seinem Tun. Jetzt kommt plötzlich die Mutter dazu und fragt: »Was tust du da?« Diese Worte, und vor allem der Tonfall, in dem sie gesprochen werden, können beim Kind, das sehr offen ist, einen regelrechten Schock auslösen; es reagiert mit einem Schreckreflex, die Energie zieht sich nach innen, in die tiefen Schichten des Organismus zurück. Ein solcher Zwischenfall bewirkt eine Restspannung im Körper, die den Libido-Fluß beeinträchtigt. Gleichzeitig entsteht eine Spannung im vorhinein, d. h. das Kind kann sich nicht mehr unvoreingenommen dem Spiel und der Lust der Situation hingeben, aus Angst, der Schock könnte sich wiederholen.

Dieser Schock wirkt nicht nur auf der physischen Ebene, sondern auch – und zwar noch viel intensiver – in der Aura. Eltern sollten im Umgang mit diesen Dingen sehr achtsam sein, da die Kinder viel offener sind als wir Erwachsenen. In der Therapie habe ich beobachten können, wie gefährlich der Schock ist, der auf die Aura wirkt. Wir können uns ungefähr vorstellen, was vor sich geht, wenn zwei Menschen tiefen, befriedigenden, orgiastischen Geschlechtsverkehr haben und durch jemanden, der ins Zimmer stürzt, abrupt gestört werden – es kann einen heftigen Schock auslösen.

In den Gruppen machen wir oft die »Quallen-Übung«, eine Übung, die sehr tief in den Libido-Fluß hineinführt, wobei die

Schwingungen bis zur Ekstase ansteigen können. Wenn in einer solchen Situation jemand von einem anderen Gruppenmitglied gestört oder gar angegriffen wird, kann das katastrophale Auswirkungen auf die Gesundheit der Persönlichkeit und des Organismus haben.

Die Theorie, die ich hier entwickle, ist den meisten Psychologen und Kinderspezialisten unbekannt. Um so wichtiger ist es mir, die Eltern damit vertraut zu machen, um diese schweren energetischen Traumata zu vermeiden. Als Erwachsener, der einem Kind zusieht, das stundenlang mit den eigenen Zehen spielen kann, fragt man sich vielleicht: »Hat es denn niemals Langeweile?« Die Antwort ist ganz einfach: Ein Mensch in seinem Libido-Fluß langweilt sich nie, denn er befindet sich in der Ewigkeit – es ist tatsächlich eine Art Nirwana. Das Hauptziel der Therapie ist für mich, dem Klienten die Bewußtseinsebene der Libido-Zirkulation wieder zugänglich zu machen. Nur Menschen, die extrem blockiert und unsensibel sind, brauchen starke sexuelle Stimuli, Perversion, Horrorbücher oder -filme mit Blut, Sex und Gewalt. Ein blockierter Mensch braucht immer viel »action«; in dem Moment jedoch, wo er sein tantrisches und libidinöses Wesen wiederentdeckt, erlebt er die aufregendsten Abenteuer in den ganz alltäglichen Dingen. Auf der anderen Seite des Spiegels können wir uns niemals langweilen; die ganze Wahrnehmung ist verfeinert, wir sehen die Dinge aus völlig anderen, wunderbaren Blickwinkeln. Es entsteht das, was C. G. Jung »Synchronizität« nennt, d. h. das Leben kommt zu uns.

Dem Erwachsenen können viele Dinge leblos und trübsinnig erscheinen; für ein Kind aber, das seinen Libido-Kreislauf erhalten oder für den Erwachsenen, der ihn wiederentdeckt hat, ist jedes Ding erstaunlich und wunderbar. Eben das ist der Grund, warum therapeutische Arbeit so dankbar und bereichernd für den Therapeuten ist, wenn er den Patienten wieder in Kontakt mit dem Libido-Fluß und dieser Wahrnehmung der Farben und der Wirkung aller Dinge auf das Sein gebracht hat. Ich erinnere mich genau, wie es war, als ich selbst meinen Libido-Fluß wiederentdeckte: die Vorhänge, das Fenster, die Tapeten, alles wurde irgendwie leuchtender, als ob es sich um ein Gemälde, ein Bild handelte. Es hatte sich indessen nichts im Zimmer geändert – nur mein Blick hatte sein Strahlen wiedergewonnen.

Noch etwas möchte ich zu diesem Thema bemerken: Kinder lieben es sehr, wenn die Eltern oder andere Erwachsene in ihrer Nähe, im gleichen Raum sind. Problematisch wird es erst, wenn die Erwachsenen glauben, sie müßten sich ständig mit dem Kind beschäftigen, mit ihm reden und spielen, ihm etwas erzählen. Dieses Eindringen unterbricht das Spiel des Kindes, die magische Welt seiner Libido. Für sich selbst könnte das Kind sehr gut in Gegenwart Erwachsener sein und doch seine magische Welt erhalten; zwischen Menschen im Libido-Fluß ist das Leben ganz einfach. Man könnte es z. B. mit Fischen im Aquarium vergleichen: die Fische stehen permanent in positiver Beziehung untereinander, und doch verfolgt jeder seine Reise auf seinem eigenen Unterwasserweg. Genauso stehen solche Menschen ständig mit den anderen in Verbindung, ohne sie indessen zu stören oder jedwede Handlung als »Du liebst mich nicht« zu interpretieren. Wilhelm Reich spricht von dem Unterschied zwischen den mechanischen und den lebendigen Individuen. Er zeigt auch auf, daß der mechanische Mensch auf die Ausstrahlung des bioenergetischen Menschen großen Neid entwickelt, was er den »Christusmord« nennt.

Als ich nach London kam, fiel mir auf, daß die mechanischen Persönlichkeiten zwei besondere Charakterzüge aufwiesen; sie waren ständig unzufrieden oder sie waren neidisch. Diese neiderfüllten Personen verhalten sich gegenüber lebendigen wie Vampire – sie saugen den bioenergetischen Menschen buchstäblich die Energie ab, bis diese ernsthaft krank werden können. Dieses Phänomen ist in Partnerschaften besonders verbreitet, ich nenne es den »Partnervampirismus«. Die zwanghafte, mechanische Persönlichkeit ohne bioenergetische Ausstrahlung wird natürlich besonders angezogen von Personen, die eine solche Ausstrahlung besitzen.

Es passiert häufig, daß eine strahlende, spontane, bioenergetische junge Frau einen rigiden, zwanghaften Mann heiratet. Nach und nach will dann der verknöcherte Mann seine Frau in genauso ein rigides Wesen verwandeln, um sie seinen zwanghaften Forderungen zu unterwerfen. Er beginnt damit, den Libido-Fluß zu stören; es entsteht ein Stau, und nach dem plasmo-faradischen Prinzip bewirkt die energetische Flüssigkeit eine chronische Kontraktion im Organismus. Diese energetischen Phänomene werden von diversen psychosomatischen Schmerzsymptomen begleitet und können zur Fettsucht beitragen; die Frau wird wirklich krank. In meiner Berufslaufbahn bin ich zahlreichen Beispielen für dieses Phänomen begegnet, und ich habe erlebt, wie junge Frauen schwere Krankheiten und Selbstmordneigungen entwickelt haben. In der Therapie mit diesen Menschen ist es außerordentlich wichtig, ihnen Zustimmung und Unterstützung zu geben, damit sie die Sicherheit gewinnen, daß sie von Grund auf im Recht sind.

In Norwegen hatte einmal ein Bürochef seine junge Frau in die Psychiatrie von Dr. Braatöy gebracht und behauptet, sie sei verrückt. Dr. Braatöy empfing sie, und als er den rigiden, zwanghaften Mann ansah, sagte er nur: »Sind Sie sicher, daß sie diejenige ist, die verrückt ist?« In dem Moment kam dem Mann zu Bewußtsein, was er da tat.

Ein zwanghafter Charakter ist tatsächlich in seinen Forderungen sich selbst und seinen Mitmenschen gegenüber so unnatürlich, daß er den Libido-Kreislauf eines bioenergetischen Menschen unterbricht und schließlich zerstört. Als Folge davon entwickelt der andere häufig Schuldgefühle, da er erkennen muß, daß er den Anforderungen des Über-Ichs seines zwanghaften Partners niemals gerecht werden kann. Außerdem tritt in diesem Zustand beim bioenergetischen Menschen Verwirrung auf – kurz, es entstehen sämtliche neurotischen Symptome über einem im Grunde gesunden und lebendigen Kern. Die therapeutische Maßnahme in diesem Fall besteht darin, solchen Menschen die Zustimmung und Sicherheit zu geben, die sie darin bestärkt, daß es ihr gutes Recht ist, zu sein wie sie sind – schon allein, damit sie, wenn sie auch den Partner nicht gleich wechseln können, zumindest keine Zweifel darüber zu hegen brauchen, daß Verwirrungs- und Schuldgefühle von ihrem Partner provoziert und erhalten werden. Wenn es gelingt, sie von den Schuldgefühlen zu befreien, können sie, mit Unterstützung des Therapeuten und mit genügend Zeit für sich selbst, ihren Libido-Fluß und ihre Primärpersönlichkeit wiederfinden und erhalten.

Ich möchte noch einmal auf einen besonders wichtigen Punkt zurückkommen: die Unterbrechung des Libido-Flusses. Sie wirkt sich bei Menschen, die mit ihrer Libido gewöhnlich in Kontakt sind, ungleich katastrophaler aus als bei solchen, die ihn schon vor langer Zeit verloren haben. Je stärker die Energie präsent ist, desto mehr Flüssigkeit tritt auf, die bei einem solchen Schock Kontraktion und Stauung bewirkt.

Ich hatte es einmal in dem norwegischen Krankenhaus, in dem ich gearbeitet habe, mit zwei Fällen von schwerer Zwangsneurose zu tun. Eine Patientin konnte nicht zur Toilette gehen und mußte sich hundertmal am Tag die Hände waschen. Außerdem brauchte sie jedesmal zwei Stunden, um sich an- oder auszukleiden. Sie wurde von ihrer Mutter in die Klinik gebracht, und es war offensichtlich, daß sie der Mutter eine mustergültig gehorsame Tochter war. Ich zeigte der Mutter die Klinik und stellte ihr dabei eine Patientin vor, die unter einer noch wesentlich schwereren Zwangsneurose litt als die Tochter. Die Mutter sah sie an und sagte: »Was für ein reizendes, wohlerzogenes Mädchen!« Ich hatte keinen Zweifel mehr, daß die Zwangsneurose durch Forderungen der Mutter entstanden war. Diese Forderungen erschienen dem Kind so gewaltig, daß sein Libido-Fluß zerstört wurde. Die gesunde Persönlichkeit eines Menschen, der zum Zwangsneurotiker wird, ist gründlich mißhandelt und zerstört worden. Der in der Folge zwanghafte Charakter versucht, die Menschen seiner Umgebung ebenfalls dazu zu machen, denn er kann den Libido-Fluß nicht ertragen.

Wenn der Libido-Kreislauf zerstört wird, dann verschwindet alles Wunderbare und Magische aus der Welt. Ich habe im Theater eine ausgezeichnete Vorstellung von »Alice im Wunderland« gesehen. Alice befand sich auf der anderen Seite des Spiegels in einer magischen, wunderbaren, mysteriösen Welt, und ständig wurden ihre Abenteuer durch einen Schreckreflex unterbrochen, wie z. B. durch den Ruf der Mutter: »Alice, es ist Teezeit!« Wenn die Mutter langsam in die magische Welt des Kindes eindringt und ihm hilft, auf eine normale Bewußtseinsebene zurückzukommen, um zu essen oder schlafen zu gehen, gibt es keinerlei Probleme. Es kommt ganz auf die Art der Intervention an. Wenn die rufende Stimme hart, rigide und mechanisch ist, tritt der Schreckreflex ein. Die magische Welt des Kindes ist, wohlgemerkt, keineswegs eine irreale oder der Realität entgegengesetzte Welt. Der Mensch, der in Kontakt damit steht, ist nicht etwa der Welt entrückt; er geht einfach nur völlig in seiner Aktivität auf, wird ein Teil davon.

Ich erinnere mich, wie Ola Raknes einmal zu mir sagte, daß er sich beim Schreiben eines Buches fühlt, als sei er selbst die Schreibmaschine. Wenn der Mensch diese Fähigkeit verliert, lustvoll in seiner Tätigkeit aufzugehen, dann wird jede Arbeit zur Pflicht, zum Muß, zum Schmerz. Konzentration und Aufmerksamkeit werden dann zur unerträglichen Spannung, die von der Person als Unlust erlebt wird. Für das Kind ist jede Art von Aktivität, Spiel oder Arbeit, etwas grundsätzlich Libidinöses. Und wir haben es bitter nötig, im Kontakt mit anderen, in der Liebe, in der Sexualität, beim Reden, Essen, in der Bewegung, in all unseren Lebensaktivitäten in unsere Libido zurückzufinden. Wenn unser Libido-Kreislauf vollständig fließen kann, fühlen wir uns wesentlich leichter; kein Stau kann auftreten. Wenn die Energie wirklich zirkuliert, sind wir physiologisch und psychologisch gesund. [...]

ARTHUR JANOV

Der Urschrei

Die Primärszenen

Es gibt zwei Arten von Primärszenen – große und kleine. Die große Primärszene ist das einmalige, zutiefst erschütternde Ereignis im Leben des Kindes. Es ist der Augenblick der eisigen, kosmischen Einsamkeit, die bitterste aller Offenbarungen. Es ist die Zeit, da das Kind zu entdecken beginnt, daß es nicht um dessentwillen, was es ist, geliebt wird und auch nie geliebt werden wird.

Vor der großen Primärszene hat das Kind unzählige kleine Erlebnisse gehabt – kleine Primärszenen –, bei denen es verspottet, abgelehnt, vernachlässigt, gedemütigt und angetrieben wurde, sich zu produzieren. Schließlich kommt der Tag, an dem das Kind in all diesen zerstörerischen Ereignissen einen Sinn erkennt. Ein entscheidendes Ereignis scheint den Sinn aller bisherigen Erfahrungen zusammenzufassen: »So, wie ich bin, mögen sie mich nicht.« Diese Erkenntnis ist katastrophal. Sie wird verleugnet und verschüttet. An ihre Stelle tritt der Kampf des irrealen Selbst. Von nun an wird dieser Kampf wie ein Puffer für das Erleben, so daß das Kind es oft gar nicht weiß, wenn es leidet. Sein Kampf verschleiert seinen Schmerz.

Manche Patienten können sich an eine entscheidende Szene erinnern, die die Summe aller vorangegangenen kleinen Szenen war. Bei anderen häufen sich einfach langsam und gleichmäßig kleinere Traumen an, von denen jedes an sich bedeutungslos war, die sich aber eines Tages zu einem größeren Riß entwickeln. Ob der Riß nun dramatisch ist und die Form einer großen Primärszene annimmt, oder ob er einfach das Ergebnis einer Häufung von kleinen Primärszenen ist, jedenfalls kommt ein Tag, an dem das Kind mehr irreal als real ist.

Die bei einer großen Primärszene eingetretene Spaltung bedeutet, daß das Kind aufgehört hat, ein integrierter und harmonischer Mensch zu sein.

Die große Primärszene ereignet sich gewöhnlich im Alter von fünf bis sieben Jahren. Zu dieser Zeit lernt das Kind, konkrete Ereignisse zu verallgemeinern. Damit beginnt es die Bedeutung all der verschiedenen Ereignisse zu verstehen, die ihm bis dahin widerfahren waren.

Objektiv betrachtet, ist die große Szene nicht notwendigerweise traumatisch. Sie braucht nicht ein Autounfall oder Flugzeugabsturz zu sein. Vielmehr ist sie ein Begreifen, ein rasches, erschreckendes Aufblitzen der Wahrheit während eines vielleicht ganz normalen Geschehens. Ein Patient erinnert sich zum Beispiel, daß er, als er noch klein war, nach seiner Mutter rief, aber statt dessen kam sein Vater, vor dem er Angst hatte. Die plötzliche Erkenntnis war: »Meine Mutter wird niemals kommen, wenn ich sie brauche.« Der Grund dafür war, daß er häufig, wenn er abends ins Bett gegangen war, seine Mutter rief, sie möge ihm ein Glas Wasser bringen. Sie kam niemals. Nur sein Vater kam. Eines Tages wurde ihm dann klar, daß seine Mutter nicht kommen würde, wenn er sie brauchte. Es tat sich ein Zwiespalt in ihm auf, denn wenn er seine Mutter wollte, brachte er damit seinen Vater herbei, der ihm einen Klaps gab, weil er gerufen hatte. Wenn er etwas wollte, bedeutete das also, daß er etwas bekam, das er nicht wollte. Er rief nie wieder nach der Mutter und tat so, als brauche er sie nicht – bis zu dem Tag in meinem Sprechzimmer, als er unter Qualen nach seiner »Mammi« rief.

Kleine Szenen sind einfach die unbedeutenden Ereignisse, die das wahre Selbst betreffen – Kritik, Demütigungen –, bis eines Tages bei der großen Szene dieses Selbst unter der Belastung zerbricht.

Eine große Primärszene kann sich schon in den ersten Lebensmonaten ereignen. Das ist der Fall, wenn ein derartig zerstörendes Ereignis eintritt, daß sich das kleine Kind nicht wehren kann und das Erleben abspalten muß. Dieses Ereignis hat einen irreparablen Bruch zur Folge, der bestehen bleibt, bis er in aller Intensität noch einmal erlebt wird. Seinen Eltern entrissen und in den ersten Lebensmonaten in einem Heim untergebracht zu werden ist ein Beispiel dafür.

Schlüssel-Primärszenen sind signifikant, weil sie für viele hundert andere Erfahrungen stehen, von denen jede Schmerz bedeutete. Wenn diese Szenen während der Primärtherapie wiedererlebt werden, bringen sie daher eine Flut von assoziierten Erinnerungen mit sich. Was alle diese Ereignisse miteinander verbindet, ist ein Gefühl (etwa: »Niemand kann mir helfen«).

Wir wollen einige Beispiele von Primärszenen betrachten. Die folgende ist Nicks große Szene. Er war sechs Jahre alt, als der Zweite Weltkrieg gerade zu Ende war und sein Vater aus der Armee entlassen wurde. Jenes Weihnachten, das erste, das seine Familie seit Pearl Harbor zusammen verlebte, sollte ein großes Fest werden. Nick hatte sich so darauf gefreut, wie sich nur ein kleiner Junge freuen kann. Er kaufte für seinen Vater eine Krawatte, die er so hübsch einwickelte, wie er konnte, und mit einer Weihnachtskarte versah, die er selbst gemalt hatte. Mittags um zwei Uhr waren alle Päckchen ausgepackt, nur nicht seins für seinen Vater. Der gefüllte Puter um drei Uhr schmeckte allen außer Nick. Sein Vater hatte sein Geschenk völlig ignoriert.

Schließlich fand jemand es noch unter dem Weihnachtsbaum liegen und brachte es ins Eßzimmer. Nick berichtete darüber: »Mein Vater war betrunken, und kaum sah er es, da begann er Theater zu spielen. ›Na, was mag das denn sein? Ein Auto? Oder ein Boot, was meint ihr? Nein, es ist ein Flugzeug. Allerdings nicht sehr elegant eingepackt, aber ich merke doch, daß es ein Flugzeug ist.‹ Alle lachten; ich wäre am liebsten unter den Tisch gekrochen. Er brachte es fertig, daß ich mich schämte, ihm überhaupt etwas geschenkt zu haben. Er machte lustig weiter und hetzte das Thema zu Tode. Wenn er betrunken war, konnte er grausam sein. Er tat so, als wisse er nicht, von wem es sei, obwohl auf der Karte, die ich gemalt hatte, ›Pappi‹ stand und ich das einzige Kind bin. Schließlich ließ er sich herbei, das Päckchen aufzumachen, und dann kam er zu mir herüber und knutschte mich von oben bis unten ab. ›Mein ein und alles‹, sagte er, ›unter den zweihundertzehn Krawatten in meinem Kleiderschrank wird von jetzt an und auf immerdar diese meine ganz besondere Lieblingskrawatte sein ...‹ Lauter so verlogener Schmus. Und damit machte er die Sache immer noch schlimmer. Nachdem er ungefähr zum fünftenmal gesagt hatte: ›Du hättest dein Geld nicht an deinen armen alten Vater verschwenden sollen‹, da konnte ich es schließlich nicht mehr aushalten, ich stand vom Tisch auf und rannte weg und dachte: ›Verdammt recht hat er, schade drum!‹«

In einer Welt, deren tägliches Brot Atombomben, Konzentrationslager und Völkermord sind, war es, objektiv betrachtet, sehr wenig, was an jenem Weihnachtsnachmittag geschah. Doch wie der Tropfen, der das Faß zum Überlaufen bringt, trug es dazu bei, einen Mann zu fast einem Vierteljahrhundert nervöser Störungen, sexueller Verirrungen und schwerer Anfälle von Depressionen zu verurteilen. Für Nick symbolisierte diese Weihnachtskrawatte das Gefühl, daß »nichts, was ich je tun werde, gut genug sein wird, um dich, Pappi, dazu zu bringen, daß du mich liebst«.

Die große Primärszene rückt dann Hunderte und sogar Tausende von Vorfällen in den Brennpunkt, die für ein Kind Hoffnungslosigkeit bedeuteten. Von dem Tag an werden reale Gefühle das irreale Selbst überziehen, so daß das Kind viele seiner Gefühle nicht mehr erkennt. (So hat Nick nach Erreichen der Pubertät sein Bedürfnis nach einem warmherzigen Vater verborgen und durch homosexuelle Phantasien ersetzt.) Überdies unterdrückt das irreale Selbst eben diese realen Gefühle, so daß sie nicht miteinander in Verbindung gebracht und schließlich aufgelöst werden können. (»Objektiv« empfand Nick nur Verachtung für seinen Vater, der Alkoholiker ist.) Die große Primärszene ist ein qualitativer Sprung in die Neurose.

Vor dem Weihnachtstag 1946 war Nick in großer Spannung gewesen. Danach klang seine Spannung nicht ab, ebenso wie seine verleugneten Bedürfnisse und Gefühle nicht einfach vergingen. Sie blieben in ihm, im Gehirn verschlüsselt in Form von verdrängten Erinnerungen, die sich in seinem ganzen Körper ausbreiteten. Sie ließen ihn in Spannung bleiben. Seine Spannung bewirkte, daß es ihm nicht bewußt war, wie er sich verhielt, und sie war der Antrieb zum Kampf, um das Bedürfnis symbolisch (homosexuell) zu befriedigen.

Es ist ohne weiteres ersichtlich, daß der Kern des neurotischen Kampfes *Hoffnung* ist – die Hoffnung, daß das, was der Neurotiker tut, Trost und Liebe erbringen wird. Indes muß die Hoffnung des Neurotikers irreal sein, weil sie ihn zu dem Versuch zwingt, auf dem Weg über den neurotischen Kampf etwas von der Welt zu bekommen, was es einfach nicht gibt: einfühlsame Eltern. Der Neurotiker versucht, die Welt in fürsorgliche, interessierte, warmherzige Eltern zu verwandeln. Wenn sie wirklich gute, mitfühlende Menschen gewesen wären, dann würde der Kampf unnötig sein.

Nach der Krise der großen Primärszene kommt es im Verlauf des Familienlebens noch zu vielen tausend schädlichen Erfahrungen. Jede erweitert die Kluft und vertieft die Neurose; jede macht das Kind irrealer.

Ein weiteres Beispiel für den Beginn der Neurose als einer Seinsweise ist Anne. Eines Tages, als sie sechs Jahre alt war, wurde sie unterwegs vom Regen überrascht. Eine Frau aus der Nachbarschaft fand sie klitschnaß und zitternd. Sie nahm das kleine Mädchen mit nach Haus, ließ es sich an einem offenen Feuer wärmen und liebkoste es. Anne war plötzlich »seltsam« und »komisch« zumute – und ohne ein Wort zu der netten Frau zu sagen, rannte sie hinaus und im Regen bis nach Hause. In ihrem Zimmer schluchzte sie etwa eine Stunde lang. Annes Mutter kam, um zu sehen, was sie hatte, aber das Kind wußte es nicht. Ihr war einfach unbehaglich zumute. Später wischte sie sich die Tränen ab, und ging hinunter, um ihrer Mutter beim Abendessen zu helfen. Weiter war nichts an ihrer großen Primärszene. Dennoch war sie traumatischer als Prügel, weil sie nicht integriert und verstanden werden konnte.

Vor dem Gewittertag war Anne geschlagen worden, weil sie sich schmutzig gemacht oder Kraftausdrücke gebraucht oder ihr Kleid hochgezogen hatte – lauter übliche Dinge, die bei der Mehrzahl von uns vorkommen. Bei alledem hatte sie das Gefühl gehabt, etwas Unrechtes getan zu haben; sie entschuldigte sich gebührend und fuhr fort, ihr Leben zu leben. Aber sie empfand genau, was geschehen war. An dem Regentag hatte sie indes nichts Unrechtes getan; es gab nichts, wofür sie sich hätte entschuldigen, nichts, worauf sie ihre Aufmerksamkeit lenken hätte müssen, um so zu empfinden, wie ihr zumute war.

Die Warmherzigkeit der Nachbarin zeigte die Leere ihres Lebens auf. Sie hatte einen flüchtigen Eindruck von dem erhalten, was sie zu Hause nie bekam: Zeit, die für *sie* aufgewandt wurde, Freundlichkeit, Beruhigung, schlichte Menschlichkeit, und sie erkannte, daß ihre Mutter sie niemals lieben würde, wenn sie so war, wie sie war. Sie rannte nach Hause, um diese Erkenntnis hinwegzuschluchzen, ehe sie mit voller Wucht auf sie einwirkte, ehe dieses verheerende *Niemals* gefühlt werden konnte.

Als sich das kleine Mädchen ausgeweint hatte und hinuntergegangen war, um Mammi zu helfen, hörte ihr reales Leben auf. Äußerlich wurde sie höflich, lieb und hilfsbereit. Innerlich bauten sich Spannungen auf.

Anne versuchte, ihr Unbehagen loszuwerden, indem sie ihrer Mutter ständig half, die fast dauernd krank war. Sie übernahm es freiwillig, für ihren kleinen Bruder zu sorgen. Sie kämpfte; die Spannung verstärkte sich, ebenso ihre Neurose. Sie wollte nicht für den kleinen Bruder sorgen, *sie* wollte umsorgt und in den Arm genommen werden; sie wollte nicht Geschirr spülen, sie wollte *spielen*. Aber bei allem, was Mammi wollte, gab sie nach und verleugnete sich selbst. Ihr Leben lang versuchte sie, ihre Mutter in diese freundliche Nachbarin zu verwandeln, die ihr ohne Gegenleistung Liebe angeboten hatte. Der Kampf verhinderte, daß sie die Wahrheit spürte, nämlich daß ihre Mutter niemals der warmherzige Mensch sein würde, den sie brauchte. Das kleine Mädchen war in der Falle gefangen.

Hätte sie aufgehört, sanftmütig und höflich zu sein, dann hätte sie den Unmut ihrer Mutter darüber, eine Mutter *sein* zu müssen, freigesetzt. Sanftmütig zu sein war Annes Methode, um völlige Ablehnung zu vermeiden, deshalb ließ sie Mammi das kleine Mädchen sein, während sie die Rolle ihrer Mutter im Leben übernahm. Irreale Hoffnung war der Grund, warum sich Anne diese Last aufbürdete. Eines Tages, so hoffte sie, würde es etwas für sie geben, und so kämpfte sie um die imaginäre Liebe ihrer Mutter, aber alles, was sie je bekam, war der Abwasch.

Die Primärszene ist also ein Geschehnis, das *nicht* voll empfunden wird. Es bleibt zusammenhanglos und unaufgelöst. Das bedeutet nicht, daß es nur einen Zeitpunkt in unserem Leben gibt, der Neurose hervorbringt, sondern daß es einen Zeitpunkt gibt – nämlich die große Primärszene –, der einen unabänderlichen Verlauf festlegt, und jedes neue Trauma erweitert die Kluft zwischen dem realen und dem irrealen Selbst.

Die große Primärszene ist der Zeitpunkt, an dem die Anhäufung kleiner Verletzungen, Zurückweisungen und Unterdrückungen feste Form annimmt und eine neue Seinsweise bildet – die

Neurose. Es ist der Zeitpunkt, an dem das Kind begreift, daß es, um zurechtzukommen, auf einen Teil von sich verzichten muß. Dieses Begreifen, das zu schmerzlich ist, um ihm Widerstand zu leisten, geschieht niemals ganz bewußt, so daß das Kind beginnt, sich neurotisch zu verhalten, ohne im geringsten zu ahnen, was ihm widerfahren ist.

Einige Primärszenen können dramatisch sein. Andere brauchen es nicht zu sein – es genügt, wenn Mutter sagt: »Wenn du das noch mal machst, gebe ich dich weg.« Es ist nicht die Szene als solche; es ist ihre *Bedeutung* für das Kind, die sie so verheerend macht. Eine anscheinend belanglose Drohung oder ein Klaps kann subjektiv ebenso traumatisch sein wie in ein Heim zu kommen.

Das reale und das irreale Selbst

Obwohl ich vom realen und irrealen Selbst rede, dürfen wir nicht vergessen, daß sie Aspekte eines einzigen Selbst sind. Das reale Selbst ist das wahre Selbst, das, was wir waren, ehe wir entdeckten, daß es für unsere Eltern nicht akzeptabel war. Wir sind real geboren worden. Real zu sein ist nicht etwas, das wir zu sein versuchen. Die Schale, die wir um das reale Selbst herum aufbauen, ist das, was die Freudianer ein Abwehrsystem nennen würden. Aber die Freudianer glauben, ein Abwehrsystem sei für den Menschen notwendig, und eine »gesunde, gut integrierte Person« sei diejenige mit dem stärksten Abwehrsystem. Ich sehe eine völlig abwehrlose Person als normal an, jemanden ohne ein irreales Selbst. Je stärker die Abwehr eines Menschen, um so kränker ist er – das heißt, um so irrealer.

Ein Beispiel für die buchstäbliche Unterdrückung des realen, fühlenden Selbst ist der Fakir, der auf glühenden Kohlen laufen kann und auf einem Nagelbrett schläft. In meiner therapeutischen Praxis sehe ich tagtäglich Patienten, die es fertiggebracht haben, ihre Gefühle völlig abzuspalten, um den Schmerz abzufangen, und die ihre psychischen Verletzungen ebenso wie der Fakir den körperlichen Schmerz nicht mehr spüren.

Gelegentlich kommt es vor, daß der Neurotiker sich selbst flüchtig zu sehen bekommt. Eine Krankheit oder ein Urlaub lassen ihm nicht viel Möglichkeiten, seinen Kampf weiterzuführen, und er ist ganz auf sich selbst konzentriert. Manchmal führt das zu psychiatrischen Symptomen – er fühlt sich plötzlich »depersonalisiert« und »entfremdet«, als habe er immer nur vorgetäuscht zu leben. Diese Depersonalisation ist oft der Beginn der Realität, aber weil der Neurotiker seine Irrealität für Realität hält, hat er dann das Gefühl, sein reales Selbst sei irgendeine fremde Kraft. Im allgemeinen wird er sich in seine gewohnte Irrealität zurückziehen und sich binnen kurzem wieder wie sein »altes Selbst« fühlen. Könnte er einen Schritt weitergehen, könnte er so weit gehen, daß er die Realität seiner Irrealität empfindet, dann könnte er, glaube ich, real werden.

Beim Neurotiker ist also das reale, fühlende Selbst zusammen mit dem ursprünglichen Schmerz verschüttet; darum muß er, um sich zu befreien, diesen Schmerz spüren; den Schmerz fühlen, erschüttert das irreale Selbst auf dieselbe Art, wie das Verleugnen des Schmerzes es schuf.

Weil das irreale Selbst ein auferlegtes System ist, scheint der Körper es abzulehnen, wie er jedes fremde Element ablehnen würde. Es besteht immer die Tendenz, real zu sein. Weil neurotische Eltern uns nicht erlauben, real zu sein, schlagen wir umständliche, d. h. neurotische Umwege ein, um zur Realität zu gelangen. Neurose ist nichts anderes als der Versuch, auf irreale Weise real zu sein.

Es ist das irreale System, das den Körper aus der Form bringt und verkrüppeltes Wachstum und eine verkümmerte Entwicklung zur Folge hat. Es unterdrückt das reale endokrine System oder überreizt es unnötig. Es belastet verschiedene verletzliche Organe übermäßig und verursacht von Zeit zu Zeit »Pannen«. Kurz, das irreale System ist total; es ist nicht nur eine Verhaltensweise dann und wann. Neurotisch zu sein bedeutet, nicht völlig real zu sein; deshalb kann kein Teil von uns reibungslos und normal funktionieren. Neurose ist ebenso umfassend wie Normalität; sie ist in allem, was man tut.

Es gibt einen Weg, wie der Neurotiker unter die Oberfläche seines symbolischen Kampfes und zu jenen Urschmerzen gelangen kann, die ihn antreiben. Ich nenne diesen Weg Primärtherapie. Sie ist der systematische Angriff auf das irreale Selbst, der zu guter

Letzt eine neue Qualität des Seins hervorbringt – Normalität –, ebenso wie die ursprünglichen Angriffe auf das reale Selbst eine neue Seinsweise hervorgebracht hatten – die Neurose. Der Weg in die Neurose und der Weg heraus sind gleichermaßen mit Schmerzen verbunden. [...]

Schmerz und Erinnerung

Wenn die erste Spaltung beim Neurotiker auftritt, scheint es zu einer Teilung im Erinnerungssystem zu kommen. Es gibt reale Erinnerungen, die zusammen mit dem Urschmerz gespeichert werden, und Erinnerungen, die mit dem irrealen System assoziiert werden. Die Aufgabe des irrealen Systems ist es, Erinnerungen, die zum Urschmerz führen können, zu sichten, zu filtern oder zu blockieren. Jede neue Primärszene zwingt das kleine Kind, mehr von seinem Erleben auszulöschen, so daß jeder große Urschmerz von einer Gruppe von Assoziationen umgeben ist, die vom vollen Bewußtsein abgetrennt sind. Je größer das Trauma, um so wahrscheinlicher wird es sich auf einige Aspekte der Erinnerung auswirken.

Die Hypothese der Primärtheorie lautet, daß diese Erinnerung mit dem Schmerz aufgespeichert wurde und erst wieder hervorgeholt wird, wenn der Schmerz empfunden wird. Primärtherapeutisch behandelte Patienten sind einer wie der andere überrascht, wie die Therapie diese Erinnerungsbank sprengt. Eine Patientin begann die Therapie damit, daß sie das, was sie im Alter von sechs Monaten erlebt hatte, wiedererlebte, und an jedem folgenden Tag der Behandlung erlebte sie das nächste Lebensjahr, bis ihr ganzes Leben vor ihr abgerollt war. Bei jeder dieser Sitzungen erweiterte sich ihre Erinnerung sehr stark, ging aber nicht über das Lebensalter hinaus, mit dem sie sich an jenem Tag beschäftigte. Als sie sich ins Gedächtnis zurückrief, wie sie in ihrem Kinderbettchen allein gelassen wurde, da entsann sie sich auch des Hauses, in dem sie damals lebte, wie ihre Großeltern kamen, um mit ihr zu spielen, und wie ihr Bruder sie kniff, während sie hilflos dalag.

Die Erinnerung ist eng verknüpft mit dem Urschmerz. Es wird leicht vergessen, daß diese Erinnerungen zu schmerzlich sind, um integriert und bewußt akzeptiert zu werden. Deshalb wird der Neurotiker in manchen kritischen Bereichen unvollständige Erinnerungen haben.

Hier seien einige Sitzungen wiedergegeben, bei denen Patienten Primärszenen wiedererlebten. Erste Szene: Eine fünfunddreißigjährige Lehrerin erlebt die Szene in zunehmender Erregung: »Sie wird über den Flur gefahren. Es ist dunkel. Sie wird auf das Bett gelegt. Sie ist allein. Es ist schrecklich... Oh! (Hier krümmt sie sich zusammen, als ob sie einen Schlag in den Magen bekommen habe.) Mein Gott! *Ich werde* für drei Jahre ins Bett gesteckt. Ich kann's nicht ertragen! Ich kann's nicht ertragen!«

An diese Szene erinnerte sie sich im vierten Monat der Therapie. Als sie an jenem Tag kam, war sie erregt und wußte nicht, warum. Als sie über ihre Gefühle zu sprechen begann, nahm ihre Unruhe zu, und zuerst redete sie in der dritten Person: »Sie wird über den Flur gefahren.« Als sie sich dann plötzlich zusammenkrümmte, ging sie von der dritten Person in die erste über: »ich« – es war der Übergang vom gespaltenen Selbst zum einzigen Selbst. Die Worte: »Ich kann's nicht ertragen!« schrie sie und wand sich dabei im Urschmerz. Der Tag, von dem sie sprach, war der Tag, an dem sie entdeckte, daß sie an einer rheumatischen Herzerkrankung litt und im Alter von fünf Jahren für drei Jahre ins Bett gesteckt wurde. Es war eine so verhängnisvolle Erfahrung, daß sich das Kind spaltete, um sie erträglich zu machen, und seitdem sah es sich selbst so tun, als ob es lebe, als ob es zwei Menschen seien. Es war, als ob es sagte: »Es widerfährt nicht *mir;* es widerfährt *ihr*.«

(Nicht bei jeder Primärszene sind die Eltern *direkt* beteiligt. Aber wenn Eltern liebevoll und freundlich sind, dann glaube ich, wird es zu keiner neurotischen Spaltung kommen, wie immer das Trauma auch sein mag. Ich entsinne mich einer Frau, die sich daran erinnerte, wie Bomben auf ihr Kinderheim an der jugoslawisch-italienischen Grenze fielen. Das wichtigste Gefühl war immer *noch:* »Mamma, ich habe Angst. Wo bist du? Komm her und beschütze mich, bitte!« Nach dem Urerlebnis erörterte sie diesen Punkt und sagte, der Krieg sei so bedrückend für sie gewesen, weil niemand da war, der ihr erklären konnte, was er bedeutete, niemand, der ihr Schutz gewährte und ihr ein Gefühl von Sicherheit gab. Unter diesem frühen Streß konnte sie nicht durchhalten.)

Die Szene, die von der an der rheumatischen Herzerkrankung leidenden Frau beschrieben wurde, war vorher nur eine verschwommene Erinnerung gewesen. Sie entsann sich an Malbücher, daß sie im Bett Milch getrunken hatte usw., aber an nichts Substantielles: Der Urschmerz hatte die tieferen Aspekte der Erinnerung in einen versunkenen Bereich mitgenommen. Nachdem sie diese Szene wiedererlebt hatte, berichtete sie, daß sie ihre Beinmuskeln und Fußknochen spürte. Sie wußte plötzlich, warum sie niemals in ihrem Leben auch nur den Wunsch verspürt hatte, sich körperlich zu betätigen. Nicht nur den bewußten Wunsch hatte sie erfolgreich betäubt, sondern auch die Glieder, die das instinktive Verlangen, zu rennen und zu spielen, in die Tat umsetzen sollten.

Es hatte vier Monate der Therapie bedurft, um diese Erinnerung hervorzuholen. Als es dann so weit war, geschah es fast automatisch, als ob der Körper jetzt für einen noch größeren Schmerz bereit sei und imstande sein würde, den Stoß aufzufangen. Das Erinnern erfolgte in umgekehrter Reihenfolge zu dem Erleben. Zuerst kam in der Erinnerung die Spaltung zum Ausdruck, so daß die Patientin von »ihr« sprach und von dem, was »ihr« widerfahren war. Dann erinnerte sie sich an Bruchstücke und einzelne Teile des Erlebens: daß sie über den Flur gefahren und ins Bett gelegt wurde usw. Diese zerstückelten Erinnerungen waren wie eine Zündschnur, eine Erinnerung löste die andere aus bis zu dem einen, vollständigen, explosiven Augenblick, in dem die Spaltung selbst erlebt wurde (als »sie« zu »ich« wurde) und sie wieder *eins* war.

Zweite Szene: Eine dreiundzwanzigjährige Frau erinnert sich in ihrer zweiten Therapiewoche an folgendes: »Ich war sieben. Ich wurde in ein Krankenhaus oder dergleichen gebracht, um meine Mutter zu besuchen. Ich sehe ihren blauen Morgenrock vor mir und die weißen gestärkten Laken. Ich sehe ihr Haar, das so struppelig war, als ob sie sich gar nicht gekämmt hatte. Ich sitze auf dem Bett... mehr weiß ich nicht. Das ist alles, woran ich mich erinnere.« Ich dränge sie, sie solle sich ihre Gefühle vergegenwärtigen und die Szene wieder vor sich sehen. Sie fährt fort: »Ich glaube, ich saß neben Mutter. Ich sehe sie an... Oh! Ihre Augen! Sie weiß nicht, wer ich bin. Mutter ist verrückt; sie ist verrückt!«

Diese Erinnerung erschloß sehr viel. Die Patientin hatte immer geglaubt, sie habe nur geträumt, daß ihre Mutter einmal versucht habe, sie zu töten, aber später konnte sie sich erinnern, daß ihre Mutter tatsächlich einen Nervenzusammenbruch hatte und damals versuchte, ihre Kinder umzubringen. Ihre Erinnerung an die Situation erweiterte sich sofort. Sie wußte nun, daß es eine Irrenanstalt war, in der ihre Mutter untergebracht worden war. Sie hatte sich immer an einzelne Aspekte der Szene erinnert – den Weg zum Krankenhaus, daß sie mit dem Fahrstuhl hinauffuhr usw., aber sie hatte sich nie daran erinnern können, daß sie ihre Mutter tatsächlich gesehen und ihren wahren Zustand erkannt hatte.

Die Spaltungen, die bei diesen Szenen eingetreten waren, lassen sich mit Zuständen von Amnesie vergleichen, nicht so dramatischen oder vollständigen wie Gedächtnisverlust, worüber man manchmal liest, aber wenn die Situation absolut unannehmbar ist, zum Beispiel Vergewaltigung durch den Vater (einer unserer primärtherapeutischen Fälle), dann mag es große Bereiche geben, in denen der Urschmerz eine Zeitspanne von ein oder zwei Jahren vor oder nach diesem Ereignis ausgelöscht hat. Manchmal können durch Hypnose einige dieser alten Erinnerungen wieder hervorgeholt werden, weil der Faktor Urschmerz dann unterdrückt wird, aber ich glaube nicht, daß mit Hypnose Bereiche und Erinnerungen erreicht werden können, in denen der Urschmerz überwältigend ist. Die in jungen Jahren von ihrem Vater vergewaltigte Patientin konnte zu dieser Erinnerung erst nach etwa dreißig primärtherapeutischen Sitzungen gelangen.

Ein siebenundzwanzigjähriger Mann entsann sich wieder seiner Kindheit, als er während der Therapie auf eine Erinnerung stieß, die er ganz vergessen hatte, daß er nämlich einmal von einer schwingenden Schaukel verletzt worden war. Die Erinnerung war nicht mit dem Urschmerz vergleichbar, den er damals erlitt. Er erlebte ihn in dieser Reihenfolge: »Ich weiß nicht, warum mir so mies ist. Da ist eine Schaukel, und die wird mich treffen. Tatsächlich haut sie mich um. Nanu? Das kann es doch nicht allein sein. Wo ist Mama? Mama, Mama! Das ist es. Niemand kam. Niemals kam jemand. Ich war immer allein, und niemand kümmerte sich darum, wo ich war. Oh, Mama, Mama, kümmere dich bitte um mich!« Er sagte, der Grund, warum er alles vergessen hatte, was damals und in jener Gegend geschah, war, daß er der Tatsache nie ins Auge sehen wollte, wie allein und verlassen er war: »Deshalb vergaß ich die Sache mit der Schaukel einfach.« Die Erinnerung an die Schaukel, die ihn verletzte, war an sich und als solche nicht wichtig. Der Sinn, der den Vorfall umgab, war katastrophal, und dieser Sinn, daß sich nämlich niemand um ihn kümmerte, wurde verleugnet und sein Leben lang in Versuchen ausagiert, Leute dazu zu bringen, sich um ihn zu kümmern. Als er schließlich der Tatsache ins Auge sehen konnte, daß seiner Mutter, die er sich immer als liebevoll vorgestellt hatte, nichts an ihm lag und nie gelegen hatte, da wurde seine Erinnerung an die Schaukel bewußt, total und real.

Die Erinnerungen des Neurotikers sind oft traumähnlich, und es mag ihm ebenso schwer fallen, sich an seine frühe Kindheit zu erinnern, wie es ihm schwer fällt, sich an manche Träume zu erinnern. Ich glaube, damit es eine konkrete Erinnerung gibt, muß es ein konkretes Erleben geben – das heißt, der Betreffende muß völlig beteiligt sein an seinem Erleben und darf es nicht aus Angst oder Erregung abspalten. Manche Patienten sind durchs Leben gegangen, ohne überhaupt gewahr zu werden, was um sie herum vorging. Sie beklagen sich oft darüber, daß ihnen das Leben »nicht widerfuhr«. Es widerfuhr ihrem *irrealen* Selbst. Sie marschierten durchs Leben und waren gar nicht »ganz da«. Gewöhnlich lebten sie innerhalb einer Art Schranke, die den Stoß des Erlebens auffing und nur durchließ, was angenehm war. Wenn ein Patient der Primärtherapie unter dieser Schranke nachgräbt, kann er erkennen, was einige seiner Erlebnisse und sein Verhalten, die vorher durch den Urschmerz abgestumpft waren, wirklich bedeuteten.

Ich möchte meinen, daß Erinnerungen in dem Maße unterdrückt werden, in dem sie ein Widerhall von Umständen sind, die den Urschmerzen der Schlüssel-Primärszene ähnlich sind. Wenn eine neuerliche kränkende Bemerkung eine alte, unterdrückte seelische Verletzung – etwa das Gefühl, dumm zu sein – hervortreten läßt, dann wird dieses Geschehnis vielleicht vergessen oder nur verschwommen erinnert. Wieviel erinnert wird, hängt davon ab, wie ähnlich die Situation und das Gefühl der alten seelischen Verletzung einander sind.

Die Vorstellung, daß das irreale Erinnerungssystem bei der ersten großen Primärszene beginnt, hat mehrere Konsequenzen. Zum Beispiel kann ein Neurotiker ein phänomenales Gedächtnis für Daten, Orte, geschichtliche oder auch Ereignisse aus seinem eigenen Leben haben, und doch wird sein Erinnerungsvermögen vielleicht nur dazu dienen, die irreale Fassade zu stützen, die sagt: »Schau, wie intelligent und bewußt ich bin.« Die tieferen Aspekte seiner Erinnerung sind womöglich total blockiert. Die Erinnerungen des irrealen Selbst sind selektiv und bleiben im Gedächtnis, um die Spannung zu mildern, um das »Ego« zu stärken. Das bedeutet, daß ein sogenanntes gutes Gedächtnis eines Neurotikers oft nur eine Abwehr *realer* Erinnerungen ist.

Ein Fall mag dazu beitragen, die Beziehung zwischen Urschmerz und Erinnerung zu klären. Eine junge Frau von Anfang Zwanzig kam in der Primärtherapie gut voran, hatte zwei Urerlebnisse gehabt und war recht einsichtsvoll. Am Ende der zweiten Woche hatte sie einen schweren Autounfall. Sie erlitt mehrere Knochenbrüche, und es wurde eine traumatische Gehirnerschütterung diagnostiziert. Nachdem sie das Bewußtsein wiedererlangt hatte, konnte sie sich an den Unfall nicht erinnern. Ihre Ärzte bezweifelten, ob sie sich je an das Trauma würde erinnern können, und sagten ihr, wenn sie sich in einigen Wochen nicht an den Unfall erinnern würde, bestehe die Wahrscheinlichkeit, daß es nie wieder der Fall sein werde.

Nach mehreren Wochen hatte sie sich so weit erholt, daß sie wieder an der Therapie teilnehmen konnte. Ehe sie kam, hatte sie Magenkrämpfe und drei Tage keinen Stuhlgang gehabt. Nach einem Urerlebnis von einem großen Urschmerz in der frühen Kindheit kam sie automatisch und ohne Anleitung auf ihren neuesten Schmerz – den Autounfall. Das ganze Trauma von Anfang bis Ende erlebte sie in allen Einzelheiten, ohne daß es sie eine bewußte Anstrengung kostete, sich daran zu erinnern. Sie sah den Wagen kommen, hörte den Zusammenstoß, spürte den Schlag auf den Kopf und stieß den schrecklichen Schrei aus, den sie bei dem Unfall nicht auszustoßen vermochte. Über jede Einzelheit des Unfalls konnte sie ohne die geringste Verschwommenheit des Denkens sprechen.

Das ist ein Hinweis darauf, daß die physischen Wirkungen der Gehirnerschütterung vielleicht an dem Gedächtnisverlust gar nicht schuld sind; der begleitende Urschmerz trägt womöglich dazu bei, die Erinnerung an katastrophale Geschehnisse zu unterdrücken. Wenn diese Annahme zutrifft, wird es möglich sein, einen Menschen durch ein Urerlebnis in Zustände von schwerem Trauma, etwa Vergewaltigung, zu versetzen, so daß er die Erinnerung an das Geschehnis wiedergewinnt.

Ich glaube nicht, daß das Erinnerungssystem eines Neurotikers vollständig sein kann, solange er Urschmerzen hat. Sobald er eine Primärtherapie durchgemacht hat, scheint sein Erinnerungsvermögen erheblich zuzunehmen, und den meisten dieser Patienten fällt es leicht, sich in ihre ersten Lebensmonate zurückzuversetzen und sich an einen Vorfall nach dem anderen zu erinnern. Es ist, als ob das ganze Erinnerungssystem durch das Erleben des Urschmerzes plötzlich weit geöffnet worden sei.

IX. WEGE IN EINE NEUE ZEIT

Psychotherapie in den Achtzigern

Einführung

Wenn ich über die Psychotherapie in den Achtzigern nachdenke, kommt mir immer das Bild von einem großen Garten in den Sinn: einem Garten mit vielen verschiedenen Bereichen, mit einsamen Ecken, bunten Wiesen, sauber angelegten Beeten. Einem Garten, weit und unüberschaubar, in dem es vielfältig und bunt wächst, blüht, auch wohl wild wuchert...

Etwa zwanzig therapeutische Verfahren werden heute ständig angewandt; fünfzig Methoden stellt ein zur Zeit gängiger »Therapieführer« vor; ungefähr dreihundert Therapiemethoden soll es insgesamt geben; und amerikanische Schätzungen präsentieren gar die stolze Zahl von tausend Therapieverfahren.

Das ist allerdings unüberschaubar. Was da, neben etablierten Therapieformen, so alles an Techniken, Methoden, Thesen und Theorien blüht, gedeiht oder auch wieder eingeht, ist im einzelnen nicht mehr zu erkennen, darzustellen, geschweige denn zu bewerten. Diese unkontrollierte Vielfalt ärgert und irritiert viele und wirft Probleme auf.

Doch ist die Psychotherapie in den Achtzigern auch kein formloses Durcheinander. Ich meine, es sind Bewegungen zu erkennen, Strömungen, die sich, in Kombination mit jener bunten, verwirrenden und doch fruchtbaren Vielfalt, zu gangbaren Wegen entwickeln könnten – zu Wegen in eine neue Zeit. Eine neue Zeit in der Psychotherapie und vielleicht nicht nur in der Psychotherapie.

Am wichtigsten finde ich drei Bewegungen, die man in die Begriffe Integration, Meditation, Innovation fassen könnte.

Die *Integration* verschiedener Therapiemethoden und damit der umfassende, ganzheitliche, *integrative* Therapieansatz sind nicht nur eine Tendenz, sondern auch eine Notwendigkeit der Psychotherapie in den Achtzigern. Tilmann Mosers konziser, kritischer Beitrag ist ein leidenschaftliches Plädoyer dafür.

Der Begriff *Meditation* steht für die Strömung, über die pragmatische Therapie hinaus zu einer »existentiellen« Therapie zu finden, der es um Reifung, Sinnfindung, um das Wesen des Menschen und seiner Existenz geht. Karlfried Graf Dürckheim hat diese Bewegung knapp und klar umrissen.

Unter den wirklich *innovativen* Entwicklungen dieser Zeit ist die frauenzentrierte Sicht psychischer Probleme, die frauenzentrierte Beratungs- und Therapiepraxis eine der wichtigsten. Luise Eichenbaum und Susie Orbach zeigen, wie diese neue Sicht in die Praxis umgesetzt wird und wie die Anfänge einer feministischen Psychoanalyse aussehen könnten.

Man kann Psychotherapie nicht anders darstellen als in ihren verschiedenen Verfahren. Dennoch ist sie nicht einfach ein unzusammenhängendes Konglomerat aus Techniken und Therapiemethoden. Psychotherapie ist auch eine Einheit, die mehr Gemeinsamkeiten aufweist als Unterschiede. Darum *statt eines Nachworts* ein Beitrag von Jerome D. Frank, der zeigt, »daß die therapeutische Wirksamkeit der Theorien und Techniken nicht notwendig in ihren spezifischen Inhalten liegt, die verschieden sind, sondern in ihren Funktionen, die gleich sind«.

Tilmann Moser

Psychoanalyse und Körper

Psychoanalyse und Körperarbeit scheinen, zumindest in der klassischen Form der psychotherapeutischen Praxis, schwer vereinbare Gegensätze: die allmähliche Kodifizierung der technischen Regeln der Psychoanalyse, die als ihre Hauptthemen Übertragung und Widerstand nennt, führte zu einem Begriff von Abstinenz, der jeden direkten, berührenden Umgang mit dem Körper ausschloß. Mit diesem Verdikt sind die meisten Analytiker auf eine erstaunlich tiefe, neue Erfahrungen ausschließende Weise identifiziert. Dabei ist der Grundsatz, dem Patienten nicht zu schaden, keine Übergriffe zu begehen, seine Autonomie zu respektieren, notwendig und sinnvoll. Nur, daß er sich ausgerechnet auf der Grenzlinie: Sprache als einziges Kommunikationsmittel und damit »Abstinenz« hier – und körperliche Interaktion, also «Überschwemmung«, Dammbruch und antitherapeutisches »Agieren« dort – daß er sich auf dieser Grenzlinie einnistet, das läßt sich meines Erachtens nur noch als historisches Phänomen verstehen.

Es wird aus der Geschichte der Psychoanalyse zunehmend deutlich, daß die großen, mehr oder minder gezielten Exkommunikationen der Pioniere eines Berührung und körperliche Interaktion einschließenden ganzheitlichen Zugangs zum Patienten, strategische Entscheidungen waren, die mit dem unsicheren Status der Psychoanalyse innerhalb der Medizin zusammenhängen – ich nenne nur die Namen von Ferenczi, Reich und Groddeck, ohne auf die mitunter tragischen Aspekte der institutionellen Ausgliederung und der oft tief ins Persönliche gehenden Verstrickungen mit Freud oder den späteren Funktionsträgern näher einzugehen. Der Wunsch nach Anerkennung einer als sauber und unverdächtig geltenden, rein psychologisch-sprachlich arbeitenden Psychoanalyse war so dominant, daß es nicht allzu schwer war, das kollektive Deutungspotential der Analyse gegen die Pioniere zu wenden und sie zu Sonderlingen zu erklären.

Die Konsequenz war, neben den unzähligen Spaltungen im engeren Bereich der Psychoanalyse, eine viel generellere Spaltung in »reine Psychoanalyse« mit dem Gelübde, die therapeutische Kommunikation allein dem Medium der Sprache anzuvertrauen, und die kaum mehr zu überschauende Fülle körperorientierter Therapieformen, die sich oft ebenso einseitig einen Weg des körperlichen Zugangs heraussuchten, sehr oft unter Verzicht auf den Reichtum der psychoanalytischen Theorie. Die polemischen Abgrenzungen haben auf beiden Seiten zu einer enormen Verarmung und einem ebenso tiefen Erfahrungs- und Integrationsverzicht geführt.

Das Ausmaß des Auseinanderdriftens läßt sich, auf der Ebene der Erfahrung, nur so erklären, daß Lehre und Idealisierung der Standardmethode samt der dazugehörigen, starr angewandten Abstinenzregel die Psychoanalytiker auf einer nicht mehr durch Erfahrung korrigierbaren Ebene quasi immunisierte, während viele Körpertherapeuten eine eigene Analyse oder die theoretische und praktische Auseinandersetzung mit der Psychoanalyse nicht mehr nötig zu haben glaubten. Ein Sonderproblem stellt die Entwicklung von Gestalt- und Primärtherapie dar, deren »Erfinder«, Perls und Janov, so von dem enttäuscht waren, was sie mit klassischer Analyse an sich selbst und mit ihren Patienten erreichten, daß die polemische Abgrenzung sich in Form einer arroganten und entwertenden Abwendung vollzog.

Wer, wie die Psychoanalytiker, stolz darauf ist, daß er während fünf bis zehn seiner wichtigen Lebens- und Berufsjahre zwischen 800 und 1200 Stunden Lehranalyse absolviert hat, wird nicht leicht eingestehen, daß er womöglich Wichtiges versäumt oder wesentliche Entwicklungen in der Psychotherapie gar nicht wahrgenommen hat. Auch herrschen bei der Abgrenzung gegenüber neuen Entwicklungen oft Gruppenzwänge von schwer durchschaubarer Strenge und Rigidität. Es genügt ja oft die augenbrauenhebende Nachfrage, ob etwas denn überhaupt noch »psychoanalytisch« sei, um viele Kollegen von weiterer Selbsterfahrung abzuhalten.

Dabei hat sich die historische Situation, in der sich klassische Psychoanalyse und Körpertherapie gegenüberstehen, mittlerweile grundlegend verändert: die Psychoanalyse ist in vielen Ländern das dominante Verfahren der Psychotherapie, in manchen Ländern, so wie bei uns, gar mit dem Nahezu-Monopol bei den Krankenkassen ausgestattet, präsent an vielen Universitäten, und gefährdet weniger durch äußere Ablehnung als durch Rigidität, kulturtheoretische Abstinenz und ruhige Integration in die klinisch orientierte Patientenversorgung. Gefährdet wäre also, anders als bei den auf Ansehen und gesellschaftliche Anerkennung bedachten linken Exkommunikationen, nicht die Einheit, Schlagkraft und Wohlanständigkeit der Disziplin, sondern die Monopolstellung, das fest auf institutionalisierten Abschottungen beruhende Identitätsgefühl und eine darauf basierende »Bewegungs«- oder Ordensgeschichte.

Auf der anderen Seite stehen der klassischen Psychoanalyse einige sehr elaborierte Therapieverfahren gegenüber, mit langen und zunehmend anspruchsvollen Ausbildungen, sowohl was die Selbsterfahrung wie was Supervision und klinische Theorie angeht. Manche Therapieformen bevorzugen sogar Kandidaten mit analytischer Erfahrung und würden nichts lieber als eine Zusatzausbildung für Psychoanalytiker sein, wie es in einer Reihe von Ländern für die integrative Körpertherapie, für Bioenergetik, Pesso-Therapie und für die Gestalttherapie auch der Fall ist. Was die Psychoanalyse betrifft, so halte ich (neben realer Unkenntnis) einen durch viele Gremien, Satzungen und Traditionen verstärkten kollektiven Identitätswiderstand für das Haupthindernis bei der Annäherung an den Reichtum der außerhalb der Psychoanalyse gewonnenen therapeutischen Verfahren.

Dabei wäre nichts sinnvoller, als wenn die Psychoanalyse ihren Kindern und Enkeln verbunden bliebe, um sich an ihren neuen Erfahrungen zu bereichern, statt sie in die Illegitimität zu verstoßen; und nichts wäre notwendiger, als daß die neuen Verfahren ihr Theoriedefizit aus den Schatzkammern der Psychoanalyse auffüllen würden, statt auf ihren manchmal groben Vereinfachungen zu beharren. Umgekehrt macht es sich die Psychoanalyse viel zu leicht, wenn sie diese Vereinfachungen in der Theorie, die Lücken im therapeutischen Denken, wie sie in den Publikationen häufig nur allzu offensichtlich ans Licht treten, schulterzuckend beim Wort nimmt. Praktisch können viele der mit dem Körper arbeitenden Therapeuten oft mehr, als sie theoretisch auszudrücken vermögen. Nicht jeder Pionier mag über Freuds theoretische Genialität verfügen und doch Neues entdecken, das nicht nur fundiert, sondern auch *lehrbar* ist. Die wichtigste Voraussetzung für jede Form der Beurteilung ist ein Stück Selbsterfahrung, darauf beharren ja auch die Psychoanalytiker, wenn jemand über die Psychoanalyse diskutieren oder gar sie ausüben will. Aber die Neugier ist durch Vorurteile gehemmt, und die Angst vor vorübergehender Identitätsunsicherheit verstärkt den Rückzug auf den etablierten Kanon.

Ich möchte mit alldem auf keinen Fall sagen, es sollte nun jeder Analytiker anfangen, sich mit Körpertherapie zu befassen. Körpertherapie ist kein Stein der Weisen, eher eine Ergänzung, eine Verbreiterung unserer Möglichkeiten. Zu fordern wäre eher, daß, in einem ersten Schritt, Kollegen sich darüber Gedanken machen, ob nicht dem einen oder anderen ihrer Patienten durch einen Verzicht auf den psychoanalytischen Monopolanspruch und eine kooperative Therapie z. B. mit einem Körpertherapeuten möglicherweise besser zu helfen wäre. Was in den meisten psychosomatischen Kliniken mittlerweile eine Selbstverständlichkeit ist: nämlich die Kombination von verbaler Psychotherapie und irgendeiner Form von Körpererfahrung, das sollte auch in der ambulanten Praxis möglich sein. Traditionsgemäß beruht Psychoanalyse auf der streng abgeschirmten Dyade, in der dem Analytiker sukzessive alle wichtigen Übertragungen zufließen. Aber ich halte es klinisch wie theoretisch für unwahrscheinlich, an einer einzigen Person, die außerdem Halt und Kontinuität zu geben hat, vor allem bei starker Spaltung der inneren Objekte und bei kumulativer negativer Übertragung, an einer einzigen Person also, alle Übertragungen durchzuarbeiten. Doch da ist dann rasch von Störung der Intimität, der tragenden Objektbeziehung die Rede, von Übertragungsspaltung und destruktivem Agieren, aber all diesen Urteilen fehlt in der Regel die Erfahrungsbasis. Der Analytiker verharrt in der Rolle der alleinerziehenden Mutter oder des alleinerziehenden Vaters, selbst wenn der Patient nichts dringender bräuchte als eine dritte Person, die ihm in manchen Krisen mit dem ursprünglichen primären oder mit einem verlorenen dritten Objekt Halt gäbe bei der Reintegration der entgleisten Dreiheit von Selbst und väterlichem und mütterlichem Objekt, also bei der Triangulierung. Dies läßt sich oft beim besten Willen nicht in der puren Phantasie abhandeln, und die vielen Zweit- und Dritt-Analysen sind oft genug der (nicht immer erfolgreiche) Versuch, wenigstens zeitversetzt das verlorene dritte Objekt zu finden.

Die Patienten haben die Sehnsucht nach Integration der inneren Objekte und nach neuer Erfahrung, und man kann ihnen auf vielerlei Weise helfen, die im kooperativen Setting drohenden Spaltungstendenzen zu überwinden. Kann der Analytiker die einengende Tradition, die Angst vor dem fremden Einblick in sein Tun überwinden, so wird er oft reichlich und auf verschiedenen Ebenen belohnt: Er gewinnt nicht nur Einblick in ein anderes Therapieverfahren und lernt einen engagierten Kollegen kennen, sondern er kann auch ganz neue Prozesse der Triangulierung studieren, den Patienten bei neuen Formen der Autonomie begleiten, kurz, er wird Teil eines therapeutischen »Elternpaares«, kann ein Stück Verantwortung abtreten, wird in seiner oft so einsamen Allmacht zwar reduziert, aber er tritt aus seiner Isolierung heraus und ein in eine kleine therapeutische Gemeinschaft, die belebend, informativ und stützend ist. Keinem Analytiker wird es schwer fallen, unter seiner Klientel einzelne Patienten auszumachen, bei denen er, über eine oft quälende Stagnation oder fixierte negative (oder auch überpositive) Übertragung hinaus, eine bis ins Körperliche reichende Starre, eine schizoide Kontakt- und Körperferne feststellen kann, die eine Kooperation mit Körpertherapie sinnvoll erscheinen läßt. Löst man sich einmal von dem Grundsatz, das verquälte Durchhalten in der Dyade sei in sich schon eine therapeutische Tugend, dann eröffnen sich überaus spannende Perspektiven der Zusammenarbeit.

Aber natürlich wäre zu wünschen, daß Analytiker sich, auch wenn sie diese Verfahren selbst nicht anwenden wollen, einem Stück Selbsterfahrung aussetzen, schon um abzuschätzen, was es mit der zunehmenden Kartographierung des Körpers und der Erforschung der ihm eigenen und nicht durch Verbalität zu ersetzenden Sprache auf sich hat. Dazu gibt es heute sehr viele Möglichkeiten. Für mich und für viele andere Kollegen haben die gemeinsamen Erfahrungen in einer Körpertherapiegruppe zu vitalen Bindungen geführt, die atmosphärisch reicher sind als die gelegentlich so gespreizten und wenig direkten Beziehungsformen der in geschützten therapeutischen Dyaden jahrelang durchanalysierten Psychoanalytiker.

Nichts spricht gegen einen vorsichtigen, manchmal nur auf ein haltgebendes Berühren beschränkten Beginn mit Körpertherapie. Wie von außergewöhnlichen Ereignissen sprechen manche Kollegen und Analysanden andächtig von Augenblicken, wo es wider Erwarten zu einer Berührung durch den Analytiker kam, wenn dieser in einem erschütternd schmerzlichen Moment des Weinens oder der Verzweiflung die Hand des Patienten genommen oder ihm von hinten die Hand auf Kopf oder Schulter gelegt hat. Eine solche Geste wird dann jahrelang nachgenossen und idealisiert.

Aber warum – falls es nicht, wie viele Analytiker es gern abtun würden, eine Modeerscheinung ist – wachsen die körpertherapeutischen Schulen so schnell? Warum soll sich der Analytiker mit diesen Entwicklungen vertraut machen, gar von ihnen lernen und profitieren? Vielleicht weil es gar nicht nötig ist, daß eine einzige oder ganz wenige Gesten des Psychoanalytikers zum Kristallisationspunkt einer Idealisierung mit schiefen Motiven werden, etwa so: Mein Analytiker ist so unglaublich menschlich, daß er an einem wichtigen Punkt für mich das *Gesetz* gebrochen hat, also bin ich ihm enorm wichtig, und in ihm liegt eine Humanität, die ihn weit über die Kollegen hinaushebt.

Aber warum Körperpsychotherapie? Ein Jahrhundert ging es ohne Körper in der Psychoanalyse! Die Sprache war ein wunderbares, in den meisten Fällen beherzt zupackendes Instrument, und unter ihrem sicheren Zugriff auf die Affekte sind viele genesen! Die geronnenen Affekte haben sich wieder verflüssigt und in die schöne Form des Wortes gießen lassen! Die seelischen und symbolischen Leerstellen in der psychosomatischen Persönlichkeit sind unter den Deutungen wieder fruchtbar geworden und haben mannigfaltige Blüten getragen! Wirklich? Das Buch von Joyce McDougall (»Plädoyer für eine gewisse Anormalität«) spricht eine andere Sprache. Aber haben wir Analytiker nicht sogar gelernt, die unterirdischen Verschiebungen und Verschlingungen der projektiven Identifikationen zu entziffern und in Worte zu fassen, an denen auch noch der manipulativste Patient genesen kann? Und sind wir nicht mit Worten durch die feinen Spalten der Panzerung oder Affektleere durchgestoßen, und sei es auch um den Preis jahrelanger gemeinsamer Leiden mit den Patienten? Daß nicht *alle* Patienten dem Verfahren gewachsen sind, wer kann dafür, heißt es.

Ironie beiseite! Warum brauchen wir überhaupt den Körper? Er hat doch wohlgebettet und ruhiggestellt hundert Jahre auf unserer Couch gelegen! Die Hauptangst ist immer die Angst vor der Erotisierung. Und wahrlich gab und gibt es da in der Frühzeit und bis heute gravierende Zwischenfälle: die Therapeuten haben sich verliebt oder waren den Gefühlsstürmen der verliebten Patientinnen nicht mehr gewachsen, und zwar mit oder ohne Berührung! Die Spielrein-Geschichte (»Tagebuch einer heimlichen Symmetrie«), bei der sich Jung in seine Patientin verliebt hatte und Freud (von Jung lange im unklaren gelassen), als er davon erfuhr, zunächst unklar verhielt – diese Geschichte war ja nicht die erste Affäre, bei der die sittlichen Grundlagen der neuen Disziplin in Gefahr schienen.* Freud hatte die Panik seines Kollegen Breuer miterlebt bei ihrem ersten gemeinsamen Fall, und Freud wußte aus der Analyse seines Lieblingsschülers Ferenczi, daß dieser sich vor seiner Analyse mit Patientinnen eingelassen hatte. Freuds Angst und die strengen Akte seiner Gesetzgebung waren also verständlich. Der Irrtum war nur, daß die Gefahr, über die viktorianischen Sorgen hinaus, etwas mit der Frage von Berührung oder Nicht-Berührung zu tun hätte. Abstinenz ist nicht eine Frage des Körperkontakts, sondern eine Frage der inneren Haltung, der Identifikation mit der Elternrolle, die der Analytiker im therapeutischen Verfahren einzunehmen hat und die nicht schwerer einzunehmen ist als die von realen Eltern, deren Kinder in ihnen gelegentlich auch erotische Phantasien und Gefühle wecken mögen, die sie aber in der Regel *nicht ausleben* und nicht ausleben sollten. Aber so wie manche Eltern, unbemerkt oder offen, die ihnen gesetzten Grenzen gelegentlich überschreiten, kommt dies auch bei manchen Therapeuten vor, denen diese sichernde Identifikation mit der Elternrolle

* Vgl. inzwischen auch: Anonyma: Verführung auf der Couch. Kore Verlag, Freiburg 1988

nicht glückt. Das ist aber nicht eine Frage von Berührung oder Verzicht auf sie: denn die unkorrekte *Haltung* führt auch in der verbalen Therapie entweder zu einer untergründigen, schwer faßbaren Erotisierung, oder die Atmosphäre ist geprägt von der Angst vor ihr, von einer panischen Vermeidungshaltung, und dies macht unoffen und unwahrhaftig. Es ist eine eher viktorianische Phantasie, daß viele Patienten nur darauf lauern, zum Therapeuten in eine erotische Verbindung zu treten. Gerade diejenigen, die am stärksten darauf drängen, haben trotz allen Tobens und Jammerns die tiefste Sehnsucht, der Therapeut möge sie endlich den Unterschied zwischen erotisiertem Mißbrauch des körperlichen Kontaktes, einem Trost auf der falschen Ebene, und einer haltgebenden, grenzensetzenden, konturverleihenden Berührung erfahren lassen und die stürmischen Umarmungswünsche wieder dorthin verlegen, wo sie ursprünglich nicht erfüllt wurden: bei den frühen Elternfiguren, die entweder körperfeindlich waren oder ihrerseits bereits durchdrungen von der Angst vor den eigenen erotischen Reaktionen. Vermeidet man die klärende Berührung, so wird die untergründige Angst, alle Berührung sei sexuell, nur weiter verfestigt, und zwar deshalb, weil der regredierte Patient (das verletzte Kind in ihm) ja in einem Erwachsenenkörper zu wohnen scheint. Aus diesem Grund ist es ganz besonders wichtig, ja das muß die *zentrale* Fähigkeit des Körpertherapeuten sein, Art und Grad der Regression des Patienten zu erkennen, weil nur das verletzte, ausgehungerte *Kind* unsere Berührung braucht und zu seiner Genesung nutzen kann.

Noch einmal die Frage: Warum Berührung, konkret und leiblich, warum nicht Berührung in symbolischer, sprachlicher Form? Darauf läßt sich, in vereinfachenden Thesen, folgendes antworten: Weil die Sprache, und davon legen viele auch klassische Behandlungsberichte Zeugnis ab, bei einer Reihe von Störungen, die psychosomatischen eingeschlossen, nicht mehr oder noch nicht greift. In solchen Fällen ist die seelische Entwicklung bereits im präverbalen Bereich der Mutter-Kind-Interaktion entgleist. Und die Zeit dieser vorsprachlichen Beziehung, in die der Vater natürlich, je nach den familiären Umständen, früh mit eintritt, ist lang, nicht nur objektiv – eineinhalb bis zweieinhalb Jahre –, sondern erst recht subjektiv: es ist ein ganzer Kontinent des Lebens, der vorsprachlich durchwandert wird. Art und Ausmaß seiner Störbarkeit werden uns erst allmählich deutlich, eben weil die Sprache zu seiner Erschließung so wenig taugt, weil wir, neben der analytischen Rückschau des Einzelnen, die aber, wie wir wissen, so vielen Täuschungen unterliegt, auf Kinderbeobachtung, auf die Erkenntnisse von Hirnforschung, Neurologie und Physiologie, auf die subtile Beobachtung der Mutter-Kind-Dyade angewiesen sind, auch auf die embryologische Forschung, die ja Wichtiges beizutragen hat zu den Fragen des Beginns eines psychischen Lebens.

Aber lassen wir die Spurensicherung im vorgeburtlichen Bereich beiseite. Es genügt ein Blick auf den unendlichen Reichtum der Vorgänge, die sich zwischen Mutter und Kleinkind abspielen, auf den Reichtum der Verständigung oder das Ausmaß des Mißverstehens noch vor den ersten tastenden Exkursionen ins Reich der bedeutsamen Wörter. Die Mutter erahnt, erkennt, beantwortet und benennt die frühen Reaktionen und Affekte des Kindes, vor denen oft schon der Vater, selbst wenn er sensibel ist, wie vor schönen oder ärgerlichen Rätseln steht. Der Beginn des irdischen Seelenlebens hängt aufs engste mit diesen Vorgängen des Verstehens, Antwortens, ja des Aushandelns einer gemeinsamen Körper- und Lautsprache zwischen Mutter und Kind zusammen. Hier werden die Bausteine einer psychosomatischen Identität gesammelt, hier fügen sie sich langsam zusammen: aus Echos, aus Körperhaltungen, aus lustvollen und schmerzlichen Interaktionen, aus den sinnstiftenden oder auch sinnentleerenden Ritualen des täglichen Lebens. Erkennen des Anderen, Einfühlung und Abgrenzung, Erleben der fremden wie der eigenen Kontur, des eigenen wie des fremden Willens, der eigenen wie der fremden Affekte, finden in diesem Reich subtiler oder dramatischer Begegnung statt. Dort hinein dringen Worte für das Kind, zuerst nur wie Geräusche, wie Musik, wie Donnergrollen oder wie Akrakadabra, aus dem sich erst viel später einzelne Laute mit Sinn füllen und zu Sprache in unserem Sinn werden. Aber das Kind spricht eine ganze Reihe von anderen Sprachen: es entziffert den unterschiedlichen Gesichtsausdruck der Mutter, die Lautmusik ihrer Worte; es buchstabiert die Muskelspannungen der Mutter und übersetzt sich Nähe und Distanz, Annäherung und Entfernung in Affekte, in Sicherheit oder Panik, Neugier oder Selbst-Verschließung. Es riecht und schnuppert, greift, rüttelt, schmiegt sich an und kämpft und erwirbt so allmählich, wenn es Glück hat, Kontur, Identität, ein Stück Realitätssinn und Beziehungsfähigkeit, längst vor dem ersten Wort.

Menschen, bei denen dies alles in durchschnittlicher Weise glückt, und die auch einen bedeutsamen Dritten als positive Figur, und sei es auch nur in Spuren, erleben können, bekommen wir in unserer Arbeit kaum zu sehen. Dafür aber zunehmend diejenigen, bei denen schon die frühe Affektentwicklung, die Konturierung des Selbst oder der Objekte, mißglückt sind, die ihren Körper kaum bewohnen, die sich und andere Menschen verzerrt wahrnehmen und mit ihnen kommunizieren wie übers Telefon oder über mühsam gelerntes künstliches Rollenspiel. Und unter ihnen sind viele, die die Sprache zwar beherrschen, und oft sogar sehr gut, die sie aber doch nicht nutzen können zu sinnvoller Begegnung, Mitteilung, Einfühlung, wirksamer Selbstbekundung, und die auch unsere therapeutische Sprache in diesem Sinne nicht zu nutzen vermögen.

Noch einmal die Frage also: Warum Körpertherapie? Natürlich kann psychoanalytische Sprech-Therapie viel erreichen, nachholen, zerrissene Verknüpfungen zwischen Wort und Affekt wieder herstellen, und viele Pioniere haben in geduldiger Arbeit Erstaunliches erreicht hinsichtlich der Rekultivierung ausgetrockneter und unbegangener Zonen. Aber die künstliche Reduktion unseres therapeutischen Instrumentariums auf die Sprache auch für den Bereich präverbaler Störungen ist nicht mehr zu rechtfertigen. Wir wissen mittlerweile viel über den Aufbau des frühen Selbst durch psycho-physische Interaktion, durch die Sprachen vor der Sprache; über die allmähliche Entstehung der für die Psychoanalyse dann so wichtigen Fähigkeit zur Symbolisierung und zum verbalen Ausdruck. Aber vielen Patienten fehlen eben diese frühen, interaktionellen Grundlagen, und die Sprache wird dann zu einem weit abgehobenen, artifiziellen Instrument, zu einem Besteck, das nur mühsam greift, während gezielte, vorsichtige Körperarbeit so viel direkter, offensichtlicher und tiefer eingreifend die der Sprache fehlende Basis im psycho-physischen Kern der Person reparieren könnte. Eine Reihe von elementaren Schmerzen der frühen Kindheit, die, da sie nicht aushaltbar waren, abgespalten werden mußten, können überhaupt erst gefühlt werden, wenn körperlicher Halt geboten wird, analog den vielen Qualen und Freuden des Kindes, das, um sie zu integrieren, den schützenden, vor dem Auseinanderfallen bewahrenden Körper der Mutter oder einer vertrauten Pflegeperson braucht. Trauer z. B. kann oft erst gewagt werden, wenn Halt vorhanden ist. Auch das psychoanalytische Setting bietet Halt und Sicherheit, aber nur für Patienten, die das Symbolische an dem Arrangement für sich nutzen oder wenigstens zu nutzen lernen können. Für viele aber wiederholt dieser nur abstrakte Halt, falls er als solcher überhaupt wahrgenommen werden kann, das ursprüngliche Trauma der Verlassenheit und Halt-Losigkeit.

Trauern zu lernen ist sicher ein wichtiges Ziel, aber die Psychoanalyse der Mangelzustände beläßt es oft bei der (für viele überwältigenden) Trauer, sie bietet keine Alternativen des *konkreten* Fühlens und der Wiederbewohnbarkeit des Körpers sowie der Freude an ihm, ja auch nur der merkbaren Verringerung seiner Unheimlichkeit; oder erst nach langen, langen Jahren der Arbeit, die, und das ist der globale Trend, idealisiert wird als Geduld, unerschütterliche Zuwendung, Aushalten von Durststrecken und notwendiger Fernwanderung durch die Wüste.

Die Psychoanalyse umgeht noch immer die außerhalb ihrer Geographie längst kartographierten Oasen und Flußläufe, weil sie fürchtet, diese Art von Labung ermatte den Wanderer und halte ihn von seinem Ziel der Genesung ab, binde ihn an den Begleiter oder mache süchtig und lebensuntüchtig. Aber weit gefehlt. Der Aufenthalt in den Oasen, die Darreichung ermutigender Nahrung muß nur geübt und strukturiert werden und aus einem lebendigen Selbst heraus erfolgen. Sie bedarf einer ebenso umfassenden Disziplin, Schulung und Intuition wie die Arbeitsweise des »reinen« Analytikers.

In vielen Städten bilden sich längst regelrechte (inzwischen wohl auch unentbehrliche) Subkulturen von körpertherapeutischen Verfahren, die, ungefähr auf dem halben »amtlichen« (sprich Kassensatz-) Honorar-Niveau, zum Teil sehr gute Arbeit leisten. Ab und zu kommt ein Patient in die analytische Praxis, mit der Bitte, ihn nach einem »Aufreißer«-Wochenende wieder zusammenzuflicken oder ihn bei einer allzu aufwühlenden Körpergruppen-Erfahrung kontinuierlicher Art längerfristig psychoanalytisch zu begleiten. In solchen Fällen kann einen schon einmal die Wut packen über die unzureichende Diagnostik mancher Kollegen oder auch über die ehrgeizige Strategie des »Knackers« der in einem langen Lebensprozeß ja nicht umsonst gewachsenen Abwehr bzw. des Schutzpanzers. Der gleiche Zorn aber bildet sich auch bei den Körpertherapeuten, wenn langjährige Analysepatienten emotional fast unberührt oder noch verstockter als vor Beginn der Behandlung dann schließlich in ihre Praxis kommen, und sie sich erst einmal mit jener charakteristischen Mischung aus Idealisierung, Selbstbezichtigung, Hoffnungslosigkeit und verdeckter Wut auf den Analytiker bei diesen Menschen auseinandersetzen müssen.

Aus Kosten- wie aus Humanitätsgründen – bislang werden wirksame neue Heilungsverfahren den Kassenpatienten vorenthalten – sollten die Krankenkassen nicht mehr allzu lange zögern, sich dieser Verfahren anzunehmen. Der kooperative Weg wäre hier der sinnvollste: Für eine Übergangszeit ist ja denkbar, daß der analytisch geschulte Arzt bei den Patienten, bei denen er es für erforderlich hält, einen Körpertherapeuten beizieht und dieser im Delegationsverfahren über ihn abrechnen kann. Es läge dann zunächst in der Verantwortung des Arztes und Analytikers, wie er die Qualifikation des Kollegen beurteilt.

Sind die Qualifikationskriterien und Indikationsbereiche für einige der neuen körperorientierten Verfahren aber erst einmal erarbeitet, wäre es unbillig, diese Therapeuten im Status des ärztlichen Hilfspersonals zu halten.

Eine bedeutsame Frage für den bislang klassisch arbeitenden Psychoanalytiker ist natürlich die: Wie lassen sich körperliche Aktivität und die ruhige, um nicht zu sagen meditative Entwicklung der Übertragung verbinden? Meine eigene Erfahrung und die von anderen gut ausgebildeten und in einem Supervisionskontext arbeitenden Kollegen hat gezeigt, daß diese Verbindung ohne größere Probleme gelingt. Grundvoraussetzung dieser Arbeit ist, daß der Therapeut immer wieder klärende Hinweise gibt auf den Stand der Regression und den Sinn der intendierten Aktion, etwa: »Ich übernehme jetzt für einen Augenblick oder für einige Minuten (manchmal auch länger) die Rolle zum Beispiel einer guten Mutter, die Ihnen beim Erleben dieser Verzweiflung Halt gibt.« Auch Rückfragen beim Patienten, die beiden zur Orientierung dienen, sind immer wieder notwendig. Sehr gründliche Überlegungen (und Fallbeispiele) hat in diesem Zusammenhang die verstorbene Schweizer Psychoanalytikerin M. Sèchehaye angestellt (»Eine Psychotherapie der Schizophrenen«, 1986 bei Klett-Cotta). Tatsächlich basiert ein großer Teil der Körper-Psychotherapien auf der verbalen Aufarbeitung des Erlebten, das heißt, sie verstehen sich als sprachliche Psychotherapie unter Einschluß gelegentlicher Handlungs- oder auch nur Halte-Sequenzen. Die Berührung vermittelt aber oft eine viel stärker *fühlbare* Evidenz traumatischer Erlebnisse sowie frustrierter, verbotener, unterdrückter oder exkommunizierter kindlicher Urbedürfnisse, die zur Schädigung der Persönlichkeit geführt haben. Haltgeben erlaubt organismische gefühlshafte Reaktionen anstelle der nur in Sprache gefaßten Reaktionen, die zwar gleichfalls heftig sein können, aber doch oft oberflächlich und flach bleiben.

Zentral aber ist für viele Patienten das Erleben, daß der Therapeut eine Person aus Fleisch und Blut ist. Die analytische Situation wiederholt insofern oft nur die innere oder äußere Abwesenheit oder Ungreifbarkeit wichtiger Bezugspersonen, und selbst bei feinstem Verstehensfiligran bleiben oft tiefe Zweifel an der lebendigen Wirklichkeit des Analytikers. Es bleibt oft bei dem für viele Patienten charakteristischen Als-ob-Erleben (nach dem ja ein ganzer Patiententypus auch einmal benannt worden ist), und es kommt dann gerade nicht zu einem symbolischen Verständnis des analytischen Settings. Mit Recht aber forderten Analytiker früh, der symbolische Charakter des Settings müsse dem Patienten bewußt bleiben, und schlossen Patienten, die diese Unterscheidung nicht zu leisten vermochten, von dem Verfahren aus.

Auch der Körpertherapeut bleibt auf einer symbolischen Ebene (denn er ist nicht Vater und Mutter), aber er »tut« an der passenden Stelle wirklich mütterliche oder väterliche Dinge, und die haben oft einen intensiveren Realitätsgehalt als ein rein verbales Angebot. Der amerikanische Körpertherapeut Albert Pesso hat es einmal so formuliert: Die Psychoanalyse zeigt dem Patienten die therapeutische Alternative eher am Negativ: er läßt spüren, daß er nicht die »befürchteten« Reaktionen der früheren Objekte zeigt. Der Körpertherapeut bietet dem regredierten Patienten selektiv positive Alternativen, die zu Kristallisationskernen einer veränderten Einstellung, Erwartung und Lebensmöglichkeit führen. Sehr verkürzt ließe sich sagen: Der Psychoanalytiker hilft dem Patienten, seine Trauer über die Entbehrungen, an denen er leidet, zu erleben, der Körpertherapeut bietet ihm wenigstens ansatzweise und konkret-symbolisch Alternativen, die ins Unbewußte (und auch ins Bewußte) wie Keime neuer Lebensmöglichkeiten eingepflanzt werden. Für den Analytiker (oder den analytischen Teil im Körpertherapeuten) bleibt wahrhaftig immer noch genug Arbeit zu leisten, vor allem im Hinblick auf die Integration der neuen Erfahrung.

KARLFRIED GRAF DÜRCKHEIM

Meditation

Grundsätzliche Überlegungen

Zu den traditionellen Formen der Psychotherapie gesellen sich heute vielerlei neue Methoden, darunter auch meditative Praktiken. Dabei handelt es sich einerseits um solche, die, meist aus dem Osten zu uns kommend, gleichsam von außen in die therapeutische Arbeit eindringen, und zum anderen um solche, die innerhalb der Psychotherapie selbst entwickelt wurden. Zu jenen gehören z. B. das Hatha-Yoga, die transzendentale Meditation und die Meditation im Stile des Zen. Meditative Praktiken, die innerhalb der Psychotherapie entstanden, sind beispielsweise das Autogene Training, die aktive Imagination in der analytischen Therapie von C. G. Jung und das Katathyme Bilderleben nach Leuner. Dazu kommen vielerlei Formen meditativ geübter künstlerischer Tätigkeit.

Ziel aller Therapie ist das Heilwerden des Menschen. Aber Unheilsein kann zweierlei bedeuten. Es gibt zweierlei Leiden: Das eine betrifft die psycho-physische Gesundheit und erscheint im Versagen gegenüber den Nöten und Forderungen der Welt; das andere betrifft das metaphysische Heilsein und ist Ausdruck und Folge der Getrenntheit des Menschen von seinem überweltlichen Wesen.

Therapie im herkömmlichen Sinn bemüht sich um die physischen und psychischen Bedingungen für die Fähigkeit, in der Welt zu bestehen, Sinnvolles zu leisten, lieben und in Gemeinschaft leben zu können. Aber der Erfolg dieses Bemühens ist immer begrenzt. Jede Position in der Welt ist auf Sand gebaut, und immer bleibt menschliches Leben bedroht von Vernichtung, Sinnwidrigkeit und Einsamkeit. Dann wird das ganz andere Leiden fühlbar:

das Leiden an der Getrenntheit des Menschen von jener ihm innewohnenden Wirklichkeit, die unbedingt ist und ihn innerlich aus jeder Not im Bedingten befreien kann. Es ist das Leiden an der Getrenntheit von unserem überweltlichen Wesen. Unter »Wesen« verstehe ich die Weise, in der das überweltliche Sein in uns anwesend ist und in uns und durch uns offenbar werden möchte in der Welt. Nur im Einswerden mit ihm erschließt sich die Quelle der Kraft sowohl zum bedingungslosen Bestehen der Weltnöte wie zu einem von allen weltlichen Voraussetzungen unabhängigen, beglückenden und gesegneten Reifen in der Teilhabe an dem uns innewohnenden größeren Leben. Das Wesen ist eine Sache des bloßen Glaubens für den, der die Wirklichkeit des Menschseins auf das beschränkt, was gegenständlich faßbar ist. Wo aber diese Prämisse fehlt oder aufgrund einer Höherentwicklung des Bewußtseins wieder fallengelassen wird, weitet sich der Horizont zu dem, was ihn transzendiert. Der Grund des Leidens, die Abgeschnürtheit vom Wesen, wird offenbar, und mitten im Dasein öffnet sich der Weg für eine Arbeit am Wiedereinswerden mit dem von ihm zwar verkörperten, immer zugleich aber auch verborgenen Sein.

Das Wesen ist zunächst hinter den rationalen und werthaltigen Ordnungen unseres raumzeitlich bedingten Ichs verborgen, also ein Geheimes. Es gilt, von ihm her »einen neuen Anfang zu setzen«, zu ihm hin einen Zugang zu gewinnen, und dieses ist der Sinn des Wortes »initiare«. So kann man eine Therapie, in der es darum geht, das gestörte Verhältnis des Menschen zu seinem Wesen wiederherzustellen, eine initiatische Therapie nennen, und die andere, die lediglich die Voraussetzungen für ein gesichertes, sinnvolles und gemeinschaftliches Leben in der Welt wiederherzustellen sucht, eine pragmatische Therapie. Dem entspricht eine notwendige Unterscheidung von therapeutisch relevanten Praktiken mit einem initiatischen Sinn von solchen mehr pragmatischen Charakters, wobei innerhalb einer Therapie auch beide Formen zusammenwirken können. Der Begriff »meditativ« sollte für solche Übungsformen vorbehalten bleiben, die transzendental ausgerichtet, wesensbezogen sind. Leicht zu verdeutlichen ist der Unterschied zwischen den beiden Formen an den beiden Weisen, Yoga zu treiben. Yoga meint ursprünglich »Anjochen an den Seinsgrund«, ist also eindeutig als initiatische Übung gemeint. Wo es als Gymnastik gelehrt wird, wird es zu einer gesundheitlich nützlichen pragmatischen Übung.

Die traditionelle Therapie hat es in der Regel mit Problemen der Funktionstüchtigkeit, Durchsetzungskraft, Anpassungs-, Kontakt- und Liebesfähigkeit zu tun. Zu den Kranken im herkömmlichen Sinn gesellt sich aber immer häufiger der Leidende, der weder physisch noch psychisch krank ist. Es »fehlt« ihm nichts, er hat, kann und weiß alles, was er braucht, aber er leidet darunter, daß er nicht der ist, der er sein könnte, wenn er nur eins wäre mit seinem Wesen.

Das Verdienst, das Tor zur initiatischen Therapie aufgeschlagen zu haben, gebührt unter den Psychologen ohne jeden Zweifel C. G. Jung. Mit seinem Begriff des Selbst (als der Integration von Wesen und Welt-Ich) beginnt ein neues Kapitel in der Geschichte der Selbstkenntnis des Menschen als Person, zu deren Verwirklichung der Individuationsprozeß führt. Dieser ist im Grund nichts anderes als der initiatische Weg.

Die Verdrängung des zentralen Kernes erweist sich immer deutlicher als die eigentliche Krankheit des abendländischen Menschen, der als Opfer eines vorwiegend materialistischen und rationalen Wirklichkeitsbegriffes zum Funktionär von Gebilden und Organisationen der Konsum- und Leistungsgesellschaft reduziert ist. Seine eigentliche Heilung bestünde in der Wiederbeheimatung in seiner transzendenten Tiefe. Die Voraussetzung für eine fundierte Therapie, die sich diese zur Aufgabe machte, müßte eine solide empirische Grundlage sein, vor allem auch für die Berechtigung, vom »Wesen« zu sprechen. Gibt es sie? Ja!

Es ist ein Kennzeichen unserer Zeit, daß dies Wesen aus der Sphäre eines frommen Glaubens in das Feld konkreter Erfahrungen tritt. Zur Anerkennung des Wahrheitsgehaltes dieser Erfahrungen bedarf es nur eines nüchternen, von keinen rationalen Vorurteilen benebelten Geistes. Es geht um einen transzendentalen Realismus. Um diese Wesenserfahrung kreist alle initiatische Therapie, deren Sinn ja nicht die Welttüchtigkeit, sondern die zugleich der Welt gewachsene und ihr überlegene innere Reife des Menschen ist. Damit gewinnt sie Anschluß an die fernöstliche Tradition. Östliche Weisheit beruht auf einem in Erfahrungen gegründeten Wissen um die Möglichkeit eines den Nöten der Welt überlegenen personalen Seins. Was aber hat die herkömmliche Therapie z. B. einem Menschen zu sagen, der unheilbar an Krebs erkrankt ist? Was dem Geiger, der seinen Arm verlor? Dem Maler, dem Erblindung droht? Dem Tänzer, den Kinderlähmung befiel? Für solche Situationen bleibt keineswegs nur der Seelsorger! Es sind vielmehr Testsituationen für eine Therapie, die es vermag, auch oder vielmehr gerade eine Vernichtung in der Welt zu einem Heilfaktor werden zu lassen auf dem inneren Weg. Heil ist dann der Mensch, dem letztlich alles zum inneren Heil wird. Dies gibt es aber nur im Einswerden mit dem Wesen. [...]

Meditative Praktiken

Im Rahmen der modernen Therapie werden mancherlei meditative Praktiken geübt, bei deren Durchführung es von dem leitenden Therapeuten abhängt, inwieweit sie initiatischen Charakter haben oder im pragmatischen Raum bleiben. Das gilt z. B. für das Autogene Training von J. H. Schultz, dessen pragmatische Bedeutung und Fruchtbarkeit unbestritten ist, das aber bereits bei entsprechender Einstellung auch schon auf den unteren Stufen der Erfahrung der Schwere, der Wärme und des Atems in größere Tiefen führen kann. Ausschließlich initiatischen Sinn haben die in der Schule für initiatische Therapie in Todtmoos-Rütte gepflogenen meditativen Praktiken.

Die moderne Psychotherapie wird sich immer mehr dessen bewußt, daß sie als Arbeit am ganzen Menschen auch den Leib einbeziehen muß. Dabei handelt es sich freilich nicht um den Körper, den man hat, sondern um den Leib, der man ist. Das ist der Leib, darin man sich selbst sowohl erlebt wie auch als Person darlebt, d. h. darleibt. Er ist das Ganze der Gebärden, in denen man sich erfährt, ausdrückt, darstellt, verwirklicht oder verfehlt; verfehlt, wo man sich in der Weise, »da« zu sein, seinem Wesen gegenüber verstellt; verwirklicht, wo man in ihr seinem Wesen gemäß ist. So veranlaßt der Psychotherapeut seine Patienten zu einer Arbeit am Leib, die mehr bedeutet als eine rein physische Entspannungsübung. Die vornehmlich in Frage kommenden, den Leib angehenden Praktiken unserer Zeit haben oft schon bewußt oder unbewußt einen meditativen Sinn. Wir führen im folgenden einige hierher gehörige Praktiken auf, deren Wert für eine in die Tiefe gehende Psychotherapie immer deutlicher wird.

Jede der hier genannten Schulen hat ihre Bewährungsprobe im Rahmen sowohl eigenständiger therapeutischer Wirkkraft als auch in der Zusammenarbeit mit einer tiefenpsychologisch orientierten Therapie erbracht. Im Hinblick auf eine so zu bewertende Arbeit am Atem ist besonders das Institut für Atemtherapie und -unterricht von Frau Professor Ilse Middendorf zu nennen. In ihrer Arbeit ist die Verbindung von pragmatisch heilsamen mit initiatisch fruchtbaren Techniken deutlich. Frau Middendorf selbst kennzeichnet ihre Arbeit wie folgt:

»Seinen Atem kommen lassen, ihn gehen lassen und warten, bis er ›von selbst‹ wiederkommt, ist eine Übungsweise, die in ihrer Einfachheit und Tiefenwirkung einen Weg kennzeichnet, ›atmend‹ mehr zu werden, mehr Kraft und mehr Bewußtsein seiner selbst zu entwickeln. Im ›Kommenlassen‹ seines Atems, im ›Gehenlassen‹ und auch in der Ruhe nach dem Ausatmen lernen wir den Körper erspüren und empfinden. Zugleich stellt sich Sammlung ein – ein seelisches Element, das unseren Körper zum Leib macht. ›Ich bin dann anwesend‹ und kann meinen Atem erfahren.

Ein Atem, der in Hingabe und Achtsamkeit empfangen wird, hat bestimmte Wirkungen. Er bewirkt nicht nur, daß sich festgehaltene Kräfte lösen, und daß sich Spannungslosigkeit bindet und gestaltet. Er bewirkt auch, daß wir uns im ›Spiegel‹ des Leibes ›sehen‹, unsere Schwierigkeiten wahrnehmen und unsere Krankheiten verlieren können.

Hier erschließt sich dem Atmenden, was es heißt, zu *sein*. Hier und jetzt ist er in seinem Atem mit dem Wesentlichen verbunden. ›Ich bin es‹ umfaßt dann Heilsein, Bewußtsein seiner selbst und das Entstehen schöpferischer Kräfte gleichermaßen« (pers. Mitteilung).

Die Schule Schlaffhorst-Andersen in Schloß Eldingen bei Celle wurde von Clara Schlaffhorst (*1863, Sängerin) und Hedwig Andersen (*1866, Pianistin) gegründet, die als Frucht einer lebenslangen Forschung und Lehre ein reiches Erfahrungsgut im Umgang mit Atem und Stimme hinterlassen haben. Sie erkannten die leib-geist-seelischen Zusammenhänge und sahen in der gegenseitigen Förderung von Atem und Stimme im Singen und Sprechen eine untrennbare Aufgabe. – Die Arbeit basiert auf dem Erlebnis des dreiteiligen Rhythmus: Spannung – Entspannung – Lockerheit, dem es im gesamten Organismus nachzuspüren gilt – und der zugleich als Urrhythmus die Grundlage der aktiven und passiven atemfördernden Bewegungsformen in der Partner- und Gruppenarbeit bildet und am Instrument wie im täglichen Tun erarbeitet wird.

In den Übungen gilt die Aufmerksamkeit zunächst der Wiederherstellung des eigenen natürlichen Atem- und damit Lebensrhythmus. Laut und Ton werden als ein Umsetzen innerer Energien ins Hörbare erfahren. Die Rückwirkung der Vokale und Konsonanten auf den Organismus, und von daher in ihrer meditativen Übung die Gewinnung einer »lebendigen und lebendigmachenden Sprache«, ist eine uralte, aber in unserem Sprachraum neue Erfahrungserkenntnis. Im bewußten Einheitserlebnis von Atmung, Stimme und Organismus zeigt sich eine Möglichkeit, etwas über die pragmatische Gesundung und Kräftigung des Menschen Hinausweisendes zu erfahren, das in der kreativen Umsetzung des Atems im Sprechen, Singen und in der Selbsterfahrung am Instrument einen Ausdruck finden kann.

Eine ebenfalls bekannte Schule für Atemtherapie ist die von Frau Alice Schaarschuch in Hahnenklee, die ihre Arbeit »Lösungs- und Atemtherapie« nennt und sie folgendermaßen beschreibt:

»Bewußtseinserweiterung und menschliche Reife zu gewinnen, dazu gibt es im Grunde so viele Wege, wie es Menschen gibt, die danach verlangen. Einer dieser Wege ist unsere Lösungs- und Atemtherapie. Es ist eine meditative Bewußtseinsarbeit. Wir gehen nicht konzentrativ eine Lernübung an, sondern lassen uns überraschen von Wahrnehmungen, wie sie absichtslos uns aus Körpergewebe und natürlichen Atmungsübungen kommen. Es unterscheiden sich die bewußt-willentlichen und die unbewußt-unwillkürlichen Vorgänge und Bewegungen, und bald kommen uns auch die unwillkürlich ablaufenden ins Bewußtsein. Wir finden im Zustand innerer Stille die körperseelischen und geistigen Zusammenhänge und werden uns ihrer auch im Alltag immer mehr bewußt« (pers. Mitteilung).

Ein besonderes Gewicht im Rahmen therapeutisch bedeutsamer meditativer Praktiken kommt der von Gerda Alexander, Kopenhagen, entwickelten »Eutonie« zu. Gunna Brieghel-Muller, eine bekannte Vertreterin der Schule von Gerda Alexander, die ein Ausbildungszentrum für Eutonie in Genf leitet, sagt darüber:

»›Eutonie‹ heißt wörtlich: ›wohlausgeglichene Spannung‹. Es soll ausdrücken, daß nicht besonders die Entspannung gesucht wird, sondern in erster Linie eine vitale Spannungsbalance, die mit Hilfe einer speziellen Technik (Durchströmungs- und Kontakttechnik) gefördert wird. Diese Tonusbalance (oder Eutonie) kann sowohl in entspannter als in aktiver Situation erreicht werden und erlaubt dem Menschen nicht nur, eine regenerierende Ruhe herzustellen (in Entspannung oder den sogenannten Kontrollstellungen), sondern auch die tägliche Arbeits- und Lebensform so zu harmonisieren, daß die körperlichen und physischen Kräfte des Organismus in bester Weise eingesetzt werden, also ohne nutzlosen Energieverbrauch, ohne die vitalen Vorgänge zu hindern, ohne krankmachende Verkrampfungen« (pers. Mitteilung).

Eine von Osten kommende Übung von großem Anspruch, die mit Sicherheit mehr und mehr ihren Einzug in die initiatische Therapie finden wird, ist das aus China stammende T'ai-Chi-Chuan. Eine Meisterin dieser Übung, Lizelle Reymond in Genf, sagt darüber folgendes:

»Alles was wir von T'ai-Chi-Chuan wissen, geht zurück auf den taoistischen Mönch Chang-San-Fong aus der T'ang-Dynastie. Aber schon vor ihm bestand ein sehr vollkommenes Wissen mythischen Ursprungs um den Menschen in seinem Verhältnis zur Natur. Das heutige China anerkennt das T'ai-Chi-Chuan als eine für die Gesundheit nützliche Übung. Es bedarf eines langen Studiums, um die Folge der einzelnen Bewegungen zu erlernen und zu meistern, aus denen das System des T'ai-Chi-Chuan besteht. Jede Bewegung und Gebärde hat ihre besondere Bedeutung. So erfährt und erkennt der Übende das Zusammenspiel der Energien in seinem Leibe, entdeckt die Ursprungsstelle jeder Bewegung und wie sich in ihnen die Gegensätze von Yin und Yang zusammenspielen und vereinigen. Die bewußte Vorstellung der Bewegungen erlaubt dem Schüler schließlich den Verlauf der Meridiane genau in sich zu verspüren. Dann wird das T'ai-Chi-Chuan zu einer Übung von dynamisch meditativem Charakter, in der Geist und Atem eins werden. Schritt um Schritt entdeckt der Schüler das Gesetz, das das Verhältnis erfahrener Schwere und Leichtigkeit beherrscht, alles in bezug auf den Schwerpunkt als der leibhaftigen Mitte, von der alles Leben ausgeht« (pers. Mitteilung).

Verschiedene Wege vereinigt die Arbeit von Arnold und Verena v. Ogtrop in Falshöft, die mit Übungen aus dem östlichen und westlichen Raum, auf europäische Belange modifiziert, arbeiten (Eutonie, Haptonomie, Yoga, Konzentrations- und Meditationsübungen). Gegenständliche und Seins-(Zen-)Meditation werden als einander ergänzende Arbeitsweisen gleichzeitig geübt.

In allen für die Psychotherapie relevanten Formen der Arbeit am Leibe bewährt sich ein Leibgewissen besonderer Art. Es gibt nicht nur das Leibgewissen, das orientiert ist an der Gesundheit, das zweifellos in jeder Arbeit am Leibe mitspielt, sondern auch das an der Schönheit, an der »Wohlgestalt« orientierte Leibgewissen, das letzten Endes die vom Wesen her bestimmte Leibgestalt zum Maßstab hat. Es gibt darüber hinaus aber das für die initiatische Arbeit entscheidende Leibgewissen, das zur Großen Durchlässigkeit, zur Transparenz für die uns innewohnende immanente Transzendenz verpflichtet. Dann wird es in jeder Übung darum gehen, abzubauen, was dieser Durchlässigkeit im Wege steht, und zu fördern, was sie ermöglicht. Der Durchlässigkeit im Wege steht alles, was die Dynamik des Lebens, seine ewige Verwandlungsbewegung, blockiert, also alles, was statisch ist. Das Prinzip aller Statik in uns ist das Welt-Ich, insofern es immerzu fest-stellt, auf das Feststehende bezogen ist und sich in festen Strukturen »ver-hält«. Es ist das Ich, das im Theoretischen wie im Praktischen um eine Position kreist, sie zu erreichen oder sie festzuhalten sucht. Im Leibe erscheint die Dominanz dieses Ichs in einem Schwerpunkt, der zu weit oben sitzt und Verspannung und einen flachen Atem erzeugt. Die erste Übung also zur Bereitung des Leibes, der man ist, zur Durchlässigkeit, ist die Verlegung des Schwerpunktes mehr nach unten, in die Leibesmitte. Der Japaner nennt sie »Hara«. Hara, wörtlich »Bauch«, meint eine Verfassung des ganzen Menschen, ist der er frei ist von seinem immer um seine Selbsterhaltung besorgten Ich und, »ganz woanders« verankert, fähig, sich ohne Reserve dem hinzugeben, wozu er gerade gerufen oder gefordert ist. Voller Vertrauen, ichlos und ungestört von Angst, kann er gelassen in seiner Mitte ruhend vollziehen, was er soeben zu tun hat. Er ist in der Kondition, im Besitz der Voraussetzungen dafür, das ihm das, was er hat, kann und weiß, auch faktisch und im entscheidenden Augenblick, zur Verfügung steht. Der zentrale Störfaktor aller rechten Kondition ist das kleine Ich, das über seinem kurzsichtigen Anspruch auf Selbsterhaltung in der Welt die Verbundenheit mit seiner Wesenstiefe verliert und so das ungestörte Hervorkommen des Gekonnten oder Gewußten wie auch das unbewußte Wirken der Heilkräfte der Natur behindert.

Die volle Bedeutung der Einübung des rechten Schwerpunktes, die die negative Auswirkung dieses Ichs ausschaltet, wird jedoch erst deutlich, wenn man begreift, daß es das gleiche Ich ist, das einerseits dem Gelingen weltlicher Leistung im Wege steht, aber auch andererseits die Einswerdung mit dem Wesen, also das personale Reifen, verhindert. So kann die Übung des rechten Schwerpunktes im Dienste unbehinderter Leistung zugleich die initiatische Bedeutung einer Förderung der Einswerdung mit dem Wesen gewinnen. Dieses ist dann auch der tiefere Sinn der Betonung und Entwicklung des Hara in allen Exerzitien, so auch in der zentralen Übung japanischer Exerzitienpraxis: im Za-Zen.

Die stärkste Anregung zur Ausbildung meditativer Praktiken im Rahmen der initiatischen Therapie kam in den letzten Jahrzehnten aus dem Osten. Dabei handelt es sich vor allem um zwei Richtungen: das aus Indien kommende Yoga und das aus Japan kommende Zen. Gemeinsam ist ihnen der tiefere Sinn der Übung: die Einswerdung des Menschen mit dem Absoluten.

Von den verschiedenen Formen des Yoga hat im Grunde nur das Hatha-Yoga Verbreitung im Westen gefunden. An seiner Entwicklung im europäischen Raum wird der Unterschied zwischen pragmatischer und initiatischer Arbeit besonders deutlich, denn selten nur wird das Hatha-Yoga anders als eine heilsame Gymnastik gelehrt, während es im Grund eine Meisterung des Leibes ist, die den Übenden für die Erfahrung des Absoluten vorbereitet. Erst in dem Maß, in dem der Mensch des Westens sich dem Ernstnehmen von Seinserfahrungen öffnet und sich für den initiatischen

Weg der Einswerdung mit dem überweltlichen Sein entscheidet, wird auch das Hatha-Yoga im Sinn seiner transzendenten Bedeutung in die initiatische Therapie einbezogen werden können. [...]

Die außerordentliche Verbreitung meditativer Übungen in den verschiedensten Kreisen, in Schulen, religiösen Gemeinschaften, in Klöstern, aber auch in wachsendem Maße in industriellen Betrieben, insbesondere bei deren leitenden Angestellten, also in allen Schichten der Bevölkerung, bringt die Übenden zu vertieften Selbsterfahrungen. Der damit verbundene Abbau der bisherigen Vorherrschaft der Leistungswelt öffnet den Übenden zum Ernstnehmen seiner inneren Möglichkeiten und führt ihn zu einem Reifungsprozeß und einer von besonderer Leistung unabhängigen Sinngebung. Dabei steht freilich häufig die pragmatische Auswirkung im Vordergrund. Auch die heute in der ganzen Welt verbreitete transzendentale Meditation des Maharishi Mahesh (TM) wirkt heilsam nicht nur im Sinn einer Steigerung der Konzentrations- und Leistungsfähigkeit, sondern auch als ein Mittel zur Überwindung der Sucht nach Drogen. Wieweit die transzendentale Meditation auch zur Verinnerlichung des Menschen führt, hängt von der Einstellung des Übenden und dem Reifegrad seiner Initiatoren ab. Jedoch kann eine Mantram-Meditation innerhalb der initiatischen Therapie eine wichtige Rolle spielen.

Dieses in seiner Vielfalt von Formen meditativer Praxis erscheinende Verlangen nach Verinnerlichung ist Ausdruck der immer schneller wachsenden Not des heutigen Menschen, nicht im wahren Sinn Mensch sein zu können. Und während einerseits die hier genannten meditativen Praktiken auch unabhängig von der Psychotherapie Verbreitung finden, werden sie auch in fortschreitendem Maße planmäßig in die Therapie eingebaut.

Alle meditativen Übungen suchen und bringen, wenn sie richtig gemacht werden, Stille, innere Stille – letztlich eine Stille, die nichts mehr zu tun hat mit »Stille und Lärm«, ja für die äußerer Lärm wie eine Geräuschkulisse werden kann für jene Stille, aus der eine ganz andere Dimension schweigend spricht. Statt sogleich von Meditation zu sprechen, sei es, daß man sie selber übt oder anderen zu vermitteln sucht, sollte der Therapeut erst einmal ganz einfach das Stillwerden, und zwar das Stillwerden des Leibes und im Leibe, üben.

Man kann das Stillwerden üben im Stehen, Sitzen oder Liegen. Entscheidend ist dabei die totale Unbeweglichkeit des Leibes. Das scheint sehr einfach und ist zu Beginn doch sehr schwer. Zehn Minuten ohne die leiseste Bewegung zu sitzen, zu stehen oder zu liegen, will gelernt sein. Wer es aber lernt, es vielleicht allmählich auf dreißig Minuten bringt, wird erfahren, daß in der totalen Bewegungslosigkeit des Leibes eine geheimnisvolle dynamische Kraft lebendig wird. Je länger man diese Haltung aushält, um so mehr bringt sie eine innere Ordnung hervor, die der Gestaltformel unseres eigentlichen Wesens entspricht. Nicht nur der Körper, sondern der ganze Mensch als Leib findet sich hier in die ihm gemäße Form und schafft damit eine entscheidende Voraussetzung für die Möglichkeit des Inne- und Gestaltwerdens des metaphysischen Grundes und damit die Bedingungen eines Heil-, d. h. Ganzwerdens im tiefsten Sinne des Wortes.

Die Übung der Leibesstille kann das Erlebnis der Zugehörigkeit zu einem größeren Ganzen vermitteln. Und eben dies gehört zur rechten Weise, im Leibe und als Leib da zu sein, daß der Mensch sich, wie die Welle zum Meer, wie das Blatt zum Baum, wie die Rebe zum Weinstock, einem größeren Ganzen zugehörig fühlt. Die Haut wird nicht mehr als eine trennende Wand vorgestellt, sondern als ein warmes, verbindendes Medium gespürt.

Wo immer auch eine meditative Übung gelingt oder wo immer der Mensch in einer meditativen Haltung lebt, fühlt er sich wie von einer warmen Aura umgeben, in ihr und durch sie dem größeren Ganzen zugehörig und gerade dadurch auch in seiner eigenen Mitte. Zu dieser Erfahrung gibt es ein tiefsinniges indisches Wort: »Wohl weiß der Tropfen, daß er im Ozean ist, er weiß aber oft nicht, daß der Ozean auch in ihm ist.« Allein die Stille-Übung bringt, wo sie gelingt, den Menschen in das Erleben einer ungeahnten Weite, Tiefe und Höhe. Ein Therapeut, der den Leib begriffen hat als die Weise des Menschseins, in der Welt zu sein, wird, wo es sich darum handelt, dieser Weise zur rechten Gestalt zu verhelfen, die Übung der Stille zu einer zentralen Übung seiner Therapie machen. In diesem Zusammenhang auch hat das Za-Zen seine besondere Bedeutung.

Das Za-Zen, das Sitzen in Versenkung, wird in verschiedener Weise durchgeführt. Das entscheidende ist die auf breiter Basis im

Lotos- oder Fersensitz gehaltene Vertikale (die gründlichste Beschreibung findet sich bei Philip Kapleau, »The three pillars of Zen« (1965). Der Rücken der rechten Hand liegt auf dem Oberschenkel, die linke Hand in der rechten, beide Daumenspitzen berühren sich leicht. Der Schwerpunkt befindet sich im Hara, die durchschnittliche Dauer der Übung beträgt dreißig bis vierzig Minuten, vorzugsweise am frühen Morgen, am späten Abend oder in besonderen Übungswochen sechs bis zehn Stunden am Tag mit kurzen Unterbrechungen, durchgeführt. Der Anfänger hat oft Schwierigkeiten mit diesem Sitz, die jedoch bei längerem Üben verschwinden. Wer aber, z. B. wegen einer Knieverletzung, anatomisch den Bodensitz nicht zu leisten vermag, kann das Za-Zen mit dem gleichen Erfolg auf einem geeigneten Stuhl, aufrecht, ohne sich anzulehnen, die Knie tiefer als das Becken, üben. Der Sinn der Übung ist immer die Große Durchlässigkeit, letztlich das Einswerden mit dem Wesensgrund (Buddhanatur). Die Übung stützt sich auf den natürlichen Atem unter Betonung des Ausatmens, dessen Sinn der von selbst kommende Einatem ist.

In dieser Übung geht es darum, sich aller Gedanken, Vorstellungen und Bilder zu entledigen und jene »Leere vom Vielen« zu finden, die die Voraussetzung für das Aufbrechen der »Fülle aus dem Nichts« ist. Im Wege steht dieser Erfahrung das gegenständlich fixierende, seine Position wahrende und in Kopf und Brust zentrierte Ich. Erst mit dem Abbau seiner Vorherrschaft durch die Verlagerung des Schwerpunktes in die Leibesmitte und der Einswerdung mit dem »Boden« wird die Voraussetzung für die Möglichkeit einer Wesenserfahrung geschaffen: der aus der Tiefe kommenden Verwandlungsbewegung des Wesens freien Raum zu gewähren.

Diese Übung darf nicht auf den Augenblick der Sonderübung beschränkt bleiben. Der Schüler des Zen beginnt den Tag mit Za-Zen und beschließt ihn mit Za-Zen. Und wann immer er einen Augenblick Zeit hat – und mehr und mehr findet er solche Augenblicke –, geht er in Za-Zen. Und wenn er des Nachts aufwacht und nicht gleich wieder einschläft, richtet er sich auf, kreuzt die Beine und übt Za-Zen.

Den Menschen des Westens mag es zunächst befremden, daß solches, die Leere suchendes »Nichts-Tun« von Bedeutung, ja offensichtlich von entscheidender Bedeutung für das Heranreifen des Kernes unseres Menschseins und seiner Frucht, des wahren Selbstes, sein könnte. Und doch ist es so, und zwar keineswegs nur für den, dessen Sinn und Ziel der geistlichen Übung das Einswerden des Ichs mit dem unsagbar Einen, das erlösende und erlöste Aufgehen in Ihm ist (östlich-buddhistisch), sondern auch für den, dem diese Einswerdung ein Aufspringen der Quelle bedeutet, die fortan sein Leben, Lieben und Gestalten in der Welt befruchtet, voll ermöglicht und mit tieferem Sinn erfüllt (westlich-christlich). Die für uns gültige initiatische Therapie ist sich dessen bewußt, daß für den Menschen des Westens die Welt, in der wir leben, der Raum der Bewährung ist und bleibt. Im Hier und Jetzt dieses Daseins hat auch der zur vollen Freiheit Herangereifte und Verwandelte von seiner Verwurzelung im überraumzeitlichen Sein zu zeugen.

Was das Za-Zen ist, kann man ebensowenig sagen, wie man sagen kann, was ein Ton oder eine Farbe, was ein Geruch oder ein Geschmack, was hart oder weich ist – man muß es hören, sehen, riechen, schmecken, tasten. So muß man auch das Za-Zen selber sitzen, und zwar nicht einmal, sondern wiederholt, wochen-, monate-, jahrelang, um zu »wissen«, was es ist, besser gesagt: was man, dank Za-Zen, langsam werden und dann auch den Tag über sein kann. Den ganzen Tag über, denn Za-Zen meint und gibt etwas, das dann nicht nur während der Übung da ist, sondern immer: als eine das Wesen verkörpernde und bezeugende Haltung, die mit dem Gehalt, den sie ausdrückt, eins ist und den Menschen (der – in ihr ein anderer geworden – nun auch anders und anderes sieht) befähigt, jeden Augenblick zur besten aller Gelegenheiten zu machen, vom Sein zu zeugen in seiner »Präsenz«, in der Weise seines Gegenwärtig-Seins, in der Qualität seines Erlebens, im Segen und in der Fruchtbarkeit seines Tuns – oder Lassens.

So ist es verständlich, daß die Übung des Za-Zen von entscheidender Bedeutung im Rahmen einer initiatisch orientierten Therapie ist.

Zunehmende Beachtung im Rahmen aller Therapie findet heute die Entspannung, da die Verspannung, ja Verkrampfung ein Hauptsymptom des Neurotikers ist. Welches ist aber das Verhältnis zwischen Entspannungsübung und meditativer Praxis? Grundsätzlich kann jede Entspannungsübung zur Vorbereitung einer meditativen Übung förderlich sein, aber nur wenn der Übende auf die Begegnung mit der Transzendenz, auf das Spüren des Numinosen, eingestellt ist und die Entspannungsübung keine Auflösungsübung ist. Es gehört zu den unheilvollsten Irrtümern, wenn unter der Überschrift »Entspannung« der Übende in einen Zustand vollkommener Auflösung gebracht wird. Das mag im Augenblick angenehm und wohltuend sein – auf dem Weg zum wahren Selbst, zur rechten Durchlässigkeit, ist es falsch. Die für die Einswerdung mit dem Wesen geforderte Durchlässigkeit ist immer eine geformte Durchlässigkeit, eine durchlässige Form.

Die Übung meditativer Praktiken ist nicht nur auf solche passiven Charakters beschränkt, sondern erfüllt sich in vollem Maße erst mit der Kenntnis und Übung aktiver, sich eines Tuns bedienender meditativer Praktiken. Das meditative Element auch solcher Praktiken ist ihre durchgehende Bezogenheit auf die Einswerdung mit dem überweltlichen Sein und seine Bezeugung. Das betrifft auch verschiedene Formen der Bildmeditation. Solche eines mehr dynamischen Charakters sind z. B. die aktive Imagination von C. G. Jung, gewisse Praktiken innerhalb des Katathymen Bilderlebens und die früheste hierzu angeregte Form von Carl Happich. Während hier das Bilderleben zu einem Tun verwandelt wird, gibt es auch die Praxis einer auf eine Leistung bezogenen Handlung als meditativer Übung.

Das große Vorbild solcher Praktiken ist für uns die altjapanische Übungspraxis, in der selbst die Kriegskünste wie Bogenschießen, Schwertfechten und Speerstoßen initiatisch geübt werden, nämlich nicht nur im pragmatischen Sinn zum Töten des äußeren Feindes, sondern initiatisch zum Überwinden des inneren Feindes, des sich der Wesensverwirklichung in den Weg stellenden, nur weltbezogenen Ichs.

Die Praxis solcher Übungen vollzieht sich in der Weise, daß die zur Leistung erforderliche Technik bis zu ihrer Automatisierung, bis zu einer Vollendung, die des machenden Ichs nicht mehr bedarf, geübt und dann diese vom kleinen Ich gereinigte Technik einer tieferen Kraft überlassen wird, die nun ohne unser Zutun die vollendete Leistung herausspielt. In dieser Weise kann jedes Training, dessen Ziel eine vollendete Leistung ist, zu einer inneren

Übung werden, zu einem exercitium ad integrum, dessen Sinn der sein Wesen entdeckende und in ihm sich verankernde Mensch ist. Da dieses auch der Sinn einer initiatischen Therapie ist, öffnet sich hier ein unermeßliches Feld der Möglichkeiten, alltägliches Tun, dessen »Technik« man beherrscht, zum Ausgangspunkt meditativer Praxis zu machen. Ein japanischer Satz lautet: »Damit ein Tun transzendente Bedeutung gewinnen kann, müssen nur zwei Bedingungen erfüllt sein: es muß einfach sein und wiederholbar.« In diesem Sinn hat die japanische Tradition seit langem schon die verschiedensten Tätigkeiten des täglichen Lebens zu Übungspraktiken genutzt, so Schreiben, Sprechen, Singen, Gehen, Tanzen, außerdem das Blumenstecken, das Schauspiel, das Puppenspiel, die Teezeremonie u. a. Im gleichen Sinn können wir heute auch das Autofahren, Schreibmaschineschreiben und alle voll- oder halbautomatischen Arbeitsbewegungen in technischen Betrieben als Gelegenheiten innerer Übung wahrnehmen lernen und damit eine echte Überwindung des Mechanischen einleiten.

Der planmäßige Einsatz meditativer Praktiken im Rahmen der Psychotherapie beherrscht die Arbeit der von mir und Maria Hippius geleiteten Existential-psychologischen Bildungs- und Begegnungsstätte Todtmoos-Rütte, die sich als »Schule für initiatische Therapie« versteht. Die gesamte Arbeit steht in der hier angestrebten Grundhaltung dem Zen nahe und zugleich im Zeichen des von Maria Hippius entwickelten Prinzips: über die Initiation zur Individuation. Hier verbindet sich im Dienst echter Selbstverwirklichung buddhistisch-östliche und christlich-westliche Auffassung vom Sinn und Auftrag des Menschseins. Hier wie dort zielt die initiatische Tradition auf die Einswerdung des Menschen mit dem ihm und allen Dingen innewohnenden göttlichen Wesen. Während die östliche Tradition jedoch das Eingehen in das All-Eine und das Erlebnis der Erleuchtung als den letzten Sinn des Weges sieht und also die Auszeugung des Kernes zur individuellen Persönlichkeit vernachlässigt, bildet die Verwirklichung des wahren Selbstes, als Integration des individuellen Wesenskernes mit dem Welt-Ich im Sinne C. G. Jungs, Sinn und Ziel der Arbeit in Rütte. Es geht letztlich um die Ausbildung eines weltkräftigen Ichs, das dem Auftrag des Menschen zur Teilnahme an der weitergehenden Schöpfung gemäß ist.

Alles Voranschreiten auf dem initiatischen Weg und der auf ihm geforderte Abbau all dessen, was der Einswerdung mit dem Wesen im Wege steht, führt notwendigerweise zu einer Auseinandersetzung des Suchenden mit seinem Schatten. Der Schatten als das Insgesamt der zur Ganzwerdung eines Menschen zuzulassenden, aber verdrängten Lebensimpulse ist »anzunehmen«, d.h. als vorhanden zu erkennen, anzuerkennen, womöglich aus sich herauszulassen und als gestaute Energie zu integrieren, in fruchtbringende Kanäle zu leiten. Hier unterscheidet sich östliche von westlicher Praxis, denn wo in der Meditation Schattenkräfte z. B. als symbolträchtige Bilder erscheinen, werden sie im Osten als illusionäres Machwerk des Unbewußten beiseite geschoben.

Die beiden Pole auf dem initiatischen Weg erfüllt das Exerzitium, und zwar nicht nur innerhalb der Psychotherapiestunden und in der Übung besonderer Praktiken, sondern im Alltag, in allem Tun und Lassen in der Welt. Immer geht es um die planmäßige Verwandlung des Menschen im Dienste einer Verfassung, in der das Organ der Wahrnehmung des Wesens ausgebildet ist und in der das im initiatischen Erlebnis Erfahrene, erlösend und schöpferisch zugleich, wirksam wird, sowohl in der Selbstverwirklichung der Person als im Gestalten der Welt.

Die Entwicklung des Organs zum Wahrnehmen des Wesens in der Welt in der Qualität des Numinosen betrifft vor allem die Entwicklung des den äußeren Sinnen zugeordneten inneren Sinnes. Er gründet in einer spezifischen Einstellung des ganzen Menschen.

In den religiösen Praktiken aller Zeiten und Zonen haben die Qualitäten der fünf Sinne eine bedeutende Rolle gespielt. Als innerhalb der Kirche geübte Exerzitienpraxis sind hier vor allem die Exerzitien des hl. Ignatius von Loyola zu erwähnen. Seine Weise, die Sinne in der Besinnung auf das Leiden Christi zu üben, zielt auf die Entwicklung eines übersinnlichen Sinnes, dessen Aufgehen den Übenden dem Geheimnis selbst näherbringt. In allen Sinnesqualitäten ist das ins Geheimnis erhobene Übersinnliche (Novalis) vorhanden. Es gibt ein still verweilendes Wahrnehmen der Farb-, Ton-, Geruchs-, Geschmacks- und Tastqualitäten, das die gegenständlich gegebene Oberflächenqualität durchdringt und im Schwinden der Dualität von ich und Gegenstand einer Wesensberührung von numinosem Charakter förderlich ist. Voraussetzung freilich ist eine grundsätzliche Bereitschaft zu solcher Erfahrung. Sie setzt eine Art Witterung voraus für das uns in allen Eindrücken der Welt suchende überweltliche Sein. In allen Sinnesqualitäten kann uns Prana anrühren, der Hauch und die Kraft des Größeren Lebens, vorausgesetzt, daß wir ihm geöffnet sind – wie vielleicht bei der Kostprobe eines edlen Weines oder schon im hingegebenen Aufnehmen reiner Luft. Leicht vergißt man beim Aufzählen der Sinne den Bewegungssinn. Zahlreich sind die Möglichkeiten, in der Selbsterfahrung des bewegten Leibes, z. B. in einer gekonnten Arbeitsbewegung, in einer technisch beherrschten Bewegung im Sport, im Tanz, ja schon im rhythmisch vollzogenen Gehen, Numinoses zu erfahren. Und aller Erotik wohnt eine transzendente Qualität inne. Ja, sie kann als das eigentlich Wesentliche in aller vom Menschen erfahrenen Sinneslust wahr- und ernstgenommen werden.

Nicht nur für die Erfahrung des Numinosen im Raum der Sinne, sondern für alle Erfahrungen des Überweltlichen wie für die Übung dieser Erfahrung, ist es gut, zu wissen, daß das ihr zugeordnete Spür-Bewußtsein nicht wie das gegenständliche Bewußtsein in der Stirne zu lokalisieren ist, sondern im ganzen Leibe, oder wenn man es genauer lokalisieren will, mehr im Nacken, im Raum hinter den Ohren und zwischen und hinter den Schultern als im Kopf.

Über die Sinnesqualitäten hinaus öffnet die Wahrnehmung jedweden Gebildes, jeder Gestalt, bei entsprechender Einstellung die Möglichkeit einer Tiefenerfahrung, deren Gestalt ihren gegenständlichen Sinn transzendiert. Und daher kann auch das meditative Umgehen mit allen Formen, insbesondere der lebendigen Natur wie der Kunst, aber auch mit jedwedem handgreiflichen Gegenstand, der Ausbildung des Organs für das Übersinnliche dienlich sein.

Das Hauptfeld numinoser Erfahrung aber ist die Liebe, sei es die Liebe zu einem Ort, zu einem Gegenstand, einer Gemeinschaft oder einem Menschen. Alle Liebe spiegelt die Sehnsucht des Menschen nach Wiedervereinigung mit dem Grund. So kann auf dem Hintergrund der Getrenntheit jeder Augenblick der Einswerdung oder des sich Einsfühlens einen numinosen Akzent gewinnen, und je nach Tiefe des Einklangs zweier Seelen erfährt der

Mensch im Spiegel der Liebe das überweltliche Sein als die Wirklichkeit, von der her und auf die hin er im Grunde angelegt ist, nach der er sich sehnt und die zu finden er auch bestimmt ist. Das Unbedingte, das der Mensch in der Erfahrung der Transzendenz erfährt, verschließt ihn nicht gegenüber der allseits bedingten Welt, sondern schließt im Gegenteil Mensch und Welt gegenseitig für einen tieferen Sinn auf. Und sie macht nicht nur die Begegnung mit der Welt bis in den harten Alltag hinein zu einem Feld ungeahnter Möglichkeiten auf dem inneren Weg, sondern sie vertieft auch den Impuls zur Verwandlung der Welt. Es ist ein Mißverständnis, zu glauben, die Bewahrung meditativer Haltung sei an egozentrisches Nichtstun gebunden. Ob im Tun oder Nichttun, meditativ bleibt das Verhalten des Menschen, solange er jene Grundeinstellung bewahrt, in der das Offenbarwerden des überweltlichen Seins der Sinn des Augenblickes ist. Diese sich im Alltag bewährende Grundeinstellung zu stiften, ist das Hauptanliegen einer initiatischen Therapie; in ihr handelt es sich ja nicht nur um die Wiederherstellung eines »Patienten«, sondern um die Ausrichtung und Bereitung eines Menschen zur Erfüllung seines transzendenten Auftrages in der Welt. Nur im Fortschreiten der Erfüllung kann er wirklich heil werden.

Die Arbeit der »Schule für initiatische Therapie« in Rütte hat einen dreigliedrigen Charakter: Selbsterfahrung, Selbsterkenntnis, Selbstverwirklichung. In allen hier geübten Praktiken ist der Schüler dazu angeleitet, in welcher Übung es auch sei, die Erscheinungsformen des überweltlichen Seins, insbesondere in der Qualität des Numinosen, zu erspüren und zu erkennen; im tiefenpsychologisch orientierten Gespräch, in der Aufarbeitung seiner Lebensgeschichte und im konkreten, gestalterischen Tun seiner archetypischen Urformeln und individuellen Schattenkräfte innezuwerden und die in ihnen enthaltenen Energien in die rechten Kanäle zur wesensgemäßen Selbstverwirklichung zu leiten; in den drei Ebenen: Leib, Seele und Geist sich der personalen Gestalt innezuwerden und ihr gemäß Ausdrucksgebärden und Werkformen zu üben.

Seit langem hat die Psychotherapie die Möglichkeit erkannt, die Behinderung des Menschseinkönnens und der Fähigkeit, sich spontan auszudrücken, durch Förderung seiner kreativen Möglichkeiten zu beheben. Dazu gehören vor allem alle Praktiken, die der Förderung künstlerischen Ausdrucks dienen, so im Tanz, im Modellieren, im Malen und Zeichnen. Immer liegt dabei das Gewicht auf dem spontanen Ausdruck. Nicht die gewollte und bewußt ästhetisch gestaltete Produktion eines Bildes befreit, sondern nur die spontane Bewegung, die den im Unbewußten gestauten Kräften erlaubt, unkontrolliert hervorzukommen.

Etwas ganz anderes stellt eine von Maria Hippius erfundene Methode dar, die zunächst in der Form des »Geführten Zeichnens«, im weiteren dann in anderen Selbsterfahrungsübungen den Schüler planmäßig in Fühlung mit seinem Kern bringt, die zur Totalität des Menschen gehörenden archetypischen Urformeln entbindet und zugleich die Schattenkräfte des Unbewußten hervorkommen und integrieren läßt.

Das Prinzip, das dieser Methode zugrunde liegt, formuliert Maria Hippius wie folgt: »Alles Lebendige, so auch der Mensch, lebt und wird Gestalt durch bestimmte Urformeln und Urgebärden des lebendigen Seins. Solche Urformeln sind beispielsweise: Girlande oder Arkade, erscheinend als Schale oder Gewölbe; beide zusammen erscheinen in der Wellenlinie. Weitere Urformeln sind die Spirale und die Lemniskate. Die mehr weichen, fließenden Linien haben mehr weiblichen Charakter. Ihnen gegenüber haben die gerade Linien mehr männlichen Charakter, erscheinend als Senkrechte, Waagerechte oder Schräge, als Winkel, Kreuz, Dreieck etc. Dazu kommen Urformen von Linienbündeln, Strahlenfiguren u. a.

Der Schüler erhält die Aufgabe, sich zunächst diese Urzeichen in ›ewiger Wiederholung‹ anzueignen, sie – auch mit geschlossenen Augen – in rhythmischer Bewegung zu zeichnen. Dieses Zeichenexerzitium führt, wo es tief und meditativ genug angesetzt wird, zu einer numinos-archetypischen Selbsterfahrung, die seelisch-geistig eine ab-ovo-Entwicklung einleiten kann. Dabei wird die Wirkkraft eines dem Menschen eingeborenen Entwicklungsgesetzes offenbar, das sowohl eine die Substanz regenerierende als sie entelechial formende Bedeutung hat. Es ist, als arbeite da ein geheimnisvoller Baumeister ›am Plan‹, und die Architektur der Seele mit einem in der Harmonie gehaltenen Kräftespiel tut sich hervor. Je mehr der Mensch im Zeichnen mit diesen Urgebärden des Lebens eins wird, desto mehr erwachen in ihm die universellen schöpferischen Kräfte des Lebens. Und da er ihre Ausdrucksformen notwendig in je *seiner* individuellen Weise vollzieht, wird die Übung zu einer Begegnung mit einem eigenen Wesen und zur Weckung der individuell eigenen Schöpfungsgebärden. Damit wird zugleich der Prozeß der eigenen Individuation angelassen. Spontan erfährt der Übende die erlösende und formende Kraft archetypischer Zeichen, die im befreienden Hervorkommenlassen belastender Verdrängungen oft den Durchbruch durch sehr alte Verstellungen seines eigenen Wesens ergeben.

Die Befreiung verdrängter Kräfte und Triebe, die Evokation von Urgebärden in ihrem individuellen Charakter dienen der initiatischen Bewußtwerdung des Kerns, im weiteren dann einer ihm gemäßen Verwandlung des Menschen. Die Dreiheit Selbsterfahrung, Selbsterkenntnis, Selbstverwirklichung bedeutet auch die Dreiheit von Evokation, Initiation, Individuation« (pers. Mitteilung).

Die in Rütte geübten meditativen Praktiken sind in je anderer Sprache bestimmt durch das Prinzip: Gerichtetheit auf die Entdeckung, des weiteren dann auf die Bezeugung des wahren Selbstes. In dieser Weise wird das »Geführte Zeichnen« geübt, das Tasten und Arbeiten in Ton-Erde, Selbsterfahrung am Musikinstrument, in Ausdruck und Gebärde sowie in verschiedenen handwerklichen Techniken wie Weben, Schnitzen, Töpfern u. a.

Endlich oder allem zuvor dient die Personale Leibtherapie dem alles übergreifenden Ziel. Haltung, Atem und Tonus als Erscheinungsformen des Leibes, der man ist, werden zur Erfahrung und Verwirklichung der dem Wesen gemäßen Leibgestalt und Bewegung erspürt und geübt. Das Prinzip der meditativen, auf die Erfahrung und Integrierung des Wesens gerichteten Übens bestimmt auch die Arbeit in Gruppen.

Eine ein- bis zweistündige tägliche Übung im Za-Zen bildet für die meisten Schüler eine Hauptquelle der auch in den anderen Übungen zu bewährenden rechten Haltung.

Auf der pragmatischen Ebene erweist sich das Verhältnis von meditativer Praxis und Leistung als das einer wechselseitigen Förderung. Es gibt keine geistliche Übung, die letzten Endes nicht auch der Leistungskraft des Übenden zugute käme, vorausgesetzt, daß der Übende in seiner geistlichen Praxis nicht die Abkehr von der Welt sucht. Umgekehrt zeigt unsere Zeit, daß eine einseitige Inanspruchnahme durch die Leistungsmöglichkeiten und -forderungen in der Welt den Menschen an eine Grenze führen, an der sein seelisches Potential erschöpft ist und nicht nur nach Regeneration aus der Tiefe des Wesens ruft, sondern die Eigenbedeutung des transzendenten Wesens und seiner Ansprüche bewußt werden läßt. So wird heute deutlich, daß der Mensch zweierlei Chancen und zweierlei Aufgaben hat: die Welt zu meistern und sie zu gestalten im Werk und zu reifen auf dem inneren Weg, dem Weg der Verwandlung aus dem Wesen. Es gibt aber kein wirkliches Reifen des Menschen, der den Forderungen und Möglichkeiten der Welt ausweicht, und der Segen allen weltlichen Wirkens hängt letztlich ab von der Reife dessen, der es verantwortet.

Die Frucht menschlichen Reifens ist die Person, die durchlässig geworden ist, d. h. fähig geworden, auch inmitten der Leistungswelt und in ihrem Werk vom überweltlichen Wesen zu zeugen. So auch schließen sich für den Menschen, der sich auf dem initiatischen Weg befindet, meditative Übung und pragmatisch orientiertes Leisten nicht aus.

Für den in der christlichen Tradition und ihrem Erbe stehenden Abendländer bewährt sich in der weltlichen Leistung die Treue zum göttlichen Sein. So dieses gilt, erfüllt sich auch der Sinn der meditativen Übung, die Einswerdung mit dem überweltlichen Sein, in der Bewährung dieser Einswerdung in allem Tun in der Welt. Umgekehrt treibt den in der Leistungswelt wirkenden Menschen notwendigerweise immer wieder die Verpflichtung zur Rückbindung seines Tuns im Wesen. So verstanden wird dann auch der Alltag zum Felde geistlicher Übung, und das Üben meditativer Haltung gehört zum Dasein im Alltag.

LUISE EICHENBAUM
SUSIE ORBACH

Feministische Psychotherapie

Ein Zentralproblem ... [im] mittleren Stadium der Therapie ist die Abhängigkeit und der Kampf der Frau mit ihren Abhängigkeitsbedürfnissen in allen Beziehungen, einschließlich der therapeutischen. Frauen werden als abhängige Menschen angesehen. Abhängigkeit wird mit Eigenschaften wie Sich-Anklammern, Hilflosigkeit und Schwäche assoziiert. Die Frauen sind im Patriarchat in die Lage der wirtschaftlichen Abhängigkeit versetzt worden, aber die Beziehung zwischen wirtschaftlicher und emotionaler Abhängigkeit ist nicht offen und redlich. Frauen sind die emotionalen Betreuerinnen und Pflegerinnen. Die Männer bringen ihr Gefühlsleben zu ihren Frauen. Obwohl es in der Beziehung nicht ausdrücklich geäußert wird, werden die Abhängigkeitsbedürfnisse der Männer in der Ehe oft befriedigt, und ihre emotionalen Kümmernisse werden von den Ehefrauen verarbeitet. Etwas Gleichartiges gibt es für Frauen nicht. Wie wir gesehen haben, lernen Frauen schon früh, diese Art der Zuwendung weder von einer Frau noch von einem Mann zu erwarten; daher kommt es, daß sie sich selber vor ihren Abhängigkeitsbedürfnissen schützen.

Abhängigkeitsgefühle sind für eine Frau schrecklich peinlich, weil sie ihre Bedürfnisse ans Licht bringen. Diese wiederum erinnern sie an ihre Gefühle der Wertlosigkeit und Leere. Der Welt muß sie das Bild einer erwachsenen Frau bieten, aber im Inneren fühlt sie, daß sie ein Kind ist, und ihre Abhängigkeitsgefühle erinnern sie schmerzlich an ihre Kleinheit und bestätigen diese. Die Spannungen zwischen Männern und Frauen in heterosexuellen Beziehungen kreisen oft um diese Dynamik, wobei die Frauen ihre

Abhängigkeitsbedürfnisse abwechselnd zügeln und zeigen, und die Männer von ihnen verblüfft, wütend gemacht oder eingeschüchtert werden... Wenn wir uns diese Dynamik näher ansehen, entfaltet sich ein Bild, in dem man sieht, daß Frauen und Männer vor den Abhängigkeitsbedürfnissen der Frauen auf der Hut sind und sich zusammentun, um sie zu unterdrücken.

In der klinischen Situation zeigen Frauen, wie sie diese Bedürfnisse abwehren. Sie schaffen eine schützende Grenze zwischen sich und denen, mit denen sie in eine enge Beziehung treten möchten. Sie äußern die Befürchtung, wenn in intimen Beziehungen das »kleine Mädchen« zum Vorschein käme, wären sie nur noch das »kleine Mädchen«. Die unsicheren Grenzen der Frau lassen sie fürchten, sie würde sich irgendwie verlieren, sie würde vom anderen beherrscht, von dem anderen in sich einbezogen werden, oder das »innere kleine Mädchen« werde sich den anderen untertan machen – die Nähe sei zu groß. Frauen tragen das Gefühl mit sich herum, ihre Bedürfnisse seien völlig überwältigend, endlos, unersättlich, schlecht, schändlich. Sie meinen, ihre Bedürfnisse würden andere Menschen abschrecken; viele Frauen sagen mit quälender Sicherheit, sie würden wegen dieses bedürftigen Teils ihrer selbst abgelehnt werden.

Veronica hatte mehrere Jahre lang eine »Auf-und-Ab«-Liebesgeschichte gehabt. Sie genoß es, Larry, ihrem Liebhaber, wirklich nah zu sein, und begriff nicht, warum regelmäßig alles immer wieder schief ging. Larry hing sehr an Veronica. Im Lauf der Therapie wurde klar, daß Veronica die Gewohnheit hatte, immer mit Larry Schluß zu machen, wenn sie ihre Ferien sehr glücklich miteinander verbracht hatten. (Diese Ferien fielen gewöhnlich mit denen der Therapeutin zusammen.) Typischerweise pflegte Larry immer im Frühling und im Herbst neue Pläne zu machen, wie zum Beispiel an einem Tischlereikurs teilzunehmen oder fechten zu lernen; Veronica sah darin eine Einschränkung ihrer gemeinsam verbrachten Stunden. Sie übersetzte sich dies unbewußt folgendermaßen: Sie bildete sich ein, Larry habe sich dadurch belastet gefühlt, daß er soviel Zeit mit ihr verbracht habe, könne es aber nicht sagen. Sie deutete Larrys Beschäftigung mit solchen Dingen sowohl als Beweis wie auch als Strafe dafür, daß sie beim Zeigen ihrer Bedürfnisse das Maß überschritten habe. Sie meinte, Larry werde ihr nicht mehr zur Verfügung stehen, und um nicht als jemand gedemütigt zu werden, der sich an ihn klammert, zog sie sich als erste zurück, indem sie eine kurze Trennung vorschlug. Es fiel Veronica schrecklich schwer zu erkennen, wie sehr sie Larry brauchte. Sie konnte es nicht genießen, ihm nah zu sein, ohne zu fürchten, die Nähe würde ihr wieder weggenommen werden. Sie konnte nicht darauf vertrauen, daß Larry wirklich für sie da sein würde – obwohl es nie Larry war, der einen Bruch herbeiführte – und daß es in Ordnung wäre, wenn sie sich auf ihre Nähe und Vertrautheit verließe. Sie fürchtete sich so vor einer Enttäuschung, daß sie sich Ablehnungen einbildete und sich dann zurückzog.

Dasselbe geschieht auch in der Therapiebeziehung. Auf der einen Ebene sehen wir eine erwachsene Frau, aber unsere Therapie macht uns auf das »kleine Mädchen« im Inneren der Frau aufmerksam, zusammen mit all den Abwehrmechanismen, die es verstecken. Dieses kleine Mädchen taucht immer wieder auf, wenn auch sehr zögernd, bei einer Frau nach der anderen, in jeder Therapiebeziehung, die wir bisher erlebt haben. Wie wir wissen, haben Frauen kein gutes Gefühl in bezug auf dieses »innere kleine Mädchen«. Ihre kritische Ansicht von ihm spiegelt sich in der verurteilenden Art wider, wie Frauen ihre Gefühle beschreiben. Die Frau hat das Gefühl, die Therapeutin werde das »kleine Mädchen ablehnen, daher kann sie es nicht zeigen. Ein ganzer Prozeß läuft Schritt für Schritt ab, in dem die Therapeutin auf das »kleine Mädchen« hinter der Abwehr reagiert, es ermutigt, herauszukommen und an der Beziehung teilzuhaben, und in dem die Therapeutin die Klientin beruhigt, daß sie von dem »kleinen Mädchen« nicht überwältigt werden wird, daß sie sich nicht vor ihm fürchtet und nicht der Ansicht ist, dieser Teil der Frau sei böse, gierig und häßlich (was die Frau oft fürchtet).

Die Klientin reagiert während dieses Prozesses auf zweierlei Weisen. Einerseits spürt sie ein ungeheures Potential: Hier ist endlich jemand, der sie vielleicht nicht ablehnt, jemand, der sie vielleicht wirklich akzeptiert, der vielleicht auf all diese Gefühle reagieren kann, mit denen sie selber so viele Schwierigkeiten gehabt hat. Andererseits ist sie immer noch vorsichtig, denn wenn sie dieses »kleine Mädchen« in der Therapiebeziehung zum Vorschein kommen läßt und zugibt, daß sie sich der Therapeutin nahe fühlt und sie braucht, erkennt sie ja an, daß sie von einem anderen Menschen abhängig ist.

Veronica fühlte sich sehr unbehaglich, als sie der Therapeutin zeigte, wie wichtig sie für sie war. Sie wollte gar nicht gern zugeben, daß eine Beziehung zwischen ihrem Bruch mit Larry und der Rückkehr der Therapeutin aus den Ferien bestand. Im weiteren Verlauf ihrer Therapie wurde es Veronica klar, daß sie so lange damit fertigwerden konnte, zugleich zwei notwendige, wichtige, d. h. Abhängigkeit mit sich bringende Beziehungen zu haben, wie nicht offen ausgesprochen wurde, daß sie sowohl die Therapeutin als auch Larry brauchte. Als sie mit diesen Bedürfnissen konfrontiert wurde, schämte sie sich und fühlte sich, wie sie sagte, »gierig«. Den Sommer über verbannte sie die Therapeutin aus ihrem Bewußtsein und gestattete sich, ihrem Freund nahezukommen. Im Herbst, sobald die Therapeutin wiederkam, pflegte sie Larry »fallenzulassen« und zur Therapeutin zurückzukehren, voller Wut auf Larrys Pläne. So schützte sie sich selbst vor dem Wissen um ihre Abhängigkeit, und sie versuchte auch, die Therapeutin vor ihren Gefühlen (wie Wut, Enttäuschung und Verzweiflung) zu schützen, die daraus entstanden, daß sie sich wegen der Sommerpause diesem Problem stellen mußte.

Warum ist dieses Gefühl der Abhängigkeit so furchterregend? Warum läßt es die Klientin sich so verwundbar und unsicher fühlen? Um die Antwort zu finden, müssen wir uns den Zusammenhang ansehen, in dem sich die Psyche einer Frau entwickelt. Die allererste Beziehung, die wir alle gehabt haben, bedeutete totale und äußerste Abhängigkeit in bezug auf körperliche und emotionale Entwicklung. In den ersten Lebensmonaten, während das Ich sich bildet, gibt es noch kein Gefühl vom eigenen Selbst. Dieser Zustand der Hilflosigkeit und äußersten Abhängigkeit ist, zusammen mit dem infantilen Zustand der beginnenden Ich-Bildung, tief in unser Gedächtnis eingegraben. Dies war die Zeit, zu der wir psychisch mit der Mutter verschmolzen waren. Wir hatten noch kein Gefühl dafür, wo unsere eigenen Grenzen und die der anderen liegen. Dieses Gefühl für das Selbst entwickelt sich allmählich durch die Beziehung, die das Baby zu den Menschen in seiner Umgebung hat.

Wie wir gesehen haben, identifiziert sich die Mutter von Anfang an mit ihrer Tochter, und weil sie widersprüchliche Gefühle in bezug auf ihre eigenen Abhängigkeitsgefühle und die der Tochter hat, ergibt sich das Abstoßungs- und Anziehungs-Verhältnis zwischen ihnen. Die kleine Tochter bekommt das Gefühl, irgendwie seien ihre Abhängigkeitsbedürfnisse nicht akzeptabel, darum spaltet sie das abhängige »kleine Mädchen« im Inneren ab und versteckt es. Weil es nicht in Fühlung mit anderen ist, bekommt es nicht die Nahrung, die Zuwendung, den Kontakt, die Liebe, die für ein kontinuierliches Wachstum und Reifen nötig sind.

Einen zweiten »Stoß« bekommt das kleine Mädchen, wenn es versuchen muß, die Mutter als primäres Liebesobjekt aufzugeben und sein Interesse und seine Erwartungen dem Vater, der Verkörperung des Männlichen, zuzuwenden, um eine heterosexuelle Sozialisation und sexuelle Orientierung zu erlangen. Es erlebt diese »Stöße« als Ablehnung, die von der Mutter ausgeht. Im Zentrum dieser Frage der Abhängigkeit der Frauen steht also die Wirkung der Abstoßungs- und Anziehungsdynamik. Tief in der Psyche der Frau liegt das Gefühl begraben, ihre Abhängigkeitsbedürfnisse und daher auch *sie selbst* seien unannehmbar, sie würden mit Ablehnung beantwortet und sie selbst werde wieder weggestoßen werden.

Die Frau bringt all diese Gefühle in bezug auf das »innere kleine Mädchen« mit in die Beziehung zu ihrer Therapeutin. Es ist die Aufgabe der Therapeutin, die Klientin zu ermutigen, ihre Abhängigkeitswünsche in der Therapiebeziehung zu äußern. Frauen sagen oft, daß sie sich in einer intimen Beziehung nach jemandem sehnen, auf den sie sich verlassen können, der ein Gefühlsklima der Geborgenheit schaffen, ihnen aber zugleich gestatten kann, ein Individuum, eine eigenständige Person, zu bleiben. Das Problem der Abhängigkeit ist konfliktbeladen, weil eine der unbewußten Ängste der Frau in einer intimen Beziehung dahin geht, sie werde sich selbst verlieren und mit dem Partner verschmelzen, und weil sie nicht glaubt, irgend jemand (auch sie selbst nicht) könnte es zulassen, daß sie nah *und zugleich getrennt ist*.

In dieser mittleren Phase der Therapie versucht die Therapeutin, diesen Wunsch, sowohl nah als auch getrennt zu sein, bei der Klientin zu bestätigen und zu stärken. Sie tut dies dadurch, daß sie würdigt, wer die Klientin ist und was sie will. Als die Klientin klein war, war die Loslösung aus der Verschmelzung zum Teil deswegen so problematisch, weil die Mutter, die kein eigenes Selbstgefühl hatte, sich nicht genug aus der Verschmolzenheit zurückziehen konnte, um der Tochter helfen zu können, ihr Erleben in Worte zu fassen und glaubhaft zu machen. Die Mutter deutete die Signale der Tochter, so gut sie konnte, aber in der Art, wie sie das sah, was mit ihrer Tochter geschah, kamen unweigerlich ihre eigenen verdrängten inneren Bedürfnisse zum Ausdruck. Die Dynamik der Anziehung und Abstoßung, die wir bei den Abhängigkeitsbedürfnissen der Tochter gesehen haben, ist auch bei anderen Bedürfnissen der Tochter wie zum Beispiel dem nach Selbstverwirklichung und Selbständigkeit, mit im Spiel. Diese sind für Frauen ebenso tabu wie der offene Ausdruck von Abhängigkeitsbedürfnissen (deutlich zu unterscheiden vom Abhängigkeitsverhalten, das Frauen durchaus zeigen sollen. Verhaltensweisen wie das Zurschaustellen körperlicher Schwäche oder das Nichtverstehen »komplizierter«, ungewohnter Tätigkeiten wie Buchführung oder Autoreparaturen sind Versuche von Frauen, Männer für sich arbeiten zu lassen). Auf diese Initiativen hat die Mutter wahrscheinlich widersprüchlich reagiert, was dazu geführt hat, daß das Mädchen vielschichtige Gefühle in bezug darauf hat, etwas zu unternehmen, etwas auszuprobieren, mit voller Kraft etwas anzustreben, was es will.

Ein Teil der Aufgabe der Therapeutin besteht darin, diese initiatorischen Anteile zu fördern, die Klientin dazu zu ermutigen, herauszufinden, was sie will, und die innerpsychischen Barrieren wie Schuldgefühle, Recht- und Hoffnungslosigkeit durchzuarbeiten, die es der Klientin erschweren, zu bejahen, daß sie weiß, was sie will, und Schritte zur Erfüllung dieser Wünsche zu tun.

Auch hier bedeutet eine feministische Sensibilität wieder, daß man bestimmte Fallstricke vermeiden kann. Man ahnt schon im voraus, daß das Ergreifen von Initiativen problematisch sein wird, daß dies die Klientin beschämt, aber auch an komplizierte Mechanismen in bezug auf die Mutter-Tochter-Beziehung rührt, die mit Verrat und Schuldgefühlen zu tun haben: »Wie kann ich nach etwas streben, das meine Mutter nicht gehabt hat?« Es ist nicht einfach eine Frage der Bereitstellung von Werkzeugen zur Selbstbehauptung und -durchsetzung, so nützlich diese auch sein mögen. Die Therapeutin muß der Klientin helfen, die Voraussetzungen zu erkennen, die es ihr so sehr erschweren, erstens zu wissen, was sie will, und es dann in Ordnung zu finden, etwas zu wollen und zu bekommen. Sie muß die psychischen Barrieren im Lauf der Therapie immer wieder untersuchen, da diese Probleme nicht leicht durchzuarbeiten sind.

Die Therapeutin bietet der Klientin dadurch, daß sie ihr nah und doch getrennt ist, d. h. indem sie echtes Interesse und echte Anteilnahme zeigt, ohne ihre Grenzen zu verlieren, die Art von Beziehung, die ihr fehlt. In der aktuellen Therapiebeziehung werden die Bedürfnisse der Klientin nach Nähe also befriedigt, aber nicht übersättigt. Bei den Übertragungsaspekten der Beziehung sehen sich Klientin und Therapeutin an, welche Schwierigkeiten die Klientin hat, Fürsorge und Aufmerksamkeit anzunehmen und tatsächlich zu glauben, daß solche Bedürfnisse befriedigt werden können. Während sie sich miteinander klarmachen, in welcher Weise früher unzulänglich auf die Bedürfnisse der Frau reagiert worden ist, schaffen sie (natürlich in den Grenzen der Therapie und mit mehr Gemeinsamkeit) ein Modell für eine neue Art, eine Beziehung zu haben, die nah und zugleich getrennt ist. Diese wird die späteren engen Beziehungen der Klientin ebenso beeinflussen, wie die frühen Interaktionen zwischen Mutter und Tochter einen Großteil ihrer früheren intimen Beziehungen geformt haben.

Wenn die Therapie weiter fortgeschritten ist und die Bedürftigkeit in der Therapiebeziehung zum Ausdruck kommt (wie auch die Dankbarkeit, daß jemand darauf eingeht), empfinden viele Frauen den Drang, die Therapeutin zu versorgen. Sobald die Klientin die Fürsorge und Zuwendung der Therapeutin annehmen kann, beginnt sie möglicherweise, sich Sorgen und Fantasien über die Bedürfnisse der Therapeutin hinzugeben. Wenn man diese Dynamik in der Übertragungsbeziehung untersucht, kommt eine weitere entscheidende Komponente der Mutter-Tochter-Beziehung ans Licht. Wenn die Klientin Zuwendung von einer anderen Frau annimmt, gerät sie in eine ungewohnte emotionale Lage, die ihr zwar gefallen, sie aber auch beängstigen kann. Vielleicht fürchtet sie, diese neue Art der Zuwendung zu verlieren. Dagegen versucht sie vielleicht etwas zu tun, indem sie nun die Therapeutin »versorgt«; vielleicht meint sie, dies tun zu müssen, damit die Therapeutin »dableibt«. Frauen erinnern sich, daß sie dies als Kinder mit ihren Müttern getan haben, und sie erinnern sich, daß ihre Mütter ihre Großmütter versorgt haben, und Frauen tun es weiterhin mit ihren Müttern. Um sich die Mutter irgendwie in der Nähe zu halten, wird die Frau zur Mutter ihrer Mutter. Und die Mutter hat dies vielleicht aus ihrem eigenen Bedürfnis heraus, versorgt zu werden, gefördert.

Gerade weil die Klientin durch ihre Lebensgeschichte nicht darauf vorbereitet ist, konsequente und kontinuierliche Zuwendung von einer anderen Frau anzunehmen, fällt es ihr vielleicht schwer, diese Situation psychisch zu bewältigen. Sie wird vielleicht feststellen, daß sie eine Reihe von »Tests« anstellt, um Möglichkeiten zu finden, mit dem Kontakt in dieser Beziehung fertigzuwerden. Möglicherweise drückt sie ihre Ängste dadurch aus, daß sie besorgt ist, die Therapeutin werde sie nicht verstehen, werde sie enttäuschen. Wenn die Therapeutin solche »Tests« unter diesem Blickwinkel betrachten kann, wird es ihr leichterfallen, sich nicht in sie verwickeln zu lassen. Die Therapeutin, die schon ahnt, daß der neue Kontakt seine eigenen Schwierigkeiten mit sich bringen muß, wird ihnen weniger leicht »in die Hände spielen« oder sich von ihnen kampfunfähig gemacht fühlen. Dies kann eine schwierige Übergangsperiode für die Therapeutin sein, die nun, da sie mit der Klientin so schwer gearbeitet hat, um dieses Stadium zu erreichen, vielleicht verwirrt und frustriert ist. Aber wenn sie beachtet, daß ihre Klientin es vielleicht (unbewußt) nötig hat, ihre Abwehr zu Hilfe zu nehmen, wird sie sich und der Klientin über diese Zeit hinweghelfen können, indem sie sich klarmacht, was bei dem Kontakt geschehen ist, und indem sie der Klientin hilft auszusprechen, warum gerade dieser Kontakt so schwierig war, wie sie (die Klientin) ihn empfunden hat, anstatt mit einem Wegstoßen zu reagieren. Diese Art des Vorgehens hilft den zugrundeliegenden Konflikt und Schwierigkeiten mit dem Kontaktproblem klären, so daß die Klientin einige der Veränderungen festigen kann, um derentwillen sie sich so sehr angestrengt hat.

Wo in der Therapiebeziehung wirkliche Enttäuschungen vorkommen, was notwendigerweise geschehen muß, müssen sie in ihrer Realität untersucht werden. Die Therapeutin muß fähig sein, mit der Klientin zu erforschen, was diese Enttäuschung bedeutet: Kann die Klientin akzeptieren, daß jemand, zu dem sie eine Beziehung hat, jemand, der ihr etwas gibt, auch enttäuschen und Fehler machen kann? Die Therapeutin muß das wahre Problem aufdekken; sie muß herausbekommen, ob diese Enttäuschung eine Abwehr gegen die immer fester werdende Überzeugung ist, daß die Therapeutin wirklich bei ihr ist.

Das Problem der Enttäuschung in der Therapiebeziehung stellt uns als Therapeutinnen und unsere Klientinnen der Vorstellung gegenüber, die die meisten Frauen und auch Männer tief in sich tragen, Frauen seien entweder all-gütig und all-gebend oder ganz und gar vorenthaltend und enttäuschend. Wenn eine Klientin von der Therapeutin enttäuscht ist, kann sie wie auch die Therapeutin in diese Vorstellung von der unzulänglichen Frau einrasten. Wir haben schon darüber gesprochen, daß sich das kleine Mädchen eine Welt innerer Beziehungen aufbaut, die lenkbarer sind als jene in der Außenwelt. Es nimmt zwei Bilder davon in sich auf, wie die Mutter sein könnte. Es sieht sie als jemanden mit der Fähigkeit, alles richtig machen zu können, der aber auch vorenthaltend sein kann. Aber diese beiden Vorstellungen sind nicht nur Bilder der Mutter. Wegen der Internalisierung bilden sie die Grundlage des Identitätsgefühls des kleinen Mädchens und seiner Vorstellung davon, wer es als erwachsene Frau sein wird. Durch Übertragung bekommen alle Frauen in der inneren Welt des Mädchens diesen Doppelaspekt. Alle Frauen verkörpern also die Fähigkeit, zu geben oder zu verraten. Daher nähern sich Frauen ihresgleichen mit diesen unbewußten Vorstellungen und hoffen – auf irgendeiner Ebene –, Zuwendung und Fürsorge zu finden und sind dennoch sicher, daß sie enttäuscht werden.

Diese widersprüchlichen Bilder werden auch auf die Therapeutin projiziert, die die Klientin wahrscheinlich als all-gebend oder alles vorenthaltend erlebt. Als Janes Therapeutin eine Einzelheit einer Geschichte vergaß, die Jane ihr erzählt hatte, erstarrte Jane sofort, fühlte sich brüsk angehalten, und innerlich war ihr, als habe sich die Therapeutin »in eine Hexe verwandelt«. Die Therapeutin hatte die Aufgabe, zuzugeben, daß sie Jane wirklich enttäuscht hatte. Das eröffnete ihnen beiden die Möglichkeit, zusammen herauszufinden, wie Jane die Therapeutin so bereitwillig in eine Hexe verwandelt hatte und was diese Dynamik ausdrückte. Es ist höchst wichtig, daß die beiden Frauen im Zusammenhang dieser realen Beziehung die Vorstellung von der Therapeutin als entweder allmächtig oder ganz und gar schrecklich abschaffen und statt dessen anerkennen, daß die Therapeutin tatsächlich manchmal enttäuschen kann, was aber nichts mit ihrer Fähigkeit, auch zu geben, zu tun hat.

Parallel zu dem Vorgang, daß die Klientin ihr »kleines Mädchen« in die Therapie einbringt, ihre Abwehr aufdeckt, läuft ein anderer ebenso wichtiger Vorgang, den wir die »Reparaturarbeit« nennen könnten. Alle Frauen, die wir in Therapie hatten, kamen mit Problemen und Verwirrung in bezug auf ihr Selbstgefühl, denn sie hatten sich nicht genug von der Mutter einverleibt, um sich von ihr trennen zu können. Dieser Aspekt der weiblichen Psyche taucht in der Therapiebeziehung auf. Der Wunsch nach Verschmelzung und nach enger Bindung an die Therapeutin – und die dadurch geweckte Angst – sind wie ein Untertext, der die Therapiebeziehung ständig begleitet. Die Therapeutin ist sich klar darüber, auf welche Art die frühe Zuwendung unbeständig war, und sie bietet dadurch, daß sie beständig ist, eine neue Art psychischer Nabelschnur. Sie schafft einen Kreis der Fürsorge und Aufmerksamkeit, der die Therapiebeziehung umgibt. Sie liefert ein Gefühl der Geborgenheit, etwas, das Winnicott als »haltende Umgebung« bezeichnet, in der das immer noch bedürftige »innere kleine Mädchen« nun durch die Zuwendung und den emotionalen Kontakt mit der Therapeutin gefüttert wird.

Da die Frau respektiert wird und genau und rhythmisch Zuwendung erfährt, läßt sie ihre Abwehr allmählich fallen; sie beginnt, die Fürsorge der Therapeutin zu empfinden; sie fängt an, sich das Gutsein der Therapeutin einzuverleiben und dieses Gutsein in sich selbst zu spüren. Während sie die Fürsorge internalisiert, fühlt sie sich innerlich geborgener und ihrer selbst sicherer. Dieses Aufnehmen der Fürsorge von der Therapeutin heilt die Verletzung des »kleinen Mädchens«. Wenn wir »heilen« sagen, meinen wir in diesem Fall, daß die Therapeutin der Frau eine Anerkennung und Bestätigung ihres Schmerzes und ihres früheren Verlusts ermöglicht. Die Therapeutin und die Klientin verwandeln, indem sie es zulassen, daß der Schmerz, die Wut, der Verlust, das Bedauern und die Verzweiflung ans Licht kommen, ein tief verwurzeltes inneres Erlebnis. Die Therapeutin erkennt das schmerzliche Gefühl als berechtigt an: Das Mädchen wollte geliebt und akzeptiert werden; dieser unerfüllte Wunsch wandte sich in der Psyche des Mädchens gegen es selbst, so daß es das Gefühl bekam, mit ihm sei etwas nicht in Ordnung, es sei selbst schuld, wenn es nicht bekam, was es wollte. Wenn der Schmerz aufgedeckt und toleriert wird, löst sich diese Erklärung auf. Die Frau verlegt ihre Wut, ihre Abwehr, ihre Verzweiflung mehr in einen Bereich außerhalb ihrer selbst, so ermöglicht sie es der Therapeutin, mit der Güte, Liebe, Zuwendung, Aufmerksamkeit und Fürsorge hereinzukommen, nach denen sie sich so sehr sehnt. Sie fängt an, das »Zueinander-in-Beziehung-Treten« neu zu erleben.

Diese Einverleibung der von der Therapeutin ausgehenden Zuwendung ist nicht unproblematisch; ihr kann Abneigung, dieselbe Art der Abwehr, wie wir sie schon gesehen haben, entgegenstehen. Die Klientin wird vielleicht eine falsche Beendigung der Therapie vorschlagen, indem sie behauptet, sie sei »geheilt«, wenn wir meinen, sie habe gerade erst begonnen, die Krise zu überstehen. Zu einem bestimmten Zeitpunkt, wenn ihre inneren Objektbeziehungen angefangen haben, sich zu verschieben, und wenn sie sich die Liebe und Fürsorge der Therapeutin einverleibt, wird sie vielleicht ängstlich. Sie braucht die Therapeutin nicht mehr auf genau dieselbe Art wie zuvor und fürchtet nun, da sie wirklich besser mit dem Leben fertigwerden kann, hätte sie kein Recht mehr, die Therapeutin weiterhin zu brauchen und von ihr versorgt zu werden. Manche Frauen meinen, sie müßten absolut verzweifelt sein, ehe sie um Hilfe bitten und Hilfe empfangen dürften. Wenn also eine Frau das Gefühl hat, nun komme sie zurecht, fürchtet sie, ihre Therapeutin und alles, was diese ihr gibt, zu verlieren. In ihr steckt die Erinnerung, daß sie in der Beziehung zu ihrer Mutter weggestoßen worden ist. Wenn sie nun von der Therapeutin Zuwendung bekommt, werden diese Verlustgefühle wieder geweckt; sie fürchtet, wieder weggestoßen zu werden.

Zu diesem Zeitpunkt in der Therapie bekommen wir vielleicht das eine oder das andere zu sehen. Einmal wird die Frau vielleicht andeuten, sie sei bereit, die Therapie zu beenden. Diese Andeutung muß im einzelnen und ausführlich untersucht werden, denn die Therapeutin könnte leicht – besonders, wenn sie das Gefühl hat, die Klientin komme besser mit sich zurecht – ihren Vorschlag, die Therapie zu beenden, für bare Münze nehmen. Aber gerade an dieser Stelle muß untersucht werden, *warum* die Klientin meint, sie sei zum Abschluß der Therapie bereit. Oft ist unausgesprochen das Gefühl vorhanden, wenn es einem besser gehe, habe man kein Recht mehr darauf, etwas zu bekommen. Dies beruht auf der Vorstellung, daß das »Bekommen« die Ausnahme sei, und daß man nur auf Grund schrecklicher Umstände berechtigt sei, nach Hilfe zu verlangen. Die Klientin stellt sich vielleicht vor, die Therapeutin glaube dies auch; deshalb fürchtet sie vielleicht, sie werde von der Therapeutin weggestoßen. Die Beziehung zur Therapeutin kann ihr auch so kostbar sein, daß sie sich verwundbar fühlt. Vielleicht will sie sich von dieser Beziehung lösen, um den vorausgeahnten Verlust bewältigen zu können.

Das zweite, was wir in diesem Stadium der Therapie zu sehen bekommen können, ist dies: In einem Augenblick, in dem die Therapeutin meint, der Klientin gehe es viel besser, und wo die Frau schon eine Zeitlang zugegeben hat, daß sie sich innerlich wohler fühlt, ist es plötzlich so, als mache die Klientin zehn Schritte zurück. Sie stellt sich so dar, als habe sie die Fähigkeit, zurechtzukommen, wieder verloren; sie versteht selber nicht, warum, aber es ist so. Es ist uns aufgefallen, wie oft diese Reaktion eintritt, und wir haben von unseren Klientinnen erfahren, daß das »Sich-besser-Fühlen« problematisch ist, weil ein Teil der Arbeit nicht erledigt ist. Es ist zwischen uns nicht deutlich ausgesprochen worden, daß eine Frau sich besser fühlen kann und dennoch Zuwendung und Aufmerksamkeit bekommt, daß ihr Bedürfnis nach Zuwendung nicht aufhört, weil einige historische Bedürfnisse angesprochen worden sind. Frauen haben ebenso Bedürfnisse, die in der Gegenwart verwurzelt sind, und das »Sich-besser-Fühlen« sollte nicht die Möglichkeit ausschließen, daß solche Bedürfnisse befriedigt werden. Zu diesem Zeitpunkt untersuchen wir also mit der Frau zusammen, warum es erschreckend war, daß sie sich in sich selbst wohlfühlte. Wir fordern sie auf, ein paar Wochen zurückzugehen und sich zu erinnern, wie es sich anfühlte, daß sie zurechtkommen konnte. Wir fragen sie, ob an diesen Gefühlen etwas Beängstigendes war. Es ist höchst wahrscheinlich, daß die Frau sehr verängstigt oder nervös war, da sie sich ja einbildete, wenn es ihr besser ginge, müßte sie die Therapie beenden. Ihre unbewußte Reaktion ist daher: »Ich kann nicht zurechtkommen«, was eine

Art ist, auszudrücken: »Ich brauche dich noch. Und ich fürchte, wenn ich dich weniger brauche und wenn ich zurechtkommen kann, dann wirst du mich nicht hier bei dir sein lassen.«

Eine weitere Form der Abwehr, die in diesem Stadium der Therapie wieder auftauchen kann, besteht darin, daß die Klientin sagt, sie könne die Therapeutin nicht leiden, oder sie finde sie schwierig oder unaufmerksam, oder sie hat das Gefühl, die Therapeutin wolle ihr im Grunde überhaupt nichts geben. Sie mag jetzt eine sehr »schwierige« Klientin sein; sie schützt sich vielleicht so sehr, daß jeder Schritt, den die Therapeutin in ihre Richtung macht, zu Reaktionen führt wie: »Sie tun nicht genug«, »Sie machen es nicht richtig«, »Sie mögen mich in Wirklichkeit gar nicht«, »Ich bin sicher, Sie wollen mich gar nicht um fünf sehen«, »Ich bin sicher, Sie zwingen sich nur zum Lächeln, wenn Sie mich sehen«, »Ich bin sicher, Sie können das Ende der Sitzung gar nicht erwarten« oder, zur Abwechslung: »Ich kann es heute nicht schaffen, zur Stunde zu kommen, mein Auto springt nicht an.« Die Therapeutin stellt vielleicht fest, daß sie die Klientin in der Therapiesitzung geradezu »jagen« muß. Die Klientin vermittelt ihr Mißtrauen möglicherweise dadurch, daß sie in die Therapiebeziehung eine Dynamik der Anziehung und Abstoßung einführt. Die Therapeutin beobachtet vielleicht, daß man sich in der Gegenübertragung zugleich unzulänglich und ungeheuer gebraucht fühlt.

Sylvia hatte nie glauben können, daß ihre Mutter für sie da war. Sie war von einer Reihe von Kindermädchen aufgezogen worden, und es war nicht überraschend, daß sie das Gefühl hatte, von Frauen immer enttäuscht und verlassen zu werden. Sie pflegte wütend und verzweifelt zu den Therapiesitzungen zu kommen und mürrisch und unbefriedigt wieder fortzugehen. Sie empfand die Interventionen der Therapie dauernd als nutzlos und kritisierte sie ständig. Die Therapeutin und Sylvia konnten hinter der Kritik Sylvias Überzeugung erkennen, daß es ihr unmöglich sein werde, eine Frau zu finden, auf die sie sich verlassen und der sie vertrauen könnte. Diese Überzeugung wurde gerade durch das, was in der Therapiebeziehung herausgekommen war, ins Wanken gebracht, und das allein hatte schon einige Verwirrung gestiftet. Wir glauben daher, daß es für die Therapeutin sehr wichtig ist, während einer für beide Frauen so schwierigen Zeit wie dieser zu überwachen, was geschieht, denn wenn sie mit einer Frau arbeitet, die besonders viel entbehren mußte, ist auch sie vielleicht in Versuchung, sich aus der Beziehung zurückzuziehen, weil sie sie als Therapeutin so sehr belastet, und gerade das darf der Klientin nicht mitgeteilt werden, weil es alle Gefühle des Verlassenwerdens verstärken würde.

Diese Reaktionen mögen alle paradox wirken. Die Klientin wollte sich in sich gut fühlen – warum bringen dann diese Veränderungen verwirrende und erschreckende Gefühle mit sich? Die Antwort könnte auch sein, daß sie sich sicher ist, sie könnte mehr verlieren, als sie gewinnen wird. Die neuen Veränderungen in ihr selbst sind ihr noch unvertraut, und sie kann sich noch nicht auf sie verlassen. Infolge ihrer Veränderung müssen sich viele Facetten ihrer Beziehungen auch verändern, und dies kann Spannung erzeugen. Die Klientin wird sich sehr erleichtert fühlen, daß all diese Probleme in der Therapie besprochen und durchgearbeitet werden können. Sie wird schließlich wissen, daß sie mehr gewinnt als verliert, wenn sie sich besser und stärker fühlt. [...]

Statt eines Nachworts

Jerome D. Frank

Die Heiler

> Es gibt viele Arten und Wege der Psychotherapie. Alle sind gut, die zum Ziel der Heilung führen.
> *Sigmund Freud, Über Psychotherapie*

Hier wird es notwendig zu fragen, in welchem Sinne es gerechtfertigt ist, von Psychotherapie als von einer Einheit statt von den verschiedenen Psychotherapien zu sprechen. Auf den ersten Blick scheint die Frage sich von selbst zu beantworten. Die Zahl der psychotherapeutischen Schulen geht schon ins Dreistellige und wird immer noch höher. Auch die Leiden, welche die Psychotherapeuten glauben behandeln zu können, erstrecken sich über ein riesiges Gebiet: die ganze Skala neurotischer und psychotischer Reaktionen, Persönlichkeitsstörungen, sexuelle Funktionsstörungen, Sucht, Schulängste, Ehezwistigkeiten – die Liste ließe sich endlos verlängern.

Bei näherem Hinsehen aber deuten bestimmte Aspekte der Psychotherapieszene nachdrücklich darauf hin, daß die gemeinsamen Merkmale der Psychotherapien ihre Unterschiede bei weitem überwiegen. Die Praktiker aller Schulen halten sich für fähig, Menschen aus höchst unterschiedlichen diagnostischen Kategorien zu behandeln, und jede Schule kann Erfolge mit Patienten vermelden, die auf die Methoden anderer Schulen nicht angesprochen haben. Da dies für alle gilt, gleichen die verschiedenen Ansprüche einander aus. Das heißt, Therapeuten, die nach der Methode A arbeiten, heilen manche Patienten, bei denen die Methode B nicht geholfen hat, aber ebenso hat auch B Erfolge, wo A nicht gewirkt hat.

Bei diesem Stand der Dinge nimmt es nicht wunder, daß alle psychotherapeutischen Schulen sich halten können. Trotz langer und harter Polemiken ist es bisher noch keiner Schule gelungen, eine mit ihr rivalisierende aus dem Feld zu schlagen. Die naheliegende Folgerung ist, daß wohl alle zu etwas gut sein müssen, daß aber noch keine zu Ergebnissen gekommen ist, die denen einer anderen klar überlegen wären. [...]

Vier gemeinsame Eigenschaften aller Psychotherapien sind unterscheidbar. Die erste ist eine bestimmte Art Beziehung zwischen dem Patienten und dem Helfer, manchmal im Rahmen einer Gruppe. Das wesentliche Bestandselement dieser Beziehung ist, daß der Patient auf die Kompetenz des Therapeuten und auf seinen Wunsch, ihm zu helfen, vertraut. Das heißt, der Patient muß glauben, daß der Therapeut an seinem Wohl richtig Anteil nimmt.

Anteilnahme in diesem Sinne bedeutet nicht notwendig moralische Billigung, sondern eher eine Entschlossenheit, die Hilfeleistung fortzusetzen, gleichgültig wie verzweifelt der Zustand des Patienten war oder wie anstößig sein Verhalten sein mag. Die therapeutische Beziehung bedeutet also immer, daß der Therapeut den Leidenden aufrichtig akzeptiert, wenn schon nicht als denjenigen, der er ist, so doch als denjenigen, der er werden kann, und schließt auch den Glauben des Therapeuten ein, daß der Patient seine Probleme zu meistern vermag.

Das Einverständnis des Therapeuten, das auf Einfühlung beruht, bestätigt die persönliche Lebensauffassung des Patienten. Der Eindruck des Patienten, von jemand, den er achtet, verstanden und anerkannt zu werden, ist ein starkes Gegengift gegen seine Gefühle der Entfremdung und ein mächtiger Auftrieb für seine Moral. Anteilnahme und Einfühlung setzen eine gewisse Gefühlsbeteiligung des Therapeuten voraus, die sich, wie schon ausgeführt, in Eigenschaften wie aktivem Mitgehen, Warmherzigkeit, Einfühlsamkeit und Begeisterung ausdrücken kann. Doch gelingt es auch manchen strengen und grimmigen Therapeuten, Anteilnahme glaubhaft zu machen. Auf jeden Fall treibt allein schon die Entdeckung des Patienten, daß jemand genug Vertrauen in ihn setzt, um seinetwegen eine große Anstrengung zu unternehmen, seine Moral ständig in die Höhe, besonders weil die meisten Patienten zum Psychotherapeuten erst dann kommen, wenn es ihnen nicht gelungen ist, bei anderen Hilfe zu finden.

Das Vertrauen des Patienten in die Kompetenz des Therapeuten wird gesteigert durch dessen sozial sanktionierte Rolle als Helfer, die sich in der Tatsache bekundet, daß er eine Spezialausbildung erhalten hat und im Therapieverlauf demonstriert, daß er eine spezielle Technik beherrscht. Der Behandlungserfolg relativ unausgebildeter Therapeuten spricht jedoch dafür, daß dies nicht immer notwendig ist.

Eine zweite gemeinsame Eigenschaft aller Psychotherapien ist die gesellschaftliche Auszeichnung ihrer Behandlungsorte als Stätten der Heilung. Schon die Rahmensituation selbst weckt so im Patienten eine Hilfserwartung. Außerdem bietet sie zeitweilig Zuflucht vor den Anforderungen und Ablenkungen des Alltags. Im Wertsystem der jeweiligen Gesellschaft genießt sie Achtung. So werden in vorindustriellen Gesellschaften die Heilrituale meist in sakralen Gebäuden oder Tempeln vollzogen. Wenn die Behandlung im Haus des Leidenden geschieht, wird dieses durch Reinigungsriten in einen geweihten Ort verwandelt. Auch manche Zentren für Persönlichkeitserweiterung, eine neue Erscheinung auf der amerikanischen Szene, haben eine Atmosphäre, in der religiöse Obertöne mitschwingen. In der industrialisierten Gesellschaft wird die Therapie typischerweise im Sprechzimmer des Therapeuten durchgeführt, sei es in einer Privatpraxis, einem Krankenhaus oder der Beratungsstelle einer Universität – jedenfalls an einem Ort mit der Aura der wissenschaftlichen Heilkunst.

Die Rahmensituation ist durch ihre besonderen Eigenschaften, auch durch genaue zeitliche und räumliche Begrenzung, von der sonstigen Umgebung des Patienten scharf abgehoben. Im Schutz dieser Rahmensituation kann sich der Patient auf die vorgeschriebenen therapeutischen Aktivitäten konzentrieren. Er kann an komplizierten, emotional gespannten Ritualen teilnehmen, sein kritisches Vermögen suspendieren, Gefühlen freien Lauf lassen, sich in gemächlicher Selbsterforschung ergehen, tagträumen oder was immer die Therapie ihm verordnet, in dem sicheren Wissen, daß ihm während der Sitzung kein Schaden zustoßen und daß er im Alltag für nichts, was er hier tut oder sagt, verantwortlich gemacht werden wird. Indem sie dem Patienten zu experimentieren erlaubt, schafft diese Verbindung des Heilers mit der Rahmensituation günstige Voraussetzungen für Änderungen.

Drittens beruhen alle Psychotherapien auf einer Behandlungstheorie oder einem Mythos, der eine Erklärung von Krankheit und Gesundheit, Abweichung und Normalität einschließt. Wenn der

Grundgedanke der Kampf gegen die Demoralisierung des Patienten ist, so muß natürlich eine optimistische Philosophie der Menschennatur dahinterstehen. Auf die theoretischen Grundlagen der meisten amerikanischen Psychotherapien trifft dies eindeutig zu. Sie nehmen an, daß Aggressionen, Grausamkeit und andere unerfreuliche Formen menschlichen Verhaltens aus früheren Verletzungen und Frustrationen erwachsen und daß der Patient, wenn er sich davon nach und nach befreit, zu umfassenderer Selbsterkenntnis und, mit ihr zugleich, zu einem Gefühl größerer Sicherheit gelangt, freundlicher werden wird, liebesfähiger, offener für andere und besser imstande, alle seine Anlagen zu verwirklichen.

Die aus Europa importieren Psychotherapien, vor allem die Psychoanalyse und die existentiellen Therapien, sind zwar bezüglich der menschlichen Natur pessimistischer, doch geben auch sie der Behandlung einen optimistischen Zusammenhang. Die Freudsche Auffassung der Menschennatur, in der die Seele als ein Schlachtfeld erscheint, wo sich der Lebens- und der Todestrieb bekriegen, bis der letztere am Ende den Sieg davonträgt, ist zwar nicht frohsinnig, doch liegt die Erlösung hier in dem Glauben, um einen religiösen Ausdruck zu gebrauchen, daß die Wahrheit frei macht. Freuds Göttin war die Wahrheit, und die Psychoanalyse als die wissenschaftliche Suche nach der Wahrheit verschafft den Menschen, dieser Philosophie zufolge, wenn sie die niederen Regungen des Unbewußten beherrschen lernen, mehr Energie für die Ziele des Lebenstriebs, Liebe und Arbeit.

Die pessimistischen Philosophien, auf denen Psychotherapien begründet wurden, sind die existenzialistischen, welche die Sinnlosigkeit der menschlichen Existenz betonen. Es gelingt ihnen jedoch, dieser Anschauung eine Wendung ins Heroische zu geben, indem sie behaupten, daß der Mensch, obwohl er sein Schicksal nicht bestimmen könne, dennoch ein Vermögen in sich trage, dem Leben etwas wie Sinn und Zweck abzuringen.

Im Rahmen einer allgemeinen, oft nicht genau artikulierten Lebensphilosophie, erklärt das Behandlungskonzept jeder psychotherapeutischen Schule dem Patienten die Ursache seines Leidens, nennt ihm die für ihn erstrebenswerten Ziele und verordnet Maßnahmen, wie er sie erreichen kann. Um wirksam zu werden, muß der therapeutische Mythos mit dem Weltbild der dem Patienten und dem Therapeuten gemeinsamen Kultur vergleichbar sein. Die Hypothese, daß alle seelischen und geistigen Krankheiten, sofern sie der psychologischen Behandlung zugänglich sind, Folgen unheilvoller kindlicher Lebenserfahrungen seien, liegt fast allen westlichen Psychotherapien zugrunde, auch den Verhaltenstherapien. Doch sind diese Therapien möglicherweise unwirksam bei Patienten in Kulturen, die solche Krankheiten zum Beispiel durch Besessensein von Dämonen erklären.

Das anstößige Wort »Mythos« haben wir gebraucht, um zu betonen, daß die Begründungen vieler westlicher Psychotherapien, obzwar sie keine übernatürlichen Kräfte anrufen, den Mythen der primitiven Therapien doch darin gleichen, daß sie durch therapeutische Mißerfolge nicht zu erschüttern sind. Das heißt, sie können nicht widerlegt werden. Die Unfehlbarkeit des Behandlungskonzepts schützt die Selbstachtung des Therapeuten und stärkt damit zugleich seine Vertrauenswürdigkeit für den Patienten. Hinzu kommt, daß sie sowohl dem Patienten wie dem Therapeuten den mächtigen emotionalen Rückhalt bei einer gleichgesinnten Gruppe bietet, deren Mitglieder eine weitere Ich-Stärkung daraus schöpfen können, daß sie sich als eine auserwählte, den gewöhnlichen Sterblichen in mancher Hinsicht überlegene Minderheit betrachten. Auf diese Weise wirkt das theoretische Schema der Entfremdung des Patienten entgegen.

Schließlich erlaubt die Behandlungstheorie dem Patienten, seinen Symptomen einen Sinn zu geben. Solange sie ihm unerklärlich sind, erscheinen sie um so bedrohlicher; wenn er ihnen aber Namen geben und den Bogen eines Erklärungsschemas über sie hinspannen kann, so ist das an und für sich schon eine große Beruhigung. Der erste Schritt zur Beherrschung eines Phänomens ist, ihm einen Namen zu geben.

Ein viertes Element aller Formen von Psychotherapie ist die Aktivität oder das Verfahren, das die Theorie verordnet. In manchen Therapien wird der Leidende in seinen Aktivitäten genau angeleitet, in anderen wird ihm selbst Initiative abverlangt; bestimmte Merkmale aber sind allen Verfahren gemeinsam. Das Verfahren ist das Mittel, den Leidenden dahin zu bringen, daß er seine Fehler einsieht und korrigiert, womit er Linderung erlangt. Zugleich erlaubt es dem Patienten, auf eine Weise, bei der sein

Gesicht gewahrt bleibt, seine Symptome aufzugeben, sobald er dazu bereit ist. Es verlangt dem Patienten irgendeine Anstrengung oder ein Opfer ab, von der Kooperation bei der Hypnose bis hin zum Ertragen wiederholter Elektroschocks. Da Patient wie Therapeut aktiv beteiligt sein müssen und das Verfahren typischerweise repetitiv ist, dient es als das Mittel, welches die therapeutische Beziehung aufrechterhält und den Einfluß des Therapeuten weitergibt. Außerdem hebt es das Selbstvertrauen des Patienten, der dabei einen bestimmten Komplex von Fertigkeiten erwirbt und beweisen kann, daß er sie beherrscht. Verfahren wie Hypnose, Entspannung oder Gefühlsüberflutung, bei denen der Therapeut den subjektiven Zustand des Patienten verändert, sind besonders überzeugende Kompetenzbeweise des Therapeuten. Ein Verfahren, das den eigenen Bewußtseinszustand zu ändern vermag, kann schlechterdings nicht unwirksam sein.

Das Entscheidende ist, daß die therapeutische Wirksamkeit der Theorien und Techniken nicht notwendig in ihren spezifischen Inhalten liegt, die verschieden sind, sondern in ihren Funktionen, die gleich sind. Therapeutische Beziehung, Rahmensituation, Theorie und Verfahren beeinflussen zsuammenwirkend den Patienten auf fünf Weisen, die ineinandergreifen und von denen jede als notwendig erscheint, um Einstellungswandel und therapeutische Fortschritte zu erzielen.

Erstens, sie bieten ihm neue Lernchancen, sowohl kognitiv als auch durch Erfahrungen. Kognitiv kann der Therapeut dem Patienten helfen, Klarheit über die Ursachen seiner Schwierigkeiten in der Vergangenheit zu gewinnen oder über die Verstärkungsbedingungen in seiner gegenwärtigen Umgebung, die sein Leiden aufrechterhalten. Der Therapeut oder, in der Gruppentherapie, andere Gruppenmitglieder können auch Modelle für Alternativformen der Problemlösung abgeben. Die wichtigste Form therapeutischen Lernens aber ist vermutlich ein Erfahrungslernen, das aus der Konfrontation des Patienten mit den Diskrepanzen oder Widersprüchen zwischen seiner Annahmenwelt und den Gegebenheiten erwächst. Die Einsichtstherapien konfrontieren ihn mit Diskrepanzen zwischen seinem Selbstbild und seinen verborgenen Gefühlen, Gruppenmethoden mit Diskrepanzen zwischen seinen Annahmen über andere und deren tatsächlichen Gefühlen oder zwischen dem Eindruck, den er ihnen macht, und dem, den er zu machen glaubt. Das Bemerken dieser Dissonanzen erzeugt einen mächtigen Druck zur Änderung in Richtungen, welche die gleichzeitig gewonnenen kognitiven Einsichten zeigen.

Zweitens steigern alle Therapien im Patienten die Hoffnung auf Besserung. Diese Hoffnung beruht zum Teil auf dem Glauben des Patienten an den Therapeuten und seine Behandlungsmethode. Erfahrene Therapeuten versuchen in den ersten Sitzungen ausdrücklich, den Patienten in seinen günstigen Erwartungen zu bestärken und diese auf das therapeutische Verfahren abzustimmen.

Eine dauerhafte Quelle der Hoffnung verdient einen eigenen Vermerk, weil sie noch andere Komponenten einschließt. Dies ist drittens die Gewährung von Erfolgserlebnissen, die im Leidenden das Bewußtsein von Lebenstüchtigkeit oder zwischenpersönlicher Kompetenz anheben. Der übersichtliche Aufbau der Verhaltenstherapien, ihre objektiven Meßwerte für die Zwischenerfolge und die Forderung, daß der Patient aktiv beteiligt wird, stellen nahezu sicher, daß er im Fortgang einer solchen Behandlung Erfolge erleben wird.

Auch unstrukturierte, ausgangsoffene Verfahren wie die Psychoanalyse gewähren Erfolgserlebnisse. Diese Therapien scheinen in idealer Weise für intelligente, verbalisierungsfähige Patienten geeignet, die zur Lösung ihrer Lebensprobleme vor allem auf Worte vertrauen. Der Patient spürt ein Gefühl des Gelingens, wenn er eine neue Einsicht gewinnt oder einen bis dahin unbewußten Gedanken oder ein Gefühl in sich bemerkt. Der Therapeut stärkt noch dieses Erfolgsbewußtsein, indem er alle Fortschritte dem eigenen Bemühen des Patienten zuschreibt. So verändern alle gelungenen Therapien stillschweigend oder ausdrücklich das Selbstbild des Patienten: aus einem von seinen Symptomen und Problemen Überwältigten wird er zu einem, der sie meistern kann.

Viertens helfen alle Formen von Psychotherapie dem Patienten, seine demoralisierende Entfremdung von den Mitmenschen zu überwinden. Durch seine Interaktion mit dem Therapeuten und (sofern vorhanden) mit der Gruppe, im Bezug auf ein gemeinsames theoretisches Schema, entdeckt er, daß seine Probleme nicht allein die seinen sind, daß andere ihn verstehen können und tatsächlich an seinem Schicksal Anteil nehmen.

Und schließlich, fünftens, wirken alle Psychotherapien, wenn sie gelingen, emotional erregend. Die Bedeutung der Gefühlserregung als erleichterndes oder verursachendes Moment psychotherapeutischer Änderungen ist unklar. Man kann nur feststellen, daß sie eine Voraussetzung aller Einstellungs- und Verhaltensänderungen zu sein scheint. Sie tritt als Begleiterscheinung aller Konfrontationen und Erfolgserlebnisse auf, und das Wecken starker Erregung ist das Hauptziel der Überflutungs-Techniken.

Kurz, alle Formen von Psychotherapie, wenn sie gelingen, beheben dysphorische Gefühle, fachen Hoffnungen wieder an, heben im Patienten das Bewußtsein, sich selbst und seiner Umgebung gewachsen zu sein, und richten allgemein seine Moral wieder auf. Folglich wird er fähig, die Probleme anzugehen, die er gemieden hat, und es mit neuen, besseren Lösungsformen zu versuchen. Die neuen Fähigkeiten verringern die Chance, daß er abermals demoralisiert wird, und mit etwas Glück wird er auch nach Abschluß der Psychotherapie noch weitere Fortschritte machen. [...]

Die Autoren

ALFRED ADLER

geb. 1870 in Wien
gest. 1937 in Aberdeen
Augenarzt, Internist und Neurologe. 1899 lernte Adler Sigmund Freud kennen, wurde Mitglied in dessen Diskussionskreis und später in der Psychoanalytischen Vereinigung. 1911 kam es zum Zerwürfnis zwischen den beiden, da Adler die Rolle der Sexualität bei der Entstehung der Neurose in Zweifel zog. Er mußte die Psychoanalytische Vereinigung verlassen und begründete seine eigene tiefenpsychologische Schule: die *Individualpsychologie*. 1934 übersiedelte Adler in die USA, wo er einen Lehrstuhl für Klinische Psychologie am Long Island Medical College innehatte.

Zum Weiterlesen: Praxis und Theorie der Individualpsychologie, Frankfurt 1974; Der Sinn des Lebens, Frankfurt 1973; Studie über Minderwertigkeit von Organen, Frankfurt 1977.

FRANZ ALEXANDER

geb. 1891 in Budapest
gest. 1964 in Palm Beach/Kalifornien
Psychiater und Psychoanalytiker. Alexander leistete Pionierarbeit auf dem Gebiet der Psychosomatik. 1930 ging er in die USA; in Chicago gründete er das Institut für Psychoanalyse, das er 25 Jahre lang leitete. 1956 wurde er Direktor der Abteilung für psychiatrische Forschung am Mount Sinai Hospital in Los Angeles.

Zum Weiterlesen: Psychosomatische Medizin, Berlin 1971.

Virginia M. Axline

Psychologin und Kinderpsychotherapeutin.

Zum Weiterlesen: Dibs, München 1980. Kinder-Spieltherapie im nicht-direktiven Verfahren, München, Basel 1972.

Thea Bauriedl

geb. 1938 in Berlin
Psychologin; Privatdozentin an der Universität München und Dozentin an der Akademie für Psychoanalyse in München. Thea Bauriedl leitet das private Institut für Politische Psychoanalyse München und gibt dort die Zeitschrift »anmerkungen« heraus.

Zum Weiterlesen: Beziehungsanalyse, Frankfurt 1980; Psychoanalyse ohne Couch, München 1985; Die Wiederkehr des Verdrängten, München 1986.

Bruno Bettelheim

geb. 1903 in Wien
Psychologe und Psychoanalytiker. 1938 wurde er in die Konzentrationslager Dachau und später Buchenwald deportiert und nur unter der Bedingung entlassen, daß er auswanderte. 1939 emigrierte Bettelheim in die USA. 1944 übernahm er die Leitung der Sonia Shankman Orthogenic School an der Universität Chicago; hier entwickelte er seine eigene, milieutherapeutische Form der psychoanalytischen Behandlung schwerer emotionaler Störungen im Kindesalter. Bettelheim ist Professor für Erziehungswissenschaften, Psychologie und Psychiatrie an der Universität von Chicago.

Zum Weiterlesen: So können sie nicht leben, München 1985; Erziehung zum Überleben, München 1982; Kinder brauchen Märchen, München 1977.

Gerda Boyesen

geb. 1922 in Norwegen
Psychologin und Physiotherapeutin. Ausbildung in Massage und der Vegetotherapie Wilhelm Reichs. Auf dieser Grundlage ent-

wickelte sie ihre eigene Methode: die *Biodynamische Psychotherapie*. Sie lebt seit 1970 in London, wo sie das Gerda Boyesen Institute gründete.

Zum Weiterlesen: Über den Körper die Seele heilen, München 1987; Biodynamik des Lebens (mit M. Boyesen), Essen 1987.

Ruth C. Cohn

geb. 1912 in Berlin
Psychologin und Psychoanalytikern. Sie emigrierte 1933 in die Schweiz, 1941 in die USA. Da ihr die Psychoanalyse als zeitintensive Einzeltherapie nicht geeignet erschien, vielen Menschen zu helfen, entwickelte sie ihre eigene gruppentherapeutische Methode: die *Themenzentrierte Interaktion* (TZI). 1966 gründete sie gemeinsam mit Freunden das »Workshop Institute für Living Learning« (WILL).

Zum Weiterlesen: Von der Psychoanalyse zur Themenzentrierten Interaktion, Stuttgart 1975; Gelebte Geschichte der Psychotherapie (mit A. Farau), Stuttgart 1984.

Karlfried Graf Dürckheim

geb. 1896 in München
gest. 1988 in Todtmoos-Rütte
Psychologe. 1931 Professor für Psychologie an der Pädagogischen Akademie Breslau und Gastdozent am Bauhaus. 1937 wurde er wegen »politischer Unzuverlässigkeit« nach Japan geschickt, wo er den Zen-Buddhismus kennenlernte. Nach dem Krieg baute er zusammen mit seiner Frau Maria Hippius die »Existentialpsychologische Bildungs- und Begegnungsstätte« in Todtmoos-Rütte auf und entwickelte eine eigene Form der Therapie: die *Initiatische Therapie*.

Zum Weiterlesen: Zen und Wir, Frankfurt 1974; Der Alltag als Übung, Bern, Stuttgart 1966; Meditieren – wozu und wie, Freiburg 1976.

Luise Eichenbaum

geb. 1952
Psychologin. Mitbegründerin der Frauentherapiezentren in London (1976) und New York (1981). Sie arbeitet als Psychotherapeutin in Weiterbildung und Supvervision für Mitarbeiter aus Psychiatrie und Beratung.

Zum Weiterlesen: Feministische Psychotherapie (mit S. Orbach), München 1984; Ganz Frau und wirklich frei (mit S. Orbach), Düsseldorf 1985; Bitter und süß (mit S. Orbach), Düsseldorf 1987.

Albert Ellis

geb. 1913
Psychologe. Ellis war ursprünglich Psychoanalytiker; seine Zweifel an der Psychoanalyse brachten ihn zur Entwicklung einer eigenen Methode, die er 1961 *Rational-emotive Therapie* nannte.

Zum Weiterlesen: Praxis der Rational-emotiven Therapie (mit Russel Grieger), München 1979; Die Rational-emotive Therapie. Das innere Selbstgespräch bei seelischen Problemen und seine Veränderung, München 1982; Wut. Die Kunst, sich richtig zu ärgern, München 1987.

Jerome D. Frank

geb. 1909 in New York
Arzt und Psychologe. Frank ist Professor für Psychiatrie an der John Hopkins University School of Medicine in Baltimore.

Zum Weiterlesen: Die Heiler, Stuttgart 1981.

Anna Freud

geb. 1895 in Wien
gest. 1982 in London
Volksschullehrerin und Psychoanalytikerin. Die Tochter Sigmund Freuds ist die Begründerin der Kinderpsychoanalyse. Sie emigrierte 1938 nach London, wo sie 1941 gemeinsam mit Dorothy

Burlingham ein Kriegskinderheim eröffnete. 1952 gründete sie die »Hamstead Child Therapy Course and Clinic«, eine psychosomatische Kinderklinik und Ausbildungsstätte, die sie bis zu ihrem Tod leitete.

Zum Weiterlesen: Einführung in die Technik der Kinderanalyse, Frankfurt 1983; Das Ich und die Abwehrmechanismen, Frankfurt 1987; Wege und Irrwege der Kinderentwicklung, Bern, Stuttgart 1968.

Sigmund Freud

geb. 1856 in Freiberg/Mähren
gest. 1939 in London
Neurologe. Aus den Erfahrungen mit seinen Patienten entwickelte er die *Psychoanalyse*: eine Theorie über das Seelenleben des Menschen und die erste psychotherapeutische Methode. 1900 trat er mit der Veröffentlichung der »Traumdeutung« an die Öffentlichkeit. Er erfuhr Kritik und Ablehnung (vor allem wegen seiner Thesen zur infantilen Sexualität), aber auch viel Zustimmung und Begeisterung. Schüler und Anhänger sammelten sich um ihn. 1910 wurde die Internationale Psychoanalytische Vereinigung gegründet. Die psychoanalytische Bewegung wuchs schnell und stieß vor allem in Amerika auf großes Interesse. 1930 wurde Freud der Goethe-Preis der Stadt Frankfurt verliehen. 1938 verließ er Wien und emigrierte nach London.

Zum Weiterlesen: Vorlesungen zur Einführung in die Psychoanalyse, Frankfurt 1977; Drei Abhandlungen zur Sexualtheorie, Frankfurt 1961; Das Ich und das Es, Frankfurt 1978.

Erich Fromm

geb. 1900 in Frankfurt/Main
gest. 1980 in Locarno/Schweiz
Sozialpsychologe und Psychoanalytiker. Mitglied der »Frankfurter Schule«. 1934 emigrierte er in die USA, lehrte an verchiedenen Universitäten und ging 1949 nach Mexiko. Von 1950 bis 1965 war er Ordinarius für Psychoanalyse an der medizinischen Fakultät der Nationaluniversität von Mexiko.

Zum Weiterlesen: Haben oder Sein, München 1979; Sigmund Freuds Psychoanalyse – Größe und Grenzen, München 1981; Furcht vor der Freiheit, Stuttgart 1983.

Arthur Janov

geb. 1924
Psychologe. Nach siebzehnjähriger Tätigkeit als psychoanalytisch orientierter Therapeut entwickelte er anhand von Erfahrungen und Erkenntnissen aus seiner Praxis eine eigene Methode: die *Primärtherapie*.

Zum Weiterlesen: Der Urschrei, Frankfurt 1975; Anatomie der Neurose, Frankfurt 1976; Das befreite Kind, Frankfurt 1977.

Carl Gustav Jung

geb. 1875 in Kesswil/Schweiz
gest. 1961 in Küsnacht
Psychiater. 1906, als Oberarzt am Burghölzli, der Psychiatrischen Klinik der Universität Zürich, erste Kontakte zu Freud. Zwischen den beiden entwickelte sich Freundschaft, Jung wurde »Kronprinz«, der einmal Freuds Nachfolge antreten sollte. 1913 kam es wegen theoretischen Auseinandersetzungen (Jung akzeptierte weder den Ödipuskomplex noch Freuds Vorstellung von der vorwiegend sexuellen Libido), vermutlich aber auch aus persönlichen Gründen, zum Bruch zwischen Freud und Jung, der nun seine eigene tiefenpsychologische Schule gründete: die *Analytische Psychologie*. 1932 wurde Jung Professor für medizinische Psychologie in Basel. Eine schwere Krankheit zwang ihn bald zum Rücktritt. Er gab auch seine praktische Tätigkeit als Arzt auf und arbeitete von da an nur noch wissenschaftlich und schriftstellerisch.

Zum Weiterlesen: Welt der Psyche, Frankfurt 1985; Über die Psychologie des Unbewußten, Frankfurt 1975; Über Grundlagen der Analytischen Psychologie, Frankfurt 1975.

Heinz Kohut

geb. 1913 in Wien
gest. 1981 in Chicago
Neurologe, Psychiater und Psychoanalytiker. 1939 emigrierte er in die USA, wo er Dozent und Lehranalytiker am Institut für Psychoanalyse in Chicago wurde. Ab 1971 war er Professor für Psychoanalyse an der Universität von Cincinnati.

Zum Weiterlesen: Die Heilung des Selbst, Frankfurt 1981; Narzißmus, Frankfurt 1973; Die Zukunft der Psychoanalyse, Frankfurt 1975.

Ronald D. Laing

geb. 1927 in Glasgow
Psychiater und Psychoanalytiker. Von 1957 bis 1961 arbeitete er an der Tavistock Clinic in London, leitete dann selbst ein Krankenhaus und lebte 1965 in einer Wohngemeinschaft mit Schizophrenen. Laing gründete die »Philadelphia Association«, die versucht, psychisch Kranken das Leben in geschlossenen Anstalten zu ersparen.

Zum Weiterlesen: Phänomenologie der Erfahrung, Frankfurt 1975; Das Selbst und die Anderen, Köln 1976; Das geteilte Selbst, München 1987.

Arnold A. Lazarus

geb. 1932 in Johannesburg
Psychologe. Professor für Psychologie an verschiedenen amerikanischen Universitäten, darunter Yale. Seit 1971 an der Rutgers University in New Jersey in der Ausbildung von Therapeuten tätig.

Zum Weiterlesen: Multimodale Verhaltenstherapie, Heidelberg 1978; Fallstricke der Liebe, Stuttgart 1988; Innenbilder, München 1980.

Alexander Lowen

geb. 1910 in New York
Rechtsanwalt, Psychiater. Von 1942 bis 1945 machte Lowen eine Lehranalyse bei Wilhelm Reich, danach studierte er in der Schweiz Medizin. Er entwickelte eine eigene körpertherapeutische Methode: die *Bioenergetik*. 1956 gründete er in New York das »Institute for Bioenergetic Analysis«.

Zum Weiterlesen: Bioenergetik, Reinbeck 1979; Der Verrat am Körper, Reinbeck 1982; Lust, München 1979.

Margaret Mahler

geb. 1920 in Österreich
Psychoanalytikerin und Forschungsdirektorin am »Masters Children Center« in New York.

Zum Weiterlesen: Symbiose und Individuation, Stuttgart 1972; Die psychische Geburt des Menschen (mit F. Price und A. Bergmann), Frankfurt 1980.

Abraham H. Maslow

geb. 1908 in New York
gest. 1970 in Menlo Park, Kalifornien
Psychologe. Professor für Psychologie an der Brandeis University in Waltham, Massachusetts. Maslow war 1962 Mitbegründer der *Humanistischen Psychologie.* Bis 1970 war er Präsident der amerikanischen Psychologischen Gesellschaft.

Zum Weiterlesen: Psychologie des Seins, München 1973; Motivation und Persönlichkeit, Reinbeck 1981; Die Psychologie der Wissenschaft, München 1977.

Alice Miller

Psychologin. Alice Miller war über 20 Jahre lang als Psychoanalytikerin tätig. 1980 entschloß sie sich, Praxis und Lehrtätigkeit aufzugeben, um zu schreiben. Seitdem hat sie sechs Bücher veröffentlicht, in denen sie die Öffentlichkeit mit den Ergebnissen ihrer

Kindheitsforschung bekanntmachte. 1986 erhielt sie in New York den Janusz-Korczak-Preis. 1988 erklärte sie ihren Austritt aus der Internationalen Psychoanalytischen Vereinigung, weil sie der Meinung ist, daß psychoanalytische Theorie und Praxis das folgenschwere Phänomen der Kindesmißhandlung unkenntlich machen.

Zum Weiterlesen: Am Anfang war Erziehung, Frankfurt 1983; Du sollst nicht merken, Frankfurt 1983; Das verbannte Wissen, Frankfurt 1988.

Jakob L. Moreno

geb. 1892 in Bukarest
gest. 1974 in Beacon, New York
Psychiater. 1921 eröffnete er das »Stegreiftheater« in Wien; hier konnte jeder aus dem Stegreif auf der Bühne mitspielen. Moreno war der erste, der Therapie in Gruppen durchführte. 1932 prägte er den Begriff *Gruppenpsychotherapie*. Er entwickelte auch eine eigene gruppenpsychotherapeutische Methode: das *Psychodrama*.

Zum Weiterlesen: Gruppenpsychotherapie und Psychodrama, Stuttgart 1953.

Tilmann Moser

geb. 1938 in Villingen
Soziologe und Psychoanalytiker. Moser war sechs Jahre lang Dozent für Psychoanalyse und Kriminologie am Fachbereich Rechtswissenschaft der Universität Frankfurt. Seit 1979 ist er in Freiburg als Psychoanalytiker in freier Praxis tätig.

Zum Weiterlesen: Jugendkriminalität und Gesellschaftsstruktur, Frankfurt 1987; Lehrjahre auf der Couch, Frankfurt 1976; Kompaß der Seele, Frankfurt 1984.

Susie Orbach

geb. 1946
Psychologin. Susie Orbach arbeitet als feministische Psychotherapeutin seit Jahren erfolgreich mit eßsüchtigen Frauen. Sie war Do-

zentin für »Women Studies« an der City University von New York und ist Mitbegründerin der Frauen-Therapiezentren in London und New York.

Zum Weiterlesen: Anti-Diätbuch, München 1979. Was wollen die Frauen? (mit L. Eichenbaum), Reinbeck 1986.

Frederick S. (»Fritz«) Perls

geb. 1893 in Berlin
gest. 1970 in Vancouver
Arzt und Psychoanalytiker. 1933 emigrierte er nach Südafrika, wo er eine Praxis eröffnete und das Südafrikanische Institut für Psychoanalyse gründete. 1946 ging er in die USA. Aus seiner Kritik an der Psychoanalyse entstand eine eigene Methode: die *Gestalttherapie*. Perls war Mitbegründer des Esalen Instituts in Kalifornien.

Zum Weiterlesen: Grundlagen der Gestalttherapie, München 1976; Gestalttherapie in Aktion, Stuttgart 1974; Gestalttherapie (mit R. F. Hefferline und P. Goodman), Stuttgart 1979.

Stanley Rachman

geb. 1934 in Johannesburg
Psychologe. Dozent und Leiter der klinischen Sektion am Institut für Psychiatrie der Universität London.

Zum Weiterlesen: Neurosen – Ursachen und Heilmethoden (mit H. J. Eysenck), Berlin 1972; Angst. Formen, Ursachen und Therapie (mit C. Philips), München 1975; Verhaltenstherapie bei Phobien (mit J. Bergold), München 1972.

Carl Rogers

geb. 1902 in Oak Park, Illinois
gest. 1987 in La Jolla, Kalifornien
Psychologe. In der Arbeit mit Kindern und Jugendlichen entwikkelte er eine eigene Methode: die *Klienten-zentrierte Therapie*, in Deutschland meist *Gesprächstherapie* genannt. Ab 1940 war Rogers Professor für Psychologie an der Ohio State University, spä-

ter an der Universität von Chicago. 1963 gründete er zusammen mit anderen das »Center for Studies of the Person« in La Jolla, dem er bis zu seinem Tod angehörte.

Zum Weiterlesen: Die klientenzentrierte Gesprächspsychotherapie, München 1978; Entwicklung der Persönlichkeit, Stuttgart 1979; Die Kraft des Guten, München 1985.

Jörg Kaspar Roth

geb. 1947 in München
Psychologe und Psychoanalytiker. Tätigkeit an psychiatrischen und psychosomatischen Kliniken und Ausbildung zum Familientherapeuten. Roth ist als Familientherapeut und Leiter von Balintgruppen in München tätig.

Zum Weiterlesen: Hilfe für Helfer: Balintgruppen, München 1984.

Mara Selvini Palazzoli

geb. 1917 in Mailand
Psychiaterin und Psychoanalytikerin. Sie gründete 1967 das Zentrum für Familienforschung in Mailand.

Zum Weiterlesen: Der entzauberte Magier, Stuttgart 1978; Paradoxon und Gegenparadoxon (u. a.), Stuttgart 1981; Magersucht, Stuttgart 1984.

Joseph Wolpe

geb. 1915 in Johannesburg
Arzt. Wolpe war zunächst Psychiater in privater Praxis in Südafrika. Ab 1960 arbeitete er an verschiedenen Universitäten in den USA und England. Heute ist er Professor für Psychiatrie und Direktor der Abteilung für Verhaltenstherapie der Temple University Medical School und des Eastern Pennsylvania Psychiatric Institute in Philadelphia.
Zum Weiterlesen: Praxis der Verhaltenstherapie, Bern 1972.

Irvin D. Yalom

Arzt. Yalom ist außerordentlicher Professor der Pychiatrie an der Medizinischen Fakultät der Stanford University.

Zum Weiterlesen: Jeden Tag ein Stück weiter. Die Chronik einer Therapie (mit Ginny Elkin), Frankfurt 1987.

Quellennachweis

Adler, Alfred: Praxis und Theorie der Individualpsychologie. S. Fischer Verlag GmbH, Frankfurt am Main 1974. Seite 24–32, 58–63. Mit freundlicher Genehming des Estate of Alfred Adler, New York.

Alexander, Franz: Psychosomatische Medizin. De Gruyter Verlag, Berlin 2. Aufl. 1971. Seite 36–41, 97–103.

Axline, Virginia M.: Kinder-Spieltherapie im nicht-direktiven Verfahren. Ernst Reinhardt Verlag, München, Basel 6. Aufl. 1984. 342 Seiten, geb. (= Beiträge zur Kinderpsychotherapie; 11). Seite 20–29.

Bauriedl, Thea: Psychoanalyse ohne Couch. Urban & Schwarzenberg, München 1985. Seite 49–53.

Bettelheim, Bruno: Liebe allein genügt nicht. Die Erziehung emotional gestörter Kinder. Klett-Cotta, Stuttgart 5. Aufl. 1985. Seite 25, 256–273.

Boyesen, Gerda: Über den Körper die Seele heilen. Kösel-Verlag, München 3. Aufl. 1988, Seite 122–131.

Cohn, Ruth C.: Von der Psychoanalyse zur themenzentrierten Interaktion. Klett-Cotta, Stuttgart 8. Aufl. 1988, Seite 113–115, 120–133.

Dürckheim, Karlfried Graf: Meditative Praktiken in der Psychotherapie. In: Die Psychologie des 20. Jahrhunderts, Bd. III, Kindler Verlag, Zürich 1977. Seite 1295–1296, 1299–1309.

Eichenbaum, Luise / Orbach, Susie: Feministische Psychotherapie. Kösel-Verlag, München 2. Aufl. 1985. Seite 82–96.

Ellis, Albert / Grieger, Russell: Praxis der rational-emotiven Therapie. Urban & Schwarzenberg, München 1979, Seite 155–163.

Frank, Jerome D.: Die Heiler. Wirkungsweisen psychotherapeutischer Beeinflussung. Vom Schamanismus bis zu den modernen Therapien. Aus d. Amerik. v. Wolfgang Krege. Klett-Cotta, Stuttgart 1981. Seite 427, 444–451.

Freud, Anna: Einführung in die Technik der Kinderanalyse. Ernst Reinhardt Verlag, München, Basel 4. Aufl. 1966. (= Beiträge zur Kinderpsychotherapie; 1). Seite 26–36.

Freud, Sigmund: Abriß der Psychoanalyse. (c) 1941 Imago Publishing Co., Ltd., London. Abdruck mit Genehmigung des S. Fischer Verlag GmbH,

Frankfurt am Main. Zitiert nach Fischer Taschenbuch Bd. 6043. Seite 6–19, 30–54.

Fromm, Erich: Die Kunst des Liebens. © 1956 by Erich Fromm. Abdruck mit Genehmigung der Liepman AG, Zürich. Deutsche Verlags-Anstalt, Stuttgart 1980. Seite 119–140.

Janov, Arthur: Der Urschrei. (c) 1970 by Arthur Janov. (c) S. Fischer Verlag GmbH, Frankfurt am Main 1973. Seite 20–26, 35–40.

Jung, C. G.: Ziele der Psychotherapie. In: Seelenprobleme der Gegenwart. (c) 1935 Walter Verlag Olten. Studienausgabe Walter Verlag, Olten 2. Aufl. 1973: Seite 69–85.

Kohut, Heinz: Die Zukunft der Psychoanalyse. (c) Suhrkamp Verlag, Frankfurt am Main 1975. Seite 141–166.

Laing, Ronald D.: Das geteilte Selbst. (c) 1972 by Verlag Kiepenheuer & Witsch, Köln. Zitiert nach: Deutscher Taschenbuch Verlag, München 1987. Seite 38–52.

Lazarus, Arnold A.: Verhaltenstherapie und multimodale Therapie. In: Die Psychologie des 20. Jahrhunderts, Bd. IV, Kindler Verlag, Zürich 1977. Seite 841–851.

Lowen, Alexander: Bioenergetische Analyse: eine Weiterentwicklung der Reichschen Therapie. In: Hilarion Petzold (Hrsg.): Die neuen Körpertherapien. Junfermann Verlag, Paderborn 5. Aufl. 1987. Seite 51–60.

Mahler, Margaret S.: Symbiose und Individuation. Psychosen im frühen Kindesalter. Unter Mitarb. v. Manuel Frer. Aus d. Amerik. v. Hildegard Weller. Klett-Cotta, Stuttgart 4. Aufl. 1986. Seite 197–214.

Maslow, Abraham H.: Psychologie des Seins. (c) 1973 Kindler Verlag, München. Seite 21–26. Textbeitrag »Zu einer Psychologie der Gesundheit«.

Maslow, Abraham H.: Motivation und Persönlichkeit. (c) 1977 Walter Verlag Olten. Zitiert nach: Rowohlt Verlag, Reinbeck 1987. Seite 283–289. Textbeitrag »Psychotherapie als gute menschliche Beziehung«.

Miller, Alice: Das Drama des begabten Kindes. (c) Suhrkamp Verlag, Frankfurt am Main 1983. Seite 19–53.

Moreno, Jakob L.: Gruppenpsychotherapie und Psychodrama. Georg Thieme Verlag, Stuttgart 1953. Seite 76–84.

Moser, Tilmann: Psychoanalyse und Körper. Das erste Jahrzehnt 1977–1987. Klett-Cotta, Stuttgart 1987. Seite 234–252.

Perls, Frederick S.: Grundlagen der Gestalttherapie. Pfeiffer Verlag, München 6. Aufl. 1985. Seite 141–143. Textbeitrag »Gestalt in Aktion«.

Perls, Frederick S.: Gestalt, Wachstum, Integration. Junfermann Verlag, Paderborn 2. Aufl. 1982. Seite 193–204. Textbeitrag »Regeln und Spiele der Gestalttherapie«.

Rachman, Stanley: Verhaltenstherapie bei Phobien (mit J. Bergold). Urban & Schwarzenberg, München 1970. Seite 27–33.

Rogers, Carl: Therapeut und Klient. (c) 1977 Kindler Verlag, München. Seite 19–36.

Roth, Jörg Kaspar: Hilfe für Helfer: Balintgruppen. Piper Verlag, München 3. Aufl. 1988. Seite 14–19, 86–90.

Selvini Palazzoli, Mara: Magersucht. Von der Behandlung einzelner zur Familientherapie. Klett-Cotta, Stuttgart 3. Aufl. 1986.
Wolpe, Joseph: Praxis der Verhaltenstherapie. Verlag Hans Huber, Bern 1972. Seite 76–82.
Yalom, Irvin D.: Gruppenpsychotherapie. (c) 1974 Kindler Verlag, München. Seite 25–31, 40–42, 46–48.

Originalüberschriften

Alexander Lowen: Bioenergetische Analyse: eine Weiterentwicklung der Reichschen Therapie
Gerda Boyesen: Libido-Kreislauf und unabhängiges Lustempfinden
Karlfried Graf Dürckheim: Meditative Praktiken in der Psychotherapie

Pädagogik und Psychologie bei Piper

Silvano Arieti
Schizophrenie
Ursachen, Verlauf, Therapie, Hilfen für Betroffene.
Vorwort von Asmus Finzen. 252 Seiten. Serie Piper 713

Jens Asendorpf
Keiner wie der andere
Wie Persönlichkeits-Unterschiede entstehen.
Vorwort von Franz Emanuel Weinert. 346 Seiten mit 60 Diagrammen und Tabellen. Kt.

Thea Bauriedl
Das Leben riskieren
Psychoanalytische Perspektiven des politischen Widerstands.
215 Seiten. Kt.

Thea Bauriedl
Die Wiederkehr des Verdrängten
Psychoanalyse, Politik und der Einzelne. 250 Seiten. Serie Piper 892

Elisabeth Badinter
Die Mutterliebe
Geschichte eines Gefühls vom 17. Jahrhundert bis heute.
Aus dem Franz. von Friedrich Griese. 336 Seiten. Geb.

Bruno Bettelheim
Gespräche mit Müttern
Aus dem Amerik. von Friedrich Griese. 234 Seiten. Serie Piper 155

Bruno Bettelheim / Daniel Karlin
Liebe als Therapie
Gespräche über das Seelenleben des Kindes. Aus dem Franz. von Friedrich Griese.
256 Seiten. Serie Piper 257

Norbert Bischof
Das Rätsel Ödipus
Die biologischen Wurzeln des Urkonfliktes von Intimität und Autonomie.
624 Seiten mit 400 Abb. Serie Piper 989

Pädagogik und Psychologie bei Piper

Viktor E. Frankl
Der Mensch vor der Frage nach dem Sinn
Eine Auswahl aus dem Gesamtwerk. Mit einem Vorwort von Konrad Lorenz.
309 Seiten. Serie Piper 289

Viktor E. Frankl
Die Psychotherapie in der Praxis
307 Seiten. Serie Piper 475

Viktor E. Frankl
Die Sinnfrage in der Psychotherapie
200 Seiten. Serie Piper 214

Viktor E. Frankl / Franz Kreuzer
Im Anfang war der Sinn
Von der Psychoanalyse zur Logotherapie. Ein Gespräch. 168 Seiten. Serie Piper 520

Carol Gilligan
Die andere Stimme
Lebenskonflikte und Moral der Frau. Aus dem Amerik. von Brigitte Stein.
222 Seiten. Kt.

Albert Görres
Kennt die Psychologie den Menschen?
Fragen zwischen Psychotherapie, Anthropologie und Christentum.
270 Seiten. Kt.

Albert Görres
Kennt die Religion den Menschen?
Erfahrungen zwischen Psychologie und Glauben.
140 Seiten. Serie Piper 318

Silvia Görres
Leben mit einem behinderten Kind
115 Seiten. Serie Piper 644

Pädagogik und Psychologie bei Piper

Erving Goffman
Wir alle spielen Theater
Die Selbstdarstellung im Alltag. 251 Seiten. Serie Piper 312

Bernhard Hassenstein
Instinkt Lernen Spielen Einsicht
Einführung in die Verhaltensbiologie.
259 Seiten mit 33 Abbildungen. Serie Piper 193

Bernhard Hassenstein
Verhaltensbiologie des Kindes
In Zusammenarbeit mit Helma Hassenstein.
673 Seiten mit zahlreichen Abbildungen. Leinen.

Bernhard und Helma Hassenstein
Was Kindern zusteht
188 Seiten. Serie Piper 169

Eva Jaeggi
Psychologie und Alltag
141 Seiten. Serie Piper 689

Eva Jaeggi / Walter Hollstein
Wenn Ehen älter werden
Liebe, Krise, Neubeginn. 311 Seiten. Kt.

Geneviève Jurgensen
Die Schule der Ungeliebten
Als Kindertherapeutin bei Bruno Bettelheim. Mit einem Vorwort von Bruno Bettelheim und einem Geleitwort von Christa Meves. Aus dem Franz. von Brigitte Weitbrecht. 227 Seiten. Serie Piper 569

Pädagogik und Psychologie bei Piper

Jerome Kagan
Die Natur des Kindes
Aus dem Amerik. von Friedrich Griese. 408 Seiten. Geb.

Louise J. Kaplan
Die zweite Geburt
Dein Kind wird zur Persönlichkeit. Mit einem Vorwort von Margaret S. Mahler.
Herausgegeben von Reinhard Fatke. Aus dem Amerik. von Hainer Kober.
258 Seiten. Serie Piper 324

Das Kinderspiel
Texte. Herausgegeben von Andreas Flitner. 310 Seiten. Serie Piper 244

Alexander Mitscherlich
Auf dem Weg zur vaterlosen Gesellschaft
Ideen zur Sozialpsychologie. 400 Seiten. Serie Piper 45

Alexander Mitscherlich
Das Ich und die Vielen
Parteinahme eines Psychoanalytikers.
Ein Lesebuch. Ausgewählt und eingeleitet von Gert Kalow.
336 Seiten. Serie Piper 647

Alexander Mitscherlich
Der Kampf um die Erinnerung
Psychoanalyse für fortgeschrittene Anfänger.
259 Seiten. Serie Piper 303

Alexander Mitscherlich / Margarete Mitscherlich
Die Unfähigkeit zu trauern
Grundlagen kollektiven Verhaltens. 383 Seiten. Serie Piper 168

Piper 36/7e

Pädagogik und Psychologie bei Piper

Margarete Mitscherlich
Das Ende der Vorbilder
Vom Nutzen und Nachteil der Idealisierung.
218 Seiten. Serie Piper 183

Fritz Redl
Erziehung schwieriger Kinder
Beiträge zu einer psychotherapeutisch orientierten Pädagogik.
Bearbeitet und herausgegeben von Reinhard Fatke.
263 Seiten. Serie Piper 664

Fritz Redl / David Wineman
Kinder, die hassen
Auflösung und Zusammenbruch der Selbstkontrolle.
Herausgegeben von Reinhard Fatke. Aus dem Amerik. von Gudrun Theusner-Stampa.
264 Seiten. Serie Piper 333

Fritz Redl / David Wineman
Steuerung des aggressiven Verhaltens beim Kind
Herausgegeben von Reinhard Fatke. Aus dem Amerik. von Norbert Wölfl und Reinhard Fatke. 127 Seiten. Serie Piper 129

Jörg K. Roth
Hilfe für Helfer: Balint-Gruppen
179 Seiten. Serie Piper 389

Hans Selye
Streß
Bewältigung und Lebensgewinn.
Aus dem Engl. von Hans Th. Asbeck.
213 Seiten. Serie Piper 631

Kurt Singer
Kränken und Kranksein
Psychosomatik als Weg zur Selbstwahrnehmung.
250 Seiten. Kt.

Pädagogik und Psychologie bei Piper

Paul Watzlawick
Wie wirklich ist die Wirklichkeit?
Wahn – Täuschung – Verstehen.
252 Seiten mit 17 Abbildungen. Serie Piper 174

Wege zum Sinn
Logotherapie als Orientierungshilfe.
Für Viktor E. Frankl. Herausgegeben von Alfred Längle.
215 Seiten. Serie Piper 387

Wolfgang Wickler
Die Biologie der Zehn Gebote
Warum die Natur für uns kein Vorbild ist. 181 Seiten. Serie Piper 296

Wolfgang Wickler / Uta Seibt
männlich weiblich
Der große Unterschied und seine Folgen. 182 Seiten. Serie Piper 285

Daniel Widlöcher
Die Depression
Logik eines Leidens – psychoanalytisch, biologisch, historisch, sozial.
Aus dem Franz. von Hainer Kober. 236 Seiten. Kt.

Die erfundene Wirklichkeit
Wie wissen wir, was wir zu wissen glauben? Beiträge zum Konstruktivismus.
Herausgegeben von Paul Watzlawick.
326 Seiten mit 31 Abbildungen. Serie Piper 373

Dieter E. Zimmer
Die Vernunft der Gefühle
Ursprung, Natur und Sinn der menschlichen Emotion. 272 Seiten. Serie Piper 227

Irenäus Eibl-Eibesfeldt

Die Biologie des menschlichen Verhaltens

Grundriß der Humanethologie
998 Seiten mit rund 1000 Abb.
Leinen in Schuber

Galápagos

Die Arche Noah im Pazifik
413 Seiten mit 240 farbigen und
schwarzweißen Abb. Geb.

Grundriß der vergleichenden Verhaltensforschung – Ethologie

929 Seiten, 443 Abb., Bildfolgen und Grafiken und 12 farbige Tafeln.
Leinen in Schuber

Krieg und Frieden aus der Sicht der Verhaltensforschung

329 Seiten mit Abb. Serie Piper 329

Liebe und Haß

Zur Naturgeschichte elementarer Verhaltensweisen
293 Seiten. Serie Piper 113

Die Malediven

Paradies im Indischen Ozean
324 Seiten mit 190 meist farbigen Abb. Geb.

Der Mensch – das riskierte Wesen

Zur Naturgeschichte menschlicher Vernunft
272 Seiten mit 29 Abb. Leinen

Piper 26/5a

PIPER

Konrad Lorenz

Der Abbau des Menschlichen
294 Seiten. Serie Piper 498

Die acht Todsünden der zivilisierten Menschheit
112 Seiten. Serie Piper 50

Er redete mit dem Vieh, den Vögeln und den Fischen
Tiergeschichten. 215 Seiten mit 104 Zeichnungen von Konrad Lorenz und Annie Eisenmenger. Geb.

Hier bin ich – wo bist du?
Ethologie der Graugans. 320 Seiten mit 140 teils farbigen Abb. Leinen

Das Jahr der Graugans
200 Seiten mit 147 Farbfotos von Sybille und Klaus Kalas. Geb.

Die Rückseite des Spiegels
Versuch einer Naturgeschichte menschlichen Erkennens

Der Abbau des Menschlichen
Zusammen 537 Seiten. Geb.

So kam der Mensch auf den Hund
187 Seiten mit 110 Zeichnungen des Verfassers. Geb.

Das sogenannte Böse
Zur Naturgeschichte der Aggression. 317 Seiten. Geb.

Über tierisches und menschliches Verhalten
Aus dem Werdegang der Verhaltenslehre. Gesammelte Abhandlungen
Bd. I: 412 Seiten mit 5 Abb. Serie Piper 360
Bd. II: 398 Seiten mit 63 Abb. Serie Piper 361

Konrad Lorenz

Das Wirkungsgefüge der Natur und das Schicksal des Menschen

Gesammelte Arbeiten
Herausgegeben und eingeleitet von Irenäus-Eibl-Eibesfeldt.
368 Seiten mit 23 Abb. Serie Piper 309

Oskar Heinroth / Konrad Lorenz
Wozu aber hat das Vieh diesen Schnabel?

Briefe aus der frühen Verhaltensforschung 1930–1940
Herausgegeben von Otto Koenig.
334 Seiten. Serie Piper 975

Konrad Lorenz / Franz Kreuzer
Leben ist Lernen

Von Immanuel Kant zu Konrad Lorenz
Ein Gespräch über das Lebenswerk des Nobelpreisträgers.
103 Seiten mit 1 Abb. Serie Piper 223

Karl R. Popper / Konrad Lorenz
Die Zukunft ist offen

Das Altenberger Gespräch
Mit den Texten des Wiener Popper-Symposiums. Hrsg. von Franz Kreuzer
143 Seiten. Serie Piper 340

Nichts ist schon dagewesen

Konrad Lorenz, seine Lehre und ihre Folgen
Die Texte des Wiener Symposiums, herausgegeben von Franz Kreuzer.
Mit Beiträgen von I. Eibl-Eibesfeldt, A. Festetics, B. Hassenstein, B. Lötsch, K. Lorenz, E. Oeser, R. Riedl, W. Schleidt, S. Sjölander, W. Wickler, F. Wuketits. 251 Seiten. Kt.

Piper 26/5c

PIPER